QUALITATIVE RESEARCH FOR EDUCATION:

An Introduction to Theories and Methods, 5th edition

교육의 초보연구자를 위한

질적 연구방법론의 기초

로버트 보그단 · 사리 놉 비크렌 지음 | 조정수 옮김

KM 경문사

질적 연구방법론의 기초에 대한 한국어판 서문

연구현장이나 장소 일부를 구성하는 모든 사람들을 데이터에 표현해야 한다고 질적 연구방법은 강조한다. 그래서 민주사회 구성원이 되길 희망하는 사람들에게 아주 매력적인 연구방법이 질적 연구방법이다. 대부분 질적 연구방법은 평범한 일반인들이 자신들 삶을 어떻게 해석하는지에 초점을 둔다. 그리고 어떤 특정 상황을 이해하려면 사람들끼리 가지고 있는 서로 다른 미묘한 관점 차이를 알아야 한다고 강조한다.

약간 의미 차이가 있기도 하고 과다 사용하는 경우도 있지만 많은 집단이나 사람들이 민주사회나 민주주의를 서로 다른 의미로, 또는 과다 사용하는 경우가 있다. 그렇더라도 민주사회나 민주주의는 여전히 중요한 용어이다. 민주주의 여러 원칙이 철저히 실천되고 있지 못하더라도 우리가 민주주의 실천을 포기할 수 없는 이유는 이것이 투쟁을 위한 가치와 이상의 근원이기 때문이다. 민주주의 실천은 단순히 정부 체제를 의미하지 않는다. 사람들이 자신들이 속한 공동체를 위한 개혁에 영향을 주려고 서로 상호작용하는 과정이 민주주의 실천이다. 또 자신들과 서로 다른 목적과 관심을 가진 사람들과 타협하려는 과정이다. 투쟁이란 관점에서 민주주의를 생각해야 한다고 미국 철학자 코넬 웨스트(Cornel West)는 말했다. 그래서 민주주의가 작용하는 곳에서는 서로 다른 정치 노선이나 활동, 여러 가지 일들이 한꺼번에 일어나고 겹치고 충돌하는 모습을 흔히 볼 수 있다. 사회 주류에 속하지 못한 주변부 사람들이 모인 곳에서도 풍부하고 중요한 민주주의적 실천이 활발하게 일어나고 있다. 하지만 주류에 속한 중심부 사람들은 이를 인지하지 못하고 흘려버린다. 무엇을 진리로 받아들일지 논하는 자리에서 다양한 집단에 속한 사람들이 어떻게 다양한 방식으로 참여하는지에 대한 데이터를 질적 연구방법은 제공한다. 또 이 토론 테이블에 초청되지 못한 경우 어떻게 참여를 협상하는지에 대한 데이터를 질적 연구방법은 제공한다. 민주주의 실천이라는 이런 면에서 볼 때 여러 질적 연구방법에는 많은 공통점이 있다. 리카르도 블로그(Ricardo Blaug)는 ≪*What's So Clever about Democracy*≫에서 민주주의를 "울타리"(여기서 울타리는 통제 구조를 말한다) 또는 성채로 특징시을 수 있다고 했다. 그러면서 이 울타리 밖에 있는 사람들은 진리를 토론하는 과정에 참여할 기회나 여지가 거의 없다고 했다. 이 울타리 밖에서 무슨 일이 일어나고 있는지를 생생하게 보여주는 것이 질적 연구방법이다. 이 점이 연구자들을 질적 연구방법으로 끌어들이는 매력이라고 생각한다. 민주주의 실천과 질적 연구방법은 매개체로서 인간 존재를 강조한다. 다시 말해, 의미 형성 맥락이나 권력 관계를 고려하면서 평범한 사람들이 판단이나 결정을 어떻게 내리는지를 이해하는데 이 둘은 초점을 둔다. 사람들은 상징적 상호작용에 따라 자신을 둘러싼 세상을 이해하고 해석한다. 질적 연구방법은 이것에 대한 이론을 제시한다.

이 책은 질적 연구가 무엇이며, 어떻게 수행하는지에 대한 특정한 방식을 설명한다. 질적 연구를 위한 기법과 절차보다는 '해석적 연구'에 이 책은 주된 초점을 두고 있다. 해석적 연구는 연구설계를 통해 연구자가 연구참여자로부터 무엇인가 배운다는 점을 강조한다. 질적 연구에서 설계는 내러티브 데이터를 수집하면서도 연구자가 연구 활동에 더 많은 통제권을 가지도록 한다. 이 책을 보면 우리 저자가 제시하는 여러 연구 종류와 방법들이 상당히 개방적이란 점을 알 수 있다. 어느 정도 모호함을 즐길 줄 아는 연구자에 따라 연구 방법과 절차가 달라진다는 뜻이다. 민주주의가 이와 비슷하지 않은가. 무엇인가 서서히 출현한다는 표현이 민주주의 실천과 질적 연구방법에 가장 적절하다. 민주주의와 질적 연구방법 둘 다 무엇인가 미지의 것을 숨기고 있다는 느낌이 강하다.

이 책이 한국어로 번역된다는 소식에 너무 기쁩니다. 지금까지 스웨덴, 호주, 핀란드, 인도네시아, 중국, 영국을 포함하여 여러 나라에서 질적 연구방법론을 가르치고, 토론하고, 워크숍을 열어오고 있습니다. 이 나라들을 방문할 때마다 질적 연구방법을 배우고자 또는 질적 연구를 수행하고자 하는 많은 초보 연구자들을 만나 대화를 나누었습니다. 장애자, 성, 불평등, 교육, 도시와 외곽지역 삶, 이민자 가정 청소년의 지역 봉사 활동, 우편엽서 수집과 사용 등에 관한 주제를 연구하는데 질적 연구방법을 사용하거나 사용한 분들이었습니다. 여러분도 이 책에서 설명하고 있는 질적 연구방법을 통해 여러분 자신이 계획하는 질적 연구를 성공적으로 수행할 수 있기를 바랍니다.

2010. 9. 30.
시러큐스 대학교에서
로버트 보그단과 사리 놉 비크렌

옮긴이 머리말

양적 연구가 득세를 누리던 우리나라의 교육에도 질적 연구의 뿌리가 가시적으로 내리게 된 것도 벌써 20여년의 시간이 흘렀다. 용어의 조작적 정의, 연구가설 설정, 연구의 실험설계, 그리고 연구가설의 통계적 검증과 통계적 결과에 따른 분석과 해석으로 특징지을 수 있는 양적 연구의 전통은 나름대로 교육현장에 대한 이해에 큰 몫을 다해왔다. 그런데도 왜 교육현장에 대한 우리들의 이해 폭은 제한적이었고 잘못된 교육적 결정을 내리는 결과를 낳았을까? 그 이유는 교육현상이 발생하는 학교와 교실을 포함한 교육 장소에 대해 그 현상을 "있는 그대로" 이해하려고 한 것이 아니라 그 현상을 인위적으로 조작한 상태에서 연구를 수행했기 때문이라고 생각한다. 양적 연구가 연구문제를 둘러싼 전체적인 큰 그림을 보여주는 데는 좋지만, 연구하고자 하는 장소나 현상에서 일상적으로 일어나는 작은 세세한 일들에 대한 정보를 제공해주지는 못한다. 연구 장소나 현상에 관련된 사람들끼리의 상호작용에 의해 복잡하게 얽힌 이런 작고 세세한 일들에 부여되는 "의미"의 생성은 마치 작은 개울물이 모여 거대한 강을 만드는 것처럼 큰 교육현상이나 사회현상을 지배하는 힘이 된다. 따라서 "있는 그대로"에서 "의미"의 이해 없이 교육현상을 올바르게 이해하고 그에 대한 해결책이나 결정을 내린다는 것은 불가능한 일이다. 질적 연구의 몫과 가능성은 바로 이런 점에 있다고 본다.

한국에서 통계학과 SPSS와 SAS 통계 프로그램을 비롯하여 양적 연구방법론을 습득하고 무장한 채 미국 유학을 갔을 때, 연구방법론에 대한 자신감은 누구보다도 충만해 있었다. 박사과정 중 통계학과에서 또 통계학을 일 년 배우면서도 여전히 연구방법론에 대한 내 생각은 양적 연구에서 벗어나지 못했다. 하지만 인류학과 교수와의 친분으로 문화인류학을 수강하면서 만난 스프래들리(Spradley), 사회학과에서 사회학 과목을 들으면서 만난 미드(Mead)와 블루머(Blumer)는 양적 연구방법론에 도취되어 있던 내 자만심을 점차 허물고 있었다. 그리고 박사과정 연구방법론 강좌에서 드디어 보그단(Bogdan)과 비크렌(Biklen)이 쓴 바로 이 책을 만나게 되었고, 이것이 나의 질적 연구방법론에 대한 공식적인 여정의 시작이 되었다.

그때까지 인류학과 사회학 과목을 들었다고 하더라도 질적 연구방법론에 대한 기초가 부족했던 나한테 이 책은 질적 연구의 전체적인 이론과 과정을 아주 쉽게 가르쳐주었다. 그래서 이 책을 읽고 또 읽었고, 이 책을 시작으로 질적 연구방법론과 관련된 다양한 주제의 책과 논문을 읽으면서 이 연구방법론에 대한 전반적인 이론과 구체적인 연구방법을 조금씩 배워갈 수 있었다. 전공인 수학교육학 박사학위 논문을 쓸 때도 연구문제의 설정부터 연구현장에 들어가서 참여관찰록 작성, 데이터 분석과 해석, 그리고 글쓰기까지 이론적으로나 방법론적으로 어려움에 처할 때마다 이 책은 중요한 길잡이가 되어 주었다.

현재 우리나라에도 질적 연구방법론에 대한 많은 책들이 쏟아져 나오고 있다. 어떤 책은 지나치게 연구방법을 매뉴얼식으로 나열하는 구조로 되어 있어 연구방법론으로 어울리지 않고, 또 어떤 책은 지나치게 이론 중심으로 짜여있어 초보 연구자들이 쉽게 읽어서 내 것으로 만들기 어렵다. 그리고 대학교에서 질적 연구방법론을 가르치다보니 초보 연구자인 대학생이나 대학원생들이 질적 연구방법론에 대한 연구 수행과 논문 작성의 어려움을 토로하는 것을 자주 듣게 되었다. 그래서 초보 연구자들이 스스로 읽고 이해해서 실제 연구현장에서 연구를 수행할 수 있을 정도로 쉬운 질적 연구방법론 책이 필요함을 알게 되었다. 그때 문득 떠오른 것이 바로 이 책이었다. 내가 초보 연구자 시절에 그렇게 큰 도움을 주었고, 연구방법론에 대한 패러다임을 바꾸게 만들어준 책이라면 이들에게도 큰 도움이 될 것이라고 생각하여 큰 기쁨과 책임감을 가지고 번역을 하게 되었고 이제야 그 결실을 보게 되었다. 하지만 원서의 내용과 의미를 충실하고 정확하게 전달하려고 했음에도 불구하고 이에 대한 오역이나 부실함이 있다면 언제든지 지적해주시기 바랍니다.

교수로서 바쁜 일상과 내 자신의 게으름, 그리고 천천히 조금씩 꼼꼼히 읽고 번역하는 습관 때문에 이 책의 번역은 생각보다 시간이 오래 걸렸다. 이런 더딘 번역 작업을 한 마디 불평 없이 오직 좋은 책 만드는 사명으로 한결같이 지원 해준 경문사 여러분께 감사의 뜻을 전하고 싶다. 무엇보다 시간을 많이 필요로 하는 이런 책을 번역하는 동안 즐거운 일이나 슬픈 일을 충분히 함께 하지 못한 가족에게 큰 고마움을 전하고 싶다.

2010. 7. 어느 무더운 여름날
조정수

머리말

이 책은 **교육을 위한 질적 연구**(Qualitative Research for Education)의 다섯 번째 판이다. 20년 전 앨린(Allyn)과 베이컨(Bacon)이 첫 판을 발행했을 때 서술적 자료, 근거이론, 참여관찰, 그리고 교육의 핵심적 측면인 사람을 이해하기 위한 연구인 "질적" 연구방법이 과연 교육분야에서도 인정될까 의심했다. 그렇지만 질적 연구와 교육이 서로 얼마나 광범위하고 튼튼한 관계를 유지하고 있는지를 우리가 몰랐던 것을 뒤에 알게 되었다. 이 책의 첫 번째 판은 질적 연구를 소개하고 심도 있게 다룬 다른 책들이 나오기 전까지 얼마 되지 않은 기간 동안 교육연구에 관한 질적 연구를 다룬 유일한 책의 역할을 충분히 했다. 그 뒤에 나온 후속판에서도 여전히 질적 연구와 교육을 다루었으며 수정과 새로운 자료의 추가를 통해 새로운 경향을 추구하고자 했다.

지난 10년 동안 질적 연구는 여러 방향으로 그 영역을 넓혀왔다. 이전 판의 주된 입장과 내용을 유지하면서 이러한 다양한 변화를 어느 정도 설명하고 통합하는 책을 저술할 필요가 있다고 생각하여 이 새로운 판을 쓰게 되었다. 질적 연구자인 우리도 연구를 수행하면서 질적 연구의 이러한 다양한 변화를 똑같이 시도해 오고 있다. 질적 연구를 수행하는 데는 여러 가지 방법이 있을 수 있다. 이 책에서 우리 저자는 시카고 사회학파와 간학문적이며 여권신장론적 학풍에 크게 영향을 받은 연구자로서 우리 자신을 표현하고 있다. 우리가 취하고 있는 연구방법이 비록 현재는 주된 연구 경향이지만 이 연구방법이 질적 연구에서 유일한 방법이거나 심지어는 최고의 방법이라고 결코 생각하지 않는다. 질적 연구를 배우는 가장 좋은 방법은 어떤 특정한 이론적 배경이나 전통을 선택하여 공부하고 연습한 다음 그것을 토대로 다른 연구방법과 영역으로 확장하고, 궁극적으로 자신에게 가장 적합한 연구방법을 찾는 것이다. 이 책을 통하여 여러분이 이러한 노력을 최대한 할 수 있기를 바란다.

이 책의 첫 판 서문에서 이 책을 쓰게 된 목적을 이렇게 밝혔다. ① 교육에서 질적 연구의 사용에 대한 이해를 돕기 위한 배경지식을 제공한다. ② 교육에서 질적 연구의 이론적, 역사적 기초를 조사, 제공한다. 그리고 ③ 교육에서 질적 연구를 수행하는데 필요한 구체적인 방법을 제공한다. 새로운 판인 이 책의 목적도 이것과 거의 변한 것이 없다. 우리는 질적 연구를 막 시작한 초보 연구자들에게 이 책이 좋은 길잡이가 되기를 바라며 또한 기존의 질적 연구자들에게도 역시 도움을 주는 지침서가 되기를 바란다. 이 책에는 교육에서 질적 연구를 둘러싼 현재의 대립과 논쟁적 견해들을 포함하고 있지만 질적 연구를 위한 기본서의 본질은 그대로 유지하고 있다.

첫 판의 순서와 마찬가지로 이 책도 질적 연구가 무엇인지에 대한 폭넓은 논의와 교육과 질적 연구가 어떻게 연관되어 있는지, 그리고 교육에서 질적 연구의 여러 가지 역사적이며 이론적 개념들을 살펴보는 것으로 시작하고 있다. 이러한 기초를 토대로 그 다음 네 개의 장에서는 이들 개념을 적용하여 연구설계, 현장조사, 자료수집, 그리고 자료분석을 실제로 연습할 수 있는 내용을 다루고 있다. 그 다음에는 질적 연구의 결과물을 어떻게 보고서로 작성하는지를 다루고 있다. 마지막 장은 교육에서 질적 연구의 특별한 경우인 응용연구에 초점을 두고 있는데 평가연구, 실행연구, 현직자연구에 대해 논의하고 있다.

이 책의 구성은 실제 질적 연구를 수행하는 과정과 동일한 방식으로 되어 있다. 질적 연구를 가르치는 대부분의 사람들은 학생들에게 질적 연구법을 공부해 가는 과정에 따라 연구 프로젝트를 수행하도록 요구하고 있다. 그래서 학생들이 질적 연구를 시작하는 법과 연구설계를 읽고 난 후 배운 내용에 따라 자신들의 프로젝트에서 이 활동들을 실제로 경험해 보아야 한다. 마찬가지로 자료를 수집하고 분석하려고 할 때도 학생들은 이들 활동과 관련된 내용을 책에서 찾아 읽어야 한다. 질적 연구를 처음 수행하는 사람은 질적 연구의 전체 과정에 대한 전반적인 이해를 위해 처음부터 끝까지 한 번 속독하는 것이 좋다. 그런 다음 자신의 연구를 실제로 단계별로 수행하면서 각 단계와 관련된 이 책의 내용을 찾아서 다시 읽어야 한다. 이 책의 마지막 부분에는 굵은 글자체로 된 용어집을 두어 질적 연구와 관련된 용어를 찾아보기 쉽도록 했다.

이 책을 저술하면서 많은 사람들에게 감사를 드리고 싶다. 전국교육연합회에서는 이 책에서 논의하고 있는 통합교육과 여교사들에 관한 연구를 수행할 수 있도록 지원해 주었다. 여대생연합 미국교육재단은 **성에 따른 단어사용**(Vocabularies of Gender) 프로젝트를 지원해주었다. 의과대학 부속병원의 신생아 병동에 관한 연구는 뉴욕 시의 정신지체 및 발달장애 담당부서와 시러큐스 대학교의 이사회연구기금의 지원으로 수행될 수 있었다. 안드레이 오졸린스(Andrejs Ozolins)는 5장의 질적자료의 사진부분 내용을 저술하였으며 이 책에 실을 사진을 선택하는데 도움을 주었다. 스티븐 테일러(Steven J. Taylor)는 7장의 교육에서 응용질적연구를 저술하는데 많은 기여를 했다. 또한 우리의 질적 연구방법론을 수강하고 있는 학생들은 여러 가지 면에서 도움을 주었다. 이 학생들은 이 책에서 기술하고 있는 질적 연구방법이 왜 유용한지를 끊임없이 질문 했으며, 자신들의 연구문제가 어떻게 질적 연구방법에 맞도록 기술될 수 있는지 물었으며, 또한 우리가 당연하게 생각했던 생각들에 반론을 제기하기도 했다. 이 학생들에게 이런 점에 대해 고맙다는 말을 하고 싶다. 마지막으로 이 책을 읽어주고 귀중한 조언과 평을 해준 Jennifer Luebeck, University Northern Colorado; Marcia L. Rosal, Florida State University; Diane L. Schnelker, Kent State University에게 감사의 뜻을 전하고자 한다.

차례

제 3 장 현장조사 / 115

제 4 장 질적 데이터 / 171

부록 365

1

교육을 위한 질적 연구의 기초

한 쌍의 남녀가 사람들로 꽉 찬 농구 경기장의 2층에서 남자 대학농구팀의 1차 리그 우승컵 경기를 지켜보고 있었다. 열광적으로 시끄럽게 응원하는 다른 사람들 속에서 이들을 구별하기는 어렵지만 이들은 남자 대학 운동선수들의 사회화에 관한 연구를 하는 연구자들이었다. 매번 경기를 관람하는 것 외에 이 두 연구자는 여러 선수들, 코치와 감독, 응원하는 사람들, 선수들의 여자 친구들, 홍보 요원들, 그리고 이 선수들의 교수들과 어울리면서 인터뷰를 했다. 뿐만 아니라 이들은 이 농구팀, 선수들과 관련된 언론 자료, 여러 문서도 수집했다. 이들은 선수들이 시간을 보내는 라커룸, 기숙사 및 다른 여러 장소에 언제든지 출입할 수 있는 허락을 받았다. 몇 명의 선수들에 대해서는 대학 4년과 대학 졸업 후까지도 연구하였다. 이 두 연구자는 자신들이 보고, 들은 것을 자세하게 기록으로 남겼고 녹음기를 사용해서 인터뷰를 했으며 이 인터뷰 내용은 후에 모두 녹취록으로 작성되었다. 이 연구의 결과는 운동선수와 학업, 사회 계층, 인종, 선수들 간의 우정과 학업성취도, 대학생활에 대한 선수들의 관점과 대학 운동선수의 사회 조직 사이의 관계성이라는 제목의 책으로 출판되었다(Adler & Adler, 1991).

또 다른 연구자는 다양한 문화가 있는 한 공립 초등학교를 정기적으로 방문하고 오랜 기간 동안 그 학교에 머물면서 교실에서, 운동장에서, 체육관에서, 학교 식당에서, 그리고 교사의 눈길이 없는 후미진 곳에서 일상적인 활동을 하고 있는 학생들을 관찰하고 이들의 대화를 들었다. 이 연구자는 남자와 여자라는 성별에 따라 아이들이 학교에서 어떤 경험을 하는지 연구했다. 이 연구의 결과는 책으로 출판되었는데 이 책에는 아이들의 "성별에 따른 놀이"가 자세하게 묘사되어 있다. 이 연구자는 "쫓아가서 뽀뽀하기", "괴롭히기", "함께 어울리기"와 같은 성과 관련된 활동들에 대한 묘사와 논의를 제시하였다(Thorne, 1993).

한 연구자는 미국 흑인소년들이 어떻게 "나쁜" 아이로 인식되어 가는지 그 과정에 관심을 가졌다. 이 여성 연구자는 서부 연안 도시의 로사 초등학교에서 학생과 교사의 관계를 관찰하였고 교사, 학생, 교장, 교감, 학부모 등을 인터뷰하면서 3년 동안 현장조사를 했다. 이런 과정에서 이 연구자는 점차 학교에서 행하는 체벌이 이 학생들이 "나쁜 아이들"이라는 오명을 얻는데 어떻게 영향을 미치는지에 관심을 가지게 되었다. 이 연구자는 학교에서 행하는 계속적인 체벌과 이들에 대한 "나쁜 아이들"이라는 낙인이 진학이나 취직을 위한 노력보다는 범죄행위에 가담하도록 조장한다는 결론을 내렸다. 이 연구는 학생들의 관점에서 학교의 학생 통제 과정을 밝히는 연구와는 다른 점을 보여주고 있다. 이 연구자는 이 학생들이 저지르는 문제행동을 그대로 보여주면서 이들을 잠재적 범죄자로 만들어가는 학교의 문제점을 제시하고 있다(Ferguson, 2001).

어떤 연구자는 정기적으로 초등학교를 방문하여 여교사들을 관찰하고 인터뷰하였다. 이 여성 연구자는 자신의 연구참여자인 여교사들이 자신들의 일에 대해 어떤 관점을 가지고 있는지, 자신들의 직업에서 어떤 부분을 소중하게 생각하고 어떤 부분을 비판하는지, 그리고 어떻게 이런 견해들이 이 여교사들의 행동과 말에서 나타나는지를 연구하고 있었다. 이 학교에서의 연구를 마친 후 연구자는 여러 도서관에 수집, 보관되어 있는 여교사들의 편지와 일기를 읽었다. 또한 가르침과 관련된 소설책이나 관련된 다른 자료들을 조사하였다. 이렇게 해서 출간된 책에서 이 연구자는 교사들이 자신들의 직업을 어떻게 생각하고 있는지 그리고 이 생각들이 대중문화에 있는 교사의 이미지와 어떻게 연관되어 있는지 제시하였다(Biklen, 1995).

위에서 열거한 몇 가지 예는 교육에서 질적 연구를 수행하는 연구자의 모습이다. 이 예에 나온 연구자들이 질적 연구의 다양한 연구방법과 주제들을 모두 다루고 있는 것은 아니다. 어떤 질적 연구자는 가족 앨범 속의 오래된 사진과 여러 자료를 조사하여 장애를 가진 사람들이 어떻게 표현되어 있는지를 연구하였고(Bogdan, 1988), 학교에서 폭력을 통제하기 위한 무관용 정책을 조사하였고(Casella, 2001), 임신한 여고생들과의 인터뷰를 실시한 연구(Pillow, 1997)도 있었다. 모든 연령대 사람들의 학교 안에서뿐만 아니라 학교 밖에서 얻은 교육적 경험은 질적 연구의 주제가 될 수 있다. 그래서 교육에서 질적 연구는 다양한 형식을 띠며 또한 다양한 상황에서 연구를 수행할 수 있다.

인류학과 사회학 연구자들이 이 책에서 기술하고 있는 연구방법을 비록 한 세기 동안 사용해 오고 있지만 **질적 연구**(qualitative research)라는 용어는 1960년대 후반까지 사회과학에서 사용되지 않았다. 이 책에서 사용하고 있는 질적 연구란 용어는 질적 연구 특유의 특징들을 공유하고 있는 여러 연구방법들을 통틀어 언급하는 것이다. 이 연구방법에 따라 수집된 자료는 **연성**(軟性, soft)이라는 용어로 표현되는데, 다시 말해서 사람, 장소, 대화에 대한 풍부한 서술을 담고 있기 때문에 통계적 절차와 방법으로는 쉽게 다룰 수 없는 자료이다. 이 연구방법의 경우 조작적 변인을 사용하여 연구문제를 기술하지 않고 탐구하고자 하는 주제에 대한 상황(맥락)으로 기술한다. 질적 연구를 수행하는 연구자는 자료를 수집해 나감에 따라 연구의 초점을 점차 분명히 밝혀나가며 답을 찾기 위한 특정한 질문이나 검증이 필요한 가설을 사용하여 연구를 진행하지 않는다. 또한 질적 연구자는 연구참여자의 관점에서 이들의 행동을 이해하고자 하기 때문에 외부적 원인을 밝히는 것은 항상 차후의 문제라고 생각한다. 질적 연구자는 연구참여자들이 일상적으로 시간을 보내는 장소인 교실, 커피전문점, 교사 휴게실, 기숙사, 길거리 등의 상황에서 사람들과의 오랜 접촉을 통하여 자료를 수집한다.

질적 연구법으로 수행된 유명한 연구와 위에서 예로 제시한 질적 연구들은 **참여관찰**(participant observation)과 **심층인터뷰**(in-depth interviewing) 기법을 활용하고 있다. 위의 연구 예에서 농구경기를 지켜보고 있던 한 쌍의 남녀 연구자와 초등학교 학생들을 대상으로 연구한 연구자는 참여관찰을 사용하였다. 연구자는 자신이 연구하고자 계획한 사람들의 세상 속으로 들어가서 그들과 친해지면서 이들에게서 믿음을 얻고 자신이 들은 것과 본 것을 자세하게 체계적으로 기록한다. 이 기록물은 메모나 신문기사, 사진과 같은 다른 자료들에 의해 그 의미와 깊이가 더욱 보완되어진다.

참여관찰과 **기록문서 연구**(archival research)와 더불어 위에서 예로 든 여교사를 대상으로 한 연구에서는 심층인터뷰를 사용하였다. 심층인터뷰는 가끔 "**비구조화**(unstructured)"(Maccoby & Maccoby, 1954)나 "**개방형**(open-ended)"(Jahoda, Deutsch, & Cook, 1951), "비지시적"(Meltzer & Petras, 1970), "유연한 구조화"(Whyte, 1979) 등의 다른 용어로 불리기도 하는데, 교사, 교장, 학생과 같은 사람들이 무엇을 어떻게 생각하는지 그리고 이들은 어떻게 그러한 자신들의 관점을 가지게 되었는지에 대해 상당히 자세하게 이해하려고 하는 것이 목적이다. 이런 연구목적을 달성하기 위해서 연구자는 "일상적인 생활은 어떤 모습입니까?" 또는 "자신의 직업에서 가장 좋아하는 것은 무엇입니까?"라는 개방형 질문을 묻고 이들의 답을 기록하면서 연구참여자들과 이들이 생활하고 활동하는 환경에서 많은 시간을 함께 보낸다. 이런 형식의 인터뷰에서는 설문지 같은 자료는 사용되지 않는다. 느슨하게 구조화된 인터뷰 지침을 가끔 사용하기도 하지만 특정 주제들에 대해 연구참여자들이 자유롭고 편안하게 자신들의 생각을 표현할 수 있도록 하는데 연구자는 많은 신경을 쓴다. 이렇게 세세한 부분을 추구하기 때문에 대부분의 질적 연구에서는 표본이 적다. 어떤 연구의 연구자는 단 한 사람의 연구대상자에 대한 심층적인 묘사를 추구하기도 한다. 이렇게 한 사람의 연구참여자의 삶에 대한 묘사를 목적으로 하는 연구를 생애사(life history)라고 한다.

이 책의 경우 질적 연구라는 용어를 사용하고 있는데 다른 책에서는 다른 용어를 사용하기도 하며 이 책에서 제시하고 있는 것과는 조금 다르게 개념 정립을 하고 있는 경우도 있다. 인류학자들은 이 책에서 설명하고 있는 유형의 연구에 대해 **현장조사**(fieldwork)란 용어를 주로 사용해 왔다(Junker, 1960 참조). 이 용어의 사용은 연구자가 인위적으로 실험 변인에 대한 통제를 가할 수 있는 실험실이나 유사한 실험 상황과는 달리 주로 자연적 현장에서 자료를 수집하는 경향을 반영하는 데서 나온 것이다. 교육 분야의 경우 질적 연구는 흔히 **자연적**(naturalistic)이라고 불리는데, 그 이유는 연구자가 관심을 가지고 있는 사건이나 상황이 자연적으로 발생하는 장소에서 연구를 하기 때문이다. 그리고 대화를 하거나, 누구를 만나거나,

어떤 사건이나 상황을 관찰하거나, 음식을 먹거나 하는 등과 같은 자연스러운 행동을 하고 있는 사람에게서 자료를 수집한다(Guba, 1978). **문화기술지**(文化記述誌, ethnography)란 용어 또한 질적 연구에 적용되는 용어이다. 어떤 사람들은 엄격한 기준에 따라 질적 연구의 아주 특정한 유형을 언급할 때만 이 문화기술지 용어를 사용하는 반면, 인류학자들이 사용하고 있고 문화를 기술하는 일종의 방법이므로 대부분의 연구자들은 이 책에서 정의하고 있는 질적 연구와 동의어로 이 용어를 사용하고 있다(Goetz & LeCompte, 1984).

질적 연구와 연관된 많은 다른 용어들이 있는데, 이들 용어에는 **상징적 상호작용론자**(symbolic interactionist), **내부자 관점**(inner perspective), **시카고학파**(the Chicago School), **현상학**(phenomenology), **사례연구**(case study), **해석적**(interpretive), **민속방법론**(ethnomethodology), **생태학**(ecology), **서술적**(descriptive) 등이 있다. 이들 용어의 정확한 사용과 정의는 현장조사나 질적 연구와 마찬가지로 사용자와 시기에 따라서 약간씩 다르다. 우리가 말하는 뜻은 특정한 이론적 배경을 가진 특정한 연구자에 의해 사용될 때 이들 용어의 의미가 달라질 수 있다는 것이다(Jacob, 1987; Tesch, 1990; Lancy, 1993; Smith, 1992; Wolcott, 1992). 이 책에서 사용하는 질적 연구란 "질적"이라고 말할 수 있는 방법들을 포함한 연구란 뜻이다. 이에 대해서는 이 책을 읽어나가면서 더 깊은 논의가 있을 것이다.

이 시점에서는 단지 질적 연구란 용어를 소개하는 정도이며 지금부터는 질적 연구의 특징들에 대해 좀더 자세하게 설명하고자 한다. 그런 다음 질적 연구의 역사적 배경과 질적 연구의 이론적 토대에 대해 알아보고자 한다.

1.1 질적 연구의 특징들

어떤 종류의 연구법 강좌를 들었든 여러분은 이미 연구라는 것이 무엇인지를 알고서 질적 연구방법 과목을 듣게 된다. 대중 매체와 **대중문화**(popular culture), 특히 텔레비전이나 라디오 뉴스 및 인쇄물을 통해 임신부의 흡연이나 음주의 위험성, 안전벨트를 착용하지 않은 운전의 위험성, 또는 사회적인 여러 문제들에 대한 과학적 연구의 결과를 접하게 된다. 연구의 결과를 나타내기 위하여 차트와 그래프가 사용되며, 평론가와 기자들은 "변인", "표본의 크기", "연구결과"와 같은 단어들을 일상적 단어로 사용하고 있다. 그래서 사람들은 실제로 이들 용어들이 정확히 어떤 의미인지도 모르면서도 연구란 용어를 생각할 때면 항상 이런 단어들을 떠올리게 된다. 따라서 대중적으로 알려진 연구는 **양적 연구**(quantitative research)와 동의어이다.

질적 연구를 수행하는 방법을 배운다는 것은 이러한 사회적으로 알려진 "연구"에 대한 통상적인 이미지를 벗어버리고 다른 용어와 다른 연구과정을 사용하고자 하는 열린 마음가짐을 가지는 것을 뜻한다. 비록 질적 연구도 양적 연구와 마찬가지로 자료수집 방법과 절차를 강조하고는 있지만, 다음에서 논의하는 것처럼 여러 가지 면에서 서로 다르다.

어떤 연구자들은 직접 자료를 수집하기 위하여 공책을 들고 학교를 "돌아다니"는가 하면, 다른 연구자들은 교실에서 비디오 장비를 사용해서 자료를 수집하는데 이런 장비 없이는 절대 연구를 하지 않는 그런 연구자도 있다. 학생과 교사의 언어적 상호작용 패턴을 연구하기 위하여 차트와 도표를 그리는 연구자도 있다. 그런데 이들 연구자 모두 공통점을 가지고 있다. 이들은 이 책에서 정의하고 있는 질적 연구를 수행하고 있으며 교육이라는 상황을 연구하고 있다. 이 절에서는 이들 연구자들의 연구가 서로 다름에도 불구하고 왜 질적 연구의 범주에 속하는지 질적 연구의 공통점을 중심으로 그 이유를 밝히고자 한다.

질적 연구의 특징에는 다섯 가지가 있는데, 질적 연구라고 하는 모든 연구들이 이 다섯 가지 특징을 동일한 정도로 충족시키는 것은 아니다. 사실 어떤 연구들은 이 다섯 가지 중에서 한두 가지 특징이 전혀 없는 경우도 있다. 그래서 연구의 어느 특정한 부분이 질적이냐 아니냐에 의해 질적 연구를 가늠하는 것이 아니라 정도의 문제이다. 앞에서도 언급했듯이 참여관찰과 심층인터뷰를 사용한 연구가 질적 연구의 대표적인 예이다.

1. 자연적 질적 연구의 경우 자료의 직접적인 출처는 실제적인 상황이며 연구자는 자료수집의 핵심적 도구이다. "자연적"이란 단어는 생물학의 환경론적 접근에서 나온 말이다. 연구자는 학교, 가정, 이웃, 다른 여러 장소에 들어가서 교육적 주요 관심사를 배우면서 많은 시간을 보낸다. 어떤 연구자들은 비디오 녹화장비와 녹음장비를 사용하지만, 많은 연구자들의 경우 대개 공책과 연필만 들고 연구장소에 들어간다. 그렇지만 설령 어떤 장비를 사용한다고 하더라도 그렇게 수집된 자료는 그 연구장소에 대한 이해를 보완하는 데 활용된다. 이와 더불어 연구자는 자료분석의 핵심도구인 자신의 통찰을 사용하여 기계장비에 의해 기록된 여러 자료들을 빠짐없이 훑어보고 조사한다. 예를 들면, 의과대학 교육에 관한 대규모 연구에서 연구자들은 중서부지역에 위치한 의과대학에 들어가서 교실, 실험실, 병동, 심지어 학생들이 모여서 대화를 나누는 카페테리아, 동아리방, 공부방 등으로 학생들을 따라다녔다(Becker, Geer, Hughes, & Strauss, 1961). 켈리포니아주의 교육 계층화에 관한 연구

(Ogbu, 1974)는 교사, 학생, 교장 및 이들의 가족, 학교운영위원회 임원들을 만나서 관찰하고 인터뷰하는 현장조사를 끝마치는데 자그마치 21개월이나 걸렸다.

질적 연구자들은 **맥락**(context)을 중요시하기 때문에 연구하고자 하는 특정한 상황이나 장소에 간다. 이들은 행위란 그것이 일어나는 상황이나 장소에서 관찰될 때 가장 잘 이해될 수 있다고 생각한다. 연구자가 원하는 자료가 연구참여자에 의해 생성되면 공식 기록 문서를 처리하는 것과 같이 이 자료가 어디서 생성되었는지, 어떻게 생성되었는지, 그리고 어떤 주변 상황 하에서 생성되었는지를 알고자 한다. 이 자료는 어떤 시대적 상황과 동향으로부터 나온 것일까? 행위, 말, 또는 작은 몸짓 등을 맥락으로부터 분리하게 되면 질적 연구자들은 그 자료의 의미를 볼 수 없게 된다. 어떤 인류학자는 이런 점을 다음과 같이 기술하고 있다.

> 만약 일어난 어떤 일을 글로 구성하는 것이 인류학자의 해석 활동이라면 무슨 일이 일어났는지, 어떤 시간과 장소에서 일어났는지, 어떤 사람들이 무엇을 말하고 행동했는지 등을 그 글로부터 분리하게 되면, 상황과 분리해서 생각하게 되면 결국, 그 글은 아무런 의미가 없게 된다. 시, 사람, 역사, 풍습, 기관이나 제도, 사회 등 어떤 것에 대한 좋은 해석이란 그 해석을 읽음으로 해서 그것에 대한 핵심을 파악할 수 있을 때이다. (Geertz, 1973, p. 18)

비디오 녹화로 교실에서의 상호작용에 관한 자료를 수집(Florio, 1978; Mehan, 1979), 인터뷰를 통해 장학사와 교사의 현장 경험에 관한 자료를 수집(Chase, 1995; Weiler, 1988; Middleton, 1993; Casey, 1993), 인종 차별 폐지에 관한 자료를 수집(Metz, 1978), 읽기와 쓰기 능력에 관한 자료를 수집(Oyler, 1996), 참여관찰을 통해 도시에 있는 고등학교에서 청소년의 정체성 형성에 관한 자료를 수집(Eckert, 1989; Pattillo-McCoy, 1999; Anderson, 1999)하는 연구 예에서 보듯이, 질적 연구자들은 인간의 행위는 그 행위가 일어난 상황에 큰 영향을 받는다고 가정하기 때문에 가능하면 언제든 그 상황과 장소에 간다.

2. 서술적 자료 질적 연구는 서술적이라고 하는데, 그 이유는 수집된 자료가 양적 연구처럼 숫자가 아니라 문장이나 사진의 형태를 취하기 때문이다. 질적 연구의 결과물은 연구자의 주장을 예시하고 입증하기 위하여 수집된 자료로부터 발췌한 수많은 인용들로 가득하다. 수집된 이런 자료의 형태에는 인터뷰 녹취록, 현장조사록, 사진, 비디오테이프, 개인문서, 메모, 또는 여러 종류의 공식적인 기록물 등이 있다. 이해를 탐색하는 질적 연구자는 아무리 많은 분량의 자료라 할지라도 간단한 숫자형태로 줄여 변형하지 않는다. 질적 연구자는 가능하다면

수집된 자료를 기록되고 녹취된 원래 상태 그대로 유지하여 의미가 풍부하게 꽉 찬 그런 자료를 분석하고자 노력한다. 질적 연구 논문이나 보고서는 수많은 인용을 포함하고 있으며 이야기 형식(내러티브, narrative)을 통해 특정한 상황이나 세계관을 묘사하려고 한다. 질적 연구에서는 자료를 기록하고 그 연구의 결과를 알리는데 있어 문장이 아주 중요한 역할을 한다.

서술적 자료를 수집하기 위하여 질적 연구자는 사소한 것을 문제시하는 방식으로 세상을 바라보고 생각한다. 일반적으로 사람들은 주변 환경의 세세한 부분은 감지하지 못한 채 "당연하게 여기면서" 세상에 사로잡혀 있다. 그렇기 때문에 대화중에 말하는 사람의 작은 몸짓이나 농담, 대화를 나누는 곳의 벽의 장식, 대화중에 사용하는 특정한 단어들과 이런 단어사용에 대한 주변 사람들의 반응 등과 같은 것을 알아차리지 못한다.

질적 연구방법은 어떠한 것이라도 사소하지 않다는 가정 하에 세상을 조사하며, 어떠한 것이라도 연구하고 있는 주제나 대상에 대한 좀더 폭넓은 이해를 가능하게 하는 단서가 될 수 있다고 가정한다. 연구자는 끊임없이 이런 질문을 던져야한다: 왜 책상이 이런 식으로 배열되어 있는 것일까? 이 사립학교의 중산층 백인 학생들은 자신들에게 주어진 특권을 어떻게 이해하고 있을까(Proweller, 1998)? 고등학교 교육과정에 컴퓨터를 도입했을 때 학생과 교사는 이 컴퓨터를 어떻게 이해하는가(Wexler, 1998)? 아침 토론그룹에 참여하는 학생들은 어떤 주제로 토론을 시작하는가(Bogad, 1998)? 비슷한 행동을 한 학생들에 대한 교사의 반응이 다른 이유는 무엇인가? 어떻게 교사들은 십대 고등학생 미혼모들에게 특정한 모습의 "좋은 엄마"가 되도록 강요하고 있는가(Luschen, 1998)? 질적 연구의 경우 당연하게 여길 수 있는 것은 아무 것도 없으며 어떤 말이든 깊이 있게 따져보고 조사하는 자세가 필요하다. 서술이 자료수집 방법으로 성공적이기 위해서는 모든 세세한 것이 고려되어야 한다.

3. 과정을 중시 질적 연구자는 산출물이나 결과물보다는 과정을 중시한다. 사람들은 어떻게 의미를 서로 협의하여 만들어 가는가? 용어와 명칭은 어떻게 유통되는가? 어떻게 특정한 개념이 우리가 알고 있는 "상식"으로 자리를 잡게 되는가? 리스트(Rist, 1978)는 특정 유형의 어린이들에 대한 교사의 기대를 알아보기 위해 교사의 이러한 기대가 어린이들과의 일상적인 상호작용에 어떻게 표현되는지를 연구하였다. 교사의 기대는 똑똑하지 않은 아이들에 대해 "그럼 그렇지"라는 당연하다는 태도로 나타났다. 어떤 연구자는 여성 장학관들과의 인터뷰를 통해 장학관으로서 경력을 쌓아가는 과정에서 어떻게 어려움들을 해결해 나갔는지를 보여주었다(Chase, 1995). 고등학생 미혼모들을 위한 유아원에서의 참여관찰을 통한 연구는 이 미혼모 학생들이 모성애를 이해하도록 교사들이 어떤 활동을 하는지 조사하였다(Luschen,

1998, p. 261). 미들턴과 휴이트(Middleton & Hewitt, 2000)는 "심각한 학습장애"를 가진 사람들이 "병원의 장기입원 보호"에서 "사회에 복귀하여 살아감"으로 바뀌는 과정에서 보살핌의 전이과정을 연구하였다.

이러한 질적과정의 강조는 학생에 대한 교사의 기대가 학교에서 학생의 인지능력에 영향을 준다고 하는 자기충족예언을 밝히려는 교육연구에 특히 유용하였다(Rosenthal & Jacobson, 1968). 양적 연구자는 사전 검증과 사후 검증을 통하여 교사의 기대에 의해 학생들에게 어떤 변화가 일어났음을 입증해 왔다. 질적 연구자는 어떻게 교사의 기대가 매일 일상적인 활동과 상호작용을 통해서 학생들에게 전달되는지를 밝히고자 했다. 유치원 교실에서 자기충족예언에 관한 연구는 미국계 흑인 유치원생들의 교실에서 수행되었던 참여관찰을 사용한 연구에 잘 나타나 있다. 이들 유치원생들은 유치원에 온지 며칠 만에 사회경제적 기준에 따라 여러 집단으로 분류되었다. 교사는 상위 집단의 학생들과 좀더 많이 상호작용을 했으며, 이들 학생들에게 좀더 많은 특권을 부여했고, 심지어 하위 집단의 학생들을 처벌할 수 있는 권한까지 부여하였다. 이 연구에는 유치원 교실에서 일어난 매일 매일의 과정이 실감나게 잘 묘사되어 있다(Rist, 1970). 이런 유형의 연구는 정의(학생에 대한 교사의 정의, 학생들 자신과 상대방에 대한 정의)가 어떻게 형성되는지에 초점을 두고 있다.

4. 귀납적 질적 연구자는 자료를 귀납적으로 분석한다. 질적 연구자는 연구를 하기 전에 설정했던 가설을 입증하거나 반박하기 위하여 자료나 증거를 찾지 않는다. 수집된 자료로부터 특별한 것을 찾아냄으로써 추상적 개념을 만들어가는 것이 질적 연구자가 자료 분석에서 하는 일이다.

이론은 이런 식으로 밑바닥에서 위로(위에서 아래로가 아닌), 다시 말해 수집된 상호 무관한 많은 조각의 증거에서 연관성을 찾음으로써 나타나게 된다. 즉 이론은 자료에 근거를 두고 있다. 연구 주제에 대해 어떤 이론을 만들고자 할 때 질적 연구의 방향은 자료를 수집하고, 연구참여자들과 함께 얼마간의 시간을 보낸 후에야 결정 가능하게 된다. 연구를 한다는 것은 여러분이 이미 알고 있는 그림의 퍼즐조각을 맞추는 그런 일이 아니다. 그 퍼즐 조각들을 전체와 부분 그림에 맞도록 살펴보고 짜 맞추어 가면서 그림은 완성되어진다. 질적 연구에서 자료분석 과정은 깔때기와 같은 모양으로, 깔때기의 윗부분인 시작 부분은 크게 개방되어 있지만 아래쪽으로 갈수록 좁아져 점차 직접적이며 구체적이 된다. 질적 연구자는 연구의 처음부터 어느 시점까지의 연구결과로부터 연구 주제에 대한 중요한 의문점들이 무엇인지를 알려고 한다. 질적 연구자는 연구 주제에 대해 연구 시작부터 충분히 알고 있다고 결코 가정하지 않는다.

5. 의미 "의미"는 질적 연구에서 필수적인 관심사이다. 질적 연구방법을 사용하는 연구자는 사람들이 어떻게 자신들의 삶을 깨닫는지에 관심이 있다. 다른 말로 표현하면 질적 연구자는 연구참여자 관점(participant perspectives)에 관심을 가진다(Erickson, 1986; 약간 다른 견해를 표현한 Dobbert, 1982를 참조). 질적 연구자는 다음과 같은 의문을 가진다. 사람들은 자신들의 삶에 대해 어떤 가정을 하는가? 사람들은 무엇을 당연하다고 생각하는가? 예를 들면, 어떤 교육연구에서 연구자는 자녀 교육에 대한 부모의 관점을 파악하고자 했다. 이 연구자는 부모들은 자녀들이 학교에서 공부를 잘 하지 못하는 이유를 무엇이라고 생각하는지를 알고자 했다. 이 연구자가 발견한 것은 자신들의 가난과 낮은 교육 때문에 교사들이 자기 자녀들의 능력을 제대로 평가해서 키워주지 않는다고 이 부모들이 생각한다는 것이다. 또한 이 부모들은 부모의 이런 가난과 낮은 교육 때문에 교사들이 자신들의 자녀를 좋은 학생으로 생각하지 않는다고 교사들을 비난했다(Ogbu, 1974).

질적 연구자는 연구참여자 관점을 정확하게 포착하여 기술하고 있는지를 중요시한다. 비디오 녹화를 사용하는 연구자들은 자신의 해석이 정확한지 알아보기 위하여 연구참여자에게 전체 녹화 테이프를 보여주기도 한다(Mehan, 1978). 다른 연구자들은 연구의 핵심 **정보제공자**(key informants)*에게 발표할 논문의 초안이나 인터뷰 녹취록을 보여주기도 한다. 이런 방법 외에 구두로 연구참여자 관점을 정확히 묘사했는지를 점검하는 연구자들도 있다(Grant, 1988). 이러한 절차에 대해 논쟁도 있긴 하지만 이렇게 하는 것은 가능하다면 사람들 고유의 관점과 해석을 정확하게 포착하고자 하는 노력을 반영하려는 것이다.

위스콘신의 젊은 여선생인 아그네스 올센, 1909년경

교육에서의 질적 연구자는 "무엇을 경험하고 있는지, 이렇게 경험하는 것들을 어떻게 해석하는지, 그리고 살고 있는 곳에서 사회생활을 어떻게 구조화하는지"를 발견하

* 이 책에서는 informant를 '정보제공자'로 번역한다. 다른 책에서는(예: 이용숙외(2005), 실행연구방법. 서울: 학지사.) 이를 '제보자'라고 번역하고 있는데, 제보자라는 단어의 어감은 어떤 잘못된 것이나 위험한 것을 사람들에게 알리기 위해 정부기관 등에 정보를 은밀히 알려준다는 느낌을 주기 때문에 질적 연구에서 연구참여자가 자신이 알고 있는 지식이나 정보를 연구자에게 알려주는 것과는 어감이 다르다.

기 위하여 자신들이 연구하는 사람들에게 끊임없이 질문을 한다(Psathas, 1973). 질적 연구자는 정보제공자의 관점에서 이들의 경험을 파악하기 위하여 여러 절차와 방법을 고안해냈다. 이런 측면에서 볼 때, 질적 연구를 수행하는 과정은 연구자와 연구참여자 사이의 대화나 상호작용이라고 특징지을 수 있다.

1.2 교육을 주제로 한 질적 연구의 여러 전통들

미국에서 교육을 주제로 한 질적 연구의 역사는 미국 사회학과 인류학 발달의 초창기에 그 뿌리를 두고 있지만, 영국과 프랑스의 학문 영역에서의 발달과도 연관되어 있다. 질적 연구의 발달은 학문 분야만으로 이해될 수 없는데, 그 이유는 식민주의와 같은 대규모적 사회 변화와 변동이 이러한 발달에 영향을 미쳐왔기 때문이다. 이 절에서는 교육을 대상으로 하는 질적 연구의 역사를 학문적 영향의 측면, 대륙적, 이념적, 그리고 정치적 영향의 측면에서 살펴보고자 한다. 이러한 측면들은 상호연관 되어 있으므로 이러한 상호 연관성을 고려하면서 이에 대한 논의를 하고자 한다.

1.2.1 학문적 여러 전통

인류학자와 사회학자는 자신들이 연구하고 있는 특정 사람들이 어떻게 그들의 세계를 이해하고 있는지를 알기 위해 항상 그 사람들이 있는 실제 현장에서 데이터를 항상 수집해 왔다. 말리노우스키(Bronislaw Malinowski)는 서구 문명과의 접촉이 없었던 부족들의 생활상을 관찰하기 위해 많은 시간을 그 부족들과 함께 시간을 보낸 최초의 문화인류학자였다(Wax, 1971). 또한 그는 자신의 자료 수집 방법과 현장조사 경험을 기술했던 최초의 전문 인류학자였다. 그는 "그곳에 있는 사람들(원주민)의 관점(native's point of view)"라는 용어를 정의하였고, 이 용어의 이해를 강조함으로써 해석 인류학(interpretive anthropology)의 토대를 쌓았다(Malinowski, 1922, p. 25).

말리노우스키는 문화에 관한 이론은 관찰을 통한 인간의 특정한 경험에 근거를 두어야 한다고 주장했다(Malinowski, 1960). 흥미로운 사실은 말리노우스키의 현장조사 방법은 우연하게 이루어져 발달하게 된 것으로 짐작된다. 아주 적은 연구비를 가지고 뉴기니 섬에 도착하자마자 제 1차 세계대전이 일어났다. 이 때문에 연구를 위한 여행은 중단되었고 전쟁이 끝나던 1918년까지 호주와 그 인근 여러 섬에 머물러 있어야 했다. 이것이 "현장조사"가 생기게 된 계기였다.

미국 교육을 연구하기 위하여 인류학을 적용한 최초의 많은 시도들은 인류학자인 미드(Margaret Mead)에 의해 이루어졌다(1942, 1951). 학교의 조직 체계와 교사의 역할에 특히 관심을 가졌던 그녀는 빠르게 변화하고 있는 미국의 교육을 기술하기 위하여 문명사회와 동떨어진 곳에서 생활하는 사람들을 대상으로 한 연구에서 익힌 자신의 현장조사 경험을 사용하였다. 미드는 자신이 분류한 붉은 벽돌로 지은 작은 초등학교, 도시의 큰 학교, (사립)전문학교라는 학교 유형에 따라 교사들의 유형이 어떻게 나누어지며 이 교사들은 학생들과 어떻게 상호작용하는지를 조사했다. 미드는 관찰과 직접적인 현장 경험을 통하여 이들 교사들이 더 나은 교사가 되기 위해서는 자신들이 가르치고 있는 학생들의 사회화 과정과 성장 과정의 변화를 학습할 필요가 있다고 주장했다. 인류학자들의 이러한 현장에 기초한 연구는 일명 시카고 사회학이라는 사회학 모델에 중요한 근원이 되었다(Douglas, 1976; Wax, 1971).

1.2.2 시카고 사회학

1920년대와 1930년대 시카고 대학교의 사회학과에서 가르침과 배움을 주고받았던 사회학 연구자 집단을 일컫는 용어인 시카고학파는 현재 질적 연구방법의 발전에 큰 기여를 했다. 시카고학파의 사회학자들은 개개인의 학문적 성향은 달랐지만 이론적 가정과 연구방법론적 측면에서 어느 정도 공통점을 공유하고 있었다. 이론적으로 볼 때 이들 모두는 기호와 개인의 개성은 사회적 상호작용으로부터 출현하는 것이라고 생각했다(Faris, 1967). 연구방법론적으로 볼 때 한 사람, 하나의 집단, 한 이웃 사람들, 또는 하나의 지역사회이든 한 개의 사례에 대한 연구를 했다는 점이 공통적이다(Wiley, 1979).

그들은 또한 연구를 위하여 연구 자료를 직접 수집하였다. 시카고 대학교 사회학과의 초기 졸업생이었던 토마스(W. I. Thomas)는 폴란드 이민자들의 이민 생활에 대한 관점을 조사하기 위하여 이들이 서로 주고받았던 편지를 분석하였다(Thomas & Znaniecki, 1927; Collins & Makowsky, 1978). 《유럽 및 아메리카의 폴란드 농민》(*The Polish Peasant in Europe and America,* Thomas & Znaniecki, 1927)이란 책의 내용은 "개인에 관한 문서 및 공공 문서에 대한 질적 분석"을 주로 다루었고 "경험적 조사를 중요시하는 전통적인 연구 관점에서는 받아들일 수 없었던 새로운 요소들과 새로운 기법들을 연구활동에 도입하였다"(Bruyn, 1966, p. 9).

시카고학파를 대표하는 인물이었던 파커(Robert Park)는 워싱턴(Booker T. Washington)* 의 인종 문제를 대중과의 관계로 부각시킨 기자로서의 경력을 가진 연구자였다. 파커는 기자는 사건이 발생한 바로 그 현장에 있어야 한다는 언론인의 관행을 연구자의 관행으로 실천하였으며 연구자의 관찰을 연구의 최우선 과제로 삼았다(Faris, 1967; Hughes, 1971; Matthews, 1977; Wax, 1971).

시카고 사회학자들은 또한 도시에서의 삶을 강조하였다. 무엇을 연구하든 상관없이 항상 그 지역 사회를 배경으로 삼았는데 베커(Becker)는 이것을 "과학적 모자이크"라고 불렀다(Becker, 1970b). 이들 시카고 사회학자들은 일상적인 삶의 여러 측면에 대한 연구와 민족에 관한 연구, 이 두 분야에 대해 주로 연구를 했는데 연구의 예를 보면 〈유대인들의 집단 거주 지역〉(Wirth, 1928), 〈직업 댄서를 길러내는 무도 연습장〉(Cressy, 1932), 〈청소년 범죄 집단〉(Thrasher, 1927), 〈전문 절도범〉(Sutherland, 1937), 〈부랑자들의 삶〉(Anderson, 1923), 〈해변 고급 주택의 삶과 빈민가의 삶〉(Zorbaugh, 1929), 〈비행 청소년〉(Shaw, 1966, 1930년에 처음 출간됨)과 같은 것들이 있다. 오늘날 **전체적**(holistic)이라는 질적 연구의 특징은 바로 사회적 맥락과 개인의 전기적 요소의 공통부분을 강조한 이러한 연구의 예에서 그 뿌리를 찾을 수 있다. 이런 이유로 해서 시카고 사회학자들은 "인간의 행위는 그 행위가 일어난 상황에 기초하여 연구하는 것이 가장 좋다"라고 말한다(Wells, 1939, p. 428). 이와 더불어 시카고 사회학자들은 좀처럼 쉽게 접할 수 없는 범죄자나 부랑자 또는 이민자들의 삶에 대한 다양한 전기를 통해 이 사람들의 관점에서 세상을 보려고 하는 것이 얼마나 중요한지를 강조하였다. 분명하게 자기들 스스로 밝히지는 않았지만, 시카고 사회학자들은 우리 사회의 구성원으로서 역할을 하지 못하는 이러한 주변인들의 독특한 관점을 "대변해 주는 것"이 그들의 임무라고 생각했다.

이러한 관점은 실체(reality)란 사회적이며 상호작용적 본질을 가지고 있음을 강조한 것이었다. 예를 들어, 파커는 캘리포니아 주의 "동양인과 서양인"의 관계 탐색이라는 인종 관계 조사에 대한 연구의 방법론 서두에서 이 연구가 중요한 이유는 "대중적이든 개인적이든 상관없이 모든 견해는 사회 활동의 부산물이다"라는 인식을 다루기 때문이라고 하였다(Bogardus, 1926). 이 연구에 참여했던 많은 사람들은 동양인으로 미국에서 살아가면서 공

* 부커 워싱턴(1856-1915)은 백인 아버지와 흑인 어머니 사이에 태어난 혼혈로 어린 시절을 노예로 보냈다. 후에 성장하여 대표적인 흑인 교육자이자 인권 운동 지도자, 사회 운동 지도자로서 19세기 말 폭력적 백인 우월주의가 기승을 부릴 때 흑인의 생존을 위해 정신적 독립보다는 경제적 자조를 강조하였으며 기술학교를 세워 흑인의 경제적 자립을 강조하였다.

통적으로 겪는 여러 가지 어려움을 가지고 있었다.

> 내 생각에는 내가 미국인이라고 생각했습니다. 미국인들이 지닌 미국적 이념을 가졌고, 미국을 위해서 싸울 것이며 워싱턴 대통령과 링컨 대통령을 사랑했습니다. 그런데 고등학교 시절 난 내 자신이 미국 학생들 사이에서 추방시켜야 할 비열한 일본 놈으로 밖에 보이지 않는다는 걸 알게 되었습니다. 난 일본이 어떤 나라인지도 모른다고 말했고, 일본어를 하지도 못한다고 말했으며 또한 일본의 역사나 위인들조차도 모른다고 했습니다. 그런데도 난 여전히 미국인이 아니라는 소리를 계속해서 들었고, 미국인이 될 수도 없었고, 투표도 할 수 없었습니다. 난 이제 아무런 의욕도 없습니다. 일본인도 아니고 그렇다고 미국인도 될 수 없고, 그렇다면 도대체 난 누구란 말입니까?(Bogardus, 1926, p. 164)

시카고 사회학자들은 이렇듯 인간의 일면을 강조했을 뿐만 아니라 우리 사회의 주변인으로 내몰리게 된 사람들을 주로 연구했다.

새로운 통합학교의 모습, 미네소타의 빌렌드, 1913년

1.2.3 교육 사회학

교육 사회학의 경우 윌라드 월러(Willard Waller)의 연구를 제외하고는 거의 대부분 양적 접근을 취하고 있었다. 교육학과의 교수들은 질적 연구에서 중요하게 다루고 있는 현장의 적합성에 대해 항상 의심스러워했고, "교육 사회학은 과학인가? 또는 교육 사회학은 과학이 될 수 있는가?"와 같은 질문에 관심을 가지고 있었다. 〈교육 사회학 저널〉(Journal of Educational Sociology)의 편집장에 따르면, 교육 사회학이 과학이 되기 위해서는 교육 사회학의 연구가 실험적이어야 한다고 했다. 이렇듯 교육에서 과학적 측정을 강조하는 분위기는

그 당시 교육계의 주된 관심사를 반영하고 있었다. 이 시기는 바로 "경험주의의 전성기"였다고 할 수 있다(Cornbach & Suppes, 1969, p. 43). 따라서 정량화하는 것을 교육에서의 "과학적 방법"이라고 생각했다.

정량화가 교육 사회학의 학풍을 주도하고 있었던 이 시기에(Peters, 1937; Snedden, 1937) 이러한 학풍을 역행하는 예외적 연구가 윌러에 의해 수행되었다(Willower & Boyd, 1989). 윌러는 시카고 사회학과의 엘즈워드 패리스(Ellsworth Faris) 교수 밑에서 석사 과정을 공부했던 인물이었다. 교육 사회학에 대한 그의 경향은 그 시대의 교육 사회학 연구 흐름과 마찬가지로 경험적이었지만, 여러 집단의 사회에 대한 직접 경험과 사회의 구성 요소가 어떻게 더 큰 사회 전체와 연관되어 있는지에 관심을 가짐으로써 양적 연구를 멀리하게 되었다.

《교수의 사회학》(*Sociology of Teaching*, 1932)이란 책에서 윌러는 교사와 학생들이 생활하는 학교라는 사회를 기술하기 위하여 심층인터뷰, 생활사나 전기, 참여관찰 뿐만 아니라 사례 기록 및 일기, 편지 등의 개인적인 다양한 문서까지도 참고하였다. 윌러의 이 책은 "학생과 교사는 서로 이질적인 지적 존재가 아니며 또한 가르치고 배우는 기계도 아니다. 모든 인간 존재는 사회적으로 서로 연결된 복잡한 미로 속에 함께 얽혀 있다. 학교는 인간 존재가 생활하는 곳이므로 학교도 하나의 사회인 것이다"(Waller, 1932, p. 1)라는 그의 신념을 잘 보여주었다. 윌러는 문화인류학자, 현실적 소설가, 그리고 오늘날의 질적 연구자가 사용하는 연구방법을 사용하였다. 윌러의 목적은 학교생활의 사회적 실체에 대한 깊은 통찰을 교사들이 가질 수 있도록 돕고자 하는 것이었다. 윌러에 의하면 이러한 통찰로부터 과학적 방법이 개발되는 것이지 그 반대로 이루어지는 것은 아니다(Waller, 1934).

학교라는 사회와 그곳과 관련된 사람들의 삶에 대한 윌러의 연구는 학교 사회를 사실적이고 정확하게 서술했으며 이를 위하여 사회학의 여러 개념을 사용했다는 점에서 중요한 가치가 있다. 그가 채택했던 사회학적 개념 중에서 가장 중요한 것은 토마스의 "상황의 정의"(Thomas, 1923)였는데, 이 개념은 상호작용적 개념으로 사람들은 어떤 행동을 하기 전에 자신이 처한 상황을 살펴보고 그 상황을 "정의"한다는 것이다. 이렇게 그 상황을 "정의"해야 그 상황은 우리에게 이제 실제적인 것이 된다.

1.2.4 유럽과의 교류와 사회 조사 운동

19세기와 20세기 동안 영국과 프랑스 그리고 유럽의 여러 나라에서의 연구는 질적인 접근방법을 반영하고 있었는데, 연구자들은 어떤 집단의 사람들을 연구하기 위하여 그들과 함께 살면서 그 사람들의 관점을 이해함으로써 일반 사람들의 삶을 이해하고자 했다. 1800년대 후반 동안 영국의 프레데릭 르쁠레이(Frederick LePlay)는 1930년대 사회학자들이 이름 붙였던 "참여관찰"이란 방법을 통하여 육체 노동자 계급의 가족들을 연구하였다(Wells, 1939). 르쁠레이 자신은 이 방법을 "관찰"이라고 불렀고(Zimmerman & Frampton, 1935) 이 방법을 사용하여 사회적 빈곤을 해소할 수 있는 방법을 찾고자 했다. 참여관찰자로서 르쁠레이와 그의 동료들은 연구하고자 하는 가족들과 함께 생활하면서 이 가족이 어떤 일을 하는지, 어떤 놀이를 즐기는지, 교회에서는 무엇을 하는지, 그리고 학교에서는 어떻게 지내는지를 자세하게 관찰함으로써 이들 가족의 생활에 참여했다. 이 연구의 결과는 《*Les Ouvriers Europeans*》(1879년에 첫 판이 출판되었음)란 이름으로 출판되었는데 유럽의 노동자 계급의 가족상을 자세하게 기술한 것이었다.

1851년과 1862년 사이에 4판이 출판된 헨리 메이휴(Henry Mayhew)의 《런던 노동자와 런던의 빈곤층》(*London Labor and the London Poor*)은 노동자와 실업자의 생활상을 일화식으로 기술하였다. 이 책에서 메이휴는 광범위한 빈곤층 사람들과의 심층인터뷰의 결과를 전기 형식으로 제시하였다.

1886년 초 런던의 빈곤층에 대한 사회조사를 실시했던 통계학자 찰스 부스(Charles Booth)의 연구는 도시 생활에 관한 여러 새로운 문헌을 기초로 하여 실시되었다. 부스의 연구는 17년 동안이나 지속적으로 이루어졌으며 수많은 보고서를 만들어 낸 놀랄만한 규모의 연구였다. 그의 주된 목적은 런던의 많은 빈곤층의 존재와 그들의 생활형편을 파악하는 것이었다. 그의 주된 관심사는 런던에 존재하는 빈곤의 정도와 본질을 양적으로 문서화하는 것이었지만, 그의 연구에는 자신이 연구했던 빈곤층 사람들에 대한 광범위하고 자세한 서술이 포함되어 있었다. 이러한 서술은 자신이 조사했던 사람들 속에서 연구자임을 숨긴채 함께 생활했던 시기에 이루어졌다. 그의 목적은 자신이 연구하고자 했던 빈곤층 사람들의 삶을 직접 체험하는 것이었다(Taylor, 1919; Webb, 1926; Wells, 1939).

부스의 거대한 이 연구에 참여했던 연구자들 중에 베아트리체 웹(Beatrice Webb)이 있었는데 후에 그녀는 남편과 함께 점진적 사회주의 운동의 주요 인물이 되었다. 웹은 평생을 빈곤층 사람들과 이들을 돌봐주는 사회 기관을 조사했는데 그녀의 이러한 동정심, 헌신, 그리고 이해심은 부스의 연구에 참여했던 첫 번째 현장조사의 경험에서 나온 것이었다. 이런 경험을 통해 웹은 빈곤층 사람들에 대한 다큐멘터리를 만들었다. 다큐멘터리 작가 로이 스트라이커(Roy Stryker)*가 쓴 〈집단을 구성하는 개인들〉(Individuals make up a people)을 생생하게 이해할 수 있었다(Stott, 1973, p. 53).

다양한 물건들을 활용하여 수학을 가르치고 있는 미네소타의 초등학교 교실의 "모델가게" 모습, 1920년

> 나는 이전에는 결코 노동자를 다른 모양과 종류의 남녀로 구분하여 생각해 본 적이 없었다. 솔직히 말해서 사회 과학에 흥미를 가지게 되었을 때 그리고 사회 조사 연구원으로서 공부를 막 시작했을 때, 1파운드짜리 금화가 무게와 색깔 심지어 가치에 있어서도 다른 1파운드짜리 금화와 똑같고 이 금화가 모여서 내 아버지가 운영하는 공장의 부(富)를 축적하는 것과 마찬가지 방식으로 나에게 노동자는 단순히 숫자로서 표시되고 계산되는 사람들의 집단에 불과했으며, 각 개인은 각자의 개성이 없이 언제든지 다른 사람으로 대체될 수 있는 추상적인 것이었다. (Webb, 1926, p. 41)

연구에 참여하는 연구참여자들과 직접 함께 생활하는 경험은 웹에게 이렇게 추상적인 개념들을 차츰 명백하고 생생한 개념들로 인식하도록 했다. 얼마 뒤 웹과 그의 연구 동료들은 자신들이 사용했던 연구방법론에 대한 설명을 책으로 출간했는데 이 책은 미국에서 널리 읽혀졌으며(Wax, 1971), 질적 연구방법에 대한 최초의 실질적인 논의를 담고 있다(Webb & Webb, 1932).

유럽에서 이러한 연구가 진행되고 있을 때 대서양 반대쪽 미국에서는 두 보이스(W. E. B. Du Bois)가 처음으로 사회 조사를 실시하였다. 1899년에 〈필라델피아의 흑인들, The Philadelphia Negro〉이란 제목으로 출간된 이 조사 보고서는 거의 일 년 반에 걸친 자세한

* 로이 스트라이커(1893-1975)는 미국 경제학자이며 정부관료, 사진작가였다. 루스벨트 행정부는 경제 공황 이후 미국의 농촌을 강타한 전례 없는 불황의 피해자인 농촌난민을 구제하고 경제정책을 홍보하기 위해 1937년 설립된 '농업안전국(Farm Security Administration, FSA)'의 사진자료 부서를 적극 활용했다. 로이 스트라이커는 이 FSA의 사진정보 관리부서의 책임자로서 사진을 통해 "미국의 실상을 미국인들에게 알게 하라."는 임무를 수행하기 위해 FSA의 다큐멘터리 사진 운동을 시작한 인물이다.

연구로써 필라델피아의 7번 구역에 대부분 살고 있던 흑인 연구참여자들과의 인터뷰와 관찰을 통해 얻은 자료가 포함되어 있었다. 이 연구의 목적은 "필라델피아 도시에 살고 있는 4만 명 이상의 흑인들의 상태"를 조사하는 것이었다(Du Bois, 1899[1967], p. 1).

가장 뛰어난 사회 조사 중의 하나는 1907년에 실시되었던 피츠버그 사회 조사였다. 그 당시 이 조사에 대한 평을 보면 이 사회 조사에서 사용되었던 통계적 특징을 강조하였는데(예를 들면, Devine, 1906-1908; Kellogg, 1911-1912), 이런 강조는 피츠버그 사회 조사에서 얻은 여러 결과에 대해 평을 한 것이라기보다는 사용된 "과학적 방법"에 대한 것이었다. 이 피츠버그 사회 조사는 산업 재해의 횟수에서부터 한 주의 임금에 이르기까지, 그리고 "변소"의 위치와 형태에서부터 학교 출석 횟수에 이르기까지 다양하고 광범위한 양적 통계 자료를 수집했으며, 또한 자세한 묘사, 수많은 인터뷰, 여러 사람들의 초상화(미술가들이 목탄을 사용해서 스케치한), 그리고 많은 사진들을 담고 있었다.

가난한 미국흑인 가정의 모습, 메릴랜드의 작은 마을 탈보트, 1911년

이 자세한 묘사에는 이 지역에서 오랫동안 학교 직원이었던 사람이 말한 "이 도시에서 학교 건물들이 가장 먼저 세워졌으며..."와 같은 지역 교육의 역사에서부터 학급을 능력별로 편성했던 1학년 교사에 의해 발생했던 "우둔한" 학생들의 문제까지 다루고 있다. 이 교사는

> 어떤 해에는 한 반에 128명의 학생을 맡아야 했고 그 다음 해에는 107명이었다. 이 여선생은 이들 학생들을 두 반으로 나누었다. 공부를 잘 하는 학생들은 아침에 등교시켜 이들의 능력에 맞게끔 최대한 빠르게 학습하도록 했는데 한 학년 동안 6권에서 9권의 책을 "습득하도록" 했다. 반면 공부를 더디게 하는 소수의 학생들에게는 오후에 등교하도록 했

> 다. 이 학생들은 오전동안 신나게 놀다가 맥이 빠져 학교에 왔고, 이 선생도 오전 수업 때문에 기진맥진해 있었기 때문에 오후 수업은 한다고는 해도 2시간 정도였으며 이들 학생들은 한 학년 동안 한 권 정도의 책을 보통 습득했다. (North, 1909, p. 1189)

공부를 못하는 학생들은 자연히 학교를 중도에 포기하게 되었고 결국 "무학력의 산업 노동자 계층"으로 전락하게 되었다(North, 1909).

이처럼 미국과 유럽대륙 양쪽 진영의 연구자들 모두 다양한 관점(사회학자, 진보주의자, 인류학자)으로부터 교육, 보건, 빈곤, 사회복지, 그리고 도시인의 생활 등의 다양한 사회적 관심사를 다루었다. 이런 연구를 수행했던 연구자들 중 어떤 연구자들은 자신들의 연구를 순수 학문적 연구로서 사회복지사들이 하는 일과 엄격히 구분하려고 했지만, 다른 연구자들은 연구자인 동시에 사회 활동가와 사회 개혁가의 일을 하였다. 그렇지만 이 두 부류의 연구자들의 연구는 모두 사회적으로 소외된 계층 사람들의 다양한 관점이나 의견을 표현하고자 했다는 점에서 큰 기여를 하였다. 예를 들어, 프란시스 도노반(Frances Donovan, 1920/1974)이 호텔이나 음식점에서 일하는 여자 종업원의 생활을 연구했을 때 사회를 변화시키고자 하는 목적으로 연구한 것이 아니라 사회적으로 소외된 여성들의 관점을 간접적으로 표현하고자 했다. 한편 두 보이스는 사회를 변화시키는데 도움을 주고자 하는 목적으로 필라델피아의 흑인에 관한 연구를 했다. 또한 질적 연구의 여러 전통들은 항상 이념적, 정치적 쟁점들의 영향을 받았다.

노르웨이 여자집사가 운영하던 유치원 모습, 시카고의 일리노이, 1908년경

1.2.5 이념적 관행과 정치적 관행

위에서 살펴보았듯이 질적 연구방법은 여러 학문 분야와 지리적 위치에 따른 발전의 역사가 있었으며 또한 이념적 영향에 의한 발전도 있었다. 즉 질적 연구의 수행은 사회 속에 권

력의 분포 양상을 나타내고 있다. 누구를 연구할 것인가? 누가 연구하는가? 어떤 유형의 연구 프로젝트여야 연구비를 지원받을 수 있는가? 연구비의 지원과 연구결과의 출판 양상이 세월에 따라 어떻게 변하고 있는가? 어떤 유형의 것들이 사회적 관심의 대상이며 연구자들은 특정 영역에 대한 관심을 발전시키는데 어떤 전략을 사용하는가? 진보적 사회변화와 여러 질적 연구방법의 관계는 역사적으로 볼 때 상호 모순된 점이 많았다. 예를 들어, 인류학자들이 원주민을 표현해 왔던 방식은 억압받고 있는 식민지의 관행과 연관될 수 있다. 미국의 경우만 보더라도 주류에서 밀려난 연구자들이나 또는 주류의 사람들로부터 밀려난 사람들의 관점을 연구하는 연구자들에게 질적 연구방법은 유용하고 매력적이었다. 여성들, 미국계 흑인들, 남자 동성애자들과 여자 동성애자들과 같은 집단의 사람들은 질적 연구자들이 선호하는 연구 대상자들이었는데, 그 이유는 전통적인 연구주제에 속하지 않는 사람들의 관점을 손쉽게 다룰 수 있고 사회 갈등의 복잡성을 기술하는데 적합한 질적 연구방법의 강점이 작용했기 때문이다.

지금까지 강조하고자 한 것은 질적 연구방법의 초월적 가능성이다. 질적 연구들 사이의 연관성, 특히 인류학의 범주 안에 있는 연구들과 이 범주 밖에 있는 연구들, 그리고 식민주의와 후기 식민주의의 논의는 다른 문헌에서 다루고 있다(예를 들면, Vidich & Lyman, 1994; Pratt, 1985, 1986, 1992; Thomas, 1994; Clifford & Marcus, 1986). 이런 논의는 토착민에 대한 서구의 **문화기술지 연구**(ethnographic studies)가 이들 토착민을 어떻게 “다른” 부류의 사람들로 묘사해 왔는지를 이해하는데 중요하다(Fabian, 1983; Bhaba, 1986, 1990, 1992). 이제부터는 질적 연구방법이 민주주의와 정의에 기여한 것에 대해서 논의하고자 한다.

“인디언 학교” 모습, 아이오와의 토리도, 1910년

1.2.6 여러 이념과 사회 변화

미국에서 발생했던 대공항은 정부기관의 공무원뿐만 아니라 대다수의 시민들과 많은 학자들에게 엄청난 문제점들을 생생하게 보여줬으며 이러한 문제점의 본질과 정도를 문서화하는 작업을 위해 질적 연구법이 사용 되었다. 예를 들면, 일자리 창출 프로젝트 부서에서는 연구참여자들의 이야기식 자료를 문서화하였다. 〈이것이 우리의 삶이다〉(These Are Our Lives)라는 보고서는 남부 3개 주의 백인과 흑인 노동자들의 **구술전기**(oral biography)와 생애사(life history)를 다루고 있다(Federal Writers' Project, 1939). 이 보고서의 저자들은 사회학자들이 아니라 일자리가 필요했던 작가들이었지만 기술 방법은 사회학적이었다. 현재 구술전기라고 일컫는 방법의 초기 형식에는 1930년대 중반에 수집되었던 노예에 대한 민간에서 구전되는 역사, 과거 노예였던 사람들과의 여러 번에 걸친 인터뷰 자료들(Botkin, 1945), 노동조합의 회원과 간부들이 쓴 편지를 묶은 것으로 남부 소작농민회의 권익을 옹호하기 위하여 1937년에 발간된 〈인권이 무시된 자의 변론: 소작농민들의 편지〉 등이 있었다(Stott, 1973). 이들 자료들은 토마스와 즈나니에츠키(Thomas & Znaniecki, 1927)의 〈유럽 및 아메리카의 폴란드 농민〉이란 대규모의 연구에서 사용했던 것과 같은 종류의 자료들이었다.

다큐멘터리 사진을 통해 소외된 미국민들의 고통을 생생하게 담아내기 위한 노력이 있었다(다음 연구 예들을 참고하기 바람. Evans, 1973; Gutman, 1974; Hurley, 1972). 루즈벨트 정부는 실직한 사진사들을 대거 고용, 전국으로 파견하여 소외된 사람들의 일상생활 모습을 사진으로 찍도록 했다. 이 사진사들 중에는 Lewis Hine, Dorothea Lange, Russell Lee, Walker Evans, Jack Delano, Marion Post Wolcott, John Collier 등이 있었다. 이들은 자신들의 활동을 기록했는데 이 기록에는 어떻게 주민들과 친밀감을 형성했으며, 사진촬영을 한 사람들의 관점을 나타내기 위하여 어떻게 했는지, 그리고 어떻게 인터뷰를 준비하고 했는지 등이 있었다(Collier, 1967; O'Neal, 1976; Stryker & Wood, 1973). 예를 들면, 월콧(Wolcott)은 "소외된 이들을 비웃으려는 것도 아니고 또한 이 사람들이나 이들이 사는 (누추한) 상황을 들추어내려는 것이 아니라는 것을 이들에게 확신시키는 것"이 얼마나 중요한지에 대해 글로 남겼다(O'Neal, 1976, p. 175).

질적 연구자들은 또한 성에 의한 권력의 불균형적 관계에 대한 연구도 하였다. 1940년대 사회학자 미라 코마로프스키(Mirra Komarovsky)는 고등교육을 받는 여성에 대한 연구를 했는데 이 연구는 1970년대 초 페미니즘 운동의 중요한 연구 문헌이 되었다. 코마로프스키는 버나드 대학에 다니는 여학생들과 80회에 걸친 심층인터뷰를 실시하였고 "여성"으로서 "(사회적) 성공"을 이룬다는 것이 얼마나 어려운지에 주목하면서 문화적 가치관과 여성으로서의 역할이 어떻게 교차하는지를 연구하였다(Komarovsky, 1946).

1960년대는 교육 문제가 국가적 관심사가 되었고 질적 연구방법에 대한 관심이 다시 살아났으며 질적 연구에 의한 교육연구가 활짝 문을 연 시기였다. 이 기간 동안 교육연구가들은 사회학자와 인류학자에만 의존했던 데서 벗어나서 그들 스스로 이들 학문의 연구방법에 관심을 보이기 시작했다. 질적 연구에 대한 중앙정부의 연구비 지원이 시작되면서 이런 관심은 더 커졌다.

펜실베이니아의 스크랜턴의 탄광에서 일하는 석탄 줍는 어린 노동자들, 1908년경 Hogdan 찍음.

학교생활을 잘 하지 못하는 학생들의 학교생활을 알고자 하는 요구가 많은 사람들로부터 있었고 이에 따라 많은 교육자들이 이 문제에 대해 입을 열고자 했다. 빈민지역의 학교생활에 대한 자서전적이며 신문 기사식 연구가 많이 이루어졌다(예를 들면, Decker, 1969; Haskins, 1969; Herndon, 1968; Kohl, 1967; Kozol, 1967). 이들 연구자들은 자신들이 가르친 어린 학생들의 일상적인 삶의 질을 포착하기 위하여 연구현장의 최전선에서 보고 느낀 점을 연구 결과로 발표하였다.

여러 집단의 학생들이 학교에서 어떻게 교육받고 있는지 전혀 파악되지 못하고 있다는 사실의 인식에 따라 연방정부는 오늘날 흔히 **문화기술지 방법**(ethnographic methods)이라고 불리는 연구에 대해 연구비를 지원하였다.

빈곤 가정의 학생들을 위한 교육은 실패했고, 도시의 삶은 위기에 처해 있으며, 그리고 이런 오래된 문제들의 해결을 위해서는 새로운 방식의 연구가 있어야 한다고 생각하는 연구자들이 하나의 집단을 이루어 연구를 하기 시작했다. 엘레노어 리콕(Eleanor Leacock, 1969)은 여러 지역의 학교 당국자들이 학생들의 행동에 대해 인식하고 있는 의미를 조사하였다. 줄스 헨리(Jules Henry)는 세인트루이스 시의 여러 초등학교에서 인종 차별을 연구하였다(Gouldner, 1978; Rist, 1970, 1973 참고). 1970년대와 1980년대 영향력 있는 연구자였던 레이 리스트(Ray Rist)는 이런 프로젝트에 참여함으로써 연구자의 길을 걷게 되었다.

1960년대에 와서 교육에서 질적 연구에 대한 지지자들이 증가하였다. 그러나 아직 확고한 연구방법론으로 인정받지 못했기 때문에 이 연구법으로 연구를 하려고 했던 많은 대학원생들이 어려움에 처하기도 했다. 하지만 질적 연구법은 조금씩 흥분을 자극하기 시작했다. 오랫동안 잠자고 있었던 질적 연구가 이런 특정한 역사적 시기에 교육에서 서서히 출현하게 된 이유는 무엇이었을까? 학생들이 학교에서 어떤 경험을 하는지 충분히 파악되지 못했다는 것이 1960년대의 사회 격변을 통해 드러났다. 질적 연구법은 사회의 비주류인 힘없고 소외된 사람들의 시각도 중요하다는 사실을 인정했기 때문에 인기를 얻게 되었다. 어떤 상황이나 장소의 모든 참여자들의 관점에 대한 이해를 강조하는 질적 연구는 권력 있는 사람들의 견해와 시각이 그렇지 못한 사람들의 그것보다 더 가치 있다는 "계급에 따른 신빙성"(Becker, 1970c)의 견해에 정면으로 도전하는 것이었다. 교육을 연구하는 질적 연구자는 한 번도 자신들이 가치 있고 누군가를 대표한다고 느껴보지 못했던 사람들의 견해를 밝혀내려고 노력했다. 질적 연구방법은 1960년대 동안 일어났던 여러 민주주의 활동 중에서 대표적인 활동이었다. 그 당시의 시대적 분위기는 질적 연구방법에 대한 관심을 새롭게 했으며, 이 연구방법을 잘 알고 있는 경험 있는 연구자의 필요성을 부각시켰고, 연구방법론적 성장과 발달을 위한 문을 열어 놓았다.

통합교실의 모습, 위스콘신의 메디슨, 1915년경

1.2.7 학문에서의 정치성과 이론

학문으로서 사회학과 인류학은 전환기에 있었다. 인류학자들은 극소수의 비서구권 사회만이 인류학 연구를 수행하도록 허용하고 있음을 알았다. 서구 문화와 사람들과의 접촉이 없이 원래 자신들의 사회를 지키고 있는 사람들의 숫자가 점점 줄어들고 있었고 또한 서구에 의해 "훼손"되기 전의 그 사회의 문화를 기술할 수 있는 가능성도 희박해지고 있었다. 그래서 인류학자들은 자신이 속한 문화와 도시 지역에 대한 연구로 눈을 돌려야만 했다. 한편 권리와 기본적 인권을 둘러싼 정치적 변동은 "훼손"되지 않은 사회와 문화에 대한 연구를 어렵게 했다.

1960년대에는 그 이전 20년 동안 구조기능주의 이론(structural-functionalist theory)이 만연했던 사회학 분야가 현상학 쪽으로 관심을 돌리는 시기였다. 일단의 연구자들이 **민속방법론**(ethnomethodology)이라는 연구를 수행하기 시작했고, 다른 연구자들은 상징적 상호작용 전통을 좀 더 확고히 구축하려고 했다. 질적 연구방법에 대한 관심은 이들의 여러 이론과 방법에 관한 책의 출판으로 점차 고조되었다(Bruyn, 1966; Glaser & Strauss, 1967; Filstead, 1970; McCall & Simmons, 1969).

1970년대에는 이념적 갈등으로 인하여 질적 연구방법의 형태와 방향의 발전이 있었다. 형태에 있어서 차이는 연구에 대한 협동적 접근과 갈등적 접근 사이의 긴장관계에 의해 생겨났다. 협동적 접근을 주장하는 학파에 속한 연구자들은 현장조사자는 자신들이 연구하는 연구참여자와 가능한 진실한 관계를 가져야 한다고 여겼다. 이 연구자들은 연구자가 이런 관계를 맺을 수 있다면 사람들은 언제든지 연구현장에 대한 접근을 허용할 것이라는 기본적이며 낙관적 가정을 했다. 이런 관점을 지지하는 연구자들은 자신들을 시카고학파의 후예들이라고 생각하는 사람들이었다(Bogdan & Taylor, 1975 참조). 한편 갈등적 접근을 주장하는 연구자들은 많은 연구참여자들의 경우 자신들이 하는 행동을 숨기고자 하며 진실할지라도 연구자임이 밝혀지는 경우 중요한 정보를 얻을 가능성은 줄어든다고 생각했다. 특히 연구자가 거대기업, 조직화된 범죄, 사회부적응자로 낙인찍힌 사람들을 연구하고자 할 때 연구자는 자신의 존재를 진실하게 말하지 말고 비밀스러운 방법을 사용해야 한다고 주장했다. 이런 측면은 더글러스(Douglas, 1976)에 의해 구체적으로 밝혀졌다.

또 다른 형태의 차이는 연구하고자 하는 정보제공자나 연구참여자에 대한 연구자의 태도에서 나타난다. 시카고학파의 후예들은 자신들이 연구하고자 하는 사람들에 대해 공감을 하고 이해를 하려고 하는 공감관점(empathic perspective)을 가져야만 한다고 주장하고 있다. 그래서 이들이 발간한 연구물의 대부분은 삶의 인간적인 면을 보여주었다. 이 관점의 지지자들은 자기들이 연구하는 사람들이 사회 부적응자이거나 부랑자, 또는 정치나 경제적으로 영향력을 미치는 사람인지 아닌지를 아주 밀착하여 밝혀내야 하는 의무를 지고 있었다. 이런 관점과 반대되는 견해는 "모든 것을 다루는 사회학은 어처구니없는 것이다"라는 시각을 반영하고 있다. 이 관점은 민속방법론학자 집단에 의해 가장 분명하게 드러나고 있었다(예를 들면, Garfinkel, 1967; Mehan & Wood, 1975). 민속방법론학자들은 사람들이 어떻게 자신들의 삶의 일상적인 의식(儀式)을 서로 타협하며 또한 이런 과정에서 어떻게 자신들의 감정을 한쪽으로 치워두는지를 연구한다. 이와 함께 민속방법론은 남녀의 성(性)에 대한 연구, 특히 "성에 맞는 행동"의 연구에 아주 큰 기여를 해 왔다(West & Zimmerman, 1987 참조). 좀 더 최근에는 다양한 배경을 지닌 연구자들이 이 관점에서 연구를 수행하고 있으며 연구방향도 이 관점으로 전환하고 있다(Cuff, 1993 참조).

질적 접근에 대한 다른 이념적 유형으로는 **페미니즘**(feminism), **포스트모더니즘**(post-modernism), **인종비판이론**(critical race theory, CRT), 그리고 **비판이론**(critical theory) 등이 있다. 페미니즘 이론과 이 이론에 따른 연구는 질적 연구를 1970년대 후반과 1980년대 초반으로 나누어 놓았다. 첫째, 여권신장과 남녀평등을 주장하는 페미니즘은 페미니즘을 이론적 틀로 사용하는 질적 연구자들의 연구대상에 영향을 주었다. 페미니스트의 관점에서 본 성(性)은 많은 질적 연구의 주요한 주제로 대두되었다(Warren, 1988; Lesko, 1988; Lareau, 1987). 참여관찰, 문서분석, 생애사 연구, 심층인터뷰 등의 방법을 사용하여 질적 연구자들은 이전에는 전혀 관심을 얻지 못했던 행동을 범주화하고 행위자를 진지하게 연구하였다. 그래서 여교사(Biklen, 1985, 1987, 1993, 1995; Middleton, 1987, 1993; Acker, 1989; Weiler, 1988; Casey, 1993; Foster, 1992, 1993, 1994), 식품 제공자(DeVault, 1990), 여성 펑크족 문화를 즐기는 학생들(Roman, 1988), 애정 소설의 독자들(Radway, 1984), 그리고 신체와 생식에 관한 의학 지식의 소비자(Martin, 1987)와 같은 연구참여자들의 일상적 삶에서 남녀 성의 형성을 어떻게 이해하고 있는지를 연구함으로써 페미니즘은 연구내용에 영향을 미쳤다. 뿐만 아니라 교육에서의 질적 연구자들은 최근에 들어 중학교에서 여학생들의 경험(Finders, 1997; Research for Action, 1996), 남성미(Mac An Ghaill, 1944), 사춘기(Bogad, 1998; Fine, 1988, 1993; Proweller, 1998), 그리고 성욕(Tierney, 1994) 등의 주제에 더 초점을 두고 있다. 페미니스트는 감정과 느낌의 발달을 연구 주제로 삼아 이 분야의 연구에서 중요한 역할을 해 왔다(Hochschild, 1983). 이와 더불어 페미니스트의 접근법을 사용한 질적 연구는 어떤 여교사의 교수법의 변화에 대한 오일(Oyler)의 연구와 같이 성에 대한 문제를 구체적으로 다루고 있지 않은 책과 다문화주의에 관한 연구에서 두드러지게 나타나고 있다(예를 들어, Sleeter, 1993).

백화점에서 산타와 사진 찍기, 1921년경

둘째, 페미니즘은 연구방법론에도 영향을 주었다. 과학과 사회 과학 분야에서 수행된 페미니스트 연구방법의 본질에 관한 여러 가지 의문의 연구방법에 영향을 주었으며(Harding, 1987; Reinharz, 1993), 실제 연구 수행에도 변화를 주었다. 예를 들어, 오클리(Oakley, 1981)는 인터뷰에서 면담자와 피면담자 사이의 관계 형성에서 권위의 작용을 염려했다. 스미스(Smith, 1987)는 여성의 사회학 대신에 여성을 위한 사회학을 육성하기 위한 페미니스트 연구 전략으로 **제도문화기술지**(institutional ethnography)*를 발전시켰다. 이것에 대한 논의는 3장에서 다루고자 한다.

페미니즘과 질적 연구의 교집합을 어떤 방식을 사용하여 접근하든 이들 둘 사이의 상호적 영향은 상당하며 명백하다. 페미니스트들은 연구자와 연구참여자 사이의 관계에 큰 무게를 두는 방향으로(Devault, 1990, 1999), 그리고 연구결과의 정치적 영향에 대한 인식의 증대를 가져오는 방향으로 질적 연구 영역을 옮겨 놓았다.

1980년대와 1990년대에 들어와서 질적 연구에 대한 페미니즘 연구자와 포스트모더니즘 사회학자 및 인류학자의 기여는 상당했는데(Marcus & Cushman, 1982; Marcus & Fischer, 1986; Clifford, 1983, 1988; Clifford & Marcus, 1986; Van Maanen, 1988; Denzin, 1989; Dickens & Fontana, 1994; Denzin & Lincoln, 1994; Brown, 1995) 어떤 경우에는 긍정적이었는가 하면 어떤 경우에는 부정적이기도 했다(Mascia-Lees, Sharpe, & Cohen, 1989). 포스트모더니즘은 현대적 시기 "이후"(post)에 살고 있다고 주장하는 이론적 경향을 말한다. "이후"란 단어에는 적어도 두 가지 서로 다른 의미가 내포되어 있다. 첫 번째 의미는, 포스트모던이란 모더니즘과는 구별되는 실제로 있었던 역사적인 기간이라는 것이다. 두 번째 의미는, 모더니즘이 대표하는 아이디어 중에서 가장 핵심적이란 것이다. 모더니즘 시기 동안 안정적이고 일관성 있으며 모순이 없는 존재가 인간이라는 합리주의적 신념과 더불어 18세기 유럽의 합리주의 운동인 계몽운동 이래로 서구사회를 지배했던 실증주의적 신념은 인간에 대한 합당한 설명을 제공하는 것으로 인식되었다. 그러나 포스트모더니스트는 이러한 인간에 대한 근본적 설명은 더 이상 적합한 것이 아니라고 주장한다. 핵무기 경쟁시대의 도래, 빈부 격차의 급증, 환경에 대한 지구의 위협은 합리주의에 근거한 인간 진보의 가능성을 빼앗아갔으며 인간 진보에 대한 의문을 야기 시켰다. 건축, 예술, 패션, 학문 등은 모두 포스트모던에 의해 형성되어져 온 것이다.

* 사회 과학의 한 가지 탐구 방법으로 사람들의 일상 경험을 렌즈로 하여 사회관계와 사회조직을 탐구하려고 만들어졌다. IE는 "여성을 위한, 사람들을 위한" 마르크스주의 페미니스트 관점에 의한 사회학으로 도로시 스미스(Dorothy E. Smith)에 의해 최초로 창시된 사회학이다. 제도 내에서의 또는 특정한 국소적 장소에서의 사람들의 행동이나 활동을 조정하는 암묵적인 사회적 관계를 파악하는 방법으로 현재 사회 과학, 교육, 사회 복지, 정책연구 등에서 사용되고 있다.

식목일 페스티발, 펜실베이니아 주의 에딘버로, 1911년 Oakes 찍음.

포스트모더니스트는 인간은 각자 개인이 취하는 특정 관점에서만 어떤 것을 알 수 있다고 주장한다. 이 주장은 이성의 적합한 사용, 즉 과학을 사용하여 무엇이 진리인지를 알 수 있다는 주장에 도전하는 것이다. 또한 포스트모더니스트는 이런 주장은 도나 해러웨이(Donna Haraway, 1991)의 "미지의 장소로부터의 관점"을 부정하는 것이다. 포스트모더니스트는 인간은 어떤 특정한 역사적 시기와 흐름을 무시한 채 자신의 견해를 생각하거나 개념화하지 못한다고 하면서 연구의 가장 중요한 특징은 해석과 글쓰기라고 강조한다. 예를 들어, 클리포드와 마커스(Clifford & Marcus, 1986)는 시와 정치에 관한 자신들의 문화기술지 연구를 "문화를 기술한 것"이라고 언급했다. 포스트모더니스트는 질적 연구자로 하여금 해석의 본질에 초점을 두도록 영향을 주었으며, 질적 연구자는 해석자라는 입장을 인식하도록 했다. 포스트모던 질적 연구자는 보고서, 원고, 소논문, 책 등에 문장으로 쓰인 글쓰기를 당연하게 생각하기보다는 그것을 연구의 대상으로 삼는다. 포스트모더니스트는 이런 연구 결과물의 글쓰기 아이디어를 "과학적"인 것으로 보고 어떤 관습과 태도에 의해 그런 글쓰기 아이디어의 특정 시각이 형성되는지에 의문을 가진다. 예를 들어, 《똑똑해지기》(*Getting Smart*)에서 패티 래더(Patti Lather)는 학생들이 표현하는 여성학 수업에 대한 거부감을 한 가지 설명이나 이야기로는 할 수 없었다고 말했다(Lather, 1991a). 그 대신 반 매넌(Van Maanen, 1988)*

---

* 반 매넌은 《*Tales of the Field: On Writing Ethnography*》에서 문화기술지의 현장조사 결과를 보고하기 위한 '화법' 개념을 개발하였다. 이 '화법'에는 크게 현실적 화법(realist tales), 자기회고적 화법(confessional tales), 인상주의적 화법(impressionist tales)이 있다.

의 화법 개념을 사용하여 네 가지 이야기, 즉 화법으로 묘사했다. 이것에 대해서는 6장에서 더 자세하게 다룰 예정이다.

포스트모더니즘의 영향으로 인해 질적 연구자는 담론분석(discourse analysis)*에 관한 연구에 더 많은 관심을 가지게 되었다. 이 책에서는 담론을 "언어(말, 규칙, 사고, 글)를 통해 출현하는, 그리고 특정 상황에 있는 사람들이 참이라고 간주하는 것에 영향을 미치는 관계, 활동, 의미를 이해하는 제도화된 방식"으로 정의한다(Biklen, 1995). 이 접근법을 사용하는 연구들은 무엇에 관한 담론이며, 그 담론이 어떻게 인식되는지, 그리고 사람들이 그 담론을 어떻게 협상하는지에 관심을 가지고 있다. 큐리에(Currie, 1999)는 십대 잡지에 묘사되어 있는 여성스러움과 소비에 대한 담론을 분석하였고 어떻게 십대 여학생들이 그 담론들을 협상하는지를 조사하였다. 필로우(Pillow, 1997)는 십대 임신에 대한 담론과 임신한 십대들 사이의 대화에서 이 담론들이 어떻게 출현하는지를 논의했다. 파인(Fine, 1988)은 성교육에 사용되는 담론과 "(성적) 욕망에 대해서는 언급하려고 하지 않는 담론"을 조사하였다. 성적 욕망에 대한 이야기를 하고 싶어 했던 학생들은 침묵을 지켰거나 다른 주제로 말을 돌렸다. 담론은 말과 아이디어를 조직함과 동시에 규칙을 따르게 하지만 그렇다고 해서 완전히 통제하는 것은 아니다. 그렇기 때문에 담론분석은 담론의 협상 과정에 대한 연구를 강조한다.

질적 연구방법에 미친 세 번째 영향은 비판적 인종이론(Critical Race Theory, CRT)†이

---

* 담론(談論, discourse)
담화(談話), 언술(言述), 언설(言說)이라고도 한다. 담론은 말로 하는 언어에서는 한 마디의 말보다 큰 일련의 말들을, 글로 쓰는 언어에서는 한 문장보다 큰 일련의 문장들을 가리키는 언어학적 용어이다. 담론은 토론처럼 단순히 하나의 주제나 문제를 둘러싸고 이루어진 언술들의 집합체이거나 특별한 제도적 장치로부터 발생한 단순한 언술집단이 아니라, 담론 자체에 고유한 내적 규칙들을 갖는 언술이나 진술들이 고도의 규칙성에 입각해서 모여 있는 것이다.

현재 담론은 논리적이고 체계가 잡힌 주장이나 이론, 테마, 논의가 진행되는 상황 등의 의미를 포괄하는 뜻으로 쓰이고 있다. 언어학에서의 담론은 소리로 말해졌건, 글로 쓰였건 간에 인간의 모든 언어 행위를 뜻한다. 말하는 사람과 듣는 사람을 전제로 하여 어떤 방식으로든 상대방에게 영향을 끼치려는 의도를 전제로 하는 모든 언술 행위를 뜻한다. 즉, 담론은 반드시 언어라는 매개를 통해 대상을 인식하는 것으로 감정적인 외마디 소리가 아니라 정신적인 판단과 추론 작용의 결과로 나온 언어이다. 언어학자들은 문간의 연결성 같은 문법적, 음운론적, 의미론적 기준을 이용하여 담론의 언어적 규칙을 발견하려는 담론분석을 시도하였다. 담론분석은 쓰이거나 말해진 언어에 들어 있는 단위들의 관계에 관한 연구이다. 이 분석 대상에는 하나의 문학 작품만이 아니라 대화, 농담, 설교, 면담 등도 포함된다. 서사학에서 담론은 서술(narration) 또는 텍스트의 언어를 가리킨다.

한편 담론은 사용 중인 언어를 가리키기도 하는데, 이는 포스트구조주의 이론가인 미셸 푸코(Michel Foucault, 1926-1984)의 영향 때문이다. 푸코는 담론을 특정 대상이나 개념에 대한 지식을 생성시킴으로써 현실에 관한 설명을 산출하는 언표들의 응집력 있고 자기 지시적인 집합체로 간주하였다. 따라서 '법률적 담론', '미학적 담론', '의학적 담론'과 같은 말이 생겨나게 되었다. 푸코는 이러한 의미에서 담론은 개인들 간의 교환에 의해 규정되는 것이 아니라 익명성의 층위에 존재한다고 주장하였다. 즉, 담론은 사고하고 인식하는 주체의 표현이라기보다는 '~라고 말해진다.'의 층위에 존재한다는 것이다.

† 비판적 인종이론은 비판적 법학연구에 대한 반대로 시작된 것이다. 이 이론은 인종적 차별이나 편견, 인종 경시를 주로 다룬다. 또한 사회적으로 구성된 인종의 본질을 강조하고 법적 판결을 사회 현상의 작용의 결과로 보지

다. 〈Qualitative Inquiry〉 저널은 2002년도 모든 호에서 CRT를 다루었고 그 이후로 CRT에 관한 논문을 출판해오고 있다(예를 들어, Ladson-Billings, 2003). 비판적 인종이론은 미국인의 삶에서 평범한 것으로 이해되고 있는 것이 무엇인지에 대한 방향으로 연구가 이루어지고 있다. 비판적 인종이론은 전통적 이론에서 생각하는 것처럼 인종 차별을 이상 현상으로 보지 않고 미국인의 삶의 평범한 일부로 인종 차별을 이해하고자 한다(Ladson-Billings, 2003, p. 11). 연구 맥락에서 볼 때, CRT 학자들은 읽고 쓸 줄 아는 소양처럼 인종 차별을 특수한 교육 문제의 맥락의 일부로 간주한다(예를 들어, Duncan, 2002). CRT가 질적 연구방법에 미친 또 다른 기여는 **스토리텔링**(storytelling)에 대한 강조이다(Ladson-Billings, 2003; Solorzano & Yosso, 2002; Bernal, 2002). 비판적 인종이론의 측면에서 스토리텔링이 중요한 이유는 (1) 과거 주변인으로 내몰린 사람들은 자신들의 이야기를 서술할 수 있기 때문이고, (2) 이러한 새로운 이야기는 이야기를 전하는 "평범한" 사람들, 즉 "평범한" 내레이터의 개념을 확장시키고 미국인들의 경험을 지속적으로 전달했던 전통적 이야기와 경쟁할 수 있기 때문이다. 비판적 인종이론은 도시외곽 지역의 학교와 미국 흑인 학생들의 경험에 대한 연구를 수행하는데 기여를 해왔다(Duncan, 2002).

질적 연구방법에 관한 네 번째 중요한 이데올로기적 최근 영향은 비판이론(critical theory)이다. 명칭에서 의미하듯이 비판이론은 다른 사람의 손해나 희생으로 인해 어떤 사람들이 특권을 누리게 되는 사회 조직에 대해 비판적이다. 비판이론의 전통은 프랑크푸르트학파로 거슬러 올라가는데, 비슷한 여러 가지 특징을 강조하는 이론들의 집단이라기보다는 "하나의 이론"에 해당한다. 첫째, 비판이론가는 특정 집단에게 항상 이득을 가져다주는 "윤리적이며 정치적 행위"를 연구라고 생각한다(Roman & Apple, 1990, p. 41). 비판이론가는 현재의 사회 조직 방식이 불공정하다고 믿기 때문에 사회에서 주변인으로 내몰린 사람들에게 오히려 혜택을 주고자한다. 이러한 측면에서 비판이론가들은 자신들의 연구가 "힘없는 약자에게 권력을 부여해서 기존의 사회적 불평등과 불공정함을 변화시켜야 한다."는데 동의하고 있다(McLaren, 1994, p. 168). 따라서 질적 연구를 수행하는 비판이론가는 우리가 살고 있는 이 사회의 권력을 분권화 시키는 주된 수단은 성, 인종, 사회 계급이라고 생각하기 때문에 이에 대한 쟁점을 다루는 연구에 많은 관심을 가지고 있다.

비판이론에 영향을 받은 질적 연구자는 사회적 가치와 조직이 어떻게 학교와 교육기관에서 재생되는지, 또는 사람들이 사회생활을 하면서 어떻게 행위와 선택을 하는지에 관심을 가

만 인종을 이것에 대한 주된 요인으로 간주한다. 현재 비판적 인종이론가들은 인종 불평등을 인종과 인종 차별의 사회적 구성으로 분석, 해석하고 있다.

지고 있다(Weiler, 1988). 재생을 강조하는 연구들은 교육 기관이 특정 집단의 학생들이나 사람들을 어떻게 분류하고, 선별하고, 더 좋아하고, 권리를 박탈하고, 묵살하고, 또는 특권을 주는지를 연구한다. 예를 들어, 에커드(Eckert, 1989)는 학교가 어떻게 학생들의 사회, 경제적 계층에 따라 이들을 구분하고 있는지를 연구하였는데 이 구분에 따라 학생들은 착한 학생이 되기도 하고 나쁜 학생으로 분류되기도 했다. 생산을 강조하는 연구들은 사람들이 인종 차별에 저항하면서, 기존 사회 문화에 대한 대립적 문화를 만들면서, 수많은 사회적 제약들을 피해 나가면서 어떻게 재생산적 사회 구조와 타협을 하는지, 사회생활에서 사람들은 어떻게 행위의 매개체로서 행동을 하는지에 관심을 가지고 있다. 웨이스(Weis, 1990)는 노동자 계층 출신의 고등학생이 직업도 없이 어떻게 사회의 경제 상황과 타협을 하는지, 또한 생산직 일을 더 이상 할 수 없을 때 백인 노동자 계층의 남자는 자신이 백인이란 사실과 백인에게 주어지는 특권을 어떻게 생각하는지를 연구하였다(Weiss, Proweller, & Centrie, 1997; Fine & Weis, 1998). 포스트모더니즘을 배경으로 하는 연구들, 그리고 페미니즘과 비판이론(Weiler, 1988 참조) 둘 다를 배경으로 하는 연구는 연구방법론, 과학적 객관성, 권위에 대한 대부분의 논의에 영향을 주고 있다.

패터슨 실크파업(Paterson Silk Strike) 중 어린이들에게 연설하고 있는 노동운동가 엘리자베스 플린, 뉴저지의 패터슨, 1913년 Iandoli 찍음.

이런 다양한 이념적 관점들이 서로 정도는 다르지만 질적 연구에 영향을 끼쳐왔다. 이런 관점들이 비판이론과 결합하여 하나의 이론을 형성하였는데 이를 **비판적 문화기술지**(critical ethnography)라고 한다(Carspecken, 1996). 어떤 연구자들은 비판적 문화기술지가 연구자로 하여금 실험적 형식의 문화기술지를 가능하도록 해준다는 뜻으로 이를 포스트모더니즘이라고 부르기도 한다(예: Ellis, 1995b). 이러한 경향과는 달리 다른 연구자들은 대학의 공간에서 이루어지는 연구방법론적 논쟁에는 관심이 없이 특정한 문제에 관심을 가지고서 자기 나름대로의 연구를 수행하기도 한다. 교육에서 질적 연구방법의 놀랄만한 확장으로 인하여 연구방법론적 논의가 더 많이 필요하다는 사실은 분명하다.

1.3 이론적 기초

앞에서 기술한 질적 연구의 특성과 "의미"의 탐구를 주된 관심사로 하는 질적 연구자들에 의해 질적 연구방법에 대한 이론적 배경의 논의가 시작되었다. 사람들은 **이론**(theory)이라는 단어를 여러 의미로 사용하고 있다. 교육에 대한 질적 연구를 하는 연구자들 중에는 이론을 제한적 의미로 해석하여 이론이란 경험세계를 체계적으로 진술한 것으로 검증 가능한 일단의 명제들로 정의하여 사용하고 있다. 이 책에서는 사회학과 인류학의 관점에 좀 더 근접한 의미로 이론을 사용하고 있는데, 이 의미는 "**패러다임**(paradigm)"과 유사하다(Ritzer, 1975). 패러다임이란 사고와 연구를 일정한 방향으로 이끄는 논리적으로 연관된 가정이나 개념, 또는 명제들의 모임을 말한다. "이론적 경향"이나 "이론적 관점"이라고 할 때 그 의미는 세상을 바라보는 방식을 말하며 중요한 것이 무엇인지 그리고 세상을 움직이는 것이 무엇인지에 대해 사람들이 가지고 있는 가정들을 말한다. 예를 들어, 질적 연구와 관련된 여러 이론에는 구조-기능주의(structural-functionalism), 교환이론(exchange theory), 갈등이론(conflict theory), 행동주의(behaviorism) 등이 있다. 연구의 배경이 되는 이론이 구체적으로 진술되어 있든 아니든, 또 우리가 생각하는 이론적 언어들을 사용하여 이론을 기술했든 아니든 상관없이 모든 연구는 그 연구가 취하고 있는 어떤 이론적 관점이나 경향에 따라 진행된다. 뛰어난 연구자일수록 자신의 이론적 배경과 근거를 잘 알고 있으며 자료를 수집하고 분석할 때 이런 배경과 근거를 잘 활용한다. 이론은 자료를 일관성 있게 수집하고 분석하도록 해주며 비체계적이며 아무런 목적 없이 그냥 자료만 쌓이도록 하는 것을 막아주는 역할을 한다. 이 절에서는 질적 연구의 가장 영향력 있는 몇 가지 이론적 토대에 대해 간략하게 살펴보고자 한다.

질적 연구가 아닌 대부분의 연구방법은 실증주의(positivism, 과학으로 얻어지는 지식 외에는 참된 지식이란 없다는 철학적 입장으로 자연과학의 지식획득 방법을 철학에 적용한 주의)와 사회이론가인 오귀스트 콩트(Auguste Comte)에 그 이론적 뿌리를 두고 있다. 이들 연구방법은 행위의 발생과 원인을 강조한다. 이와는 달리 비록 여러 유형의 질적 연구방법들 사이의 이론적 관점의 차이가 있고 또 심지어 한 학파 내에서도 이론적 관점의 차이가 존재하기는 하나(Cresswell, 1997; Gubrium, 1988; Meltzer, Petras, & Reynolds, 1975), 대부분의 질적 연구는 어느 정도 현상학적 관점을 반영하고 있다. **현상학**(phenomenology)이란 단어의 사용과 관련된 많은 논쟁이 있는데, 이 책에서는 가장 일반적인 의미로 이 용어를 사용하고자 한다. 그래서 먼저 현상학적 관점을 제시하고 이와 관련된 여러 쟁점들을 밝히는 과정을 통해 이 이론에 대한 논의를 하고자 한다. 그 다음에는 사회학에서 광범위하게 사용되고 있으며 잘 확립된 특수한 형태의 현상학인 상징적 상호작용론(symbolic interaction)에 대해 논의하고자 한다. 그리고는 인류학의 근본을 지탱하고 있으며 인류학 연구의 연구방향과 해석을 제공하는 "문화(culture)"에 대해 언급하려고 한다. 마지막으로 많은 질적 연구자들의 연구 방향을 제시하며 이들의 연구방법론에 영향을 주는 최근의 이론적 경향에 대해 살펴보고자한다. 여기서는 "페미니스트 이론", "문화연구", "텍스트와 담론분석", 제도문화기술지를 포함해서 "포스트모더니즘"에 분류되는 다양한 경향들을 살펴볼 것이다. 그렇다고 해서 여기서의 논의가 질적 연구에 관련된 모든 유형의 이론과 경향을 포괄하지는 않는데, 가장 널리 사용되며 현상학과 가장 가까이 연관되어 있는 것을 선별한 것이다(이에 대한 더 많은 논의는 Guba & Lincoln, 1994; Denzin & Lincoln, 2003; Kincheloe & McLaren, 1994; Olesen, 1994; Schwandt, 1994를 참조하기 바람). 이러한 각각의 이론적 경향은 질적 연구의 핵심인 현상학과 밀접히 연관되어 있다.

1.3.1 현상학적 접근

차사고가 났을 때 오가는 대화는 사고가 어떻게 일어났는지에 대한 사고 당사자들의 두 가지 서로 다른 이해 방식을 보여 주는 좋은 예이다. 신호등이 있는 사거리에서 두 차가 충돌했고 사고현장에 도착한 경찰관에게 사고가 어떻게 일어났는지 두 운전자가 설명하고 있었다. 한 운전자는 상대방 운전자가 신호등이 바뀐 다음 진입했다고 주장했고, 다른 운전자는 신호가 바뀌지 않았고 자기가 직진이기 때문에 먼저 갈 권리가 있다고 주장했다. 운전자가 목격자에게 사고에 대해 설명해 달라고 부탁하자 그 여자는 꺼려하면서 사실 자기가 있었던 위치에서는 정확하게 사고가 어떻게 일어났는지 말하기 어렵다고 했다. "어떻게 그렇게 말할 수 있어요?", "바로 당신 눈앞에서 사고가 났잖아요", "사실은 사실이잖아요. 당신이 정지를 하지 않았잖아요", "다른 쪽을 보고 있었죠" 등의 말들이 오갔다. 현장에 도착한 경찰관에게 두 운전자의 사고에 대한 이렇게 다른 설명을 어떻게 조율할 것인지 물었다. 이 경찰관에 따르면 항상 이런 상반된 주장이 생기며 "그 당사자가 어디에 있었는지, 그리고 어떻게 그것을 보는지에 따라 좌우되기" 때문에 어느 누군가가 거짓말을 하고 있다고는 볼 수 없다고 한다. 이 경찰관이 이 교통사고를 이해하는 자세가 바로 현상학적 관점에 의한 질적 연구방법을 반영하고 있다. 이러한 질적 연구의 방법은 "사실"과 "원인-결과"를 밝힘으로써 인간 행동을 이해하려는 방법들과는 다른 일련의 가정들을 전제로 하고 있다.

그런데 위에서 예로 든 교통사고의 경우 여러 사실들이 존재한다고 볼 수 있다. 만약 신호등이 잘 안 보이는 위치에 배치되어 있다고 누가 말한다면 그런 주장은 그 위치에서 조사를 해보면 금방 확인 가능하다. 또 어떤 사람의 묘사는 다른 사람에 비해 훨씬 정확해서, 만약 어느 한쪽이 사고에 대한 책임을 물어야하는 재판을 할 경우 유죄인지 무죄인지를 입증하는 증거로 채택될 수도 있다. 법의 경우 이러한 논리에 의해 재판이 이루어지기 때문에 질적 연구자는 이 사건에 대한 이런 식의 접근이 틀렸다고 하지 않는다. 이런 식의 접근은 교통사고에 대한 또 다른 이해 방식의 하나라고 질적 연구자는 말한다. 그렇지만 이런 식의 접근은 그 상황에 대한 부분적 이해만 가능하다고 지적하고 있다. 사건 당사자들의 의견 대립, 그들의 행동, 그 사건에 대한 사람들의 이해 방식, 그리고 그 사건에 대한 당사자들의 설명에 의한 주장 등에 관심이 있다면, 이런 "단지 여러 사실들"에 의한 접근법은 매우 제한적인 정보밖에 제공해 주지 못하며 깊이 있는 이해는 할 수 없다.

현상학적 접근법을 사용하는 연구자들은 위의 교통사고와 같은 특별한 상황에서 일반 사람들의 상호작용과 그 상황의 의미를 이해하고자 한다. 현상학적 사회학은 철학자인 에드문트 후설(Edmund Husserl)과 알프레드 슈츠(Alfred Schutz)에 의해 특히 영향을 받았다. 이 사회학은 또 인간의 상호작용에 대한 해석적 이해를 강조하는 베버주의적(Weberian) 전통을 가지고 있다. 현상학자의 연구 수행의 기본 가정은 자신들이 연구하는 사람들이 사물과 현상에 대해 어떤 의미를 가지고 있는지 알지 못한다는 것이다(Douglas, 1976). "현상학적 탐구는 침묵으로부터 시작한다"(Psathas, 1973). 연구자의 이 "침묵"은 연구참여자들이 진리라고 당연히 인정하고 있는 생각을 **브래키팅**(판단보류 또는 선입견 배제, bracketing)을 통하여 파악하려는 시도이다. 이 침묵이라는 의미는, 즉 연구자가 연구참여자들이 진리라고 당연히 인정하고 있는 것이 어떤 의미인지 전혀 모르는 듯이 행동하며 당연한 것으로 인정하는 것이 실제로 무엇인지를 밝히려고 연구하는 것을 말한다. 그래서 현상학자가 강조하는 것은 사람들의 행동에는 주관적인 여러 측면이 있다는 점이다. 연구자들은 자신들의 연구에 참여하는 정보제공자들의 일상적인 삶에서 일어나는 여러 가지 일로부터 이들이 어떤 의미를 어떻게 형성하는지를 이해하려고 이들의 관념세계에 들어가려고 노력한다(Geertz, 1973). 우리 각자가 경험한 것은 다른 사람과의 상호작용을 통해 다양한 방식으로 해석될 수 있으며, 실체를 구성하는 것은 다름 아닌 우리의 경험에 대한 해석이라고 현상학자들은 믿고 있다(Greene, 1978). 따라서 실체는 "사회적으로 구성되는 것"이다(Berger & Luckmann, 1967).

여러 유형의 질적 연구가 있지만 연구참여자 관점으로부터 이들을 이해해야 한다는 점은 어떤 유형의 질적 연구이든 같다. 하지만 이런 생각을 좀 더 신중하게 조사해보면 "참여자 관점"이란 문구가 문제를 야기하고 있음을 알게 된다. 이 문제는 다소 근원적인 것으로 아무리 연구자가 "참여자 관점"에서 그 의미를 이해한다고 하더라도 그 관점은 연구자의 관점이지 정보제공자가 자신을 표현한 것은 아니라는 사실이다. 다시 말해, 이 관점은 정보제공자들이 자신들을 표현하는 방식이 아닐 수 있다는 것이다. 이런 의미에서 "참여자 관점"이란 질적 연구를 수행하는 연구자가 연구를 수행하는 한 가지 방식일 뿐이다. 따라서 정보제공자 자신들의 세상 경험이지만 연구자의 관점이 융합되어 오히려 자신들도 알지 못하는 낯선 것이 되어버리기도 한다. 하지만 정보제공자의 세계에 대한 연구자의 이런 침범은 연구를 하다보면 피할 수 없는 상황일 수밖에 없다. 결국 해석을 하는 것이 연구자의 일이며 이를 반드시 어떤 개념적 틀을 가지고 있어야만 한다. 질적 연구자에 의하면, 어떤 사람들의 관점을 이해할 목적으로 그들에게 접근하는 것은 정보제공자들의 전체 경험에 대해서는 아니겠지만 어느 정도의 왜곡은 생기게 마련이라고 한다. 질적 연구자들 사이에서도 이러한 연구방법론적 문제에 있어 견해 차이가 있으며 이 문제를 처리하는 방법에 있어서도 차이가 있다. 어떤 연구자들은 연구참여자에 대해 어떠한 관점이나 견해도 혼합되지 않은 "완전무결한 현상학적 서술"을 하려고 노력하는가 하면, 또 다른 연구자들은 이런 서술을 하는데 얽매이지 않은 채 "연구자 자신들의 관점"에서 자료에 대한 해석으로 추상적 개념들을 형성하려고 노력한다. 어떤 입장을 취하든 질적인 자료의 분석은 이런 이론적 쟁점과 연구방법론적 쟁점을 항상 염두에 두고 이루어져야 한다.

비록 질적 연구자가 이론적 배경으로 현상학적 입장을 취하는 경향이 있지만, 이들 대부분이 극단적 이상론자는 아니다. 이들은 주관성을 강조하면서도 인간 존재와는 무관하게 우리의 손에 닿지 않는 그 어떤 곳에 있으면서 인간의 행위로서 구현할 수 없는 실체가 존재하고 있음을 부정하지 않는다(Blumer, 1980). 예를 들어, 어떤 사람이 벽돌로 된 벽을 걸어서 통과할 수 있다고 믿을 수는 있겠지만, 실제로 그렇게 하는 것은 그냥 생각하는 것보다 복잡하다. 벽의 본질로 볼 때 인간은 이 벽을 통과할 수 없지만, 그렇다고 이 사람도 "실체"를 꼭 이렇게 지각할 필요는 없다. 이 사람은 여전히 자신이 벽을 통과해서 걸어갈 수 있다고 믿을 수 있다. 하지만 이번만 자신에게 주문을 걸어 벽을 통과할 수 없게끔 할 수 있다. 이렇게 볼 때 실체란 인간이 지각하는 형태에 따라 이해되는 것이다. 질적 연구자는 우리가 살고 있는 세상은 벽보다는 다소 유연한 대상들로 둘러싸여 있기 때문에 주관적인 생각을 강조한다. 그리고 인간 존재는 그런 "주관적 생각을 하는 작은 엔진"과 비슷하며, 우리는 고정된 구체물이 아닌 상징적 기호 체계가 있는 환경에서 살고 있다.

만약 위에서 언급한 것처럼, 인간의 지각이 그렇게 주관적인 것이라면 어떻게 질적 연구자의 연구 결과가 진리임을 입증할 수 있는가? 이들 연구자 또한 주관적이지 않은가? 연구자는 자신이 수집한 자료가 "진리"를 담고 있거나 경험 세계를 기록하는 유일한 방법이라고 주장하지는 않지만, 자신이 묘사한 연구 결과는 정확성이란 측면에서 평가 가능하다고 주장한다. 다시 말해서, 연구자가 연구를 통해서 어떤 일들이 있었다라고 말한 것과 실제로 정보제공자들에게서 일어난 일과는 반드시 일치해야 한다는 것이다. 정보제공자들이 그곳에 있었고 이런 저런 것들을 말했다라고 연구자가 말했다면 그들이 정말 그곳에 있었고 그런 말을 했다는 것이 사실이어야 한다. 뿐만 아니라 연구자가 수집한 데이터와 연구 결과 사이에는 일관성이 있도록 연구자는 최선을 다해야 한다. 단지 연구자 자신의 주장이 "진리"임을 말하는 것이 아니라 제시된 자료에서 그 "진리"가 확인 가능하도록 해야 한다. 이런 의미에서 질적 연구자는 자신이 경험적 연구자라고 생각할 수 있다. 이것도 맞지만, 대부분의 질적 연구자는 연구 보고서나 논문 등의 연구물을 초월적 진리라고 생각하는 것이 아니라 경험 세계에 바탕을 둔 실체에 대한 어떤 해석이나 표현이라고 생각한다. 질적 연구자는 질적 연구의 이론적 배경은 실체에 대한 해석을 제공해줌으로써 인간을 이해하는데 유용한 것이라고 생각한다. 이것이 바로 질적 연구자의 주장이 합법성을 가지는 논리이다.

1.3.2 상징적 상호작용론

역사에 대한 고찰에서 알 수 있듯이 상징적 상호작용론은 오래전부터 있어왔는데, 20세기 초부터 시카고 학파의 연구에서 이미 나타나고 있었다. 실용주의 철학자이자 교육학자였던 존 듀이(John Dewey)는 상징적 상호작용론의 형성기에 시카고 대학교에 있었으며 자신의 저술과 더불어 찰스 홀튼 쿨리(Charles Horton Cooley), 로버트 파크(Robert Park), 플로리안 즈나니에츠키(Florian Znaniecki), 그리고 가장 중요한 인물인 조지 허버트 미드(George Herbert Mead)와 같은 학자들과의 개인적인 접촉을 통하여 이 이론의 발달에 기여를 하였다. 미드가 저술한 《정신, 자아, 그리고 사회》(*Mind, Self, and Society*, 1934)는 오늘날 **상징적 상호작용론**(symbolic interaction)으로 불리는 이론의 가장 초기 저술로 인용되고 있다. 이 이론의 다양한 개념의 사용과 그 중요성에 대해 사회학자들 중에서도 일치된 견해를 가지고 있지 않다. 대부분의 사회학자들은 질적 연구와 이 이론을 동의어로 사용하고 있지만, 일부의 사회학자들은 자신들을 양적 연구를 수행하는 상징적 상호작용론자라고도 한다(예를 들면, 상징적 상호작용에 대한 아이오와 학파). 이 책에서 다루고 있는 논의는 대부분 미드의 제자인 허버트 블루머(Herbert Blumer)와 에버렛 휴거스(Everett Hughes), 그리고 이들의 제자인 하워드 베커(Howard S. Becker)와 블랑쉬 기어(Blanche Geer)의 연구에 바탕을 두고 있다.

상징적 상호작용론과 현상학적 관점의 공통견해는 "인간의 행동은 **해석**(interpretation)에 의해 중재된다"는 것이다(Blumer, 1969). 사물, 사람, 상황, 사건 등은 이것들 자체가 어떤 의미를 소유하고 있는 것이 아니라 이들에게 의미가 부여되는 것이다. 예를 들어, 교육공학자는 텔레비전과 VCR을 교육목표와 관련된 교육용 비디오테이프를 보여주는데 사용되는 장치라고 정의하는 반면, 교사는 수업할 자료가 부족하거나 자신이 피곤할 때 학생들에게 시간 때우기 용으로 사용하는 물건으로 이 장치들을 정의할 수도 있다. 또는 서구 사회의 공학 문명을 접해보지 못한 사람들에게 텔레비전을 설치할 경우, 공학전문가가 나타나서 이 물건에 대한 정의를 소개하기 전까지 이 사람들은 일종의 숭배물로 정의할 수도 있다. 사람들이 자신의 경험에 부여하는 의미와 경험의 해석 과정은 경험에 따른 부수적이거나 우연적인 것이 아니라 필수적이며 본질적인 것이다. 사람들의 행동을 이해하기 위해서는 이들이 사용하는 정의와 그 정의들이 만들어지는 과정을 이해해야만 한다. 인간은 적극적으로 자신만의 세계를 창조하는 존재이며 그렇기 때문에 사회와의 상호작용을 이해하는 것이 필수적이다(Gerth & Mills, 1978). 사람은 미리 정의된 대상들에 대해 미리 결정된 반응에 기초하여 행동하는 것이 아니라 사람은 해석자, 정의자, 부호 생성자, 상징적 기호와 부호 해독자이기 때문에 이런 사람의 행위는 참여관찰과 같은 연구방법을 사용하여 정의를 만드는 과정을 파헤치는 연구자에 의해서만 이해될 수 있다.

해석은 저절로 일어나는 행위가 아니며 어떤 특정한 힘이나 인간, 그 어떤 것에 의해서 결정되는 것이 아니다. 개인 각자는 과거의 사람들이나 작가, 가족, 텔레비전 드라마의 배우들, 또는 직장이나 놀이터와 같은 장소에서 만나는 다른 사람들의 도움을 얻어 해석을 한다. 이런 상호작용을 통해 개인은 의미를 구성한다. 어떤 상황(예: 특정 학급의 학생들)에 있는 사람들은 공통된 여러 정의들(또는 상징적 상호작용론자의 용어로 표현하자면 "공유된 관점들") 종종 개발하는데, 그 이유는 규칙적으로 상호작용하고 동일한 경험과 문제, 배경을 공유하기 때문이다. 하지만 공유한다고 해서 서로간의 합의가 반드시 있다고 말할 수는 없다. 어떤 사람들은 "공유된 정의들"이 바로 "진리"를 나타낸다고 하지만 의미란 주관적이기 때문에 언제나 협상의 과정을 거쳐야 한다. 그래서 그 의미는 그것을 다르게 보고 해석하는 사람들에 의해 영향을 받기 마련이다. 어떤 특정한 정의에 따라 행동한다고 할 때, 어떤 사람에게는 그 정의가 적합하지 않아 행동에 문제가 발생할 수도 있다. 이렇게 문제가 생기게 되면 사람들은 낡은 정의를 버리고 새로운 정의를 만들어내려고 할 것이며 이로써 변화가 생기게 된다.

그래서 해석은 필수적이다. 내적 충동, 성격, 무의식적 동기, 욕구, 사회경제적 지위, 행위자의 역할 의무, 문화적 관행, 사회 조정 메커니즘, 물리적 환경 등 이러한 사회학적 어떤 개념보다도 상징적 상호작용이 더 개념적 패러다임이 되고 있다. 물론 이런 요인들도 사회학자들이 사람의 행위를 예측하고 이해하기 위한 노력의 일환으로 도출해낸 구성 개념들 중 일부이다. 상징적 상호작용론자도 당연히 이 이론적 구성 개념들에 관심을 가지고 있다. 하지만 이런 사회학적 개념들은 정의를 만들어내는 과정에 어느 정도 관여하고 얼마만큼 영향을 미치는가에 따라서만 인간 행위의 이해와 관련된다. 예를 들어, 상징적 상호작용론을 지지하는 연구자는 음식에 대한 충동이 있다는 사실과 어떤 때, 어떤 음식을, 어떻게 먹어야 하는지에 대한 문화적 정의가 있다는 사실을 부정하지는 않는다. 그렇지만 상징적 상호작용론자는 먹는 행위를 내적 욕구와 문화적 정의로만 이해될 수 있다는 점에 대해서는 부정한다. 먹는 행위는 사람들이 먹는 행위를 어떻게 정의하는지와 자신들이 처한 그 특수한 상황 사이의 상호작용에 의해 이해될 수 있다. 먹는 행위는 여러 방식으로 정의될 수 있는데, 먹는 과정을 서로 다르게 경험하게 되고 상황에 따라 다른 먹는 행위를 표출하게 된다. 예를 들어, 학교에서 교사는 적합한 식사 시간을 정의하고, 이때 무엇을 먹어야 하는지 정의하고, 그리고 학교라는 동일 장소에 있으면서도 학생들과는 매우 다르게 먹는 행위를 하게 된다. 점심을 먹는 행위는 일이나 공부로부터 휴식이 될 수도 있고, 방해하는 것이 될 수도 있고, 잡다한 일을 할 수 있는 시간일 수도 있고, 다이어트를 할 수 있는 시간일 수도 있고, 시험 문제의 정답을 맞춰보는 시간일 수도 있다.

점심을 먹는 행위는 운전이나 종교 의식과 같은 개념들이 다루지 못하는 상징적 의미를 지니고 있다. 상징적 상호작용론은 사회에는 규칙과 법규, 규범과 신념 체계가 있다는 사실을 부정하지 않지만, 이런 개념들은 사람들이 참작할 때만 인간 행위의 이해에 중요한 역할을 한다고 주장한다. 더구나 이러한 규칙과 법규, 규범 또는 그 어떤 것도 인간 행위를 이해하는데 결정적인 역할을 하지 않으며 오직 특수한 상황에서 이들이 어떻게 정의되고 사용되는가가 인간행위의 이해에 더 중요하다는 것이다. 고등학교를 보면 내신 등급 체계, 학교의 교직원과 학생의 조직도, 시간표, 교육과정, 그리고 "전인적 인간"의 육성이라는 그 학교의 교육목적을 적은 표어 등이 있다. 하지만 사람들은 그 학교가 계획하는 것에 따라, 또는 교장이나 교감이 말하는 바에 따라 행동하는 것이 아니라 자신들이 그것을 어떻게 보고 정의하는가에 따라 행동한다. 어떤 학생들에게 있어서 고등학교는 친구들을 만나는 장소로 여겨지거나 사회적 지위를 향상시킬 수 있는 장소로 여겨질 수도 있다. 대부분의 학생들에게 고등학교는 졸업을 위해 수업을 듣고 성적을 받는 장소인데 이런 경우 학생들의 고등학교에 대한 정의는 대학을 가기 위한 곳이거나 직업을 얻기 위해 거쳐야 하는 곳이다. 비록 학교의 규칙과 성적 체계가 어떤 제약을 주고 비용을 부과하고 이로 인해 학생들의 행위에 영향을 줄 수도 있겠지만, 학생들의 행위는 이들이 학교와 학교를 구성하는 것을 어떻게 정의하는가에 따라 결정된다. 학교와 같은 조직체의 경우, 부여되는 의미의 정도도 다양하고 다양한 대안적 의미가 부여되고 창조될 수도 있는 곳이다.

상징적 상호작용론에서 다루는 또 다른 중요한 구성 개념은 "자아(self)"의 형성에 관한 것이다. 이 이론에 따르면, 자아란 우리의 내부에 있는 욕구와 동기, 내면화된 규범이나 가치와 같은 조직화된 체계가 아니며 에고(ego)처럼 개별화된 체계도 아니다. 사람들은 다른 사람과의 상호작용을 통하여 자신이 누구인지를 창조하는데 이렇게 창조된 정의가 바로 자아이다. 다른 사람이 나를 이해하려면 내 동작이나 행동을 해석하고 내 처지나 상황에 자신들을 대체해 봄으로써 가능한데, 사람들이 자아를 형성하거나 정의할 때도 다른 사람이 우리를 보는 것처럼 자신을 보려고 한다. 요약하면, 사람은 다른 사람이 자신을 보는 것처럼 부분적으로 자기 자신을 그렇게 본다. 그래서 자아는 또한 사회적 구성물이고, 자기 자신을 지각한 결과로서, 자아의 정의는 다른 사람과 자신과의 상호작용의 과정을 통해 발전한다. 이러한 연결 구조에 따라 사람은 다른 사람과의 상호작용을 통해 자신에 대해 더 많이 알게 됨으로써 변화하고 성장하게 된다. 자아를 개념화하는 이런 방식은 자기충족예언(self-fulfilling prophecy)과 이상행동을 설명하는 "레벨링(labeling)법"을 위한 기초를 제공하였다(Becker, 1963; Erickson, 1962; Rist, 1977b).

1.3.3 한 가지 일화

한 가지 일화를 소개하면서 현상학적 이론과 상징적 상호작용적 관점에 의한 이론의적 논의를 종합하고자 한다. 구태여 이 일화에 제목을 붙인다면 "영원히"라고 하면 되겠다.

어느 날 저녁 파티에서 법대 학장, 물리학과 교수, 지질학과 교수를 포함해서 모두 자기 분야에서 쟁쟁한 교수들이 "영원히"란 개념에 대해 토론을 하기 시작했다. 이 토론은 누군가가 99년 동안 땅을 임대한 경우도 있다는 말을 하면서 시작되었다. 어떤 사람이 법대 학장에게 "영원히"는 법에서 사용하는 문구가 아니지 않느냐고 물었다. 학장은 "그렇죠. 영원히라는 그 의미 그대로죠."라고 답했다. 지질학과 교수는 자신의 전공에 비추어 "영원히"라는 뜻을 아주 다르게 해석했는데, 이 "영원히"는 지구가 얼마나 오랫동안 지금처럼 존재하느냐에 좌우되는 개념이라고 했다. 물리학과 교수는 자신의 전공에서는 "영원히"는 정말로 "영원히"를 뜻한다고 맞장구쳤다.

아동용 동화를 보면 "그래서 그들은 그 이후 영원히 행복하게 잘 살았다"라는 문구로 끝나는 경우가 많다. 가끔 어린 아이들은 부모가 어디를 데리고 가는 것을 기다리고 있을 때 "영원히" 기다리게 한다고 불평한다. 모든 경우를 다 예로 들 수는 없지만, 이들 예만 보더라도 이 "영원히"라는 단어는 풍부한 의미를 함축하고 있음을 분명히 알 수 있다. 사람들 각자 매우 다른 관점에서 "영원히"라는 개념을 사용하고 있다. "난 영원히 기다려왔어요."라고 말하는 어린이는 물리학자의 관점에서 세상을 보는 것이 어렵다는 사실을 알게 될 것이고, 또 이 물리학자는 많은 것을 알고 있는 어른들이 애들에게 보이는 미소를 지으며 이 애가 사용하는 그런 개념의 "영원히"를 사용하지 않으려고 한다.

이처럼 이 "영원히"라는 개념에 대한 사용자들의 다양한 관점에 존재하는 불일치는 이 단어를 좀 더 정확히 정의 내림으로써 해소될 수 있다. 다시 말해서, 이 단어에 대한 "진정한" 정의를 내리는데 있어서 합의를 이끌어내야 하는 것이다. 그룹 토론이나 위원회 회의에서 이 방법은 잘못된 이해를 방지하는데 도움이 되지만, 질적 연구자는 이런 식으로 이해를 한정시켜 문제를 해결하는 것이 아니라 이해를 좀 더 확장시켜 불일치를 해소하려고 한다. 질적 연구자는 개념에 대한 정의 사이의 이런 차이를 "잘못"으로 인식하고 이 차이의 애매함을 해소하려고 하지 않기 때문에 표준적 정의를 확립하려고 하지 않는다. 이런 방법보다는 그 개념을 사용하는 모든 사람들과 관련된 맥락에서 그 개념이 이해되는 방식으로 그 개념을 연구하고자 하는 것이 질적 연구자의 목적이다. 마찬가지로, 어떤 조직이나 단체를 연구하고자 할 때도 그 조직이나 단체의 "목적"에 대한 다양한 정의들 사이에서 발생되는 불분명함이나 사람들이 서로 다른 목적을 가지고 있을 때 발생되는 이 "목적"이란 단어의 불분명함을 해소하려고 하지 않는다. 그보다는 이런 연구는 다양한 참여자들이 그 목적을 어떻게 인식하고 어떤 경험을 하는지에 연구의 초점을 둔다. 질적 연구자는 이런 식으로 유일한 실체의 존재에 관심 있는 것이 아니라 다양한 맥락에 따른 다양한 사람들에 의해 형성되는 다중 실체에 관심을 가지고 있다.

1.3.4 문화

교육을 연구하는 인류학자는 현상학적 관점에서 연구를 수행한다. 이 인류학적 연구의 이론적 틀을 제공하는 것이 바로 **문화**(culture)의 개념이다. 문화나 문화적 측면을 기술하려는 시도를 **문화기술지**라 한다. 인류학자들 사이에서도 종종 문화에 대한 정의에서 서로 다른 견해를 보이지만, 각자 연구에 대한 이론적 배경은 모두 이 문화에 두고 있다. 문화에 대한 몇 가지 정의를 살펴보는 것은 이 개념이 어떻게 연구의 방향을 제시하는지에 대한 이해를 넓히는데 도움이 된다. 어떤 인류학자들은 문화를 "경험을 해석하고 행동을 발생시키기 위하여 사람들이 사용하는 획득된 지식"으로 정의하고 있다(Spradley, 1980, p. 6). 이 정의에 의하면, 문화는 사람들이 행하는 것, 사람들이 아는 것, 그리고 사람들이 만들어서 사용하는 것을 모두 포함하고 있다(Spradley, 1980, p. 5). 이 관점으로부터 문화를 기술하기 위해 연구자는 사건들을 다음과 같은 방식으로 생각한다: "최고의 문화기술지 연구는 어떤 공동체 내에서 상식적으로 적합하다고 인정되는 행동을 할 수 있게 해주는 그 지식(그들이 알고 있는 것)을 서술함으로써 그 사람들의 행위를 설명할 수 있어야 한다"(McDermott, 1976, p. 159). 문화에 대해 이러한 배경을 전제로 하는 연구자들은 미국흑인 노동자 공동체의 가족과 함께 생활하든(Stack, 1974), 또는 학교의 교장실에 있든(Wolcott, 1973), 또는 유치원 교실에 있든(Florio, 1978) 그 주어진 문화적 상황이나 장소에 적합한 행동을 독자들이 할 수 있도록 가르칠 때 문화기술지 연구가 성공한 것이라고 말한다.

문화의 또 다른 정의는 언어에 있는 기호를 연구하는 **기호학**(semiotics)적 측면을 강조하는 정의이다. 이 정의는 어떤 집단의 사람들이 하는 행동과 그들이 사용하는 특유의 말을 아는 것은 그 행동과 말을 할 수 있는 것과는 다르다고 주장한다(Geertz, 1973). 이 관점에서 볼 때 문화의 정의는 좀 더 복잡하며 앞에서 언급한 정의와 다소 차이를 보이고 있다: "문화란 해석이 요구되는 부호들이 상호작용하는 체제로서 무엇을 할 수 있는 능력이 아니라 사회적 사건이나 일, 사회적 행동, 사회적 제도나 관습, 사회적 과정에 원인으로 작용하는 어떤 것이다. 문화는 맥락이며 깊고 풍부하게 서술될 수 있는 어떤 것이다"(Geertz, 1973, p. 14). 이런 정의에서 보면, 사람들이 사건에 부여하는 의미와 문화 사이에는 상호작용이 존재함을 알 수 있으며 문화에 대한 이 정의에 현상학적 경향이 반영되어 있다는 사실을 분명히 느낄 수 있다.

기어츠(Geertz)가 말하는 문화기술지의 "깊은 서술(thick descrpition)"이란 용어는 철학자 길버트 라일(Gilbert Ryle)의 말에서 빌려온 것이다. 기어츠는 한쪽 눈을 깜박이는 사람에 대한 라일의 예를 사용하여 눈을 깜박이는 이러한 행동이 서로 다른 여러 수준에서 분석 가능함을 조사하였다. 눈을 깜박이는 것은 눈주위 근육의 경련에 의한 씰룩거리는 깜박임, 상대에게 어떤 의미를 신호하기 위해 의도적으로 깜박이는 윙크, 윙크인척 하는 깜박임, 또는 윙크를 연습하는 깜박임 등을 나타낼 수 있다. 이런 행동들을 어떻게, 어떤 수준에서 분석하는지에 따라 얕은 서술과 깊은 서술의 차이가 생긴다.

연구자(패러디 작가, 윙크하는 사람, 눈을 씰룩거리는 사람 등)가 무엇을 하고 있는지 ("오른쪽 눈꺼풀을 빠르게 움직이다")에 대한 "얕은 서술"과 그가 무엇을 하고 있는지 ("친구를 골탕 먹이려는 음모를 실행하려고 그 친구 모르게 다른 친구에게 그 뜻을 신호하려고 눈을 깜박이다")에 대한 "깊은 서술"사이에 문화기술지의 목적이 존재한다. 문화기술지의 목적은 근육의 씰룩거림에 의해 눈을 깜박이고, 윙크하고, 가짜 윙크를 하는 등의 행동을 지각하고 해석하는데 필요한 계층적으로 위계화된 의미 구조를 밝히는 것으로, 이런 의미 구조가 없다면 어떤 사람이 눈꺼풀로 어떤 행동을 했건 안했건 상관없이 눈 깜박임의 미묘한 의미적 차이는 존재하지 않게 된다(근육의 씰룩거림이 아닌 깜박임이 윙크와 같은 행동이 되고 윙크가 아닌 깜박임은 단지 근육의 경련에 의한 깜박임과 같은 행동으로 해석된다). (Geertz, 1973, p. 7)

상급학년 진학축하 행진에서 얼굴을 검게 칠하고 여자파티 복장을 한 시러큐스 대학교 남학생 클럽 학생들의 모습. 인종차별과 여성혐오를 표현하는 이런 문화적 형식은 백인이 대다수인 대학 캠퍼스에서는 흔한 일이었으며 형식은 달라졌지만 오늘날에도 여전히 존재하고 있다. 1909년

그래서 문화기술지는 "깊은 서술"을 하는 연구이다. 이런 관점에서 문화를 들여다볼 때, 문화를 기술하는 연구자인 문화기술지학자는 여러 가지가 너무 복합적이어서 서로 분리해서 생각하기 어려운 삶에 대한 일련의 다양한 해석에 직면하게 된다. 문화기술지학자의 목적은 어떤 문화권에 있는 연구참여자들이 당연한 것으로 인식하고 있는 것의 의미를 공유하고 이를 그 문화를 접하지 못한 독자나 외부인에게 그 새로운 이해를 묘사하여 전달하는 것이다. 그래서 문화기술지학자는 이런 의미와 이해를 문장으로 표현하는데 관심이 있다.

문화에 대한 세 번째 개념적 접근은 인류학자 로잘리 왁스(Rosalie Wax, 1971)가 제안한 것이다. 현장조사에 대한 이론적 가정의 논의에서 왁스는 문화기술지의 과제를 이해라는 측면에서 논의하였다. 왁스에 따르면 이해는 사람들 사이의 어떤 "신비한 공감"이 아니라 "의미의 공유"라는 하나의 현상이라고 한다. 그리고 인류학자는 자신의 사회나 문화권 밖에서 사회적 수용의 측면과 이해의 측면이란 두 측면 모두에서 연구를 시작한다.

> 따라서 낯선 사람들에게 접근하는 현장조사자는 자신들끼리는 서로 이해하는 말과 행동을 하고 있고 본인만 이를 이해하지 못함을 곧 지각하게 된다. 이들 낯선 사람들 중 한 명이 어떤 특정한 몸짓을 하자 나머지 모든 사람들이 웃는다. 이 사람들은 이 몸짓이 무엇을 의미하는지 그 이해를 공유하고 있지만, 이 현장조사자는 공유하지 못하고 있다. 그런데 연구자가 이 몸짓의 의미를 공유하게 될 때 "이해"가 시작되는 것이다. 그는 이제 "내부자의 시각"의 일부를 가지게 된 것이다. (Wax, 1971, p. 11)

유치원 교실에 관한 어떤 문화기술지(Florio, 1978)는 유치원에 입학하는 어린이들이 어떻게 내부자가 되어가는 지를 조사하였는데, 다시 말해 어떻게 이 어린이들이 유치원 문화를 배우고 교사 기대와 학급에서의 기대에 대해 올바른 행동을 발달시켜 가는지를 조사하였다. 베스트(Best, 2000)는 정기적으로 댄스 파티에 가는 사람들이 "댄스파티"라는 것이 단지 춤추는 그 자체보다 훨씬 더 많은 것을 내포하고 있다는 문화적 이해를 어떻게 공유하는지 조사하였다.

사회학자들은 자신들의 질적 연구를 이론적으로 특징짓기 위하여 문화를 사용하고 있다. 베커(Becker, 1986b)의 문화에 대한 설명도 의미의 공유에 기초를 두고 있다. 댄스 밴드에 대한 비유법을 사용하여 베커는 만약 여러 명의 개별 연주자를 결혼식의 댄스 파티에서 연주해 달라고 초대했을 때, 그리고 만약 이들 연구자들이 그 전에 한 번도 서로 만나지 않았지만 결혼식 날 나타나서 리더의 지휘에 따라 노래를 연주할 수 있다면(결혼식에 모인 사람들은 이들이 그 전에 한 번도 만난 적이 없다는 사실을 짐작하지도 못한 채), 이들이 이렇게 연주를 하기 위해서는 문화에 의지하고 있는 것이라고 한다. 베커에 의하면 문화란 사람들이 함께 행동을 할 수 있도록 해주는 것이다.

구체적인 정의가 무엇이든 간에 자료를 해석하는데 사용되는 조직적이며 개념적인 주된 도구인 문화라는 큰 틀은 문화기술지를 활용한 연구의 특징이다. 문화기술지의 절차는 참여관찰에서 사용되는 절차와 완전히 동일하지는 않지만 유사하며, 이런 이유로 참여관찰과는 다른 용어를 사용하게 되고 학문적 다른 영역으로 발전되었다. 최근에 교육연구자들은 문화기술지라는 용어를 질적 연구를 언급하는 용어로 사용하고 있으며 심지어 사회학에서도 그러하다. 질적 연구를 나타내는 발생적 단어로 문화기술지를 사용하는 것의 적합성에 대해 동의

하지 않는 사람들도 있지만(예: Wolcott, 1975, 1990), 사회학자와 인류학자들이 수행하는 연구 방식과 이론적 경향이 점차 유사해지고 있다는 사실을 시사하는 여러 증거들이 있다. 1980년대 초 어떤 유명한 문화기술지학자는 "획득된 지식이라는 문화의 개념은 상징적 상호작용론과 상당한 부분을 공유하고 있다"고 천명했다(Spradley, 1980). 어떤 연구자들의 주장에 따르면 인류학자들이 사용하는 "문화"의 개념은 사람들 사이에서 형성되는 의미의 구조와 연속성, 그리고 침투성을 포함하고 있지만 상징적 상호작용론자들은 이것을 받아들이지 않는다고 한다. 상징적 상호작용론자들은 의미는 연구 대상인 사람들의 집단에서 발견되기 보다는 어떤 특정한 상황에서 훨씬 더 많이 발견되는 것으로 보고 있다.

1.3.5 민속방법론

민속방법론(ethnomethodology)*은 연구자가 사용하는 자료 수집 방법을 뜻하는 용어가 아니라 연구나 조사의 대상을 지칭하는 용어이다. 헤롤드 가핑클(Harold Garfinkel)이 전하는 이야기에 따르면, 이 용어는 민속생물학, 민속물리학, 민속음악, 민속천문학과 같은 용어들을 담고 있었던 예일 대학교 비교문화에 관한 연구 파일에서 생각해 낸 것이라고 한다. 이러한 용어들은 어떤 특정 집단의 구성원들이(예일 대학교 파일은 주로 부족집단들에 관한 것이었음) 자신들의 주변 환경적 측면을 어떻게 이해하고, 사용하고, 질서 있게 유지하는지를 뜻하고 있다. 민속식물학을 예로 들어보면, 이 영역의 특정 대상은 바로 다양한 식물이다. 따라서 민속방법론은 어떻게 사람들이 매일의 일상적 삶을 이해하고 창조하는지, 다시 말해 매일의 삶을 성취하는 방법을 연구하는 것이라고 할 수 있다. 민속방법론자들이 다루는 대상은 비서구사회의 사람들이 아니라 현대 사회의 다양한 상황에 있는 사람들이다.

가핑클은 민속방법론자가 하는 연구를 "우리 민속방법론자는 일상적 환경이나 상황의 일부로서 사람들이 눈에 보이는 조직화된 사회 질서를 어떻게 상호작용을 통해 공통된 정의를 내리는지를 연구하고 있다고 말할 수 있을 것이다"라고 정의하고 있다(Garfinkel, in Hill & Crittenden, 1968, p. 12). 민속방법론자는 사람들이 자신이 살고 있는 세상에 존재하는 규칙(질서)을 어떻게 바라보고, 어떻게 설명하고, 어떻게 기술하는지를 이해하려고 한다(Garfinkel, 1967). 민속방법론자가 행하는 연구의 예로는 사람들이 어떻게 성별에 따라 "행동"하는지에 대한 연구가 있다(West & Zimmerman, 1987).

* 〈부록 A〉의 용어 정의를 참조바람.

교육연구자들 중 많은 연구자들이 민속방법론의 접근법에 영향을 받아왔다. 이들의 연구를 다른 질적 연구자들의 연구와 분리시키는 것이 종종 어려운 점이 있지만, 이들의 연구는 대화와 단어의 특이성 및 행위와 이해의 미세한 점을 다루는 미세한 연구 쟁점을 좀더 많이 연구하는 경향을 띠고 있다. 이 접근법을 배경으로 하는 연구자들은 "상식적 이해", "일상적 삶", "실행 가능한 성취", "사회 행위를 위한 틀에 박힌 일상적 근거", "설명"과 같은 문구를 사용한다. 1960년대 후반과 1970년대를 거치면서 민속방법론은 인기를 얻었지만, 1980년대에 와서는 그 관심이 감소하였다. 경험주의적 방법에 대해 포스트모더니스트들이 제기하는 현재의 많은 이론적 비판과 고려는 사실 원래 민속방법론자들이 말했던 것이다(Holstein & Gubrium, 1994). 그런데 교육연구에 이 민속방법론을 적용하려고 하는 관심이 다시 일어나고 있는 몇 가지 증거들이 나타나고 있다(Lynch & Peyrot, 1992). 민속방법론 학자들은 연구라는 것이 유일한 과학적 영역이 아니라 오히려 연구를 "실행 가능한 성취"로서 다루어야 한다는 점을 연구자들이 항상 염두에 두어야할 쟁점이라고 강조하고 있다. 민속방법론 학자들은 자료 수집하는 사람들이 자료를 수집하는 과정에서 작용하는 상식적 이해를 신중하게 관찰해야 한다고 제안하고 있다. 이들 학자들은 질적 연구방법을 사용하는 연구자들의 경우 어떤 것을 당연한 것으로 인식하는 것이 아니라 연구자 자신이 가진 상식적 여러 가정들, 자신의 세계관을 항상 "브래키팅"해야 한다는 사실을 염두에 두어야 한다고 지적하고 있다. 이런 면과 더불어 많은 면에서 볼 때, 민속방법론 학자들은 포스트모던에 속한다고 할 수 있다.

1.3.6 현대의 이론적 정세: 문화연구, 페미니즘, 포스트모더니즘, 비판이론, 제도문화기술지

많은 연구자들이 본래 현상학자가 아니면서도 질적 연구를 수행하는데, 이들은 현상학과 다른 개념적 틀을 연구의 배경으로 삼고 있다. 이러한 틀에는 **문화연구**, **페미니즘**, **포스트모더니즘**, **비판이론**, **제도문화기술지**가 있다.

이러한 이론적 배경에 대해서는 역사 부분에서 이미 논의했으며 여기서는 이들 배경과 현상학적 배경 사이의 몇 가지 차이점을 소개하고자 한다.

페미니즘이나 비판이론, 또는 포스트모더니즘을 이론적 배경으로 삼고 있는 많은 질적 연구자들은 이 세상이 "직접 알 수 있는" 대상이란 생각을 거부한다. 이 세상은 현상학적 설명이 말하듯 "그 자체가 경험적으로 존재할 수 없는 것"이다(Willis, 1977, p. 194). 몇 가지 이유에서 이 세상은 직접적으로 알 수 있는 존재가 아니다. 첫째, 모든 사회관계는 권력에 의해 영향을 받기 때문에 정보제공자의 세상에 대한 경험을 연구자가 분석할 때도 이 권력의 영향을 고려하기 때문이다. 권력 구조에서 어떤 사람의 지위가 얼마나 영향력을 미치는지 연구자는 절대 짐작할 수 없다고 현상학자는 말하지만, 페미니즘, 비판이론, 포스트모더니즘의 관점은 그 권력이 정보제공자의 것이든 연구자의 것이든 항상 권력을 어느 정도 고려해야 한다고 주장한다. 이런 관점을 소유한 연구 집단들은 어떤 특정 유형의 권력에 특별히 관심을 가지기도 하고 안 가지기도 한다. 페미니즘 학자들만이 성에 의한 권력(권위)에 관심을 가지는 것이 아니라(Mac An Ghail, 1994; Finders, 1997) 비판이론과 포스트모더니즘 학자들도 관심을 가지고 있다. 그래서 연구 주제에 따라 연구자들의 이론적 배경을 파악하는 일은 쉽지 않다(McRobbie, 1994; Roman, 1997 참조).

이 세상이 직접적으로 알 수 있는 존재가 아니라는 두 번째 이유는 모든 연구는 인간 행위와 사회 행동에 대한 어떤 이론적 배경의 지침에 따르기 때문이다. 다시 말해, 연구의 분석 과정을 완전히 귀납적으로 기술하는 것이 어렵다는 것이다. 예를 들어, 연구하려는 현장에 들어오기 전에 이미 연구자들은 인종이나 성에 대한 여러 아이디어를 가지게 되는데 이 아이디어들이 연구에 영향을 미친다. 그렇더라도 연구자는 이 아이디어들이 연구에 영향력을 발휘하지 못하도록 의도적으로 억제하지는 않는다. 예를 들어, 로만과 애플(Roman & Apple, 1990)의 제안에 따르면, 연구자가 연구 실행 전에 알게 되는 그 연구에 관한 "이론적이며 정치적 배경"은 "연구하고자 하는 사람들과 함께 하는 연구자의 직접적이고 생생한 경험을 통해 활력이 생기고 변형된다"고 한다(p. 62). 이러한 견해들이 말하고자 하는 것은 질적 연구자가 연구를 수행하면 반드시 자신들의 정보제공자들과 어떤 형식이든 대화를 한다는 것이다. 질적 연구자의 이론적, 이념적 견해는 연구 수행에 큰 영향력을 행사하지만, 연구의 정보

여자야구팀, 매사추세츠의 다트마우스, 1915년

제공자들로부터 연구자가 배우는 것 또한 연구자의 이러한 견해를 형성하는데 영향을 준다.

제도문화기술지는 사회의 불평등한 권력 관계를 직접 다루는 질적 연구의 현대적 유형 중의 하나이다. 도로시 스미스(Dorothy Smith)가 창안한 이 연구방법은 평범한 사람들의 일상적인 삶을 스미스 자신이 말한 "지배 관계"와 연결하는 일을 한다(2005). 여기서 이 "지배 관계"란 사회의 모습을 유지하게 하는 기관, 조직, 담화, 관료제도, 대중 매체 사이의 관계를 말한다. 제도문화기술지 연구자들은 이러한 지배 관계가 어떻게 사람들의 일상적인 삶을 "조직적으로" 만드는지에 관심을 가지고 있다. 제도문화기술지 연구는 사회의 거시적 수준과 미시적 수준을 연결시켜 주고 있다. 이 연구는 개인적인 문제라고 생각할 수 있는 쟁점들이 자신들이 근무하고 있거나 활용 가능한 자원을 통제하고 있는 기관이나 조직체에 의해 실제로 어떻게 형성되는지를 보여주려는 연구이다. 이런 연구를 수행하는 제도문화기술 연구는 복지사업 분야의 영향으로 많은 연구 결과를 내 놓았는데, 그 이유는 "정신적으로 병이 있는 사람"은 어떤 사람인지, 어떤 사람들이 복지 기금의 혜택을 받아야 하는지, 또 간호 활동의 필요 요건은 무엇인지를 결정하는 일들이 거대한 권력을 가진 기관들과 여기에 소속된 전문가들에 의해 결정되기 때문이다. 또한 제도문화기술지는 자녀에게 초등학교를 설명하는 어머니의 말하는 방법에 영향을 미치는 "좋은 어머니"에 대한 담화는 어떤 것인지, 어떤 과제가 의미 있는 숙제로 생각되는지, 그리고 교사가 말하는 특정 방식은 어떤 식인지에 대해 알려준다(예를 들면, Griffiths & Smith, 2005). 제도문화기술 연구자들은 자신들의 연구방법이 연구자들에게 사회관계의 "지도를 그릴 수" 있게 해 준다고 한다(Campbell & Gregor, 2004).

지금까지 질적 연구의 이론적 관점들에 대해 살펴보았는데 이들 각 관점들이 서로 다른 점을 가지고 있는 것처럼 설명했지만 사실 이러한 차이는 인위적이라고 할 수 있다. 그 이유는 자신을 페미니스트 포스트모더니즘 연구자나 비판 페미니스트로, 또는 페미니스트 현상학자로 소개하는 연구자가 있기 때문이다. 그리고 제도문화기술지는 페미니스트 관점에서 출발한 것이다. 이러한 견해들 사이에 약간의 차이는 있을 수 있지만, 심지어 이러한 이론들과 상징적 상호작용론 사이에도 유사점들이 있을 정도이다. 더 나아가 모든 질적 연구자들은 경험 세계에서 수집한 데이터를 다루어야 하기 때문에 경험 세계와 연결되어 있다. 이론이란 정도의 차이는 있지만 결국 수집한 데이터에 의한 연구 결과로부터 출현하게 된다. 따라서 이론은 수집한 데이터와 경험 세계 및 우리와의 관계를 말해주며 우리가 이해한 것 중에서 의미 있는 것이 무엇인지를 알게 해준다.

1.3.7 연구방법과 연구방법론의 차이

다음 내용으로 넘어가기 전에 이론과 관련해서 한 가지 분명히 언급해야 할 것이 있다. 일반적으로 종종 사람들은 **연구방법**(methods)과 **연구방법론**(methodology)을 같은 의미로 사용하거나 혼동하여 사용하고 있다. 연구방법론은 연구 프로젝트를 위한 일반적인 논리와 이론적 측면을 언급할 때 사용하는 좀더 포괄적인 용어이다. 이에 비해 연구방법은 연구의 좀 더 기법적인 측면을 언급하는 용어로 예를 들면, 표본조사, 인터뷰, 관찰과 같이 연구자가 사용하는 구체적인 기법을 말한다. 훌륭한 연구의 경우 연구방법론에 담겨 있는 논리가 연구에서 사용하는 기법인 연구방법과 일관성을 가진다. (연구방법론의 좀 더 큰 쟁점들은 제외한 채 연구기법만을 소개하고 있는 연구방법 책을 주의해야 한다.) 이론에 대한 논의를 이 책의 여러 곳에서 접하게 되는데 이 책에서 말하고 있는 것은 연구방법론으로서의 "질적 연구"이다. 참여관찰과 심층인터뷰의 여러 기법들과 현상학 이론 및 귀납적 추론 사이에는 논리적 연결 관계가 있다. 만약 사람들이 자신을 둘러싼 세계를 생각하는 방식을 이해하고 싶고 어떤 정의가 어떻게 형성되는지를 이해하고 싶다면, 그들과 친해져서 그들이 하는 대화를 들어야 하고 그들의 일상생활을 관찰해야 한다.

어떤 연구자들은 현상학적 관점과 방법보다는 다른 이론적 관점과 방법을 사용하여 이 책에서 논의하고 있는 연구방법을 사용하기도 한다. 예를 들면, 어떤 연구자들은 교실과 같은 자연적 상황에 가서 관찰을 하기는 하는데 관찰지침서의 지침에 따라 수집한 데이터를 구조화한다. 이들 연구자들은 여학생들과 비교하여 남학생들이 얼마나 많은 회수의 공격적이고 부정적 행동을 하는지를 알고자 한다. 이들은 연구를 시작하기 전에 공격적이며 부정적 행위의 정확한 정의를 내리고 어떤 사건을 그런 행동의 사건으로 볼 것인지도 정의한다. 이런 연구는 관찰연구(observational research)라고 말할 수 있지만, 질적 연구방법론의 예라고 할 수 있는 연구는 아니다. 마찬가지로 많은 분야에서 사례연구방법(case study method)이라고 하는 것을 사용하고 있는데 여기에서도 질적 연구방법론을 사용하는 연구자들이 있다. 다른 연구자들은 관찰과 인터뷰 방법을 사용하면서도 연구에 참여하는 정보제공자의 관점으로부터의 이해를 고려하지 않으며, 또한 정보제공자의 시각으로 그 데이터를 봄으로써 중요한 것이 무엇인지를 알려주는 방법에는 관심을 두지 않고 있다. 종종 정해진 일련의 절차에 따라 정확하게 데이터를 수집하고 결과를 보고 한다. 또한 체계이론(systems theory)과 같이 정보제공자들이 가지고 있는 의미는 무시하는 이론적 접근을 사용하는 연구자들도 있다. 이 책의 정의에 따르면 이러한 연구들은 질적 연구방법론이 아니다.

1.4 질적 연구에 대한 11가지 공통된 질문

질적 연구를 처음 들어 본 사람들은 여러 가지 질문을 하는데, 다음과 같이 일반적으로 11가지로 이를 정리할 수 있다.

1.4.1 질적 연구의 결과는 일반화가 가능한가?

연구자들이 **일반화**(generalizability)라는 용어를 사용할 때 그 의미는, 특정 연구의 결과를 그 연구와 관련된 연구대상자와 연구 장소나 상황을 초월해서도 여전히 그 연구 결과가 사실인지를 언급할 때 보통 사용한다. 예를 들어, 만약 연구자가 어떤 교실을 연구한다고 할 때, 이 교실에서 얻은 결과가 다른 교실에서도 사실인지를 알고 싶어한다. 그런데 모든 질적 연구자들이 위에서 정의한 일반화의 문제를 고심하는 것은 아니다. 이 일반화의 문제를 고려하는 연구자들은 연구 결과를 명확히 기술하는데 매우 신중한 편이다. 예를 들어, 어떤 교실을 대상으로 사례연구를 한다면 이 연구자는 연구 결과를 보고할 때 다른 모든 교실들도 이 연구대상 교실과 유사하다고 말하는 것은 아니다.

그런데 지금까지 논의한 것과 같이 일반화를 고심하는 연구자는 자신이 발견한 결과의 대표성을 확립하려고 다른 연구 결과들을 사용하기도 하고, 또 자신의 연구가 개별적으로 특이한 성격의 연구가 아니라는 점을 입증하기 위하여 다소 덜 엄격한 많은 연구를 수행하기도 한다. 예를 들어, 치어리더에 대한 연구를 보면 이 연구자는 6개월 동안 한 학교에서 집중적인 참여관찰과 인터뷰를 실시한 다음, 학생수가 다른 두 학교에서 동일 유형의 연구를 함으로써 젊은 여성의 삶에서 인종과 계층의 중요성에 대한 자신의 연구 결과가 특이한 것이 아니라는 사실을 밝힐 수 있었다(Swaminathan, 1997).

어떤 질적 연구자들은 전통적 관점에서의 일반화를 생각하지 않는 경우도 있다. 이런 연구자들은 교실과 같이 유사한 상황들 사이의 공통점에 대한 진술보다는 일반적인 사회화 과정에 대한 보편적인 진술을 추구하는데 더 관심이 많다. 이런 연구자들이 생각하고 있는 가정은 인간 행동은 무작위성이 있는 것도 아니고 특이성을 가지고 있는 것도 아니라는 것이다. 이들의 말에 의하면 이것이 사회과학에 속한 모든 분야의 기본 전제라고 한다. 따라서 이들 연구자는 자신의 연구 결과의 일반화 가능성에 관심을 가지는 것이 아니라 일반화가 가능한 다른 상황이나 장소, 연구대상에 더 관심을 가진다.

의과대학 부속병원의 중환자실에 대한 연구를 수행한 적이 있는 우리는 어린 아이의 상태에 대한 병원 관계자들과 부모들 사이의 대화 방식을 연구했다. 이들 사이의 대화 교환에 초점을 집중함에 따라 우리는 병원 관계자들이 어린 환자를 진단하면서 동시에 부모들의 상태도 판단하고 있음을 알게 되었다. 이러한 부모에 대한 평가는 병원 관계자들이 부모에게 무엇을 말하고, 어떤 식으로 말할 것인지를 결정하는 기초 자료가 되었다. 일반학교 상황뿐만 아니라 아이에 관한 정보를 가진 전문가와 관련된 다른 상황에서의 부모와의 상담을 보더라도 병원 관계자와 부모 사이의 대화 방식과 유사함을 발견하게 된다. 요약하면, 우리는 특정한 한 가지 상황에서 나타나는 일반적인 사회적 과정에 초점을 맞추었다. 그런데 우리가 취했던 연구 방향은 중환자실에서 발견한 결과들을 이와 유사한 병원 상황에 어느 정도까지 일반화가 가능한가를 알아보는 것이 아니라 학교와 같이 전문가들이 부모와 대화하는 다른 장면에서의 일반화 가능성을 알아보는 것이었다. 이런 식으로 일반화에 접근하는 것은 **근거이론**(grounded theory)을 만들어내는데 관심 있는 연구자들이 취하는 방법이다.

질적 연구자들이 일반화에 접근하는 또 다른 방식은 만약 특정 연구상황이나 특정 연구 대상자에 대한 연구 결과를 상세하게 문서화하는 것이 연구자로서 자신들의 역할이라면, 좀 더 일반적인 상황에 이 결과들이 얼마나 잘 들어맞는지를 알아보는 것은 다른 사람의 임무라고 생각하는 것이다. 비정상적 유형에 대한 서술일지라도 그만한 가치가 있다고 생각하는데, 그 이유는 이론이란 이런 비정상적 유형까지도 포함한 모든 유형을 설명할 수 있어야 하기 때문이다. 그래서 이들 연구자들은 자신들의 연구를 예외적이고 기형적인 결과를 만들어내는 것이라고 보고 있으며 이런 결과는 다른 연구자들에 의해 설명될 수도 있다고 생각한다. 이런 예외적이고 기형적인 결과에 대한 몇 가지 설명은 탐색하고자 했던 현상에 대한 개념의 확장을 가져오기도 한다.

고릴라가 생활하는 자연스러운 환경에 들어가서 그들의 행동을 직접 자세하게 관찰하는 연구를 하기 전에는 고릴라는 사람과 다른 동물들에게 아주 공격적이며 위험한 존재로 인식되었다. 조지 쉘러(George Schaller)는 이런 관점을 버리고 고릴라를 있는 그대로의 환경에서 연구하였는데, 인간에게 포획된 상태에서의 관찰에 의해 얻어진 고릴라에 대한 인식과 전혀 다른 행동을 발견하게 되었다. 그의 관찰에 따르면, 고릴라는 소심하고 부끄러움이 많아 사람을 공격하기 보다는 피하려고 한다 하지만 누군가에 의해 위협을 받게 되면 똑바로 서서 가슴을 치면서 경고의 메시지를 관습적으로 보냈다. 모든 고릴라가 이와 유사한 행동을 하는지 그리고 어떤 상황일 때 여기에 서술된 식으로 행동하는지 등에 대한 여러 의문은 제한된 이런 사례연구를 통해서는 해결될 수 없다. 그러나 쉘러가 언급한 고릴라들은 고릴라 행동에 관한 앞으로의 논의를 시작할 수 있는 토대를 제공하였다(Schaller, 1965; Waldorf &

Reinarman, 1975).

지역학교 연극모습, 버몬트의 이스트도버, 1909년경

1.4.2 연구자의 개인적 견해, 선입관, 그리고 다른 편견들이 데이터에 미치는 영향은 어떠한가?

사회학적 배경이든 인류학적 배경이든 질적 연구자는 과거 수년 동안 연구자의 개인적 선입관과 태도가 수집하는 데이터에 너무 쉽게 영향을 미친다는 부담을 떨쳐버리기 위해 노력을 해왔다. 특히 질적 연구의 경우 수집된 데이터는 종이에 옮겨지기 전에 반드시 연구자의 인지작용을 거쳐야 하기 때문에 주관성의 문제가 항상 야기된다. 혹시 관찰자가 그곳에서 실제로 일어난 것을 기록하는 것이 아니라 자기가 보려고 한 것만 기록한 것은 아닐까? 질적 연구자는 자신의 주관성이 데이터와 문서에 영향을 미칠 수도 있다는 점을 항상 고려한다 (LeCompte, 1987).

그렇지만 질적 연구자는 연구참여자들의 주관적 상태를 객관적으로 연구하고자 노력한다. 연구자가 개인적 편견을 초월할 수 있다는 생각을 처음에는 받아들이기 힘들지만 연구 과정에서 사용하는 여러 가지 방법이 이런 과정을 도와준다. 한 가지 분명히 말할 수 있는 것은, 질적 연구물은 어떤 장소나 상황에 잠깐 방문하여 몇 사람들과 대화를 나눈 후에 작성하는 인상주의적 에세이가 아니라는 것이다. 질적 연구자는 연구 장소에서 상당한 시간을 보내면서 데이터를 수집하고 수집한 데이터를 반복해서 읽는 끊임없는 과정을 되풀이 한다. 데이터는 연구자의 해석을 반드시 담고 있으므로 연구자는 자신의 개인적 견해와 편견이 데이터에 포함되어 있는지, 혹은 영향을 주었는지를 계속해서 지켜봐야 한다. 다행스러운 점은, 대부분의 개인적 견해와 편견은 다소 피상적이란 사실이다. 그렇기 때문에 연구를 시작하기 전에 아무리 뛰어난 소설 같은 상상력이 발휘된 편견일지라도 실제로 일어난 사건에 대해 연구자가 수집한 데이터보다 더 자세한 묘사를 제공하지는 못한다.

더구나 연구자의 주된 목적은 어떤 장소나 상황에 대해 판단을 내리는 것이 아니라 그것에 대한 지식을 첨가, 보완하는 것이다. 연구의 가치는 그 연구가 만들어내는 이론이나 서술 또는 이해의 정도에 달려있다. 어떤 특정한 사건에 대해 누군가를 비난하는 연구이거나 어떤 특정 학교를 "좋다"나 "나쁘다"로 판단하는 연구에서 개인적 편견에 따른 분석을 제시하는 것은 피상적 연구에 불과하다. 어떤 상황이든 복합적 요인에 의해 발생하므로 질적 연구자는 그 상황을 협소하게 묘사하기 보다는 여러 측면과 차원에서 묘사하려고 한다.

이러한 질적 연구자의 노력과 함께 3장에서 자세하게 논의하고 있는 연구자 자신의 주관성에 대한 반성을 현장조사록에 자세하게 기록함으로써 연구자 개인의 편견이 작용하는 것을 막을 수 있다. 어떤 질적 연구자들은 팀으로 연구를 수행하는데, 이런 경우 연구팀 동료에 의한 평가를 현장조사록에 기록함으로써 추가적으로 편견의 작용을 막을 수 있다. 그런데 여기서 말하는 것은 연구를 하는 관찰자의 편견을 최소화하는 방법이지 이 편견을 완전히 제거하는 것을 말하는 것은 아니다. 질적 연구자는 자신의 주관성을 파악하고 이것이 데이터에 영향을 미치는지 여부를 파악하려고 하지만 완벽하게 그 영향을 차단했다고 믿지 않는다. 모든 연구는 관찰자의 편견에 의해 당연히 영향을 받는다. 예를 들면, 편견의 작용이 없을 것 같은 질문지나 설문지의 경우에도 그 문항을 개발한 연구자의 개인적 관점이 반영되어 있다. 질적 연구자는 수집하는 데이터에 자신의 편견이 당연히 작용하고 있음을 인정하고 이 편견을 다루는 방법을 연구방법론의 일부로 설명한다.

어떤 연구자는 연구수행에 있어서 많은 제약을 가하는 자신의 개인적 편견을 어떻게 통제할 수 있을까를 너무 염려하기도 한다. 이 문제에 대한 우리의 충고는 너무 무겁게 생각하지 말고 좀 더 부담 없이 생각하라는 것이다. 어떤 노력을 얼마나 하든지 상관없이 연구자의 과거 경험, 현재 상태, 믿고 있는 것, 그리고 가치를 두는 것으로부터 수행하는 연구를 절대 분리시켜 생각할 수 없다는 사실을 인정하는 것이다. 연구자의 개인적 편견으로부터 완전무결한 상태가 되는 것은 가능하지도 않으며 또한 바람직하지도 않다. 연구자 개인을 버리는 것이 목적이 아니라 연구자 자신이 누구며 무엇을 하고 있는지에 대해 더 반성적으로 생각해야 하고 자각해야 한다. 한편, 자신이 누구며 자신이 믿는 것을 너무 지나치게 막게 되면 반성적인 사고를 못하게 되고 자각력을 잃어버리게 된다. 연구자가 자신의 신념과 이론적 배경에 따라 연구를 해 나가는 것은 좋은 일인데, 연구는 연구자의 연구 경험과 수집하는 데이터에 의해 좌우된다는 사실을 받아들이고 수긍할 필요도 있다. 수집한 데이터가 연구자가 생각하는 일반적인 것과 다르다면 자신의 사고를 이 경험 세계에서 얻은 데이터에 따라 수정할 필요가 있다. 그래서 연구자는 이러한 사고의 수정을 언제나 받아들이는 자세를 가져야 하며, 연구를 시작할 때 지녔던 연구자의 신념이나 이론적 경향에 대해 방어적이어서는 안 된다.

질적 연구자가 염려하는 주관성은 이것을 제기하는 사람에 따라 아주 다르게 보인다. 주관성을 문제 삼는 양적 연구에 익숙한 동료들과의 대화에서 질적 연구자는 종종 수세에 몰리는 것을 느낀다. 그런데 페미니스트나 비판이론가들과의 대화에서 보면 주관성은 모든 연구의 일부분이며 연구의 중요한 부분으로 생각되고 있음을 알 수 있다. 연구자의 입장은 수집되는 데이터에 녹아있다. 예를 들면, 백인 지상주의자 문학에 대한 질적 연구인 《하얀 거짓말》(*White Lies*, Daniels, 1997)에서 저자는 자신의 정체성이나 입장이 어떻게 "백인 지상주의자들과의 대화를 분석하는데 특별한 시각을 주었고, 또 자신의 연구에 깊은 영향을 주었는지"를 기술하고 있다(p. xiii). 연구에서의 주관성은 이처럼 연구자 그룹마다 서로 다르게 정의되고 있다.

1.4.3 연구자의 존재가 연구참여자의 행동에 변화를 주는 것은 아닌가?

연구자가 옆에 있다는 사실의 인지는 연구참여자의 행동 변화를 일으키는 요인이 되는데, 이러한 변화를 **관찰자 효과**(observer effect) 또는 "하이젠베르크 효과(Heisenberg effect)"라고 한다. 하이젠베르크는 전자현미경으로 전자의 움직임을 관찰할 때 전자현미경의 열 때문에 전자의 움직임이 훨씬 빨라진다는 사실을 발견했는데, 이로부터 붙여진 이름이다. 그래서 이런 값비싼 과학 장비를 사용하는 경우에도 그 장비에 의한 어떤 효과를 완전히 차단한 채 연구하는 것은 불가능함을 볼 수 있다. 사실 거의 모든 연구가 이러한 문제로 인하여 간섭을 받게 된다. 사람들의 의견을 측정하는 조사연구(survey research)를 생각해보자. 사람들에게 앉아서 설문지를 작성해 달라고 부탁하는 것 자체가 벌써 이 사람들의 행동 변화를 가져오게 한다. 실험연구의 경우 사람들의 행동을 관찰하기 위하여 완벽한 인위적인 세계(실험실 안에)를 만든다. 실험연구와 유사한 다른 연구방법들도 이런 문제로 어려움을 겪는데, 이런 문제에 훨씬 민감하게 작용하는 질적 연구의 경우 이 "관찰자 효과" 문제를 그냥 가볍게 취급하는 것은 말이 안 된다. 질적 연구방법의 역사를 살펴보더라도 연구자들은 부단히 이 문제를 스스로 언급해 왔고 또 여러 가지 보완 절차를 연구 과정에 통합시켜 이 효과를 최소화하거나 주의하고자 했다.

질적 연구자는 자신의 연구참여자와 자연스럽고, 억압적이지 않고, 위협적이지 않은 분위기에서 접촉하려고 노력한다. 통제되고 억압적인 분위기의 연구일수록 연구자는 결국 연구참여자를 연구하는 것이 아니라 자신이 사용한 연구방법의 효과를 연구하는 것으로 될 가능성이 상당히 높다(Douglas, 1976, p. 19). 연구자가 연구에 참여하는 사람들을 “연구대상자”로 취급한다면 이들은 평소에 행동하는 방식과는 다르게 정말 연구대상자처럼 행동할 것이다. 질적 연구자는 사람들이 자신들의 환경에서 어떻게 생각하고 행동하는지에 관심이 있기 때문에 연구자가 있을 때와 없을 때 이 사람들의 활동이 크게 다르지 않도록 행동하려고 노력한다. 마찬가지로, 질적 연구에서인터뷰 할 때도 다른 사람들의 삶과 경험, 그리고 특수한 상황에 대해 어떻게 생각하는지에 관심이 있으므로 연구자와 연구참여자 사이의 질문–답의 형식적 인터뷰가 아니라 서로 상대방을 신뢰하는 두 사람 사이의 일상적인 대화와 같은 형식으로 인터뷰를 진행한다. 이런 식으로 하는 것만이 연구참여자들의 마음속에 정말 중요하게 생각하는 것이 무엇인지를 밝혀낼 수 있다.

연구자는 연구참여자에 대한 자신의 영향을 결코 완전히 제거할 수 없으므로 “연구자가 있는 상황”에서 “자연적 상황”을 완벽하게 구현한다는 것은 불가능한 일이다. 그렇지만 연구자들은 장소나 상황에 대한 친밀한 지식을 통하여 자신들의 존재가 연구참여자에게 미치는 영향을 알 수 있고, 이런 이해를 바탕으로 사회생활의 본질에 대한 추가적인 통찰을 할 수 있다. 연구자는 어떤 데이터의 경우 무시해야 한다는 사실을 배우는데, 다시 말해서 문맥에 맞게 데이터를 해석해야 함을 배운다(Deutscher, 1973). 연구참여자들은 특히 연구의 시작단계일 경우 연구자에게 평소와는 다른 어떤 인상을 주려고 종종 애쓴다(Douglas, 1976). 예를 들어, 교사의 경우 연구자가 교실에 있을 때 평소와 달리 학생들에게 고함을 지르지 않거나 다른 방식으로 좀 더 부드럽게 행동하려고 한다. 교사를 관찰할 때는 연구자라는 낯선 사람이 있는 것을 전제로 한 교사 행동의 관찰이란 점을 반드시 염두에 두어야한다. 교장을 관찰하는 경우 연구자가 관찰을 하고 있다는 것을 인식하고 있는 교장은 자신이 생각하는 이상적인 교장으로서의 행동을 하려고 하는데, 이럴 경우 평상시에 했던대로 자신의 행동을 못하게 된다. 이것은 이 교장이 교장으로서의 행동을 어떻게 정의하고 있는지를 알 수 있는 절호의 기회이다(Morris & Hurwitz, 1980 참조). 이처럼 연구자와 같은 외부인이 있을 때 사람들의 반응과 평소 내부인에 대한 사람들의 반응을 관찰함으로써 연구참여자의 행동의 차이점을 발견할 수 있다.

1.4.4 동일한 상황 또는 동일한 연구참여자들을 대상으로 두 명의 연구자가 독자적으로 연구할 경우 이들은 과연 동일한 결과를 얻을 수 있는가?

이 질문은 양적 연구자들이 사용하는 용어인 **신뢰도**(reliability)에 관한 것이다. 어떤 연구 방법은 서로 다른 연구자들에 의한 관찰의 결과 사이에 또는 한 연구자에 의한 오랜 관찰의 결과 사이에 일관성이 존재한다고 예상하고 있다. 하지만 질적 연구자는 양적 연구자들이 하는 이런 예상을 똑같이 하지는 않는다(Agar, 1986, pp. 13-16; Heider, 1988).

교육연구자는 다양한 배경과 폭넓은 관심사를 가지고 있다. 어떤 연구자는 심리학을 전공했는가 하면, 사회학이나 아동발달, 그리고 인류학이나 사회복지학을 전공한 경우도 있다. 이러한 서로 다른 학문적 배경은 연구자가 연구하려는 영역의 연구문제에 영향을 준다. 예를 들어, 학교에 대한 연구를 하는 경우 사회복지학을 전공한 연구자는 학생들의 사회적 배경에 관심을 가질 것이고, 사회학을 전공한 연구자는 학교의 사회적 구조를 파헤치는데 관심을 가질 것이며, 발달심리학을 배경으로 하는 연구자는 저학년 학생들의 자아개념에 연구의 초점을 둘 것이다. 이렇듯 사회복지학, 사회학, 발달심리학을 전공한 연구자는 각자의 방식으로 자신들의 관심 영역을 연구할 것이며, 학교의 어떤 특정한 부분에 대해 다른 연구자들보다 더 많은 시간을 보내려고 할 것이고, 특정 유형의 사람들과 더 많은 대화를 하려고 할 것이다. 또 서로 다른 종류의 데이터를 수집하게 되고 이에 따라 서로 다른 결론에 도달하게 될 것이다. 마찬가지로, 자신의 영역에 대한 특정한 이론적 관점도 연구의 전체적인 틀을 짜 맞추는데 주요한 역할을 한다.

질적 연구에서 연구자는 수집한 데이터의 정확성과 포괄성을 염려한다. 질적 연구자는 여러 번의 서로 다른 관찰을 하더라도 일관된 결과를 유지하는 것이 신뢰도라고 생각하지 않고 자신이 데이터로 기록한 것과 그 장소나 상황에서 실제로 일어난 일 사이의 일치성을 신뢰도로 생각한다. 앞에서 논의한 것처럼, 한 가지 상황이나 장소를 연구한 두 연구자는 서로 다른 종류의 데이터를 수집하게 되어 이로 인해 서로 다른 결과를 도출하는 경우도 있을 수 있다. 이 두 연구 모두 신뢰성을 가진다고 할 수 있다. 이 두 연구가 서로 모순되는 결과나 서로 양립할 수 없는 결과를 도출할 경우에 한해서만 둘 중 어느 한 연구 혹은 두 연구 모두에 대해 신뢰성에 의문을 제기할 수 있다.

1.4.5 교사나 리포트, 또는 예술가와 같은 사람들이 하는 일과 질적 연구자가 하는 일은 서로 어떻게 다른가?

지적인 사람들은 일반적으로 자신의 주변세계에 대해 아주 예리한 관찰을 하며, 체계적인 탐구를 하며, 그리고 이로부터 결론을 이끌어낸다. 훌륭한 교사는 끊임없이 이런 활동을 한다. 하지만 이들이 하는 일은 질적 연구자가 하는 일과 비슷하지만 여러 가지 면에서 다르다. 먼저, 관찰을 하는 연구자의 주된 임무는 연구이기 때문에 교육과정의 개발, 교수·학습지도안의 작성, 학생들의 규율지도와 같은 곳에 시간을 투자할 필요가 없다. 그래서 연구자는 자신의 모든 시간과 에너지를 연구에만 전적으로 투자할 수 있다. 그리고 연구자는 자신이 발견한 것을 항상 자세하게 기록하려는 자세를 엄격히 지키면서 데이터를 수집한다. 물론 교사도 항상 기록을 하지만 연구자의 기록보다는 훨씬 덜 정확하고 자세하지 않으며 기록하는 내용에서도 차이가 많다. 더구나 연구자는 관찰을 하는데 있어서 자신의 개인적인 측면을 가능한 멀리하려고 노력한다. 하지만 교사의 경우 어떤 생활을 했는지, 어떤 경력의 소유자인지, 그리고 어떤 자아상을 가진 교사인지에 따라 행동과 사물을 보는 방식이 서로 다르다. 그렇다고 해서 교사들이 연구를 하기 위해서 필요한 이런 개인적인 측면을 초월할 수 없다는 뜻은 아니며, 또한 연구자라고 해서 개인적인 측면이 연구과정에 영향을 미치지 못하도록 항상 할 수 있다는 뜻도 아니다. 교사의 경우 어떤 특정한 방식으로 행동할 때 성공적이라고 할 수 있겠지만, 연구자의 경우는 다른 사람들이 훌륭한 연구라고 정의한 것을 행할 때 성공적이라고 할 수 있다. 연구자와 교사의 또 다른 점은, 오랜 세월을 거쳐 발전되어 온 데이터 수집과 분석을 위한 일련의 절차와 기법들의 사용을 훈련받았다는 사실이다. 연구자에 관련된 이런 여러 가지 내용이 이 책에 설명되어 있다. 마지막으로, 연구자는 항상 이론과 연구결과에 근거한다는 점이다. 이론과 다른 연구의 다양한 연구결과는 연구의 틀을 제시하고, 연구방향의 단서를 제공하며, 어떤 장소나 상황에서 무엇이 발생할 것인지를 예측할 수 있도록 해준다.

그렇다면 리포트는 어떤가? 어떤 사람들은 질적 연구를 얕보는 듯 질적 연구를 저널리즘과 연결시켜 말하는 경우도 있다. 하지만 전혀 그렇지 않다. 앞에서 질적 연구의 역사를 간략하게 소개한 것에 따르면 어떤 질적 연구의 전통은 저널리즘과 연결되어 있다. 저널리스트들도 사회학자들이 갖추고 있는 몇 가지 목적과 기준을 공유하고 있으며 자신의 학력과 지위를 과시하는 연구자들보다 어떤 경우는 사회학적으로 더 큰 가치가 있는 연구물을 내놓기도 한다(Levine, 1980a). 그렇다고 하더라도 저널리스트가 일하는 방식과 학계의 연구자가 일하는 방식은 일반적으로 다르다(Grant, 1979). 저널리스트는 어떤 특정 사건과 쟁점에 좀 더 관심을 가지는 경향이 있으며 뉴스거리가 되는 사람이나 사건에 대한 편견을 가지기도 한다. 또한 저널리스트는 항상 정해진 날짜와 시간에 맞추어 일을 끝내야 한다. 수년에 걸쳐 자료를 수집하고 세심하게 분석하기 보다는 저널리스트는 보통 빈약한 증거에 기초하여 기사를 작성한다. 다시 말해 깊이 생각하지 않고 말하거나 행동하는 경향이 있다. 뿐만 아니라 이들은 연구자와는 다른 청중을 위해 글을 쓰며 이들의 일은 사건의 분석보다는 사건을 이야기하는 것에 더 큰 목적이 있다. 따라서 저널리스트는 결과를 이론에 비추어 의문을 제기하지 않는다. 당연히 저널리스트는 신문이나 잡지의 판매 부수에 관심이 있기 때문에 이런 사실은 자신이 말하는 방식과 기사를 작성하는 방식에 영향을 준다. 그렇지만 가끔 사회과학 연구와 뛰어난 조사를 바탕으로 하는 저널리즘을 구분하기 어려운 경우도 있다(Douglas, 1976; Levine, 1980a 참조).

예술가는 또 어떤가? 소설가와 시인은 인간에 대한 매우 예리한 관찰자이다. 하지만 이들도 저널리스트와 마찬가지로 데이터를 수집하는 방식이 질적 연구자처럼 엄격하거나 형식적이지 못하며, 자신이 수집한 데이터에 대해 소설가와 시인으로서 법적권리를 가질 수도 없다. 그렇지만 이들이 말하고자 하는 많은 부분은 사회학자의 관심거리이다. 그래서 어떤 소설가와 시인은 사회과학과 예술의 틈 사이에 있다고 볼 수 있다. 이들 예술가가 말하는 것은 사회과학적 전통에서 도출된 것이지만 이들은 아주 영향력 있는 스타일로 글을 쓴다(Coles, 1964; Cottle, 1976a). 어쩌면 사회과학자는 소설가와 수필가로부터 많은 것을 배워야 할 것이므로 이들과의 분리보다는 사회과학의 발전을 위하여 이들로부터 배워야 할 것은 배우려는 자세가 필요하다(Eisner, 1980 참조).

1.4.6 질적 연구와 양적 연구를 동시에 사용할 수 있는가?

물론 가능하며 어떤 연구자들은 이 두 연구방법을 동시에 사용한다(Cronbach et al., 1980; Miles & Huberman, 1984, 1994; Reichardt & Rallis, 1994). 예를 들어, 먼저 개방형 인터뷰를 하기 위해 설문지를 만드는 것은 질적 연구와 양적 연구 모두 공통이다. 양쪽 방법을 모두 사용하는 경우 질적 데이터는 동일한 연구대상자나 장소로부터 얻은 양적 데이터의 보완, 타당성의 확보, 설명, 의미나 내용의 명백화, 또는 재해석에 사용될 수 있다(Miles & Huberman, 1994). 양적 연구의 요소와 질적 연구의 요소 둘 다를 포함한 연구들이 있다. 이런 연구들은 대개 기술통계량과 질적 결과물을 함께 제시하고 있다(Mercurio, 1979). 두 연구방법을 동시에 사용하는 것이 가능하고, 또 어떤 경우에는 바람직한 경우도 있는데, 이렇게 하기 위해(Fielding & Fielding, 1986) 심층적인 질적 연구를 수행하면서 동시에 정교한 양적 연구를 수행한다는 것은 매우 어려운 일이다. 특히 초보연구자의 경우 좋은 양적 연구 설계와 좋은 질적 연구 설계를 통합하는 것이 시간만 잡아먹는 일이며 또한 질 좋은 혼합연구가 아니라 어느 연구방법의 기준에 비추어도 좋은 연구라 할 수 없는 연구를 하게 되는 것이 보통이다(Locke, Spirduso, & Silverman, 1987, p. 96). 이 두 연구방법은 서로 다른 가정에 기초를 두고 있다(Smith & Heshusius, 1986). 두 연구방법의 동시 사용이 양적 데이터와 질적 데이터의 상호작용을 알아보는 데는 유용하겠지만, 이런 연구는 연구하려는 주제를 연구하는 것이 아니라 연구방법론에 대한 연구로 끝나는 경우가 종종 있다.

1.4.7 질적 연구는 정말 과학적인가?

과거 교육연구자들은 자연과학을 연구하는 일명 엄격한 과학자의 연구방법을 연구방법의 모델로 삼았다. 이들 중 어떤 연구자는 과학과 측정을 같은 의미로 받아들여 이것에 맞지 않는 것은 과학으로 취급하지 않았다. 그러나 엉뚱하게도 하드과학(예를 들어, 물리, 화학)을 연구하는 과학자들은 언급한 것처럼 과학을 좁은 의미로 정의하지 않는다. 노벨물리학상을 수상한 브릿지만(P. W. Bridgeman)은 과학적 방법을 다음과 같이 말한다: "… 그런 과학적 방법은 존재하지 않는다. 과학자들이 행하는 절차의 가장 중요한 특징은 아무 제약 없이 단지 전력을 다하는 것이다"(Dalton, 1967, p. 60). 돌턴(Dalton, 1967)은 "많은 유명한 물리학자, 화학자, 수학자는 모든 연구자들이 따를 수 있고 따라야 하는 재현 가능한 방법이 있는지 의문을 제기한다. 그리고 이들은 자신의 연구에서 문제의 발견과 해결을 위해서 다양하고 종종 확인 불가능한 절차들을 수행했음을 밝혔다"(p. 60). 더욱 최근에 과학사를 연구하는 페미니스트 과학자들은 주요한 과학적 도약들이 우연히 운 좋게 일어났거나 심지어 방법론적 정통성을 부정하는 사람들에 의해 달성되었다는 점을 부각시켰다.

소년과 개의 모습, 미네소타, 1910년경

과학을 아주 좁은 의미로 정의하여 사용하고자 하는 사람들은 연구란 모름지기 연역적이며 가설-검증을 수행하는 과학이라고 말한다. 그러나 과학적 태도란 사용하는 방법과 얻은 증거에 대해 열린 마음을 가지는 것이다. 과학적 연구는 데이터에 기초한 엄격하고 체계적인 경험적 탐구를 포함해야 한다. 질적 연구는 물론 이러한 조건을 충족시키고 있으며, 이 책에서는 이러한 과학적 전통에서 정의하는 엄격하고 체계적인 연구를 충족시키는 몇 가지 방법을 제시하고 있다.

1.4.8 질적 연구의 목적은 무엇인가?

지금까지 논의한 바에 따르면, 질적 연구란 제목 하에 다양한 연구가 이루어졌음을 알 수 있다. 모든 질적 연구자의 연구목적이 동일한 것은 아니다. 어떤 연구자는 근거이론을 개발하기 위하여 연구를 수행하고, 다른 연구자는 감광(感光)개념을 만드는 것에 초점을 두고 연구를 한다. "서술"은 또 다른 질적 연구의 목적이다. 만약 연구목적에 대한 논의에 응용 질적 연구를 포함시킨다면 목적은 훨씬 더 방대하게 된다. 질적 연구에 대한 다양한 접근법 사이에는 차이점이 있지만, 질적 연구 방식으로 연구를 수행하는 연구자는 어느 정도 연구목적에 대한 공유된 이해를 가지고 있다. 양적 연구자들과는 달리 질적 연구자는 자신을 인간 행동의 "사실들"을 수집하는 사람으로 보지 않는다. 양적 연구의 측면에서 볼 때, 축적된 인간 행동의 "사실들"은 과학자가 인간 행동의 원인과 예측을 가능하게 하는 이론을 입증하고 정교하게 다듬는데 이용된다. 질적 연구자는 인간 행동이 너무 복잡해서 양적 연구자가 하는 식으로 연구를 수행할 수 없음을 알고 있고, 인간 행동의 원인과 예측에 대한 연구는 인간 행동과 경험의 해석적 본질을 탐구하려는 질적 연구자의 의지를 훼손하는 것이라고 생각한다.

질적 연구자의 목적은 인간의 행동과 경험을 좀 더 잘 이해하려는 것이다. 그래서 이들은 사람들이 의미를 구성하는 과정을 파악하고 그런 의미들이 무엇인지를 서술하는데 연구의 목적을 두고 있다. 질적 연구자는 인간 행동의 구체적인 사례를 수집하기 위하여 경험적 관찰을 하는데, 이것은 인간 행동에 대한 좀 더 분명하고 깊은 생각을 할 수 있도록 해 준다.

사회에서 비주류에 속한 사람들을 연구하는 페미니스트와 실행연구자를 포함한 질적 연구자는 연구에 참여하는 정보제공자들과 연구에 대한 권한을 공유하고자 한다(Lather, 1988; Roman & Apple, 1990). 관찰되어 보고서에 기록된 사건과 활동에 대한 연구자의 분석을 정보제공자들과 함께 논의한다. 또 정보제공자들에 대한 연구자 자신의 분석을 조절하는 역할을 정보제공자에게 주기도 한다. 이런 경우 연구의 목적은 사회 변화를 촉진하는 것이라고 말할 수 있다.

1.4.9 질적 연구는 양적 연구와 어떻게 다른가?

많은 저자들이 질적 연구의 가정, 연구기법, 그리고 전략들이 양적 연구와 서로 어떻게 상반되는지를 구체적으로 밝히고 있다. 질적 연구에 관한 이들 대부분의 글은 질적 연구를 양적 연구와 대조되는 것으로 정의하고 있다(Bruyn, 1966; Rist, 1977a). 이런 차이점의 대조에 대해서는 다른 사람의 글을 참조하는 것이 도움이 될 것이다(Campbell, 1978; Eisner, 1980; Guba & Lincoln, 1982; Lincoln & Guba, 1985; Smith & Heshusius, 1986을 참조하기 바람).

이 책에서는 질적 연구와 양적 연구의 차이점에 대해 포괄적으로 다루고 있지는 않지만, 〈표 1.1〉에 이 두 연구방법의 특징들을 요약해 두었다. 이 표는 또한 이 장과 후속하는 다른 장에서 논의하고자 하는 사항들을 잘 요약하여 정리하고 있다.

1.4.10 양적 연구와 질적 연구 중 어느 방법이 더 좋은가?

사실 질적 연구에 대해 어느 정도 지식이 있는 사람에게 이 질문은 아주 어리석게 들릴지 모르지만, 연구를 처음 접하는 많은 사람들은 이 점을 상당히 고심하는 듯하다. 이런 고민을 하는 이유는 아마도 어느 한 가지 연구방법을 사용하는 연구자가 다른 연구방법을 사용하는 연구자를 업신여기기 때문이라고 생각한다. 하지만 최고의 연구방법은 없다는 것이 지금까지 알려진 사실이다. 결국 연구자가 무엇을 연구하고자 하며 또 무엇을 찾아내려고 하는가에 모든 것이 달려있다. 만약 여러분이 어떤 특정한 쟁점에 대해 대부분의 미국사람들은 어떻게 생각하는지를 알고 싶다면 샘플을 선정하고, 자료수집 방법을 설계하고, 데이터를 분석하는 일련의 양적 연구 설계 절차를 따르는 조사연구가 최고의 방법일 것이다. 그렇지만 어떤 학교의 변화 과정을 알고 싶고, 이 학교의 다양한 구성원들의 변화 과정에서 겪은 경험을 알고 싶다면 질적 연구방법을 사용하는 것이 더 좋은 연구결과를 얻게 될 것이다. 어떤 연구문제와 주제의 경우 질적 연구방법이 전혀 도움이 안 되는 경우가 있고, 마찬가지로 양적 연구방법에 대해서도 똑같은 이치이다.

이런 식은 실용주의적 입장으로 연구방법의 선택을 자신의 연구에 가장 적합한 것의 선택으로 여기는 것이다. 일반적으로 대다수 연구자의 입장도 실용주의적으로 한 가지 연구방법의 전통을 신봉하는 연구자들은 결코 다른 연구방법에 대해 협조적이지 않다. 자신의 연구방법이 최고이며 다른 것은 기본적으로 오류를 가지고 있다고 말한다. 이것은 마치 누가 힘이 제일 센지 논쟁하는 어린 아이들을 연상시키지만 이런 논쟁은 순수하게 자신의 입지를 강화시키려는 의도 이상의 것과 연관되어 있다. 다시 말해, 자신이 왜 그런 견해를 지지하는지를 설명할 때 이들은 인간 행동의 기본적 본질에 대한 강력한 신념을 가지고 있기 때문이다. 그래서 인간 행동이나 다른 어떤 것에 대한 최고의 연구방법은, 그 연구대상이 가지고 있는 가장 기본적인 본질과 일치하는 것이어야 한다고 말한다. 만약 미세유기체를 망원경을 사용해서 연구하려고 한다면, 그리고 현미경을 사용해서 별을 연구하려고 한다면 이로부터 얻을 수 있는 것은 아무것도 없을 것이다. 이 두 경우를 보면, 연구자가 사용하려는 접근법과 그 연구대상이 가진 기본적인 본질이 서로 일치하지 않는다. 마찬가지로, 어떤 질적 연구자는 의미와 상호작용은 인간 행위의 기본적 본질이므로 이 본질을 핵심적으로 파악하지 못하는 연구방법은 연구자가 이해하고자 하는 그것을 왜곡시키게 된다고 말한다. 한편, 어떤 양적 연구자는 정확한 측정과 체계적인 가설검증이 없으면 인간 행동에 대한 연구의 진보는 없을 것이며, 변인들이나 이와 관련된 것을 조작적으로 정의하는 양적 연구의 방법은 우주가 조직된 방식과 인간이 행동하는 방식과 아주 일치성을 가진다고 말한다.

하지만 우주가 어떻게 형성되었는지에 대한 전문적인 식견도 없이 우주를 이야기하듯이 일부 사람들은 자신들이 반대하는 것에 대한 깊은 지식도 없으면서 그저 반대하는 현실이 안타깝다. 모르면서 어떤 입장을 취하는 사람들도 문제지만, 다양한 연구방법에 대해 잘 알고 있는 사람이면서도 어느 연구방법이 최고라는 입장을 취하는 경우도 있는 것이 사실이다.

이 논쟁은 또 다른 의문을 야기하는데, 그것은 질적 연구에 대해 비판적인 사람들에 대해 어떻게 반응해야 하느냐 하는 것이다. 이런 사람들이 어떤 유형의 주장을 펴는지 유의해야 하는데, 특히 질적 연구에 대해 아무 것도 읽어보지 않았거나 단순히 질적 연구에 대해 적대적인 사람들의 주장을 더 조심해야 한다. 이럴 때는 그냥 말하도록 내버려두는 것이 좋다. 그 이유는 여러분이 사용하고자 하는 용어가 아니라 자신들의 용어를 사용하도록 여러분에게 강요하면서 대화를 통제하려고 하기 때문이다. 이런 류의 사람들을 만나 대화를 한다는 것은 절망감을 느끼게 하고 심지어 불쾌하기까지 한데, 특히 이런 사람이 학과의 선배교수이거나 혹은 어떤 조직에서 윗사람인 경우에 더 그러하다. 이런 사람들에게는 질적 연구에 대한 글을 읽어보라고 권유하는 수밖에 없다. 여러분이 생각하기에 특히 뛰어난 질적 연구와 관련된 글을 찾아서 읽기를 권해야 한다. 이런 사람들의 노골적인 불인정을 극복하고 이겨낼 수 있는 방법은 훌륭하게 연구를 수행하는 것 밖에 없다. 여러분이 극복할 수 없는 사람들과 논쟁하느라 시간과 노력을 허비하지 말고 이럴수록 더 책을 출판하고, 연구비를 받고, 초청 강연을 하는 등 외부에서 먼저 인정을 받을 수 있도록 연구와 논문 작성에 전력투구를 해야 한다.

이렇게 할 때 그들은 여러분의 주변으로 조금씩 다가오게 될 것이다. 이 충고는 우리의 실제 연구 경험에서 우러나온 것이다. 여러분의 분야나 학교에서 질적 연구방법에 관심을 가지고 있거나 질적 연구를 수행하는 사람을 찾는 것도 좋은 방법 중 하나이다. 여러분의 동지가 많다는 것은 언제나 힘을 발휘하게 만든다.

〈표 1.1〉 질적 연구와 양적 연구의 특징 비교

질적 연구	양적 연구
연구방법과 관련된 용어와 문구	
• 문화기술지적 • 다큐멘터리 • 현장조사 • 연성(軟性)자료 • 상징적 상호작용론 • 내부자 관점 • 자연주의(사실주의)적 • 민속방법론적 • 서술적 • 참여관찰 • 현상학적 • 시카고학파 • 생애사 • 사례연구 • 친환경적 • 내러티브(이야기체) • 해석적	• 실험적 • 경성(硬性)자료 • 외부자 관점 • 경험적 • 실증주의자 • 사회적 사실들 • 통계적 • 과학적 방법
연구방법과 관련된 주요 개념	
• 의미 • 상식의 이해 • 브래키팅 • 상황의 정의 • 일상 생활 • 협상된 질서(규칙) • 이해 • 과정 • 모든 실제적 목적을 위해 • 사회적 구성 • 근거이론	• 변인 • 조작화 • 신뢰도 • 가설 • 타당도 • 통계적 유의미성 • 재현가능성 • 예측가능성

〈표 1.1〉 질적 연구와 양적 연구의 특징 비교 (계속)

<table>
<tr><th>질적 연구</th><th>양적 연구</th></tr>
<tr><td colspan="2">관련된 이론</td></tr>
<tr><td>• 상징적 상호작용론
• 민속방법론
• 현상학
• 문화
• 이상(관념)주의</td><td>• 구조기능주의
• 현실(사실, 실재)주의
• 실증주의
• 논리적 경험주의
• 시스템 이론</td></tr>
<tr><td colspan="2">관련된 학문분야</td></tr>
<tr><td>• 사회학
• 역사학
• 인류학</td><td>• 심리학
• 경제학
• 사회학
• 정치학</td></tr>
<tr><td colspan="2">목적</td></tr>
<tr><td>• 감광(感光)개념의 개발
• 다중실체의 서술
• 근거이론
• 이해의 구성</td><td>• 이론의 검증
• 사실의 확립
• 통계적 기술
• 변인들 사이의 관계성 탐색
• 예측</td></tr>
<tr><td colspan="2">연구설계</td></tr>
<tr><td>• 점진적 발전하는, 유연한, 일반적인
• 연구수행 방식에 대한 직감</td><td>• 구조화된, 사전결정된, 형식적인, 구체적인
• (변인의) 조작에 대한 자세한 계획</td></tr>
<tr><td colspan="2">연구계획서 작성</td></tr>
<tr><td>• 간단함
• 확실함이 없는 추론적임
• 연구와 관련성이 있음직한 분야를 제안
• 어느 정도 데이터가 수집된 뒤에 작성하는 경우도 종종 있음
• 관련된 문헌연구가 광범위하지 않음
• 연구방법에 대한 일반적인 기술</td><td>• 광범위함
• 연구초점이 구체적이고 자세함
• 연구절차가 구체적이고 자세함
• 관련된 문헌연구가 철저함
• 데이터 수집 전에 반드시 작성
• 가설이 진술되어야 함</td></tr>
</table>

〈표 1.1〉 질적 연구와 양적 연구의 특징 비교 (계속)

질적 연구	양적 연구
데이터	
• 서술적 • 개인적 문서 • 현장조사록 • 사진 • 연구참여자들이 사용하는 바로 그 언어 • 공식문서와 여러 가지 인공산물	• 양적 • 수량화 가능한 코딩 • 횟수, 측정치 • 조작적으로 정의된 변인들 • 여러 가지 통계량
샘플	
• 소규모 • 대표성 없음 • 이론적 샘플링 • 눈덩이 표본추출법 • 의도적	• 대규모 • 계층화 • 통제집단 • 정확함 • 무작위 표본추출법 • 외적 변인의 통제
연구방법과 기법	
• 관찰 • 참여관찰 • 다양한 문서의 검토 • 개방형 인터뷰 • 1인칭 서술	• 실험 • 조사연구 • 구조화된 인터뷰 • 준실험 • 구조화된 관찰
연구(참여자)대상자와의 관계	
• 상호공감 • 신뢰 강조 • 평등주의 • 친구나 동료와 같은 사람 • 장기간 친밀한 접촉	• 상호분리(격리) • 단기간의 관계 • 거리감 느낌 • 연구대상자와 연구자 • 주변적 관계
데이터 수집 도구와 장비	
• 녹음기 • 녹취장비 • 컴퓨터	• 목록(항목) • 설문지 • 색인 • 컴퓨터 • 척도 • 테스트 점수

〈표 1.1〉 질적 연구와 양적 연구의 특징 비교 (계속)

질적 연구	양적 연구
데이터 분석	
• 자료수집 도중에 실시 • 모델, 주제, 개념 찾기 • 귀납적 분석 • 분석적 귀납법 • 상시비교법	• 연역적 분석 • 데이터 수집이 끝난 뒤에 실시 • 통계적 분석법
연구방법 사용할 때의 문제점	
• 시간이 너무 오래 걸림 • 자료정리의 어려움 • 데이터의 신뢰도 확보의 어려움 • 표준화 불가능한 절차들의 사용 • 대규모 집단 대상의 연구 어려움	• 다른 변인들의 작용 통제하기 어려움 • 수정의 어려움 • 강요적 분위기에서 데이터 수집 • 데이터의 타당도 확보의 어려움 • 여러 가지 통계량

1.4.11 다른 사람들도 이 책에서와 같은 식으로 질적 연구를 정의하는가?

질적 연구를 정의하는 데는 여러 가지 방법이 있다. 많은 사람들이 질적 연구를 이 책에서 정의와 다르게 정의하고 있는데, 이들은 통계를 사용하지 않았다면 어떤 연구든 질적 연구라고 한다. 그래서 이들은 만약 데이터가 내러티브인 이야기체라면, 그 연구가 어떤 연구설계를 사용했든 질적 연구라고 간주한다. 이들은 이 책에서 강조하고 있는 여러 가지 질적 연구의 특징인 자연적, 귀납적, 과정과 의미의 이해 등을 정의에서 생략한 채 질적 연구를 정의하고 있다. 이런 식으로 질적 연구를 정의하는 것은 질적 연구의 이해에 전혀 도움이 되지 않는데, 그 이유는 양적 연구가 아닌 것이 질적 연구라고 하면 너무 많은 연구방법을 포함하게 되고 원래 질적 연구의 의도보다 지나치게 포괄적이 되어버리기 때문이다. 우리는 질적 연구의 어떤 특정한 연구 전통을 강조하고 그 전통을 분명하게 드러내고자 한다. 우리의 목적은 다른 연구방법들이 질적 연구방법보다 못하거나 별 가치가 없다고 해서 제외시키려는 것이 아니다. 현장에 들어가기 전에 완벽하게 작성된 조사연구는(따라서 리스트에 있는 질문들을 사용해서 현장조사를 하려는 의도) 지금까지 이 책에서 논의한 바에 따르면 질적 연구라고 할 수 없는데, 그 이유는 이 연구가 귀납적이지 않기 때문이다. 그리고 영화나 텔레비전 쇼, 또는 잡지에 실린 기사와 같은 텍스트를 조사하는 연구의 경우 잡지에 실린 기사를 읽었거나 쇼를 본 사람들을 인터뷰 하지 않았다면 질적 연구의 범주에 넣을 수 없는데, 그 이유는 그 사람들이 그 텍스트에 대해 어떻게 의미를 부여했는지를 무시했기 때문이다.

자유학교 교직원들의 모습, 뉴욕의 서번, 1907년 H. Myer 찍음.

1.5 질적 연구의 윤리

섹스와 뱀 같은 단어에서 느껴지는 것처럼, 윤리라는 단어도 감정적으로 무엇인가를 연상시키며 숨겨진 의미로 충만한 단어이다. 전문가로서 비윤리적 행위로 인하여 비난받는 것은 그 무엇보다도 치욕스럽다. 윤리라는 단어가 비록 최상의 권위와 절대성의 이미지를 나타내지만, 연구에서의 윤리는 어떤 특정한 집단이 특정한 시기에 옳고 그름의 판단을 위한 기준이다. 대부분의 학문적 전문가 집단은 이러한 규칙들을 담은 윤리강령을 가지고 있다(예를 들어, 미국사회학 학회, 1989을 참고). 어떤 강령은 상당히 심사숙고하여 제정되어 그 집단이나 단체의 회원들이 앞으로 직면하게 될 딜레마와 도덕적 문제에 대해 항상 인식을 가지도록 한다. 한편 다른 강령은 상당히 협의적으로 만들어져 그 집단이나 단체의 도덕적 입장을 천명하기 보다는 전문가 회원들을 보호하는데 더 목적을 두고 있다.

"인간을 연구대상자(human subjects)"로 하는 연구에 대한 전통적인 공식 윤리지침에는 두 가지 쟁점이 지배적으로 표현되어 있는데, 첫 번째가 연구참여에 대한 동의이고 두 번째가 어떠한 해로부터 정보제공자를 보호한다는 것이다.

1. 정보제공자는 자발적으로 연구에 참여하며 연구의 본질과 자신에게 미칠지 모르는 위

험, 그리고 책임에 대해 이해해야 한다.

2. 정보제공자는 자신에 의해 비롯된 위험보다 더 큰 위험에 노출되어서는 안 된다.

이 두 가지 지침은 보통 연구자가 작성한 일정한 양식에 의해 실천되는데, 연구자는 이 양식을 사용하여 정보제공자에게 참여할 연구에 대해 설명을 하고, 연구결과를 사용하여 무엇을 할 것인지, 혹시 발생할 수도 있는 위험을 알려주고, 또한 관련성 있는 여러 정보를 제공해 준다. 연구참여 동의서에 연구참여자의 서명을 받음으로써 연구참여의 동의에 대한 증거가 남게 된다. 인간을 연구대상자로 하는 연구에 대한 심의위원회인 **연구윤리심의위원회**(institutional review boards, IRB)는 모든 대학과 연구자가 소속된 기관에 설치되어 있다. 이 위원회는 제출된 연구계획서를 검토하여 수행하려는 연구가 적합한 연구참여 동의를 구했는지 그리고 연구참여자에 대한 안전을 확실히 보장하고 있는지를 체크한다. 또한 이 위원회는 정보제공자가 혹시 직면하게 될 위험이 어느 정도인지 그리고 사회에 미칠 수 있는 위험은 어느 정도인지를 파악하기 위하여 연구자에게 추가적인 정보를 요구하기도 한다.

연구참여자에 대한 착취와 예상되는 해에 대한 염려에 연구자가 답을 함으로써 혹시 있을지도 모르는 연구참여자들의 위험 사태가 대중적으로 폭로되는 일을 줄일 수 있다. 예를 들어, 연구수행에 대한 승인을 받고서 정신지체를 가진 윌로브룩 학교의 학생들에게 백신개발 연구를 위한 간염바이러스를 주사했다는 사실이 대중에게 폭로되었다(Rothman & Rothman, 1984). 또 다른 지역에서는 자신도 모르게 매독에 감염된 한 집단의 남자들이 치료를 제대로 받지 못했다는 사실이 신문과 방송에 의해 주요 사건으로 폭로되었다(Reverby, 2000). 여전히 실험연구에 참여하는 연구대상자들은 자신이 연구에 참여하고 있다는 사실을 모른 채 실험의 위험에 노출되어 있다. 이렇게 연구참여자를 학대하는 것은 반드시 중단되어야 한다.

질적 연구자들의 연구수행 과정이 현재의 연구규정과 일치하는지는 다소 불분명하다(Duster, Matza, & Wellman, 1979; Thorne, 1980; Wax, 1980; Taylor, 1987). 비록 질적 연구의 대중적 인기가 증가하고는 있지만 연구윤리심의위원회는 훨씬 더 까다롭게 연구계획서를 평가하고 있다. 지난 수년에 걸쳐 질적 연구자를 위한 연구윤리강령을 제정하려는 노력이 있었다(Cassell, 1978b; Cassell & Wax, 1980; Lincoln, 1995; Punch, 1986; Curry & Davis, 1995). 이에 따르면 연구자와 연구대상자는 매우 제한적인 관계를 가지도록 되어 있다. 즉 연구대상자들은 단순히 설문지를 작성하거나 특정 실험에 참여하는 정도이다. 연구윤리심의위원회의 규정은 의학모델을 바탕으로 만들어졌다. 이 규정에 따르면 연구대상자들에게 분명하게 연구 참여에 대한 동의를 구하고 이에 따른 가능한 위험을 전달하도록 하고 있다. 그렇지만 질적 연구의 경우 연구자와 연구참여자들의 관계는 시간이 지나면서 지속적으로 발전하게 된다. 정보제공자들과 질적 연구를 한다는 것은 단순한 연구참여의 계약이라기보다는 친구관계 이상을 의미한다. 연구에 참여하는 사람들도 이 관계 조절에 대한 일정 부분 권한이 있으므로 자신들의 연구참여 정도에 대해 계속적으로 결정을 내릴 수 있다.

위에서 언급한 이러한 윤리규정은 연구현장에 들어가기 전에 연구설계를 마친 연구를 반영한 것이다. 사실 질적 연구의 경우 사전에 확립된 연구설계가 없기 때문에 이 규정의 적용에 있어 문제의 소지가 있다. 예를 들어, 연구윤리심의위원회에 제출하는 질적 연구계획서의 경우 단지 무슨 일이 일어날 것인지에 대한 개략적인 사항들만 적는 것이 일반적이다. 이럴 경우 연구윤리심의위원회는 규정에 의거하여 질적 연구방법의 변경을 요구한다. 이렇기 때문에 질적 연구자는 너무 형식을 벗어난 연구계획서를 작성해서는 안 된다. 예를 들어, 연구윤리심의위원회에 제출하는 연구계획서에는 적어도 연구참여자에게 질문하려고 하는 인터뷰 질문 정도는 제시되어 있어야 한다. 인터뷰 질문은 실제 연구를 수행할 때 연구참여자들에게 질문할 내용들이므로 미리 작성한다고 해서 지나친 노동은 아니다.

많은 연구가 사람들의 일상적인 삶에 무감각한 경향을 보여 왔다. 앞에서 인용했던 여러 연구에서 그랬듯이, 미국계 빈곤흑인가정을 연구한 모이니헨(Moynihan)의 연구결과는 많은 흑인들뿐만 아니라 백인들까지도 분노하게 했다. 그렇지만 연구윤리심의위원회가 연구의 이런 정치성에 어떤 영향력을 발휘할 수 있는지는 분명하지 않다. 그렇더라도 질적 연구자는 연구윤리심의위원회 위원들이 질적 연구방법을 이해할 수 있게 변화시키려고 노력해야 할 것이다.

연구윤리심의위원회가 실제로 연구에 참여하는 사람들을 보호할 수 있든 없든 이 위원회는 언제까지나 존재한다. 그래서 질적 연구자는 현장조사에서 발생할 가능성이 있는 윤리적 문제를 극복할 수 있는 특별한 전략들을 마련해야 한다. 우리의 연구 경험에 비추어 유용할 것으로 생각되는 몇 가지 지침을 아래에 제시하였다.

1. 정보제공자들이 연구참여에 대해 강요된 느낌을 받는 곳은 연구 장소로 선정해서는 안 된다.

교사나 교장이 현직을 유지하면서 박사학위를 취득하려고 할 때 자신이 근무하는 학교나 기관을 연구현장으로 하여 데이터를 수집하는 편리한 방식을 종종 취한다. 이런 경우 자신의 교실이나 학교에서 데이터를 수집하는 것이 일반적이다. 실행연구 패러다임 측면에서 볼 때, 시간과 노력을 투자하는 그곳(교실이나 학교)의 상황을 개선하는 연구를 하는 것이 당연하겠지만 그렇더라도 연구참여의 강요에 대해서는 민감하게 다루어야 한다. 교사와 학생들은(또는 학생의 부모들) 연구에 참여하고 싶지 않지만 연구참여를 은근히 강요하는 연구자(교장이나 교사)의 권위를 무시할 수 없다. 연구자는 이런 권위에 의한 연구참여를 강요해서는 안 된다. 교장은 자신이 근무하는 학교의 교사들이 자발적이고 진심으로 연구에 협력하는 것이 보장되지 않는다면 자신의 학위 논문을 위해 그 학교의 교사들을 연구하지 말아야 한다. 그런데 사실 이렇다고 해서 연구를 포기할 수는 없으므로 연구참여의 강요를 겉으로 드러내지 말고 자발적 참여를 유도하는 것이 최선이다.

2. 정보제공자의 사생활을 존중한다.

만약 연구자에게도 알려지는 것을 원하지 않는 정보제공자에 관한 개인적인 주제를 연구하려고 한다면 정보제공자들에게 스스로 연구참여를 결정할 수 있는 기회를 주도록 해야 한다. 만약 학습장애가 있는 자녀를 둔 학부모의 관점을 연구하고자 한다면 연구하고자 하는 학교나 학군의 교사나 학교에 파견된 심리학자, 또는 특수아동 담당전문가에게 연구를 설명하는 편지를 부모들에게 보내달라고 부탁하는 것이 좋다. 이 편지 안에 연구참여동의서 양식과 반송용 주소가 적힌 봉투를 함께 넣도록 한다. 이렇게 함으로써 학부모들은 연구자인 여러분에게 무엇을 밝힐 것인지 스스로 선택권을 가지게 된다.

3. 공공장소(사람들이 일상적으로 시간을 보내는 곳)에서의 참여관찰을 하는 경우 정보제공자들이 연구에 할애하는 시간에는 차이가 있음을 인정한다.

연구자가 인터뷰이*에게 연구참여 동의를 확실히 얻을 수 있는 한 가지 방법은 이 사람들에게 언제 허락을 구할 것이며, 인터뷰는 얼마나 걸릴지를 미리 말해주는 것이다. 어떤 대학에서는 이런 정보를 정보제공자가 서명하는 연구참여동의서에 포함시키도록 요구하고 있는데, 예를 들면 "이 인터뷰는 한 시간이나 한 시간 반 정도 걸릴 것입니다. 그리고 만약 필요하다면 추가적인 인터뷰가 필요할 수도 있습니다."와 같은 문구를 넣도록 하고 있다. 그런데 종종 질적 연구에서는 전혀 예상치 못한 일들이 생기기도 한다. 인터뷰이가 여러분과 인터뷰 후 마음을 바꾸는 경우가 생길 수 있는데 이럴 때는 결국 많은 시간만 허비하게 된다. 이렇게 연구에 대한 정보를 주고받는 과정에서 연구자와 정보제공자의 관계가 형식적으로 될 수도 있지만 이럴 경우 정보제공자들에게 연구에 참여하고 있다는 사실을 분명히 인식시켜 줌으로써 질적 연구자가 직면하게 될 끊임없는 윤리적 문제를 예방하게 해 준다. 정보제공자

* 인터뷰어(interviewer)는 인터뷰를 하는 사람을, 인터뷰이(interviewee)는 인터뷰에 응하는 사람을 말한다. 질적 연구에서 인터뷰어는 일반적으로 연구자이고, 인터뷰이는 연구참여자이다.

로서 자신이 연구에 참여하고 있다는 사실을 망각한 듯 무책임하게 〈아직도 뭔가 적어요? You Still Takin' Notes?〉라는 배리 쏜(Barrie Thorne, 1980)의 선견지명적 제목은 정확히 이 문제에 대한 연구자의 고민을 말해주고 있다.

4. 동의를 하지 않았다면 정보제공자의 개인 신상은 보호되어야 하므로 수집한 정보로 인해 이들에게 걱정을 끼치거나 어떤 식으로든 해가 미치게 해서는 안 된다.

정보제공자를 익명이나 가명으로 표현하는 것은 논문작성에서뿐만 아니라 관찰을 통해서 알게 된 정보를 구두로 보고할 때도 반드시 실천해야 한다. 연구자는 연구에 참여한 각 개인에 관한 정보를 다른 사람들과 공유해서는 안 되며, 특히 연구 장소에 있거나 밀접히 관련된 사람으로서 정치적으로나 개인적으로 정보를 사용할 가능성이 있는 사람들과의 정보공유에 유의해야 한다.

5. 정보제공자를 항상 존중하는 자세로 대하고 연구에 대한 협조를 구하도록 한다.

어떤 이들은 상황에 따라 **위장연구**(covert research)를 해야 한다고 주장한다. 그러나 일반적으로 특수한 상황을 제외하고는 연구참여자들에게 연구자의 연구 관심 사항을 말해주어야 하고 이에 따라 연구참여자들에게서 연구 수행을 위한 허락을 받도록 해야 한다. 이때도 구두가 아니라 반드시 서명된 동의서를 확보해야 한다. 특히 정신장애를 가진 사람들, 아주 어리거나 나이든 사람들, 또는 정규교육을 받지 못한 사람들처럼 쉽게 속기 쉬운 사람들을 대상으로 연구를 할 때는 연구자 자신을 소개하고 연구참여 동의를 얻는데 더 민감하고, 더 신중한 노력을 기울여야 한다. 연구자는 연구참여자들에게 거짓말을 해서도 안 되며, 기계장비를 숨겨 대화를 녹음해서도 안 된다.

6. 연구참여에 대한 허락을 협의하는 과정에서 연구자는 그 허락에 담긴 사항들이 어떤 것인지 연구참여자와 함께 분명히 점검하고 그것을 반드시 지키도록 한다.

연구참여의 조건으로 연구참여자에게 어떤 대가를 지불하기로 약속했다면 연구자는 반드시 이것을 지켜야 한다. 연구자가 알게 된 것을 절대 책이나 논문으로 발표하지 않겠다고 약속했다면 이것도 반드시 그렇게 해야 한다. 연구자가 연구참여자와 신중하게 약속을 했기 때문에 그러한 약속을 신중하게 지키도록 노력해야 한다.

7. 논문을 작성하고 연구결과를 보고할 때는 진실만을 말하도록 한다.

비록 어떤 이념적인 이유 때문에 연구자가 도출한 결론을 밝힐 수 없을지라도, 비록 제시한 데이터에서는 밝힐 수 없는 어떤 결과를 보여 달라는 다른 사람들의 압력이 있더라도 연구자로서 지켜야할 가장 중요한 행동은 데이터가 제시하는 대로 결과를 전달하려고 최선을 다해야 한다. 데이터를 조작하거나 왜곡하는 것은 과학자로서 저질러서는 안 될 최악의 죄악이다.

지금까지 질적 연구를 위한 규정과 함께 윤리지침을 제시하였는데, 여기에도 예외성과 복잡성이 있어 이런 규정과 지침을 적용 가능하거나 심지어 바람직하더라도 그렇게 한다는 것이 사실 어렵고 별 관계가 없어 보이는 경우도 많이 있다. 예를 들어, 연구참여자들의 개인 신상을 숨기는 것이 어렵거나 불가능한 채 연구를 할 수 밖에 없는 그런 경우가 있다. 더구나 연구에 참여한 사람들이 자신들의 이름을 밝혀도 무관하다고 말하는 경우도 있고, 심지어 자신들을 밝혀달라고 부탁하는 경우도 있다. 이럴 경우 익명이나 가명 사용의 규정을 다시 한 번 재고해 봐야한다(Duneier, 1999).

어떤 상황은 연구자를 정말 어려운 딜레마에 빠지게 하는데, 그 이유는 연구자로서의 책임을 다하는 것이 좋은 시민이 갖추어야 할 행동과 전혀 불일치되는 처지에 놓이게 되기 때문이다. 예를 들어, 정부기관의 부패를 알게 되기도 하고 한 학교를 연구하는 과정에서 기금 사용의 횡령을 알게 되는 경우도 있다. 정신장애를 가진 사람들을 수용하는 주정부 운영기관에 대한 우리의 연구에서 육체적 학대를 목격하게 되었다. 이런 경우 연구자의 윤리적 책임이란 무엇을 말하는가?(Taylor, 1987) 연구자라는 이유만으로 이 광경을 모른 채 등을 돌려야 하는가? 육체적 학대의 경우 맨 먼저 취할 행동은 연구자든 아니든 그 폭력을 먼저 중단시켜야 한다. 어떤 주에서는 학대를 목격하고도 신고하지 않는 것은 불법으로 처벌하고 있다. 폭력을 중단시켜야 한다는 것이 우리가 그 당시 가졌던 즉각적인 입장이었다. 그런데 연구를 하면서 이 특정 시설뿐만 아니라 전국에 있는 대부분의 이런 시설들에서 학대가 광범위하게 이루어지고 있음을 알게 되었다. 이런 행위에 대해 경고성 휘슬을 부는 것이 이 문제에 대처하는 책임 있는 태도인가, 아니면 그냥 우리 마음에서 지워버리는 것이 한 가지 방법인가? 그런 사태에 간섭한다면 여러분은 그 시설에서 쫓겨나서 연구를 중단하게 된다. 연구를 계속 수행하지 못하더라도 그 결과를 발표하고, 전국적으로 행해지는 학대를 폭로하는 글을 쓰고, 법정에서 증거 자료로 연구 데이터를 제시하고 하는 것이 한 번의 학대를 간섭하여 중단시키는 것보다 이 상황을 더 변화시키는 것일까? 이렇게 생각하는 것은 비겁한 도피이며 이 일에

휘말려들지 않으려는 핑계인가? 이처럼 규정과 윤리지침 목록으로서는 쉽게 해결될 수 없는 딜레마들이 연구를 수행하다보면 항상 발생한다.

미시간 배스에서 발생한 학내 대량학살 사건 사진. 수업료 인상에 불만을 품은 교육위원회 회계 담당자였던 앤드류 케오가 이 학교에 다이너마이트를 폭발시켰다. 이 폭발로 44명이 사망하고 43명이 부상당했으며 케오는 아내를 살해한 후 자살했다, 1927년 L. A. Waldron의 사진

사람들이 윤리적 문제의 해결을 위한 지침서를 아무리 잘 만들더라도 힘든 최종 윤리적 결정은 연구자 자신, 연구자 자신의 가치관, 그리고 옳고 그름에 대한 연구자의 판단에 달려 있다. 연구자로서 여러분은 자기 자신, 자신의 가치관, 그리고 자신의 신념에 대해 알아야 하고 그런 결정을 내릴 때 사용했던 다른 연구자의 원칙에 대해서도 잘 알고 있어야 한다(Punch, 1994). 연구자는 다른 사람에 대한 자신의 책임감의 정의를 알아야 하고 그 사람들의 고통을 옆에서 경험할 때 발휘할 그 책임감이 무엇인지도 알아야 한다(Taylor, 1987). 질적 연구를 하다보면 이런 경험을 항상 하게 된다. 질적 연구자에게 있어 윤리적 문제는 단지 연구현장에서 어떻게 처신해야 하는지를 시사하는 것이 아니다. 질적 연구에서 윤리는 연구 과정에서 연구참여자들의 삶과 접촉했던 연구자가 평생 짊어져야 할 책임이란 측면에서 이해되어야 한다(Curry & Davis, 1995; Duneier, 1999).

연구를 수행하는 연구자는 연구참여자들이 제공하는 그 이상의 것을 취하려고 항상 노력한다(Whyte, 1992). 연구자는 자신의 직위를 높이기 위해 논문을 쓰기도 하고 승진과 저작권을 얻기 위해 책을 저술한다. 연구에 참여함으로써 연구참여자들이 얻는 것은 이와는 상대적으로 분명하지 않다. 최근에 와서 이 쟁점은 질적 연구의 윤리에 대한 논의에서 항상 주요 주제로 취급되고 있다. 연구참여자들의 착취 문제는 여러 학문 분야에서 화두가 되고 있다. 연구자 집단에게 이 문제를 가장 분명하게 계속 제기하는 사람들은 페미니스트 학자들이다. 어떤 연구자들은 이런 착취 문제로 죄의식에 시달리고 있다. 이 문제에 대한 많은 연구자들의 반응은 연구를 통해서 주고받게 되는 연구자와 연구참여자들 사이의 상호이익의 현격한 차이는 어쩔 수 없이 발생한다는 입장으로 변호하고 있다. 이런 측면의 변호 중 한 가지는, 연구가 사회에 주는 큰 기여를 잊어서는 안 된다는 것으로, 비록 연구참여자들이 연구참여를 통해서 직접적으로는 아무런 이익을 얻지 못하더라도 연구로부터 나오는 결과들이 더 크고 나은 사회를 위한 것임을 이해해야 한다는 것이다. 어떤 이들은 비록 사소하지만 연구참여자들도 얻는 혜택이 있다고 주장한다. 누구든 사람 사이의 관계로부터 혜택을 얻듯이, 연구참여자들은 연구자로부터 많은 시간과 관심을 얻는다. 이런 것으로 충분하지 않다고 생각하는 연구자들은 저작권을 통한 인지세를 나누기도 하고, 연구참여자들을 대변하기도 하고, 이들의 법적 문제나 다른 문제들의 해결을 도와주는 등 좀 더 가시적인 도움으로 연구참여자들에게 혜택을 주고 있다(Liebow, 1967; Lincoln, 1995; Curry & Davis, 1995; Duneier, 1999).

연구참여자들에게 주어지는 직접적인 혜택의 부족과 더불어 연구자가 연구참여자들을 다른 방식으로 사용할 수도 있다는 문제가 있다. 여기서 가장 두드러진 관심사는 연구자들은 연구를 통해 자신들이 알게 된 것을 말하고 글로 나타낼 수 있지만 정작 그 당사자인 연구참여자들은 자신들의 삶에 대한 이야기를 전달할 기회가 없다는 것이다. 그래서 연구참여자들에 대해 왜곡된 사실이 전달되기도 하고 심지어는 품위손상이 생기기도 한다(Fine, 1994a). 이 문제를 상당히 완화시킬 수 있는 연구실천 행동들이 뒤에서 충분히 다루어지겠지만 어떤 연구자들은 연구 수행에서 연구자와 연구참여자가 좀 더 충실한 파트너 관계를 만들 수 있는 새로운 실천행동들을 만들었다. 이 실천행동에는 연구자가 자신들의 권위를 버리고 연구참여자가 더 많은 말을 할 수 있도록 해야 한다는 것이 포함되어 있다. 이와 더불어 이제는 하나의 관례로서 질적 연구 논문을 작성할 때 연구자 자신에 대해, 자신의 학문 및 교육적 배경에 대해, 그리고 자신의 정치적 성향에 대해 기술하여 독자로 하여금 읽는 내용이 연구자의 이런 특정한 입장과 견해에 의해 비롯된 연구결과임을 알도록 해야 한다는 것이다 (McLaughlin & Tierney, 1993).

지금까지 논의한 것과 관련된 것이지만 훨씬 더 복잡한 또 다른 윤리적 문제는 권력을 가진 사람들의 손에 의해 연구결과가 연구참여자들(혹은 이들과 비슷한 상황에 있는 사람들)에게 해를 끼칠 수 있는 조치를 낳을 수 있고, 또는 연구자의 의도와 희망과는 반대의 사회 정책을 낳거나 대중의 태도를 유발시킬 수 있다는 점이다. 예를 들어, 공중 화장실에서 벌어지는 게이들의 섹스를 다루어 유명해진 로드 험프리(Laud Humphries)의 연구가 출판되었을 때, 사람들은 그의 책이 경찰에게 감시 활동을 더 늘여 남성 동성애자를 체포할 수 있는 정보를 제공했다고 비난했다. 무단결석 학생에 대한 연구는 학생들의 자유를 제한하는 무단결석 처벌법을 만들 수 있는 배경을 제공할 수도 있다. 집짓기 프로젝트로 제공된 집에 살고 있는 사람들의 삶을 연구자는 동정적으로 묘사했다고 생각하겠지만, 다른 사람들은 이를 읽으면서 가난한 사람들의 무책임함과 폭력에 쉽게 노출되어 있다는 편견을 가질 수 있다. 여러분의 연구결과가 어떻게 받아들여질지 그리고 어떻게 사용될지 확신할 수는 없겠지만, 연구결과의 정치적, 사회적 영향과 시사점을 항상 사려 깊게 생각해야만 한다. 이렇게 하지 않는 것은 무책임한 연구자의 자세이며 어떤 이들은 이를 비윤리적이라고 한다. 만약 이런 문제에 대해 경험이 적다면 여러분의 연구결과에 보다 민감한 사람들을 찾아가서 논조, 강조 정도, 그리고 잠재적 결과에 대해 조언을 구하도록 한다. 종종 연구자들은 자신들의 연구결과가 어떤 정책 입안과 활동에 시사점을 준다는 사실을 직접적으로 언급하는 것을 꺼려한다. 이것을 피하는 것만이 해결책은 아니다. 자신의 연구결과에 대한 시사점을 제시하지 않는 것은 오히려 다른 사람들로 하여금 연구자에게 어떤 말이나 행동을 할 수 있는 여지를 허용하는 것과 같다.

처음 논의에서 언급했듯이, 윤리적으로 뛰어나고 책임감 있는 연구자가 되는 것은 생각했던 것보다 훨씬 어려운 일임을 느꼈을 것으로 생각한다. 연구계획에서 요구되는 형식을 모두 채우는 것은 만약에 있을지도 모르는 윤리적 문제와 위험을 미리 생각해보는데 도움은 될 수 있다. 하지만 연구자로서 여러분 자신의 가치관을 평가하고 정립하며 항상 연구참여자들의 복지와 관심사를 마음속에 새기면서 연구활동에 이를 반영하는 자세를 대신할 수는 없다.

1.6 다음 내용

질적 연구의 기초에 대한 일반적인 소개를 이 장에서 했는데, 이 책의 나머지 부분은 그렇다면 질적 연구는 "어떻게 하는가"에 관한 것이다. 질적 연구에 대해 경험이 많은 사람의 경우 관심 있는 어떤 특정한 쟁점이나 구체적인 내용은 다른 책을 참고하기 바란다. 이 책은 교육분야의 질적 연구에 대한 기초과정을 수강하는 초보 연구자를 위한 것이다.

이 책의 나머지 부분은 이 장에서 논의했던 다섯 가지 특징에 관해 다루고 있다. 먼저 2장에서는 질적 연구의 귀납적 본질을 강조하는 연구설계에 대해 다루고 있다. 3장에서는 현장조사에 관한 내용이다. 연구현장에 기초한 질적 연구의 본질과 연구자가 데이터 수집의 주된 도구라는 논의를 구체적으로 다룬다. 4장의 핵심 내용은 질적 연구자가 수집하는 데이터의 본질은 서술적이란 점을 논의한다. 다양한 형식의 데이터에 대해 설명하고 이런 데이터를 수집할 때의 몇 가지 도움 되는 제안을 제시한다. 5장에서는 질적 연구의 귀납적 속성으로 돌아가서 자료 분석에 대해 자세하게 다룬다. 6장에서는 질적 연구의 내러티브이며 서술적 본질의 분석을 통해 연구결과의 작성과 유포에 관한 논의를 하고자 한다. 교육연구의 응용에 대한 관심에 답하고자 7장에서는 응용연구와 평가연구에 대해 살펴볼 것이다.

연구설계

한 친구에게 휴가 기간 동안 어디 가려고 하는지 물었다. 어디를 여행할지 말하면서 "여행하면서 앞으로 천천히 알아보려고 해"라고 여행의 상세한 것은 아무 계획도 안 세웠다고 한다. 또 다른 친구는 앞으로 어디 어디를 방문할 것이며, 심지어 레스토랑까지도 미리 상세하게 계획을 세웠다고 한다. 이 예처럼 "연구설계"란 어떻게 연구를 수행할 것인지에 대한 연구자의 계획을 말하는 용어이다. 교육 분야의 질적 연구자는 이들 두 예에서 전자에 해당한다. 별다른 계획을 세우지 않고 여행을 하면서 그때그때 계획을 세우는 그런 여행자와 같다.

질적 연구자는 자신이 만날 사람들과 방문할 여러 장소에 대해 아는 것이 거의 없는 것처럼 연구를 진행한다. 연구자는 연구할 사람들이 어떤 사람들인지, 그 장소나 상황에서 어떤 일이 있을지 등 찾으려고 하는 것에 대한 선입견으로부터 자신을 자유롭게 하려고 노력한다. 마찬가지로 비록 어떻게 연구를 진행할 것이며, 무엇에 관심을 가지고 있는지에 대한 전반적인 생각은 있지만 정확하게 어떻게 연구를 달성할 것이며 구체적인 연구문제는 무엇인지를 진술하는 것은 단지 추측에 불과하다. 연구계획은 그 장소나 상황, 연구참여자들, 그리고 다른 출처의 데이터와의 직접적인 대면을 통해 배워가면서 점차 구체적으로 발전한다. 연구방법과 절차에 대한 가장 좋은 작성법은 연구가 완전히 끝난 다음 실제로 무슨 일이 있었는지에 대한 회고를 이야기체인 내러티브로 쓰는 것이다. 거듭 말하지만, 질적 연구에서는 데이터 수집에 앞서 자세한 연구방법과 절차를 형식화하는 일은 일반적으로 하지 않는다. 질적 연구자는 검증할 가설이나 구체적인 연구문제를 가지고서 하는 연구를 꺼려한다. 연구문제는 연구 전에 미리 추측으로 설정하는 것이 아니라 데이터 수집을 통해서 얻게 되는 하나의 결과물이어야 한다고 질적 연구자는 생각한다. 사전에 미리 예상되는 아이디어나 어떤 엄밀한 연구설계에 따라 연구의 구조가 만들어지는 것이 아니라 연구 자체가 그 구조를 형성한다. 그래서 질적 연구자는 연구를 귀납적이라고 한다.

이렇게 말하면 너무 느슨해 보여서 어떤 사람들이 듣기에는 참으로 이해하기 힘든 조언으로 생각될 것이다. 초보 연구자들은 자신의 첫 연구를 수행하는데 상당히 불안해한다. 이런 걱정이 드는 이유는 단지 새로운 것을 시도하는 느낌 때문도 있겠지만 사실 그 이상의 감정 때문이다. 사실 "연구"란 사람을 주눅 들게 하는 것이며, 더욱이 여러분이 이 분야를 처음 접하는 경우라면 이런 중요한 일을 할 수 있을지 걱정하는 것도 당연하다. 이런 걱정을 해소할 수 있는 한 가지 방법은 연구와 관련되어 미리 예상되는 아이디어나 개념을 사용하여 미지의 것을 통제하는 것이다. 예를 들어, 일반 학생들과 "장애학생"들이 함께 있는 "전형적인" 일반 교실에 가야한다면 교실 문을 열고 들어가기 전에 "통합교육"이란 개념으로 연구의 틀을 구성하는 것이다. 즉, 연구현장에 들어가기 전에 관찰하고자 하는 사람들이 어떤 사람들인지 미리 아는 것이다. 어떤 연구자는 연구에 대한 불안감을 덜기 위하여 연구현장에 들어가기 전에 일련의 질문들을 미리 준비하기도 한다. 하지만 이렇게 하고 싶은 마음을 억누르기 바란다. 그냥 그곳에서 무슨 일이 일어나는지 지켜본다. 교실에 있는 교사와 학생들이 어떤 행동을 하고 수업 시간에 무슨 말을 주고받는지 들어보면서 그 교실에서 시간을 보내본다. "이 교실에서는 어떤 일들이 일어나고 있는가?" "연구에 참여하는 사람들은 자신의 행동에 대해 어떻게 생각하는가?" "내가 관찰한 것과 다른 사람들이 그것에 대해 말하는 것은 서로 일치하는가?"와 같은 아주 기본적인 질문들을 던져본다.

오해를 불러일으키기도 하는데, 질적 연구자도 연구설계를 한다. 질적 연구자가 연구를 어떻게 진행하는가 하는 것은 이론적 가정(인간 행위는 의미와 과정을 통해서 이해하는 것이 핵심적이란 가정, 그렇기 때문에 서술적 자료의 수집이 중요하다는 가정, 분석은 귀납적으로 해야 가장 최적이라는 가정), 데이터 수집 방법(참여관찰, 비구조화된 인터뷰, 문서분석), 포괄적으로 진술된 주요한 몇 가지 연구문제 등에 좌우된다. 이와 더불어 모든 연구자는 자신만의 고유한 개인적 배경을 가지고 연구를 한다. 이 개인적 배경에는 보통 특정 학문 분야에서 받은 교육이나 훈련, 주요한 주제에 대한 지식, 개인의 특정한 견해, 그리고 이론적 배경 등이 포함된다. 이런 것에 따라 어떤 접근으로 연구를 할 것인지, 그리고 어떤 문제들을 집중적으로 다룰 것인지가 결정된다. 그리고 이런 것에 따라 연구의 한계, 사용할 도구, 수행 방법에 대한 일반적인 지침 등이 정해진다. 그래서 질적 연구에서는 연구설계가 없다는 것은 잘못된 말이다. 단지 연구설계가 양적 연구설계보다 유연하다는 점이 다를 뿐이다. 질적 연구자는 연구를 진행하면서 수정하고 재구성하게 될 정신의 도구를 가지고, 예감에 의해 작성한 계획을 가지고 연구에 착수한다(Janesick, 1994).

전통적인 연구자들은 연구를 위한 설계란 계획 단계의 산출물이라고 한다. 그런 다음 설계에 따라 연구를 수행하고, 데이터를 수집하여 분석하며, 결과에 대한 논문을 작성한다. 질적 연구도 이런 단계를 거치지만 각 단계별로 분절되어 연구가 진행되지 않는다. 질적 연구의 연구설계에 대한 결정은 연구를 해 나가면서 이루어지는데 연구의 시작뿐만 아니라 끝에서도 이런 결정이 내려진다. 비록 데이터 분석은 보통 연구의 끝에 집중적으로 실시되지만 연구 과정 중 어느 곳에서나 진행된다. 연구설계와 데이터 분석에 대한 결정이 함께 내려지기도 한다. 연구설계에 관한 2장은 현장조사와 분석의 이해에 도움이 되는 정보를 포함하고 있으며, 마찬가지로 3장과 5장("현장조사"와 "자료분석 및 해석")은 연구설계에 대한 유용한 아이디어를 다루고 있다.

지금까지 연구설계에 대한 전체적인 설명은 대부분의 질적 연구자에게 공통적으로 적용되는 사항이지만 그렇다고 모든 질적 연구자가 여기에 제시한 연구설계를 따르는 것은 아니다. 어떤 연구설계는 좀 더 구조화된 것도 있다(Miles & Huberman, 1994). 이 구조화에는 연구문제를 설정하고, 인터뷰이를 결정하고, 어디에서 누구를 관찰할 것인지를 정하고, 그리고 현장조사 활동을 하기 전에 인터뷰 스케줄을 미리 준비하는 것 등이 포함된다. 현재 자신의 연구 관심사와 관련된 연구를 이전에 수행해본 많은 경험 있는 연구자는 더 구체적인 연구문제를 마음속에 가지고 있을 것이다. 평가연구와 연구용역 계약에 의한 정책연구를 수행하는 연구자들은 좀 더 구조화된 접근방법을 사용하는 것이 보통인데, 그 이유는 연구용역을 준 기관과 연구의 본질과 범위를 협의해야 하기 때문이다. 한 명이상의 현장조사자가 있는 그리고 여러 사례로부터 비교 가능한 데이터의 수집을 우선시하는 다중사례연구를 하는 경우에도 그러하다. 그러나 이런 경우를 제외한 연구들은 형식을 갖춘 연구계획이나 구체적인 연구문제의 설정 없이 수집하는 데이터에 의해 연구의 틀이 결정되는 덜 구조화된 연구들이다. 특정 이론적 배경을 토대로 하는 연구는 그 배경에 의해 연구목적과 활동이 좌우된다(이에 대한 논의는 Janesick, 1994; Morse, 1994를 참고 바람). 이 점은 모든 질적 연구에 해당된다. 어떤 연구설계를 선정하든, 더 구조화된 설계든 더 귀납적인 설계든 연구설계의 과정에는 반드시 정보제공자들과 연구자 사이의 협의가 있어야 한다. 연구자는 어떤 아이디어를 가지고 연구현장에 가겠지만, 연구참여자들과 그 연구의 적절성과 가치에 대해 반드시 협의를 해야 한다.

이 장의 내용은 연구설계에 관한 것이므로, 연구주제를 선정할 때 고려해야 할 요인들에 대한 논의를 먼저 하려고 한다. 그런 다음 “사례”연구와 “다중데이터 출처(multiple data source)”의 연구와 관련된 연구설계를 살펴보고자 한다. 이를 위하여 근거이론을 만드는데 사용되는 두 가지 연구설계인 분석적 귀납법(analytic induction)과 상시비교법(constant comparative method)을 설명하고자 한다.

2.1 연구선정

이 책을 읽는 사람은 학위 과정의 필수 과목 중 하나인 연구법 강좌를 수강하는 학생들이거나 논문이나 학위 논문을 위한 연구를 처음 시작하려는 사람들일 것이다. 질적 연구를 시작하는 많은 사람들은 "무엇을 연구해야 하는가? 현장조사는 어디에서 해야 하는가?"와 같은 질문에 걱정을 한다. 이런 질문에 대한 정답은 없으며 어떤 결정을 내리는가가 더 중요하다. 어떤 학교나 교실을 선택했다면 이 연구는 다른 연구와 다를 뿐이지 결코 더 좋고 더 나쁘고 하는 문제는 아니다. 정확한 결정을 내리는 것이 항상 중요한 것은 아니지만 어쨌든 어떤 결정이든 내려야 한다. 또 어떤 특정한 장소에 가는 것으로 연구 시작을 결정했다고 해서 반드시 그 연구현장에서 계속해서 연구를 수행해야 한다는 것을 의미하는 것도 아니다. 행하면서 배운다는 말처럼 첫 시도를 연습정도로 생각하고, 또 선택한 연구현장이 연구를 수행하기에 적합한지 탐색해 보는 정도로 생각하기 바란다. 첫 연구를 실제 연구의 착수를 위해 고려해야 할 여러 사항들을 생각해 볼 수 있는 좋은 기회로 생각하기 바란다.

경험 있는 연구자들은 연구를 위한 행동강령을 보통 가지고 있다. 이들은 어떻게 연구자로서의 삶을 보낼지 생각한 사람들로서 무엇을 연구하고 싶은지, 달성하고 싶은 것이 무엇인지를 알고 있다. 이들 연구자는 자신이 원하는 이런 연구를 수행할 기회를 찾고 있다. 어떤 연구자들은 이러한 자신의 행동강령이 너무 뚜렷해서 자신의 전체적인 계획에 맞지 않는 연구는 거부하기도 한다. 그렇지만 초보 연구자의 경우 무엇을 연구할 것인가는 상당히 당황스러운 질문이다. 연구를 위한 행동강령은 여러 출처로부터 만들어진다. 일반적으로 연구자 자신의 삶이 연구의 취지와 방향을 정의하는데 영향을 미친다. 연구자의 삶에 중요하게 영향을 준 특별한 주제, 장소나 상황, 또는 사람들에 대해 관심을 가질 수 있다. 한편 연구자가 알고 있는 교수나 다른 사람의 연구에 관련됨으로써 그 영역에 대한 연구를 시작하는 경우도 있다. 하지만 어떤 식으로 연구주제가 생겼든 무엇보다 중요한 점은 연구자 자신에게 중요한 주제여야 하고, 흥분되는 주제여야 한다. 특히 논문이나 학위 논문, 또는 큰 노력이 요구되는 연구라면 이 점이 더욱 분명하다. 자기만족만이 연구를 끝까지 해낼 수 있도록 해준다. 자기 연구에 대한 열정이 없이는 연구를 위해 끝까지 노력을 쏟기 어렵고, 또 그 연구를 넘어설 수도 없다. 어떤 사람이 주제나 연구문제를 주면서 여러분에게 연구를 하라고 할 때, 반드시 그것이 여러분의 관심을 끄는 것인지 확실히 알아봐야 한다. 이 세상에는 수많은 주제와 데이터 출처가 있으므로 연구자 자신이 관심 있고 흥분되는 연구가 아니라면 구태여 자신에게 부담을 지울 필요는 없다.

수많은 선택이 있겠지만 이를 위한 몇 가지 조언을 순서대로 하고자 한다. 첫째, 무엇보다도 현실적이어야 한다. 규모나 난이도 면에서 볼 때 어느 정도 합리적인 연구를 선택해야 정해진 시간과 활용 가능한 자료로 연구를 끝낼 수 있다. 또한 아직까지 검증되지 않았고 성숙되지 않은 자신의 연구능력을 고려해야 한다. 뒤에서 특정 유형의 연구와 관련된 실제적인 사항들을 좀 더 자세하게 언급하려고 한다. 그러나 초보 연구자에게 해 줄 수 있는 일반적인 조언은 "작게 생각하라"이다. 질적 연구는 상당히 많은 시간과 노동을 요구하는 연구다. 연구에 투자하는 시간과 읽어야 할 데이터의 페이지 수를 줄이도록 노력해야 한다. 그리고 여러 곳에 분산된 정보는 한 곳으로 집중하도록 정리해야 한다.

제시한 몇 가지 예에서 볼 수 있듯이, 작게 생각하라는 의미는 연구의 한계를 생각해야 한다는 뜻이다. 그렇지만 이 말은 연구 프로젝트를 아주 구체적이 되도록 하라는 뜻은 아니다. 연구문제를 아주 구체적으로 작성한다는 것은 질적 연구자에게는 상당히 어려운 일인데, 왜냐하면 주어진 시간 안에 그 연구문제에 관한 일들이 생기지 않을 수도 있기 때문이다. 지나치게 구체적인 연구문제의 예를 보면, "대학기숙사 사감은 첫 학기를 시작하는 대학 1학년 학생들의 통합적 질관리를 위해 어떤 전략을 활용하고 있는가?"이다.

데이터 출처의 위치도 중요할 수 있다. 연구를 시작하기 전에는 이곳저곳, 이 학교 저 학교로 다니거나, 또는 공식문서를 확인하려고 다른 도시로 가거나, 교실을 관찰하고 교사를 인터뷰하는 것이 별 문제 아닌 듯 보인다. 하지만 연구를 일단 시작하고 나면 이렇게 돌아다닌다는 것이 점점 부담으로 작용하게 된다. 멀리 떨어진 곳을 이동하는 것은 연구수행의 진척을 느리게 만들고 방문하는 횟수를 줄이게 되어 결국 연구에 충분히 몰두하지 못하게 만든다. 따라서 연구현장에 언제든지 왔다 갔다 할 수 있도록 데이터 출처의 위치를 가까운 곳에 두도록 해야 한다.

두 번째 조언은 여러분과 직접적으로 관련되지 않은 것을 연구하라는 것이다. 예를 들어, 어떤 학교의 교사라면 그 학교를 연구장소로 선정해서는 안 된다. 물론 몇몇 훌륭한 연구의 경우 연구자와 연구하고자 하는 장소가 서로 개인적으로 밀접하게 관련된 경우도 있지만 (McPherson, 1972; Rothstein, 1975 참조), 초보 연구자인 경우는 다소 생소한 곳을 선정하라고 충고하고 싶다. "내 학교를 연구하고자 하는 외부인보다 내가 훨씬 쉽게 연구할 수 있는데 왜 그렇게 해야 하는가?"사실 이 말은 맞고, 또 가끔 우리의 충고를 무시할만한 충분한 이유가 된다. 그러나 특히 처음 수행하는 연구라면 그렇게 좋은 이유는 못된다. 연구장소와 개인적으로 친밀한 연구자는 자신의 개인적 관심사로부터, 그리고 이곳에서 일어나고 있는 일에 대해 그 의미를 잘 알기 때문에 연구자로서 일정한 거리를 유지하기 힘들다. 이런 경우 연구자의 견해는 낯선 "상황에 대한 정의"가 아니라 바로 그 정의 자체가 진리가 되어버린다. 여러분 연구의 주된 목적은 사람들이 당연하게 생각하는 것이 무엇인지를 파악하는 것이므로 그곳의 사람들과 똑같은 관점으로 당연하게 생각해서는 절대 안 된다.

연구를 수행하는 장소나 상황에 있는 사람들은, 만약 연구자가 이들을 잘 안다면 연구자인 여러분을 중립적 관찰자로 간주하는데 어려움을 느낀다. 오히려 그들은 연구자를 자신들과 같은 교사나 특정 집단의 구성원으로, 또는 자신들의 견해와 관심사를 대변해 주는 사람 정도로 생각한다. 이들은 평소의 친밀함 때문에 연구자인 여러분을 편하고 자유롭게 대화할 수 있는 사람으로 더 이상 생각하지 않을 수도 있다. 예를 들어, 자신의 학교를 연구하는 교사의 경우 교장이 동료 교사들의 평가에 대해, 그리고 교사의 해고와 고용의 결정에 대해 솔직하게 이야기해 줄 것이라고 기대하지 말아야 한다. 연구자가 알고 있는 사람들과 연구를 수행하는 것은 마음을 혼란스럽고 힘들게 할 수 있다. 연구자가 된다는 것은 특정한 기술과 절차를 배우는 것 이상의 의미가 있는 것으로, 여러분 자신에 대해, 그리고 여러분과 다른 사람의 관계에 대해 사고방식의 변화가 수반되어야 한다. 아는 사람들이 연구참여자가 되면 여러분 자신의 과거 모습과 연구자로서의 여러분의 모습을 구별하기 어렵게 된다.

더불어 연구자가 연구장소에서 어떤 지위에 있는 사람으로 동료, 친구, 또는 주변 사람들을 연구하는 경우 윤리적 문제가 발생할 소지가 많다. 아주 바쁘면서 학위를 받으려는 교장의 경우 시간을 줄이기 위하여 자기 학교를 연구하려고 할 것이다. 이런 경우 교사들이 그 연구에 협조적으로 참여하는 것이 강요에 의한 것이 아니라는 것을 어떻게 확신할 수 있는가? 비록 연구자가 아무리 교사들과 좋은 관계를 가진 교장이라 할지라도 이런 경우 교장의 지위와 권력은 교사들이 거부할 수 없는 강요로 작용할 것이다. 우리가 알고 있는 대학교의 어떤 목사는 학생들의 종교 집단에 관심을 가지고 있었는데, 윤리적 문제의 발생 가능성 때문에 자기 대학교에서는 절대 그런 연구를 하지 않고 다른 대학교를 왕래하면서 연구를 했다.

이러한 조언은 수년간에 걸친 질적 연구의 강의 경험과 연구 프로젝트의 관리 경험에서 나온 것이지만, 융통성 없이 반드시 꼭 지켜야 하는 그런 것은 아니다. 초보 연구자로서 사람들을 능수능란하게 잘 다룰 수 있고, 지금까지 지적한 문제들에 대해 전혀 게의치 않는 친구와 동료들이 있을 수 있다. 그렇다면 이들을 상대로 연구를 해보는 것도 좋다. 잘 되면 다행이고 잘 안 되더라도 "그렇게 하지 말라고 했잖아"라고 면박주려는 것은 아니다.

남녀 성사이의 관계, 다문화주의, 통합교육, 권한 위임, 협동 학습, 평생 학습과 같은 일반적인 영역의 관심을 가지는 것도 좋은데 너무 추상적인 개념들을 사용해서 연구를 시작하지는 말아야 한다. 이론적, 개념적 관심사를 구체적인 행동적, 상황적 서술로 바꾸어 진술하고 이 진술에 기초하여 데이터를 수집할 장소를 찾도록 한다. 다시 말해, 추상적인 관심사를 사람, 장소, 그리고 상황에 기초하도록 해야 한다. 따라서 남녀 성사이의 관계에 대한 관심을 알아보려면 남녀 아이들로 구성된 어린이 야구단을 찾아가보는 것도 좋은 방법이다. 또는 지역 고등학교의 치어리더를 연구할 수도 있고(Swaminahan, 1997), 고등학교의 학년말 무도회에 참석한 남녀 학생들의 경험을 연구할 수도 있다(Best, 2000). 가능한 것들을 먼저 브레인스토밍한 다음 현실적인 기준과 다른 여러 기준에 비추어 불필요한 것은 제거해나간다. 이렇게 하는 것은 여러분의 관심사를 더욱 분명히 하는데 도움이 되고, 따라서 선택 가능한 것을 좁힐 수 있다. 어린이 야구단의 연구 가능성의 타진을 통해 여러분이 어떤 나이 집단에 관심이 있는지 결정하는데 도움이 될 것이다.

또 다른 조언으로는 좋아하는 것을 우선적으로 정하라는 것이다. 그렇다고 해서 너무 한 가지만 고집해서는 안 된다. 연구의 시작 단계에서는 무엇을 발견하게 될지 절대 알 수 없다. "교사들의 친구 관계를 연구할 것이다"와 같은 전체적인 예비 계획을 세우는 것은 좋은 일이지만 이 계획을 너무 고집해서는 안 된다. 관찰하고자 했던 학교의 교사들이 서로 친구 관계가 없는 경우도 있을 것이고, 또는 친구 관계라는 단어가 그 교사들 사이의 복잡한 관계를 표현하는 단어로는 부적합할 수도 있다. 연구장소나 상황의 첫 방문은 무엇이 가능하고, 어떤 것이 가능하지 않은가에 대한 탐색 기회로 활용하기 바란다. 만약 특별히 관심 가는 것이 있다면 여러분 생각에 분명하다고 여겨지는 대상이나 상황을 선정할 수도 있다. 항상 예상을 변경하고 계획을 수정할 마음의 준비를 해야 한다. 그렇지만 않으면 어디에 있을지도 모르는 "바로 그 연구장소나 현장"을 찾느라 너무 많은 시간을 허비하게 된다.

지금까지 연구선정에 대해 논의했는데 마치 무엇을 선정하든 별 문제나 아닌 듯이 느껴질 것이다. 일반적으로 질적 연구자는 어디에 떨어뜨려 놓아도 무엇인가 중요한 결과를 가지고 돌아온다고 믿고 있다. 이런 입장은 좋은 연구장소나 상황에서만 가치 있는 결과를 찾을 수 있다고 생각하는 초보 연구자의 두려움과 대조되는 것이다. 질적 연구자는 항상 낙관적인 것은 사실이지만 모든 장소나 상황이 똑같이 쉽거나 연구할 관심이 똑같이 가는 것은 아니다.

연구선정의 제안:

1. 현실적이어야 한다. 합리적인 크기와 복잡함을 가진 연구를 선택하라. 즉 연구자가 접근하기 용이하고 쉽게 가까이 갈 수 있어야 한다.
2. 연구자가 개인적으로 직접 관련되지 않는 것을 연구한다.
3. 마음을 열고 유연하게 생각한다.
4. 관심 가는 주제, 장소나 상황을 연구한다.
5. 중요하다고 생각되는 것을 연구한다.

그곳에 있는 사람("연구수행 승인권자 gate keepers")의 승낙을 얻어야 하는 경우거나 연구참여자들이 외부인에 대해 적대적인 경우와 같이 어떤 연구주제, 장소나 상황은 연구하기가 상당히 어렵다. 이런 형편이라면 허락을 얻고 협조를 구하는데 몇 달씩도 걸릴 수 있다. 초보 연구자라면 당연히 이런 상황을 피하고 싶을 것이다. 무엇을 연구할 것인지 정하는 것은 항상 어떤 사람들이 관련되는지를 정하고 그 사람들에게 접근할 수 있는지를 알아보는 것을 말한다. 예를 들어, 누가 그 파일이나 문서의 접근 권한을 가지고 있는가(또는 관심을 가지고 있는 장소나 상황의 연구수행 승인권자), 그리고 그것을 구할 수 있는 가능성은 어느 정도인가? "연구현장이나 상황에 들어가기"와 연구를 도와주는 인물과 연구참여자들과의 처음 관계 맺기에 대해서는 3장에서 살펴보고자 한다.

위에서 설명한 접근에 대한 고려와 함께 연구의 잠재적 중요성에 대해서도 고려해 봐야 한다. 어떤 연구는 교육이나 사회와 관련된 아주 중요한 쟁점들을 다루기도 한다. 폭력에 관한 연구가 바로 그런 한 가지 예에 해당한다(Casella, 2001). 또한 어떤 주제와 장소나 상황은 반복적으로 연구되었는데 비해, 다른 주제와 장소나 상황은 상대적으로 그렇지 않은 경우가 있다. 연구자의 흥미와 관심이 가장 중요하겠지만 연구하고자 하는 장소나 상황의 현 상태와 현재 부각되는 쟁점을 고려하여 연구문제를 정하는 것도 생각해 볼 필요가 있다. 학생들의 경우 종종 주요 연구 프로젝트를 수행할 때 소요되는 시간을 대수롭지 않게 생각하는 경향이 있다. 이렇게 되면 연구를 시작할 때는 세상의 관심거리였던 주제가 끝날 때쯤은 완전히 시대에 뒤진 연구가 되어버린다. 경향을 읽을 줄 알고 지속적인 쟁점을 찾을 수 있는 연구자가 그렇지 못한 연구자보다 관심 있는 연구를 완수할 가능성이 훨씬 높은 것은 당연할 것이다.

2.2 사례연구

지금까지 연구의 첫 번째 단계인 연구선정에 대해 논의했다. 여기서 중요한 제안은 자신의 능력과 연구 기술에 적합한 연구주제와 데이터 출처를 선정하는데 있어 현실적이어야 한다는 점이었다. 이렇게 볼 때 대부분의 연구자들이 첫 번째 연구 프로젝트로 사례연구를 선택하는 것은 우연이 아니다. **사례연구**(case study)는 한 가지 장소나 상황, 한 명의 연구참여자, 한 곳의 문서보관소, 또는 한 가지 특정 사건에 대해 상세하게 조사하는 연구를 말한다(Merriam, 1988; Yin, 1989; Stake, 1994). 사례연구는 복잡함의 정도에 따라 다양한데, 초보 연구자와 유경험 연구자 모두 이 연구방법을 사용하며, 특징적인 면에서 볼 때 다중 연구현장이나 다중 연구참여자를 대상으로 하는 연구보다는 완수하기 더 쉽다(Scott, 1965). 먼저 사례연구를 해보라고 권한다. 이 연구를 성공적으로 마친 다음 조금 더 복잡한 연구로 옮겨가는 것이 좋다고 본다.

사례연구의 일반적인 설계는 깔때기 모양을 하고 있다. 연구의 시작을 넓게 하도록 한다. 가능한 장소와 연구참여자나 데이터출처가 될 만한 사람들을 탐색하고, 연구하고자 하는 정확한 위치를 찾고, 그럼 다음 그물을 넓게 던져놓고 그 장소와 데이터 출처가 연구목적에 적합한지 알아본다. 어떻게 연구를 수행할 것이며 어떤 것이 가능한지에 대한 단서를 조사한다. 데이터 수집을 시작하고, 이 데이터를 세밀히 살펴보고 분석한 다음, 연구의 방향을 결정하도록 한다. 시간을 어떻게 할당할 것인지, 누구를 인터뷰할 것인지, 그리고 무엇을 더 깊이 있게 탐구할 것인지를 결정한다. 연구주제를 조금씩 더 알아감에 따라 연구설계를 계속 수정하고 그에 따라 절차를 만든다. 어느 정도 때가 되면 연구할 장소, 연구참여자, 그리고 데이터 출처의 어떤 측면을 연구할 것인지 구체적인 결정을 내린다. 이렇게 함으로써 연구초점을 점차 발달시켜간다. 이제 연구문제를 형식을 갖추어서 진술한다. 데이터 수집과 연구 활동을 특정 장소나 상황, 특정 연구참여자, 특정 주제, 특정 의문, 그리고 특정 테마로 좁혀나간다. 연구 시작의 거시적 탐색으로부터 데이터 수집과 분석을 좀 더 일정한 방향으로 좁혀 나간다. 보가드(Bogad, 1998)는 한 주에 한 번씩 등교 전에 학교 밖에서 모임을 갖는 고등학교 토론반에 대한 사례연구를 했다. 연구의 시작은 고등학생들은 무엇을 중요하게 생각하는지를 조사하는 것이었는데, 연구의 마지막은 이 학생들이 자본과 경제적 혜택을 어떻게 수용하고 거부하는지로 연구의 초점이 옮겨갔다. 이 과정은 5장에서 좀 더 자세하게 다루고 있다.

많은 유형의 질적 사례연구가 있다(Werner & Schoepfle, 1987a, 1987b; Ragin & Becker, 1992). 각 유형은 그 나름대로 사용하는 절차와 연구의 적합성이 다르다.

2.2.1 기관이나 단체의 역사에 대한 사례연구

이 연구는 특정 기관이나 단체의 발달 과정을 추적하는데 초점을 두고 있는 연구이다. 예를 들어, 대안학교에 대한 연구를 하는 경우가 여기에 해당하는데, 어떻게 시작되었는지, 첫 해의 모습은 어떠했는지, 세월을 거치면서 어떤 변화가 생겼는지, 현재는 어떤 모습인지(만약 아직도 존재한다면), 또는 어떻게 사라졌는지(만약 지금 없다면) 등을 추적하는 것이다. 그 학교와 관련 있었던 사람들과의 인터뷰, 그 학교의 현재 상태에 대한 관찰, 그리고 현존하는 다양한 기록문서 및 낡은 사진을 데이터 출처로 하여 연구를 할 수 있다. 만약 이런 연구를 할 생각이라면 먼저 누가 인터뷰 가능한 사람이고, 어떤 문서가 남아있는지 예비조사를 해야 한다. 기관이나 단체에 대한 많은 사례연구가 불가능했던 이유는 단순히 연구를 수행하기 위한 최소한의 충분한 자료도 확보되지 못했기 때문이다. 연구에 필요한 충분한 숫자의 관련된 사람들과 문서가 확보되어 있는지에 대한 예비조사 결과에 따라 연구의 시작뿐만 아니라 데이터 수집을 위한 연구설계가 가능하다.

2.2.2 관찰 사례연구

이 유형의 사례연구의 주요한 데이터 수집 방법은 참여관찰(형식적, 비형식적 인터뷰와 문서에 대한 고찰과 함께)이며, 이 연구는 특정 기관이나 단체(학교, 재활시설 등) 또는 그 기관이나 단체의 특정 측면에 초점을 두고 있다. 관찰 사례연구의 초점이 되는 기관이나 단체의 특정 측면은 다음과 같다.

1. 그 기관이나 단체의 특정한 장소 – 교실, 교무실, 교사휴게실, 학생회 사무실
2. 특정 집단의 사람들 – 고등학교 농구부 팀원들, 특정 교과목 담당 교사들, 수학여행 담당 여행사의 직원들(Casella, 1997), 기숙사 사감들
3. 학교 활동들 – 교육과정 계획 세우기, 남녀 학생들 짝지어주기

위에서 열거한 측면들을 혼합하여 연구의 초점으로 삼는 경우도 종종 있다. 예를 들어, 여러 고등학교를 대상으로 한 연구에서 쿠식(Cusick, 1973)은 학생들(집단을 초점) 사이의 교제하기(활동을 초점)에 연구의 초점을 두었다. 관찰 사례연구의 경우 종종 그 장소, 집단, 또는 활동에 대한 역사적인 측면도 포함하는데 현대적 의미로 볼 때 이것은 보완적 장치라고 할 수 있다.

연구자는 학교와 같은 기관을 하나 선정하고 그곳의 어떤 측면에 초점을 둔다. 그 학교의 어떤 장소, 특정 집단, 또는 어떤 다른 면을 연구의 초점으로 잡으면 이 학교라는 큰 하나의 덩어리로 되어있는 기관은 조각조각 분해가 되므로 연구하는데 용이하다. 이렇게 함으로써 질적 연구자는 이 조각과 학교 전체와의 관계를 설명할 수 있고 이와 더불어 자신이 감당할 수 있을 정도로 연구 범위를 줄일 수 있다. 그런데 이렇게 조각으로 분해하면 연구를 왜곡시킬 위험성도 있지만, 연구자는 그 학교에 원래부터 자연스럽게 존재했던 단위를 조각으로 선

정하기 때문에 그럴 위험성은 낫다고 할 수 있다.

연구자는 어떤 장소, 집단, 또는 프로그램에 집중할 것인지를 알아보기 위해 그 기관이나 단체를 조사해야 한다. 여러 번 학교를 방문해 보고 난 후 이런 것에 대한 결정을 내리게 된다. 연구를 하기 좋은 물리적 환경이란 동일한 사람들이 반복적으로 이용하는 곳이다. 학교의 경우라면 당연히 교실, 교무실, 교사휴게실이 바로 이런 곳인데, 하지만 이런 곳이 연구하기에 알맞은 곳이라고 확신할 수는 없다. 예를 들어, 교사휴게실이 없는 학교들도 있기 때문이다. 또 이동별 수업을 실시하는 학교의 경우 교실이 학생과 교사를 묶어주는 물리적 단위가 아닐 수도 있다.

연구의 초점으로서 어떤 기관이나 단체의 "집단"이라는 뜻은 서로 상호작용을 하고, 다른 사람들에 의해 자신의 존재가 확인 가능하고, 또 서로의 행동에 대한 기대를 공유하는 사람들의 모임을 언급하는 사회학적 단어를 말한다. 10대들은 자주 또래 집단을 만든다. 어떤 대학의 특정과의 교수들도 집단이라고 할 수 있다. 농구팀 선수들도 하나의 집단이다. 그런데 나이, 인종, 성, 심지어 견해 등이 비슷하거나 같은 사람들이라 할지라도 어떤 "집단"의 구성원이라고 할 수 없는 경우도 있다. 이러한 속성은 친구 관계나 동료 관계 형성의 기초는 될 수 있지만 그런 속성을 공통적으로 가지고 있다고 해서 반드시 집단을 형성하지 않을 수 있다. 예를 들어, "멕시코계 남자 교사들"에 대한 관찰연구를 하려고 어떤 학교에 간 연구자가 자신이 선택한 그 학교의 멕시코계 남자 교사들이 함께 어울려서 시간을 보내지 않아 집단을 형성하지 않는다는 것을 뒤에야 알게 된 경우도 있다. 어떤 집단을 연구하고자 결정하기 전에 먼저 그 학교의 겉으로 드러나지 않는 비형식적 구조를 알아야만 이런 실수를 줄일 수 있다.

학생들 모습, 뉴욕의 모리스빌 1912년경. H. Myer 찍음.

집단을 형성하지는 않지만 어떤 특이한 특성을 공통적으로 가지고 있는 개인들도 질적 연구의 연구참여자로서 적합하다. 이런 경우에는 참여관찰보다는 인터뷰가 보통 더 좋은 연구방법이다(Kiang, 1995 참조). 이들의 활동을 관찰하기보다 각 개인별로 자신들의 생각이나 관점을 말해달라고 간청하면 이들이 공통적으로 가지고 있는 특성들이 좀 더 분명하게 나타나게 된다. 마찬가지로, 어떤 기관이나 단체에 대해 동일한 생각을 가지고 있다 하더라도 이들이 반드시 집단을 형성하고 있다는 뜻은 아니다. 한 고등학교에 근무하는 모든 과학 교사는 어떤 공통성을 가지고 있겠지만 학교 안에서 서로 접촉할 기회가 거의 없어 집단을 형성하지 못하는 경우도 있다. 그렇지만 다른 학교에서는 과학 교사들이 과학교과 모임을 정기적으로 가지고 점심도 같이 먹는다면 이 집단은 연구를 위한 좋은 사례가 된다.

관찰 사례연구의 초점으로 어떤 상황이나 집단을 선정할 때 연구참여자가 적을수록 연구자의 존재에 의해 이들의 행동에 더 많은 변화가 생길 가능성이 있음을 유의해야 한다. 이성관계에 있는 두 학생을 선정한 경우 연구자에 의해 이들의 행동에 큰 변화가 있을 것은 당연하다. 한편, 많은 수의 연구참여자가 있다면 연구자가 옆에 있다는 사실이 전혀 어색하지 않거나 강요적 분위기가 줄어들 수 있을 것이다. 그런데 연구참여자가 많다고 해서 반드시 좋은 것만은 아니다. 모든 연구참여자를 추적하고 모든 데이터와 데이터 사이의 관계성을 조사하는 것 자체가 아주 힘든 일이 되기 때문이다. 처음 연구를 시작하는 경우라면 너무 커서 감당하기 힘들 정도가 아니면서 동시에 너무 작아서 강요적 분위기가 되지 않는 규모의 집단이나 장소를 선택하도록 해야 한다. 그렇지만 장소나 집단의 크기를 결정하는 이 간단한 규칙이 항상 잘 들어맞는 것은 아니다. 학교는 독특한 문제와 힘든 라포르(rapport)형성 문제로 인하여 특히 이런 규칙이 잘 적용되지 않는 곳이다. 예를 들어, 초등학교 교실 환경에는 25명의 사람이 있지만 어른은 단 한명이다. 두 번째 어른인 연구자가 들어감으로써 25대 1이라는 관계는 더 이상 존재하지 않게 되며 강요성이 전혀 없는 관찰을 한다는 것은 상당히 어려운 일이 된다(이 문제에 대한 논의는 Fine & Classner, 1979; Smith & Geoffrey, 1968을 참조하기 바람).

블룸버그 주립 정규학교의 농구팀, 펜실베이니아의 블룸버그, 1915년 Ralph Phillips 찍음.

2.2.3 생애사

생애사(life history) 연구는 사례연구의 한 유형으로 1인칭의 전기적 형식의 이야기를 수집할 목적으로 한 명과 집중적인 인터뷰를 실시하는 연구이다(Helling, 1988). 이런 유형의 인터뷰는 역사가들에 의해 주로 이루어지는데 일명 **구술사료**(史料)(oral history)라고 한다(Taylor & Bogdan, 1984의 제 4장 참조). 이런 유형의 연구를 하는 역사가들은 유명한 사람들(대통령, 사회운동 지도자, 또는 장군)과의 인터뷰를 통해 그들이 경험했던 자세한 역사를 기록한다. 별로 유명하지 않은 사람들(예를 들어, 일반 시민이나 농부)과의 인터뷰를 하는 경우는 "일반인"의 시각에 비춰진 역사의 모습을 담기 위한 것이다. 사례연구 인터뷰를 통해 사회학적 또는 심리학적 측면에서 이루어진 1인칭 생애사 연구의 목적은 보통 역사의 서술보다는 인간 행동의 근본적 측면에 대한 이해나 현존하는 기관이나 단체에 대한 이해를 이 사람으로부터 구하려는 것이다. 여기서 한 개인이나 단체, 또는 집단의 "경력(career)"이란 개념은 종종 데이터 수집과 보고서 작성의 기준으로 사용된다. 경력은 사람들이 지금까지 살아온 과정을 통해 거친 다양한 지위나 직위, 단계, 수준, 그리고 사고방식 등을 언급하는 용어이다(Hughes, 1934). 연구자는 어떤 사람의 평생 경력이나 그 경력의 특정한 일부분을 이야기하고자 한다. 예를 들어, 고프만(Goffman)은 정신병 환자의 경력을 연구했는데, 이 연구에서 "정신적으로 병든" 사람으로 라벨이 붙고 그렇게 처치되는 과정을 거치면서 이 사람의 신분이 어떻게 변했는지를 조사했다(Goffman, 1961). 사회학적 생애사 연구는 사람들의 자신에 대한 자아개념의 발전과 삶에 대한 그들의 관점을 형성하는데 있어서 기관이나 단체의 역할, 결정적인 사건들, 그리고 중요한 다른 일들을 집중적으로 조명함으로써 연구대상자들의 경력이 어떻게 형성되어 왔는지를 알아보려고 한다. 페미니스트 관점에 의한 생애사 연구는 연구참여자의 삶의 경험과 그런 경험이 어떻게 남녀의 성, 인종, 그리고 사회계층과 상호 연관되어 있는지를 알아보는데 목적을 두고 있다(이에 대한 예는 Behar, 1990; Chase, 1995; Middleton, 1993을 참조하기 바람).

생애사 사례연구의 성공 가능성은 연구참여자의 잠재적 특성에 주로 좌우된다. 이 사람은 정확하고 좋은 기억력을 가지고 있는가? 여러분이 원하는 그런 종류의 경험을 하면서 살아왔으며, 연구하고자 하는 그런 유형의 단체나 기관 또는 사건에 참여했는가? 이런 이야기를 해줄만한 충분한 시간을 가지고 있는가? 이런 유형의 사례연구를 하는 연구자는 인터뷰하고 싶은 연구참여자의 "유형"을 미리 정하고 그런 예가 되는 사람을 찾아나서는 것이 아니다. 연구자가 생각하기에 좋은 연구참여자가 되겠다고 여겨지는 사람을 만나서 연구수행 여부를 알아보는 것이다. 이런 사례연구의 실현 가능성과 연구설계는 보통 첫 대화나 처음 몇 번의 인터뷰를 한 다음 정해진다. 생애사 사례연구의 착수 단계에서 인터뷰 참여자와 연구자가 서로 잘 모르는 경우라면 보통 개인과 관계없는 내용으로 인터뷰를 한다. 점차 시간이 지나면서 인터뷰는 더 많은 개인적인 내용을 다루게 됨으로써 연구자는 좀 더 자세하게 그 참여자에 대해 알게 되고 서서히 연구의 초점이 부각되어진다. 생애사 연구의 인터뷰를 하게 되면 100 시간 이상의 녹음을 하게 되고 수천 페이지에 달하는 녹취록을 작성하게 된다. 어떤 생애사 인터뷰는 참여자들의 출생부터 현재까지 전체 삶을 포착하는 경우가 있는가 하면, 삶의 일정 시기로 제한되는 경우도 있다. 이런 경우 연구자는 그 사람의 청소년기, 또는 초등학교 시절과 같은 특정한 기간의 데이터나 친구 관계나 연애와 같은 특정 주제에 관한 데이터를 수집한다(생애사 연구방법에 대한 논의는 다음 자료를 참고하기 바람, Becker, 1970b; Denzin, 1978, 10장; Dollard, 1935; Plummer, 1983. 구술사료에 대한 논의는 다음 자료를 참고하기 바람, McAdoo, 1980; Shumway & Hartley, 1973; Langness & Frank, 1981; Reinharz, 1992, pp. 126-144; Smith, 1994).

2.2.4 문서자료 연구

문서(document)라는 용어는 참여관찰이나 인터뷰를 주된 데이터 출처로 하는 사례연구를 보완하는 데 사용될 수 있는 모든 종류의 사진, 비디오테이프, 필름, 메모, 편지, 일기장, 임상기록, 그리고 큰 사건이나 인물의 기록 등과 같은 자료를 말한다. 이 문서자료는 보통 보조자료로 사용되어 왔는데 점차 질적 연구의 주된 데이터 출처로 되고 있다. 이런 경향은 문학이나 문화연구 영역에서 발달되어 온 담론이론의 부분적 영향 때문이지만 다른 연구자들도 이 문서자료의 유용성을 점차 인식하고 있다.

데이터에 관한 설명을 하는 장에서 더 폭넓게 논의하겠지만, 여기서는 소개 정도로 세 가지 유형의 주된 문서자료에 대해 살펴보고자 한다.

1. **개인 문서자료**: 사적인 목적과 제한된 사용을 위하여 개인에 의해 만들어진 문서자료를 말한다(예를 들어, 편지, 일기장, 자서전, 가족사진 앨범, 그리고 시각적 기록들). 보통 이야기체인 내러티브라고 하는 개인 문서자료는 여성의 "생생한 경험"을 이해하는데 관심 있는 페미니스트 학자들의 주된 관심사가 되고 있다.
2. **공식 문서자료**: 기록 보관과 보급의 목적으로 기관이나 단체의 종사자들에 의해 만들어진 자료를 말한다(예를 들어, 메모, 뉴스 레터, 파일, 연감 등 관료 체계의 연구에 도움

이 되는 자료들). 연방의회의사록과 국방부보고서와 같은 공식 문서는 아주 특종의 자료에 해당한다.

3. **대중문화 문서자료**: 대중의 오락, 설득이나 회유, 그리고 계몽을 위한 상업적 목적으로 만들어진 자료를 말한다(예를 들어, 광고, TV 프로그램, 뉴스기사, 시청각 기록물들). 대중매체에 대한 연구를 수행하는 질적 연구자가 이런 자료에 특히 관심을 가지고 있으며, 문화연구, 비판이론, 다양한 형태의 포스트모던니즘적 연구를 하는 연구자들도 관심을 가지고 있다. 뿐만 아니라 모든 종류의 사진은 모든 영역의 연구자들의 자료로 활용되고 있다(Bogdan, 1990).

질적 연구라는 제목하에 이 유형의 연구에 대해 논의하고 있지만, 1장에서 제시했던 질적 연구의 정의에 어떤 특정한 연구가 어느 정도 적합한가 하는 것은 그 연구와 관련된 구체적인 여러 사항들과 질적 연구에 대한 연구자의 정의가 어느 정도 유연한가에 좌우된다. 문서자료는 서술성이 풍부한 자료로 질적 연구라는 정의에 잘 들어맞는다. 그렇지만 문서자료를 사용한다고 해서 무조건 질적 연구가 아니다. 연구자가 이 문서자료의 작성자나 사용자의 의미부여 과정에 관심이 있고 이 자료를 자연적, 귀납적으로 어느 정도 사용하고 있는가를 조사해야만 질적 연구의 여부를 알 수 있다. 개인 문서자료인 내러티브 설명이 이것을 전해주는 사람들에게 무슨 의미를 갖는지는 관심 없이 연구자가 미리 정한 범주와 이론을 텍스트에 적용하는 연구도 일종의 질적 연구방법인데, 이것이 사회학자들이 말하는 **질적 내용분석**(qualitative content analysis)이다(Daniels, 1997; Fields, 1988). 그러나 이런 유형의 연구는 비록 문서자료를 사용하기는 하지만 사람들이 어떻게 데이터에 의미를 부여하는지를 강조하는 것이 질적 연구의 특징이라는 이 책의 정의에는 맞지 않는다.

문서자료를 사용하는 연구의 연구설계에 관한 고려에서 중요한 문제는 그 자료의 입수 또는 이용 가능성이다. 생애사 연구를 하는 경우 연구자는 연구참여자들과 함께 종종 이용 가능한 자료를 찾으려고 이곳저곳을 기웃거린다. 운 좋게도 다락방에서 먼지 가득한 대고모의 가족 기록이 있는 상자를 찾는 경우도 있고 또는 아주 오래된 학교의 기록이 담긴 파일 캐비닛을 찾기도 한다. 이런 자료를 찾아 헤매는 사람들을 위한 특수한 물품들이나 문서들을 보관하고 있는 도서관을 검색해보기 바란다. 예를 들어, 의회도서관은 보물같이 귀중한 모든 문서들이 보관되어 있다. 여기에는 공공사업촉진국에서 수집한 노예들의 내러티브와 사진들, 매튜 브래디(Matthew Brady)의 엄청나게 많은 남북전쟁 사진들, 그리고 몇 가지 아주 유명한 수집품들이 있다. 그러나 감추어진 흥미 있는 자료를 찾는 것은 이것으로도 부족하다. 연구에 깊이 착수하기 전에, 먼저 이 자료들의 깊이와 넓이를 체크해 보는 것이 무엇보다도 필요하다. 그리고 이 자료들이 어떤 목적으로 어떻게 만들어졌는지, 여러분이 찾은 자료를 보완해줄 수 있는 자료는 어떤 것이 있는지, 그리고 여러분보다 누가 먼저 이 자료를 사용했고 무슨 목적으로 사용했는지 등에 대해 좀 더 알아볼 필요가 있다.

이 자료들이 어떤 가능성을 가지고 있는지를 여러 측면에서 생각해 볼 필요가 있다. 이 자료를 통해 다른 자료나 심지어 다른 유형의 연구를 통해서는 알아낼 수 없는 것은 무엇인가? 그곳에는 내가 원하는 충분한 자료가 있는가? 그 자료는 가치 있는가? 자료에 관련된 이러한 평가를 객관적으로 내린다는 것은 사실 어려운 일이다. 어떤 종류의 문서자료는 연구자가 개인적으로 끌리는 경우가 있다. 우연히 교사가 되었던 먼 친척의 일기장을 통해 그 과거를 경험하게 되거나 낡은 연감을 통해 과거에 대한 향수를 가지게 되기도 한다. 그렇지만 문서자료 연구의 시작 여부에 관한 결정을 내리는 데는 이런 개인적 감상은 접어두어야 한다. 연구자 자신의 개인적인 즐거움을 느끼는 것과 학위 취득을 위한 논문이나 학회지에 발표할 논문을 쓰는 것은 전혀 다른 일이다. 따라서 자료는 얼마나 연구할 가치가 있는가에 따라 결정되어야 한다.

주요 자료 출처로서 개인 문서자료와 공식 문서자료를 사용하는 연구의 경우 이들 자료를 찾지 못하거나 찾았다고 하더라도 너무 양이 적은 문제가 종종 발생한다. 이에 비해 다른 연구들, 특히 대중문화 연구의 경우는 양이 너무 많아서 오히려 문제이다. 매일 수천시간 이상의 광고용 비디오, 필름, 대중매체뿐만 아니라 미디어에서 쏟아지는 수백만 건 이상의 인쇄용 단어와 그림들 중에서 어떻게 연구자가 관리할 수 있을 정도로 그 범위를 좁힐 수 있을까? 항상 기억해야 할 것은 작게 생각하라는 것이다. 연구 논문을 읽는 대부분의 사람들은 연구자가 우주 전체를 다룰 것이라고 기대하지도 않는다. 여러분의 시간과 노력을 분산시키지 말고 특정한 프로그램이나 특정한 사건을 선택해서 집중적으로 파헤치도록 해야 한다. 그리고 연구의 예상되는 결과들을 미리 생각해보고 이 결과들과 일치되도록 어떻게 데이터를 좁혀나갈 수 있을지 그 방법을 생각한다. 무엇을 어떻게 해야 할지 감이 잡히지 않는다면 그냥 아무 방법으로 일단 시도해보기 바란다. 그렇게 한 다음 어떻게 되는지 지켜보고, 다시 생각해보고 또 다른 방법으로 데이터를 재배열해 본다.

문서자료를 통한 연구의 가능성을 알아보는 것과 관련해서 앞에서 제기했던 쟁점을 상기해보고자 한다. 여러분이 질적 연구에 관심이 있다면 그 당시의 상황이나 배경을 이해하는데 있어서 이 자료가 지닌 한계점은 무엇인지, 그리고 이 자료를 만들었거나 사용한 사람들에게 이 자료가 어떤 의미를 가지는지의 측면에서 연구를 신중하게 평가해보아야 한다. 개인 문서

자료는 생애사 연구에서 데이터를 사용하는 방식과 많은 점에서 동일한데, 여기서 데이터의 역할은 연구참여자들의 관점을 이해하기 위하여, 연구참여자가 세상과 자기 자신과 다른 사람들에게 부여하는 의미를 이해하기 위하여, 그리고 그런 의미가 어떻게 형성되었는지를 이해하기 위한 것이다. 생애사 연구의 경우 데이터를 바탕으로 이야기를 만들고 그 배경을 창조하는 일에 연구자가 좀 더 적극적인 역할을 한다. 반면 개인 문서자료를 이용하는 연구의 경우는 그 자료의 애초의 작성자나 저자가 그 자료를 만들고 뒤에 연구자에 의해 "발견"될 때만 자료로서의 가치를 가지게 된다는 점이 다르다. 따라서 그 문서자료가 만들어진 맥락과 함께 그 작성자나 저자의 의도와 생각을 파악하기 쉽지 않기 때문에 종종 미스터리로 남기도 한다. 문서자료를 텍스트로 변환시켰을 때 그 작성자나 저자의 관점이 있는지, 있다면 무엇인지를 알 수 있도록 데이터 작업을 해야 시간과 노력을 들인 것이 아깝지 않을 것이다. 개인 문서자료를 텍스트로 변환시키는데 필요한 정보가 그 자료에 없다면, 질적 연구를 위한 많은 잠재성을 지닌 자료라고 할 수 없다.

약간 다른 측면에 관한 것인데, 어떤 연구자들은 비디오나 영화를 본 다음 그 내용을 분석하기도 한다. 이런 연구는 정교한 코딩과 상당한 체계적인 작업이 필요한 것으로, 비디오나 영화의 폭력, 성, 남녀 성별과 인종에 대한 고정 관념, 그리고 폭넓은 관심사에 대한 쟁점들의 묘사에 대한 중요하고 흥미로운 발견을 제시하기도 한다. 이런 유형의 질적 연구방법을 사용한 연구를 하려고 한다면 이 정도의 분석 일은 일부에 불과하다. 다음과 같은 질문에 대한 데이터를 수집할 필요가 있다: 비디오나 영화를 보는 사람들은 그 속의 인물들을 어떻게 이해하는가? 이 인물들을 통해 무엇을 보는가? 이 인물들은 비디오나 영화를 보는 사람들의 삶에 얼마나 적합한가? 비디오나 영화를 연출하고 판촉 활동을 하고 판매하는 사람들은 자신들의 일과 자신들이 판매하는 비디오나 영화의 내용을 어떻게 생각하는가?

대중문화에 대한 질적 연구는 텍스트, 청중, 정치 경제적 맥락 사이의 관계를 강조하는 문화연구와 잘 어울린다(Kellner, 2003 참조). 예를 들면, 캐슬린 파렐(Kathleen Farrell)은 첫째로는 여러 TV 프로그램에 묘사되는 남자 동성애자와 여자 동성애자를 연구했고, 둘째로는 이들 프로그램을 보는 사람들이 이 동성애자들을 어떻게 생각하는지 인터뷰했다. 이 연구를 구성하는 이 두 부분은 텍스트와 청중을 다루고 있다. 이 연구자는 이런 프로그램을 판매하는 일을 하는 회사와 대중매체의 경영자들과 인터뷰를 했고 이로부터 틈새시장 공략법을 만들 수 있었는데, 이 연구의 이런 측면은 정치 경제적 맥락을 다루고 있다. 이 논문은 아직 완성되지 않았지만 완성된다면 문화연구를 대표하는 연구가 될 것으로 기대된다.

2.2.5 다른 유형의 사례연구

여러 가지 유형의 사례연구가 있다. 베르토와 델크루아(Bertaux & Delcroix, 2000)는 가족 사례연구를 했는데, "여러 세대에 걸쳐 동일한 한 가족에 속하는 사람들(즉 혈연관계에 있는 집단)의 내러티브로 구성된 연구였다. 연구자는 이 가족 구성원들에게 뿐만 아니라 다른 가족 구성원들에게도 자신들의 생애사와 경험, 다른 가족들과의 관계에 대해 말해달라고 부탁했다"(p. 70). 어떤 연구자들은 지역 사회에 대한 연구를 한다. 이 연구는 기관이나 단체에 대한 사례연구나 관찰 사례연구와 유사한데, 학교나 다른 형태의 기관이나 단체를 대상으로 하는 연구가 아니라 이웃이나 지역 사회를 연구초점으로 삼는다는 것이 다를 뿐이다(Gans, 1967; Lynd & Lynd, 1929, 1937; Whyte, 1955). 또 다른 형식의 사례연구로는 **상황분석**(situation analysis)이란 것이 있다. 이 형식의 연구는 특정한 사건(예를 들어, 학교로부터 제적당한 한 학생의 경우 제적이란 사건)이라는 상황을 중심으로 그 사건과 관련된 모든 관련자들(해당 학생, 친구들, 그 학생의 부모, 교장, 제적을 시킨 해당 교사)의 견해를 연구한다. **미시적 문화기술지**(microethnography)는 여러 방식으로 사용되는데, 아주 작은 단위의 집단이나 조직(한 교실의 일부분), 그런 집단이나 조직의 아주 구체적인 활동(그림 그리기를 배우는 어린 학생들)을 초점으로 하는 사례연구를 말한다. 교육인류학자들이 보통 이런 단위에 초점을 둔 연구를 하며, 민속방법론 연구자도 이런 연구를 한다(Erickson, 1975; Smith & Geoffrey, 1968).

2.2.6 사례연구의 설계와 관련된 쟁점들

여기서는 사례연구의 연구설계에 관한 몇 가지 일반적인 쟁점에 대해 논의하고자 한다. 이 책의 첫 장에서 일반화에 대한 논의를 했다. 사례연구를 위한 상황이나 장소, 또는 연구참여자를 찾는 연구자라면 누구나 이른바 "전형적인" 상황이나 장소, 또는 참여자(다른 모든 것들과 유사한 것), 또는 "특이한" 것(다른 모든 것들의 예외적인 것)을 찾을 수 있을지에 대해 보통 어려움을 느낀다. 가령 도시의 초등학교 3학년 교실을 연구하기로 결정했다고 가정해보자. 여러 도시의 초등학교 3학년 교실의 평균 크기는 어떠한지, 3학년 담당 교사의 평균 교사 경력은 얼마인지, 그리고 3학년 교실의 전형적인 인종과 민족 구성은 어떠한지를 사전에 미리 조사한 다음 이런 자료에 근거하여 연구자가 원하는 교실을 선정해야 하는가? 이러한 질문은 전형적인 것의 선택에 관한 것이다. 또는 새로운 독서 프로그램이나 새로운 모둠

별 구성을 시도하는 한 교실을 선정해야 하는가? 혹은 어떤 도시에서 다운증후군을 앓는 학생이 있는 한 교실만 선정해야 하는가? 뛰어난 명성을 얻고 있는 교사나 많은 문제를 가진 교사를 선정해야 하는가? 이러한 질문은 특이한 것의 선택에 관한 것이다.

위에서 언급한 초등학교 3학년과 관련 있을 듯 한 모든 특징들에서 보더라도 전형적이라고 할 수 있는 3학년 교실을 하나 선정한다는 것은 참으로 어려운 일이다. 어떤 연구자는 아주 특이한 사례에 대한 잠재적 비난을 미리 예방하기 위하여 그렇게 명백하게 차이가 나지 않는 장소나 상황, 연구참여자를 선정하려고 한다. 그래서 전통적으로 정의하고 있는 일반화를 염려하는 연구자는 "전형적인 사례"를 선정한다. 이들은 한 교실의 연구결과를 통해 전반적인 초등학교 3학년 교실에 대해 알고자 한다. 앞에서도 언급했듯이, 전형적인 사례를 선정하지 않거나 일반화 가능성의 여부를 논문을 읽는 독자에게 맡기거나 어느 경우라도 문제의 여지가 있다. 어떤 연구자들은 자신의 사례연구와 선행연구로 고찰한 다른 사례연구와의 유사성에 따라 일반화 가능성에 대한 주장을 펴기도 한다.

의도적으로 특이한 사례를 선정하는 연구도 일반화의 문제에서는 불안하기 마찬가지다. 도대체 어떤 인간사가 그런 특이한 사례에 맞는 경우가 있는가? 이 문제는 사례의 선정에서 답을 할 수 없고 연구의 한 부분으로 고려해보아야 한다. 연구자는 자신이 무엇을 연구하려고 하는지 결정해야 하는데, 즉 어떤 것이 사례인지를 결정해야 한다. 대부분의 질적 연구자는 관례적으로 정의된 범주에 대해 회의적이기 때문에 똑같은 이름으로 불리거나 똑같은 표면적 특징을 가지고 있는 것이 반드시 유사하다고 가정하지 않는다. 이들은 이런 가정에 기초하여 연구설계에 대한 결정을 내리지 않고 범주에 속하는 것에 대한 가정을 조사해야 한다고 생각한다. 이 장의 첫 부분에서 언급했듯이 어떤 결정은 그 자체가 좋고 나쁘다고 말할 수 있는 것이 아니라 단지 선택의 문제이다. "전형적인 것"이나 "특이한 것"에 대한 결정 또한 이런 결정일 것이다.

밀 타운 학교, 뉴욕의 세인트 레기스 폴, 1910년경 H. M. Beach 찍음.

지금까지 사례연구 설계의 일반적인 방법을 설명했는데, 아직 **내부 샘플링**(internal sampling)에 대해서는 논의하지 않았다. 내부 샘플링이란 무엇을 연구할 것인지에 대한 전반적인 아이디어가 일단 생겼을 때 누구와 인터뷰할 것인지, 하루 중 언제 관찰을 할 것인지, 그리고 수집과 검토해야 할 문서의 종류와 양은 어느 정도로 할 것인지 등에 대해 연구자가 내리는 여러 가지 결정을 말한다. 샘플링에 대한 논의는 다른 장에서 더 깊이 있게 다루려고 한다. 연구의 초점을 계속 좁혀나가다 보면 관심 있는 모집단 전체를 조사할 수도 있다. 다시 말해, 그 집단에 있는 모든 사람들, 그 상황이나 장소에 있는 모든 사람들, 또는 현존하는 모든 문서를 검토할 수 있다는 뜻이다. 하지만 연구자가 모든 것을 관찰하고 모든 사람과 인터뷰할 수 없다면, 연구자는 그 집단의 다양성을 충분히 대표하는 것을 샘플로 삼았는지 확인해야 한다. 그리고 이 샘플로부터 산출되는 데이터의 질도 고려해야 한다. 4장에서 설명할 내용인데, 어떤 연구참여자들은 다른 사람들보다 훨씬 더 많이 연구자와 대화에 응하려고 하고, 그 장소나 상황에 대해 더 많은 경험을 가지고 있으며, 일어나는 일에 대해 아주 특별한 직감을 가지고 있다. 이런 연구참여자가 결국 여러분의 핵심 정보제공자이고, 연구자는 다른 사람들보다 이들과 더 많은 시간동안 더 많은 대화를 하게 된다. 이런 경우 아주 작은 수의 연구참여자에게만 의존하는 위험성이 있지만 모든 사람에게 똑같은 시간을 할당한다는 것은 불가능함을 항상 염두에 두어야 한다. 마찬가지로, 문서와 다른 자료의 경우에도 단순히 더 많은 정보를 가지고 있기 때문에 더 많은 시간의 검토와 수집을 하는 것은 당연하다.

시간에 대한 샘플링의 경우 장소나 사람을 방문하는 시간대는 종종 연구자가 수집하는 자료의 본질에 영향을 준다. 한 해의 시작과 끝이라는 시간의 관점에서 볼 때 학교에서 일어나는 활동은 아주 다르다. 마찬가지로, 교실에서 일어나는 아침의 관례적인 활동은 오후의 활동과는 아주 다르다. 어떤 역사적인 시간대에 수집된 문서자료도 다른 시간대에 수집된 자료와 다르다. 수집한 자료가 대표하는 시간대는 연구자가 겪는 시간 제약과 연구자의 연구 관심사에 따라 좌우된다. 만약 연구 초점이 특정 교실이라면 하루, 한 주, 그리고 한 해 중 서로 다른 시간에 따라 폭넓게 샘플을 구해야 한다. 만약 수업이 시작하기 전 운동장에서 무슨 일이 일어나는지에 관심을 가지고 연구를 한다면 샘플링은 또 다르다.

질적 연구자가 내리는 정보제공자의 선택과 할당 시간의 선택에 관한 결정은 항상 그 연구의 맥락에 따라 이루어져야 한다. 이런 선택은 연구 상황에 대한 연구 목적과 부합되어야 한다. 이 선택은 질적 연구방법의 가정을 만족해야 하고, 연구와 관련된 여러 가지 부수적 사항들과도 논리적으로 일치해야 한다. 종종 뒤로 잠시 물러나서 이렇게 물어야 한다: "이런 식으로 하면 혹시 빠지는 것은 무엇일까? 얻는 것은 또 무엇일까?" 이 선택의 결과와 영향에 대해 더 많이 생각하면 할수록 연구자가 내리는 선택은 더 좋고 현명해진다.

연구설계와 관련된 또 다른 쟁점은 사례연구를 위해 할당해야 하는 시간 양이다. 많은 경우에서 보듯이, 연구자는 자신이 가진 시간이나 연구에 투자할 시간 양을 알고 있으므로 연구설계를 할 때 이 한계점을 염두에 두어야 한다. 할당한 시간 안에 연구를 마칠 수 있도록 연구를 제한해야 한다. 예를 들면, 한 주에 이틀을 데이터 수집에 할당해서 4개월 동안 데이터 수집을 완료하려고 한다고 하자. 대개의 경우 어느 정도 데이터를 수집해 보면 필요한 시간을 적게 예상했다는 것을 알게 된다. 이런 경우 주당 할당하는 시간을 증가시키거나, 연구수행의 시간 계획을 확장시키거나, 또는 연구초점을 좀 더 줄이거나 함으로써 이 실수를 바로 잡을 수 있다.

어떤 연구자는 주별로 일정 시간을 할당하여 일단 연구를 시작하고, 연구종료까지 얼마나 걸릴지는 그냥 그대로 남겨둔다. 이런 방법을 사용하는 경우, 수집되는 정보가 풍부하여 중복되고 남게 되는 시점이 있다. 데이터 수집을 마쳐야 하는 이 시점을 말하는 **데이터 포화상태**(data saturation)가 언제인지를 결정해야 한다. 물론 더 오래 연구할수록 더 많이 배우는 것은 사실이지만, 연구장소나 상황의 방문이나 인터뷰를 마쳐야 하는 시점에 궁극적으로 도달하게 된다. 이 시점은 연구자가 투자하는 시간의 양을 점차 줄여나가야 할 때이다. 중요한 것은 이 시점을 어떻게 찾아서 데이터 수집을 그만두는가이다. 물론 분명하게 정의된 목적이 없다면, 계속해서 데이터 수집을 하고 연구초점도 바꿔가면서 더 많은 데이터를 무작위하게 수집할 수도 있다. 하지만 사례연구에서 한 가지 어려운 점은 연구주제가 자꾸 바뀐다는 것이다. 연구자가 관심을 가지고 있는 상황이나 장소에서 어떤 새로운 일이 생기면 목적을 다시 정의해서 연구를 계속해보고 싶은 유혹이 생긴다. 이럴 경우 데이터 분석과 연구를 끝내기 위해서는 연구의 종결 시점을 결정해야만 한다. 대부분의 연구자들이 너무 많은 데이터를 수집한다는 사실을 유념하기 바란다. 분석하는데 필요한 양보다 훨씬 더 많은 양의 데이터를 일반적으로 수집하는데, 학위 논문 작성을 위해서 필요한 데이터의 양은 현장조사록이나 인터뷰 녹취록의 경우 보통 700에서 1500쪽 정도이다.

지금까지 사례연구의 일반적인 개요에 대해 살펴보았는데, 이렇게 논의한 사례연구 유형 안에서도 다양성이 있다. 한 가지 중요한 구별점은 연구자가 실제적인 결론과 이론적인 결론 중 어느 쪽에 관심이 더 있느냐에 따라 좌우된다. 예를 들면, 한 교실에 대해 실제적인 측면에 초점을 둔 연구의 경우, 교실에서 일어나는 행동의 역동성과 교사－학생의 관계를 연구할 수 있다. 이와는 달리 이 교실에 존재하는 다양한 작은 집단들 사이의 교실 질서에 대한 협상과 같은 더 기본적인 사회 과정을 연구할 수도 있다. 첫 번째 예의 경우 연구자는 질적 연구를 사용하여 학교에 대해 무엇인가를 말하려고 하는 것이고, 두 번째 예의 경우 교실은 인간관계에 대한 일반적인 이론을 생성하기 위한 연구 장소나 상황의 역할을 하고 있다. 교실이 연구장소나 상황이란 사실은 첫 번째 예에서는 아주 중요한 점이지만 두 번째 예에서는 상대적으로 그렇게 중요하지 않다.

대부분의 사람들은 모든 사례연구는 서술적이라고 생각한다. 비록 서술적인 면이 강하지만, 사례연구는 이론적이고 추상적일 뿐만 아니라 아주 구체적인 것에 이르기까지 연구목적과 형식에서 다양하다(Stake, 1994). (사례연구의 예를 보려면 Becker, Geer, Hughes, & Strauss, 1961; Eckert, 1989; Peshkin, 1986; Oyler, 1996; Finders, 1997; Chang, 1992; Quint, 1994; Raissiguier, 1993을 참고하기 바람.)

2.2.7 다중사례연구

사례연구는 초보 연구자들이 가장 선호하는 연구유형이기 때문에 좀 더 복잡한 다중사례연구에 대해 알아보고자 한다. 둘 또는 그 이상의 연구참여자나 장소나 상황, 또는 문서보관소를 연구하는 것을 **다중사례연구**(multicase studies)라 한다. 다중사례연구도 다양한 형식을 취하고 있다. 어떤 다중사례연구는 다중사례연구의 예비 연구로서, 또는 일련의 연구에서 첫 번째 연구를 원본 연구로 하기 위하여 단일사례연구를 시작한다. 다른 다중사례연구는 단일사례연구를 주된 연구로 하면서 일반화의 목적을 달성하기 위하여 다른 사례에 대해서는 강도가 조금 약하고 덜 집중적으로 연구를 행한다. 다른 연구자들은 비교사례연구를 수행하기도 하는데, 이 연구는 두 개 이상의 사례연구를 수행한 다음, 비교와 대조를 실시하는 연구를 말한다(예를 들어 Lareau, 1989; Research for Action, 1996; Wells, 1996; Lightfoot, 1978; McIntyre, 1969을 참조하기 바람). 다중사례연구는 지금까지 논의해 온 대부분의 조언과 제안을 따르고 있다. 만약 일반화의 목적이나 다양성의 확보를 위해 추가적인 데이터 수집을 계획하고 있다면, 첫 번째 연구의 관찰 대상이었던 장소나 상황 또는 연구참여자와 유사한 추가적인 사례를 선정해야 한다. 비교와 대조를 위하여 두 번째 사례연구를 한다면, 첫 번째 연구의 특정 성격을 그대로 가지고 있거나 혹은 없는 것을 선정한다. 예를 들면, 통합교육이 연구의 초점이라면, 그리고 교외지역의 인종 분포가 고르지 않으면서 소수인 3학년 교실을 연구했다면, 그 다음은 도시에 있으면서 인종 분포가 고른 3학년 교실을 추가로 지정해서 연구할 수 있다.

다중사례연구를 할 때 대부분의 질적 연구자는 한 번에 한 곳 이상에서 현장조사를 실시하지 않는다. 즉, 한 사례에 대해 현장조사를 한 후 다음 사례로 이동하여 현장조사를 하는 식이다. 가끔 초기의 사례로 다시 돌아와서 추가적인 데이터를 수집하는 경우도 있지만 현장조사는 여러 곳에서 동시에 수행하지 않는다. 이렇게 하는 이유는 한 번에 한 곳 이상에서 하는 현장조사는 혼란을 가중시키기 때문이다. 기억해야할 이름이 너무 많아지고 다루어야할 데이터가 너무 다양해지기 때문이다. 다중사례연구의 경우, 첫 번째 사례에 대한 연구가 끝났으면 그 다음 사례에 대한 연구는 일반적으로 훨씬 쉽게 할 수 있다. 그래서 첫 번째 연구보다 시간이 덜 소요된다. 그 이유는 연구자로서 여러분의 연구 실력이 향상된 것뿐만 아니라 첫 번째 사례연구가 다른 사례의 주변 사항들을 결정할 수 있는 기준을 제시해주는 역할을 한 것이다.

2.3 다중 연구현장에 대한 연구

다중 연구현장(multisite)과 다중 연구참여자를 대상으로 하는 질적 연구의 설계는 지금까지 살펴본 연구유형들과 상당히 다른 점을 지니고 있다. 이 방법은 다중사례연구와는 다른 연구 논리를 가지고 있는데, 좀 더 이론의 개발에 중점을 두고 있고(Corbin & Strauss, 1990; Strauss & Corbin, 1990) 보통 둘이나 셋 그 이상의 많은 연구현장이나 연구참여자가 필요하다. 이 유형의 연구를 하는 연구자는 연구를 이론적 측면에서 볼 수 있어야 하고, 연구 시작 전에 데이터 수집을 위한 어느 정도의 사전 경험도 있어야 한다. 이런 유형의 연구 프로젝트는 초보 연구자가 완수하기에는 어려운 연구이다. 이 유형 중 두 가지 연구방법에 대해서만 간단하게 설명하려고 한다. 이 설명은 이런 연구를 시도해 보려는 연구자를 위한 몇 가지 아이디어를 줄 뿐만 아니라 질적 연구의 여러 연구설계에 대해 익숙해지도록 하려는 것이다. 이러한 연구설계를 사용하여 연구 전체를 수행하지는 않더라도 이 연구설계의 많은 요소들은 사례연구에 통합되어 사용되어 질 수 있는 것이다.

2.3.1 변형된 분석적 귀납법

분석적 귀납법(analytic induction)은 데이터를 수집하고 분석하는 방법이며, 이론을 만들고 검증하는 방법이기도 하다. 이 방법은 오랜 역사와 더불어 논란도 많은 방법이지만(Becker, 1963; Denzin, 1978; McCall & Simmons, 1969; Robinson, 1951; Turner, 1953), 여기서 제시하는 것은 초기 연구자들이 사용했던 것과는 약간 다르다(Cressey, 1950;

Lindesmith, 1947; Znaniecki, 1934). 분석적 귀납법의 절차는 구체적인 연구문제나 쟁점이 정해졌을 때 사용된다. 그리고 모든 사례를 포괄할 수 있는 서술적 모델을 개발하기 위하여 데이터를 수집하고 분석한다. 이 절차는 개방형 인터뷰에서 많이 사용되어져 왔는데, 참여관찰과 문서자료 분석에서도 사용될 수 있다고 본다.

고등학교 풋볼 팀, 미네소타의 알렉산드리아, 1909년

이 절차를 좀 더 구체적이고 분명하게 설명하기 위하여 가상 연구를 예로 들어보자. 요나 글렌(Jonah Glenn)은 교과 지도에 대한 교사 효율성에 관심을 가지고 있는데, 어떤 교사들이 다른 교사보다 교과 지도에서 더 뛰어나다고 생각하고서 그 이유를 찾아보려고 한다(Blase, 1980). 이것이 그의 전반적인 연구 주제이고 초점이다. 연구자는 다른 교사들이 교과 지도에 "뛰어난" 교사라고 추천한 한 명의 교사와 심층 인터뷰로 연구를 시작했다. 그 교사와 장시간에 걸쳐 개방형 인터뷰를 했고 모든 내용을 녹음하였다. 연구자는 이 교사의 경력에 대해, 교과 지도에 대한 생각과 세월이 지나면서 어떻게 교과 지도의 방법이 바뀌었는지, 그리고 교과 지도의 효율성에 대해 이야기해 달라고 부탁했다.

인터뷰하는 동안 이 교사는 자신의 낙관론(자신이 교사로서 달성할 수 있을 것이라고 생각했던 것, 자신의 성취에 대한 계획, 학생과의 관계 등에 대한)이 "현실"과 직면한 처음 몇 주 동안의 교과 지도에서 어떻게 이런 환상이 깨어졌는지 자세하게 이야기했다. 20년의 교사 경력을 지닌 교사로서 이 교사는 자기 경력의 부침, 자신의 역할에 대한 정의의 변화, 첫 교과 지도의 경험, 교사라는 직업과 개인 생활과의 관계, 그리고 뛰어난 교사란 어떤 교사인지에 대한 자신의 생각 등 다양한 주제에 대해 이야기했다. 이와 더불어 자신이 재직했던 학교들에 대해 말했고, 또 이 학교들의 특정한 측면들이 교사로서의 만족감뿐만 아니라 교실에서의 활동에 어떻게 영향을 주었는지를 설명했다. 학교에서 자신의 현재 위치에 대해 이야기했고, 자신에게 부여된 교과 지도의 뛰어난 교사라는 칭찬과 현재 위치와의 관계에 대해서도 이야기했다. 인터뷰를 보완하기 위하여 연구자는 이 교사의 학교를 방문하고 실제로 교실에서의 교과 지도 활동을 관찰했다.

첫 인터뷰와 관찰로부터 요나 글렌은 교과 지도에 대한 교사의 효율성을 느슨하게 설명할 수 있는 하나의 이론을 만든다. 이 이론은 경력 단계 모델이라고 할 수 있는데, 이 모델에 따르면 교과 지도의 효율성은 이 교사의 다양한 경력 기간에 따라 다르게 정의된다. 이 교사가 직면했던 문제들과 이에 대한 결정들도 이 이론에 포함되어 있다. 그리고 이 모델에는 교과 지도의 효율성을 설명하기 위하여 이 교사의 개인적 삶과 전문인인 교사로서의 삶이 통합되어 있다. 이 교사가 재직했던 몇 학교의 특정 측면과 다른 교사들과 이 교사의 관계도 포함되어 있다. 이 이론은 교과 지도의 효율성의 상호 연관성을 나타내는 진술문과 경력 및 경력들 사이의 관계에 대한 도표로 구성되어 있다. 그리고 교과 지도에 대한 효율성의 정의와 이 정의에 대한 설명이 추가되어 있다. 교과 지도의 효율성에 대한 연구자의 정의는 이 교사의 생각을 포함한다. 이렇게 이론의 전체적 개요를 만든 다음, 연구자는 인터뷰할 두 번째 교사를 선정한다. 몇 교사들을 선정하기 위하여 연구자는 **눈덩이 표본추출법**(snowball sampling)을 사용한다. 즉, 처음 인터뷰이에게 그 다음 인터뷰할 사람을 추천해달라고 하는 방법이다. 처음 인터뷰이한테서 구한 데이터에 근거하여 만든 이론을 가지고 첫 번째와 유사한 개방형 인터뷰를 두 번째 사람과 한다.

두 번째 인터뷰가 끝난 후, 연구자는 이 두 번째 인터뷰에서 구한 새로운 데이터에 맞도록 기존 이론을 다시 쓰고 수정한다. 위와 같은 방식으로 새로운 사람을 선정하고 인터뷰하고 그에 따라 이론을 계속해서 수정한다. 여러 명과의 인터뷰를 한 다음, 반복된 수정에 의해 다듬어진 이 이론에 적합하지 않다고 생각되는 부정적 사례의 교사들을 택한다. 예를 들면, 처음에 인터뷰했던 몇 명의 교사들은 모두 자신들이 교사로 있는 그 도시에서 태어났고 그곳에서 교육받은 교사들이었다. 그래서 연구자는 혹시 다른 지역에서 출퇴근하는 교사들의 경우 다른 경력 패턴과 교과 지도의 효율성을 다르게 정의하고 있는 것은 아닌지 궁금했다. 그래서 연구자는 자기의 이론을 검증해보려고 의도적으로 출퇴근 교사들만 찾는다. 이런 식으로 새로운 연구참여자들을 찾아서 연구를 수행하고 자신이 만든 이론을 확장하여 이 이론에 맞지 않는 사례가 더 이상 없을 때까지 계속 한다. 이 연구가 끝날 때면 이 연구자는 교과 지도의 효율성에 관한 하나의 이론을 만들게 된다.

이런 식으로 개발된 이론은 인터뷰했던 모든 교사들에게 적용되는 부분과 어떤 특정 "유형"의 교사들에게만 적용되는 부분으로 구분된다. 그래서 이러한 교사 "유형"은 개발한 이론의 일부분을 구성한다. 따라서 이 이론은 교사의 유형을 규정하는데 사용될 수 있으며 경력, 관점, 그리고 교과 지도의 효율성 등의 측면에서 이들 유형들이 각각 어떻게 다른지도 설명해준다.

지금까지 살펴본 가상 연구는 이 책에서 제시하는 방식으로 정확하게 이루어진 것은 아니다. 종종 어떤 의문으로 연구를 시작하여 인터뷰를 한 다음에야 연구자 자신이 생각하는 것과 수집하는 데이터가 잘 일치하지 않는다는 것을 알게 된다. 예를 들면, 교사들은 교과 지도의 효율성이란 측면을 생각하지 않을 수도 있다. 보통 처음 몇 번의 인터뷰를 통해서 구체적인 명제 형태를 띤 진술문은 아니지만 막연한 전반적인 연구문제나 연구할만한 의문을 작성한다. 비록 연구자가 만든 이론에 맞지 않는 사례가 하나도 없을 때까지 인터뷰를 계속하는 연구설계일지라도, 이런 식의 연구는 한정된 시간에 연구를 완료해야 하는 대부분의 연구자에게는 적합하지 않다. 따라서 어떤 연구자들은 자신이 만든 이론이 적용될 수 있는 모집단을 한정함으로써 연구의 한계를 정한다. 예를 들면, 한 학교에 있는 교사들만 인터뷰하는 것으로 제한할 수 있다. 이렇게 개발된 이론은 그 학교의 교사들에 적용되는 교과 지도에 대한 교사 효율성 이론이 되는 것이다. 마찬가지로 어떤 연구자들은 연구하기 전에 미리 연구 참여자의 수를 정하는데, 이렇게 하면 인터뷰하는데 소요되는 시간과 자원을 예측할 수 있는 이점이 있다. 이 참여자의 수에 근거하여 이론을 개발하기 때문에 연구결과의 일반적 적용 가능성에 대한 주장은 하지 못한다.

이렇게 개발된 이론은 연구 과정 동안 수집한 모든 새로운 데이터에 적용되도록 수정되며, 이 이론이 설명하지 못하는 사례들은 제외시킬 수 있도록 연구문제도 다시 정의되어진다(좁혀서 진술된다). 이론에 포함시킬 범주와 제외시킬 범주를 선택함으로써 이 이론의 적용 가능한 한계를 정하게 되고 이로써 연구의 범위도 조절할 수 있게 된다.

지금까지 논의한 연구설계로는 개발한 이론에 포함되는 특정 유형들의 분포 형태와 그 빈도에 대해서는 아무 것도 알 수 없다. 예를 들면, 교사의 효율성을 이해하기 위해 신입 교사, 중간 경력의 교사, 그리고 정년이 가까운 교사의 효율성으로 구분하여 알아보는 것이 중요하다고 하자. 그러면 이 연구 절차에는 반드시 다양한 경력 유형의 교사들이 포함되도록 해야 하는데, 교사라는 모집단에서 그러한 각 경력 유형의 교사가 몇 명 또는 어떤 비율로 있는지 알 수 없다. 분석적 귀납법에서 사용하는 샘플링은 **의도적 표본추출법**(purposeful sampling)이다. 이 표본추출법은 연구자가 연구에 참여시키고자 하는 특정한 참여자를 의도적으로 선정하는 것을 말한다. 이렇게 하는 이유는 이 참여자들이 개발하려는 이론의 확장을 촉진시킬 것으로 판단하기 때문이다. 이 표본추출법은 연구에 참여한 연구참여자들의 속성이 전체 모집단에서도 똑같은 비율로 나타나도록 하는 **무선 표본추출법**(random sampling)과는 다르다.

로빈슨(Robinson, 1951)은 변형된 분석적 귀납법을 다음과 같이 요약하여 제시하고 있다:

1. 연구를 시작할 때 연구하고자 하는 특정 현상에 대한 개략적인 정의와 설명을 미리 만들어 놓는다.
2. 데이터를 수집할 때까지 이 정의와 설명을 그대로 유지한다.
3. 처음의 정의와 설명에 부합되지 않는 새로운 사례가 나타나면 그 정의와 설명을 수정한다.
4. 이렇게 수정한 정의와 설명에 부합되지 않는다고 판단되는 사례를 열심히 찾는다.
5. 재정의와 재수정이 필요한 각각의 부정적 사례를 사용하여 모든 사례에 적용될 수 있는 관계(즉, 이론)를 만들 때까지 그 현상에 대한 정의와 설명의 수정을 계속한다.

이 연구설계는 앞에서 설명했던 깔때기 모형을 따르지 않는다. 사실 이 연구설계를 사용할 경우, 새로운 사례가 출현함으로써 개발하고자 하는 이론은 좀 더 정교화되지만 그만큼 분석 활동은 어렵고 범위가 넓어지게 된다.

위에서 제시한 단계는 데이터를 어떻게 처리할 것인지에 대한 방법을 설명하고 있다. 대부분의 질적 연구는 전체 절차의 일부분을 빌려와 좀 더 간단한 절차로 만들어 사용한다. 분석적 귀납법의 일부 절차도 참여관찰에서 빌려왔는데 **잠정적 가설**(working hypothesis)이란 용어가 그 예이다.

2.3.2 상시(常侍)비교법

앞에서도 설명했듯이, 모든 절적연구의 설계는 데이터 수집과 분석이 동시에 이루어지도록 되어 있다. 이 점은 위에서 논의한 변형된 분석적 귀납법에서 분명히 드러나고 있다. 자료수집과 분석은 마치 맥박이 뛰는 것처럼 규칙적으로 반복하여 일어난다. 다시 말해, 첫 인터뷰 실시, 그런 다음 자료 분석과 이론 개발, 이어서 또 다른 인터뷰 실시, 그런 다음 더 많은 자료 분석과 이미 개발된 이론의 수정 등으로 연구가 종료될 때까지 이 과정이 규칙적으로 반복된다. 사례연구의 대부분의 유형은 연구 과정을 거치면서 서서히 출현하는 주제에 의해 데이터 수집의 방향이 정해지지만 데이터 수집이 거의 완료되어서야 비로소 형식적 분석과 이론 개발이 시작된다. **상시비교법**(constant comparative method)(Glaser & Strauss, 1967; Strauss, 1987; Strauss & Corbin, 1994)은 데이터 출처가 여러 곳인 다중데이터 출처를 이용하는 연구를 위한 연구설계로, 연구의 시작과 동시에 형식적 분석을 시작해서 데이터 수집의 완료와 함께 데이터 분석도 끝낸다는 측면에서는 분석적 귀납법과 유사하다. 하지만 앞으로의 논의를 통해서 알게 되겠지만, 상시비교법은 여러 가지 면에서 분석적 귀납법과 다르다.

간단한 가상적 예를 통해서 교육연구자가 어떻게 이 복잡한 방식을 사용하는지 살펴보자. 메리 슈리버(Mary Schriver)는 상시비교법을 사용하여 연구 기간이 다소 긴 장기 연구를 수행하려고 한 초등학교에 막 도착하고 있다. 마음속에 미리 어떤 특정한 연구주제를 생각하고 있는 것은 아니지만, 교사에 대해 관심이 있어서 교사 휴게실에서 교사들을 관찰하기로 결정하였다(그리고 이 학교 교장으로부터 연구 수행에 대한 허락을 이미 받았다). 그녀는 이곳에서 연구를 시작하여 무슨 일이 출현하는지를 알아보기로 계획을 세웠다. 첫날 이 교사 휴게실에서 관찰하는 것은 상당히 어색하고 거북스러웠다. 하지만 다행스럽게도 연구자로서 자신을 소개하고 이 장소에서 무엇을 하고 있는지를 설명함에 따라 연구자의 출현과 존재 때문에 이곳에 오는 교사들이 솔직한 대화를 하지 않을 수도 있다는 염려에도 불구하고 이곳에 들르는 교사들 사이의 많은 대화를 들을 수 있었다. 이 대화 중에 상당한 부분이 다른 사람들(학생들에 대한, 다른 동료 교사들에 대한, 교장과 교감에 대한)에 대한 것임을 알게 되었다. 어떤 때는 웃으면서 대화했다가 또 어떤 때는 화를 내면서 대화하는 때도 있고, 어떤 사람이 들어 왔을 때 갑자기 중단하는 대화도 있었다. 그 다음 날에도 같은 교사 휴게실에 가서 이런 식의 대화를 더 많이 들었다. 연구자는 교사들의 이런 대화를 연구해 보기로 결정하고 임시로 이 연구를 교사들의 "험담"이라고 이름 붙였다. 이 이후로 연구자는 험담에 해당하는 데이터를 수집하려고 연구 노력을 집중했으며 다양한 종류의 데이터를 수집하고자 했다. 이 교사 휴게실은 연구자에게 데이터 수집의 핵심적 장소이지만, 교사들과 친하게 된 후에는 이곳을 떠나 학교 안이나 밖의 다른 장소에도 교사들과 함께 하면서 데이터 수집을 계속했다. 연구자는 교사 휴게실보다 훨씬 더 사적인 장소이면서 특정한 교사들끼리만 모여 대화하는 은밀한 곳도 알게 되었고 그들만의 은밀한 대화를 들을 수 있었다.

이 연구자는 "험담"은 자신이 명명한 "사람들의 일상적인 대화"라는 큰 범주에 속하는 단지 한 가지 대화 유형임을 밝히기 위해 사람들이 다른 사람에 대해 어떻게 이야기하는지를 조사하기 시작했다. 연구를 진행함에 따라 수집한 데이터로부터 여러 영역을 탐구할 수 있음을 알게 되었다. 이 탐구 영역의 예로는 교사들의 대화에 출현하는 관리자격의 사람들, 교사들의 대화 내용, 대화의 격렬함 정도, 그리고 대화할 때의 행동 등이 있었다. 이러한 다른 영역의 데이터를 수집함으로써 험담 이외의 사람들의 다른 대화 유형에 대한 윤곽을 그릴 수 있었다. 예를 들면, 어떤 대화는 자기들 스스로 "친밀"하다고 생각하는 교사들한테서만 이루어지는 것을 발견했다. 연구자는 이런 대화를 "친구끼리의 대화"라고 이름을 붙였다. 다른 유형의 대화는 혼합 집단에서 관찰되었으며 "혼합 집단 사람들의 대화"라고 명명되었다. 연구자는 사람들 대화의 폭넓고 다양한 주제에 주목했는데, 이 주제에는 행정실 직원들, 교장, 친구 집단의 교사들, 친구 집단에 끼지 않은 교사들, 공부 잘하는 학생들, 그리고 공부 못하는 학생들이 포함되었다. 사람들의 대화에는 "나쁜 소식"의 대화와 "좋은 소식"의 대화도 있음을 알게 되었다.

이 연구자는 사람들 대화의 범위와 특성을 이해하고 대화하는 사람과 대화하는 내용 사이의 관계를 파악하기 위하여 데이터의 분류와 코딩을 반복하였다. 이 작업을 다 끝낸 후 연구자는 자신이 발견한 것을 기록하고, 사람들 대화에 대한 모델을 만들어보면서 자신이 발견한 사람들 대화의 범주를 확장해 보려고 했다. 이렇게 함으로써 사람들 대화에 대한 한 가지 이론이 개발되고 있었지만 아직까지는 이 학교의 교사 휴게실이라는 한 가지 상황에만 한정된 이론이다. 연구자는 이 학교에 머물면서 이 학교의 다른 여러 곳에도 있었고, 대화의 관찰 횟수를 늘리고, 사람들 대화의 일반적 범주에 새로운 특성을 추가하고, 그 범주의 범위를 확장시키려고 다른 교사들과도 대화를 가졌다.

이 이론의 출현을 위한 부분적 활동으로 연구자는 사람들의 대화라는 측면에서 누가 누구에게 무슨 말을 하는지를 살펴보기 시작했고, 이것을 교육청 관할 전체 학교 교사들의 친구 관계 패턴과 연관시키고자 했다. 그래서 처음 학교에서의 관찰을 마친 후 그 학교가 속해 있는 교육청 관할에 있는 최근 개교한 학교를 의도적으로 선정하였다. 이 학교를 선정한 이유는 새로 개교한 학교의 경우 교사들의 친구 관계 패턴이 다를지 모르며, 이곳에서 수집한 데이터는 서서히 사람들의 일상적 대화의 전모를 밝히는 이론의 출현(이를 **출현이론**(emerging theory)라고 한다)을 촉진하는 좋은 상황을 제공해 주기 때문이다. 그런 다음 이런 식으로 연구자는 교사가 학교 운영에 참여하는 자립형 사립학교를 선정하여 똑같은 연구를 하는데, 이런 유형의 학교 선택도 출현이론을 확장하기 위해 필요한 더 많은 교사들의 대화를 관찰하고 데이터를 수집할 수 있는 좋은 장소이기 때문이다.

연구자는 선정하는 새로운 장소마다 사람들의 대화와 관련된 것만 한정하여 데이터로 수집한다. 그 이유는 사람들 대화의 범주의 새로운 특성과 그 범위를 정하여 이 새로운 특성과 범위를 지금까지 만들어진 출현이론에 통합시켜 이론을 확장시키기 위함이다.

여기서 이 가상 연구에 대한 고찰을 마치도록 하자. 만약 이 연구를 계속 살펴본다면 연구자는 자신이 개발한 이론의 확장을 위해 또 새로운 장소를 선택할 것이며 여기서 구한 새로운 데이터를 이론에 통합시켜 작업을 계속할 것이다. 연구자는 이런 식으로 40개 정도의 학교에 대해 동일한 연구를 계속할지도 모른다. 언제 이 연구를 종료할 것인지는 **이론적 포화 상태**(theoretical saturation)에 이르렀을 때인데, 새로운 데이터를 추가로 수집하더라도 더 이상 새로운 범주가 나타나지 않으며 기존의 범주들로 추가되는 데이터를 모두 소화할 수 있을 때이다.

글레이저(Glaser, 1978)는 이론 개발을 위한 상시비교법을 다음과 같은 단계로 제시하였다.

1. 데이터 수집을 시작한다.
2. 데이터에서 범주로 묶을 수 있는 주요 쟁점이나 반복되는 일이나 활동을 조사한다.
3. 초점이 되는 범주에 속하는 많은 사례를 제공해주는 데이터를 수집하는데, 그 범주의 특성을 다양화하고 그 범위를 넓힐 수 있는 데이터에 주목한다.
4. 수집한 데이터에 있는 모든 사례를 설명해주는 범주에 대해 기록하고 새로운 사례를 추적한다.
5. 기초적인 사회적 과정과 관례를 발견하기 위하여 수집한 데이터를 조사하여 출현하는 모델(이론)을 개략적으로 만든다.
6. 분석의 초점을 핵심적 범주들에 두고 샘플링, 코딩, 기록을 반복함으로써 출현이론을 수정하고 정교화한다.

글레이저가 지적했듯이, 비록 일련의 단계로서 상시비교법을 설명하고 있지만 위의 단계들은 모두 동시에 일어나며 이에 따른 반복되는 데이터 수집과 분석은 처음에 비해 두 배 정도 더 많은 작업이 필요하다.

설명한 이 절차는 복잡하여 분석적으로 사고하는 능력이 요구되는데(여러 범주와 이 범주의 범위와 특성을 파악하는 것은 어려운 작업이다), 그러나 이 절차는 데이터 수집의 범위를 조절하고 다중 연구현장 연구로부터 이론을 개발하는 중요한 방법이다. 상시비교법은 비록 서술형 데이터에만 의존하여 이론을 표현하는 방법이지만, 이 방법을 창시한 사람들에 따르면 서술적 사례연구의 목적을 능가하고 있다고 한다(Glaser & Strauss, 1967). 이 방법은 모든 종류의 데이터에 적용가능하며, 특히 다중 연구현장을 이용하는 참여관찰연구에 가장 자주 이용된다.

2.3.3 다중 연구현장에 대한 문화기술지

앞에서 설명한 단 하나의 연구현장이 아니라 복수의 연구현장을 다루는 분석적 귀납법과 상시비교법 연구설계는 연구장소에서 바로 데이터의 분석 작업을 실시하도록 하고 있다. 변형된 분석적 귀납법 모델에 의하면, 연구자는 특정한 교사 집단이 있는 한 학교에서 또는 인턴 집단이 있는 한 병원에서 연구를 시작해서 데이터의 분석과 이론 개발을 위해 여러 학교나 병원으로 연구를 확장하여 이곳의 상황이 처음 학교와 병원과 어떤 공통점과 차이점이 있는지를 조사한다.

다중 연구현장에 대한 연구를 위한 또 다른 방법은 인류학자 조지 마커스(George Marcus, 1998)의 연구에서 유래되었다. 다중 연구현장에 대한 문화기술지(multi-sited ethnography)는 "연구현장에 근거를 둔 현장조사"(Hall, 2004, p. 109)의 개념으로부터 마커스(Marcus, 1998)가 말하는 "다중 연구현장에 대한 연구"의 개념으로 전환하는 것으로, 이 연구방법은 사람들이 "시간과 공간"을 거치면서 어떤 방식으로 의미를 부여하는지를 탐구하는데 이용된다(Hall, 2004). 이 연구설계는 불연속성을 연구하는데 아주 적합하다. 예를 들면, 기술 공학에 대한 연구로서 특정 텔레비전 프로나 영화가 원래 만들어진 장소와 실제로 이 프로나 영화가 상영되고 의미가 해석되는 장소는 시간과 공간적으로 상당히 떨어져 서로 다르다.

문화기술지 연구는 어떤 일이나 사건이 일어난 실제 장소인 연구현장에 관심을 두고 현장조사를 한다. 이에 반해 다중 연구현장에 대한 문화기술지 연구는 이러한 연구현장에 근거한 현장조사에 초점을 두는 연구가 아니라 상황이나 장소가 달라짐에 따라 어떻게 의미가 추출되고, 이 의미가 어떻게 이곳에서 저곳으로 옮겨가는지, 그리고 어떻게 이 의미가 여러 장소와 상황으로 유포되는지에 초점을 두고 있다. 다시 말해, 이 문화기술지 연구는 의미가 어떻게 전파되는지에 관심이 있다. 이 책의 관점으로 볼 때, 변형된 분석적 귀납법과 이 문화기술지 연구는 상당히 유사한 점이 많으며, 또 그만큼 차이점도 많다. 홀(Hall, 2004)의 주장에 의하면, 이 연구는 여러 문화권 사이의, 심지어 한 사회 내에서의 경계가 지그재그식으로 세계화되는 시대에 의미형성 과정을 밝히는데 적합하다고 한다. 릴라 아부루고드(Lila Abu-Lughod, 1999)는 이 연구설계를 사용하여 이집트 텔레비전 프로에 대한 연구를 하면서 이 연구방법의 유용성을 입증했다. 연구자는 텔레비전 연속극을 조사하여 여성의 삶과 사회 정의에 관한 생각의 유포를 추적하였다. 이 드라마는 도시에 거주하면서 전문직에 종사하며 서구의 페미니즘 가치관을 가진 여성 텔레비전 드라마 작가에 의해 쓰인 것이었다. 이 드라마는 몇 년 후 수백 킬로 떨어져 있으면서 이 드라마가 쓰인 곳하고는 전혀 다른 환경에서 살고 있는 한 마을의 여자들에 의해 시청되고 있었고, 해석되고 있었다. 이 연구자는 이 드라마가 "시청되는 곳을 추적함으로써" 작가의 의도, 시청자의 해석, 그리고 그 사회에 의미가 유포되는 방식을 알 수 있었으며, 이러한 것을 단지 도시와 농촌 지역으로 구분하여 대비시킨 것이 아니라 세대 간의 차이도 밝혔다. 다중 연구현장에 대한 이런 유형의 문화기술지 연구는 사회 내에서 뿐만 아니라 여러 사회 사이에서 의미가 어떻게 유포되는지에 초점을 두고 있다.

2.4 연구설계와 관련된 부수적 사항들

2.4.1 연구계획서 작성

연구를 하고자 할 때 그 시작 전에 일반적으로 무엇을 연구할 것인지, 실제로 어떤 활동을 할 것인지, 그리고 이 연구의 중요성에 대한 입증을 형식을 갖춘 문장으로 작성해야 한다. 이것을 **연구계획서**(proposals)라고 한다. 대학원생이라면 이 연구계획서를 교수와 논문심사위원에게 작성해서 제출하고, 연구자라면 연구비 지원단체에 제출한다(Morse, 1994). 지금까지의 논의를 통해서 알 수 있듯이, 질적 연구의 귀납적 성격 때문에 질적 연구설계를 선택한 사람이라면 연구를 수행하기 전에 무엇을 할 것인지를 작성한다는 것이 어렵다는 것을 알 것이다(Locke et al., 1987; Dobbert, 1982; Krathwohl, 1988, p. 135). 이것은 종종 문제를 더 심각하게 만드는데, 특히 연구계획서를 요구하는 사람이 질적 연구설계의 진화적 본질에 대해 알지 못하는 경우라면 더 심각하다(Burgess, 1984, pp. 34-35).

질적 연구의 연구계획서는 양적 연구의 연구계획서보다 보통 짧다. 연구를 하기 전에는 정확하게 무엇을 할지 모르기 때문에 연구방법에 대한 자세한 논의를 하는 것이 불가능하다. 또한 장문의 이론 및 선행연구 고찰이란 부분도 없는 경우가 많다. 이론적 고찰과 선행연구의 고찰은 연구자가 논의하게 될 주제에 따라 좌우되기 때문에 연구의 시작 단계에서는 어떤 이론과 선행연구가 관련 있는지를 정확하게 알 수 없다. 경험 있는 질적 연구자는 비록 어떤 선행연구가 자신의 연구문제와 관련 있는지를 분명히 알더라도 데이터 수집을 하기 전에는 많은 양의 선행연구 고찰을 하지 않는 것이 좋다고 초보 연구자에게 조언한다. 연구 시작 전의 선행연구의 고찰은 연구주제와 초점을 정하는데 큰 영향을 줄 수 있으며, 질적 연구방법의 중요한 장점인 귀납적 분석을 약화시킬 수도 있기 때문이다. 다른 경험 있는 질적 연구자는 대학원생이나 초보 연구자에게 연구 시작 전에 관련성 있다고 생각되는 선행연구를 어느 정도 고찰할 것을 조언하는데, 이렇게 함으로써 전혀 예측 못했거나 논쟁의 여지가 있는 영역으로 연구가 빠지는 것을 막을 수 있기 때문이라고 한다. 이 문제에 대한 논의는 분석에 관한 장에서 다시 다룰 것이다.

질적 연구를 위한 연구계획서는 두 가지 방법으로 작성될 수 있다.

첫 번째 방법은 이 책에서도 이 방법을 선호하는데, 연구계획서를 작성하기 전에 미리 약간의 현장조사를 실시하는 것이다. 안셈 스트라우스(Anselm Strauss, 1987)는 질적 연구를 위한 연구계획서에 대해 "사전의 데이터 수집과 분석을 하지 않은 채 연구계획서를 작성해서는 안 된다"고 단호하게 주장하고 있다(p. 286). 연구현장에서 어느 정도의 시간을 보내고 나서야 어떤 계획으로 연구를 진행할 것인지, 그리고 수집할 데이터로는 어떤 것이 적합할지에 대한 논의를 훨씬 잘 할 수 있기 때문이다. 연구설계와 출현하게 될 주제에 대해서도 더 자세하게 논의할 수 있게 된다. 물론 연구의 결과가 무엇일지 확신할 수 없고 연구를 어떻게 진행할지 정확하게 알 수는 없지만, 훨씬 좋은 예측을 할 수 있는 위치에 있게 된다는 사실은 분명하다. 뿐만 아니라 연구에 대한 논의가 훨씬 더 구체적이어서 연구계획서를 읽는 사람들의 호기심을 충족시킬 수도 있다(Strauss, 1987).

위에서 제시한 연구계획서 작성 이전에 데이터를 수집하는 것은 학위 논문을 위한 여러 대학의 연구 진행 방식의 오랜 관행과 자주 마찰을 일으키고 있다. 사실 우리도 사전의 데이터 수집 방식에 대해 회의적인 여러 교수들을 만난 적이 있다. 어떤 과에서는 박사 과정의 학생들이 연구를 시작하기 전에 선행연구의 고찰과 연구방법론까지도 완벽하게 제출할 것을 요구하기도 한다. 이러한 요구 조건을 정한 교수와 그 과의 생각은 학생들이 일정한 시간 안에 논문을 체계적인 방법으로 완성할 수 있도록 도와주기 위해서이다. 이런 규정은 좋은 질적 연구를 수행하는데 방해만 되며 학생들이 선택한 연구방법의 논리를 이 규정에 맞도록 수정하여 타협하도록 하고 있기 때문에 폐지되어야 한다고 본다.

두 번째 방법은 사전 관찰이나 사전 인터뷰를 하지 않고 작성하는 것이다. 이런 연구계획서는 필연적으로 상당히 추측적일 수밖에 없기 때문에 어떻게 연구를 할 것인지, 그리고 어떤 쟁점을 연구할 것인지에 관한 대략적인 짐작일 뿐이다. 이런 유형의 연구계획서는 이 계획서를 읽는 사람들에게 연구자가 질적 연구를 잘 알고 있다는 점과 실제로 연구에서 무엇을 할 것인지에 대한 구체적인 기술보다는 연구를 통해 밝히고자 하는 문제에 대해 연구자의 사고가 얼마나 창의적인지를 보여주는 연습에 더욱 가깝다. 이런 연구계획서는 연구와 관련된 이론과 연구방법론에 대한 고찰을 할 수 있는 기회를 제공한다는 좋은 점도 있지만, 하려고 하는 연구를 개념적으로 구체화하는 데는 그렇게 도움이 되지 못한다. 질적 연구방법에 익숙하지 않은 사람들은 이런 연구계획서가 너무 모호하고 연구문제나 연구가설이 분명하게 진술되지 않았다고 비난하기도 한다. 한편, 페이지 수를 늘이기 위해 무엇인가 적다보면 연구에 전혀 도움이 되지 않는 추측이 난무하고 경험적이 아닌 관념적인 이론만 잔뜩 적는 잘못을 저지르게 된다. 이렇게 하는 것은 시간 낭비일 뿐만 아니라 연구 프로젝트를 어렵게 만들 수 있다. 하려는 연구에 대해 이론화하고 추측화하는 것은 연구를 통한 발견을 방해하는 장벽을 쌓아 연구자가 하려고 하는 것을 너무 엄격한 틀로 만들어버릴 수 있음을 염두에 두어야 한다. 이런 틀은 연구를 통해 밝혀야 하는 하나의 가설과 같은 역할을 한다.

여러분의 연구계획서를 읽는 사람이 논문심사위원회에 속한 교수이거나 연구비를 지원해주는 단체나 기관의 심사위원이든 질적 연구설계에 대해 알고 있는지가 중요하다. 이들이 이런 질적 연구계획서를 작성하는데 관련된 딜레마를 접해보지 못한 사람들이라면 이들을 설득하기가 쉽지 않다. 심사위원들을 설득하기 위하여 어떤 질적 연구자는 연구계획서의 서론 부분에 자신이 현재 연구의 어느 단계에 있는지, 그리고 왜 연구계획서를 그렇게 작성할 수밖에 없는지를 글로써 설명하기도 한다. 또한 이런 연구자는 질적 연구에 익숙하지 않은 독자들을 위해 정보제공의 역할을 하는 선행연구 고찰을 선호한다. 초보 연구자의 경우 이렇게 하는 것이 부담스럽겠지만, 어떤 독자들은 이런 정보제공에 고마움을 표하기도 한다.

여러 유형의 질적 연구에 대한 연구계획서도 그 유형에 따라 상당히 다르지만 공통점도 있다. 좋은 연구계획서라면 반드시 답을 해야 하는 구체적인 질문들이 있는데 이에 대한 답은 그 양과 상세함에 있어서 차이가 있다. 다음은 연구계획서에서 반드시 포함시켜야 할 질문들이며 중요성의 순서에 따라 배열된 것은 아니다.

1. 무엇을 하려고 하는가?
2. 얼마나 오랫동안 연구를 하려고 하는가?
3. 왜 그러한 연구를 하려고 하는가?
4. 하려고 하는 연구와 선행연구는 얼마나 관련성이 있는가?
5. 연구와 관련된 윤리적 문제들은 무엇이며 이를 어떻게 해결할 것인가?
6. 연구가 가진 잠재적 기여도(기초연구에 대한 것과 실제적인 면에 대한 것)는 무엇인가?

연구계획서 작성에 도움이 되는 도서목록이 이 책의 참고문헌에 제시되어 있다. 이러한 질문과 더불어 연구계획서 작성 전에 사전 데이터 수집을 한 연구자는 다음 질문들에 대한 답도 제시하는 것이 좋다.

1. 이미 무엇을 했는가?
2. 사전 연구를 통해서 어떤 테마, 관심사, 또는 주제가 출현했는가? 어떤 연구문제에 대한 답을 하려고 하는가?

사전 데이터 수집을 한 연구자는 연구의 결과로서 출간하려고 하는 모노그래프(한정된 단일 분야를 주제로 한 학술 논문)의 대략적인 줄거리를 제시하는 것이 일반적이다.

먼저 처음의 두 가지 질문인 "무엇을 하려고 하는가?"와 "얼마나 오랫동안 연구를 하려고 하는가?"에 답할 때 어느 장소를 대상으로 연구를 하려고 하는지, 연구참여자는 누구일지, 어떤 연구참여자를 대상으로 연구할지에 대한 결정 방법, 연구에 관련된 활동(인터뷰, 참여관찰)을 하는데 어느 정도의 시간이 소요될 것으로 예상하는지, 어떤 여러 데이터를 포함시키려고 하는지, 그리고 분석은 어떻게 할 것인지에 대한 설명도 반드시 포함시켜야 한다.

연구계획서에는 또한 종종 대체적인 연구문제, 즉 연구의 초점을 정하는데 도움이 되는 문제를 포함시킨다. 다시 말해, 연구문제는 연구참여자를 통해 이들의 관점이 무엇인지를 발견하려는 것이 아니라 연구자가 탐구하려는 영역을 진술하고 한정하려는 것이다.

연구계획서는 연구자가 무엇을 하려는 지를 밝혀 놓은 청사진이 아니라 연구자의 연구 방향을 정해주는 역할을 하는 것이다. 연구자라면 대충 앞으로 어떤 일이 있을 것이라는 전반적인 개요는 알지만 사실 그 구체적인 것은 잘 알 수 없다. 그래서 "교사들에게는 교사라는 직업이 어떤 의미일까?"(Biklen, 1985)와 같은 의문으로 탐구를 시작해서 교사들이 교사의 직업에 대해 어떻게 생각하는지를 점차 더 많이 알게 됨에 따라 이 의문을 더 정확하게 정의하게 된다. 그렇다고 하더라도 이 의문이 궁극적으로 어떻게 진술될 것인지, 아니면 또 다른 좀 더 구체적인 의문이 출현할지 모르는 일이다. 다음 장의 내용은 이런 과정과 어떻게 이런 과정을 거치는지에 대해 설명하고 있다.

질적 연구계획서를 심사하는 사람들은 연구계획서를 연구자가 이 계획서를 벗어난 연구를 해서는 안 된다는 확정된 계약으로 생각해서는 안 된다. 질적 연구계획서는 양적 연구계획서에 비해 상당히 느슨하다. 다시 말해, 질적 연구계획서는 앞으로 하게 될 연구의 모습과 연구의 방향에 대한 현명한 추측일 뿐이다. 질적 연구계획서의 이런 개방성은 연구자에게 유연성을 허용하지만, 또한 위험성을 내포하고도 있다. 연구자도 그렇지만 연구계획서를 채택한 사람들도 연구의 구체적인 내용이나 최종 결과물의 형태에 대해 정확히 알지 못한다. 미래의 최종 결과물이 뛰어난 연구물의 기준에 부합될지는 연구계획의 구체성보다는 연구의 수행방법과 연구자의 글쓰는 작가적 능력에 더 많이 좌우된다.

소년과 당나귀, 펜실베이니아의 알투나, 1907년경

그래서 질적 연구계획서의 심사위원들이 제출된 연구 프로젝트의 성공 가능성을 예측하는 데 있어 연구자의 과거 업적을 상당히 참조하는 것은 당연한 일이다. 이런 경향성 때문에 어떤 질적 연구자는 연구계획서에 질적 연구와 관련된, 그리고 연구하고자 하는 문제와 관련된 자신의 과거 교육 경력, 경험, 그리고 여러 다른 준비 상황 등을 기술하기도 한다.

2.4.2 인터뷰 스케줄과 관찰지침

지금까지 연구설계를 진화적 과정으로 논의했다. 이 진화적 과정이란 연구를 수행하는 과정 중에 연구문제가 진술되고 데이터가 수집되는 것을 의미한다. 그렇지만 연구자가 인터뷰 스케줄이나 관찰지침을 가지고 연구현장에 들어갈 때가 있다(Schneider & Conrad, 1980). 연구참여자들이 사용하는 바로 그 언어를 수집하고자 하는, 그리고 이렇게 수집된 데이터의 분석이 동시에 점진적으로 실시되는 질적 연구 전통 하에서, 인터뷰 스케줄과 관찰지침은 연구참여자의 개방형 반응을 이끌어내게 해주고 연구주제의 예상하지 못했던 측면의 데이터를 관찰자가 기록, 수집할 수 있도록 해준다.

스케줄과 지침은 보통 다중 연구참여자를 대상으로 하는 연구와 다중 연구현장에 대한 팀 연구를 할 때 주로 사용된다. 즉 여러 연구자들이 서로 다른 연구현장에서 연구를 수행하는 참여관찰 연구에 주로 사용된다. 그래서 스케줄과 지침은 여러 연구현장들에서 유사한 데이터를 수집하는 데 용이하다. 각각의 연구현장이나 각각의 연구참여자로부터 유사한 데이터를 수집했다면, 연구자는 수집한 데이터로부터 얻은 사실들이 여러 사람과 장소에 고르게 분포되어 있다는 진술을 할 수 있을 것이다. 연구참여자의 관점 이해보다는 정해진 스케줄을 지켜야 하는 연구의 경우 이런 점이 중요하겠지만, 이런 데이터는 질적 연구방법의 주요한 장점들을 살리지 못할 수 있다. 개념과 이해의 생성보다는 몇 명의 사람들이 이렇게 했고, 또 몇 명의 사람들은 저렇게 했고 하는 식의 보고를 하는 질적 연구는 질적 연구자들이 그리 좋은 연구로 간주하지 않는다. 더 정확하게 말하면, 다른 방법을 사용해서 이와 비슷한 데이터를 더 쉽고, 더 많이 더 적은 경비로 수집할 수 있다면 이런 질적 연구는 질적 데이터 자원을 잘못 사용한 것이다.

2.4.3 팀연구와 단독연구

대부분의 질적 연구자는 단독연구를 수행해왔다. 즉, 연구자 혼자서 세상 밖으로 나가서 세상을 경험하고 그로부터 연구결과를 가지고 돌아오는 것이다. 그렇지만 점점 더 많은 질적 연구가 팀으로 수행되고 있다. 사실 교육에서의 몇 가지 고전적 질적 연구도 팀으로 완성된 것이다. 의과대학 학생들을 대상으로 수행한 연구인 〈흰 가운을 입은 학생들 Boys in White〉 (Becker et al., 1961)의 경우 3명의 연구자가 팀으로 데이터를 수집했고, 대학의 학부학생들을 대상으로 수행한 연구인 〈성적받기 Making the Grade〉 (Becker et al., 1968)도 4명의 연구자가 팀으로 데이터를 수집하였다. 연구비 지원을 받은 연구의 일부를 수행하는 경우가 아니라면 여러분은 대부분 혼자서 연구를 수행해야 하지만, 팀연구가 상당히 만족스럽고 생산적이란 사실은 알고 있어야 한다. 팀원 각자의 노력과 함께 여러분이 편하게 느끼는 사람들과 함께 연구를 하는 것이 중요하다. 여러분만큼이나 열심히 일하는 사람, 그리고 여러분의 가치와 이해를 서로 공유할 수 있는 사람들과 연구를 함께 하는 것이 좋다. (팀연구에 대한 더 자세한 논의는 7장을 참고하기 바람.)

2.4.4 질적 연구와 역사연구

질적 연구와 역사연구 사이에는 어떤 관계가 있는가? 지금까지의 논의에서 볼 수 있듯이, 어떤 연구의 경우 질적 연구자는 역사가들과 같은 출처의 자료를 사용한다. 대부분의 연구에서 이러한 자료의 출처는 참여관찰과 인터뷰 데이터이다. 그러나 다른 연구의 질적 연구자는 역사적 자료에 거의 한정하여 연구를 하는 경우도 있다. 그렇다고 하더라도 이들 연구자의 논리와 기법은 여전히 질적 연구의 전통에 기초한 것이다. 론 카셀라(Ron Casella)가 학위 논문의 일부로서 수학 여행의 역사를 연구했을 때, 자신을 상징적 상호작용론자의 관점에서 역사적 자료를 연구하는 연구자로 묘사하였다(Casella, 1999). 이런 연구자는 의미와 과정을 강조하며 연구방법에서 귀납적 접근을 취한다. 이들을 역사가라고 해야 하는가? 역사를 연구하는 데는 여러 가지 많은 방법들이 있지만, 의미에 초점을 두고서 귀납적 사고를 사용하는 역사가도 있다. 이들 역사가들은 질적 연구자로서 훈련받은 것은 아니지만 질적 연구자와 유사하게 사고한다. 이들 역사가들을 질적 연구자라고 해야 하는가?

어떤 면에서 보면 질적이냐 역사적이냐는 의미적 문제이지만 다른 면으로 보면 학문적 관습과 정치성의 문제이다. 질적 연구자로서 교육을 받으면서 역사적 자료를 사용하는 연구자를 보통 질적 연구자라고 한다. 마찬가지로 역사가로서 교육과 훈련을 받은 사람은 그 학문분야의 사람으로 간주한다. 다른 학문 분야를 공부하고 그 분야에서 훈련받았지만 역사적 자료를 사용하는 사람들을 "간학문적" 연구를 하는 사람이라고 부른다. 그러나 이 의미는 이들이 두 개나 그 이상의 학문 분야를 단순히 통합하는 것을 말한다. 어떤 사람들은 여러 학문 분야를 두루 거친다는 뜻으로 "제휴 학문적" 연구를 하는 연구자로 부르는 것을 선호한다. 이들 연구자들은 두 개나 그 이상의 학문 분야의 기법과 관습을 통합하는 것이 아니라 이들은 전혀 다른 관심사를 가지고 있고, 다른 독자층을 지향하며, 그리고 새로운 형태의 학문을 만들어내고 있다(Biklen, 1995; Bogdan, 1988).

2.5 이 장의 결론

연구설계에 대한 지금까지의 논의는 엄격한 지시 사항이 아니며, 또한 여러분의 연구의 시작부터 끝까지를 계획세우게 해 주는 공식을 제공하는 것도 아니다. 연구설계에 관련된 여러 가지 쟁점들에 대해 질적 연구자들이 생각하는 방식을 제시하였고 그런 쟁점과 관련된 몇 가지 제언을 한 것이다. 다음 장은 현장조사에 관한 내용으로 연구를 실제로 수행하는데 있어서 요구되는 질적인 연구방법적 사고를 하는데 도움이 될 것이다.

3

현장조사

현장조사(fieldwork)가 현실적인 의미로 다가오는 이유는 대부분의 질적 연구자가 데이터를 수집하는 방법이기 때문이다. 연구자는 자신들이 연구할 사람들이 — 연구참여자들이나 정보제공자들 — 있는 곳으로 가서, 그들이 활동하는 영역에서 — 학교, 놀이터, 시간 때우기 위해 모이는 장소, 집 — 함께 시간을 보낸다. 이러한 곳은 바로 연구참여자들이 일상적이고 정기적으로 활동하는 장소이며 연구자가 연구하기 원하는 자연스러운 장소나 상황이다. 연구참여자와 함께 하는 시간이 늘어남에 따라 연구자와 연구참여자들 사이의 관계는 형식적인 면이 사라지고 점차 친밀한 관계로 발전한다. 연구자의 목적은 연구참여자들이 편안함과 친밀감을 느끼도록 해서 자신들이 일상적으로 어떤 대화를 하는지를 말하도록 하고, 궁극적으로는 연구자를 완전히 믿고 모든 것을 털어놓도록 하는 것이다. 연구자는 자신이 연구를 통해서 발견하거나 알게 된 것 때문에 연구참여자들에게 어떠한 피해가 생기지 않도록 할 것이라는 것을 분명히 인식시킴으로써 신뢰감을 쌓게 된다.

연구자는 연구참여자들의 세계에 직접 참여하기도 하고, 다른 한편으로는 그들의 세계와 어느 정도 거리를 유지한 채 떨어져 있다. 연구자는 강요적인 분위기가 되지 않도록 주의하면서 무슨 일이 일어나는지를 글로 기록하고 여러 형태의 서술적 자료를 수집한다. 연구자는 연구참여자들에게서 무엇인가를 배우려고 하지만 반드시 이들을 그대로 따라할 필요는 없다. 연구자는 연구참여자들의 활동에 참여하기도 하지만 좀 더 제한된 범위에서 참여하는 것이므로 연구참여자들보다 더 잘하려고 경쟁하지 말아야 한다. 연구자는 연구참여자가 어떻게 생각하는지를 배우지만 그들과 똑같이 생각할 필요는 없다. 연구자는 연구참여자들에게 공감을 가지지만 동시에 반성적이어야 한다.

현장조사는 연구참여자들의 세계에 들어가 있는 것을 말하는 것으로 다음과 같이 묘사된다 — 단지 잠시 지나가다 들르는 그런 사람이 아니라 어떤 목적을 가지고 방문하는 사람, 모든 것을 알고 있는 사람이 아니라 무엇을 배우려고 온 사람, 연구참여자들과 똑같이 되려는 사람이 아니라 연구참여자들과 같이 된다는 것이 어떤 의미인지를 알고자 하는 사람. 연구자는 연구참여자들의 허락을 얻어내려고 노력하는데 이들의 허락이 있어야만 연구의 목적을 추구할 수 있기 때문이다(Geertz, 1979, p. 241).

어떤 사람들은 우리가 질적 연구자와 연구참여자들과의 관계를 너무 낭만적인 관계로 왜곡하고 있다고 비난할지도 모른다(Douglas, 1976; Johnson, 195 참조). 이들은 현장조사에 의해 형성되는 관계는 잘해야 기껏 참여관찰을 하기 위한 것이며, 심지어 그런 관계가 형성되었다 하더라도 위에서 말하는 그런 관계는 결코 달성될 수 없다고 비난한다. 더 나아가 다른 형태의 질적 연구(예를 들면, 인터뷰와 문서분석)의 경우 현장조사라는 이 용어가 적용되지도 않는데 구태여 그렇게까지 관계 형성에 노력할 필요가 있느냐고 비난한다. 이러한 비난의 어떤 면은 사실이지만 무엇보다도 초보 연구자로서 여러분은 현장조사에서 연구자와 연구참여자 및 **연구현장**(field)과의 관계에 관한 아이디어가 어떻게 질적 연구의 색깔을 결정하는지를 이해하는 것이 중요하다.

참여관찰, 인터뷰, 문서고찰 등 어떤 연구방법을 사용하든 상관없이 위에서 말한 관계를 확립하는 것이 양질의 현장조사를 위해서는 필수적이다. 인터뷰에서 연구자는 종종 자신의 정보제공자들을 계속해서 방문하고, 때로는 이들의 집이나 일상적으로 시간을 보내는 장소에서 몇 시간씩 인터뷰할 때도 있다. 뿐만 아니라 인터뷰로 연구하는 연구자도 종종 연구참여자들의 자연적 상황 하에서의 관찰에 의한 자료 수집으로 인터뷰 자료를 보완하기도 한다. 심지어 광범위한 인터뷰를 하지 않더라도 연구자와 연구참여자와의 관계는 권위와 통제, 그리고 공식적인 만남을 강조하기 보다는 동등한 관계, 친밀함, 그리고 비공식적 만남을 강조한다. 심지어 사례연구를 위한 기록물과 공식문서 자료를 사용한 연구를 할 때도 연구자는 가능하다면, 그 기록물과 자료를 보관, 관리하는 사람들 그리고 이런 자료를 만든 사람들과 현장조사에서와 동일한 관계를 형성하도록 노력해야 한다. 이런 관계 형성은 자료와 문서에 대한 접근을 극대화시키며 자료와 문서의 관리자와 생산자도 연구에 끌어들일 수 있게 한다. 또 연구하고자 하는 자료가 만들어진 배경과 맥락에 대한 이해를 제공해주기도 한다. 4장에서 논의하겠지만 대부분의 질적 연구는 한 가지 이상의 데이터 수집 방법을 사용한다. 그리고 현장조사와 연관되지 않은 채 질적 연구를 수행하는 경우는 거의 없다.

이 장에서는 현장조사에 대해 살펴보고자 한다. 이 장은 연구자로서 여러분이 어떻게 처신을 해야 하는지 — 현장에 접근 허용을 얻기부터 그 현장을 떠나기까지 — 그리고 라포르를 어떻게 형성하고 유지해야 하는지에 초점을 두고 있다.

연구현장에서 **현장조사자**(fieldworker)로서 고려해야 할 실제적인 쟁점들이 무엇인지 살펴보기에 앞서, 최근에 있었던 연구현장에 대한 몇 가지 변화를 간략하게 설명하고자 한다. 이러한 변화는 전통적으로 질적 연구방법의 "필수조건"(사이니 퀘이 난, sine qua non)인 현장조사를 중심으로 일어난 것이다. 몇 가지 예를 사용하여 이런 변화를 설명하고자 한다. 예를 들면, 전통적으로 현장조사의 기초는 참여관찰이었다. 많은 박사 과정 학생들이 연구현장에서 좋은 참여관찰 연구를 수행하는 데 필요한 시간을 투자하는 것이 상당히 어렵기 때문에 시간을 덜 투자하는 방법인 심층인터뷰로 방향을 돌렸다. 어떤 이들은 이런 전환을 포스트모던 문화의 "시간 – 공간 압축"으로 설명했다(Clifford, 1997; Harvey, 1989).

또 다른 전환은 "현장에 있다"(in the field)는 것의 의미에 대한 것이다. 인류학자와 사회학자는 습관화된 일상적인 장소로부터 일정한 거리를 두고서 시간을 보내는 것이 전통적인 모습이었으며, 이 거리는 자신들과 연구참여자들을 구별하는 경계선을 제공하는 것으로 간주되었다. 이 거리는 연구자로 하여금 연구참여자들을 깊이 있게 생각하고, 비판적이지만 열린 마음으로 바라볼 수 있도록 하는 공간을 제공해 주었다. 그러나 연구참여자들을 이국적이고 색다르게 취급하는 것에 대한 논쟁과 다른 문화권이나 국가의 접근 허용을 얻는 어려움 때문에, 연구자들은 자신의 일상적 생활공간으로부터 가까운 곳에 머물게 되었다(Gupta & Ferguson, 1997). 질적 연구방법에 대한 관심의 증대로 인하여 교육연구자들은 학교, 학생을 포함한 젊은 사람들, 그리고 교육이라는 당면 문제들에 관한 데이터를 구할 수 있는 곳을 찾게 되었다(예를 들면, Casella, 2001; St. Pierre, 1997). 교육분야를 전공하는 박사 과정 학생들은 연구현장에 가기 위하여 더 이상 자신의 일상적 장소를 떠날 필요가 없게 되었다.

연구현장의 정의에 있어서 더 큰 주요한 차이는 현장조사가 구체적이고 특수한 것으로부터 가상공간과 대화 모임, 공동체로 전환되었다는 것이다. 질적 연구방법을 사용하는 연구들은 록음악 전문 유선방송인 MTV나 십대들의 잡지책에 대한 서술적 분석이나 원문 분석(Carrington & Bennett, 1996; Currie, 1999)과 이들 잡지책에 대한 독자와의 인터뷰를 결합시키기도 한다. 또는 현장조사에 있어서 어쩌면 가장 큰 변화는 인터넷이나 채팅룸 문화에 대한 연구가 이루어지고 있다는 점이다. 현장조사자는 연구참여자와 거실에서 결코 만날 일이 없고 단지 온라인에서 인터뷰를 하거나 가상룸에서 이들의 대화 흐름을 따라가면 된다(Clifford, 1997; Marcus, 1996). 박사 과정 학생들이 수행하는 가상공간에서의 질적 연구의 몇 가지 예를 살펴보면 온라인 교수법 동호회, 온라인 강의, 로맨스에 관심 있는 20대들의 채팅룸, 그리고 성전환 젊은이들을 위한 온라인 후원 집단에 대한 연구 등이 있다. 연구현장이 채팅룸일 때 연구현장에 있다는 것은 무엇을 의미하는가? 연구현장은 말 그대로 이리저리 이동하고 있는 영역이 되고 있다. 가상공간에 대한 질적 연구는 최근 몇 년 사이 몇 배로 증가했으며 이런 공간에 대한 연구방법과 절차의 적용을 통해 새로운 쟁점들이 출현할 것으로 보인다.

3.1 접근승인 받기

현장조사에서 제일 먼저 직면하게 되는 문제는 연구 수행을 위한 허가를 받는 것이다. 어떤 연구자는 위장연구를 하거나 연구참여자들이 모르게 데이터를 수집함으로써 이 문제를 교묘하게 피해나가는 경우도 있다. 예를 들면, 이들 연구자는 그 학교에 자신들이 무엇을 하는지 밝히지 않은 채 학교에 임시 직업을 얻거나 학생으로 등록하기도 한다. 몇몇 아주 우수한 연구가 이러한 위장연구에 의해 수행되었지만(예: McPherson, 1972), 초보 연구자에게 해주고 싶은 조언은 공개적인 접근법을 사용하라는 것이다. (연구계획서는 반드시 연구윤리심의위원회의 승인을 거쳐야 한다는 조건이 있는 경우 이러한 위장연구방법을 사용하는 연구가 승인될지는 의문스럽다.) 여러분의 연구 관심사를 다른 사람들에게 알리고 연구하고자 하는 사람들에게 협조를 구하는 것이 좋다. 접근허가를 받는 것이 순조롭게 잘 협의가 된다면, 대부분의 경우에 있어 공개적으로 연구를 수행하는 것은 위장연구처럼 직업을 얻거나 학생 신분을 유지하기 위하여 정기적으로 일이나 학업을 해야 한다는 의무로부터 자유로워지는 장점이 있다. 따라서 연구자가 원하는 시간에 언제든지 그 연구장소에 왔다갔다 할 수 있다. 예를 들면, 32명의 초등학교 3학년 학생들의 담임을 하면서 연구를 수행한다는 것은 아주 어려운 일이다. 공개적 연구는 또한 그 연구장소에 있는 다양한 부류의 사람들에 대한 접근을 높일 수 있다. 교사를 하면서 그 학교 교장 선생님과 체벌이나 IQ 테스트의 장점 등에 대해 솔직한 인터뷰를 한다는 것은 어려운 일이다. 또한 연구자로서 부정한 역할을 하는 것은 당황스러운 일인 동시에 좋은 자료 수집을 위해 필수인 라포르 형성을 망치게 할 수 있다.

질적 연구자들 모두가 위장연구뿐만 아니라 현장조사에 대한 논의에서 제시한 연구방법에 동의하는 것은 아니다. 비록 명칭은 없지만 아마도 가장 광범위하게 사용되고 있는 방법을 "협동연구"라고 할 수 있겠다. 어떤 연구자는 이 접근법을 비판하면서 연구자가 좀 더 대립적 구도와 위장 접근법을 사용해야 한다고 말하고 있다(Douglas, 1976; Garfinkel, 1967; Adler & Adler, 1987). 페미니스트 연구방법론의 연구자는 인터뷰어와 정보제공자 사이의 위계적 관계의 약화와 이 둘 사이의 합의된 의사결정과 상호간의 연구 책임감의 공유를 주장한다(Reinharz, 1992). 협동연구는 인류학뿐만 아니라 현장조사 실시를 중요하게 여기는 시카고대학교의 사회학 전통에 그 기원을 두고 있다(Geertz, 1979, pp. 225-243 참조). 이런 전통 하에서 연구하는 사람들도 가끔 위장연구를 사용하기도 했는데, 그런 경우는 공개적 연구를 도저히 수행할 수 없는 상황일 때였다. 한편 민속방법론자는 사람들이 일상적인 세계에서 보여주는 지극히 평범하고 당연한 행동을 중요시하기 때문에 위장연구보다는 직접 대면하는 방법을 사용해 왔다.

이제 여러분이 하고 싶은 연구를 결정했다면 어떻게 연구 수행을 위한 허가를 받을 생각인가? 여러 가지 방법이 있는데(Burgess, 1984, pp. 38-50) 어느 방법을 선택할 것인지는 여러분이 어떤 사람인지, 무엇을 연구하고 싶어 하는지, 그리고 어떤 연구 결과를 얻기 원하는지에 따라 좌우된다. 예시를 위하여 동네에 있는 초등학교에서 참여관찰 연구를 수행한다고 하자. (여기서 설명하는 일반적인 논리와 방법은 단지 학교라는 조직체뿐만 아니라 다른 모든 종류의 관료적 조직체에 적용된다.) 어떤 두 학교도 똑같은 방식으로 조직되어 있지 않기 때문에 대부분의 학교는 연구자에게 연구 수행 승인을 해주는 나름대로의 특별한 절차들을 가지고 있다. 연구현장에 들어가는 것을 협의하는데 있어서 제일 첫 번째 단계는 그 학교 체계의 규칙과 위계 조직을 파악하는 것이다. 그 체계를 잘 알고 있는 교수, 친구, 또는 다른 사람한테 어떻게 접근해야 하는지 조언을 구하도록 한다. 가능하다면 몇 사람과 상담을 한다. 연구를 하고자 하는 학교의 행정실에 전화해서 물어볼 수도 있다. 이때 연구를 위한 허가를 받기 위해 전화하는 것이라고 절대 말해서는 안 된다. 허가를 얻기 위해서는 어떻게 해야 하는지 이런 식으로 물어보는 것은 되도록 줄이고, 어떻게 허가를 얻을 것인지에 대해 더 집중적으로 아이디어를 짜내려고 노력하는 것이 좋다.

이러한 예비 조사를 하는데 있어서 공식적 조직 체계에 대한 지식뿐만 아니라 비공식적 조직 체계에 대한 정보를 얻는 것에도 관심을 가지는 것이 좋다. 그 조직 체계에서 여러분의 연구에 대해 특히 긍정적으로 도움이 될 만한 사람이 누구인지 힌트를 찾아야 한다. 만약 그런 힌트를 얻었고 상당히 그 힌트가 믿을 만하다고 생각되면, 여러분이 생각하고 있는 것을 논의하고 그 사람의 말을 듣기 위해 전화를 하거나 찾아가면 된다.

여러분은 교장실로 곧장 안내될 경우도 있는데, 종종 교장이 이러한 문제에서 중요한 결정권을 가지고 있다. 비록 최고 결정권자는 아니라고 하더라도 교장의 영향력은 다양한 면에서 힘을 발휘한다. 모든 연구에 대한 결정권을 가지고 있는 교육청에서 요구하는 양식이 있다면 교장의 지원은 상당한 도움이 된다. 종종 교장이 핵심 연구승인권자(gatekeeper)이다. 일반적으로 교장은 여러분의 연구에 직접적으로 참여할 그 학교의 교사들이 연구에 협조적이지 않다는 것을 알게 되면 결코 연구 수행을 허락하지 않는다. 여러분의 연구에 참여할 교사들과 미리 만나서 논의하는 것은 연구승인을 얻는데 도움이 된다. 예를 들면, 어떤 특정 교사의 수업을 연구한다고 할 때, 교장을 만나기 전에 미리 그 교사와 만나서 연구에 대한 승낙을 얻는 것은 효과적이다. 연구비를 지원받는 대규모 연구 프로젝트의 경우에만 각급학교 교장보다 더 높은 상부 기관에서의 연구승인이 필요하다. 따라서 조직 체계의 하부 기관과의 협의 없이는 절대 상부 기관으로부터의 연구승인을 받을 수 없으므로 하부 기관과의 긴밀한 연구 협조가 무엇보다도 중요하다.

하부 기관을 먼저 고려하지 않은 채 상부 기관의 연구승인을 받았다고 하더라도, 연구에 대한 지원을 얻기 위해서는 그 조직 체계의 하부 기관 사람들을 만나야 하는 것이 당연하다. 만약 연구에 참여할 연구참여자들의 도움을 얻기 위한 사전 작업을 먼저 하지 않는다면, 행정 부서로부터 얻는 연구승인 허가서를 들고 연구현장에 도착하는 것은 털이 곤두서는 느낌과 같다. 공식적인 승인을 얻었다고는 하지만 그 연구참여자들의 마음먹기에 따라 여러분의 연구를 고의적으로 방해할 수도 있다. 연구 수행을 위한 승인을 얻은 것은 단지 공식적인 허가를 얻는 것뿐이지 다른 모든 연구 조건이 완벽하게 갖추어졌다는 의미는 아니다. 따라서 여러분이 시간을 함께 보낼 사람들과 좋은 라포르를 형성하기 위한 기초 작업이 필수적이다. 이렇게 함으로써 이들은 연구자로서의 여러분과 여러분이 하고자 하는 연구를 진심으로 받아들이게 된다. 여러분을 연구현장에 들어오게 하는 사람이 바로 자기들이란 느낌을 가지도록 하는 것이 연구를 수행하는데 많은 도움이 된다.

질적 연구자는 많은 사람들이 익숙하지 않는 방법을 사용하기 때문에 연구현장에 들어가기 위한 협의 과정에서 다소 독특한 입장에 있게 된다. 많은 사람들에게 있어서 연구란 통제된 실험이나 조사연구를 의미한다. 이런 관념 때문에 연구승인권자와 협의할 때 어려움이 생기기도 하지만 또한 좋은 점도 있다. 예를 들면, 절대 간섭이나 방해하지 않는 것을 전제로 그곳에서 시간을 보낼 것이며, 설문지 같은 양식을 기입하도록 하거나 특정한 질문에 답을 하도록 하지 않을 것이며, 또는 연구참여자들의 일상생활 패턴을 바꾸도록 하지도 않을 것이란 말을 들었을 때, 사람들은 종종 “그럼 뭐 진짜 연구를 하는 건 아니네요”라고 느슨하게 반응한다. 따라서 연구자는 낮은 자세로 이 사람들과 연구현장에 들어가는 협상을 벌일 수 있는 좋은 기회를 가지게 된다. 그래서 학교에 있는 교사들, 교장, 그리고 다른 교직원들은 여러분이 하려고 하는 것을 연구로 생각하지 않게 되고 그럼으로써 여러분에게 공식적인 승인 절차를 따르도록 요구하지 않게 된다. 아마도 그냥 연구를 하도록 하거나 별로 까다롭지 않은 절차를 거치도록 할 것이다. 그러면 여러분은 자연스럽게 연구현장에 들어가게 된다. 연구 승인을 얻고자 할 때 거창하게 연구자 역할을 내세우기보다는 낮은 자세로 연구에 대해 설명을 한다면, 연구현장에 접근하고 들어가는 것이 훨씬 수월할 것이다.

초보 연구자는 종종 수강하는 과목에서 요구하는 질적 연구 프로젝트를 처음 수행하는 학생들일 것이다. 이런 경우 학교에 가서 프로젝트에 대해 설명하고 연구 수행에 대한 도움을 청하면 학교 교사들은 종종 여러분을 어디에 배치해 달라는 부탁으로 받아들인다. 이런 식으로 연구현장에 접근할 수 있다면, 그리고 그 학교에서 여러분에게 기대하는 것에 전혀 부담을 안 느낀다면 이 방법도 괜찮다. 그런데 학교에서 여러분에게 학생의 공부를 도와주는 튜터링 같은 특정한 책임을 부여하거나 학교 교직원이 여러분의 시간이나 행동을 지나치게 통제하려고 하는 학교라면 연구현장으로 적합하지 않은 곳이다.

비공식적인 방법으로 연구현장의 접근 허가를 받는 것은 연구윤리심의위원회(IRBs)의 승인을 받아야 하는 질적 연구자에게 언제, 어떤 조건하에서라는 의문을 야기한다. (이 위원회는 1장에서 논의한 것으로 대학이나 기관에서 연구에 참여하는 사람들을 보호하기 위하여 연구자가 제출한 연구계획서를 검토하는 위원회이다. 이 위원회는 “사람대상 연구심의위원회 human subjects committees”라고도 한다.) 이 위원회에서의 검토 방식에 대해서는 어떤 정해진 규정이 없다. 어떤 연구윤리심의위원회는 교과목의 수업 활동의 일부로서 관찰법과 인터뷰 법을 배우기 위해 학생들이 제출한 질적 연구계획서는 검토하지 않는다. 이 위원회는 이런 연구를 완전한 형식을 갖춘 연구계획이 아니라 모의연구 정도로 생각하기 때문이다. 마찬가지로 이 위원회는 앞으로 하고자 하는 연구 프로젝트를 위한 예비 인터뷰와 관찰을 사전 연구활동으로 취급할 뿐 정식 연구활동으로 간주하지 않는다. 이 위원회는 논문, 학위 논문, 출판물 등의 결과를 얻기 위해 실제 데이터를 수집하기 시작하는 시점에 연구자가 왔을 때에만 연구계획서를 검토한다. 다른 위원회의 경우는 그것이 예비 조사이든 기초 연구법 강좌의 연습을 위한 연구이든 상관없이 연구를 실시하고자 하는 모든 사람들에게 반드시 위원회로부터 연구승인을 받도록 엄격하게 제한하기도 한다. 또 연구계획서를 심사하는 곳이 여러분이 공부나 연구하고 있는 지역의 위원회인지, 연구비를 지원하는 연구 기관인지, 아니면 대학의 위원회인지에 따라서도 다르다. 대부분의 대학에서는 설령 다른 위원회에서 연구계획서를 검토했다고 하더라도 대학의 연구윤리심의위원회에서 연구승인을 받아야 하는 것으로 규정하고 있다. 이 문제에 대한 구체적인 것은 여러분의 대학이나 기관에 있는 연구윤리심의위원회의 위원장이나 학과의 교수에게 문의하여 점검하는 것이 좋다.

대부분의 대학생들이 연구승인권자나 잠재적 연구참여자에게서 어떤 위협을 받는 것은 아니다. 이들은 대학의 교수가 여러분에게 부여한 교육적 활동을 잘 이해하고 있기 때문에, 자신들의 직업 세계가 어떤 곳인지를 사람들에게 직접 경험하게 하는 것을 긍정적으로 좋게 생각한다. 간단히 말하면, 이들은 항상 학생들에게 무엇인가를 베풀어주려고 한다. 여러분이 학생임을 강조함으로써 이들로부터 공감적 협조를 얻어내는 것이 좋다. 질적 연구자로서 경력을 막 시작하는 많은 학생들의 경우 이미 뛰어난 경력을 가진 채 상급 학위를 취득하기 위해 대학에 다시 온다. 이들 중 어떤 학생은 상당한 성공을 거두었거나 높은 지위를 가진 경우도 있다. 이런 학생의 경우 연구현장에 들어가는 승인을 얻고자 할 때 특히 자신의 지위를 낮추어 행동하는 것이 중요하다. 대부분의 사람은 높은 지위를 가진 사람들에게 주의와 경계심을 가지게 마련이다. 그렇다고 해서 거짓말을 하라는 뜻은 아니다. 여러분의 지위나 배경에 대해 직접적으로 질문을 받았다면 솔직하게 말해주는 것이 좋다. 이 경우에도 가능하면 겸손하게 자신을 낮추어 말하고 행동해야 한다.

공식적이 아니라 비공식적으로 은근슬쩍 연구현장에 들어가는 다른 방법이 있다. 그 기관이나 조직에 있는 친구를 이용하여 들어가는 연구자들이 그런 경우에 해당한다. 이런 접근은 항상 편리하지만 어떤 연구자들의 경우 위장연구와 관련된 사항들과 유사한 도덕적 딜레마에 빠지게 된다. 자신이 연구를 하고 있다는 사실을 분명히 밝히지 않는다면 그 기관이나 조직에서 자신의 역할을 제대로 수행할 수 없게 된다. 이런 식으로 되어서는 안 된다. 연구자로서의 적합한 역할을 하려면 좀 더 공식적인 방법을 통하여 연구현장의 접근 승인을 얻도록 해야 한다.

연구승인을 얻기 위하여 정부나 교육 기관에서 요구하는 공식적인 절차를 거치는 과정은 지겹고 좌절감을 느끼게 하기도 한다. 연구계획서를 제출하고 승인을 얻는 데까지 보통 몇 달은 아니지만 몇 주가 걸린다. 지역의 대부분 교육청에는 연구계획서를 심사하는 위원회가 설치되어 있다. 이 위원회는 대학의 연구윤리심의위원회에서 연구승인을 받았다고 하더라도 추가적인 연구승인을 요구하는 경우도 있다. 교사협의회에서도 연구계획서를 검토할 경우도 있다. 어떤 교육청에서는 연구승인을 위한 신청서를 준비해두고 있다. 만약 대규모 교육청이라면 연구승인을 담당하는 부서를 따로 두고 있다. 그 부서의 직원들은 신청 절차와 다른 사항들에 대한 도움을 제공한다. 가끔 연구승인을 얻는 것이 형식적인 경우도 있다. 공식적 승인을 얻기 전에 비공식적으로 연구를 시작할 수 있도록 하는 경우도 있으므로 승인을 좀 더 빨리 얻는 방법이 있는지 물어보는 것이 좋다. 이런 절차를 현재 거치고 있는 연구자라면 승인을 얻는데 대충 얼마 정도의 시간이 걸리는지, 연구 시작 전에 승인을 받을 수 있는지 미리 알아보는 것이 좋다. 연구승인을 얻는 것은 시간이 걸리는 과정이기 때문에 연구 시작 날짜에 앞서 이런 것을 처리해두는 것이 현명하다.

연구현장의 접근 허가를 얻는 것이 단지 연구 시작 때에만 필요한 것처럼 지금까지 설명했지만, 새로운 사람들을 만나고 새로운 영역으로 옮겨가서 연구에 대한 협조를 구할 때마다 필요하다. 연구 시작과 연구 도중에 연구자가 자신을 소개하고 설명할 때 연구참여자들은 연구자에게 여러 가지 질문을 하는데 이런 일은 계속해서 일어난다. 다음은 이런 공통된 질문과 그럴 때 어떻게 대답하면 좋은지에 대한 조언이다.

1. 실제로 무엇을 하려고 합니까?

모든 질문에 답을 하는데 있어서 따라야할 일반적인 규칙은 솔직해야 한다는 것이다. 절대 거짓말을 해서는 안 되며, 그렇다고 해서 설명을 너무 자세하거나 장황하게도 하지 않도록 한다. 초보 연구자들은 종종 이런 설명을 들으려고 하는 사람이 극히 드물다는 사실에 놀란다. 지나치게 연구법적 용어들을 남발하지 않아야 한다. 그렇게 하면 사람들은 겁을 먹고 여러분에게 등을 돌리게 될 것이다. 다음과 같이 시작하는 것이 좋다: "제가 하려고 하는 것은 참여관찰이라고 하는 것입니다. 한 주에 여러 번 선생님의 수업을 방문하여 관찰하는 것입니다. 제가 원하는 것은 교사라는 것이 어떤 것인지를 이해하려는 것입니다." 좀 더 자세하게 설명해달라고 한다면, 그들의 이해에 도움을 주면서 연구가 진행됨에 따라 무엇을 연구할지 결정하게 된다고 설명한다. 이런 설명을 하면서 그 교사로부터 무엇인가를 배우려고 한다는 것을 강조하되 지나치게 그로부터 무엇을 바란다는 인상은 주지 않도록 한다.

2. 간섭이나 방해가 되기도 합니까?

이것은 학교의 교직원이라면 누구나 공통적으로 가지는 걱정이다. 연구자인 여러분이 학교나 교실에 있다는 것이 자신들의 일상 활동과 업무에 간섭이나 방해가 될지 걱정한다. 이러한 걱정을 누그러뜨리는 것이 중요하다. 이들에게 이런 종류의 연구를 할 때는 사람들이 일상적으로 하는 활동을 간섭이나 강요하지 않은 상태에서 연구하는 것이 얼마나 중요한지를 설명하고 이해를 구하도록 한다. 이런 연구의 성공은 부분적으로 비강요적이며 비간섭적인 연구 자세에 좌우된다. 그들에게 다른 어떤 부가적인 요구를 하지 않을 것이며, 그들이 맡고 있는 업무를 충분히 잘 이해해서 결코 방해되는 일이 없도록 하겠다는 점을 부각시키도록 한다. 또 여러분의 스케줄을 전적으로 그들의 스케줄에 맞추겠다는 점을 인식시키도록 한다.

3. 연구결과를 가지고 무엇을 하려고 합니까?

대부분의 사람들이 이런 질문을 던지는데, 그 이유는 연구자에 의해 수집된 정보의 부정적 측면의 공개나 어떤 정치적 사용을 두려워하기 때문이다. 1장의 윤리적 측면에 대한 논의에서 설명했듯이, 연구를 통해 수집한 자료를 어떻게 사용할 것이며 연구참여자와 어떻게 공유할 것인지를 결정해야 한다. 학기말 과제와 같은 단기간의 연구라면 과제의 목적을 말해주고 누가 이 보고서를 읽을 것인지를 알려준다. 연구에 참여한 누구의 이름도 직접 언급하지 않을 것이며, 또 연구를 수행한 장소 이름도 가명으로 처리할 것임을 말해준다. 학위 논문과 같은 장기적 연구를 수행하는 경우라면 연구현장과의 밀접한 관계 확립이 될 때까지 연구결과 사용에 대한 허락을 유보하는 것이 좋다. 연구 초기의 관찰을 예비 조사로 생각하기 바란다. 연구참여자가 여러분을 더 잘 알게 되고 연구 초기의 관찰을 통해 본격적인 연구를 위한 연구현장으로 적합하다고 판단되면, 연구자로서의 여러분의 위치를 다시 협의하여 조정하기 바란다. 연구결과를 어떻게 할지 아직 분명하지 않다면 그런 점을 설명하고 연구 수행을 하면서 이 점에 대해 연구참여자와 협의할 것이라고 확실히 밝혀두어야 한다.

4. 왜 우리를 연구참여자로 선정했습니까?

사람들은 종종 자신이나 자신의 학교나 기관이 왜 연구를 위해 선정되었는지 알고 싶어 한다. 만약 이들을 선정하는데 있어서 직접적인 도움이 되는 어떤 긍정적인 말을 들었다면, 연구참여자에게 그 사실을 말해주면 된다. 예를 들면, "선생님께서 수업에 대한 폭넓은 통찰을 가지고 계신다는 말을 들었는데 그것이 바로 제가 선생님을 찾게 된 이유입니다." "수업에 대해 얘기해 줄 수 있는 경험 있는 교사를 찾고 있었는데... 그래서 선생임을 찾게 되었습니다." "독서 치료반인 이 교실에서 흥미로운 일이 있다는 말을 들었습니다. 그래서 이 교실을……."

본보기가 될 정도의 명성을 가진 특정한 집단을 선정하는 것이 아니라면, 그 연구현장의 사람들에게 여러분의 연구에서는 특정한 사람이나 특정한 조직(학교, 교실, 기관, 단체)을 대상으로 연구 데이터를 수집하는 것이 아니라는 점을 충분히 인식시키는 것이 중요하다. 이런 특정한 것보다는 여러분의 관심을 교사나 교육과 같은 일반적인 주제에 두는 것이 바람직하다. 여러분은 어떤 고등학교를 심층 보도하는 기자가 아니라 교육을 더 잘 이해하기 위하여 그 고등학교를 연구하는 교육연구가이다.

5. 우리에겐 뭐가 좋습니까?

학교의 많은 교직원은 연구로부터 어떤 보상을 원한다. 여러분에게 연구현장에 대한 접근을 제공했으니까 무엇인가 그 대가를 받아야 한다는 생각을 가진다. 어떤 교사는 교실 정돈을 도와주기를 원하기도 하고, 다른 교사는 교실에서 말썽꾼이나 문제아를 파악해주기를 바라기도 하고, 또는 수업에 대한 연구자의 피드백을 원하는 교사도 있다. 물론 어떤 교사는 전혀 아무것도 원하지 않는 경우도 있다. 어떤 경우이든 너무 많은 것을 약속하지 않도록 주의한다. 많은 연구자들이 이런 "주고받기"가 어려웠다는 경험을 밝히고 있다. 쏜(Thorne, 1993)은 관찰했던 교실의 교사가 자신에게 맨 뒷줄에서 항상 장난치고 수업에 참여하지 않는 학생들을 조용하게 앉아있도록 해 달라고 부탁했다고 한다. 그런데 이렇게 하는 것은 학생들한테 들은 것은 절대 교사에게 말하지 않겠다고 학생들과 약속한 것을 깨뜨리는 일이라 난감했다고 한다. 라루(Lareau, 1989)는 연구 수행 과정에서 경험했던 "주고받기"에 대한 몇 가지 문제점을 서술하였다. 그녀가 관찰한 교실의 교사도 데이터 수집을 위한 연구참여를 거부했던 학생들의 규율 잡는 일을 그녀가 맡아주기를 원했다고 한다. 수강하는 과목의 학기말 과제를 위한 연구라면 연구결과를 연구참여자들에게 보여주겠다고 약속해야 하는가? 여러분이 적은 것을 누군가가 읽을 것이란 사실을 안다는 것은 일단 약간의 거북함을 줄 것이며, 여러분이 무엇을, 어떻게 말하려고 하는지에도 영향을 미친다. 사람들과 맺었던 관계는 특히 현장조사 기간 동안에는 아주 소중한데 물론 뒤에 그런 관계의 중요성이 줄어들 수도 있다 (Daniels, 1983). 어떤 결정을 내릴 것인지는 연구하고 있는 사람들에 대한 여러분의 태도에 좌우된다고 본다. 만약 연구자로서 그들을 지지하고 옹호하는 입장이라면, 연구결과를 그들과 공유하는 것을 염려하지 않아도 될 것이다. 여러분이 비판적으로 연구결과를 작성했다면, 그 결과를 읽는 연구참여자들이 마음에 걸릴 것이다. 종종 연구참여자와의 관계를 지지적이냐 비판적이냐의 관점으로 보는 것은 지나치게 좁은 생각이다. 대부분의 연구현장은 상당히 복합적이다. 이런 복합성을 묘사하는 것이 연구자의 관심사이므로 대중들에게 연구결과를 어떻게 글로 알려줄 것인지를 생각하는 것이 연구참여자들과 그 결과를 공유하는 방식에 도움이 된다. 연구결과를 어떤 식으로 공유하든 현장조사록과는 별개로 취급해야 한다. 연구결과를 발표하는 글은 독자인 대중을 위한 것이지만 현장조사록은 사적인 것이므로 연구주관자나 여러분의 교수하고만 공유해야 한다.

연구현장의 접근에 관해 지금까지 설명한 내용은 참여관찰 연구에 가장 적합한 것이지만 다른 유형의 질적 연구에도 마찬가지로 적용된다. 공식적 교육 문서에 대한 접근 허가를 얻는 과정도 종종 위에서 언급한 과정과 절차를 따르고 있다. 대부분의 인터뷰 연구에서 인터뷰 대상자에게 개별적으로 협조를 구해야 하는 것이 당연하지만 종종 그 대상자들이 어떤 기관이나 조직과 연관된 경우가 있다. 어떤 특정한 학교의 교사들이라든지 특정 학부모 집단의 학부모들인 경우가 그러하다. 이런 경우에는 그 기관이나 조직체의 연구참여승인 또한 구해야한다. 개별적으로 연구참여자에게 연구참여동의를 받았다면, 이 기관이나 조직의 연구승인을 거치지 않아도 되는 경우도 있다. 이렇게 된다면 가장 좋은 경우지만 종종 기관의 연구승인을 반드시 받아야 할 경우도 있다. 예를 들면, 연구참여를 할 수 있는 참여자들의 주소 목록은 그 기관의 행정 부서에서 보통 보관하고 있다. 기관이나 조직의 구성원들은 연구참여에 대한 결정을 가끔 이 행정 부서에 맡긴다. 교육 기관은 학생들에 대해 부모와 같은 보호 역할을 한다. 그래서 학생의 부모가 연구참여에 동의하지 않는 경우를 걱정하여, 특히 어린 학생들의 경우, 동의를 얻기 전에는 연구자가 이들과 인터뷰하는 것을 절대 허락하지 않으려고 한다. 학생들과의 인터뷰를 위해 학교로부터 승인을 얻어내는 것은 종종 복잡한 절차를 거쳐야 하는데, 학부모로부터 직접 서명을 받는 것을 포함하여 공식적인 연구승인 절차를 따라야 한다. 그래서 많은 연구승인권자들은 이런 번잡한 일을 연구자가 알아서 처리해주기를 원한다. 이들은 연구자가 학생과 학부모를 그 학교의 업무와는 별개로 처리해주기를 선호한다. 다른 연구승인권자는 연구자가 연구참여자와 직접 접촉할 때, 그들의 개인 신상을 보호해야 하는 것이 자신의 책임이라고 생각하여 이 접촉을 걱정하는 경우도 있다. 연구설계의 선택에 따라 이런 문제에 대한 정답이나 올바른 방법이 없을 수도 있다.

어떤 형식의 질적 연구의 경우 여러분이 구하고자 하는 데이터가 공개되어 있어 언제든지 활용가능하다. 예를 들면, 어떤 역사적 가치를 지닌 민속 마을과 같은 곳은 연구자에게 자료를 언제든지 볼 수 있도록 하며 특정한 사람을 배치하여 연구를 돕도록 한다. 비록 이런 곳이라 할지라도 지금까지 설명한 연구현장의 접근허가 절차를 따르도록 하는 것이 좋다. 이런 곳에 들어가기 전에 먼저 그 민속 마을의 구조와 사람들을 이해하는 자세가 중요하다. 예를 들면, 어떤 민속 마을의 경우 다른 사람들보다 더 도움을 주는 사람이 있다. 고문서를 관리하는 사람이 그런 사람인데, 이들이 허용하는 선별된 방문자들만 볼 수 있는 특정한 자료가 있다. 그래서 어떻게 "선택받은 몇 사람"이 될 수 있는지를 아는 것은 연구현장 접근허가를 받는 일의 중요한 부분이다. 특정한 지역의 민속 마을은 사람됨뿐만 아니라 인격의 진실 됨을 보증하는 사람의 추천이 없는 다른 지역 출신의 연구자를 받아들이지 않으려고 한다. 이런 경우에 연구현장의 접근승인을 받기 위해서는 스폰서가 필요하다.

지금까지 살펴본 것처럼 연구승인을 받아내는 협상은 솜씨가 필요한 과정이다. 여기에 필요한 세 가지 조언을 하면 다음과 같다.

1. **끈질겨야 한다.** 연구현장의 접근승인을 받아내는 사람과 그렇지 못한 사람의 차이는 종종 얼마나 오랫동안 얼마나 성심성의껏 승인을 얻기 위해 노력했느냐에 따라 생긴다.
2. **융통성을 발휘하라.** 연구승인을 얻기 위해 처음 생각한 방법이 잘 먹혀들지 않으면 다른 계획이나 새로운 방법으로 시도해보도록 한다.
3. **창의적이어야 한다.** 연구승인권자는 종종 새로운 아이디어를 좋아한다. 우리가 알고 있는 활달한 성격을 지닌 한 연구자는 연구참여자들에게 작은 선물(꽃 한 송이 정도)을 가져갔다. 연하장이나 카드도 좋은 아이디어인데, 이런 것 때문에 연구승인을 내주는 것은 아니더라도 적어도 연구자에게 거부감을 느껴 문을 닫아버리지는 않는다.

3.2 연구현장에서의 처음 며칠

이제 연구승인을 얻었으므로 최대 속도로 연구를 진행시킬 준비가 된 상태이다. 유머와 여유로운 성격이 아니라면, 그리고 실수할 각오를 단단히 하지 않으면 연구현장에서의 처음 며칠은 상당히 곤혹스러울 것이다. 인류학을 전공한 유명한 교육 질적 연구가인 로잘리 워즈(Rosalie Was)는 참여관찰에서의 이런 점을 다음과 같이 말했다.

> 낯선 장소에서 오는 거북한 느낌이나 생소한 느낌을 감당할 수 없는 사람, 실수를 저질렀을 때의 당황스러움을 극복하지 못하는 사람, 하루나 한주 더 나아가 여러 달 동안 바보 같고 바보 같이 취급 받는 것을 심리적으로 참을 수 없는 사람은 참여관찰자가 되기 전에 한 번 더 생각해 보아야 한다. (Was, 1971, p. 370)

위의 서술은 오랜 경험을 쌓은 질적 연구자한테 해당하기 보다는 새로운 연구현장에서 처음 며칠을 보낼 초보 연구자에 더 적합한 말이라고 생각한다. 질적 연구자가 되는 것은 연구하고자 하는 사회(공동체)에서 어떠한 역할(교사, 부모, 예술가, 대학생)도 수행할 수 있음을 배우는 것과 같다. 그 역할 수행의 방법에 대한 기술적인 측면을 배워야할 뿐만 아니라 여러분 자신이 바로 그 역할에 해당하는 사람임을 몸으로 느껴야한다. 처음 얼마동안 초보 연구자의 경우 "연구자"라는 명칭이 불편하게 느껴진다. 자신이 이 명칭에 걸맞게 되고 싶은지도 확신이 없고, 자신이 이런 고상한 이름값을 하는지도 알지 못한다. 또한 거북함을 느끼는 것이 이런 유형의 연구를 하는 일부분임을 잘 이해하지 못한다. 다른 역할과 마찬가지로 위에서 언급한 연구자의 역할도 연구를 수행해 감에 따라 점차 편안하게 느껴지게 된다. 연구의 처음 단계에서는 이렇게 편안함을 느낀다는 것이 상당히 어려운 일이지만, 연구가 진행되면서 연구자로서의 역할이 점점 다가오게 된다.

첫 관찰경험을 설명하는 한 여성 연구자의 다음 서술은 연구현장에서의 처음 며칠이 얼마나 어리둥절하고 혼란스러운지를 잘 보여주고 있다. 이 연구자는 대학의 공학 강의를 관찰하고자 했다.

> 그 강의실로 걸어 들어갔을 때 온통 남자들만 보였던 게 기억나네요. 자리에 앉아서 강의와 이들의 대화를 들으려고 했는데, 모든 남자들이 한꺼번에 말하는 것처럼 들렸어요. 내가 있을 자리가 아니라는 생각이 들었어요. 완전히 제 정신이 아니었어요. 이 많은 사람들이 말하는 소리를 다 어떻게 기억해야하지, 제 혼자 말했어요. 무언가 기억해보려고

집중을 하니 오히려 더 긴장되었어요. 그래서 모든 걸 포기하고 그냥 조용하게 앉아서 무슨 일이 일어나는지 보자고 결심했어요.

이것은 그녀가 겪은 어색함의 끝이 아니었다. 강의를 듣는 도중 교수는 외설적이고 성적인 단어를 은밀하게 사용하였다. 강의실의 남자들이 그의 말에 함께 살짝 웃었다. 연구자 옆에 앉았던 남학생이 그녀의 반응을 보려고 그녀 쪽으로 얼굴을 돌렸다. 그녀는 "그 남자를 보면서 억지웃음을 보였던 것으로 기억해요."라고 말했다. 그 강의 끝에 교수는 그녀를 소개했고 강의실에 대한 연구 의도를 설명했다. 그래서 그녀는 일어나서 몇 마디 말을 했고, 그런 다음 교수는 잠시 머뭇거리더니 "음... 우리가 당신에게 익숙해져야 할 것 같네요."라고 말했다. 그 이후 그들은 그녀에게 익숙해졌고 그녀도 그들에게 익숙해져 갔다. 그 강의실에 있는 "남자들 중 어떤 한 명"과는 결코 라포르를 형성하지 못했지만, 연구 수행에 필요한 충분한 라포르를 이 남자들과 형성했고, 이를 통해 대학에서 제공하는 온라인 강좌와 오프라인 강좌 사이의 유사점과 차이점을 파악할 수 있었다.

의대 실험실의 간호사 훈련과정에 대한 연구에 관심을 가진 한 연구자가 현관 주차 관리인에게 주차권에 도장을 받으려고 했다. 주차권을 내밀자 그 관리인은 연구자에게 "영업 사원에게는 주차권 도장을 찍어주지 않습니다."라고 말했다. 연구자가 "전 영업 사원이 아니고 연구자고 앞으로 여길 자주 방문하려고 하는데요." 그러자 그 관리인은 연구자를 쳐다보더니 "연구자에게도 주차권 도장은 찍어주지 않습니다."라고 말했다.

연구현장에서 처음 며칠 동안 라포르 형성을 시작하면서 "연구 수행의 요령을 배우게 되고", 연구 수행에 점차 편안함을 느끼게 되고, 연구참여자들이 연구자에게 편하게 느끼도록 하면서 연구를 하게 된다. 쏟아져 들어오는 엄청난 새로운 정보들로 인해 압도되고 혼란스럽게 되는 때가 이때이다. 여전히 배워야할 것들이 많이 있다. 연구자로서 자신의 무능함을 절실하게 느끼게 된다. 위에서 인용한 몇 가지 예처럼 연구참여자의 말이 심각하게 느껴져서 거부감이나 심지어 적의로 받아들여지기도 한다. 이유 없는 불신이 생기는 시기이다.

연구현장에서 처음 며칠은 현장조사의 제일 첫 단계를 나타낸다. 그 장소에서 느껴지는 어색함과 생소함은 종종 이 단계를 특징적으로 나타내는 단어들인데, 연구가 진행됨에 따라 나중에는 연구참여자들에게 완전히 수용되는 느낌으로 바뀌게 된다. 그 구성원들만을 위한 사회 행사에 초대 받거나 어떤 활동에 참여하도록 요청받는 것은 연구자가 그들에게 인정받고 있다는 증거이다. 차츰 그 장소의 사람들은 여러분을 부를 때 이름으로 부르게 되고 무시하거나 피하기보다는 연구자를 알려고 노력하게 된다.

연구현장에서의 처음 며칠을 덜 고통스럽게 보낼 수 있는 조언:

1. 연구현장에서 일어나는 어떤 일도 개인적 감정으로 대하지 말아야 한다. 여러분이 겪는 일들은 현장조사 과정의 전형적인 일부분이다.
2. 여러분을 연구현장에 있는 사람들에게 소개시켜 줄 사람을 첫 방문에 앞서 미리 접촉해둔다. 연구승인을 해 준 사람 중 누구에게 이 일을 부탁하는 것이 좋다. 연구현장에 순조롭게 들어갈 수 있도록 도와달라고 누군가에게 부탁 한다.
3. 처음 며칠 동안 너무 많은 일을 달성하려고 하지 말아야 한다. 느긋한 마음을 가지도록 한다. 첫날은 한 시간 정도의 짧은 방문을 하고 이 시간동안 전반적인 개요를 파악하도록 한다. 너무 많은 새로운 얼굴과 배워야할 일들이 있으므로 천천히 알아가도록 한다. 연구현장의 방문이 끝날 때 마다 현장조사록(fieldnotes)을 작성하도록 한다. 따라서 너무 많은 일을 하려다보면 이 조사록을 작성할 충분한 시간이 없을 수도 있다.
4. 상대적으로 약간 소극적인 자세를 유지하도록 한다. 여러분이 배우고자 하는 것에 대해서 흥미와 높은 관심을 보여야하지만 구체적인 질문을 많이 하지 말아야 한다. 특히 논쟁의 여지가 있는 분야에 대한 질문은 더욱 그러하다. 연구참여자와 대화를 할 수 있는 기회를 제공하는 일반적인 질문을 하도록 한다.
5. 친절하고 상냥해야 한다. 사람들에게 여러분을 소개할 때는 항상 미소를 보이고 공손한 자세를 취하도록 한다. 복도에서 사람들을 만날 때면 "안녕하세요!" 라고 먼저 인사를 한다. 연구현장에서 처음 며칠 동안에는 연구참여자들이 여러분에게 그곳에 와 있는 이유를 물어볼 것이다. 연구승인권자에게 말했던 것을 요약해서 다시 설명하며, 이때는 전문 용어를 남발하지 않도록 주의한다. 연구현장에서 어떻게 행동해야 하는지는 일반적으로 사람들 대할 때와 마찬가지로 지나치게 집요하거나 공격적인 태도를 취하지 않는 것이 좋다. 뛰어난 연구자가 되기 위해서는 이러한 기술을 배우고 훈련해야 한다.

3.3 참여/관찰의 연속성

연구자는 연구현장이나 연구상황에서 일어나는 활동에 어떤 식으로 어느 정도 참여해야 하는가? 골드(Gold, 1958)는 관찰자의 가능한 역할을 스펙트럼으로 논의하였다. 이 스펙트럼의 한쪽 끝은 완전한 관찰자의 역할이다. 이 경우 연구자는 연구현장이나 상황의 활동에 전혀 참여하지 않는다. 연구자는 한 면으로만 된 거울을 통하여 그 상황이나 활동을 있는 그대로 관찰할 뿐이다. 반면에 이 스펙트럼의 반대쪽 끝에는 관찰자인지, 연구참여자인지 행동으로는 거의 구분하기 어려울 정도로 그 상황이나 활동에 몰입하여 활동한다. 현장조사자의 역할 범위는 이들 양끝 점의 가운데 어딘가에 위치한다(Adler & Adler, 1994).

정확히 어떤 활동에 어느 정도 참여해야 하는가는 연구 진행에 따라 변한다. 예를 들어, 참여관찰의 처음 며칠 동안에는 다른 사람들이 연구자를 알아봐 주기를 기다리며, 더 좋으면 그들에게 받아들여지기를 바라면서 조금 떨어져 있게 된다. 관계가 조금씩 발전함에 따라 연구자의 참여정도도 많아진다. 연구의 후반기에 접어들어서는 다시 한번 참여로부터 물러서는 것이 중요하다. 연구자의 너무 많은 참여는 연구참여자들과 지나칠 정도로 친밀하게 되어 자칫 원래 연구목적을 잃어버리게 할 수도 있다(무당의 사기극을 폭로하려던 연구 시도가 어떻게 이런 식으로 변질되었는지에 대한 묘사는 Levine, 1980b를 참고바람).

참여 정도와 참여 방식은 연구의 특성에 맞게 결정되어야 한다. 어떤 교실 관찰자는 교실이라는 장소의 상황적 제약 때문에 교실 활동에 전혀 참여하지 않은 채 교실 뒤에 앉아서 모든 것을 보고 듣고 기록했다(Rist, 1978; Smith & Geoffrey, 1968). 다른 관찰자는 담임교사와 협의하여 교실에서 자원 봉사와 같은 더 적극적인 역할을 했다(Lareau, 1989). 여러 활동에 참여하는 연구자는 어떻게 참여할 것인지를 선택해야 하는 딜레마에 빠진다. 연구자는 자신에게 다음과 같이 질문한다: “교사와 같이 행동해야 하는가?”, “학생들이 하고 있는 것을 나도 똑같이 해야 하는가?”, “보조 교사처럼 행동하는 것은 어떨까?” 이러한 선택들 중 어느 것을 택하여 행동하더라도 부자연스러움을 느낄 것이다. 어떤 사람들은 교실에 담임교사 외에 성인이 있다는 것은 보조 교사의 역할을 하는 것으로 당연히 생각한다. 그래서 연구현장 접근허가를 받을 때부터 은근히 연구자에게 이 역할을 해 주기를 강요한다. 앞에서 이미 언급했던 것처럼, 이런 유형의 참여 정도가 별 무리 없을 수도 있지만 연구 수행의 많은 시간을 이 참여에 할당하지 않도록 주의해야 한다. 뿐만 아니라 교실에서 보조 교사처럼 행동할 때 어린 학생들은 연구자를 특별한 방식으로 정의한다는 사실을 항상 염두에 두어야 한다. 아네트 라루(Annette Lareau)는 두 학교의 두 교실에서 참여관찰을 실시하였다. 한 학교에서는 미술 수업을 마친 후 학생들과 교실 청소를 함께 하는 정도의 작은 역할을 수행했다. 다른 학교에서는 학생들을 관리 감독하는 역할을 맡게 되었으며, 특히 학생들의 규율 관리를 할 때면 상당히 난감했다고 한다(Lareau, 1989).

현장조사에서의 관계 형성에 대한 많은 논의와 함께 이와 관련된 쟁점과 몇 가지 제언을 제시했는데, 사실 현장조사의 많은 부분은 연구자 스스로 해결해 나가야한다. 다양한 형태의 현장조사와 다양한 유형의 장소나 상황에서의 현장조사에 대해 폭넓게 설명해 놓은 책이나 연구물이 없기 때문에, 연구자로서 여러분의 경험을 공유하고 다른 연구자들에게 조언을 해주는 현장조사 방법론에 관한 책이나 연구물을 출판할 기회가 많이 있을 것이다.

누구와 함께, 어느 정도, 어떻게 참여해야 하는가에 관한 질문의 답은 연구의 초점이 차츰 정해지면서 분명하게 드러난다. 예를 들어, 만약 학생들의 관점에서 교실을 이해하려는 것이 연구의 목적이라면, 교사보다는 학생들의 활동에 더 많이 참여해야 할 것이다. 연구참여자로서 학생과 상당한 시간을 함께 보내고자 결정했다면, 다른 참여자들에게는 연구자가 의도적으로 자신들을 멀리하는 것이 아님을 이해시키는 것이 중요하다. 학생들에게 연구의 초점을 맞추는 연구 전략을 담임교사에게 설명해주어 이 교사가 무시당하고 있다는 느낌을 가지지 않도록 신경 써야한다. 교실 내에서만 이루어지는 참여는 다소 미숙해 보이기도 한다. 그래서인지 대부분의 교실연구는 교실을 벗어난 장소나 상황에서 교사와의 인터뷰나 관찰을 포함하는 것으로 종종 연구를 확장한다. 이렇게 함으로써 참여와 관련된 문제는 점차 해결되어 진다.

참여와 관찰의 균형을 유지하는 일은 다른 상황에서도 똑같이 노력해야 한다. 우리의 경험에서 볼 때 어떤 목적 달성을 위해 집단에 소속되거나 집단 활동에 참여하는 구성원들로 이루어진 소집단은 이런 균형 유지가 특히 힘들다. 감수성이 높은 집단, 대치국면을 조장하는 집단, 지지 집단, 권리 회복을 위한 집단, 협력 집단, 공유 집단, 그리고 이와 유사한 집단이나 상황에 있는 구성원들은 연구자에게 완전한 참여를 해야 한다고 압력을 넣는다. 그래서 연구자도 그들처럼 행동할 것을 요구한다. 만약 그들과 함께 행동하지 않고 연구자라고 뒤에 머무르게 되면 자신들의 활동과 구호에 연구자가 비판적이라고 생각하게 된다. 현장조사자는 이처럼 주변인이 되는 것에 죄책감을 느끼게 되는데, 특히 집단 구성원들이 어떤 가치를 공유하는 경우 더욱 그러하다. 비록 이런 정도까지 심각하지 않은 집단 활동이라 하더라도 연구자는 자신의 행동을 결정하는데 어려움이 따르게 된다. 한 관찰자는 "사회성 향상을 위한 행동"의 교수 방법을 배우는 교사훈련 프로그램을 연구하고자 했다. 이 프로그램의 일환으로 교사들은 교실의 규율을 어지럽히는 문제 학생의 행동을 역할놀이로 표현해야 했다. 이 일은 관찰연구를 시작한지 얼마 되지 않아서 일어났고 연구자는 어떻게 해야 할지 몰라 당황했다. 자신의 차례가 되면 그냥 빼먹고 넘어가도록 해야 하는가? 이 역할놀이에 참여하고자 했다면 어떻게 행동하는 것이 바람직한가? 얼마나 진지하고 실감나게 해야 하는가? 연구자는 역할놀이를 통해 이 교사들이 생각하는 문제 학생의 행동에 대한 이들의 사고방식을 관찰할 수 있는 절호의 기회라고 생각했지만 이 상황은 연구자에게 걱정거리를 낳았다. 연구자의 차례가 되었을 때 역할놀이를 하고자 마음먹었지만 그가 한 역할은 소란스러운 학생 역할이 아니라 그냥 뚱한 표정을 한 학생의 역할을 했다. 이런 역할을 함으로써 이 연구자는 참여를 했다고는 하지만 다른 사람으로부터 주의를 끌지는 못했다.

위의 마지막 예는 어떻게 참여하는가는 연구자가 누구인지, 연구자의 가치관, 그리고 연구자의 성격에 좌우된다는 뜻이다. 연구 과제에 맞도록 연구자 개인의 일상적인 행동을 언제든지 바꿀 수 있겠지만, 연구자가 스스로 편안함을 느끼는 행동에 좌우된다. 아주 외향적인 사람은 자신의 소란스럽고 말 많은 성격을 자제해야 한다. 이렇게 자제를 한다고 하더라도 평범하고 조용한 성격의 사람보다는 여전히 더 많은 참여를 하게 된다. 부끄러움을 많이 타는 연구자는 자신을 소개하고 대화를 이끌어나갈 때 좀 더 자기주장이 강한 모습을 보이도록 연습해야 한다.

연구자가 된다는 것은 연구현장에서 데이터를 수집하는 동안 연구목적을 내면화시킨다는 것을 의미한다. 연구를 수행하면서 연구참여자들과 다양한 방법으로 참여를 하게 된다. 그들과 농담도 하고, 여러 면에서 그들과 함께 어울리면서 행동을 같이 한다. 심지어 그들의 일을 도와주기도 한다. 이러한 일들을 하면서도 항상 여러분의 연구목적을 향상시키고 달성하려는 데 마음을 두어야 한다. 각 연구참여자의 머리 위와 주변에 가상의 경고 표시를 붙여두어야 한다. 그 표시란, “내가 여기 있는 주된 목적은 데이터를 수집하기 위함이다. 지금 내가 하는 행동은 그 목적과 어떻게 연관되는가?” 이다. 여러분이 하는 행동이 데이터 수집과 관련이 없다면, 데이터 수집이란 목적으로부터 멀어지고 있다는 경고로 받아들여야 한다. 그렇지만 이 말이 연구현장에서 데이터 수집을 위해 항상 체계적으로 생각하고 행동해야 한다는 그런 뜻은 아니다. 좋은 라포르의 형성을 위해서는 때때로 연구참여자들과 함께 어울리는 것이 필요하다. 함께 영화를 보러 갈 수도 있고 한잔하러 갈 수도 있다. 영화를 함께 보러가는 것이 많은 데이터 수집에 도움 되지는 않겠지만, 이런 활동을 통해 라포르 형성이 좋아지고 앞으로의 데이터 수집을 잘 할 수 있게 해준다.

3.4 다른 문화에서 현장조사 하기

여러분이 연구하는 사람들이 여러분의 언어, 관습, 그리고 일상생활의 여러 가지 측면을 어느 정도 공유하는가에 따라 연구는 다양하게 된다. 동네에 있는 학교나 병원, 또는 사회복지시설에 대한 연구를 할 때도 마치 다른 문화에 있는 것처럼 접근해야하지만, 연구자의 배경과 전혀 다른 곳에서 연구를 해야 하는 경우도 있다. 이러한 "경계를 넘어선" 현장조사를 수행할 때는 다른 곳에서 경험하지 못한 특별한 문제가 발생하기도 한다. 다른 나라에서 현장조사를 하는 것은 종종 다른 문화에 있다는 것을 의미하지만, 다문화권인 미국에 있다는 것 자체도 여러분이 살고 있는 도시나 이웃들과는 사뭇 다른 문화적 차이를 발견하게 된다.

이런 경우 특별히 신경써야할 몇 가지 사항들이 있다. 모든 문화 집단들이 미국의 중산층 사람들이 생각하는 "연구" 또는 "연구자"의 정의를 공유하고 있는 것은 아니다. 여러분에게는 이런 단어의 의미가 아주 분명하고 전혀 모호한 점이 없을지 모르지만, 연구참여자들은 그렇게 생각하지 않을 수도 있다. 그들이 연구참여동의서에 사인을 하는 것은 연구자와 대화하고 연구를 도와주겠다는 뜻이다. 하지만 이들이 사인을 했다고 해서 생각하는 것도 연구자와 같다는 뜻은 아니다. 대부분의 사람들에게 연구라는 단어는 모호해서 어떤 사람들에게는 실험실에서 행해지는 일이나 정부의 억압에 의한 기분 나쁜 실험의 이미지를 떠올리게 한다. 연구참여자들은 일반적으로 연구란 돈을 받고 어떤 실험이나 활동에 참여하는 것으로 생각한다. 그렇기 때문에 어떠한 연구를 하더라도 연구자와 연구참여자들 사이의 완벽한 상호이해는 불가능하다. 그렇더라도 연구참여자들이 연구자를 어떻게 보는지를 이해하는 것은 중요하며, 문제나 상호 오해의 소지가 있는 것은 줄이려고 노력하는 것이 중요하다. 또 연구참여자들이 연구자와의 관계를 정의하는 방식에 따라 수집한 데이터를 해석해야 하는 것도 중요하다. 연구참여자들의 눈에는 종종 연구자라는 사람은 자신들에게 익숙한 구호단체 등에서 파견된 근로자나 사회복지사, 또는 심지어 스파이의 이미지로 인식된다. 이들에게 연구자의 개념을 익숙한 개념과 비교하여 설명해주는 것이 종종 도움이 되기도 한다. 어떤 경우에는 연구자보다는 책을 쓰려고 찾아온 작가 정도로 이해하도록 하는 것이 연구를 수행하는 데는 더 쉬울 수도 있다.

문화가 다른 경우 사람들 사이의 의사소통 방식과 관계 형성의 규칙도 당연히 다르다. 예를 들어, 어떤 문화에서는 권위 있는 인물 주위에서는 조용하게 침묵하는 것이 하나의 규칙처럼 여겨진다. 또는 다른 문화권 사람들의 믿음이나 신념, 생각을 수용하는 것은 옳지 못한 일로 간주되기도 한다. 미국의 중산 계층이 공유하고 있는 사생활이란 개념은 여러 문화에서 전혀 다르게 정의된다. 낯선 사람과의 개인적 인터뷰는 연구자의 문화에서는 흔한 일일 수 있지만, 다른 문화에서는 받아들이기 어려운 일일 수도 있다. 따라서 이러한 문화적 차이를 잘 알지 못한다면, 라포르 형성은 어려워지고 연구현장에서 연구참여자들과의 관계 형성을 잘못 해석하는 일이 생길 수도 있다. 어떤 것들이 이러한 부분에 해당하는지 다른 사람들과의 토론을 통해서 찾으려고 노력하는 것이 좋다. 여러분이 대접받는 방식이 다르거나 여러분의 생각대로 그 사람들이 행동하지 않는 것을 여러분에 대한 비난이나 싫음을 나타내는 것으로 생각해서는 안 된다. 현장조사는 이러한 점들을 당연히 고려해야 하기 때문에 그들에 맞도록 여러분 스스로를 바꾸어야 한다. 연구하고자 하는 사람들의 스타일과 관습에 적합하도록 여러분의 스타일을 변화시켜야 한다. 그리고 여러분의 연구방법도 그 지역이나 문화 고유의 사고방식과 지식을 충분히 고려하도록 해야 한다.

3.5 연구자의 개인적 특성과 라포르 형성 과정의 문제

연구하고자 하는 그 문화의 일반적인 면을 이해하는 것과 더불어 연구자의 개인적 특성이나 지위가 연구에 참여하는 개별 연구참여자와의 관계 형성에 어떤 영향을 주는지도 알아야 한다. 예를 들어, 연구자로서 여러분의 개인적 특성은 노동자 계층 출신으로 30대 중반의 이혼한 백인 여성이거나, 명문 대학에서 교육을 받은 20대 후반의 미혼 흑인일 수 있다. 한 나라 안에서도 다른 지역 출신이기 때문에 연구자의 행동이나 말하는 스타일이 너무 달라서 이런 차이점들이 쉽게 느껴질 수도 있다 (우리 둘 중 한 명이 실제로 조지아주에서 연구를 수행할 때 그곳 사람들의 눈에는 이 연구자가 너무 에너지가 넘치고, 말을 빨리하고, 행동이 빠른 사람으로 인식되었다고 한다). 그리고 연구자가 생각하는 남녀에 대한 생각과 연구참여자들의 생각과 다를 수도 있다. 이러한 특징에 따라 연구자는 위험한 사람으로, 별 볼일 없는 사람으로, 또는 진실하지 못하고 믿을 수 없는 사람으로 정의되어질 수 있다.

다양한 연구참여자들과 연구 관련자들에게 여러분이 누구이고 어떤 사람으로 인식되며, 또 그런 인식이 이들에게 어떤 의미를 주는지는 연구현장에서 이들과의 관계 형성을 이해하는데 중요할 뿐만 아니라 수집한 자료를 해석하는 데도 중요하다. (물론 연구자의 개인적 특성들은 이들 연구참여자들이 알 수 없는 부분이기도 하다. 그래서 연구자 자신에 대해 말해주어야 할 부분이 있는데, 제공된 이 정보가 연구현장에서 연구자와 연구참여자와의 관계 형성에 영향을 줄 수 있음을 염두에 두어야 한다.) 연구참여자에게 미치는 연구자의 개인적 특성의 효과를 최소화시킨다는 것이 좋은 것만은 아니다. 그래서 모두 남자만 있는 연구장소에서 여자 연구자의 영향이나 모두 백인인 연구참여자 집단을 연구하는 흑인 연구자의 영향과 같은 그런 것은 여기에서 논의하지 않으려고 한다. 어떤 사람을 처음 만났을 때 느낀 그 사람에 대한 개인적 인상이 그를 정의하고 그 이후의 관계 형성에서 가장 중요하듯이, 연구참여자들이 가지고 있는 연구자에 대한 "너 같은 사람"에 대한 정의나 인식은 차츰 충분히 해소할 수 있다. 즉, 여러분이 누구라는 사실이 연구참여자들에게 특별한 의미를 준다면, 여러분 자신이 어떻게 행동해야 하고 정확히 어떤 역할을 해야 하는지 더 고민하고 반성하는 자세와 행동을 취해야 한다.

성인 연구자와 어린 아동이 연구참여자인 경우의 연구에서 특별히 고려해야 할 것을 간단히 살펴보고자 한다. 어린 아동의 경우 특별한 라포르 형성이 필요하다. 그리고 어린 아동을 대상으로 연구를 수행하다보면 여러 가지 생각하지 못한 문제들이 생긴다(Fine & Sandstrom, 1988). 대부분의 사람들은 아동기를 사회적 개념으로 생각하지 않고 어떤 절대적인 범주로 생각한다. 그렇기 때문에 연구자도 아동에 대한 이런 관점에 영향을 받을 수밖에 없다(James & Prout, 1990). 어른들은 어린 아동들이 말하는 것을 진지하게 들어주고 생각하려고 하지 않는 경향이 많이 있다(Morrow, 1995). 어른들은 항상 어린 아동을 보살피려는 말이나 행동을 하며, 대화를 어른 위주로 이끌어가며, 심지어는 슬쩍 놀리거나 농담을 하기도 한다. 어른들은 어린 아동들의 행동을 이렇고 저렇게 평가하려고 하고, 이들의 또래집단보다 훨씬 더 이들에 대한 책임감을 항상 느낀다. 만약 연구자로서 이러한 어른식 습관을 가지고 있으면서 어린 아동을 대상으로 연구하고자 한다면 먼저 이런 습관부터 버려야 한다. 아이들은 "애들같이" 대해주어야 하며 이런 식에 익숙한 것이 아이들이다. 아동들 나름대로 어른을 다루는 특별한 방법을 가지고 있어서 어른을 승인하거나 받아들이기도 하고, 거부하기도 하고, 어떤 경우에는 공모하여 어른을 골탕 먹이기도 한다(Bluebond-Langner, 1978). 이런 아동들의 세계에 들어가기 위해서는 권위적인 어른 연구자의 얼굴이 아니라 친한 친구 같은 얼굴로 접근해야 한다(Fine & Glassner, 1979; Mercurio, 1972; Michaels, 1994). 아이들의 경우 어른을 자신과 동일한 아이로 받아들이기가 쉽지 않지만, 연구자가 친구 같은 태도를 취한다면 아동들 세계의 내부인으로 점차 받아들이게 될 것이다. 우리가 알고 있는 관찰자들의 경우 다양한 방식으로 비위협적이며 비참견적으로 어린 아이들을 관찰하는데 성공한 사례들이 있다. 어떤 관찰자는 유치원생들과 초등학교 1학년생들을 연구했는데, 이들이 학습 활동과 놀이를 할 때 이들과 똑같이 행동하고 참여했다. 그녀는 이 아이들이 하는 것을(그림 그리기, 게임하기) 따라 함으로써 "이들을 도와주려는" 어른의 태도를 버릴 수 있었고, 아이들은 그녀 앞에서도 스스럼없이 더욱 자연스럽게 행동하게 되었다. "대안학교"를 연구했던 또 다른 연구자는 학생들이 자신을 어른으로 생각했고, 그로 인하여 외부인으로 인식하게 되어 항상 자신들의 원래 모습이 아닌 다른 식으로 행동하고 말하는 것을 느꼈다. 그래서 이들의 세계에 들어가기 위하여 성인 연구자로서의 방식을 버렸다. 그가 관심을 가지고 있었던 아이들은 10살에서 14살 정도였다. 그는 이들과 음료수를 마시러 같이 가고 이들이 하는 여러 가지 다른 것도 같이 하고 했지만 결국 아무런 소용이 없었다. 심지어 이들에게 뇌물까지도 주려고 했다. 위의 예에서 말하고자 하는 것은 연구현장에서 연구참여자들과 관계를 형성하고자 할 때 나이를 — 여러분이 어른이고 연구참여자가 어린 아동들일 때뿐만 아니라 여러분이 20대로서 교장을 인터뷰하고자 할 때도 — 항상 고려해야 한다는 점이다.

연구참여자들과 연구자 사이의 학업과 사회 경제적 지위의 차이도 현장조사를 할 때 관계 형성에 또한 중요한 영향을 준다. 브렌다 솔로몬(Brenda Solomon)은 정부로부터 생계비를 보조받고 있거나 받았던 적이 있지만 간호조무사 자격을 얻어 이 보조금을 받지 않으려고 노력하는 여자들을 연구했다. 그녀는 이들의 수업을 같이 들었는데, 연구자 자신과 이들 여성들과의 학력에서 오는 차이를 극복할 수 있는 방법을 계속해서 고민했다. 그녀가 생각해낸 한 가지 방법은 이들과 같이 시험을 치는 것이었다. 그녀는 매번 시험에서 많이 틀렸고 이 학생들이 그것을 고쳐주곤 했다. 현장조사록에 그녀는 다음과 같이 적었다(1996):

> 선생님은 우리들에게 두 번째 간단한 시험을 친다고 하면서 책과 공책을 모두 책상 아래에 두라고 했다. 우리들은 한 사람씩 선생님의 책상에 가서 시험을 쳤다. 나도 시험을 쳤다. (나는 이 시험을 내가 참관하고 있는 마지막 과목에서 쳤는데 내가 얼마나 많이 틀리는지를 모든 사람들이 보는 것은 재미있을 거라고 생각했다. 이들에게 내 약점을 알게 해서 나를 놀리게 하는 것은 이들과 친밀해지는 중요한 전략이라고 생각한다.)... 이렇게 시험을 못 치는 것이 이 여성들과 내가 친해질 수 있는데 도움이 될 것이라고 생각한다.

교사가 온통 붉은색으로 수정한 시험지를 받는데 그녀는 전혀 마음상해 하지 않았다. 특히 4월이 지나고 나서 한 학생이 반학생들 모두 보는 앞에서 "백점 안 받도록 해. 그래야 같이 공부 못하는 학생이 되지!"라고 말하는 것을 들을 수 있었다.

연구자의 개인적 특성과 이런 특성들이 어떻게 연구참여자들과의 라포르 형성에 영향을 주는지 전부 논의하지는 못하지만 몇 가지는 특히 중요하다. 그 중 한 가지가 성(性)이다. 성은 미국 문화를 구성하는 핵심적인 요소로서 연구자가 남성이냐 여성이냐에 따라 연구참여자들에게서 다르게 대우 받으며 연구하는 세계에 대한 이해도 성에 따라 차이가 난다(Warren, 1988, p. 5). 예를 들어, 남자들만 있는 상황을 연구하고자 하는 여성 연구자는 전통적으로 귀여운 멍청이, 개인 비서, 성적 만족의 대상, 성과 관련된 유머의 대상과 같은 전형적인 성차별적 여성의 역할을 강요받았다(Warren, 1988; Easterday, Papademas, Shorr, &

Valenine, 1977). 그리고 접근에 대한 문제도 있다. 남자 문화기술지 연구자는 남자라는 이유 때문에 연구참여자들에 대한 접근에 어려움을 겪었다. 백(Back, 1993)은 런던 남부에서 어린 여성을 상대로 대화를 시도할 때마다 성매수 하려는 것으로 착각한 10대 남자 청소년들로부터 고소를 당했다. 남편이 운동선수인 프로 운동선수 부부들을 대상으로 연구했던 올티츠(Ortiz, 2004, 2005)는 이들에게 남자다운 터프함을 보여주고 나서야 부인들에 대한 접근 허가를 얻고 라포르를 형성할 수 있었다. 주로 가정적이지 않고 비협조적인 남편들로 둘러싸여 있다 보니 이 부인들은 연구자의 세심한 성격과 관심에(그의 뛰어난 현장조사 능력이기도 하다) 빠져서 결국 연구자가 그 연구현장을 벗어나는 데 상당한 어려움을 겪기도 했다.

어떤 연구자들은 면담자가 여성인 경우 남성 면담자보다 상대적으로 여성들과 쉽게 친밀한 관계를 형성한다고 지적하면서 남성 면담자는 이런 끈끈한 관계를 만들기 어렵다고 한다(Devault, 1990; Oakley, 1981). 릴리안 루빈(Lillian Rubin)에 따르면 남자들이 은밀한 주제에 대해 허심탄회하게 말하도록 하는 데는 남성 면담자보다 여성 면담자가 훨씬 효율적인데, 그 이유는 남자들끼리는 그러한 개인적인 부분에 대한 대화를 서로 꺼내지 않으려는 속성 때문이라고 한다(Rubin, 1976). 많은 페미니스트들은 연구자와 정보제공자 사이에 존재하는 권위적 요소를 밝혀내어 좀 더 사려 깊은 비권위적 관계를 형성하려고 노력한다(Fine, 1994b). 라포르 형성의 쟁점과 함께 어떻게 글로 표현하는 것이 좋은지도 페미니스트들에게는 쟁점이다. 페미니스트들은 연구를 수행하는 데 있어서 "감정적 요소"에 대해 많은 관심을 기울여왔다(Fonow & Cook, 1991, p. 9).

피부 색깔과 민족적 배경은 미국 사회의 여러 곳에서 그 의미가 공공연하게 나타나고 있으며, 특정한 연구참여자들에게는 특별한 방식으로 큰 영향을 줄 수도 있다. 연구참여자들은 연구자에 대해 여러 가지 추측하기를 좋아한다. 연구자의 피부 색깔과 민족적 배경에 따라 그리고 이런 것에 대해 연구자가 어떻게 행동 하는가에 따라 연구참여자들은 더 편하게 느끼기도 하고 다소 불편하게 느끼기도 한다. 연구현장에서 직면하게 되는 인종에 대한 편견과 사회적 왕따, 그리고 다른 형태의 인종차별적 요소에 대해 어떻게 행동할 것인지 고민하고 공부하는 노력이 필요하다(Duncan, 2002).

피부 색깔, 인종, 문화적 정체성 등은 때로는 연구를 촉진하기도하고 때로는 복잡하게 만들며, 어떤 경우에는 연구현장의 장벽을 만들기도 한다. 이것은 연구자가 자기와 같은 민족 집단의 사람들을 연구하든, 전혀 다른 민족 집단의 사람들을 연구하든 마찬가지이다. 미국 흑인 여성인 시그니씨아 포드햄(Signithia Fordham)은 미국 흑인 고등학생들이 인식하고 있는 성공의 의미를 연구했다. 그녀는 미국 흑인 여성이라는 자신의 정체성에 의해 "동질감"과

"이질감"을 동시에 경험했다고 기술했다(1996, p. 36). 동질감과 이질감 사이의 긴장은 종종 그녀를 끊임없이 괴롭히는 의문으로 표출되었다. 이들 고등학생과 나 자신 사이의 흑인이라는 인종적 동질감이 연구 과정에 어떤 영향을 줄까? 나는 미국 흑인 학생들을 대변하기 위한 위치에 있는가? 이들 고등학생들을 연구하는데 있어서 나 자신의 학창시절의 경험이 어느 정도 도움이 되는가? 이 학생들은 연구자인 나를 어떤 관계로 생각할까?(pp. 36-37). 미셸 포스터(Michele Foster)는 미국 흑인 교사들을 인터뷰 했을 때 전혀 이들과의 이질감을 느끼지 못했는데, 그 이유는 자기 가족의 흑인 사회에 대한 참여 역사를 끄집어냈기 때문이었다(Foster, 1994). 과달루페 발데스(Guadalupe Valdes, 1996)는 미국 학교에 다니는 멕시코 이민 가정의 경험을 연구했다. 그녀는 이들 정보제공자들과 공통된 인종적 배경을 공유했다.

> 내가 연구하고 있는 이 가정들과 마찬가지로, 나도 멕시코를 떠날 때 다시 돌아오지 못할 것이란 것을 알고서는 슬퍼했던 경험이 있었다. 그리고 나도 이 나라에서 아이들을 키웠다. 내가 연구하고 있는 이 가정의 엄마들처럼 나 또한 애들을 얼마나 엄하게 키워야 하는지 그리고 이 "미국식" 애들에게 어느 정도까지 가정교육을 시켜야 하는지 고민스러웠다. (p. 11)

그렇지만 그녀가 연구했던 가난한 가정과는 달리 그녀는 "부유한 가정" 출신이었다. 그래서 매우 다른 사회, 경제적 배경을 가지고 있어서 이런 부분에 대해서는 공유를 하지 못했다. 그녀가 연구했던 사람들 속에서 내부자와 외부자의 모습을 동시에 가졌을 때, 그녀는 마침내 "대모"의 역할도 하게 되었고 그곳 사람들을 대부와 대모로 삼게 되었다. 연구자의 배경과 동일한 문화공동체 안에서 연구를 할 때 공유된 어떤 것들도 있지만 여러 가지 그렇지 못한 점들도 있다.

유럽계 미국 연구자들이 전통적으로 소외된 집단의 사람들을 연구할 때, 미국 사회에 깔려 있는 인종차별이나 편견에 대해 고려해야 한다. 미첼 더나이어(Mitchell Duneier)는 미국계 흑인 남성에 관한 두 가지 연구 프로젝트를 수행하면서 이 문제를 경험했다. 시카고의 한 카페테리아에 자주 들르는 한 무리의 남자들을 연구했을 때, 그는 슬림이라는 남자와 그의 친구들과 친해지는 과정에서 인종적 측면이 어떤 영향을 끼쳤는지 거의 경험하지 못했다(Duneier, 1992). 그런데 몇 년 후 거리에서 책을 파는 사람들을 연구하려고 뉴욕에 갔을 때는 여러 가지 인종문제를 경험하게 되었다(Duneier, 1999). 이들과 자신 사이의 신뢰 문제, 백인 남성이 피부색이 다른 사람을 연구하는 것에 대한 연구자로서 자신의 입장, 이들 정보제공자의 이야기에 대해 존중감을 나타내려 했던 자신의 노력 등에 대해 자세하게 기술했다.

이러한 경험에 대한 기술은 이들과의 인터뷰 도중 녹음기를 켜두고 잠시 자리를 비운 사이에 백인 연구자인 자신에 대해 이들 정보제공자들끼리 나눈 대화 녹음에서 얻어진 것이다.

인종의 사회적 측면은 우리 중 한 명이 초등학교 교사에 대한 연구를 하는데 나쁜 효과를 초래했다. 미국계 흑인 교사들 중 몇 명은 이 연구를 위한 인터뷰를 거부했다. 연구자는 연구참여를 꺼려하는 유럽계 미국인 교사들에게는 감언이설로 설득하여 마침내 연구참여 허락을 받아냈지만, 이와는 달리 미국계 흑인 교사들에게는 이런 식의 적극적인 설득 노력을 기울이지 않았다. 좀 더 뻣뻣하게 말하고 행동했으며 이 흑인 교사들의 연구참여를 설득하려고 열심히 노력하지도 않았다. 또 이 연구자는 어떤 미국계 흑인교사가 자신의 가족 이력을 이야기 했을 때, 중산층 백인 가정 출신인 연구자의 눈으로만 들었기 때문에 잘못 오해하기도 했다. 연구자와 좋은 관계를 형성했던 이 교사는 항상 연구자를 대할 때 마다 자신의 아이들에 관한 이야기와 주변의 잡담을 늘어놓았다. 연구자는 상호간의 라포르는 이미 형성되었기 때문에 이런 대화를 라포르 형성을 위한 대화로 취급하고서는 연구를 위한 "진짜" 문제로 대화 주제를 급하게 몰고 갔다. 연구자는 아이들에 대한 이 교사의 이야기의 중요성을 눈치 채지 못했고, 이런 대화를 연구주제와 연결 지을 수 있는 좋은 기회를 잃어버렸다. 이 학교의 교사들 중 아무도 아이를 유아원에 보내지 않고 있었지만 이 교사와 연구자는 보내고 있었다. 이런 공통적 유대는 이 교사가 교사로서 직장 생활을 해 나가는데 있어 어떤 사회적 지원이 필요한가라는 더 깊고 세세한 부분의 대화를 시작할 수 있는 계기였다. 그런데 연구자가 단지 자신의 백인 중산층 가정의 문화적 관점에서만 생각했기 때문에 이런 좋은 기회를 놓친 것이다. 인종의 사회적 측면은 여러 인종적 정체성을 가진 질적 연구자들에게는 고려해보아야 할 사항 중 하나이다(De Andrade, 2000 참조).

인종과 더불어 신체나 정신장애는 어떤가? 연구자와 연구참여자 사이의 관계 형성에서 대부분의 사람들이 생각하지 않는 요소가 바로 이것이다. 건강한 몸을 가진 연구자가 "장애를 가진" 사람들을 연구할 때는 긴장 상태가 야기되어 오해의 소지가 생기기도 하는데, 특히 연구자가 한 번도 이들과의 육체적, 정신적 차이점을 생각해본 적이 없을 때도 그렇지만 (Goode, 1994), 장애인 권익을 위한 단체에 속한 사람들과 함께 있을 때는 더욱 그러하다. 자신들만의 언어와 자신들만의 문화를 가졌다고 대변하는 청각장애자 단체의 구성원들 중에는 특별히 정치적 인식이 높은 사람들이 많다. 장애를 가진 연구자가 자신과 다른 장애를 가진 사람들을 연구하는 것은 또 다른 어려움을 낳을 수 있으므로 이런 어려움을 고려하여 연구해야 할 것이다. 장애에 관한 연구 분야에서 가장 독창적이고 도전적 연구 중에는 중증발달장애를 가진 사람들의 관점을 이해하려는 연구이다. 이 연구는 장기간의 노력과 연구방법적 혁신이 요구된다(Goode, 1992, 1994; Taylor, Bogdan, & Lutfiyya, 1995).

마지막으로, 성과 인종에 대한 연구의 관심 정도와는 동일하지는 않지만 소수의 몇몇 연구자들은 권위와 권력, 특권을 가진 소위 엘리트 계층에 속한 사람들에 관한 특수한 문제들에 관심을 가져왔다(Hertz & Imber, 1993). 연구자가 엘리트 사회에 들어가는 것도 아주 어렵지만, 일단 들어갔다고 하더라도 그 사회의 이면까지 들여다 볼 수 있는 위치까지 가려면 수많은 난관을 헤쳐 나가야 하므로 결코 쉽지 않은 일이다. 연구자가 권력에 있는 사람들과의 개인적인 밀접한 관계와 혹시 있을지도 모르는 보복 때문에 이들에 대해 비판적인 연구결과를 기술하는 것도 또한 힘들다.

연구자의 개인적 특성으로 인해 라포르 형성이 쉽게 이루어지는 경우도 있다. 연구참여자들과 나이가 비슷하다거나 같은 성이라는 사실은 라포르 형성을 촉진시키기도 한다. 그러나 연구자의 이런 개인적 특성이 여러분과 다른 특성을 가진 사람들을 연구할 때 항상 도움이 된다는 뜻은 아니다. 이러한 특성을 잘 감안해서 연구참여자들과의 관계 형성에서 있을지도 모르는 잠재적 어려움을 좋은 쪽으로 바꿀 수 있는 전략으로 활용하도록 해야 할 것이다.

3.6 말과 행동을 신중하게

연구참여자들과 "협력적" 관계에 있는 현장조사자의 희망은 연구장소나 상황에 흡수되어 어느 정도 "중립적(또는 자연적)" 일부가 되는 것이다. 이렇게 연구참여자들에게 수용되고 인식되는 것을 촉진시켜 주는 여러 전략들이 있다. 옷차림이 그 한 가지인데, 사람들은 자신이 누구인지를 알리려고 옷을 선별하여 입는다. 그렇다고 여러분의 개인적 옷 입는 스타일을 포기해야 한다는 의미는 아니지만, 옷 입는 모양이 연구참여자들한테 어떤 의미를 전달한다는 사실은 염두에 두어야 한다. 캐주얼하게 옷을 입는 사람들이 있는 장소라면 연구자도 캐주얼하게 입는 것이 좋다. 학교의 경우 옷 입는 형태에 의해 누구인지, 어디 소속인지를 알 수 있는데, 교장이나 교감처럼 행정을 담당하는 사람들은 양복이나 드레스 차림이고 교사는 이 보다는 다소 편한 복장, 학생과 학교 관리인은 티셔츠와 청바지 차림일 것이다. 옷차림이 무언의 코드임을 염두에 두어야 하는데, 만약 너무 불편함을 느끼지 않는다면 그 장소에 맞고 연구자의 신분에 어울리는 옷차림을 하는 것이 좋다. 연구참여자나 연구관련 사람들의 복장이 여러분에게 편하게 느껴지고 이들도 그렇게 느낀다면 이들의 옷차림을 따라 하는 것이 좋고,

그렇지 않은 경우에는 이들과 복장을 구태여 똑같이 하지 않아도 무방하다.

여러분이 만약 체계적이고 엄밀하게 연구를 수행하면서 신뢰를 쌓게 되면, 심지어 내부자라도 알지 못하는 어떤 정보와 의견을 손쉽게 알 수 있는 위치에 있게 될 것이다. 그렇지만 연구참여자들과 대화할 때 알고 있는 지식을 너무 많이 드러내지 않도록 하는 것이 중요하다. 그 이유는 연구참여자들이 "모든 것을 다 아는" 사람과 옆에 있다는 것에 불편함을 느낄 수 있기 때문이다. 연구참여자에게서 들은 개인적이고 비공개적인 어떠한 내용도 절대 다른 참여자와 얘기해서는 안 된다. 무슨 말을 하더라도 비밀을 지키는 믿을 수 있는 사람이라는 인식을 연구참여자들에게 심어주어야 한다. 심지어 멍청해 보이고 틀린 신념과 견해를 가진 연구참여자를 만나더라도 절대 그것을 말하면서 틀린 점을 지적하고 고쳐주려고 해서는 안 된다. 한 연구자는 믿을만하고 신뢰할 수 있는 사람이라는 명성 덕분에 관찰했던 학교의 교사들에게 쉽게 인정받아 그들과 함께 어울리는데 많은 도움이 되었다고 한다. 그 교사들이 이 연구자를 어느 정도까지 신뢰했는지는 모르지만, 이 교사들에게 이 연구자는 "적어도 험담"하는 사람은 아니었다(Smith & Geoffrey, 1968).

험담을 하지 말라는 조언은 연구참여자들이 아닌 사람들과의 대화에도 그대로 적용된다. 연구를 수행하면서 직면하게 되는 여러 문제와 예상되는 연구 산출물에 대해 동료나 지도교수와 논의하는 것이 비록 중요하겠지만, 알게 된 정보를 가지고 수다를 떤다든지 경솔한 행동을 하는 것은 피해야 한다. 예를 들어, 그 정보가 파티의 대화 주제가 되도록 해서는 안 된다는 것이다. 연구에서 알게 된 정보나 경험을 다른 사람과 이야기할 때 스스로 "내가 연구하는 곳의 사람들은 자신들에 관한 이야기를 다른 사람들과 나누는 나를 어떻게 생각할까?"라는 질문을 던져야 한다. 그들이 당황스러워하고 부끄러워할 것이라고 생각되면 즉시 대화를 그만두는 것이 좋다. 여러분이 말한 것이 어떤 경로를 통해 연구참여자들의 귀에 들어간다면, 그들과의 관계는 심각한 상태에 빠질 수 있다. 그렇게 된다면 서로간의 신뢰는 이미 깨어진 것이다.

많은 교사들이 자신들의 수업을 관찰하는 연구자를 수업 활동에 지장을 주지 않는 흥미로운 인물로 생각하지만, 자신들의 일거수일투족이 항상 관찰된다는 사실은 심신을 피곤하게 한다고 말한다. 마치 자신들이 어항 속에 있는 것처럼 느껴지는 것은 이들 교사들에게 상당히 힘든 일이며, 대학 수업의 논의의 중심에 자신들이 있음을 아는 것 자체만으로 거북함은 더욱 심해질 수 있다. 학교에서 교사들과 현장조사를 연습하는 대학생이나 대학원생들은 계속해서 이런 점에 특히 주의해야 한다. 어떤 협력교사는 자신에게 배정된 학생 연구자에게 "연구법 수업이나 프로젝트의 일환으로 예비 교사들에게 우리들 수업을 관찰하게 하고 싶다고 교수님들이 말하지만, 사실 우리 수업을 비판하려고 하는 것으로 느껴져요. 이렇게 한 반 모든 학생들을 충분히 잘 보살피지 못한데 대해 애들에게 미안한데, 그것도 모자라 또 비판까지 받아야 한다니... 교수님들은 31명의 애들과 하루 종일 여기에 있지 않으면서 말이죠." (이 점에 대한 논의는 Sarason et al., 1966, pp. 74-97 참조).

연구자가 기록하는 현장조사록에는 연구참여자에게 아무런 해도 입히지 않는 정보만을 담도록 해야 한다. 이 조사록에는 연구참여자들로부터 구한 인용문과 연구자 자신의 개인적인 반성도 포함되어 있기 때문에, 이 자료들을 신중하게 다루어야 한다. 연구하고 있는 연구참여자들이 이 자료를 볼 수 있는 곳에 절대 두지 않도록 주의해야 한다. 또 익명보장을 위하여 기록하는 사람들 이름은 가명으로 처리하고, 연구장소가 학교라면 학교 이름도 바꾸어야 하며, 수집한 데이터가 어디에서 누구에게서 얻은 것인지를 짐작할 수 있는 조그만 정보조차도 알지 못하도록 조치를 취해야 한다.

공개적으로 연구를 수행하는 경우 연구참여자들은 연구자의 연구 의도와 목적을 알게 되지만, 라포르가 형성된 후에는 여러분이 연구자라는 사실은 점차 이들의 머리에서 사라지게 된다. 연구자의 존재를 의식하지 말고 이들이 당연시 생각하고 행동하는 것을 연구자도 경험할 수 있게 해달라고 부탁해야 한다. 깊이 있고 집중적인 현장조사를 수행하는 것은 질적 연구의 본질적 부분인데, 이것에 대해서는 4장에서 더 자세하게 설명하려고 한다. 여기서 조언하고 싶은 말은 관찰시간이 끝나고 그곳을 떠난 후에 현장조사록을 작성하라는 것이다. 되도록 연구참여자들 앞에서는 조사록을 작성하지 말 것을 권하고 싶다. 그렇지만 조사록을 작성할 수 있는 적절한 때가 있을 때도 있다. 고등학교 수업을 참관하는 경우 학생들에게 자주 필기 시간이 주어지는 것을 볼 수 있는 것처럼, 연구현장에 있는 사람들이 필기나 노트 작성을 하는 경우가 있다. 의대생들은 아침에 회진을 돌 때 주로 메모를 한다. 이럴 때가 연구자도 현장조사록을 작성할 수 있는 적절한 때이다. 또 정보제공자가 복잡하고 자세한 어떤 내용을 설명할 때 그 앞에서 메모하는 것은 그 사람에게 전혀 불쾌감을 주는 행동은 아닐 것이다. 예를 들어, 교장이 그 학교의 조직체계표를 설명할 때 조사록을 꺼내서 메모하는 것은 전혀 문제될 행동이 아니다. 사실 상급 지위에 있는 행정가들이나 사람들은 자기들이 말할 때 주변사람들이 받아 적는 것을 은근히 기대하고 좋아한다. 이런 사람들을 인터뷰할 때 메모하는 것은 오히려 라포르 형성을 촉진시키기도 한다.

연구참여자들은 연구자가 적고 있는 것이 무엇인지 아주 궁금해서 대개의 경우 엿보려고 한다. 기록하는 그 어떤 것도 연구참여자가 보도록 해서는 안 된다는 점을 특히 명심해야 한다. 조사록이나 메모를 작성하는 경우 연구록이나 메모판을 다른 사람이 볼 수 있게 잡고 비밀스럽거나 보여주기 거북한 내용을 기록하는 것이 아니라는 행동을 취하도록 한다.

메모판과 볼펜을 항상 손에 들고서 연구현장 주변을 돌아다니지 말고 필요하다고 생각될 때만 잠깐씩 메모하도록 한다. 숙련된 연구자는 그 곳 연구현장의 개인적인 조용한 공간(화장실 같은 곳)을 찾아 집에 돌아가서 그날 관찰한 것과 대화 내용을 현장조사록에 재구성할 때 기억재생에 도움이 될 수 있는 간단한 단어나 제목, 문구를 메모장에 빠르게 적어둔다. 이런 방법을 취할 때 연구참여자들을 감시하는 스파이라는 인상을 주지 않도록 주의한다.

3.7 정치성과 갈등이 짙은 장소나 상황 연구하기

사회복지시설의 경우 불화와 알력, 정치성이 존재하는 곳이 많으며 그 정도는 장소에 따라 다르다. 학교, 병원, 복지기관 등의 장소는 정책과 절차에 대한 논쟁이 종종 일어나는 곳이다. 그렇기 때문에 이런 곳을 찾는 고객이나 내방객은 물론 외부에서 오는 사람들과 그곳의 근무자들은 서로 불신하는 경우가 있다. 이런 점은 연구자에게 특별한 문제점을 야기할 수 있다. 상호 신뢰감이 낮을 때, 특별한 주제에 대해 사람들이 민감하게 생각할 때, 내부자와 외부자 사이에 큰 장벽들이 있을 때, 연구참여자들이 누구와 무슨 대화를 했느냐에 따라 상당히 이해득실이 있다고 느낄 때, 그리고 계파나 하위 집단이 분명이 구분되어 존재할 때, 연구자는 이런 점들을 조심해서 다루어야 한다. 이런 환경에 여러분이 있다고 느껴지면, 누가 누구를 적대시하는지 그리고 그 갈등이 무엇인지 알 때까지 연구 진행을 느리게 하고 특별히 연구자의 목소리와 존재를 낮추도록 해야 한다. 주의 깊게 듣고 아주 적게 말해야 하고, 혹시 질문을 하더라도 그 질문 내용을 신중하게 선택해서 묻도록 한다.

알력과 갈등이 있는 조직이나 단체의 사람들은 연구자에게 어느 쪽 사람인지 밝히고 충성할 것을 요구하기도 한다. 이들은 자신들의 생각과 행동이 옳다고 생각하여 적으로 간주한 사람들과의 투쟁에 여러분이 참여할 것을 부추기기도 한다. 이럴 경우 중립적 자세를 취하는 것이 최선의 전략이다. 만약 어느 한쪽 편을 든다면 다른 편 사람들에게 접근해서 그들을 이해하는 것은 거의 불가능하게 된다. 하지만 중립적 자세를 취하는 것이 어려울 때가 많은데, 갈등과 알력이 있는 조직이나 기관의 경우 모두에게 친근하려고 노력하는 것이 현장조사의 관계 형성이란 면에서 볼 때 바람직하다. 다양한 장소나 상황에서 다양한 사람들과 만나면서 시간을 보내도록 한다. 어느 편이라 구분하지 말고 모든 사람들의 말에 공감하면서 귀를 기울이고 어떤 집단 앞에서 결코 다른 집단에 대해 이야기하지 않도록 주의한다.

한편 어떤 조직이나 기관을 하나의 전체로 간주하지 않고 여러 곳에 걸쳐 유사한 특정 집단을 연구하고자 한다면 — 노동조합을 결성하고자 하는 여러 대학의 직원들이나 인종차별에 대해 자신들의 대학교를 고소하려는 여러 대학의 흑인 학생회 — 연구하고자 하는 그 집단에게 연구자로서 여러분의 존재를 확인시키는 것이 중요하다.

학교나 다른 조직이나 기관에 존재하는 갈등은 연구자에게 특수한 어려움을 야기하기도 하지만, 예리한 관찰자에게는 갈등을 빚는 집단들 사이의 대치와 협상의 역동적인 과정과 상황을 이해할 수 있는 독특한 기회가 되기도 한다. 갈등과 대치가 계속되는 동안 사람들은 자신들이 중요하게 생각하는 것에 대한 관점을 가장 공개적으로 표출한다(Nordsrom & Robben, 1995 참조). 따라서 갈등 상황에 있는 기관이나 단체를 연구하는 것은 특별히 좋은 생산적 경험이 될 수 있다.

갈등은 또한 그 기관이나 단체의 일부에 한정되어 그 강도가 약할 때도 있다. 교사들 각자는 일상적인 문제해결 방식에 종종 서로 다른 의견을 가지고 있을 때가 많다. 예를 들어, 어떤 연구자에 따르면 초등학교의 경우 교사들끼리 "상담실"에 학생을 보내는 이유에 대해 서로 다른 생각을 가지고 있다고 한다. 어떤 일학년 교사가 연구자에게 말하기를 "학습장애"를 가진 학생의 경우 상담실에서 공부해야 한다고 했다. 그렇지만 상담실 담당교사는 이 학생은 학습의 문제가 아니라 "품행에 문제"가 있다고 생각했다. "이 학생이 교실에서 떠들고 수업을 방해하는 행동을 하면 그 선생님은 이 학생을 저에게 보내요." 이 두 선생님은 학생의 행동을 상당히 다르게 해석했고, 이들의 이런 상반된 견해는 심한 언쟁을 자주 유발시켰다. 이런 유형의 상반된 주장을 따라가 봄으로써 연구자는 이 논쟁의 다양한 측면을 듣게 되었고 중요한 데이터를 얻을 수 있었다.

3.8 감정

앞 장에서 연구자의 감정과 선입견이 바이어스(bias, 편의 偏倚) 자료의 출처가 될 수 있음을 언급했다. 질적 연구자가 이 바이어스를 통제하는 한 가지 방법으로 자신의 감정을 기록하는 방법에 대해 논의했다. 하지만 여기서는 지금까지의 관점과는 달리 연구자의 감정을 연구에 긍정적 영향을 주는 요인으로 설명하고자 한다. 감정은 라포르 형성을 위해서나 연구참여자들의 관점을 판단하는데 있어 중요한 수단이다(Johnson, 1975). 감정은 억누르고 억제해야 할 어떤 것이 아니라(Ellis, 1991) 오히려 적절하게 잘만 다루면 질적 연구를 수행하는데 있어 중요한 조력자가 될 수 있다(Rosaldo, 1989; Shacklock & Smyth, 1998).

아래에 제시한 두 가지 연구 경험은 연구자와 연구참여자 사이의 이해를 위해 감정을 어떻게 사용하는 것이 좋은지를 잘 보여주는 예이다. 한 연구자가 연구를 수행할 예정인 고등학교의 식당을 처음 방문했는데, 귀가 멍멍할 정도의 소음, 삶고 튀긴 음식 냄새, 지저분한 쓰레기통, 서로 밀고 소리 지르고, 모든 것이 엉망이고 통제불능 상태라는 느낌이 엄습해 왔다 — "혼돈 그 자체"라고 이 연구자는 그 당시를 기술했다. 도착하자마자 여기를 얼른 벗어나지 않으면 미쳐 소리라도 지르고 싶다는 생각이 들었다. 이 연구에 참여한 교사들도 이 식당에 처음 왔을 때 연구자와 비슷한 느낌을 받았다고 했다. 어떤 교사가 이 혼돈 한 가운데 있는 연구자에게 오더니 "머리가 돌 것 같지 않아요? 여긴 거의 동물원 수준이라니까요"라고 말했다. 얼마 후, 연구자가 교사 휴게실에 있을 때 다른 교사들도 이 식당에 대해 말하는 것을 들었다. 이 연구자는 그곳에 잠깐 있는 동안 자신을 완전히 잊어버렸다고 한다. 교사들도 처음 몇 주 동안 점심식사 지도를 맡았을 때 그곳에 대한 느낌을 이야기하기 시작했다. 그런데 교사들은 연구자에게 "조금 지나면 다 익숙해져요. 우리들 중 몇몇은 이제 그곳에 가는 것을 즐기기까지 해요"라고 장담하듯 말했다. 이처럼 교사들과 연구자의 느낌을 공유함으로써 이들과의 감정적 교감을 쉽게 얻을 수 있었다.

대학병원의 영아용 중환자실에 근무하는 인턴들은 이 작은 환자들에게 약물을 투여하기 위하여 주사 바늘로 동맥을 찾는데 아주 어려움을 겪는다. (이 영아들 중 대부분은 미숙아이며 어떤 영아는 몸무게가 380그램도 되지 않는다.) 약물을 한 방울씩 떨어뜨리는 점적장치를 제대로 설치할 때까지 이 영아들의 동맥 찾기는 계속 된다. 처음 몇 번 이 과정을 지켜 본 연구자는 아기들이 고통에 울면서 몸을 뒤트는 것을 보면서 너무 마음이 아팠고 그 감정을 조절하는데 애를 먹었다고 한다. 그렇지만 시간이 지나면서 연구자는 이런 과정을 지켜보는 어려움이 조금씩 줄어드는 것을 느낄 수 있었다. 인턴들은 자기들의 치료 과정이 제대로 되지 않았을 때 안달하는 것을 제외하고는 좀처럼 감정 표출을 하지 않았다. 그렇지만 이 영아들의 부모들은 아기들에게 하는 이런 치료과정을 지켜보는 것조차 힘들어하면서 격한 감정을 보였다. 연구자는 이들 인턴들과 자신의 감정을 이야기했고, 이 인턴들도 처음에는 이 과정이 자신들에게 얼마나 힘든 일이었는지, 그리고 점차 어떻게 이것을 조절할 수 있게 되었는지 말해 주었다. 이런 조절 방법 중 한 가지는 자신들이 하는 치료가 이 영아들에게 도움이 된다고 스스로 암시하는 것이었다. 더 나아가서 이들은 자신들이 치료하는 아기들이 어떻게 아기다운 개성을 잃어버리게 되는지, 그리고 그런 아기다운 감정을 잃어버리는 것이 얼마나 인턴들의 마음을 아프게 하는지에 대해서도 이야기했다. 이 어린 환자들은 점차 감정을 잃어버린 채 치료 대상으로 되어가는 것이었다. 그러나 아기들의 고통에 마음이 약해져서 주사 바늘을 동맥에 꽂는 이 절차에 위축되어서는 안 된다는 사실을 인턴들은 잘 알고 있었다. 또한 인턴들은 부모들이 아기의 고통을 어떻게 느끼는지 알고 있으며, 이런 고통을 조금이라도 줄여주려고 상세한 설명을 해야 한다고 했다. 아기들의 미성숙한 불안감은 어른의 불안감과 달랐으며 영아들은 이런 불안감도 기억하지 못할 것이다.

위에서 살펴 본 두 가지 연구 사례에서 알 수 있듯이 연구자의 감정은 연구참여자들의 감정을 알 수 있는 중요한 측도이며, 따라서 반성을 위한 출처가 된다. 연구자의 감정은 또 연구참여자들의 경험을 이해하기 위한 질문을 만드는데 도움이 되기도 한다. 이러한 의미에서 연구자나 관찰자의 감정적 반응은 연구에 대한 직감의 원천이기도 하다. 만약 이 반응들이 신중하게 분류되고 선별적으로 제시되어 적절하게 표현된다면 라포르 형성의 훌륭한 방법일 수 있다. 물론 연구자의 감정이 연구참여자들의 감정과 상반되거나 일치하지 않으면서도 그 감정을 밖으로 표현한다면 연구참여자들은 여러분에 대해 적대감을 가지게 된다. 결국 연구자가 어떤 집단의 구성원이 된다는 의미는 그 내부 구성원들의 감정과 반응을 공유할 수 있다는 것이다(Everhart, 1977 참조).

현장 학교에 있는 많은 사람들은 교사라는 직업이 "정말 어떤지" 외부인은 절대 알지 못할 것이라고 말한다. 이런 푸념은 교사들이 경험하는 좌절, 분노, 기쁨, 그리고 성취감의 감정을 외부인들이 아는 것은 불가능함을 부분적으로 언급하는 것이다. 그렇다고 해서 연구자로서 연구참여 교사나 다른 집단의 구성원들이 경험하는 이러한 모든 것을 느낄 수 있어야 한다고 말하는 것이 아니라 연구자로서 일부분이라도 경험하고 공감할 수 있어야 한다는 것이다. 긴장감이 팽팽하게 느껴지는 분위기 나쁜 날이나 한 학년의 마지막 날인 종업식을 하는 날 그곳에 있음으로써 교사들의 감정 세계를 부분적으로 공유할 수 있고, 이들과 더욱 가까워졌다는 느낌을 가지게 되며, 이 교사들도 연구자인 여러분에게 그런 느낌을 가질 것이다.

감정과 관련된 주제지만 연구자의 스트레스와 구속감은 조금 다른 면이 있다. 현장조사는 육체적으로나 정신적으로 힘든 작업으로 사람이 직접 해야 하고 시간과 노력을 집중해야 하는 일이다. 사람들하고 친밀하게 지내면서 동시에 연구 자료를 수집하는 도구 역할, 그리고 그에 따른 반성을 균형 있게 한다는 것은 참으로 어렵다. 현장조사는 사람들과 상당한 시간을 어울려야 하는 사회화 과정을 수반하는데, 이런 어울림 속에서도 많은 연구자들은 자신들이 연구하는 사람들뿐만 아니라 심지어 자신들의 친구나 가족과도 관계가 멀어지는 것을 느끼고 혼자 외톨이가 된다고 말한다. 어떤 연구자들은 윤리적인 문제를 원만하게 잘 해결하는 것이 어렵다고 하면서, 이런 과정에서 해결을 위한 중재자가 되지 못하거나 또는 지나치게 비판적인 태도를 취할 수밖에 없을 때는 죄책감을 느끼기도 한다고 말한다. 연구자가 된다는 것은 특히 스스로에게 많은 의문을 제기하는 것이다 : "나는 이 연구를 성공적으로 수행할 능력을 가지고 있는가?", "나는 정말로 귀납적으로 생각하고 있는가?", "내가 수집한 데이터는 풍부한 의미를 충분히 담고 있는가?" 경험 있는 연구자도 이런 의문으로부터 결코 자유로울 수 없다.

현장조사에서 스트레스와 구속감은 당연히 생기는 것이므로 힘들어 하지 말고 받아들이는 자세가 필요하며, 이를 해소할 수 있는 다른 일을 하려고 해야 한다. 하루 이틀 정도 현장조사를 쉬거나 엄격하게 정해진 연구 수행 절차를 벗어나 보는 것도 좋은 방법이다. 너무 연구하는 데만 집중해서 여러분의 개인 생활의 너무 많은 부분을 잃어버리는 일이 없도록 주의한다.

어느 정도의 관찰기간이 적당한가?

앞에서도 언급했듯이 처음 며칠 동안은 한 시간 이하로 관찰하는 것이 좋다. 그 연구장소나 상황에 대한 지식과 확신이 증가함에 따라 한 번 관찰에 투자하는 시간을 몇 시간으로 늘인다. 여러분의 기억 한계를 넘어서는 시간동안, 또는 관찰한 것을 노트에 기록하거나 메모할 시간이 없을 정도의 시간동안 연구현장에 있으려고 해서는 안 된다. 현장조사는 메모하는 것보다 훨씬 더 재미나는 일이라서 연구현장에 머물러야 할 시간이나 기간 이상으로 머물려고 하는 경향이 연구자들에게 있다. 하지만 이것은 잘못된 행동으로 현장조사를 할 때는 자기 나름대로의 규칙을 지키고 자제해야 한다.

몇 번 연구현장에 있은 후 때때로 연구자들은 연구참여자들과의 긴밀한 라포르를 형성하는데 충분한 시간이 없다는 것을 느낀다. 심지어 연구 결과에 사용할 데이터를 기록할 시간도 없다는 것을 알면서도 더 긴 시간을 연구현장에서 보내기로 결정할 수 있는데, 예를 들면 하루 온 종일 그곳에 머물 수도 있다. 이런 경우 라포르 형성을 위해 자세한 기록이나 메모를 기꺼이 희생하는 것이다.

3.9 인터뷰하기

대부분의 연구자는 항상 인터뷰를 하는데, 그러다보니 너무 익숙한 과정이 되어 아무 생각 없이 하는 경우가 있다. 하지만 인터뷰는 보통 두 명이나 그 이상의 사람들끼리 하는 목적 있는 대화로서(Morgan, 1997), 다른 사람으로부터 정보를 얻기 위해 한 사람의 안내에 따라 진행되는 대화이다. 질적 연구자의 손에 의해 인터뷰는 그 나름의 모양을 갖추게 된다(Burgess, 1984; Fontana & Frey, 1994).

질적 연구에서 인터뷰는 두 가지 방법으로 사용 가능하다. 첫 번째 방법은 주된 자료수집 전략으로 사용하는 경우이고, 두 번째 방법은 참여관찰이나 문헌분석, 다른 연구 기법과 함께 사용하는 경우이다. 어느 경우든 인터뷰는 연구참여자들이 이 세상의 일부를 어떻게 해석하고 있는지에 대한 통찰을 얻으려고 연구자가 연구참여자들이 사용하는 말이나 언어로부터 서술 데이터를 수집하는 것이다.

참여관찰을 사용한 연구의 경우, 연구자는 인터뷰하기 전에 이미 연구참여자들과 서로 알고 친해져 있기 때문에 보통 친구사이의 대화와 같은 인터뷰가 된다. 이런 경우 인터뷰와 다른 연구 활동을 서로 분리하여 생각하기는 어렵다. 예를 들어, 연구참여자가 잠깐 짬이 났을 때, 연구자는 "몇 분만 시간 좀 내줄 수 있어요? 당신이 혼자 있을 때 얘기해 본 적이 없거든요"라고 한다. 가끔 인터뷰에 대한 개요나 목적을 언급할 필요 없이 바로 인터뷰 상황으로 가져가기도 한다. 우리 중 한 명이 신생아 병동에서 연구할 때, 연구자는 간호사들이 의사를 어떻게 생각하는지, 그리고 간호사들은 의사와 부모들과의 대화를 어떻게 생각하는지에 대해 이들 간호사들과 비공식적 인터뷰를 했다. 방문자가 거의 없는 밤늦은 시간이야말로 인터뷰할 수 있는 가장 좋은 시간이란 것을 알고 있었기 때문에 주로 그 시간에 그 병동으로 가곤 했다. 그렇지만 특히 연구가 마지막을 향해 가고 있는 시점에서 특정한 정보나 자료를 수집해야 한다면, 참여관찰자는 좀 더 공식적인 인터뷰를 위해 연구참여자들과 특정한 시간을 잡아서 인터뷰하기도 한다. 이런 방법은 또 고문서와 문헌연구와 관련된 질적 연구에서도 마찬가지이다.

인터뷰 방법을 주로 사용하는 연구의 경우 연구참여자는 보통 낯선 사람이다. 그렇지만 한 명이나 소수의 연구참여자와 장기간의 인터뷰를 하는 연구라면 연구를 시작하기 전에 연구자는 이들 연구참여자와 충분히 친해져 있는 것이 보통이다. 이런 경우 서로 인간 관계를 형성하고, 친해지려고 하고, 연구참여자를 편하게 해 주는 것이 좋다(Whyte, 1984, 자세한 것은 6장 참조).

보통 인터뷰는 간단한 이야깃거리로 시작하는데, 야구로부터 요리에 이르기까지 다양할 수 있다. 잡담 같은 이런 가벼운 대화는 라포르 형성에 도움이 된다. 연구자와 연구참여자들 사이의 서로 공통된 주제는 무엇인지, 서로 인간적 관계를 맺을 수 있는 부분이 무엇이고 어떤 것들이 있는지 찾아야 한다. 연구참여자가 연구자를 아는 경우라면 보통 인터뷰를 바로 실시해도 괜찮지만, 연구자나 연구참여자나 서로 초면이거나 낯선 관계라면 관계 개선을 위한 실마리를 찾아야 한다. 페미니스트 연구자들은 여자 연구참여자들과 심층인터뷰를 해야 하는 경우, 남자 연구자보다는 여자 연구자에게 더 쉽게 마음을 열어 인터뷰를 쉽고 빠르게 가져갈 수 있다고 말한다. 하지만 연구참여자와 친밀한 관계를 형성하는 것은 시간이 걸리는 일이며, 장기간의 인터뷰 연구라면 인터뷰를 하는 동안 항상 이를 위해 노력해야 할 것이다 (DeVault, 1990; Stacey, 1988; Lather, 1988; Finch, 1984; Oakley, 1981).

인터뷰를 시작할 시점에서 연구참여자에게 연구목적을 간략하게 알려주고, 필요하다면 인터뷰하는 모든 내용은 비밀로 할 것이란 사실도 분명하게 전달한다. 많은 연구참여자들이 처음에는 다른 사람을 의식하여 자신은 연구에 도움 될 만한 중요한 말을 해줄 것이 없다는 식으로 앞에 나서려고 하지 않는다. 이런 경우 연구자는 용기를 북돋아주고 지지자가 되려는 태도를 가지는 것이 좋다. 자주 있는 일은 아니지만 가끔 연구방법과 연구의 토대를 구성하는 이론에 대해 질문하고 도전하는 연구참여자도 있다. 이런 경우 연구자는 자기 연구를 방어하려는 자세를 취하지 말고 자신의 입장을 분명히 고수하려고 해야 한다.

질적 연구의 인터뷰는 어떻게 구성하는가에 따라 그 정도가 다양하다. 비록 개방형이라 할지라도, 어떤 인터뷰는 특정한 주제에 초점을 맞추기도 하고 가이드라인이 되는 일반적인 질문을 사용하기도 한다(Merton & Kendall, 1946). 가이드라인이 되는 질문을 사용하더라도, 질적 연구의 인터뷰는 연구자에게 폭넓은 주제를 다룰 수 있는 상당한 재량권을 주며 연구참여자에게는 인터뷰 내용을 채우고 구성하는 권한을 준다. 연구자가 너무 엄격하게 인터뷰의 내용을 통제하여 연구참여자가 자신의 말로 자신의 이야기를 할 수 없게 된다면, 이런 인터뷰는 질적 연구의 인터뷰라고 할 수 없다.

구조화된/비구조화된 인터뷰의 연속선상의 다른 한쪽 끝에는 아주 개방적인 인터뷰 형식이 있다. 이런 인터뷰에서 연구자는 연구참여자에게 관심 있는 분야를 이야기해 달라고 하고 이 이야기 속에서 좀 더 깊이 있게 탐색해보고 싶은 주제나 쟁점을 찾아낸다. 이 인터뷰에서 연구참여자의 주된 역할은 인터뷰의 내용과 방향을 결정하는 것이다(Mischler, 1991). 이런 인터뷰 형식을 "안내된 대화(guided conversation)"라고 한다(Rubin & Rubin, 1995).

어떤 연구자들은 구조화된 인터뷰와 비구조화된 인터뷰 중 어느 방법이 더 효과적인지에 대한 논쟁을 한다. 반구조화된 인터뷰 방법을 사용하는 경우, 여러 명의 연구참여자들에 대한 비교 가능한 자료를 수집할 수 있는 장점이 있는 반면, 연구자가 관심 있는 주제를 연구참여자들이 어떻게 구조화하고 있는지에 대한 이해는 하기 힘들다는 단점이 있다. 이런 논쟁은 연구자 집단을 활기 있게 할지는 몰라도 우리의 입장은 여러분이 어느 편을 취할 필요는 없다고 말하고 싶다. 연구목적에 가장 적합한 방법을 선택하면 된다. 더구나 동일한 연구의 다른 단계에서조차 서로 다른 유형의 인터뷰 방법을 사용하기도 한다. 예를 들어, 연구의 시작 시점에서는 좀 더 자유롭고 탐색적 인터뷰를 사용하는 것이 중요하다. 그 이유는 이 시점에서 연구자의 목적은 연구 주제에 대한 연구참여자들의 관점의 범위와 정도를 대체적으로 파악하는 것이기 때문이다. 조사연구를 수행한 후, 더 많은 연구참여자들에게서 상호비교 가능한 자료를 얻기 위하여, 또는 예비 인터뷰동안 나타났던 특정한 주제들을 좀 더 자세하게 알아보기 위하여 구조화된 인터뷰를 할 수 있다. (인터뷰의 구조와 유형에 대한 또 다른 논의는 2장의 분석적 귀납법을 참조하기 바람.)

탐색

- 지금 말한 것은 무슨 뜻입니까?
- 말씀하신 것을 제가 제대로 이해하고 있는지 잘 모르겠습니다.
- 그 점을 설명해 주시겠습니까?
- 그때 뭐라고 말씀했습니까?
- 그 당시에는 어떤 생각을 했습니까?
- 예를 들어 주시면 좋겠습니다.
- 그것에 대해 얘기해 주십시오.
- 그 경험이 어떤 것인지 알 수 있도록 말씀해 주십시오.

좋은 인터뷰는 연구참여자들이 편한 상태에서 자신들의 생각이나 관점을 자유롭게 말할 수 있도록 하는 것이다(보다 자세한 설명은 Briggs, 1986을 참조 바람). 연구참여자들의 관점을 생생하게 나타내주는 단어로 가득 찬 풍부한 데이터를 얻는 것이 좋은 인터뷰이다. 뛰어난 연구자는 경청하는 자세를 취하고, 순간순간 동의나 공감의 표현으로 머리를 끄덕이고, 적절한 얼굴 표정을 지으면서 연구참여자가 하는 말에 개인적인 관심을 보이고 집중하여 듣는 자세를 취한다. 연구참여자가 말한 것이 낯설거나 잘 이해가 되지 않을 때, 이를 분명히 알기 위해 면담자는 "지금 말한 것은 무슨 뜻이죠?", "말씀하신 것을 제가 제대로 이해하고 있는지 잘 모르겠네요", "그것을 설명해 주시겠어요?"라는 질문을 던지기도 한다. 연구자는 또 말한 것에 대한 예를 들어달라고 부탁함으로써 연구참여자의 생각이나 관점을 구체적으로 탐색하기도 한다. 예를 들어, 연구참여자의 과거에 대한 것을 물을 때 연구자는 연구참여자에게 그 당시로 되돌아가서 생생하게 체험할 수 있을 정도로 이야기해 달라고 말하는 것이 좋다. 어떤 특정한 때에 무엇을 들었는지 들은 그대로 인용하여 말해달라고 부탁한다. 일반적으로, 연구참여자는 일어난 일들에 대해 그냥 간단하고 빠르게 대충 말하는 경향이 있다. 그래서 연구참여자들에게 특정한 일이나 사건에 대해 자세하게 듣고자 하는 것이 연구자의 관심이란 점을 알게 하고 자세하고 구체적으로 말할 수 있도록 북돋아주어야 한다.

연구현장에서 질적 연구 인터뷰를 할 때 가능한 한 "예", "아니오"로 답하는 질문을 하지 않아야 하는 것이 핵심이다. 구체적이고 자세한 점은 연구참여자에게 탐색적 질문을 함으로써 알 수 있다. "초등학교 때 공부를 잘 하는 학생이었어요?"라는 질문은 연구참여자의 생각에 따라 한 마디로 답할 수 있지만, "초등학교 때 어떤 학생이었는지 말해주실래요"라는 질문은 연구참여자로 하여금 서술을 하도록 한다. 인터뷰할 때 또 중요한 점은 침묵을 두려워해서는 안 된다는 것이다. 잠깐의 침묵하는 시간을 가지는 것은 연구참여자가 자신의 생각을 정리하여 대화를 어떤 방향으로 이끌고자 하는 행동이다. 연구참여자가 어제 있었던 야구 경기와 같이 연구자에게 관심 없는 주제를 길게 말하는 경우가 아니라면, 연구참여자가 말하는 것을 중간에서 끊고 대화의 방향을 연구자가 원하는 방향으로 가져가는 것은 아주 나쁜 인터뷰 태도이다.

모든 사람들이 자기가 보고 들은 것을 정확하고 세밀하게 말할 수 있는 능력을 똑같이 가지고 있지 않기 때문에, 설령 연구참여자가 엉성하게 말한다고 해서 너무 쉽게 포기하지 않는 것도 질적 연구자의 중요한 태도이다. 어떤 연구참여자들은 연구자인 여러분에게 편하게 말할 수 있게 되기까지 시간이 필요하다. 인터뷰를 사용하는 질적 연구에서 얻는 정보는 누적되기 때문에 이렇게 정확하고 세밀하게 말하지 못하는 사람을 대상으로 하는 인터뷰에 의한 정보도 서로 연관되어 쌓인다. 그래서 각각의 인터뷰에서 무엇을 배웠는가보다는 연구 전체를 통해서 연구자가 무엇을 배웠는가 하는 점이 더 중요하다. 어떤 인터뷰에서는 다른 인터뷰보다 더 많은 것을 배울 수 있기도 하고, 인터뷰하는 모든 사람으로부터 똑같은 정도의 정보를 얻는다는 것은 불가능하므로, 심지어 마음에 들지 않는 인터뷰일지라도 전체 연구의 맥락에서 보면 무언가 기여하는 부분이 있다.

인터뷰를 통해 얻은 자료의 질적 수준을 평가하는 것은 우리의 경험으로 볼 때 가끔 어려운 일이었다. 아주 잘된 인터뷰라고 생각했는데 나중에 인터뷰 녹취록을 읽어보면 실망감만 안겨주는 일도 종종 일어난다. 이와는 반대로 형편없다고 생각했던 인터뷰에서 의외로 아주 좋은 녹취록을 얻어낼 때도 있다. 따라서 인터뷰 자체에 대한 평가는 연구자가 연구참여자를 어떻게 느꼈는지, 그리고 얼마나 편안한 상태에서 대화가 진행되었는지에 의해 더 많이 좌우된다. 그리고 만족한 인터뷰를 했다고 해서 정보제공자의 관점을 풍부하게 묘사하는 질적 수준이 높은 데이터가 많을 것이고, 반면 만족스러운 인터뷰를 못했다고 해서 그런 데이터가 적을 것이라고 판단하기는 어려운 일이다.

모든 인터뷰 상황에 적용되는 규칙은 없지만, 일반적인 몇 가지 규칙을 말하면 다음과 같다. 인터뷰할 때 가장 중요한 태도는 신중하고 주의 깊게 듣는 것이다. 그 사람이 무엇을 말하는지 경청해야 한다. 연구참여자가 말하는 한마디 한마디가 그 사람이 세상을 보는 관점이나 방식의 비밀을 풀 수 있는 열쇠라고 생각해야 한다. 처음 만났을 때, 그 참여자가 무엇을 말하는지 이해가 되지 않으면 구체적이고 분명하게 말해달라고 부탁한다. 잘 모르는 부분은 분명히 알 수 있도록 말해달라고 부탁하고 결코 도전하는 자세를 취해서는 안 된다. 이해가 되지 않을 때 연구자의 잘못이라고 생각해라. 그 참여자가 이해할 수 없도록 말하는 것이 아니라, 여러분이 이해하지 못하고 있는 데서 문제가 발생한 것이라고 생각하는 것이 좋다. 이럴 때는 다시 자세와 마음을 가다듬고 더 듣고 더 생각해야 한다. 인터뷰는 유연한 사고와 자세가 요구된다. 농담이나 가끔 가벼운 도전적 질문과 같은 기법도 시도해 본다. 연구참여자에게 이야기를 좀 더 자세하게 해 달라고 부탁도 하고, 가끔은 여러분의 경험을 이들과 함께 나누는 것도 좋다.

지금까지 질적 연구의 인터뷰는 연구자와 연구참여자 사이의 공식적이고 아주 구조화된 의사소통이기 보다는 일상적인 대화와 비슷하다고 했다. 그렇다고 해서 이러한 일상적인 대화가 꼭 질적 연구의 좋은 인터뷰인 것은 아니다. 일상적인 대화의 경우 사람들은 아주 흔히 다른 사람이 무슨 말을 하는지 집중하지 않는다. 다른 사람에게 좋은 인상을 주려하거나, 다른 사람의 논리적 모순을 비난하거나, 또는 자신의 삶의 경험이나 선입견에 따라 말하려고 야단이다. 이렇게 하다 보니 사람들은 상대방에게 집중하지 못하고, 쉽게 따분해져 주의가 산만해진다. 또한 종종 사회적 지위에 따라 대화가 좌지우지되는데, 사회적 지위가 낮은 사람은 지위가 높은 사람의 의견이나 판단을 따르는 것이 관례이다. 이런 일상적 대화의 부정적 부분을 해소하기 위해서는 연구참여자와의 대화에 최대한 주의를 집중하고, 관심을 보이고 연구자가 관심가지고 있는 것에 대해서는 이들이 최고 전문가라는 태도를 보여주도록 해야 한다. 좋은 인터뷰는 결국 깊이 있게 잘 듣는 것이다.

보그단과 테일러(Bogdan & Taylor, 1994)가 정신지체 학교의 학생들과 생애사연구 인터뷰를 시작했을 때만해도 극소수의 연구만이 "정신지체"를 가진 사람들의 경험이란 어떤 것인지에 대한 연구를 해 오고 있었다. 보그단과 테일러가 읽은 연구 결과에 따르면 "정신지체"라고 명명된 사람들은 자신들이 정신지체가 아니라고 한다고 했다. 초기의 연구들은 이 말을 연구대상자들이 거짓말을 하거나, 무언가 숨기고 있거나, 또는 스스로 부정하고 있다고 해석했다(Edgerton, 1967). 이전 연구자들은 정신지체에 대한 분류 체계를 옳다고 받아들여 이 분류에 속하면서 자신이 정신지체가 아니라고 말하는 사람의 말을 믿지 않았다. 보그단과 테일러가 인터뷰한 사람들 또한 자신들이 정신지체가 아니라고 했는데, 이전 연구자들처럼 이런 말을 단순히 거짓말로 취급하지 않고 신중하게 이들이 말하는 것을 들었고 자신들이 정신지체가 아니라고 말하는 의미가 무엇인지를 파고들었다. 이런 결과로 연구참여자들이 무슨 생각을, 어떻게 하고 있는지에 대한 훨씬 더 풍부한 이해가 드러났다. 예를 들어, 인터뷰한 사람들은 "지체(retarded)"라는 단어에 연상되는 편견과 인습에 대해 말했고, 이 단어가 암시하고 있는 그런 정도로 자신들이 멍청한 사람들은 아니라고 생각한다고 했다. 이들은 자신들에 대한 좋지 않은 평판을 거부했다. 더구나 이들 연구참여자들은 말도 제대로 하지 못하고 몸도 제대로 가누지 못하는 "정신지체" 사람들과 함께 입원하고 있었다. 이들 연구참여자들은 심각하게 정신지체를 가진 사람들과는 다른 공통점을 더 많이 가지고 있었다. 보그단과 테일러는 연구참여자들의 이런 견해를 "거부"라는 심리학적 용어로 단순히 취급하지 않고 진지하게 다루면서 이들을 "정신지체"라고 분류하는 것 자체의 타당성에 의문을 가지기 시작했다. 결국 연구참여자들의 말을 신중하게 경청함으로써, 이 연구자들은 기존의 "정신지체"라는 분류 체계를 확장하고 구체화하는 대신 인간을 정상과 비정상으로 분류하는 새로운 체계에 대한 생각을 가지게 되었다.

여러분의 연구참여자가 어떤 생각을 하고 있는지를 이해하는 것이 인터뷰의 목적이다. 설령 간략한 인터뷰 지침이 인터뷰를 위한 어느 정도의 전체적인 윤곽은 제시해 줄 수 있지만, 준비한 모든 질문이나 영역에 대해 연구참여자로부터 빠짐없이 답을 얻으려는 자세는 인터뷰의 목적이 아니다. 연구자는 인터뷰의 더 큰 목적인 '이해'에 초점을 두어야 하며 정보를 얻을 수 있는 전략이나 기법 등에 지나치게 의존해서는 안 된다. 그렇기 때문에 연구자는 주어진 인터뷰 상황에 맞게 언제든지 인터뷰 계획을 접어두거나 무시할 수 있는 마음의 준비를 해야 한다. 예를 들어, 앞에서 언급한 것처럼 "정신지체" 사람들을 연구했던 보그단은 첫 인터뷰를 위해 연구참여자의 집으로 갔다. 몇 가지 질문을 적은 리스트를 미리 작성하여 준비해 있었다. 연구참여자인 페티의 집에 도착하여 인사를 나누고 자리에 앉았다. 주위를 둘러보았다. 테이블 위에 전축이 있고 옆에는 많은 레코드판이 쌓여 있었는데, 그 옆에는 세 개의 사진틀이 있었다. 페티는 냉장고 문을 열더니 연구자에게 콜라를 주면서 냉장고 안에 이것 말고는 마실 것이 아무 것도 없다고 하면서 장보는 것이 너무 어려운 일이라고 말했다. 연구참여자인 페티는 병원 밖의 세상에 적응하는 것이 자신에게 얼마나 어려운 일인지를 말하기 시작했다. 이 말을 들은 다음, 연구자는 그 사진틀 속의 사진에 대해 물었다. 사진 속의 인물 한 사람 한 사람에 대해 설명했고 현재 자신의 모습에 대해 이들이 어떻게 생각하는지를 오랫동안 자연스럽게 말했다. 그 다음, 연구자는 테이블에 있는 레코드판에 대해 언급했고 페티는 자기가 좋아하는 음악에 대해 이야기했다. 이 언급은 페티의 음악적 취향에 대해, 그리고 현재 그녀의 사회생활에 대해 오랫동안 이야기를 들을 수 있는 계기가 되었다. 이때쯤 벌써 2시간 반 정도의 시간이 흘렀고, 첫 인터뷰를 끝낼 시간이었다. 이 첫 인터뷰를 통해 연구자는 페티의 현재 생활에 대해, 그녀에게 중요한 것이 무엇인지, 그리고 그녀가 지금 어떤 어려움을 겪고 있는지를 이해하기 시작했다. 이 인터뷰를 위해 준비해간 질문 중 어떤 것도 직접적으로 묻지 않았지만 이 첫 번째 인터뷰는 순조롭게 잘 진행되었다.

연구참여자로 하여금 자신들의 경험과 관점을 깊이 있게 생각하도록 하여 풍부하고 충분하게 말할 수 있도록 하기 위해서는 어떻게 해야 할까? 일반적으로 말해서, 잘 듣는 것이 잘 말하게 한다. 그리고 여러 가지 긍정적인 태도도 잘 말하게 하는데 도움이 된다. 연구참여자가 자신의 삶의 부침과 희로애락을 말할 때 적절하게 공감을 표현하는 행동, 눈을 맞추는 행동, 자신의 이야기를 진지하게 들어주고 있다는 자세를 보이는 것 등은 연구참여자로 하여금 마음을 열게 하는데 큰 도움이 된다.

개방형 인터뷰를 편안하게 느끼게 하여 효과적인 인터뷰가 되기 위해서는 인터뷰하려는 연구참여자를 한 명의 전문가라고 간주하는 것이다. 연구자 자신에 대해 소개하고 연구자로서 관심을 가지고 있는 것이 무엇인지, 그리고 왜 인터뷰를 하고자 하는지를 전문적인 언어가 아니라 평범한 말로 설명한다. 예를 들어, 고등학교 교사를 대상으로 교사라는 직업에 대해 관심이 있다면 다음과 같이 시작하는 것도 좋은 방법일 것이다.

> 저는 고등학교 교사라는 직업에 대해 알고자 합니다. 이것에 대해 말해줄 수 있는 가장 적합한 인물로 여러 선생님들이 선생님을 추천해 주었습니다. 지금은 제가 수강하고 있는 과목의 프로젝트를 위한 연구이지만, 이 주제에 관심이 아주 많아 앞으로 제 학위 논문의 주제로 계속 연구하려고 합니다. 아직까지는 솔직히 제가 정확하게 알고자 하는 것이 무엇인지 잘 모르겠지만, 선생님과의 대화와 인터뷰를 통해 이 주제에 대해 더 많이 배울 수 있기를 바랍니다. 교사와 교사라는 직업에 대한 선생님의 생각은 나중에 물어볼 예정이며, 오늘 이 자리에서는 자신이 교사라는 것에 대해 어떻게 생각하고 있는지를 말

씀해 주시면 좋겠습니다.

몇 가지 측면에서 이런 식의 접근은 좋은 시도이다. 첫 번째 이유는 이런 시도는 연구참여자가 연구에 개입하도록 하기 때문이다. 두 번째는 이런 식의 접근은 연구참여자는 연구자가 원하는 지식을 알고 있는 전문가로, 연구자는 이 지식을 배우고자 하는 사람으로 관계를 맺어 인터뷰를 하도록 하기 때문이다. 세 번째는 이런 식의 인터뷰 접근은 인터뷰이인 연구참여자가 알고 있는 지식이나 의견을 연구자가 존중하고 있다는 느낌을 준다. 연구자는 연구참여자가 자신에 관한 이야기를 해주기를 그냥 기다리지 말고 연구참여자의 아이디어와 생각을 연구자와 함께 나눌 수 있게 유도해야 한다. 이런 식으로 인터뷰를 시작하면 좋은 서술식 자료를 얻을 수 있을 뿐만 아니라 연구 주제에 대해 더 많은 아이디어를 생산해 낼 수 있게 된다.

양적 연구의 경우 표준화된 절차에 따라 인터뷰 자료를 수집하는 것을 중요시한다. 예를 들어, 연구대상자에게 설문지 작성을 하도록 할 때 연구자는 모든 인터뷰에서 동일한 행동과 말을 하도록 되어 있다. 연구자는 표준화되고 준비된 대본에 따라야 하므로 연구자는 동일하게 옷을 입고, 암기한 표준화된 연구에 대한 소개를 하고, 매번 똑같이 설문지를 읽고, 설령 연구대상자가 질문을 하더라도 추가적인 정보를 제공해서는 안 된다는 규칙 등을 지켜야한다. 이렇게 하는 것은 연구자에 의한 효과를 통제할 수 있으므로 설문하는 과정만 표준화시키면 더 좋은 반응을 얻을 수 있다는 양적 연구방법의 가정에 기초한 것이다. 하지만 이미 알고 있는 것처럼 질적 연구방법에서 사용하는 인터뷰는 이와는 상당히 다르다. 질적 연구자들은 표준화된 절차를 따른다고 해서 연구자가 더 신뢰할만한 자료를 수집할 수 있다고 생각하지 않는다. 질적 연구자는 질문을 어떻게 표현하느냐에 따라 연구참여자마다 다른 반응이 얻어진다고 생각한다. 질문에 사용하는 단어는 연구참여자마다 다른 의미로 느껴지고 해석 된다. 따라서 질적 연구의 인터뷰에서 개별 연구참여자는 같은 질문에 답하는 경우는 결코 없다. 예를 들어, "당신 직업을 좋아합니까?"라고 공장의 생산조립 라인에 근무하는 사람과 의사에게 묻는다면 둘 다 자신들의 직업을 좋아한다고 답할 것이다. 의사는 이 질문에 대해 의사라는 직업이 하는 일과 그로부터 느끼는 기쁨과 만족의 내적인 본질을 생각하면서 답할 것이다. 반면 조립라인 근로자는 보수, 보험과 연금 혜택, 생활비를 지출하고 남는 돈으로 구입할 수 있는 소비재의 정도인 외적인 본질을 생각하면서 답할 것이다.

연구참여자 각자에게 동일한 질문을 읽어주는 것은 이들로부터 얻으려는 답과 아무 연관이 없다고 질적 연구자들은 생각한다. 이들은 연구참여자 각자에게 적합하게 조금씩 다른 질문을 해야 한다고 주장한다. 연구참여자 각자가 편안함과 허심탄회함을 느끼도록 하여 각자에게 던져진 질문에 대한 답에 사용하는 단어의 서로 다른 의미를 파악할 수 있게 말하도록 하는 것이 목적이다. 따라서 질문에 대해 원하는 답을 얻기 위해서 질적 연구방법은 연구자가 옷 입는 것, 연구자 자신을 소개하는 것, 질문하는 것을 상황에 맞게 조절할 것을 요구한다. 상황에 유연해야 한다는 것은 미리 정해진 일련의 절차나 형식에 따라 행동하는 것이 아니라, 즉석에서 발생하는 상황에 대해 그리고 연구자 앞에 앉아 있는 정보제공자에 대해 적절하게 행동하는 것을 의미한다. 시카고 지역 교사들의 참여로 수행된 연구에서 베커(Becker, 1951)는 이들 교사들 각자에게 어떻게 서로 다른 방식의 접근을 시도했는지 기술하고 있다. 정치에 대한 생각을 물을 때 온지 얼마 안 된 젊은 교사들에게는 좀 더 직접적으로 물었지만 나이든 교사들에게는 좀 더 완곡하게 돌려서 질문을 했다.

인터뷰 녹취록을 살펴보면 인터뷰가 잘 되었는지 아닌지를 금방 알 수 있다. 녹취록 내용에서 "연구참여자"라고 붙은 부분이 길고 자주 나온 반면, 인터뷰하는 연구자의 이름은 짧게 나왔다면 그 인터뷰는 잘된 것이며 풍부한 인터뷰 자료라고 할 수 있다. 그런데 연구참여자가 말하는 문단은 자주 끊어져있는 반면, 연구자의 말이나 주석부분이 몇 줄씩 된다면 그 인터뷰는 잘못된 것이다.

연구자가 인터뷰하려는 연구참여자가 너무 스트레스를 받거나 감정적으로 불안해한다면 어떻게 해야 할까? 이런 경우 연구참여자를 당황스럽게 하거나 마음을 상하게 하거나 또는 모욕감을 느끼게 하는 주제에 대해 억지로 말을 하게 해서는 안 된다. 대부분의 연구자가 심리학적 임상 훈련을 받지 않기 때문에 연구참여자가 의기소침을 과도하게 느낀다든지 심적 상처를 받을 수 있는 심리적 상태에 있다는 것을 알아차리지 못할 수도 있다. 따라서 연구참여자가 자신의 감정을 있는 그대로 표현하도록 하는 것이 좋다. 연구참여자의 심적 상태가 걱정된다면 세심하고 책임감 있는 사람으로 행동하면 된다. 연구참여자에게 언제든지 필요한 도움을 제공하려는 자세가 중요하다.

질적 연구자들 사이에서 설득해서 유인하는 인터뷰 방법과 부추겨서 유혹하는 인터뷰 방법 중 어느 방법을 취해야 하는가에 대한 논쟁이 있다. 즉, 연구참여자로 하여금 자신을 드러내어 말하도록 설득해야하는가 아니면 부추겨야하는가? 예를 들어, 핀치(Finch, 1984)에 의하면 여자 연구자의 경우 여자 정보제공자로부터 "너무 쉽게" 정보를 구할 수 있는 것이 문제라고 한다. 특히 연구자가 던지는 질문이 자신들의 삶에 중요한 문제였지만 그 동안 이것에 대한 생각이나 견해를 밝힐 기회가 없었던 억눌린 여자 정보제공자에게서 더 그러하다고 한다. 연구자는 연구참여자의 이런 점을 이용하지 않도록 주의해야 한다(Stacey, 1988). 인터뷰할 때 이런 점을 피할 수 있는 한 가지 방법은 연구참여자에게 자신을 있는 그대로 드러내는 것이 중요하다는 사실을 인지시켜주는 것이다.

인터뷰에 대한 앞의 예에서 언급했듯이 기숙학교 학생과 학부모와의 인터뷰에서 사진과 기념품은 대화의 좋은 매개체 역할을 했다. 학생의 집이나 교실에서 인터뷰할 때 벽에 걸려 있는 그림과 물건에 대해 물어보는 것이 좋다. 아이의 발달에 관해 그 부모의 생각을 알아보고자 한 연구에서 연구자는 의도적으로 아이의 사진이 있는지 물었다. 집에서 실시된 인터뷰에서 대부분의 부모들은 가족사진 앨범을 기쁘게 가져 나와 보여주었다. 그리고 이 사진들은 연구자와 부모와의 대화를 위한 일종의 출발점 구실을 했다. 전시되어 있는 그림이나 트로피에 대해 물어보고 주변에 보이는 다른 물건에 대해서도 질문하는 것이 좋다.

연구참여자가 자기 소유물의 일부를 연구자와 공유하려고 할 때 연구자는 그 소유물에 대해 어떤 판단도 내려서는 안 된다. 예를 들어, 설령 어떤 교사가 학생들에게 하는 인종차별적 말이 여러분을 화나게 하더라도 연구의 목적은 연구참여자의 관점을 배우는 것이지 그를 가르치려는 것이 아니라는 사실을 연구자 스스로 상기하여 행동을 통제해야 한다. 그렇다고 해서 침묵으로 일관하라는 뜻이 아니라 연구참여자의 관점을 구체적으로 탐색할 수 있는 질문을 던지라는 것이다. 연구참여자에게서 듣고 경험하는 것이 여러분의 생각이나 가치관과 다르다면 그들은 어떻게 느끼는지 말하도록 조장한다. 연구현장에서 연구자의 관점을 바꾸는 것이 아니라 연구참여자의 관점이 무엇인지 그리고 왜 그런 식으로 생각하는지를 배우는 것이 연구자이다. 예를 들어, 연구참여자의 경우 연구자처럼 대학과 관련된 사람은 이러이러한 사람이라는 고정관념을 가지고 있다. 대학과 관련된 모든 사람들은 "초자유주의적"이거나 "급진적"이기 때문에 연구참여자 자신들의 견해가 보수적이면 이를 존중해서 들으려고 하지 않을 것이라고 생각한다. 그러므로 연구참여자가 편하게 자신의 생각이나 견해를 표현할 수 있는 분위기를 만드는 것이 연구자의 중요한 역할이다. 이들 연구참여자는 종종 다음과 같은 말로 입을 열기 시작한다: "대학에 있는 당신들은 이런 식으로 생각하지 않겠지만, 내가 경험한 것을 당신들은 경험하지 않았기 때문에…", "당신 생각에는 내가 말하는 것이 터무니없는 소리로 들리겠지만…", "책에서 읽은 것하고 직접 경험하면서 보는 것하고는 큰 차이가 있기 때문에…" 한편 연구자가 연구참여자의 관점과 견해를 존중하지 않고, 또 자유롭게 표현할 수 있는 분위기를 조성하지 못한다면 연구참여자와 좋은 관계를 형성한다는 것은 어렵다.

3.9.1 포커스그룹(대표자 관심집단)

포커스그룹(focus group, 또는 대표자 관심집단) 또는 집단 인터뷰는 여러 가지 방법으로 사용된다. 원래 이 인터뷰는 기업에서 개발된 상품을 검사하고 이를 다시 상품개발 과정에 반영되도록 하는 시장조사 연구자가 사용하는 방법이었다. 평가연구와 정책연구를 하는 연구자는 기관에서 시행하는 프로그램에 대한 반응을 알아보기 위하여 집단 인터뷰를 사용한다. 질적 연구에 있어서 포커스그룹은 특정한 주제에 대해 연구참여자들 사이의 대화를 촉진하기 위한 구조화된 집단 인터뷰를 말한다. 이 인터뷰는 동일한 관심사를 가진 사람들을 함께 불러 모아 주제에 대해 이야기하라고 분위기를 만들어주는 것이다(Morgan, 1997). 한 집단은 보통 7명에서 10명 정도의 연구참여자와 한 명의 대화 조정자로 구성된다. 이 인터뷰 방식은 연구하려는 주제가 일반적인 주제인 경우에 유용하며, 그리고 인터뷰의 목적이 집단 참여자들의 다양한 관점을 이야기하도록 자극해서 연구자가 이러한 관점을 알 수 있도록 하려거나, 개인별 인터뷰에서는 깊이 있게 생각해서 말하기 어려운 주제에 대해 연구참여자들이 말할 수 있도록 할 때 유용하다. 집단 참여자들은 자신들의 관점이나 생각을 분명히 하려고 서로 자극을 줄 수 있고 또한 대화하는 가운데 자신들의 관점이나 생각이 무엇인지를 깨닫게 되기도 한다. 포커스그룹이 가지고 있는 큰 문제점은 집단 사람들에게 자신의 경험을 말하는 것이 너무 부끄럽거나 당황스러워 자신이 가진 중요한 경험을 공유하지 않으려는 것이다. 참여자들끼리의 대화가 이루어지도록 유도해서 원하는 정보를 얻을 수 있을지는 모르지만, 자료의 질은 떨어질 수밖에 없으므로 참여자들의 경험으로부터 연구자가 얻고자 하는 것이 무엇이지를 먼저 결정해 두어야 한다. 또 다른 문제점으로는 한 사람이 너무 말을 많이 한다거나 참여자들끼리의 대화가 연구자가 원하는 주제에 초점이 맞추어지도록 유지하는 것이 힘들다는 것이다.

포커스그룹 토론에 대한 몇 가지 지침: 참여자를 위한 각본의 예

1. 먼저 말씀드리고자 하는 것은 이 토론에는 정답이 없습니다. 이 토론의 목적은 남녀에 따른 교육을 보는 관점을 이해하려는 것입니다.
2. 두 번째는 다른 사람의 이야기를 듣고 본인은 그렇게 생각하지 않는다면 이 방에 있는 어떤 사람에게도 동의하지 않아도 됩니다. 지금 이 방에는 ___명이 있는데, 모두 서로 다른 관점이나 생각을 가지고 있을 거라고 여깁니다. 연구자로서 이 자리에서 말하는 여러분의 관점과 생각의 모든 것을 알고자 합니다. 하지만 여기서의 대화가 개인적으로 불쾌하거나

당황스럽다고 느낀다면 언제든지 자리를 뜨셔도 좋습니다.

3. 세 번째는 좋은 것뿐만 아니라 비판적인 것도 마음 편하게 말씀해 달라고 부탁드리고 싶습니다. 우리가 여기에 모인 것은 남녀에 따른 교육의 관점에 대해 무슨 특별한 대책을 내놓고자 하는 것이 아닙니다. 이 대학에 입학하는 여러분과 같은 남녀 학생들이 교육을 어떻게 생각하고 있는지를 이해하려고 하는 것입니다.
4. 네 번째 부탁드리고 싶은 것은 한 번에 한 사람씩 말할 기회를 갖도록 해서 여기에 모인 모든 사람들의 견해를 들을 수 있기를 원하며, 여러분들이 말하는 것은 녹음될 것입니다.
5. 마지막으로, 나중에 녹취록을 작성할 때 누가 말을 하고 있는지를 알 수 있도록 말할 때는 먼저 이름을 밝혀 주시기 바랍니다. "저는 몰리입니다." 또는 "말하는 사람은 제니퍼입니다." 식으로.

포커스그룹을 사용하여 연구법 과목의 프로젝트를 위한 질적 자료를 구하려고 한다면 대화의 조정자 역할에 대해 깊이 있게 생각할 필요가 있다. 포커스그룹을 조율하고 대화를 조정하는데 있어서 고려해봐야 할 몇 가지가 아래에 질문형식으로 제시되어 있다.

1. 다양한 관점을 들을 수 있는 주제를 선정했는가? 그리고 개인적 경험을 기꺼이 여러 사람들과 공유할 수 있는 연구참여자를 선정했는가?

우리는 최근 여대생의 성차에 대한 관점을 알아보는 연구를 끝냈다. 대학 1, 2년차 여학생들을 대상으로 포커스그룹을 사용하여 대학에 들어올 때 가졌던 남녀 성차에 대한 관점이 2년 동안의 대학 생활을 통해 어떻게 변화되었는지를 조사하였다. 또한 각자 전공에서 배운 어떤 단어나 언어, 또는 생각 때문에 들어올 때 가졌던 그 관점을 더욱 굳게 하거나 바꾸게 되었는지도 관심거리였다. 이 두 번째 관심 주제를 알아보기 위해서 9개 전공의 3, 4학년 대학생을 인터뷰했다. 포커스그룹을 사용하여 대학에서의 적응 과정, 대학에서의 생활, 대학에서의 생활이 고등학교에서와 다른 점, 그리고 인종이 대학 생활에 미친 영향 등을 포함해서 일상적인 주제에 대해 이 학생들의 고등학교와 대학에서의 경험을 조사하였다. 개별 인터뷰는 그 학생의 특정 전공에 대해 좀 더 구체적인 질문으로 이루어졌다. 포커스그룹 중 집단 토론에 참석하지 못한 한두 명의 학생은 개인별로 인터뷰를 했는데 답을 하기 어려운 경우 둘 다 "다른 여학생들도 같이 있었으면 좋겠어요. 제 생각에 대해 어떻게 생각하는지 들어보고 싶거든요."라고 말했다. 다음은 포커스그룹을 사용하는 프로젝트에 대한 개략적인 설명의 예이다.

남녀 성차에 대한 포커스그룹의 토론 조정자를 위한 예시문: 집단토론을 시작하는 방법

여러분 안녕하세요. 참석해 주셔서 너무 감사합니다. 우리 연구진이 관심을 가지고 있는 것은 여자 대학생들이 대학을 다니면서 남녀 성차에 대한 생각이 어떻게 변화되는지를 알고자 하는 것입니다. 다시 말해, 대학에 오기 전에는 남녀 성차에 대해 어떤 생각을 가지고 있었고, 대학에 온 이후에 어떻게 변화되었는지를 알고자 하는 것입니다. 우리 연구진은 지금 현재로는 남녀 성차를 아주 단순하게 그냥 남자인 것과 여자인 것으로 정의하고자 합니다. 우리가 알고자 하는 것은 남녀 성차에 대한 여러분의 견해가 아닙니다. 여러분들의 생각이 자신의 개인적 경험과 어떻게 연관되어 있는지를 알고자 합니다. 여러분이 겪었던 구체적인 경험과 여러분의 관심을 끌었던 것, 그리고 여러분이 항상 했던 일상적이고 반복적인 일들에 관해 대화를 하고자 합니다. 여러분은 이런 것을 별로 중요하게 생각하지 않을지 모르겠지만 우리는 아주 자세하게 알고자 합니다. 그리고 우리 연구진은 정말 여러분의 이야기를 듣고 싶습니다. 여기에 모인 모두가 한 명씩 돌아가면서 예비 질문들에 대해 답을 하면 되는데, 그 질문의 방향과 정도는 우리 연구진이 아니라 여기에 모인 여러분들에 의해 언제든지 바뀔 수도 있습니다.

2. 포커스그룹에 참여하는 정보제공자의 관점과 견해가 아주 중요하고 연구 가치가 있다는 사실을, 그리고 이 집단에서 말하는 모든 것은 비밀에 붙인다는 사실을 강조할 계획은 세웠는가?

160과 161쪽의 내용은 학생들이 말해주는 생각과 견해의 중요성을 강조하면서 비밀유지를 언급하는 각본의 예이다. 비록 연구하고자 하는 주제가 비밀유지를 요구할 정도가 아니라 하더라도 연구참여자가 좀 더 자연스럽고 부담 없이 말할 수 있는 상황을 만들어주는 것이 더 좋은 자료를 얻을 수 있게 해준다. 160, 161, 162쪽의 내용은 어떻게 비밀유지를 할 것인지 그리고 포커스그룹에서의 대화에는 정답이 없다는 점을 어떻게 강조할 것인지를 말해주고 있다.

비밀유지의 약속

> 이 양식은 '남녀 성차에 대한 용어'를 조사하는 본 연구를 수행하는 동안 이 토론 집단에 있는 구성원이 한 말을 절대 다른 사람에게 말하지 않겠다는 비밀유지를 약속하는 것입니다. 아래를 읽고 동의한다는 뜻으로 이름을 적고 사인해주시기 바랍니다.
>
> 본인은 이 포커스그룹에 참여하는 동안 듣거나 토론한 어떠한 정보라도 이 집단의 구성원과 조정자를 제외한 누구에게도 말하지 않을 것을 서약합니다.
>
> 이름: ______________________
>
> 사인: ______________________
>
> 조정자 사인: ______________________

3. 다양한 참석자들로 포커스그룹을 구성할 수 있는가?

비록 여러분이 여자 대학생, 장애 운동선수, 또는 청각장애 학생을 위한 수화(手話) 봉사자 등과 같은 단일 정보제공자 집단에 관심을 가지고 있더라도 인종, 종교, 사회경제적 수준이 다른 정보제공자들로 포커스그룹을 구성한다면 훨씬 풍부한 자료를 얻을 수 있다. 다양한 정보제공자들로 하나의 포커스그룹을 구성하려면 고민을 좀 해야 한다. 몇 명의 대표적인 미국계 흑인 학생과 나머지는 모두 백인 학생으로 집단을 구성하는 것은 결코 동등한 다양성이라고 할 수 없다. 이럴 때는 몇 명인지가 중요하다. 절반의 백인과 절반의 유색 인종으로 구성된 집단이 다양성 측면에서 훨씬 좋다. 이런 식으로 숫자로 집단을 구성하는 것이 좋다고 해서 사람들을 인종이나 피부색으로 묶어 이들의 개인적인 차이를 무시해도 된다는 뜻은 아니다. 어느 한 쪽의 피부색이 지나치게 많은 경우에는 숫자로 집단을 구성하는 것이 중요하다.

4. 서로 소개하는 것부터 시작해서 라포르를 형성하고 집단 대화를 조직하는 것까지 일련의 활동을 어떻게 계획하고 있는가?

인터뷰와 관련해서 앞에서 언급한 것처럼 포커스그룹을 이용하여 연구할 때도 라포르 형성과 소개 질문을 사용해서 시작해야 하고(예: 어떻게 그 대학교에 가게 됐어요? 어느 고등학교를 나왔고 그 학교는 어땠어요?), 그러고 나서 원래 의도한 주제에 관한 질문으로 옮겨가는 것이 좋다. (예: 과에서는 누가 주로 얘기를 많이 하죠? 이 대학교에서의 생활은 어때요?) 미리 고려해야 할 것은 정보제공자들로 구성된 특정한 집단과 몇 번까지 만날 것이지, 빠지지 말고 참석하도록 어떻게 조장할 것인지, 그리고 어려운 순간이 생길 때 어떻게 대처할 것인지 등이다.

3.9.2 녹음하기

인터뷰를 할 때 녹음기를 사용하는 경우 현장조사와 관련된 사람들과의 관계에 대해 특별히 고려해야 한다. 녹음기 사용에 대해서는 4장에서 논의하겠지만, 여기서는 연구자 - 정보제공자 관계에 초점을 맞추어 몇 가지 살펴보고자 한다. 녹음기를 사용하려면 연구참여자에게 먼저 허락을 받아야 한다. 녹음기 사용의 허락을 받으려고 말을 꺼낸다는 것이 참 부담스러운 일이다. 부끄럽기도 하고 거절당할까봐 두렵기도 하기 때문에 대부분의 연구자가 이 문제를 꺼내는데 힘들어한다. 허락 없이는 절대 녹음을 해서는 안 된다. 어떡하든지 간에 허락을 얻어내도록 노력해야 한다. 어떤 정보제공자는 인터뷰 내용을 녹음하는 것에 전혀 게의치 않는다. 다른 정보제공자는 녹음테이프나 녹취록을 가지고 무엇을 하려는지 물을 수도 있다. 연구를 위해 연구자와 공유했던 지극히 개인적인 정보를 여러 사람들이 알지 못하도록 해줄 것을 분명히 하고 싶어 한다. 또 어떤 사람은 일단 자신들의 말이 녹음되고 나면 그 내용이 자신들에게 해가 될 수 있다거나, 불법적인 것을 폭로했을 때 어려움에 빠질 수 있다고 생각한다. 그래서 확실히 짚고 넘어가려고 한다. 어떤 정보제공자가 아무런 이유 없이 "안됩니다"라고 말할 때는 이 말을 충분히 존경해주어야 한다. 녹음을 할 수 없으면 참여관찰 도중에 이루어지는 짧은 인터뷰의 경우는 인터뷰가 끝나면 바로 현장조사록에 기록한다. 그러나 긴 인터뷰의 경우는 나중에 기억해서 대화를 재구성하기 위해 개략적인 내용을 인터뷰할 때 빠르게 메모해두어야 한다. 어떤 사람들의 경우 연구가 진행되면서 인터뷰 내용을 녹음하도록 마음을 바꾸어 허락하는 경우도 있다. 이런 경우 언제든지 그 허락을 받아들이면 된다.

녹음기는 연구자와 정보제공자 사이의 관계에서 볼 때 어디에 위치할까? 구술역사가이며 민속신화 기록자인 에드워드 아이브스(Edward Ives, 1974)는 인터뷰할 때 녹음기는 보이지 않는 제 3자로 생각해야 한다고 말한다. 그래서 정보제공자가 인터뷰 도중에 양팔을 벌려 크기를 나타냈을 때, 이 인터뷰의 녹음 내용을 녹취록으로 작성할 때 이런 비언어적 행위도 구두 언어로 번역되어져야한다. 연구자는 연구참여자에게 답을 강요하는 듯한 느낌을 주지 않도록 해야 하며, 생각하는데 불편함을 느끼지 않도록 해야 한다. 초등학교에서 성발달에 관한 인터뷰를 할 때, 어떤 연구참여 여학생이 말하기를 초등학교 3학년 때 이차성징이 발달하기 시작한듯하다고 했다. 이 학생은 "4학년 말 정도에 생기는 건데..."라고 말했고 연구자는 "많이 빠른듯한데"라고 대답했다. 연구자의 이 말은 이 여학생에게 불신감을 가지게 했고, 연구자가 자신을 "의심"하고 있는 것이 아닌가라는 혼란된 생각 때문에 연구자가 무슨 말을 묻는지 기억하기 힘들었다고 이 여학생은 말했다. 이 학생이 "정상적 발달" 정도를 벗어났다고 하는 연구자의 신중하지 못한 말은 결국 인터뷰에 응하는 사람을 불신하게 만들었다(Biklen, 1973).

인터뷰를 잘하는 연구자는 인내심이 요구된다. 연구참여자가 왜 그런 식으로 답하는지 알지 못하는 경우가 종종 있는데, 이럴 때는 충분한 설명을 알 때까지 기다리는 것이 좋다. 연구자는 연구참여자와 대화에서 얻은 조각조각의 정보와 그 사람의 개인적 이야기, 경험을 잘 조합하여 정보제공자의 관점을 파악해내는 탐정 같은 사람이어야 한다.

3.10 녹화와 현장조사

현장조사를 할 때 카메라를 사용하는 정도는 질적 연구자들에 따라 매우 다르다. 다양한 시각 자료와 이 자료를 어떻게 사용하는지에 대한 충분한 논의는 다음 장에서 하려고 한다. 여기서는 현장조사와 관련한 시각 자료에 대해 알아보려고 한다.

몇몇 연구자들은 녹화를 주된 자료 수집 방법으로 삼을 정도로 아주 집중적이고 광범위하게 사용하지만 대부분의 질적 연구자가 그런 것은 아니다. 카메라는 자료 수집을 위한 보조 도구로서 중요한 장비이지만 많은 질적 연구자는 이 장비를 멀리한다. 어떤 연구자는 단지 이 장비의 기술적인 면을 자세히 알지 못하기 때문에 사용하는데 자신이 없어 사용하지 않는다. 능숙한 연구자는 카메라의 잠재적인 유용성보다는 문제를 더 많이 일으킨다는 생각에 이런 장비로부터 참견 받는 것을 싫어한다. 뿐만 아니라 어떤 연구자는 카메라를 관광용이나 남몰래 훔쳐 찍는 장비로 생각하여 되도록 멀리하려는 경향이 있다. 하지만 많은 연구자들은 카메라가 현장조사에서 연구자가 포착하지 못했던 것은 좀 더 생생하게 포착해준다는 점에 대해서는 공감한다.

복잡하지 않고 다른 사람을 불편하게 하지 않으면서 카메라를 사용하는 방법은, 예를 들면 그 장소의 주변 사물이나 대상을 찍는 것이다. 게시판의 내용, 책꽂이에 꽂혀있는 책 제목들,

칠판에 적혀있는 판서 내용, 그리고 가구의 배치 등 그 장소의 주변 사물이나 대상은 많은 정보를 포함하고 있는데, 카메라를 사용해서 찍어 놓으면 나중의 자료 분석에 도움이 된다. 이렇게 카메라를 사용하면 주위에 사람이 없을 때 아무 때나 편한 시간에 찍을 수 있다. 연구자는 인터뷰와 관찰에 더 많은 시간과 노력을 투자할 수 있다. 또 연구참여자가 사진이나 녹화에 전혀 거부감이 느끼지 않도록 연구자와 편안한 관계가 형성될 때까지 기다리는 것도 좋다. 연구자는 사진이나 녹화로 찍어두고 싶은 사물이나 대상이 무엇인지, 자세하게 문장으로 기록하기에는 너무 많거나 애매한 항목은 무엇인지, 그래서 사진으로 찍거나 녹화해 두어야 할 것이 무엇인지를 계속해서 메모해 두어야 한다. 기회가 생길 때마다 재빨리 사진이나 녹화를 해 두어야 하며 이렇게 하는 데는 전문적 지식이 그렇게 요구되지 않는다.

그러나 대부분의 연구자는 고정된 게시판이나 책꽂이가 아닌 다른 것들을 찍고 싶어 한다. 연구자는 사람들의 생생한 모습을 사진으로 찍거나 녹화하고 싶어 하는데, 연구참여자들의 일상적인 장소나 상황에서의 자연스러운 모습을 시각 자료로 남기고 싶어 한다. 연구자는 이러한 기록들이 자료를 다룰 때 기억에 도움이 되기를 바란다. 또한 연구자는 이런 시각 자료를 전기적 연구보고서에 실음으로써 독자들로 하여금 연구참여자가 어떤 사람인지를 쉽게 이해하도록 한다. 미첼 더나이어(Mitchell Duneier, 1992)는 그의 책 《슬림의 식사테이블》(*Slim's Table*)에서 슬림과 그와 같이 식사하는 사람들의 모습을 사진으로 찍으려고 사진사를 고용했으며, 그 다음 책인 《보도》(步道, *Sidewalk*)(1999)에서도 역시 사진사로 하여금 사진을 찍도록 했다. 그렇지만 주변 사물이나 대상을 찍는 그 이상으로 사진이나 녹화를 하려면 일은 훨씬 복잡해진다.

관찰과 인터뷰할 때 옆에 사람이 있어 야기되는 모든 문제는 사진 찍는 경우에도 그대로 다시 문젯거리로 나타난다. 관찰자가 있다는 사실이 관찰하고자 하는 상황을 변화시키듯이, 사진사가 있다는 것만으로 모든 상황은 바뀌게 되고 어떤 경우에는 극적인 변화까지도 일어난다.

사람들은 어떤 것에 익숙해짐에 따라 주변 환경에 무관심해지는데 사진 찍는 사람에 대해서도 예외는 아니다. 사진 찍는 사람이 '항상' 있다는 사실에 친숙해지면 그 사람은 궁극적으로 특별한 자극이 되지 않는다. 어떤 사진사의 경우 오랫동안 교실에 머물러 친숙해지고 더 이상 자극이 되지 않자 아이들은 그를 사진사로 알면서도 전혀 그가 하는 일에 더 이상 관심을 두지 않았다고 한다. 어떤 경우 친숙함에 의한 이러한 무관심은 놀라울 정도로 빨리 정착된다. 아주 활동적인 어린 아이들 집단하고 같이 있는 경우 아이들은 겨우 15분 정도 사진 찍는 사람을 신기하게 생각해서 행동하며, 그 나머지 한 시간 반 동안은 그의 존재조차도 잊어버린다. 또 다른 경우를 보더라도 사람들이 카메라를 의식하지 않고 자신의 원래 모습대로 행동하는데 이틀이나 삼일 정도면 충분하다. 이런 "존재 소멸 시간"은 일상적인 일에 초점을 둔 연구를 설계할 때는 반드시 포함시켜 두어야 하며, 소멸이 생기도록 충분한 시간을 허용해야 한다. 사진 찍는 장소를 여러 번 방문할 때는 가능한 한 그 방문하는 시간 간격을 짧게 하는 것이 좋다. 이렇게 함으로써 방문할 때 마다 사진사의 존재를 의식하지 못하게 되는 친숙 과정을 반복하지 않아도 된다.

녹화를 주로 하는 연구자를 의식 못하게 하는 두 번째 방법은 정신을 다른 곳으로 분산시키는 것이다. 만약 그 장소나 상황에서 여러 가지 일들이 한꺼번에 바쁘게 일어난다면 연구참여자는 카메라를 거의 의식하지 못할 것이다. 그렇지만 일상적으로 하는 규칙적인 활동들은 계속해서 항상 일어난다는 것을 알고 준비하는 것이 중요하다. 녹화장비를 가지고 현장에 들어가면 종종 연구참여자들은 "무엇을 어떻게 해야 할지" 당황스러워 한다. 이런 불명확한 상태가 해결되지 않는 한 연구참여자들은 평소와 같이 행동하는 것을 꺼려한다. 교실의 담임교사와 같이 누군가가 책임 있는 사람이 있다면, 연구자는 그 장소의 사람들에게 소개될 때 방문 목적이 방해하려는 것이 아니라는 점을 그 책임 있는 사람이 부각시켜 줄 것을 미리 말해두는 것이 좋다("이 분은 그냥 우리가 매일 어떻게 생활하고 있는지를 보고 싶어합니다." 또는 "우리는 저 분에게 주의를 두지 않아도 됩니다."). 만약 이런 책임 있는 사람이 없는 장소나 상황이라면, 연구자를 소개시켜줄만한 사람을 찾아서 연구참여자들에게 연구자가 있다고 해서 특별히 다른 어떤 것을 할 필요는 없다는 것을 설명해주도록 하는 것이 제일 좋다. 그런데 만약 사진 촬영이나 녹화를 위해 방문하는 목적을 설명해줄 사람이 아무도 없다면, 연구자는 비록 연구참여자들이 직접 물어보지 않는다 하더라도 이들이 궁금해 할 여러 가지 질문에 대한 답변을 준비하고 있어야 한다("누구세요?" "뭐하려고요?" 그리고 연구에서 가장 중요한 질문은 "내가 무엇을 해주면 좋겠어요?"이다). 비디오 촬영이 계속 진행될수록 연구참여자는 점차 일상적인 행동을 보이게 된다.

지금까지 언급한 대부분의 내용은 한정된 장소나 상황에 있는 사람들 집단과 관련된 것이다. 이러한 설명은 각각의 개인에 초점을 둔 연구나 연구참여자가 여러 장소를 옮겨 다니거나 여러 활동을 하는 경우에 초점을 둔 연구에는 많은 도움이 안 될지도 모른다. 연구참여자를 제외하고 그 방에 있는 외부인은 연구자뿐이라면 비디오 촬영을 하거나 사진 찍는 것을 안 보이게 한다는 것은 거의 불가능하다. 연구자나 연구참여자들이 촬영 목적과 이유에 대해 잘 모르는 다른 사람들이 있는 장소나 상황으로 옮겨 다니는 경우에도 촬영을 모르게 한다는 것은 아주 어렵거나 불가능하다. 일반적으로 이런 상황이라면 아무리 연구자의 비디오 촬영

능력이 뛰어나다 하더라도 안보이게 촬영한다는 것이 불가능하다. 연구자가 연구참여자를 아침부터 저녁때까지, 쇼핑하는 것부터 다른 사람이나 장소를 방문하는 것까지, 그리고 혼자 있을 때까지 하루 온 종일 따라 다니는 것은 아주 어려운 일은 아니다. 그러나 카메라를 들고 그렇게 일거수일투족을 따라다니면서 촬영한다는 것은 아주 우스꽝스럽다. 어떠한 연구방법론도 마찬가지겠지만, 말하고자 하는 핵심은 어떤 연구방법이 비생산적이고 멍청한 방법인가 하는 점을 인식해야 한다는 것이다. 하지만 연구참여자가 장을 보거나 버스 타는 것을 절대 촬영해서는 안 된다는 그런 뜻이 아니라, 촬영의 정도와 눈에 띄지 않도록 하는 것, 즉 방법의 철저함과 타당성이 장소와 상황에 따라 줄어든다는 점을 말하려는 것이다. 연구를 설계할 때 이러한 한계점들을 충분히 고려해서 연구에 차질이 없도록 해야 한다.

연구현장에서 일어나는 여러 행사에서 사진 촬영을 하는 것은 종종 눈에 띄지 않게 촬영하는 좋은 예이다. 졸업식, 가족 모임, 운동 시합, 또는 특별한 활동에는 보통 촬영을 하게 마련이다. 이런 행사 때 연구참여자들은 서로를 자랑스럽게 쳐다보고 자신들을 최고라고 생각한다. 또 의도적으로 사람들에게 보여주기 위해 옷을 갖춰 입는 그런 공식적인 시간이다. 이러한 행사 때 촬영을 하는 연구자는 종종 환영 받으며 촬영하는 행위도 특별한 연구 행위로 인식되지 않는다.

질적 연구를 이해할 수 있는 경력 사진사나 촬영 기사를 연구팀의 일원 혹은 잠시 고용하여 활용한다면, 사진이나 비디오 촬영을 하는 연구자에 의해 발생하는 문제들이 상당히 해결될 수 있다(Duneier, 1999). 물론 촬영 기사를 사용하는 것에 대해 연구참여자와 다시 협의해야 하는 부가적인 문제가 있지만, 여러분이 생각하는 만큼 그렇게 크지는 않다. 연구 프로젝트에서 촬영 기사는 촬영이라는 특별한 역할만 해야 한다고 주장하는 한 가지 이유는 종종 뛰어난 사진사라도 좋은 관찰자가 아니며, 더구나 촬영 기사는 사람들과의 상호작용도 아주 엉망이다. 사진사가 관찰을 잘 하지 못한다는 말이 역설적으로 들릴지 모르겠지만, 무엇보다도 사진이 그 장면에 대한 최고의 관찰은 아니다. 사실 어떤 장면 전체를 민감하게 관찰해서 (물론 어느 정도의 한계는 있겠지만) 기억해내야 하는 것은 인간인 연구자이다. 이런 연구자와 비교해 볼 때 사진사가 하는 일은 매우 다르다. 사진 촬영을 하는 두 가지 기본적인 동작은 프레임 짜기(이 사진 속에 무엇을 어떤 각도에서 담을 것인지를 결정하는)와 타이밍(언제 셔터를 누를 것인지를 결정하는)이다. 연구자의 방법과 사진사의 방법 중 어느 것이 더 낫다는 것이 아니라, 이 둘은 아주 다른 방식으로 데이터를 수집한다. 뛰어난 사진사는 구두 언어로 다시 재생할 수 없는 방식으로 사람들의 행위나 장면을 분리시켜 고정시킨다. 그러나 인간 관찰자인 연구자는 사진으로는 전달할 수 없는 그 당시의 전체적인 정황에 의미를 부여한다. 따라서 촬영 기사와 연구자의 협력 작업은 어떤 연구에서는 아주 이상적이다.

지금까지 시각 자료의 기록이 라포르 형성과 연구현장에서의 관계 형성에 미치는 문제점에 대해 주로 언급했다. 어떤 연구자들은 촬영하는 것이 그런 관계 형성에 도움이 되는 수단이라고 옹호하기도 한다. 예를 들어, 사진을 찍은 다음 그 사진을 연구참여자들과 공유하는 것, 심지어는 그 사진을 연구참여자들에게 주는 것은 서로에게 친밀감을 느끼게 할 수 있다는 것이다. 여러분이 찍은 사진을 보여주거나 혹은 그들과 관련된 행사 사진을 보여주는 것은 친밀한 대화를 할 수 있게 해서 좋은 데이터를 얻을 수 있게 한다.

3.11 삼각검증법

삼각검증법(triangulation)이란 단어는 질적 연구에서 광범위하게 논의되어온 용어이다. 질적 연구에 관한 대표적인 문헌들의 주제어로서 17권의 인용 문헌에 이 용어가 등장하고 있다(Denzin & Lincoln, 1994). 질적 연구 논문에서 저자가 자신의 연구가 세밀하게 수행되었다는 점을 독자들에게 확신시키기 위하여 이 용어를 사용하지 않은 논문은 거의 없을 정도이다. 그런데 불행하게도 그런 논문에서 이 단어가 정확하게 의미하는 것이 무엇인지 이해하기 어렵고 부정확하게 이 단어가 사용되고 있다. 이 용어는 원래 항해와 탐험을 할 때 삼각비를 사용하는 것에서 유래한 것이다. 지도에서 자신의 정확한 위치를 알려고 할 때 어떤 하나의 지명만으론 그 위치를 파악하기 어렵다. 그 하나의 위치는 그 위치를 지나는 직선상의 어떤 곳에 현재 여러분이 있다는 것만 말해줄 뿐이다. 그래서 두 번째 위치가 필요하다. 그러면 이 두 직선의 교점이 현재 자신의 위치라는 사실을 알 수 있다. 현재 자신의 위치에다 이 두 위치의 점을 연결하면 삼각형의 세 꼭짓점과 같이 되므로, 만약 한 쪽 거리만 알면 다른 쪽의 거리도 계산할 수 있다.

삼각검증법은 사회과학에서 처음으로 도입한 용어로서 한 가지 이상의 정보 출처가 필요하다는 아이디어를 나타내기 위한 것이다. 예를 들어, 어떤 기차가 어떤 날 어떤 역에 도착했다는 사실을 확신하려면 기차에 타고 있었던 어떤 사람의 일기에 그런 사실이 있었다는 것만으로는 부족하다. (이 사람이 잘못 기록했을 수도 있기 때문이다.) 그 사람의 일기 내용과 더불어 기차 시간표를 입수했다면 그 사실에 대한 확신은 좀 더 분명해진다. 더 좋은 방법은 그 사람의 일기 내용, 기차 시간표와 더불어 신문에 그 날 그 역에 그 기차가 도착했다는 기사내용이 있다면 훨씬 더 분명해진다. 질적 연구에서 사용되는 삼각검증법은 사실에 대한 확증이라는 의미로 사용되고 있지만, 또 다른 의미도 포함하고 있다. 어떤 연구를 수행할 때 단지 한 곳에서만 데이터를 구하는 것보다 여러 곳으로부터 데이터를 구하는 것이 더 낫다는 것으로, 그 이유는 여러 곳에서 구한 데이터일수록 연구하고 있는 현상에 대해 더 충분한 이해를 제공해주기 때문이다. 다른 사람들은 삼각검증법이란 용어를 여러 명의 연구참여자, 여러 명의 연구자, 서로 다른 이론적 배경과 함께 서로 다른 데이터 수집 방법의 사용으로 확대해서 사용하고 있다. 그래서 우리는 이 용어를 사용하지 말 것을 주장하고자 한다. 이 용어는 연구를 분명하게 하기보다는 초보 연구자들을 혼란스럽게 하고 겁만 주고 있다. 만약 인터뷰, 관찰, 공식문서 등 여러 가지 방법으로 데이터를 수집했다면 그냥 그렇게 했다고 기술하면 된다. 만약 동일한 주제에 대해 여러 연구참여자에게서 데이터를 수집했다면 역시 그렇게 했다고 기술하면 된다. 만약 수집한 데이터가 한 명이상의 연구자한테서 구한 것이라면 또한 그렇게 했다고 기술하면 된다. 요약하면, 삼각검증법과 같은 추상적이고 정확하지 않은 용어를 사용하기보다는 여러분이 무엇을 했는지를 기술하는 것이 훨씬 낫다는 것이다. (삼각검증법에 대한 논의는 다음을 참고바람. Blumer, 1969; Bryman, 1988; Denzin, 1978; Glesne & Peshkin, 1992.)

3.12 연구현장 떠나기

연구현장에서 첫 날 동안 여러분은 어색하고 별 볼일 없는 사람의 심정을 느꼈을 것이다. 시간이 지남에 따라 점차 편안함을 느끼기 시작했고 그 장소나 상황의 일부분으로 동화되어 갔을 것이다. 그리고 연구계획에서 세웠던 것을 달성했을 때가 되면 연구현장을 떠나야 한다. 그런데 떠난다는 것이 그렇게 간단하지 않다(Maines, Shaffir, & Turowetz, 1980). 연구를 위한 연구자로서 관심을 가졌던 사람들이 이젠 좋아지게 된다. 떠난다는 것은 마치 그들을 저버리는 듯한 느낌을 가지게 되는데, 특히 연구참여자들이 아주 나쁜 환경에서 일하거나 생활하고 있다거나, 아주 가난해서 삶을 변화시킬 기회를 가질 수 없는 경우라면 더욱 그렇다. 떠난다는 것은 연구에 필요한 무엇인가 중요한 것을 — 연구에 대한 새로운 통찰이 생기게 할지도 모르는 어떤 새로운 데이터가 있을 것이라는 기대 — 놓친 것은 없는지 걱정을 떨치지 못하게 한다. 연구현장을 쉽게 떠나지 못하는 데는 많은 이유가 있겠지만, 질질 끌면서 연구현장을 떠나지 못하는 것을 끝내야하는 때가 온 것이다.

유능한 연구자는 연구의 이 마지막 단계를 갑자기 끝내기보다는 연구현장 방문의 빈도를 서서히 줄여나가다가 궁극적으로 방문을 중단함으로써 연구현장에서 조금 더 편하게 떠난다. 이렇게 서서히 전환하는 것은 연구자나 연구참여자 둘 다에게 아마 심리적으로 도움이 될 것이다. 종종 연구자들은 현장조사가 더 필요한지 알기 위하여 데이터 수집만 잠시 중단하는데, 이렇게 함으로써 다시 연구현장으로 돌아가야 할지 판단할 수 있다. 이렇게 연구현장에 다시 돌아올지 모르는 뜻밖의 일에 대비하기 위해 연구현장을 떠나기 전에 반드시 문을 열어두고 떠나와야 한다. 다시 돌아가야 하는 경우 연구현장의 연구승인권자와 다시 이것에 대해 협의를 해야 하는데, 이럴 때는 연구보고서를 제출해야 한다거나 여러분이 속한 대학의 누군가와 이에 대해 논의를 해야 한다거나 하는 행정적인 일처리를 미리 끝내야 한다.

많은 현장조사 연구자들은 연구참여자들의 연구 이후의 생활과 상황을 지속적으로 알기 위해 연구현장을 주기적으로 방문하면서 이들과의 관계를 유지하곤 한다. 가끔 이들 연구참여자들은 평생의 친구가 되기도 한다. 질적 연구자는 같은 사람과 같은 장소를 몇 년에 걸쳐 연구하면서 그곳을 주기적으로 떠났다가 다시 들어갔다 하는 일을 반복하는 경우가 많다.

4

질적 데이터

들판을 걷고 있던 어떤 사람이 덤불을 이리저리 옮겨 다니면서 산딸기를 뜯어먹는 노랑 새를 보고 있다. 만약 이 관찰자가 새의 먹이 먹는 습관을 연구하는 조류학자라면 새의 이러한 행동을 자세하게 기록으로 남길 것이다. 만약 이 사람이 그냥 휴일 산책하는 교육연구가라면 이런 상세한 기록을 남기지 않을 것이다. 마찬가지로, 고고학자는 다른 사람들이 쓰레기라고 생각하는 곳에서 자료를 찾는다. (고대의 쓰레기더미는 고고학 연구의 좋은 장소이다.) 학교 교장선생님의 메모는, 만약 연구자가 그 메모를 보고서 연구자료가 될 만한 가능성을 알았다면 가치 있는 데이터가 된다. 광부가 어떤 광물을 집어 들고 금인지 살펴보는 것과 같이 연구자는 연구과정에서 만나게 되는 정보의 가치를 항상 알아내려고 해야 한다. 그래서 어떤 의미에서 일상적이고 평범한 것이라 하더라도 연구자의 특수한 마음으로 쳐다볼 때 연구를 위한 가치 있는 데이터가 된다.

데이터라는 용어는 연구자가 연구하는 세상에서 수집한 다듬어지지 않은 그대로의 재료를 말하는 것으로 분석의 기초가 되는 특별한 형태이다. 데이터에는 인터뷰 녹취록과 참여관찰을 기록한 현장조사록과 같은 연구를 수행한 사람이 직접 기록한 재료가 포함된다. 또한 다른 사람이 만든 것이라 하더라도 연구자가 찾은 것, 즉 일기, 사진, 공식문서, 그리고 신문기사 등도 데이터의 범주에 속한다.

데이터는 증거이면서 단서이다. 세심하게 수집된 데이터는 근거 없는 추측에 기초하여 연구논문을 작성하는 잘못을 막아주는 확고한 사실과 같은 역할을 한다. 데이터는 연구자를 경험세계에 머물도록 해주며, 체계적으로 엄격하게 수집되었을 때는 질적 연구를 다른 형태의 과학으로 만들어준다.

이 장에서는 위에서 언급한 역할을 하는 데이터와 데이터 수집에 대해 설명하고자 한다. 이 내용은 현장조사연구의 내용(3장 참조)과 아주 밀접하게 관련되어 있는데, 이 장에서는 데이터 수집과 관련된 내용과 기술적인 면에 대해 좀 더 자세하게 설명하고자 한다.

어떤 질적 연구자들 중에는 인터뷰 녹취록과 같은 한 가지 종류의 데이터만 전적으로 사용하는 경우도 있지만 대부분 다양한 출처의 데이터를 사용한다. 비록 여러 다른 유형의 데이터를 따로 설명하지만, 연구에서는 데이터를 서로 분리하여 수집하지는 않는다는 점을 염두에 두기 바란다. 질적 연구의 대들보인 현장조사록에 대해 상세하게 설명하는 것으로 이 장을 시작하고자 한다.

4.1 몇 가지 조언

질적 연구의 현장조사록과 질적 연구의 여러 데이터에 대한 상세한 설명을 시작하기 전에 몇 가지 조언을 하고자 한다. 수집한 데이터를 체계적으로 잘 정리해 두어야 하고, 어떻게 체계적으로 잘 정리해 둘 것인지에 대한 계획을 짜야 하고, 그리고 무엇보다도 이 계획을 철저히 행동으로 실천해야 한다. 연구현장에 있을 때 온 사방에서 데이터가 들어오기 시작하면 저장된 데이터가 엉망이 되는 것은 순식간의 일이다. 파일이 어디 있는지도 모르고, 데이터를 알아보는 데 필요한 정보를 혼동하게 되면 나중에 짜증나는 일이 생기고 데이터 분석을 방해하게 된다. 컴퓨터 공학의 발달로 데이터의 입력과 관리가 손쉬워졌으므로 모든 현장조사록과 인터뷰 녹취록은 타이프해서 워드파일로 저장해두어야 한다. 질적 연구 데이터를 분석하는 대부분의 컴퓨터 소프트웨어는 특별한 데이터 입력 형식이나 절차를 필요로 하지 않는다. 만약 질적 연구 데이터 분석용 프로그램을 사용하려고 할 때, 특별한 입력 형식을 필요로 하더라도 텍스트 파일로만 저장되어 있다면 분석하기 전에 쉽게 변환시킬 수 있다. 연구를 시작하기 전에 분석에 사용할 소프트웨어를 미리 정해두는 것은 연구 진행에 도움은 되겠지만 초보 연구자한테는 크게 도움 되는 내용은 아니다. 어떤 소프트웨어를 사용할 것인지의 결정은 미루어두어도 좋다. 혹시 사용할 프로그램을 안다면 텍스트 입력에 대한 매뉴얼만 읽어봐도 충분하다.

컴퓨터에는 모든 정보가 저장되기 때문에 항상 파일을 백업하는데 주의해야 한다. 이런 소리를 하면 우리가 구식으로 느껴질지 모르겠지만, 컴퓨터에 있는 내용을 안전하게 프린트해 두어야 항상 마음이 편하다. 여러분이 수행하는 연구의 특수성에 맞게 파일 저장 방식과 관리 체계를 만들어 두면 좋다. 그래서 일반적인 조언을 하면, 여러분이 작성하는 현장조사 녹취록과 공식인터뷰 녹취록을 각각 분리하여 하나씩 파일로 저장하라는 것이다. 파일을 열지 않고서도 그 속의 내용을 쉽게 알 수 있도록 파일명을 정해야 한다. 그리고 현장조사 녹취록 디렉터리와 인터뷰 녹취록 디렉터리를 따로 만들어 데이터가 수집되는 순서로 저장하여 관리하도록 한다.

연구현장에서 구한 문서 역시 저장해 두어야한다. 이 문서자료를 컴퓨터에 입력하여 저장할 것인지는 문서의 내용, 어느 정도의 분량인지, 그리고 어떻게 사용할 것인지에 따라 결정하면 된다. 이런 몇 가지 점들을 생각해 보는 것은 이 문서자료를 스캔해서 컴퓨터에 저장할 것인지를 결정하는데 도움이 된다. 그렇지만 보통은 스캔까지 할 정도는 아니다. 그 이유는 문서자료의 크기가 각각 다르고 스캔하는 일이 번거롭고 시간만 소비하는 경우가 많기 때문이다. 이런 것은 사진과 그림 자료에 대해서도 마찬가지이다. 이 자료들을 스캔하는 것은 시간 소비가 많고 선명한 이미지로 저장하려면 엄청난 용량이 필요하다. 따라서 연구비 지원을 받지 않는 프로젝트인 경우 수집한 문서나 사진, 그림 자료는 플라스틱이나 종이로 된 폴더, 파일 수납장을 사용하여 관리하면 좋다. 만약 수집한 데이터를 프린트해서 보관한다면 현장조사록 페이지 사이에 포스트잇을 붙여 수집된 날짜 순서로 보관하면 효율적이다.

4.2 현장조사록

매번의 관찰이나 인터뷰, 또는 다른 종류의 연구 활동을 마치고 돌아오면 연구자는 이런 연구 활동에서 무슨 일이 있었는지 컴퓨터에 워드로 입력하는 것이 보통이다. 사람, 주변 사물, 장소, 봤거나 경험한 일, 활동, 대화 내용 등에 대한 서술을 한다. 또한 현장조사록의 일부분으로 연구자는 연구 아이디어, 연구 전략, 연구 수행에 대한 반성, 혹시나 하는 예감, 서서히 드러나는 패턴 등을 기록한다. 이렇게 기록해 놓은 것을 **현장조사록**(fieldnotes)이라고 하는데, 질적 연구에서 데이터를 수집하고 그 수집 과정과 결과에 대한 반성을 하는 가운데 연구자가 보고, 듣고, 경험하고, 생각한 것을 서술해 놓은 것을 말한다.

다른 유형의 질적 연구뿐만 아니라 특히 참여관찰 연구의 뛰어난 연구결과를 얻기 위해서는 상세하고, 정확하고, 광범위한 현장조사록이 필수다. 참여관찰 연구에서 모든 데이터는 현장조사록에서 나온다고 해도 과언이 아니다. 이 말은 현장조사록, 인터뷰 녹취록, 공식문서, 공식 통계자료, 사진, 그리고 다른 여러 가지 자료들을 포함해서 참여관찰 과정에서 수집된 모든 데이터를 포괄적으로 말하는 것이다.

현장조사록이 참여관찰의 핵심인 것은 연구자들이 잘 알고 있지만, 데이터 수집의 다른 방법들을 보완해주는 중요한 역할을 한다는 사실을 잊어버리는 경우가 많다. 예를 들어, 녹음기를 사용해서 인터뷰를 할 때 매번 인터뷰마다 연구자가 이 인터뷰를 보완 설명하기 위하여 현장조사록을 기록한다면 인터뷰의 맥락과 의미는 좀 더 완벽하게 파악될 것이다. 녹음기는 인터뷰할 때의 느낌, 분위기, 인상 등을 포착하지 못하며, 또한 인터뷰 전과 후에 오고간 대화 내용도 녹음하지 못한다. 현장조사록은 어떤 유형의 연구에서도 연구자의 개인적인 일지로서 연구 프로젝트의 진행 상황을 추적할 수 있게 해주고, 수집된 데이터에 의해 연구계획이 어떻게 영향을 받고 있는지를 시각적으로 보여주며, 그리고 그 데이터에 의해 연구자 자신이 어떻게 영향을 받고 있는지를 자각시켜주는 역할을 한다.

이 장 뒷부분의 다른 형태의 데이터에 대한 논의에서 현장조사록의 특수한 몇 가지 측면을 간단하게 설명하려고 한다. 하지만 여기서는 참여관찰 연구와 관련된 현장조사록 부분만 집중해서 다루고자 한다. 참여관찰과 관련해서 현장조사록을 살펴보지만, 여기서 다루는 많은 내용은 인터뷰와 같은 다른 데이터 수집 방법에서의 현장조사록과도 직접적으로 관련된다.

도심에 위치한 한 고등학교의 장애학생들에 대한 연구의 일부로 작성된 현장조사록을 [부록 B]에 첨부하였다. 수록된 현장조사록은 이 학교에서 여섯 번째의 관찰을 하고난 후 작성한 것이다. 이 현장조사록은 이 책에 싣기 위해서 조금 수정하고 편집한 것이다. 이 현장조사록을 수록한 이유는 풍부한 데이터의 예를 보여주려는 것이고, 뒤에 나오는 논의를 예시하려는 의도에서이다. 이 책을 더 읽기 전에 먼저 [부록 B]의 현장조사록을 한번 쭉 읽어보기 바란다. 현장조사록에 대한 논의에서도 언급하겠지만 현장조사록에도 여러 가지 형식이 있는데, [부록 B]에 실려 있는 것은 그 중 한 가지 형식이다.

먼저 진도를 나가기 전에 현장조사록을 작성하는 것이 너무 거창해서 기죽거나 포기하지 말라는 말을 하고 싶다. [부록 B]에 있는 현장조사록의 예를 살펴보고 한 번의 짧은 관찰로 그렇게 많은 내용을 적는다는 것이 불가능하다고 생각할 것이다. 기억력의 한계도 있고, 글쓰기 능력도 부족하고, 또 과감하게 한번 해보려고 해도 엄두가 나지 않을 것이다. 심호흡을 크게 하고 해보기도 전에 포기해서는 안 된다는 생각을 해야 한다. 여러분 중 일부는 겨우 한번 정도 관찰을 해봤거나 여러 번의 현장조사록을 완전하게 작성해본 적도 없을 것이다. 그렇지만 여러분 중에는 현장조사록 작성에 필요한 지식과 기능을 이미 가지고 있을 것이다. 이런 사람들은 지금 당장이라도 관찰과 현장조사록을 작성하기에 충분하다. 경험이 쌓이게 되면 현장조사록을 작성하는 능력은 점차 좋아질 것이며 몇 번 작성하는 경험을 하고나면 불가능해 보였던 이 일도 해볼 만한 일로 바뀔 것이다.

앞에서도 말했지만 손으로 대충 기록한 현장조사록은 워드파일로 만들어야 한다. 연구를 시작하려고 할 때 워드를 못한다거나 컴퓨터 문맹자라는 사람들이 가끔 있다. 워드를 못하면서 질적 연구를 한다는 것은 사실 불가능하다. 질적 연구를 하려면 워드를 배우든지 아니면 질적 연구를 제외한 다른 연구법을 선택하는 것이 좋다. 5장에서는 데이터 분류와 분석을 할 때 컴퓨터 사용의 여러 가지 이점들을 설명할 것이다.

현장조사록을 작성하는 것은 적어도 한 가지 중요한 부수적인 이점이 있는데, 여러분의 글쓰기 속도와 수준을 향상시켜준다는 것이다. 모든 작가들이 말하기와 글쓰기를 배우는 가장 효과적인 방법은 그냥 자주 말하고 글을 쓰는 것이라고 한다. 사람들은 몇 페이지에 걸쳐 구체적인 서술을 하는 기회를 좀처럼 가지지 못한다. 심지어 대학교나 대학원에서 가장 공부를 많이 해야 하는 과목에서 요구하는 글쓰기 양도 여기에서 말하는 현장조사록 작성에서 요구하는 글쓰기 양과는 비교도 안 된다. 현장조사록을 작성할 때는 거침없이 술술 글쓰기가 되어야 하고, 여러분의 머릿속에서 나오기 때문에 자신의 독특한 글 쓰는 스타일이 반영되어야 하다. 더불어 현장조사록은 1인칭으로 써야한다. 어느 누구도 철자나 문장의 문법이나 표현 오류를 따지지 않기 때문에 그냥 꼼꼼하고 분명하기만 하면 된다. 또 무엇에 대해 쓸 것이 아무 것도 없다는 그런 문제는 절대 생기지 않는다. 연구현장에서 여러분이 본 것만 자세하게 적어도 끊임없는 문장과 문단으로 페이지가 꽉 차게 된다. 현장조사록을 작성하다보면 글쓰기에 대한 막연한 공포감과 한 시간에 겨우 한쪽 반 정도를 채우는 글쓰기 속도에 대한 공포감에서 자유로워진다.

4.2.1 현장조사록의 내용

앞에서도 정의했듯이 현장조사록은 두 가지 종류의 자료로 구성된다. 첫 번째는 **서술적**(descriptive) 자료로서 관찰한 장소나 상황, 사람, 행동, 그리고 대화에 대해 그림을 보듯이 글로써 묘사한 것이다. 두 번째는 **반성적**(reflective) 자료로서 연구자의 마음, 아이디어, 그리고 관심사 등 연구자 자신에 좀 더 초점을 둔 묘사이다. 현장조사록의 이 두 가지 측면을 각각 따로 설명하고자 한다.

(1) 현장조사록의 서술 부분

현장조사록에서 가장 긴 부분을 차지하는 서술 부분은 연구현장에서 일어난 일에 대한 연구자의 객관적이고 자세한 사실적인 기록이다. 서술 부분의 목적은 삶의 한 부분을 포착하는 것이다. 모든 서술은 정도의 차이는 있지만 판단과 선택을 나타내는데, 여기서 말하는 판단과 선택이란 무엇을 얼마만큼 자세하게 적을 것인지를 뜻한다. 사실 질적 연구자는 이러한 한계 하에서 정확하게 글을 쓰려고 노력한다. 연구장소나 상황을 결코 완벽하게 묘사할 수 없다는 것을 알지만, 연구자는 가능한 정확하고 자세하게 글로써 묘사하려고 노력해야 한다.

연구자는 가능한 한 서술적으로 기록하려고 해야 한다는 뜻은, 연구자가 무엇을 관찰하든지 간에 그것을 요약하거나 개인적인 판단에 의해 평가한 것을 적는 것이 아니라 본 그대로를 자세하게 적어야 한다는 것이다. 예를 들어, "그 아이는 지저분해 보였다"라고 적지 말고 "7살이나 8살 정도로 보이는 그 아이는 양쪽 무릎이 닳아빠지고 색이 바란 흙투성이 청바지를 입고 있었다. 코에서는 누른 콧물이 아래로 3센티미터 정도 흐르고 있었고, 지저분한 손가락으로 얼굴을 문지르자 얼굴에 누런 자국이 선명하게 남았다" 와 같이 적는 것이 좋다. "그 교실은 축제분기였다"라고 적는 것보다는 그 교실의 벽과 천정에 무엇이 매달려 있었는지, 게시판에는 어떤 내용이 적혀 있었고 게시되어 있었는지, 그리고 어떤 소리가 들렸고 무슨 움직임이나 행동들을 볼 수 있었는지를 적어야 한다. 가능하면 사람들이 말한 것을 요약해서 적지 말고 그대로 옮겨 적어야 한다.

현장조사록의 서술 부분을 작성할 때 특별히 중요한 점은 절대 추상적인 단어를 사용하지 말라는 것이다. 예를 들어, 그 교사는 교실 앞에서 "가르치고" 있었다와 같이 적어서는 안 된다. 이 교사는 실제로 무엇을 말하고 어떻게 행동했는가? 항상 구체적으로 적어야 한다. 만약 이 교사가 무엇인가 말했다면 그것을 그대로 인용하고, 그 말을 하면서 취했던 행동이나 표정 등을 묘사해야 한다. 교사들이 언제, 어떤 조건 하에서 자신들의 행동을 "가르친다"라는 단어를 사용해서 묘사하는지 연구자로서 관심이 가겠지만, 연구자 스스로는 이런 추상적인 단어 사용을 피해야 한다. 일반적으로 말해서, '훈시하다', '놀다', '개인지도하다', '연습하다', '좋은 인상의 사람이다', '좋은 학생이다', '아무것도 하지 않았다'와 같은 단어와 문구는 실제로 사람들이 무엇을 하고 있는지, 무슨 말을 하는지, 그리고 어떻게 생겼는지를 정확하게 묘사하는 것으로 바꾸어야 한다. 관찰하고 있는 세상을 작은 조각으로 분해하여 자세하게 묘사하려고 노력해야 하는데, 이때 추상적인 단어를 사용하면 자세한 묘사는 하지 못한 채 그럴듯한 피상적인 묘사에 그치게 된다.

사실 피상적이고 개인적인 가치 판단에 의한 묘사를 하지 않는다는 것은 어려운 일이다. 그래서 [부록 A]에 좀 더 깊이 있는 묘사를 하는데 도움이 되는 일련의 질문을 제시해 두었다. 앞으로 연구하게 될 학교의 몇 가지 측면에 대해 세밀하게 생각하는데 도움을 주려고 제시해 놓은 것이지만, 연구할 때 가지고 다니면서 각 질문마다 답을 해야 하는 것은 아니다. 이 질문들은 연구자의 호기심을 증대시키고 관찰 시야를 넓히는 역할을 할 것이다.

[부록 B]의 현장조사록을 읽어보면 알 수 있듯이 현장조사록의 서술 부분은 다음 영역을 포함하고 있다.

① **연구참여자의 묘사** 연구참여자의 외형적 모습, 옷 입는 스타일, 말하고 행동하는 스타일, 말하고 행동할 때 그 사람만의 버릇 등에 대한 묘사를 하는 부분이다. 연구참여자와 다른 사람을 구별하게 하는, 또는 연구참여자들끼리의 친한 관계를 말해줄 수 있는 특징적인 면을 쳐다봐야 한다. [부록 B]에 실려 있는 현장조사록은 그 연구의 여섯 번째 작성된 것으로 연구참여자들에 대한 묘사가 첫 번째나 두 번째 현장조사록에 묘사된 것보다 자세하고 길지 않다. 그 이유는 그 장소나 상황에 대해 앞에서 이미 서술되었기 때문이다. 처음에 자세하고 완벽하게 묘사했다면 그 이후의 현장조사록에는 변화된 것만 묘사하면 된다.

② **대화의 재구성** 연구참여자들 사이에 오고간 대화뿐만 아니라 그들과 연구자가 나누었던 개인적인 대화도 기록해야 한다. 여기에는 대화의 전체적인 흐름과 요약을 하는데, 앞에서도 설명했듯이 연구참여자가 말한 원래 단어와 문구를 가능한 한 풍부하게 기록하려고 노력해야 한다. 연구참여자가 말한 것을 들은 그대로 기록하는 것이 제일 좋다. 그 장소나 상황에서만 특징적으로 또는 특별히 사용된 단어와 문구를 적는데 특히 신경을 더 써야한다. 몸동작, 악센트, 얼굴 표정 등도 물론 기록해야 한다. 초보 연구자들의 경우 현장조사록을 작성할 때 대화를 재구성한 부분에서 어떤 때 인용 부호를 사용해야 하는지 정확하게 알지 못해 종종 어려움을 겪는다. 연구참여자들이 말한 것을 한마디도 빠짐없이 정확하게 기록한다는 것은 불가능하다. 한 마디 한 마디 말 그대로 정확하게 기록해야 한다는 뜻이 아니라 들은 것에 가장 가깝게 대화를 재구성한 부분에 인용부호를 붙이면 된다는 뜻이다. 만약 들은 말을 상당히 정확하게 기록했다고 생각하면 그 말의 앞뒤에는 인용 부호를 붙이는 것이 좋다. 만약 연구참여자들이 말한 것을 정확하게 기록했다는 확신이 생기지 않으면 인용 부호를 붙이지 않는데, 그 뜻은 연구자의 대화 재구성이 정확하지 않을 수도 있다는 것을 의미한다. 대화 재구성의 정확성에 대해 확신이 없으면 인용 부호 앞에 이런 점을 기록한 다음 "죠가 이렇게 이렇게 말했다"와 같은 문구를 사용해서 기록하면 된다. 정말 확신이 서지 않을 경우에는 여러분이 기억하고 있는 내용을 요약해서 적으면 된다.

③ **물리적 배경에 대한 묘사** 공간과 가구 배치에 대한 그림이나 다이어그램은 현장조사록의 내용에서 꼭 필요한 부분이다. 또한 칠판의 판서 내용, 게시판의 게시 내용과 게시물, 교실인 경우 책상과 의자와 같은 가구 배치, 바닥과 벽과 같은 물리적 배경에 대한 언어적 묘사도 현장조사록에 적도록 한다. 연구자가 관찰을 주로 하는 건물이나 장소, 주변에 대한 묘사도 있어야 한다. 예를 들어, 연구수행을 위해 학교를 처음 방문했을 때 그 학교에 대한 연

구자의 느낌은 어떠했는가?를 적어야 한다.

④ 특별한 일이나 행사에 대한 기록 현장조사록에는 특별한 일이나 행사에 누가 관련 되었는지, 어떤 식으로 관련되었는지, 어떤 일들이 있었는지, 목적은 무엇이었는지 등을 기록한다.

⑤ 행위에 대한 묘사 연구참여자들의 행위와 특별한 행동 모두에 대해 관찰한 순서대로 자세하게 묘사 한다.

⑥ 연구자(관찰자)의 행위 질적 연구에서 인터뷰와 탐구의 대상은 연구참여자이지만 연구자 자신도 탐구의 대상으로 취급해야 한다. 그 이유는 질적 연구에서는 연구자 자신이 데이터 수집의 도구이기 때문이다. 그래서 데이터 수집과 분석에 영향을 줄 수 있는 연구자 자신의 행동, 가정이나 추측, 또는 그 어떤 것도 신중하게 조사해야 한다. 현장조사록의 반성 부분에 기록해야 할 내용의 많은 부분이 이런 점에 관한 것인데, 현장조사록의 서술 부분에도 연구자의 옷차림, 행동, 연구참여자와 나눈 대화와 같은 자료를 포함시켜야 한다. 아무리 연구현장이나 상황에 대한 연구자 효과를 최소화시키려고 해도 항상 예기치 못한 영향은 작용하기 마련이다. 연구자의 행위에 대한 세심한 기록을 지속적으로 하는 것은 이런 예상하지 못한 영향을 가늠하는데 도움을 준다.

"풍부한 데이터" 또는 "풍부한 현장조사록"이란 표현은 경험 있는 현장조사자들이 연구현장이나 상황에서 무슨 일이 있었는지 그리고 연구참여자들이 그 일에 어떤 의미를 두었는지에 대한 상세한 묘사와 대화의 인용으로 가득 찬 현장조사록을 말할 때 사용하는 용어이다. 풍부한 데이터는 연구자가 연구결과에 대한 해석을 할 때 조합하여 사용할 수 있는 증거와 단서들이 가득한 때를 말한다.

(2) 현장조사록의 반성 부분

현장조사록에는 묘사 자료와 더불어 연구과정에 대한 연구자의 개인적인 설명을 나타내는 문장과 문단이 있다. 연구자는 여기에 연구과정에 대한 좀더 주관적이고 개인적인 측면을 기록한다. 여기에는 연구자의 추측, 느낌, 연구과정 상의 문제점, 연구과정에서 얻게 된 아이디어, 직감, 인상, 그리고 연구자의 선입견 등을 반드시 기록 한다. 마음속에 있는 모든 것을 이 부분에 털어낸다는 생각으로 적도록 한다. 실수한 점들, 부적절했던 점들, 선입견, 좋아하고 싫어했던 일이나 사람, 대상 등을 솔직하게 고백한다. 무엇을 배웠고, 무슨 생각을 했는지, 내일이나 그 다음 날에는 무엇을 하려고 하는지, 그리고 이 연구의 연구결과는 어떤 모습일지를 추측하고 기록한다. 현장조사록에 기록하는 반성의 목적은 치료를 위한 것이 아니다. 어떤 사람들은 현장조사 자체가 치료 효과가 있다고 주장하지만, 이 반성 부분의 주된 목적은 현장조사록의 내용과 질을 높이려는 것이다. 연구자 자신이 데이터 수집과 분석에서 핵심 역할을 하기 때문에, 그리고 데이터 수집과 분석을 위한 장비나 기계도 없고 문서화되고 체계화된 연구절차도 없기 때문에 연구장소와 상황, 연구자와의 관계 변환 및 연구설계와 분석의 성장과정을 연구자는 아주 면밀하게 깨닫고 있어야 한다. 훌륭한 연구를 수행하기 위해서는 데이터 수집의 연구초반부터 분석이 끝날 때까지 연구과정을 거치면서 연구방법, 절차, 분석방법이 어떻게 진화되었는지를 정확하게 지속적으로 기록으로 남겨두어야 하며, 이러는 동안 연구자는 항상 자기 반성적이어야 한다. 서술 자료와 반성 자료 사이의 정확한 균형을 맞춘다는 것은 사실 어려운 일이다. 어떤 연구자들은 반성 부분을 심층적이고 집중적으로 기록하여 이후 이 내용을 연구 자서전 형식의 책으로 출간하기도 한다. 하지만 반성 부분 자체는 어떤 목적이 아니라 더 좋은 연구수행을 위한 수단임을 명심해야 한다.

현장조사록에서는 반성 부분을 관례적인 기호를 사용하여 나타낸다. [부록 B]에 있는 현장조사록을 보면 괄호로 묶고 "O.C."이란 기호로 표시된 부분이 바로 반성 부분을 나타내는 것으로 **관찰자 주해**(observer's comment)라고 한다. 현장조사록의 예에서 볼 수 있듯이 이 조사록 전체에 걸쳐 관찰자 주해가 기록되어 있다. 현장조사록의 끝부분에는 그날 경험한 일에 대한 묵상, 이론과의 연결 가능성에 대한 추측, 부가적인 정보에 대한 간단한 기록, 그리고 다음 관찰에 대한 계획 등을 적는다. 현장조사록의 어떤 특정 부분을 차지하는 것은 아니지만 시간 날 때마다 자주 연구과정에 대한 추가적인 "작은 조각의 생각들"을 기록해두어야 한다. 현장조사록의 끝에 첨가되는 이런 약간 긴 기록을 **메모**(memos)라고 한다(Glaser & Strauss, 1967). 특히 인류학적 전통에 따라 질적 연구 수행을 배운 연구자들은 현장조사록의 서술 부분과 반성 부분을 완전히 별개로 분리하여 작성하는 것을 선호한다(Werner & Schoepfle, 1987a, 1987b, p. 32). 이들은 개인적 반성 부분은 자신의 일기에 기록함으로써 두 종류의 현장조사록을 작성한다.

지금까지 현장조사록의 반성 부분에 기록할 항목들을 설명했는데 좀더 자세한 설명을 위해 이 항목들을 아래에 분류하여 제시해 놓았다. 관찰자 주해, 메모, 그리고 여러 다른 자료를 기록할 때는 아래의 항목들이 포함되도록 하는 것이 좋다.

① **분석에 대한 반성** 무엇을 배웠는지, 서서히 나타나는 주제는 있는지, 확인된 패턴은 무엇이며 데이터 사이의 연관성은 있는지, 부수적인 아이디어는 무엇인지, 그리고 갑자기 떠오른 생각은 있는지 등에 대해 깊이 생각해 본다. 분석에 초점을 맞춘 긴 반성을 **분석적 메모**(analytic memos)라고 한다(Glaser & Strauss, 1967). 관찰자 주해와 메모의 역할 및 중요성은 5장에서 좀 더 심도 있게 다룰 것이다. 이런 유형의 반성에 대한 예시는 5장과 [부록B]에 있다.

② **연구방법에 대한 반성** 현장조사록에는 연구에서 사용하는 절차와 전략, 그리고 연구설계 단계에서 내렸던 선택과 결정에 대한 반성 내용이 포함되어야 한다. 또한 특정한 연구참여자와의 라포르 형성에 대한 평과 연구 수행 과정에서 겪었던 문제점과 즐거운 경험도 기록하는 것이 좋다. 특정 연구참여자와 연구자 사이에서 야기되었던 문제나 여러 가지 갈등 등도 이 반성에 해당하는 내용이다. 이러한 문제를 어떻게 처리하고 해결했는지도 기록할 좋은 내용이다. 지금까지의 연구과정에서 달성한 것이 무엇이며 앞으로 달성해야 할 것은 무엇인지를 적는다. 연구방법에 대한 연구자의 반성은 연구자가 직면하게 될 연구방법론적 문제를 전체적으로 생각해 보는데 도움이 되며 연구방법론적 결정을 내리는 데도 도움이 된다. 이러한 연구방법론적 논의는 연구를 마쳤을 때 연구과정에서 무엇을 했는지에 대한 설명을 적는데 도움이 된다.

③ **윤리적 딜레마와 갈등 상황에 대한 반성** 현장조사는 연구참여자들의 생활에 깊이 관여하기 때문에 연구자는 연구자 자신의 가치와 이들 참여자에 대한 연구자로서의 책임감 사이에서 끊임없는 갈등을 겪는다. 1장에서 이러한 윤리적 딜레마에 대해 어느 정도 논의하였다. 관찰자 주해와 메모는 이러한 고민과 걱정에 대한 기록을 남길 수 있게 해주며, 또한 이에 대한 해결에 도움이 되기도 한다.

④ **연구자의 마음가짐에 대한 반성** 비록 연구참여자들의 관점을 이해하고자 열린 마음으로 연구를 한다고 하더라도, 질적 연구자는 일반적으로 연구하고자 하는 참여자와 그 장소나 상황에 대해 나름대로의 어떤 가정을 가지고 연구를 시작한다. 연구자의 이러한 선입관은 종교적 신념, 정치적 편향성, 문화적 배경, 사회적 위치, 학교에서의 경험, 인종, 성별 등에 의한

것이다. 일반 사람들과 마찬가지로 질적 연구자도 개인적 견해, 신념, 태도, 편견을 가지고 있으며 자신의 이러한 사고에 대한 반성을 현장조사록에 드러내려고 노력해야 한다.

데이터를 수집함에 따라 연구 전에 가졌던 여러 생각들이 무너지고 새로운 생각을 하게 된다. 연구 초기에 특히 이런 현상을 더 빠르게 많이 경험하게 된다. 연구자가 생각했던 것이 연구현장의 경험 세계에서는 성립하지 않음을 비로소 깨닫게 된다(Geer, 1964). 정신지체가 있는 연구참여자들은 연구자가 생각하는 만큼 멍청하지 않고, 청소년들은 연구자가 생각하는 만큼 게으르지 않고, 학교는 연구자가 생각하는 만큼 그렇게 지겨운 장소가 아니고, 좋은 시설을 갖추었을 것으로 생각했던 학교의 벽이 온통 페인트가 벗겨져 있으며, 어떤 역할을 할 것으로 생각했던 학교의 프로그램들이 전혀 제구실을 못하는 등의 일들을 경험하게 될 것이다.

보통 연구현장에 들어가기 바로 전날 첫 번째 반성을 현장조사록에 기록한다. 연구현장에 무엇이 있을지에 대한 여러 가정이나 추측, 연구결과의 모습에 대한 기대를 가능한 한 자세하게 적는다. 이렇게 현장조사록의 첫 페이지에 가정이나 추측, 기대사항을 적어둠으로써 연구를 진행하면서 나타나는 것과 대조해서 비교해 볼 수 있다.

관찰자로서 연구자는 자신이 추정한 사실들을 중요하게 고려해야 한다. 그렇지만 연구자의 이런 초기 생각과 가정들은 연구현장에서 얻게 되는 경험 세계의 증거와 충돌함에 따라 부서지게 되는데, 이를 현장조사록에 기록해두어야 한다. 질적 연구는 사람과 장소와의 장기간의 접촉을 필요로 한다. 이로부터 계속해서 쌓이는 증거는 연구자의 근거 없는 생각과 가정들을 무색하게 만든다. 반성은 이 과정을 문서로 남겨두는 것이며 이런 과정을 촉진하는 역할을 한다.

⑤ 분명히 하기 지금까지 제안했던 여러 가지 심사숙고할 내용과 더불어, 관찰자로서 연구자는 또한 중요하지 않은 주변 내용이나 혼동했던 것을 분명히 하고 넘어가야 할 내용을 현장조사록에 추가로 첨부할 수 있다. 즉, 현장조사록의 다른 곳에 기록했던 내용이나 정보의 오류를 수정해야 한다. 예를 들어, 어떻게 이런 일이 일어났는지 모르지만 이전의 관찰에서 두 교사의 이름을 혼동했다고 하자. 그러면 이전의 조사록에서 그 부분을 찾아서 수정해야 한다.

현장조사록의 다른 측면에 대한 논의로 옮겨가기 전에 먼저 지적하고 싶은 것은 질적 연구자가 모든 것을 믿는 순진한 사람은 아니라는 점이다. 관찰자인 연구자도 오점이 없는 현장조사록이 될 수 있을 정도의 이해와 반성 수준에 절대 도달할 수 없음을 잘 알고 있는데, 여기서 말하는 오점이 없는 현장조사록이란 연구자의 영향이 전혀 없음을 나타내는 조사록을 말한다.

연구자는 자신이 누구며 어떤 생각을 하는지, 연구과정에서 실제로 어떤 일들이 있었는지, 그리고 연구 아이디어는 어디에서 왔는지 등을 의도적으로 끊임없이 생각해야 한다. 더 좋은 연구달성을 위하여 이러한 내용을 현장조사록에 기록하는데 전념하는 것이 질적 연구자의 자세이다.

어떤 연구방법이라 하더라도 나름대로의 장점과 단점이 있기 마련이다. 어떤 사람은 질적 연구의 경우 데이터 수집의 도구인 연구자가 연구과정에서 너무 과도한 역할을 하는 것이 질적 연구의 단점이라고 지적한다. 다른 사람들은 이 점이 오히려 질적 연구의 장점이라고 말한다. 다른 어떤 형식의 연구도 연구를 수행하는 과정과 연구를 수행하는 연구자를 연구의 일부분으로 이렇게 의도적으로 간주하여 탐구하는 경우는 없다는 것이다. 현장조사록의 반성 부분을 작성하는 것은 관찰자인 연구자가 연구과정에 어떤 식으로든지 영향을 미친다는 점을 인정하고 이를 통제하려는 노력의 일환이다. 현장조사록의 반성 부분은 모든 인간 행동과 마찬가지로 연구도 주관적인 과정임을 주장하는 것이다.

4.2.2 현장조사록의 형식

현장조사록의 내용에 대한 설명에서 작성하는 과정에 대한 설명으로 넘어가기 전에 현장조사록의 형식에 대해 몇 가지 말하고자 하며, 그런 다음 현시점에서 제기될 수 있는 현장조사록에 대한 몇 가지 의문에 답을 하고자 한다.

(1) 첫 페이지

정확한 형식과 내용은 연구자마다 다르겠지만, 현장조사록 각 세트의 첫 페이지 상단에 (여기서 말하는 세트의 의미는 특정한 한 번의 관찰 기간에 기록된 현장조사록을 말한다) 관찰이 언제 이루어졌는지(날짜와 시간), 누가 관찰을 했는지(관찰자 이름, 주로 연구자), 관찰이 행해진 곳은 어디인지(관찰 장소), 전체 연구에서 이 현장조사록 세트는 몇 번째인지(현장조사록의 번호) 등과 같은 정보를 적는다. 뒤에서 더 자세하게 논의하겠지만, 어떤 일이 있더라도 관찰을 한 바로 그날 현장조사록 작성을 마치도록 해야 한다. 이렇게 하는 것이 불가능하여 며칠 뒤에 그날의 관찰에 대한 현장조사록을 작성했다면 작성한 그 날짜를 기록해야 한다. 또한 현장조사록의 각 세트마다 제목을 붙여두는 것이 좋다("교장 선생과의 두 번째 인터뷰", "대학위원회 회의 관찰", 또는 "이번 학기의 첫 수업 관찰" 등). 이 제목은 각 현장조사록 세트의 내용이 무엇인지 쉽게 알 수 있게 해주고 그날 무슨 일이 있었는지를 신속하게 기억할 수 있게 해준다. 이 표제 부분은 현장조사록을 순서대로 정리하는데 도움을 줌으로써 나중에 필요한 정보의 추적을 용이하게 해준다.

(2) 문단과 좌우여백

질적 데이터를 분석하는 대부분의 방법은 "코딩(coding)"(5장의 데이터 분석 참조) 과정을 거친다. 현장조사록이 내용에 따라 각각의 문단으로 구분되어 있으면, 코딩이나 데이터 분석과 관련된 여러 일이 상당히 쉽고 편하다. 현장조사록을 작성할 때 대화 주제가 바뀐 경우, 연구장소나 상황에 새 인물이 들어온 경우, 혹은 어떤 식으로든지 변화가 있을 때마다 새 문단으로 시작한다. 의문이 생길 때도 새 문단으로 시작한다. 데이터 분석을 용이하게 하기 위한 현장조사록 작성의 또 다른 방법은 페이지의 왼쪽 여백을 충분히 남겨두는 것이다. 이 여백은 기호를 붙이거나 코딩 작업을 위한 것이다. 어떤 코딩 방법은 각 페이지마다 한 줄 한 줄 번호를 매긴 현장조사록을 필요로 한다. 현장조사록을 작성하기 전에 자신의 데이터 분석 방법에 맞는 현장조사록 양식을 정하기 위해 5장을 꼭 읽어보기 바란다.

지금까지 언급한 내용을 생각하면서 [부록 B]의 현장조사록을 살펴보면 아마 이런 궁금증이 생길 것이다 — 현장조사록의 한 세트는 대략 몇 페이지 정도여야 하는가? 어느 정도 자세하게 적어야 하는가? 연구 전체에 대한 현장조사록의 양은 어느 정도일까?

이러한 질문에 대한 답은 현장조사록의 여러 스타일과 서로 다른 연구목적에 따라 다르다. 연구자의 연구초점이 구체적이고 한정되어 있다면, 현장조사록의 각 세트의 양은 짧아지며 기록할 내용도 많지 않게 된다. 또한 연구자로서의 경험이 쌓일수록 연구현장에서 바로 분석을 하기 때문에 현장조사록의 양이 연구 시작보다 많이 감소하게 된다.

연구자는 새로운 장소나 상황을 처음 몇 번 방문하면서 점차 집중적으로 현장조사록을 작성하는 것이 일반적이다. 이 시점은 연구초점이 가장 불명확한 상태라서 관찰자인 연구자도 연구장소나 상황에서 무엇이 중요한 것인지 결정 못하는 때이다. 그물을 넓게 치고, 많은 분량의 현장조사록을 쓰고, 관찰보다는 기록하는 데 더 많은 시간을 소비하는 때이다. 연구초점이 특정 주제로 한정됨에 따라, 혹은 좀더 방향이 정해진 관찰을 함에 따라 연구 초기에 했던 것과 반대로 하게 되는데, 이제 기록보다는 관찰에 더 많은 시간을 소비하는 때이다.

연구자가 특정 장소나 상황에서 무엇을 관찰했는지는 현장조사록의 질에 영향을 준다. 예를 들어, 대학교 수업을 관찰한다고 할 때 그 수업의 내용을 적는다는 것은 아무래도 어렵다. (예를 들어, 해부학 수업에서 들은 것을 정확히 적는 경우) 오히려 학생이나 교수가 던진 질문, 학생들끼리 서로 주고받았던 의견, 강의의 전반적인 형식, 과제를 설명하면서 교수가 사용했던 핵심 문구나 단어 등을 기록하게 된다. 따라서 한 시간 강의에 대한 현장조사록의 양은 수업 후 학생 라운지에서 20분 정도의 잡담을 관찰한 후 기록한 양보다 적을 것이다.

연구자의 생각이 실제적으로 얼마나 중요한지를 예시하기 위해 두 가지 예를 소개한다. 대학병원의 소아과에서 인턴과 레지던트 전공의들이 부모와의 대화 방법을 어떻게 배우는지에 관심을 가지고 연구를 한 적이 있다. 단 한 명의 환자를 두고 몇 시간씩 진행되는 치료사례 세미나에 참석하곤 했지만, 작성한 현장조사록은 겨우 몇 페이지에 불과했다. 이렇게 했던 이유는 의학 전공용어를 사용한 토론을 이해한다는 것이 불가능했던 것도 있지만, 외과의 기관 절개술, 병리의 터너증후군 등에 대한 몇 시간에 걸친 필기 없이도 우리 연구진이 중요하게 생각했던 것을 — 이 세미나에는 거의 부모를 참석시키지 않는다는 사실 — 분명히 확인할 수 있었기 때문이었다.

간호조무사 자격증을 취득하려고 모인 여자들로 구성된 수업에 대한 연구에서 환자를 돌보는 전문적 내용뿐만 아니라 전문직업인으로서 갖추어야 할 특수한 관점도 가르치고 있음을 연구자는 알았다. 연구자의 현장조사록에는 이 점을 자세하게 기록하고 있다.

> (나이든 여자) 교사 R은 그런 다음 "간호의 기본"에 대한 논의로 넘어갔다. 그녀는 학생들에게 "간호의 기본"은 "환자 중심입니다. 보통 한 명의 공인간호사, 한 명의 간호조무사, 한 명의 보조원이 8-10명의 환자들을 돌보는데... 이런 유형의 간호의 경우 공인간호사가 의사와 함께 환자를 회진하는데 이때 의사가 말하는 것에 귀를 기울여야 합니다. 여러 명의 의사들이 간호사에게 환자 상태를 물어보기 때문입니다. 그리고 또 한 가지 중요한 것은 의사가 말한 것을 기억했다가 꼭 마지막에 '그럼, 이렇게 하라는 말씀이시죠?'라고 확인하는 질문을 해야 합니다. 그렇게 하는 것이 가장 이상적인 방법입니다." (Solomon, 1996)

수업의 전체 내용보다 교사의 바로 이 실제적인 설명이 중요한 것이었다. 이 두 예에서 보듯이 연구자가 무엇을 중요하게 생각하고 있는가가 중요하다.

교사들을 연구하는 경우라면 초등학교 교직원 회의 내용에 주의를 기울인다. A 출판사와 B 출판사의 기초 독서 프로그램의 구체적인 특징과 차이점에 대해서는 관심을 안 둘 수도 있지만 누가 이 회의를 주관하고, 어떤 정보가 어떤 식으로 제공되는지는 관심을 둘 수 있다. 두 출판사의 대조적인 어떤 내용이 교사들로 하여금 서로 다른 출판사를 선택하도록 하는지를 이해하는 것이 중요함을 알게 될 것이다. 그리고 연구자의 부수적인 관심 사항일 수도 있는데, 교사들의 결정에 대한 교장의 한 마디는 교장과 교사들과의 관계에 대해 무엇인가 알 수 있는 단서라는 점에서 중요할 수 있다.

4.3 현장조사록 작성과정

한 시간짜리 초등학교 1학년 수업이 거의 막바지에 이르고 있다. 많은 일들이 이 한 시간 수업에서 관찰되었다. 학생들이 개인별 연습을 하는 동안 교사는 두 번이나 연구자에게 다가왔고 이들 학생들의 내년 학습에 대한 자신의 걱정거리를 설명했다. 몇몇 학생에 대한 이 여선생의 걱정은 매우 구체적이었다. 이 교실의 아이들은 연구자의 존재에 대해 별로 의식하지 않았기 때문에 연구자는 학생들의 평상시 행동을 관찰했다고 생각한다. 연구자는 많은 것을 보고, 듣고, 느꼈으며 저녁 약속 시간 전에 현장조사록 작성을 끝내려면 지금쯤 관찰을 마무리하고 교실을 떠나야 한다는 것을 알고 있다. 수업관찰의 내용을 기억하려고 너무 집중하다 보니 긴장감이 몰려온다. 힘든 현장조사록 작성을 생각하니 걱정이 된다. 교사와 학생들에게 인사를 하고 교실 문을 나선 후 주차된 차로 간다. 수업관찰에 대한 간단한 메모는 하지 않고 다른 일을 먼저 생각하고 처리하려고 한다. 친구에게 잠깐 들르거나 마트에 가야되겠다는 생각이 들겠지만, 이런 생각들은 잠시 접어두는 것이 좋다. 차에 앉아마자 바로 좀 전에 관찰했던 것을 주제별로 간략하게 빠르게 메모해야 한다. 핵심 단어나 문구, 중요한 주제들을 포함해서 이 수업관찰에서 일어난 일의 순서대로 기록한다. "이 정도면 오늘 관찰에 대해 개략적으로 기록했으니까 언제든지 현장조사록을 작성하는 데는 문제가 없을 거야"라는 자기만족에 쉽게 빠지지 말아야 한다.

집이나 연구실에 돌아오자마자 컴퓨터 앞에 바로 앉는다. 비슷한 연구를 하고 있는 친구에게 전화해서 오늘 무슨 일이 있었는지 수다를 떨고 싶은 마음을 꾹 참아야 한다. 컴퓨터 앞에 앉아 차에서 간단히 적은 메모를 바탕으로 한 시간 수업관찰을 문장으로 재구성한다. 시간 순서대로 적으면서 관찰했던 일과 들었던 대화를 문장으로 풀어쓴다. 연구자로서 실수한 점이나 놓친 점 등은 문단을 달리해서 새 문단으로 기록한다. 이러한 반성 내용은 관찰자 주해로 작성한다.

오후 1시 정도부터 작성하기 시작한 현장조사록은 언제 시간이 흘렀는지도 모른 채 잠시 시계를 쳐다보니 벌써 3시가 된다. 점심 먹는 것도 깜박했다. 컴퓨터 앞에 앉아서 현장조사록을 작성하는 것이 조금 전까지만 해도 귀찮고 싫었는데 이젠 끝내고 컴퓨터를 떠나는 것이 어렵다. 손가락 놀림에 의해 문장이 줄줄 써지는 것은 다른 일 할 때는 한 번도 경험해 보지 못한 것이다. 내 손가락에 의해 단어와 단어가 결합되어 문장이 만들어지는 글쓰기 과정에서 자기존재를 전혀 의식하지 못하게 된다. 현장조사록 작성을 마치기 전에는 절대 자리에서 떠나고 싶지 않으며 끝내지 못한 부담감을 저녁 내내 가지고 싶지 않다. 그래서 더 집중해서 작성을 했고 오후 5시 정도에 충분히 마음에 드는 현장조사록 작성을 마치게 된다.

샤워를 하면서도 오늘 관찰로부터 무엇을 알게 되었고 이것이 다른 것과 어떻게 연결되어 있는지를 머릿속에서 계속 생각한다. 보조교사인 존과 나누었던 대화를 현장조사록 작성에서 빼먹은 것이 갑자기 생각난다. 샤워를 마치자마자 컴퓨터 앞에 다시 앉아서 그 대화 내용과 떠오른 다른 생각들을 함께 적는다. 이제 마지막으로 일어서면서 충분하다고 생각한다. 그런데 저녁 식사 자리에서 떠오른 생각을 한두 개의 메모로 냅킨에 적는다. 다음날 아침 그 전날 끝마쳤던 현장조사록 세트에 이 부스러기 메모를 추가로 기록한다.

한 세트의 현장조사록을 작성하는 과정에 대한 이 서술이 어느 정도 표준적인지는 모르겠지만, 우리에게는 그렇다. 이 서술에는 현장조사록 한 세트를 완성하는데 관련된 많은 난관과 활동이 잘 드러나 있다.

현장조사록을 작성하는데 있어서 모든 사람들이 걱정하는 한 가지는 바로 기억력이다. 기억력은 훈련에 의해 향상될 수 있다. 그렇지만 현장조사록을 작성하는데 있어 여러분의 현재 능력을 최대로 발휘하기 위해서는 기억력 향상보다 다음과 같은 도움말이 더 중요하고 시급할 것이다.

현장조사록 작성을 위한 도움말

1. **관찰이 끝난 후 미루지 말고 바로 현장조사록 작성을 시작해야 한다. 관찰과 조사록 작성 사이의 시간이 길어질수록 기억력은 더 떨어져 정확한 데이터를 얻을 수 있는 가능성은 점차 낮아진다.**
2. **현장조사록을 작성하기 전에 관찰한 것에 대해 다른 사람과 이야기를 나누어서는 안 된다. 이야기를 나누다보면 현장조사록 작성의 중요성이 떨어진다. 게다가 현장조사록에 기록할 것과 친구에게 말한 것이 서로 섞여서 어느 것이 실제 관찰에 의한 것인지 나중에는 구분하기 어렵게 된다.**

3. 주위를 산만하게 하는 것이 없고 현장조사록을 바로 작성할 수 있는 장비가 갖추어진 조용한 곳을 찾는다.
4. 현장조사록 작성을 시작에서 끝낼 수 있을 충분한 시간을 미리 확보해 놓아야 한다. 한 세트의 현장조사록을 완성하는데 걸리는 자신만의 시간을 대충이라도 계산해두는 것이 좋다. 특히 처음 몇 번까지는 이 완성 시간을 모르기 때문에 적어도 관찰에 걸린 시간의 세 배 정도의 시간이 소요된다고 보면 된다.
5. 간단한 메모를 적는 것으로 시작한다. 그날 관찰한 것을 대표하는 핵심 문구와 일들을 전체적으로 대충 스케치한다. 어떤 사람들은 관찰했던 장소를 그림으로 그려서 그날의 경험을 되짚어 보는데 사용한다. 저자의 친구의 경우 연구현장을 떠나자마자 바로 메모 형식으로 현장조사록을 간단히 기록하고 이를 바탕으로 더 자세한 작성을 한다. 컴퓨터에 좀 더 자세한 전체 개요를 작성한 후 현장조사록 작성을 시작하는 사람들도 있다.
6. 시간순서에 따라 관찰의 전체 과정을 기술하는 것이 좋다. 현장조사록을 주제별로 작성하는 사람들도 있지만, 시간의 흐름 순서대로 기록하는 것이 자연스럽고 가장 조직적이며 체계적이다.
7. 관찰한 일과 대화가 머릿속에서부터 종이 위에 자연스럽게 흘러내리게 해야 한다. 현장조사록을 적으면서 관찰 시간에 있었던 대화를 훑어가는 사람들도 있는데 좋은 방법은 아니다.
8. 현장조사록의 일부를 작성한 후 빠진 것이 있음을 알았다면 즉시 삽입해야 한다. 마찬가지로 현장조사록 한 세트를 완성한 후 어떤 내용이 새롭게 기억났으면 그 끝에 추가하면 된다. 처음부터 너무 자세하게 모든 것을 기억해내서 적으려고 애쓰지 않아도 된다. 뒤에 첨가할 시간은 항상 충분하다.

연구자들은 대부분 컴퓨터를 사용하지만 지금까지 설명한 것은 현장조사록을 직접 손으로 쓰는 것에 관한 것이었다. 아주 드물지만 아직도 타이프라이터를 사용하는 연구자도 있고, 관록 있는 현장조사자의 경우 속기용 구술녹음기(Dictaphone)나 일반 녹음기에 말로 현장조사록을 작성하는 일도 여전히 볼 수 있다. 이 방법은 기록을 빨리 할 수 있다는 점에서 효과적이지만, 자료를 코딩해서 분석하려면 그 전에 녹취록으로 만들어져야 한다는 평범한 사실을 망각한 것이다. 녹음테이프의 내용을 워드로 치려고 할 때 현장조사록을 작성하는 시간보다 훨씬 더 많이 걸린다. 녹음 내용을 워드로 치는 것은 아주 성가시고 시간이 많이 필요한 일인데, 그래서인지 이 일을 전문적으로 대신 해주는 타이피스트의 보수는 페이지 당 상당히 비싸다.

만약 이 워드 작업을 대신 해 줄 수 있는 사람이 옆에 있다면 녹음 내용을 워드로 바꾸는 일이 그렇게 힘든 일은 아니다. 그렇지만 많은 연구비로 수행하는 연구 프로젝트가 아닌 경우라면 이런 사람의 지원을 받기는 상당히 어렵다. 충분한 연구비가 있어서 녹음된 현장조사록을 녹취록으로 만들어 줄 사람을 구한다 하더라도 연구자가 원하는 그런 경험 있는 타이피스트를 찾기는 아주 어렵다. 그리고 아무리 뛰어난 타이피스트라 하더라도 연구현장에서 녹음한 연구자만큼 테이프 내용을 정확하게 워드 작업해주지는 않는다. 또 다른 문제점으로, 연구자는 녹음한 내용을 바로 워드로 문서화된 현장조사록을 읽어보려고 하는 것이 일반적인데, 아무리 뛰어난 타이피스트라 해도 이런 연구 진행 속도를 맞추기는 불가능하다. 요즘 말을 글로 바꾸어주는 컴퓨터 소프트웨어가 있지만, 연구자의 목소리와 인터뷰 한 연구참여자의 목소리를 구분하여 워드화 할 만큼 정교하지는 못하다. 이 소프트웨어가 연구자 자신의 말하는 패턴을 인식하도록 훈련시킨 후 현장조사록을 구술하여 워드 작업하는데 성공한 연구자도 있기는 하다. 아마 몇 년 후에는 이런 일을 할 수 있는 소프트웨어를 사용할 수 있을 것이다.

우리는 지금까지 내용에서 알 수 있듯이 연구자의 현장조사록은 연구자가 직접 기록하고 워드 작업해야 한다고 조언한다. 이렇게 하는 것이 시간을 허비하는 것으로 보일 수 있지만 몇 가지 좋은 점도 있다. 먼저 여러분의 글쓰기 능력을 향상시켜 주고, 스스로 현장조사록을 작성하다보면 자신의 데이터를 더 잘 알게 된다. 연구현장에서 데이터를 수집할 때 이곳을 떠나면 바로 조사록을 작성해야 한다는 사실을 인식하는 것은 데이터 수집에 더욱 집중하게 해준다. 한 줄 한 줄 조사록을 작성하면서 연구현장에서의 경험을 회상하는 것은 다음 관찰에 대한 집중력을 더욱 강화시켜 준다. 따라서 조사록을 작성하는 일은 연구자로 하여금 관찰 내용을 한 번 더 회상하게 하고, 이렇게 두 번씩 보고 듣는 것은 정확한 상기를 도와준다. 이 과정은 또한 연구자가 관찰한 내용을 내면화하고 기억을 활성화하는데 도움이 된다. 컴퓨터는 데이터를 저장하는 반면, 연구자의 마음은 그 데이터를 재생하는데 사용되는 사고 과정을 저장한다.

[부록 B]의 현장조사록은 공식적인 관찰 시간 후에 기록된 것이지만 일반적으로 조사록은 좀 더 비공식적 만남 후에 기록되기도 한다. 예를 들어, 여러분이 파티에 가서 어떤 교사를 만나 그 교사에게 학교란 어떤 의미인지에 대해 대화를 나누었다면 집에 와서 그 대화 내용을 조사록에 적는다. 연구를 진행하는 동안 연구참여자와 나눈 전화 대화도 현장조사록에 기록해야 한다. 현장조사록의 첫 번째 세트에는 연구현장에 들어가도 좋은지를 알아보는 최초의 전화통화 내용을 기록하는 것이 보통이다.

현장조사록은 자세해야 하고 서술적이어야 하지만, 연구장소나 상황에 대해 연구자가 가진 추측이나 가정에 머물러서는 안 된다. 예를 들어, 질적 연구방법론을 수강했던 어떤 학생이 병원 응급실을 관찰 한 후 작성한 첫 번째 현장조사록의 문장이 연구현장이나 상황에 대한 자신의 추측이나 가정을 반영하고 있음을 뒤늦게 깨닫게 되었다. 자신의 추측으로 "그녀의 남편이 서 있었다"라고 적었던 내용을 "그녀와 함께 있었던 그 남자가 서 있었다"라고 수정했다. 또 이 학생은 현장조사록을 자세하게 적어야 한다는 의미를 알아갔다. "내 오른쪽에 있던 여자애 쪽으로 얼굴을 돌렸다"라는 문장을 "내 오른쪽에는 갈색 셔츠와 푸른색 청바지를 입은 여자애가 있었는데 11살쯤 되어보였다. 두 손을 무릎 위에 포개어 앉아서 머리는 약간 뒤로 젖히고 눈은 감고 있었다. 나는 이 여자애에게 말을 걸려고 얼굴을 돌렸다." 이렇게 함으로써 이 학생의 현장조사록은 연구자로서 가졌던 추측이나 가정에 의한 문장은 줄어들고 관찰을 반영하는 문장들이 점차 늘어났다.

4.4 녹음된 인터뷰의 녹취록 만들기

어떤 연구자들은 인터뷰가 끝난 후에 연구참여자가 인터뷰에서 했던 말을 기록하기 위하여 많은 양의 현장조사록을 작성한다. 이때 이들은 녹음기보다는 기억에 의존해서 조사록을 작성한다. 하지만 긴 인터뷰의 경우 그 내용을 완벽하게 기억해낸다는 것은 사실상 불가능하다. 그래서 상당한 양의 인터뷰를 필요로 하거나 인터뷰가 주요한 데이터 수집 방법인 연구를 할 때는 녹음기의 사용을 권장하고 싶다. 녹음된 인터뷰의 내용을 문자화 해 놓은 것을 **녹취록**(transcripts)이라고 한다. 이 녹취록은 인터뷰를 사용하는 여러 연구 유형의 주요 데이터이다. 3장에서 녹음기를 사용한 인터뷰의 수행 과정에 대해 어느 정도 자세하게 살펴보았다. 여기서는 몇 가지 기술적인 문제를 간단히 살펴보고 몇 가지 주의할 사항을 말하려고 한다. 앞에서 다루었던 참여관찰의 녹취록 작성에 관한 몇 가지 힌트는 녹취록 작성하는 데도 유용하게 적용된다.

4.4.1 녹취록의 형태

〈그림 4.1〉은 초등학교 여교사의 40년 교직 생활에 대해 알아보고자 수행했던 인터뷰 녹취록의 첫 번째 페이지이다. 이 인터뷰는 초등학교 여교사들의 교직에 대한 생각을 알아보고

자 수행했던 대규모 연구의 일부에 해당하는 것이다(Biklen, 1995). 인터뷰 녹취록을 타이프하는 형식은 다양하다(Ives, 1974; Wood, 1975 참조). 〈그림 4.1〉의 녹취록 예는 전형적인 형식에 해당한다.

현장조사록과 마찬가지로 인터뷰 녹취록의 첫 페이지에 있는 머리말은 데이터를 조직하는데 도움이 되고, 구체적인 데이터가 필요할 때 그것을 찾는데 도움이 된다. 이 머리말에는 인터뷰한 사람의 이름, 인터뷰를 했던 시간, 인터뷰 장소, 그리고 인터뷰의 내용을 기억하는데 도움이 되는 여러 정보를 적는다. 여러 명의 연구참여자와 여러 번의 인터뷰를 해야 하는 연구의 경우 이 인터뷰가 누구와 했던 것을 나타내는 머리말은 큰 도움이 된다. 현장조사록과 마찬가지로 녹취록의 제목 또한 유용한데, 특히 생애사연구 인터뷰를 수행하는 경우 더욱 그러하다. 인터뷰의 내용을 전체적으로, 대표적으로 잘 나타낼 수 있는 제목을 붙이는데 예를 들면, "어린 시기", "입학하는 날", 또는 "브라운 부인과 함께 했던 그 해" 등이 있다.

녹취록을 타이프할 때는 새로운 인물이 말을 할 때면 언제나 새 문단으로 시작해야 하고, 새 문단의 처음은 반드시 말하는 사람의 이름을 적도록 한다. (예를 들면, 인터뷰하는 사람은 "나"라고 나타낸다.) 인터뷰할 때 인터뷰하는 사람의 말은 되도록 적게 하는 것과 마찬가지로 녹취록도 대부분 연구참여자의 말로 이루어져야 한다. 그렇다고 해서 연구자의 질문과 의견을 포함시켜서는 안 된다는 뜻은 아니다. 연구참여자의 말의 분량과 연구자가 하는 말의 분량을 적절하게 균형을 맞출 필요가 있다는 뜻이다. 만약 연구참여자가 말을 길게 많이 했다면 주제에 따라 여러 개의 문단으로 구분해서 녹취록을 작성하는 것이 코딩할 때 편리하다. 또한 코딩과 의견란을 위해 왼쪽여백을 충분히 확보해두어야 한다.

녹음기의 사용은 별 노력을 들이지 않아도 연구를 할 수 있다는 잘못된 환상을 줄 수 있다. 녹음했다는 이유만으로 인터뷰 장소나 상황, 연구참여자에 대해 대충 간단하게만 녹취록을 작성하고 완전한 녹취록 작성은 미루는 경우가 있다. 이런 이유로 연구자는 녹음기가 모든 것을 해결해 준다고 생각하는 경우가 많다. 녹취록 작성에 대한 논의에서 주의사항으로 말했듯이 녹취록을 만들지 않고 녹음테이프만 쌓아가다가는 연구를 총체적으로 망치게 된다. 어느 정도 훈련을 쌓기 전에는 녹취록을 만드는데 얼마나 오랜 시간이 걸릴지 추측하기 어렵다. 인터뷰할 때 연구자는 녹취록을 만드는 시간을 생각하지 않고 녹음 시간을 너무 길게 방치하는 경우가 많은데 이 점을 조심해야 한다.

〈그림 4.1〉 인터뷰 녹취록(발췌한 부분임)

케이트 브리지와의 인터뷰

날짜: 1981. 1. 9.

(O.C.: 케이트 브리지는 나와의 인터뷰를 허락했다. 그녀는 이번 학기 비스타시 초등학교로부터 안식년을 받아 쉬고 있으며 잠시 캘리포니아에 머무를 계획이다. 나는 그녀를 점심에 초대했고 그녀는 흔쾌히 나의 초대에 응해주었다. 그녀는 할 이야기가 참 많았다.)

나: 점심을 먹으면서 얘기하는 것이 어떨까요?

케이트: 괜찮다면 먹으면서 얘기하는 게 저도 좋아요.

나: 그럼 그렇게 하죠. 얼마나 오랫동안 학생들을 가르쳤어요?

케이트: 1971년부터 교편을 잡았어요. 당신 덕분에 내가 거쳐 온 세월을 되돌아 볼 수 있게 되네요.

나: 정말 다행이네요 그렇게 말씀해주시니...

케이트: 가르친다는 것을 소명이라고 생각했어요. 엄마가 된다거나 다른 어떤 것에 대해 좋다고 느꼈던 그런 것과는 전혀 다른 느낌이었다는 뜻이죠. 대학 3학년 때 기숙사 창문에 서서 아름다운 정원을 바라보고 있었는데 불현듯 교사가 되어야겠다는 생각이 들었어요.

(O.C.: 가르치는 것을 소명이라고 생각하는 것은 자신의 일을 사람에 대한 서비스라고 간주하는 사람들에게서 공통적으로 나타난다. 이것은 일종의 "좋은 일"과 같은 것이다. 이러한 견해는 최근 문헌에서 많은 도전을 받고 있다.)

나: 예. 그래요.

케이트: 나는 그냥 알았어요. 그래서 내 마음속에 다른 어떤 의심도 결코 없었어요. 지금까지도 교사가 된 것에 대해서는 일체의 의심이 없어요. 내가 가졌던 의문은 "이곳의 공립학교 환경에 맞는 교사가 될 수 있을까?"였어요.

나: 예?

케이트: 자신이 원하는 그림 모습의 교사가 되는 거요.

나: 예~에.

케이트: 가르치는 직업 말고 다른 것은 없을까 생각해보니 다른 직업에서 일하는 나 자신

을 상상할 수가 없어요. 가족상담과 같은 것을 포함해서 내가 할 수 있는 일을 수만 가지 생각해 봤어요. 가족상담을 하는 친구들이 있는데 한번은 그 분야에서 같이 일하는 것에 대해 얘기를 나눴어요. 만약 20대로 돌아가서 다시 시작한다면 그런 다른 분야에서도 일 할 수 있다고 생각하고, 또 아주 즐기면서 많은 일을 했을 거예요. 그렇지만 내가 정말 원하는 것은 가르치는 것이고 그것도 초등학교에서 가르치는 일이죠. 저는 어린 애들을 가르치는 것을 좋아해요. 저희 엄마는 제가 고등학교 때부터 시작해서 20년 동안 초등학교 5학년 교사였어요. 엄마는 최근에 정년을 하셨는데 항상 초등학교에서 가르치는 것에 만족하지 않았어요.

나: 만족하지 않았다는 말은?

케이트: 초등학교에서 가르치는 것이 엄마의 능력에서 볼 때는 불만이었죠. 엄마는 고등학교나 대학에서 가르쳤으면 하는 생각을 했죠.

나: 학교급별의 문제였네요.

케이트: 예. 정확하게 그랬어요. 얼마 전에 나한테 "대학에서 가르치는 것이 어떻겠어?" 라고 말했어요. 난 대학에서 가르치고 싶은 마음이 없거든요. 그리고 대학에서 가르치는 것에 흥미도 없어요. 대학에서 초등학교 예비교사를 지도하는 위치라면 아마 좋아하겠죠. 그건 과거에 했어야 하는 것이죠.

나: 예.

케이트: 그렇지만 제가 정말 원하는 것은 9살 된 이 어린 애들을 가르치는 거예요.

인터뷰를 녹음하고 그 내용을 녹취록으로 만들기로 결정했다면 한 가지 따라야할 좋은 규칙은 "간단히 생각하기"이다. 물론 질적 연구의 인터뷰는 항상 개방적이고 유연해야 한다. 이 규칙이 뜻하는 것은 인터뷰를 짧은 답을 이끌어내는 형식으로 진행해야 한다는 것은 아니다. 말하고자 하는 바는 연구자가 인터뷰의 길이를 항상 염두에 두고 제한해야 한다는 것이다. 녹취록을 만드는데 적합하다고 생각되는 연구참여자의 수를 정하고, 한 명의 연구참여자와의 인터뷰 시간을 정해야 한다. 연구참여자와의 대화가 모든 주제나 영역을 두루 섭렵하도록 하지 말고, 어떤 특정한 주제나 영역에 초점을 두도록 해야 한다. 한 시간짜리 인터뷰를 했다면 녹취록으로 타이프 하는데 20－40페이지 정도의 양이 된다는 사실을 항상 염두에 두어야 한다. 녹음테이프를 연구자 스스로 녹취록으로 타이프 할 생각이라면 수백 시간을 타이프 하는데 소비해야 한다는 계산이 나온다. 다른 사람이 이 일을 대신해 준다면 또한 상당

한 비용을 지불해야 한다.

4.4.2 녹음장비

녹음장비에 대해 몇 가지 참고 사항을 말하려고 한다. 좋은 녹음장비는 연구를 수행하는 데 없어서는 안 될 소중한 것이다. 녹음장비는 비싼 것일 필요는 없지만 조작하기는 쉬워야 한다. 고장이 나더라도 쉽게 고칠 수 있어야 하고 무엇보다도 녹음 음질이 좋아야 한다. 마트에 가면 직접 여러 종류의 녹음기를 볼 수 있고, 온라인에서는 종류와 값을 서로 비교할 수 있고, 여러 사용자의 사용 후기나 전문가의 견해 등을 읽어볼 수 있다. 소비자의 이러한 사용 후기는 그 장비의 구매자가 어떤 특정한 사항에 대해 불평이나 추천을 하는지를 알 수 있으므로 특히 중요하다. 어떤 사람의 사용 후기에서 되감기 기능이 불만이라고 하거나 정지 상태에서 소리가 너무 크다고 한다면 여러분에게도 좋은 물건이 아님을 알 수 있다. 그런 경우라면 테이프용 녹음기를 고집하지 말고 디지털 녹음기나 mp3 플레이어의 사용을 고려해보는 것이 좋다. 이런 장비의 경우에는 한 번에 여러 번의 인터뷰 내용을 모두 기록할 수 있을 정도의 충분한 메모리가 장착되어 있는지를 살펴봐야 한다.

녹음장비를 선택할 때는 여러 가지 특징들을 고려해야 한다. 테이프나 디지털 녹음기의 경우라면 음성에 의해 자동으로 작동되는 기능이 있는 녹음기를 구입할지를 결정해야 한다. 음성 자동 녹음기능이란 사람 소리가 나면 녹음을 시작하고 소리가 없으면 자동으로 작동을 멈추는 기능이 있는 녹음기를 말한다. 이 기능은 좋은 기능인 듯한데, 이 기능을 사용해본 우리나 우리 학생들의 경험에 따르면 전반적으로 이 기능에 대해서는 부정적 견해가 대부분이다. 음성 자동 녹음기능이 종종 인터뷰 해주는 사람의 목소리를 잡지 못하는 경우가 있다. 연구자의 경우 정보제공자가 말을 멈추고 다시 시작할 때까지의 시간 간격이나 연구자의 질문에 정보제공자가 답을 하는 사이의 시간 간격을 알고 싶을 때가 종종 있다. 그렇기 때문에 만약 음성 자동 녹음기능이 있는 녹음기를 사용하려면 수동으로 이 기능을 중지시킬 수 있는 녹음기를 구입하는 것이 좋다. 디지털 녹음기의 유용한 특징은 녹음기에서 컴퓨터로 녹음 파일을 쉽게 전송시킬 수 있는 USB 포트가 있다는 점이다.

디지털 녹음기의 성능은 날로 진보하고 있고 점점 더 많은 성능들이 제공되고 있다. 가격이 항상 고민거리이지만, 과거의 경험으로 볼 때 최첨단의 기능을 갖춘 장비라도 조금만 시간이 지나면 가격은 떨어지기 마련이다. 녹취록 작성을 도와주는 내장형 구술 소프트웨어도 그런 장비 중 하나이다. 예전에는 음성 녹음기보다 음악 전용 녹음기가 더 비싼 장비였고, 한 가지 장비로 음성이나 음악 녹음 한 가지 목적으로만 사용했기 때문에 장비추가에 대한 비용을 지불한다는 것이 의미가 없었다. 그러나 지금은 mp3 플레이어의 대중화로 부착할 추가 장비만 구입하면 인터뷰용 녹음기로 사용할 수 있을 뿐만 아니라 음악도 들을 수 있다. 어떤 mp3 플레이어는 음성녹음 기능도 갖추고 있어서 추가 장비도 필요 없다.

녹음기는 작동이 잘 되는지 항상 점검해야 한다. 어떤 종류의 장비를 구입하든 첫 번째 인터뷰나 포커스그룹을 하기 전에 미리 그 장비의 사용법에 익숙하도록 연습해야 하며 (특히 포커스그룹을 위해서는 좀 더 넓은 범위의 목소리도 깨끗하게 녹음해야 하므로 더 좋은 품질의 마이크가 필요하다.) 인터뷰 전과 인터뷰 동안 수시로 잊지말고 점검해야 한다. 말하는 동안 잠깐씩 이렇게 점검하는 것이 약간 방해가 될 수도 있지만 길게 보면 아주 도움이 된다. 우리의 경우 녹음장비가 당연히 잘 작동할 것이라고 생각하고 많은 인터뷰를 했는데 나중에 결과적으로 장비 오작동으로 인하여 귀중한 자료를 날려버린 적이 여러 번 있었다. 특히 배터리가 항상 문제의 주범이었다. 그리고 거의 알아듣기 어려운 테이프를 녹취록으로 타이프하는 일은 정말 시간과 돈 낭비이다. 연구에 사용할 장비를 미리 점검하여 좋은 상태를 유지하도록 하거나 새 녹음기를 대여하거나 구입하는 것은 이러한 문제를 방지할 수 있다. 만약 카세트테이프를 사용하는 녹음기를 가지고 있다면 구입할 때 녹음테이프의 질도 고려하는 것이 좋다.

인터뷰 동안 마이크의 위치는 깨끗한 음질을 얻는데 아주 중요하다. 여러분의 목소리와 연구참여자의 목소리를 정확히 구분하여 녹음 가능한지 점검해보기 바란다. 최적의 음질을 얻을 수 있도록 여러 위치와 장소에서 시도해 보는 것이 좋다. 우리 중 한 명은 연구참여자의 의자 밑에 녹음기를 설치하고서 장시간의 인터뷰를 한 적이 있었다. 연구참여자가 녹음기의 존재를 알지 못하기 때문에 좀더 솔직한 대화를 녹음할 수 있을 것이라고 기대했다. 그러나 녹음된 대화는 거의 알아들을 수 없을 정도였다. 따라서 녹음기를 숨기려고 하지 않는 것이 좋은 듯하다. 숨기려는 위치에 따라 음성 수신이 잘 안될 수도 있고, 보이는 곳에 녹음기를 두는 것보다 오히려 연구참여자에게 더 방해되는 경우가 생기기도 한다.

연구자 스스로 녹취록을 만들 생각이라면 돈을 들여서라도 녹취용 장비를 구입하는 것이 좋다. 녹취용 전사기는 연구자를 대신해서 타이프 해주지는 않지만 상당한 시간을 절약하게 해주는 장비이다. 전사기는 발페달을 사용해서 녹음기의 중지, 감기, 시작 조작을 할 수 있는 장비이다. 어떤 전사기 모델은 말의 빠르기를 느리게 하거나 페달을 누르면 몇 줄씩 플레이되도록 조절할 수 있는 특별한 기능을 갖추고 있다. 그리고 컴퓨터에 부착된 마이크를 사용해서 손으로 쓴 녹취 내용을 연구자가 "구술"하면 그것을 컴퓨터용 문서파일로 변환시켜주는 새로운 컴퓨터 프로그램의 등장은 질적 연구 활동의 편리성을 예고하고 있다.

다른 사람에게 녹취록 타이프를 부탁한다면 정확하게 타이프하고 있는지 항상 가까이에서 점검해야 한다. 연구자가 들은 내용의 의미를 표현하는 구두법을 정확하게 지켜서 타이프하는 것은 특히 어려운 작업으로 동일한 녹취록을 두 명이 타이프 했을 때 상당히 다른 구두법으로 타이프 될 수 있다. 물론 무슨 말이 오고갔는지를 가장 정확하게 포착하고 있는 것은 녹음테이프이다. 따라서 충분한 테이프를 살 수 있는 여유가 있다면 원본 테이프는 보관해두어 타이프 된 녹취록의 정확성을 점검하는데 사용하는 것이 좋다. 디지털 녹음기를 사용한다면 인터뷰 내용을 컴퓨터 하드디스크나 CD에 파일로 저장하면 된다.

인터뷰를 녹취하는 데는 많은 시간과 경비가 소요되기 때문에 연구비 지원 없이 연구하는 연구자는 종종 좀더 편한 방법을 취한다. 한 가지 방법은 녹취록의 문서 작업을 연구자가 직접 하는 경우 연구자의 연구초점과 관련성이 적은 내용은 타이프 하지 않고 그냥 넘어가는 것이다. 이 편리한 방법에는 어느 정도 위험성도 있지만 얻는 것을 생각하면 해볼 만한 방법이다. 다른 방법은 먼저 어느 정도 완벽하게 인터뷰 내용을 타이프하고 (여기서 어느 정도 '완벽'하다는 뜻은 연구참여자의 요리법이나 야구에 관한 녹음 내용은 타이프하지 않아도 괜찮다는 것이다) 그런 다음 후속 인터뷰에서 기록할 녹취록의 내용을 선별하는 것이다. 연구가 진행됨에 따라 연구자의 연구초점이 좀더 분명해지므로 무엇을 더 집중하여 선별적으로 기록해야 하는지 알게 된다.

4.5 문서 자료

지금까지 설명한 데이터는 연구자의 손에 의해 직접 만들어진 자료이다. 연구자는 현장조사록을 작성하고 인터뷰를 하고 그 내용을 녹취록으로 만든다. 다른 형태의 데이터에 대해서는 2장에서 간략하게 설명하였는데, 여기에는 개인문서, 공식문서, 대중문화문서가 있다. 이 데이터는 인터뷰와 참여관찰과 연계되거나 증거 자료로 자주 사용된다. 정보제공자에 대해 기록된 문서나 정보제공자가 자신에 대해 기록한 문서에는 자서전, 개인 편지, 일기, 메모, 모임이나 회의의 의사록, 뉴스 레터, 정책 소개나 설명 문서, 계획서나 제안서, 윤리강령집, 연감, 뉴스, 스크랩북, 신문이나 잡지의 독자의 질문에 답하는 인생 상담란(예: "Dear Abby" 편지), 신문 기사, 개인 파일, 학생에 관한 기록물 등이 있다. 조직이나 기관의 파일, 교장실의 책상 서랍, 건물이나 집의 다락방, 역사적 보존가치를 가진 마을이나 공동체의 기록문서 등에서도 여러 가지 문서를 구할 수 있다. 교실에서 수업 후 매일 부과하는 숙제에 대한 설명문도 좋은 데이터가 된다. 에이미 베스트(Amy Best)는 내러티브(이야기형식)를 사용하여 자신이 가르치는 사회학과 학부 학생들의 졸업무도회의 경험을 《졸업무도회》(*Prom Night*, Best, 2000)에 기술하였다. 도로시 스미스(Dorothy Smith)는 학생들에게 정신질환자에 대한 작문 과제를 내준 후, 이 과제의 분석을 통해 "정신질환자"에 대한 사람들의 인식을 인터뷰로 조사하였다. "정신질환자 K"(Smith, 1990의 내용 중에서)라는 제목의 장에서 스미스는 사회에서 정신질환의 요인으로 생각하는 것이 무엇인지를 밝히고 있다.

문서 자료는 질적인 측면에서 다양하다. 이 자료들 중 일부는 모임이나 회의가 있었던 날짜와 같은 정확한 사실만 제시해주는가 하면, 다른 자료들은 그 자료를 기록했던 사람들이 어떻게 세상을 바라보는지에 대한 풍부한 서술의 출처 역할을 한다. 연구참여자가 기록한 데이터는 참여관찰이나 인터뷰가 주된 데이터 수집 방법인 연구에 부수적으로 사용된다.

최근에 올수록 연구자들이 문서 자체에 특히 관심을 가지게 되었고, 가상의 독자가 아닌 실제 사람들에 의해 그 문서가 어떻게 인식되고 해석되는지를 알기 위해 참여관찰이나 인터뷰를 실시하여 이 문서에 대한 보완적 데이터를 수집하기도 한다. 어떤 연구자들은 토크쇼, 유명 음반, 음악 전문 TV 방송인 MTV, 비디오물 멜로드라마 등의 대중매체를 통해 시각과 청각 자료를 연구한다. 대중문화문서는 동네 비디오가게나 라디오, 텔레비전, VCR에서 구할 수 있다. 이러한 자료들의 위치와 접근 방법을 아는 것이, 특히 대중매체의 경우 방대한 자료로부터 무엇을 연구할 것인지를 결정하는 것이 중요한 일이다.

이제 데이터로 취급할 수 있는 다양한 유형의 문서에 대해 살펴보자.

4.5.1 개인문서

대부분 질적 연구에서 **개인문서**(personal documents)는 연구참여자가 내러티브로 자신의 행동, 경험, 신념을 직접 기술한 모든 유형의 글을 말한다(Plummer, 1983; Taylor & Bogdan, 1984). 기록된 자료를 개인문서로 분류하는 기준은 자신의 경험에 대한 시각을 스스로 밝히고 있느냐이다(Allport, 1942). 개인문서를 수집하는 목적은 "사회적 상황이 행위를 하는 개인에게 어떻게 보였는지, 그리고 그 상황의 참여자들에게 다양한 요인들이 어떤 의미를 가지는지에 대한 상세한 증거를 얻기 위해서"이다(Angell, 1945, p. 178). 이러한 목적으로 수집되는 개인문서에는 인터뷰를 통해 수집되는 자료도 포함된다. 따라서 지금까지 녹취록으로 설명했던 여러 유형의 데이터는 개인문서라 할 수 있는데, 여기서는 연구참여자가 직접 기록한 자료에 대해서만 설명하고자 한다.

연구참여자가 직접 기록한 개인문서는 연구자의 요청으로 수집되기보다는 보통 연구자에 의해 구해진다. 하지만 경우에 따라 연구자는 연구참여자에게 연구를 위해 어떤 것을 적어달라거나 다른 사람에게 이러한 자료를 구할 수 있도록 도와달라고 요청하기도 한다. 클리포드 쇼(Clifford Shaw, 1966)는 비행 청소년들에게 그들의 삶에 대한 이야기를 적어달라고 부탁했고, 이렇게 구한 자료는 뒤에 연구용으로 활용되었다. 교사들은 자주 학생들에게 그들의 생활에 관한 작문 숙제를 내준다(예: "나의 가족", 또는 "지난 여름방학동안 나의 생활"). 이렇게 하는 것은 연구의 윤리규정을 어기는 면도 있는데 이를 피하려면 연구하고자 하는 주제에 관해 학생들이 작문하도록 해당 교사에게 부탁하는 것도 가능하다. 교사들의 이런 도움으로 스웨덴 연구자는 학생들이 꿈꾸는 미래의 가족생활에 대한 어린 학생들의 글을 수집하였다(Hallden, 1994). 어떤 연구자는 십대들이 매일 방과 후 무엇을 하는지에 대한 700건의 글을 수집하였다. 줄스 헨리(Jules Henry)는 "여러분의 아버지와 어머니에 대해 가장 좋아하는 점과 가장 싫어하는 점은 무엇입니까?"에 대한 200명의 어린 학생들의 글의 분석을 통한 결과를 제시하였다(Henry, 1963). 스톡홀름의 북유럽박물관은 매년 스웨덴의 여러 시골마을 사람들에게 마을의 다양한 면에 대해 글을 써달라고 요청한다. 마을에 거주하는 사람들 중에서 평범하지 않거나 눈에 띄게 다른 사람이 있는지, 있다면 이들이 마을 사람들한테 어떤 식으로 대접받는지를 글로 써달라고 해서 그것을 분석하는 연구자가 있다. 집과 가정에서의 교사 행동에 대한 연구에서 연구자는 교사들에게 일 년 동안 이 주제로 글을 써달라고 부탁해서 그 자료를 수집하였다(Spencer, 1986). 이런 식으로 작문을 요청하는 것은 연구참여자가 쓰는 글의 초점을 연구자가 조절할 수 있고, 이를 통해 한 가지 주제나 사건에 대한 많은 사람들의 글을 얻을 수 있다는 장점이 있다.

다음은 연구자가 요청하지 않고 구하는 개인문서의 몇 가지 유형에 대해 설명하고자 한다.

(1) 개인일기

올포트(Allport, 1942)는 "일기는 타의에 의하지 않은 개인적인 글쓰기로서 아주 뛰어난 개인문서이다"(p. 95)라고 했다. 그가 말하는 일기는 한 사람이 자신의 생활에서 일어난 일에 대한 서술과 반성을 규칙적으로 행한 결과물이다. 올포트는 일상적 경험의 여러 가지 면을 마음속으로 솔직하고 자세하게 쓴 기록을 개인문서라고 보고 있다. 이런 특징 때문에 일기를 정의하는 것은 상투적이지만 올포트의 일기에 대한 정희는 일기의 한 가지 형식을 반영하는 것이다. 가족과 직장을 가진 성인이 자신의 일상생활을 반성하고 그에 대한 생각이나 느낌을 적는 시간을 따로 내기는 쉽지 않다. 그 일기가 누구의 일기인지, 그리고 어떻게 구했는지 따지는 것은 제쳐 두고라도 일기를 교육연구의 자료로 사용하려는 생각조차 활발하지 않다. 하지만 일기는 한 개인의 경험에 따른 개인적 영향에 의해 보통 기록되기 때문에 사람의 감정이나 아주 개인적이고 마음속 생각을 알아내는데 특히 효과적이다. 물론 일기는 아무나 볼 수 있거나 가져갈 수 있는 곳에 있지 않다. 이러한 은밀성 때문에 일기는 매우 귀중한 자료이고 다른 사람들이 볼 수 없는 곳에 보관한다.

일기에 관한 이야기는 인터뷰나 참여관찰을 하는 도중에 듣게 된다. 연구자와 친밀한 관계를 맺어온 연구참여자는 일기를 쓰고 있다거나 과거에 쓴 일기가 있다는 말을 자발적으로 한다. 이럴 때 용기를 내어 "그 일기 제가 읽어봐도 괜찮겠어요?"라고 물어본다. 일기와 같은 문서를 손에 넣을 수 있는 유일한 방법은 이렇게 용기를 내어 물어보고 노력하는 것이다. 연구자가 일기를 읽을 수 있느냐는 연구참여자와 라포르 형성의 정도뿐만 아니라 일기에 대한 그 사람의 개인적 소중함에 좌우된다. 그런데 일단 연구참여자가 일기를 언급했다는 것은 보여줄 수 있다는 생각이므로 적극적으로 부탁하는 자세가 필요하다.

좀 엉뚱한 제안처럼 들릴 수도 있지만 일기를 구할 수 있는 한 가지 방법은 신문에 광고를 내는 것이다. 다른 방법은 연구자가 원하는 특정 자료에 대한 관심을 여러 사람들에게 공개적으로 알리는 것이다(Thomas & Znaniecki, 1927). 많은 사람들이 순수한 연구목적을 위해, 그리고 신뢰할 수 있는 연구자를 위해 기꺼이 자신들의 가장 개인적이고 은밀한 일기를 보여주겠다는 의외의 반응을 보인다.

역사가들은 일기와 개인문서에 크게 의존하는 연구자이다. 이러한 자료는 지방의 역사보존 마을과 여러 기록보관소에서 구할 수 있고, 또 사람들의 다락방 구석에 있는 중요물품 보관 상자에서 구할 수 있다. 교육연구자의 경우 교사가 된 첫해의 경험과 그 때 학생들과 있었던 문제에 대해 자세하게 기록한 교사일기와 여러 자료들은 중요한 연구 자료의 출처이다.

일기와 유사하지만 그렇게 개인적이지 않은 자료들이 있다. 교사들이 지속적으로 기록하는 것과 같은 특별한 목적을 위한 기록일지가 여기에 해당한다. 메모가 적힌 교수-학습지도안은 흥미로운 기록일지인데, 특히 교사 개인의 주석이 있는 경우 더 특별하다. 또한 부모의 경우 자녀들의 성장 과정에 대한 발달적 측면을 기록한 일기를 쓰는 경우가 많다. 어떤 부모는 어린 자녀가 무엇을 하는지 매주 단위로 기록하기도 한다. 이런 종류의 자료는 자녀에 대한 부모 생각과 인식을 이해할 수 있는 중요한 출처이다. 개인 일기만큼 속마음을 보여주지는 않지만, 여행 일지나 사람들의 행동에 대한 여러 종류의 기록물은 연구자가 관심 가지는 사람들의 삶이 어떤지에 관한 힌트를 제공해 준다.

(2) 개인편지

친구와 가족들 사이에 주고받은 개인편지는 풍부한 질적 데이터를 얻을 수 있는 또 다른 출처이다. 이 자료는 서신 왕래하는 사람들 사이의 관계를 밝히는데 특히 도움이 된다. 편지 쓴 사람이 자신의 문제나 걱정거리를 적은 편지라면 그 사람의 경험에 대한 정보를 얻을 수 있다. 많은 사람들이 학교 진학이나 교육기관 근무를 위해 집을 떠나 있다. 이 사람들이 집에 쓴 편지 내용 중 자신들의 생활과 경험에 관한 부분은 교육 체제에 관한 풍부한 데이터를 제공한다. 편지는 일기보다는 통상적인 의견 전달 수단이지만, 다른 사람이 쓴 일기를 구하는 방법은 개인적인 편지를 얻는 데도 적용된다. 의견 전달을 위해 전화와 전자메일의 사용이 증가하는 것은 편지쓰기를 소홀하게 하지만, 이런 종류의 자료 출처도 머지않아 역사가들의 흥미를 끄는 유용한 자료가 될 것이다.

신문 편집자에게 보낸 학교 문제에 관한 독자편지는 개인편지로 분류하지는 못하지만 질적 연구자에게는 또 다른 정보 출처이다. 앤 랜더스(Ann Landers)와 디어 애비(Dear Abby)와 같은 독자 편지는 좀더 개인적인 편지에 속한다. 이러한 자료의 추적은 청소년들이 직면하고 있는 문제에 대한 통찰을 얻을 수 있다. 물론 신문이나 잡지에 투고된 편지는 그 칼럼 편집자의 의도에 의해 선정된 것임을 염두에 두어야 한다.

(3) 자서전

통찰력 있는 질적 연구자는 출판된 자서전에서 상당히 좋은 자료를 구한다(Denzin, 1989). 사실 수천 건의 이런 책이 출판되는데 대부분의 책에는 저자의 교육적 경험에 대해 자세하고 폭넓게 적혀있다. 자서전의 저자는 학교 중퇴자, 뛰어난 교사, 세계적 지도자, 청소년, 학자, 의사, 화폐 위조범, 마약 중독자, 일반인 등 다양하다. 자서전은 은밀하고 개인적인 일기와 같은 내용에서 피상적이고 사소한 내용까지 담고 있다.

모든 개인문서를 볼 때 그 내용을 기록한 저자의 의도를 이해하는 것이 중요하다. 자서전을 쓴 저자의 의도는 아주 폭넓은데 아래의 리스트는 그에 대한 몇 가지 이유를 나열한 것이다.

1. 자기 자신에 대해 혹은 어떤 원인에 대한 특별한 항변을 목적으로
2. 자신의 능력을 과시할 목적으로

3. 자신의 삶을 정리할 목적으로
4. 문학적 기쁨을 추구할 목적으로
5. 개인적인 견해와 관점을 전달할 목적으로
6. 긴장 완화를 목적으로
7. 돈을 벌 목적으로
8. 글을 씀으로써 내면적 억압에서 자유롭기 위한 목적으로
9. 치료 목적으로
10. 구원과 사회적 재통합을 목적으로
11. 과학적 흥미의 목적으로
12. 대중에 대한 서비스 목적으로
13. 불멸의 명성을 얻을 목적으로 (Allport, 1942, p. 69)

글을 쓰는 동기는 그 문서의 내용에 영향을 준다. 저자 자신의 개인적 경험을 이야기로 들려줄 목적으로 아주 상세하게 쓴 자서전은 핵심 정보제공자가 연구자에게 하는 역할과 유사하다. 그래서 자서전의 내용은 연구자가 연구하고자 하는 세상에 대한 일종의 소개의 글이 된다. 특정 계층의 사람과 소수민족 출신이 쓴 자서전은 그런 특정 집단이 겪었던 교육적 경험에 대해 연구자에게 관심거리를 줄 수 있다.

소설도 잠재적인 질적 연구 자료의 출처로 제외시켜서는 안 되지만, 상상에 의한 소설적 묘사와 정확한 사실적 서술을 서로 구별하기 어렵기 때문에 자서전보다 질적 연구의 자료로 활용하는 데는 문제가 있을 수도 있다(이에 대한 논의는 Eisner, 1980 참조). 소설은 저자의 경험에 대한 진실된 표현이라고 간주할 수가 없다. 그렇지만 소설은 사회에 대한 저자의 직접적 지식의 일면을 보여준다는 점에서 주목할 만하다.

4.5.2 공식문서

집단이나 회사처럼 학교와 여러 기관도 특정 종류의 문서를 사용한다. 특히 관공서의 경우 기록문서와 파일이 넘쳐나는 곳으로 유명하다. 그래서 많은 사람들은 과도한 종이 사용을 비난하면서 이러한 공식문서를 질적 연구를 위한 "데이터"라고 부르는 것조차 못마땅해 하기도 한다. 우리가 공식문서라고 하는 것은 메모, 회의 의사록, 뉴스 레터, 정책 문서, 제안서, 윤리강령, 특정 사건관련 서류, 학생생활기록부, 업무 안내용 소책자, 팸플릿, 신문기사, 행동

강령집 등을 말한다. 이들 자료는 발간한 기관의 편견이 작용한 것이며, 외부 선전이나 홍보용 문서의 경우는 그 조직이 실제 어떻게 운영되고 있는지에 대한 참된 사실을 기록하지 않기 때문에 주관적인 자료로 취급되어 왔다. 이러한 이유로 많은 연구자들은 이들 자료를 중요하지 않은 것으로 생각하여 자료의 범주에 포함시키지 않고 있다. 그런데 엄격하게 말해 자료의 이러한 성격이 질적 연구자가 데이터로 찾으려고 하는 것이다. 질적 연구자는 관습적으로 간주되는 "진리"에 관심이 없다는 점을 명심해야 한다. 질적 연구자는 학교의 "참된 모습"을 추구하는 것이 아니다. 질적 연구자의 관심은 다양한 사람들에 의해 학교가 어떻게 정의되고 있는지를 이해하고 이것을 공식 논문으로 작성하는 것이다. 이 논문에서 연구자는 "공식 입장"뿐만 아니라 학교와 관련된 다양한 사람들의 생각과 관점을 전달한다. **공식문서**(official documents)란 용어는 사적이거나 비밀 유지 때문에 접근을 막고 있지만 연구자가 비교적 쉽게 활용할 수 있는 문서를 말한다. 여기서는 공식문서의 몇 가지 종류와 사용, 연구자가 이를 획득하는데 있어서 부딪히는 특수한 문제들에 대해 간단히 설명하고자 한다.

(1) 내부문서

내부문서란 학교와 같은 기관 내부에서 회람되는 메모와 전달 사항을 기록한 문서를 말한다. 이 문서는 행정실에서 교사와 학교 운영에 직접 관계된 사람들에게 위로부터 아래로 관료 조직 체계순으로 전달된다. 물론 반대 방향으로 문서가 전달되는 경우도 있는데 그 전달 순서는 똑같다. 각 부서의 회의나 모임의 회의록과 모임일지는 일반적으로 조직도에서 수평적 관계에 있는 사람들에게 전달된다. 내부문서는 행정명령 체계와 내부 규칙과 규율에 관한 정보를 담고 있다. 또한 내부문서는 그 기관 최고 책임자의 경영 스타일과 그 기관에 소속된 사람들의 가치관을 짐작할 수 있는 단서를 가지고 있다. 그 기관이나 조직의 비밀문서는 극소수의 관계자들만 볼 수 있는 자료인데, 만약 연구자가 친밀한 라포르를 이미 형성했다면 내부 비밀문서도 손에 넣을 수 있을 것이다.

(2) 대외용 자료

대외용 자료란 대중에게 알릴 목적으로 조직이나 기관에서 발행한 자료로 뉴스 레터, 뉴스 기사, 연감, 가정통신문(알림장), 경영이나 운영 철학을 쓴 글, 오픈하우스 광고, 안내 소책자, 팸플릿 등이 있다. 앞에서도 언급했듯이 이들 자료는 그 기관에서 운영하는 프로그램에 대한 공식적 견해, 행정조직 체계, 그리고 그 기관의 다른 여러 측면을 이해하는데 유용하다. 학교의 경우 이런 자료의 집필과 발간을 담당하는 대외업무 전문가를 고용하는 추세가 늘고 있다. 그 결과 행정 책임자가 이들 자료를 직접 작성하지 않는다는 점을 염두에 두어야 한다. 그렇다고 해도 대부분의 학교 책임자는 대외용 자료를 검토하고 승인하는 최고 윗선에 있다. 만약 연구자가 대외용 자료의 작성자와 작성 이유 등을 안다면, 다시 말해 그 자료의 작성 배경을 어느 정도 안다면 이 자료를 연구목적에 맞도록 좀더 잘 이용할 수 있을 것이다. 어떤 대외용 자료에는 증액된 예산지원의 효율적 사용을 위한 학교의 운영 전략을 알 수 있는 좋은 정보가 있는가 하면, 학교 책임자의 가치관이나 경영관에 관한 직접적인 글도 실려 있다.

대외용 자료는 필요한 수량보다 보통 많이 만들기 때문에 이런 자료는 쉽게 구할 수 있다. 행정실에는 수년에 걸쳐 발간된 이들 자료를 보관하는 스크랩북이나 파일이 보관되어 있다. 스크랩북에는 그 학교에 관한 지역 신문의 기사가 있기도 한다. 카셀라(Casella, 1997)는 수학여행 안내 책자에 대한 연구를 위해 뉴욕타임즈에 실린 여행 관련 책자를 추적하였다. 다니엘(Daniels, 1997)은 백인 우월주의자 집단들의 팸플릿과 여러 대외용 자료를 요청하려고 사서함을 이용한 최초의 연구자이다. 그런데 이 집단에게서 기부금을 내달라는 요구 받았을 때 자신이 싫어하는 곳에 기부금을 낼 수 없었다. 그래서 대신 클랜워치(Klanwatch)*에서 수집한 문서를 사용하였다. 연구하고자 하는 기관에 원하는 자료가 있는지를 적극적으로 물어본다면 대외용 자료수집의 시간을 절약할 수 있다.

(3) 학생기록부와 인사기록부

앞에서 설명한 공식문서와 더불어 학교에는 모든 학생과 교직원에 관한 개별 파일이 보관되어 있다. 특히 학생에 관한 파일은 아주 상세한 기록을 담고 있어 중요하다. 이 기록에는 심리검사 결과보고서, 모든 시험 점수, 출석 기록, 학생 개인에 대한 교사의 기록, 다른 학교 출석 여부에 대한 정보, 그리고 가족 관계 등이 있다. 개별 학생에 대한 이 기록부는 학교에 다니는 동안 항상 이 학생을 따라 다닌다.

옛날 방식의 연구자도 종종 이런 기록물을 참조하여 연구를 하지만, 이들 중 많은 연구자들은 그 학생에 관한 기록물의 내용이 정확한 정보가 아니므로 아주 유용한 자료로 간주하지 않고 있다. 질적 연구자도 이런 입장에 전적으로 동의한다. 질적 연구자도 학생의 시험 점수나 교사에 대한 정보를 가끔 사용하지만, 대부분의 질적 연구자는 그 학생에 대한 어떤 서술을 위해 학생 기록을 참조하는 것이 아니라 그 기록을 작성한 사람들(예: 심리학

* 클랜워치(Klanwatch)는 1886년에 설립된 백인 우월주의, 반유대주의, 인종차별, 반가톨릭, 기독교 근본주의, 동성애 반대 등을 표방하는 미국의 극우 비밀 결사 단체인 쿠 클럭스 클랜(Ku Klux Klan, 일명 KKK단)을 감시하는 단체이다.

자, 교직원, 교사)에 대한 서술을 하려는 의도에서이다. 정부기관의 책자에 관한 연구에서 테일러(Taylor, 1996)는 다섯 명의 삶을 통해 복지, 형사 법원, 건강보험 분야에서 사용하고 있는 "정부기관 책자의 불공평"을 추적하였다. 학생기록부의 교사와 부모 사이에 오고 간 편지, 교사의 촌평, 시험 점수 등의 정보는 그 학생에 대한 시각을 제시해 준다. 기록부의 내용은 그림의 한쪽 면을 보여 주므로 학생에 대한 이 기록과 그 학생이나 부모와의 인터뷰를 나란히 제시하면 연구자가 말하려는 바가 증명되는 셈이다.

4.5.3 대중문화 문서

질적 연구자는 대중문화를 연구하기 위해 여러 방법을 점차 많이 사용해 왔다. 대중문화 문서에는 비디오(Schoonmaker, 1994), 교육용과 특집용 영화(Ellsworth, 1988; Farber & Holm,1994; Giroux & Simon,1989; Kennard, 1990; McRobbie, 1991; Trudell, 1990; Whatley, 1991), 로큰롤 음악(Holm & Farber,1994; Rowe, 1995; Willis, 1990), 잡지(Holm, 1994; Lutz & Collins, 1993; Provenzo & Ewart, 1994; McRobbie, 1991), 텔레비전(Bacon-Smith,1992; Livingstone & Lunt, 1994; Press, 1991; Schwoch, White, & Reilly, 1992; Willis, 1990), 애정소설(Radway, 1984; Christian-Smith, 1988, 1990), 광고(Barthel, 1988; Kellner, 1991; O'Barr, 1994) 등이 있다. 앞서 이미 언급한 것처럼 이들 문서는 두 가지 방식으로 연구되어 왔다. 첫 번째는 쇼와 가극, 영화의 대본을 현장조사록으로 간주하여 문자를 중심으로, 두 번째는 시청자나 청취자, 독자의 해석을 중요시하는 연구의 일부분으로 연구하는 것이다.

페미니스트와 비판이론가, 대중문화 연구자가 처음으로 대중문화 문서를 문장으로 연구하는데 관심을 가졌는데, 그 이유는 사람들이 어떤 의미를 형성하는 과정에 대중매체의 영향이 지대하기 때문이다. 대중매체와 대중문화가 "상징적 상호작용"의 일부분 역할을 한다면, 이를 문장으로 연구함으로써 사람들이 일상생활을 이해하는 방식에 영향을 미치는 한 가지 측면을 알게 된다. 이런 연구의 예로는 텔레비전과 잡지, 광고, 여러 대중문화 양식이 여성스러움에 대한 여자들의 생각, 남성다움에 대한 남자들의 생각, 또는 사회적 지위와 인종에 대한 청소년들의 생각에 어떤 영향을 끼쳤는지 등이 있다. 이들 연구의 목적은 문자로 시각적 "메시지"를 만들거나 사회적으로 형상화하는 것이었다. 예를 들어, 이러한 메시지에는 광고에서 흡연이 건강한 이미지로 형상화된 방법(Kellner, 1991), 여자 청소년의 애정소설에 나타난 여성스러움의 형상화(Christian-Smith, 1988), 영화 〈더티 댄싱〉(Dirty

Dancing)에 나타난 사회적 지위의 형상화(Giroux & Simon, 1989) 등이 있다. 이러한 관심을 가지고 체계적이고 조직적으로 문장을 연구한 적이 과거에 없었기 때문에 이런 연구결과는 사람들의 흥미를 불러왔고 사회적 반향을 일으켰다.

이 연구들은 영화나 광고, 잡지에 표현된 이미지는 시청자나 관람자, 독자에 의해 흡수, 모방된다고 말한다. 다시 말해, 대중문화 문서에 표현된 형상화나 이미지는 대중들에게 아무런 의심 없이 받아들여진다. 해석적 방법을 사용한 대중문화 문서의 이런 형상화나 이미지에 대한 초창기 연구는 나름대로 의미가 있었다. 하지만 개별 독자와 영화, 텔레비전의 관객과 시청자, 로큰롤 청취자가 문장을 어떻게 이해하는가에 대해서는 아무런 단서를 제공하지 못했다. 이들이 책, 영화, 텔레비전 쇼, 음악의 어떤 부분은 의미심장하게 받아들이지만 다른 부분은 거부하거나 심지어 중요한 부분임에도 무시해 버리는지에 대한 연구가 필요하다. 문화기술지로 무장한 새로운 연구자 세대는 여성들이 텔레비전 영화인 〈스타트렉〉(Star Trek)이나 공상과학 영화팬이 되는 이유(Bacon-Smith, 1992), 자신들이 시청하는 텔레비전 쇼에 대한 여성들의 의견(Press, 1991; Willis, 1990), 그리고 비디오 빌려보기에 대한 여성들의 생각(Schoonmaker, 1994) 등을 연구하였다. 이런 연구는 연구자의 성찰, 연구의 이론적 배경인 패러다임, 그리고 독자나 시청자, 관객, 청취자의 관점을 모두 함께 가져옴으로써 "놀라운" 새로운 시각을 얻을 수 있음을 강조한다. 상징적 상호작용이나 문화연구를 자신의 연구 패러다임으로 삼은 연구자들은 대중문화 문서에 대한 사람들의 반응을 연구하는 것이 연구의 핵심이라고 생각한다.

대중문화 문서의 사용에 관심 있는 연구자는 다음의 지침이 도움이 될 것이다.

(1) 관심 집단은 대중문화 문서를 어떻게 읽는가.

이런 주제를 연구하려면 두 가지 종류의 현장조사록이 필요하다. 첫 번째는 이들 문서 자체이고, 두 번째는 이런 유형의 대중문화 활동에 참여하는 특정 집단의 관찰이나 인터뷰를 통해 작성한 인터뷰 녹취록이나 현장조사록이다. 예를 들면, 연구자는 〈제너럴 하스피털〉(General Hospital) 같은 특정 드라마를 보고 매회 드라마를 한 번의 현장조사로 간주하여 현장조사록을 작성한다. 이 현장조사록을 읽으면서 주제와 아이디어, 용어, 눈에 띄는 관점을 찾는다. 그런 다음 이 드라마를 봤거나 보고 있는 남자나 여자들을 대상으로 이들의 드라마 시청습관 — 그 드라마나 프로그램의 이해, 관심의 변화, 여러 배우들에 대한 개인적 취향이나 생각 — 에 대해 인터뷰한다. 또는 드라마에는 관심 없고 대중문화에 관심 있는 연구자라면 상황 코미디 프로에 표현되는 인종에 대한 이미지를 연구 할 수 있는데, 이 연구를 위해서는 특정 코미디 프로를 본 다음 그 프로를 시청하는 어떤 시청자 집단을 인터뷰한다. 루츠와 콜린스(Lutz & Collins, 1993)는 〈내셔널 지오그래픽〉(National Geographic) 프로에서 비서구권 사람들이 어떻게 묘사되며 이런 묘사 관점이 어떻게 형성되었는지를 연구하기 위하여 이 잡지에서 사용하는 문장과 사진을 분석하였다. 그리고 이 잡지의 편집자들을 인터뷰하여 자신들의 일에 대한 생각을 알아보았다. 이와 더불어 비서구권 사람들에 대한 내셔널 지오그래픽의 관점과 묘사를 어떻게 이해하고 받아들이는 지를 알아보기 위해 이 잡지의 백인 독자들을 상대로 인터뷰하였다.

(2) 연구자의 연구 기쁨이 중요하다.

연구하고자 하는 대중문화를 연구자가 평소 좋아하는 것이 아니라면 이런 형식의 연구를 수행하는 것은 매우 어려운 일이다. 따라서 연구자 자신이 즐겁게 할 수 있는 종류를 선택하는 것이 중요하다. 대중문화를 연구 주제로 선정할 때 고려해야 할 중요한 측면 중 하나는, 특정 대중문화의 연구를 통해 연구자가 좋아하지 않는 대중문화 형식이지만 어떤 것을 배울 수 있으면서 동시에 즐거운 경험을 가질 수 있어야 한다는 점이다. 어떤 연구이든 이 두 가지 측면을 보장해 주어야 한다. 레슬링을 좋아하지 않는다면 이 스포츠에 대한 연구는 하지 말아야 하고, 애정 드라마를 싫어하는 경우도 마찬가지이다. 대중문화에 대한 질적 연구 프로젝트를 수행하는 학부 학생이나 대학원생의 경우 〈세븐틴〉(Seventeen) 잡지를 읽거나 〈온 더 로드〉(On the Road), 〈MTV 쇼〉, 〈오프라 윈프리 쇼〉(Oprah Winfrey) 등을 시청하는 데 많은 시간을 즐겁게 할애할 수 있는 대중문화 형태를 주로 선정한다. 대중문화 연구에서는 연구자 자신뿐만 아니라 연구참여자의 즐거움도 중요하다.

(3) 강조할 사항의 결정

쇼나 드라마, 잡지, 영화의 대본에 있는 문장을 인터뷰나 관찰만큼 중요하게 강조하려는 연구는 아마 없을 것이다. 연구의 시작 단계에서부터 가장 관심 가는 측면을 알기는 어렵지만, 데이터 수집을 거치면서 연구자는 이것을 결정해야 한다. 두 가지 측면의 강조를 통해 대중문화를 연구할 수 있는데, 첫 번째는 시청자나 독자가 대중문화를 접하고 있고 연구자도 그것에 관심이 있다면 이들 삶의 생생한 경험을 강조하는 것이다. 두 번째는 연구자가 관심 있다면 대중문화의 내용 분석을 강조하는 것이다. 어떤 연구자들은 텔레비전 시청자와 대화를 갖고 그 쇼나 드라마의 내용 자체에 대해서는 거의 기술하지 않고 이들 연구참여자와의 인터뷰 내용을 더 많이 기술한다. 예를 들면, 안드레아 프레스(Andrea Press, 1991)는 "텔레비전에 비친 여성의 직업과 가족, 사회적 지위에 대한 이미지: 프라임 타임(Prime-Time) 텔레비전에 나타난 완벽주의와 페미니즘, 포스트페미니즘"이란 제목의 짧은 장에서만 이 쇼의 내용을 조금 다루고 있을 뿐, 이 책 내용의 대부분을 중산층과 노동자층 출신의 여성이 이 프로그램을 어떻게 생각하고 해석하는지에 대한 인터뷰 내용의 기술에 할애했다. 스쿤마커(Schoonmaker, 1994)는 비디오 가게 주인과 고객의 비디오에 대한 생각을 강조했지만 그 비디오 내용에 대해서는 거의 논의 하지 않았다. 연구참여자의 시각과 함께 쇼나 드라마, 광고, 노래 등의 내용 자체에 더 많은 강조점을 두는 연구들도 있다. 트러델(Trudell, 1990)은 수업용 영화와 같이 제공된 교육과정 자료물의 내용을 기술하고 이 영화를 본 학생들의 반응을 논의했다.

(4) 개인이나 집단 인터뷰와 관찰

연구자가 특정 집단의 사람들에 관심이 있으면 그들과 텔레비전 쇼나 드라마를 같이 시청하고 이를 본 소감을 인터뷰한다. 연구참여자와 개인별로 또는 집단별로 만날 것인지는 연구주제와 그 집단에 좌우된다. 래드웨이(Radway, 1984)는 애정 소설의 독자들에 대해 연구할 때, 여성 독자를 위한 애정소설 평가집단의 사람들을 대상으로 참여관찰을 했다. 이들 여성들은 래드웨이의 연구 전부터 함께 모여 평가 활동을 해 왔으므로 자연적인 집단을 형성하였다. 이 연구의 초점은 이 집단과 애정소설의 문장에 있었다. 청소년 집단에게 영화나 비디오, 텔레비전을 보여주고 어떻게 시청했는지 이들과 대화나 인터뷰하는 것도 연구로서 가능하다. 우리가 알고 있는 한 교사는 방과 후 미국계 흑인 학생들에게 존 싱글톤(John Singleton)의 영화를 보여주고 이 영화에 대해 어떻게 생각하는지 대화를 나누었다고 한다. 어떤 연구자는 여자 청소년에게 〈세븐틴〉이나 〈와이엠〉(YM) 같은 잡지를 읽는 친구들을 데리고 오라고 해서 어떻게 이 잡지를 읽게 되었고, 그 내용에서 무엇을 보았고, 좋은 느낌과 거부감을 느끼게 하는 것은 무엇이었는지에 대해 대화하고 인터뷰 하였다.

(5) 문장 데이터의 체계적 조직화

대중문화 문서를 증거로서 사용하려면 데이터 관리를 체계적으로 조직화할 필요가 있다. 연구참여자들을 인터뷰하거나 관찰할 때 상세함이 필요하듯이 드라마나 쇼, 영화, 광고에 대해서도 이런 세밀함이 필요하다. 텔레비전 쇼를 데이터로 사용하려면 천천히 돌려 보면서 녹취록을 만들 수 있도록 이 쇼를 비디오테이프에 먼저 녹화해 두는 것이 좋다. 잡지나 광고를 데이터로 사용하려면 이를 먼저 복사해서 계속해서 볼 수 있도록 하며, 이렇게 함으로써 단어와 주제를 발견하기 위한 코딩 방식을 만들 수 있다. 컴퓨터 분석 프로그램을 사용하려면 이들 자료를 스캔해서 컴퓨터에 저장하는 것이 좋다.

4.6 사진

사진은 질적 연구와 밀접하게 연관되어 왔으며 여러 가지 방식으로 사용된다. 놀랄만한 서술 데이터를 제공하는 사진은 연구대상의 주관적인 측면을 이해하는데 종종 사용되며, 주로 귀납적으로 분석된다.

출현과 동시에 사진은 사회과학 연구에 사용되었다(Mulligan & Wooters, 1999). 사회학적 사진 다큐멘터리를 찍었던 초창기 사진사로는 존 톰슨(John Thomson)이 있었는데, 1877년에 출판된 자신의 책 《런던 거리의 삶》(*Street Life in London*)에서 런던의 가난한 모습을 사진으로 표현하였다(Thomson & Smith, 1877). 10년 후 제이콥 리스(Jacob Riis)의 이민자들에 관한 사진 에세이에는 뉴욕의 허름한 학교의 내부 모습을 찍은 사진들이 있었는데 이 사진을 통해 도시의 황폐한 모습을 알리고자 했다(Riis, 1890). 사회학자 루이스 하인(Lewis Hine)은 미국인들의 가난한 모습을 보여주기 위해 카메라를 사용한 최초 사회학자 중의 한 명이었다. 아동노동에 관한 그의 사진 다큐멘터리는 의무교육 실시를 촉발시킨 최초의 아동노동금지법의 통과에 지대한 영향을 주었다. "그 이야기를 글로 표현할 수 있었다면 무거운 카메라를 들고 다니지 않았을 겁니다"라고 그는 말했다(Stott, 1973).

사회학과 사진이 오래 전부터 연관되어 왔지만(Edwards, 1992) 겨우 최근에 와서야 연구자와 이론가들의 관심을 받고 있다(Becker, 1986b; Wagner, 1979; Ball & Smith, 1992; Harper, 1994). "시각사회학(Visual Sociology)" 저널은 사회학과 사진의 탐구를 다루고 있는데, 이 책에서 설명하고 있는 범위와 수준을 넘어 질적 연구와 사진을 탐구하고 싶다면 이 저널을 추천한다. 사진에 대한 질적 연구의 관심은 논

고등학교 물리 과목 암송 교실, 뉴욕의 워터타운, 1909년

쟁의 대상이 되어 왔다. 어떤 사람들은 사진은 나타내고자 하는 것을 왜곡시키기 때문에 객관적 지식 탐구 방법으로는 궁극적으로 아무런 소용이 없다고 주장한다(Sontag, 1977; Tagg, 1988). 이와는 달리 사진은 다른 연구방법으로는 연구할 수 없는 사람들의 삶의 측면을 연구자가 이해하고 연구할 수 있도록 해 주기 때문에 연구방법의 새로운 돌파구를 제시해 준다고 주장하는 연구자들도 있다. 이런 연구자들은 사진은 말보다 더 많은 것은 말해준다는 루이스 하인의 언급이나 그림은 천 마디 말보다 낫다는 속담에 공감하는 것이다.

사진에 대한 이러한 극단적인 입장을 비판하는 극소수의 사람들이 있지만, 대부분의 사회학자들은 사진에 대한 이런 입장을 옹호하지도 반대하지도 않는다. 그들이 묻는 것은 "연구자인 나한테 사진은 어떤 가치가 있으며 내 연구에서 이것을 어떻게 이용할 것인가?"이다. 이 질문은 구체적인 연구문제와 사진과의 연관성을 고려하여 사진을 연구방법으로 생각하라는 의미이다.

질적 교육연구에서 사용될 수 있는 사진은 연구자가 직접 찍은 사진과 다른 사람이 찍은 사진 두 가지로 분류된다.

4.6.1 발견된 사진

이 범주에 속하는 사진은 다른 사람들이 찍은 사진을 의미한다(Dowdell & Golden, 1989). 전통 마을에는 온갖 물건들이 옛날 그대로 보존되어 있는데 오래된 사진도 많은 사람들이 보관하고 있다(Mace, 1990). 학교와 사회복지기관에는 많은 사진들이 광범위하게 수집되어 있으며 이 사진들 중에는 이들의 초창기 모습을 보여주는 사진도 종종 있다. 몇몇 대학에는 그 대학의 역사와 관련된 소장품을 책임지고 관리하는 "대학 문서관리자"가 있다. 이 사람은 연구자에게 다양하고 풍부한 사진과 여러 가지 다른 시각 자료를 보여줄 수 있다. 가까이에서 쉽게 접할 수 있는 이런 자료 출처는 지금까지 데이터 수집 장소로 관심을 끌지 못했다. 이 관리자에게 부탁하면 연감이나 교실 수업 사진, 일반인들이 찍은 연중행사와 야외소풍에 관한 사진을 볼 수 있다. 종종 학생들도 자신만의 사진첩을 가지고 있고, 그 중 몇몇 사진은 지갑에 넣어 가지고 다닌다. 신문사에는 사진자료 보관실이 있는데 이 자료의 접근은 보통 제한되어 있다. 시청이나 관공서의 지역개발 기획처에는 그 관할지역 내의 모든 땅에 대한 항공사진이 보관되어 있다. 이런 종류의 자료는 벼룩시장과 차고 세일에서도 발견된다. 지역의 우편엽서 수집가나 고문서 수집 동호회 등에 부탁해 보는 것도 좋다. 우편엽서 수집서인 〈Post Card Collector〉는 사진엽서를 포함해서 다양한 종류의 우편엽서의 소개와 구입

‖ 뉴잉글랜드의 노동자들, 1907년경

장소에 관한 글이 실려 있는 우편엽서 수집가용 전국 잡지이다. 다른 형태의 시각 자료에 관한 유사한 출판물들이 많이 있다. 이러한 자료는 끝도 없이 많으므로 찾아보는 재미도 있다. 사진이 우리 사회에 자리 잡은 지도 벌써 100년이 되었다.

연구상황이나 장소에 대한 사진은 현재 그곳에 있는 개인들이나 그 상황이나 장소에서 일어난 특정한 일이나 사건의 모습을 잘 이해할 수 있게 한다. 앞에서도 언급했듯이, 학교에는 사진과 연감, 또는 그 학교의 역사를 보여주는 시각 자료를 모은 앨범이 보통 보관되어 있다. 그 당시의 학생들이나 교직원, 동료와 함께 찍은 사진은 비록 연구자가 이들을 만나 본 적은 없지만 그 사람들의 모습을 보여준다. 그때 그곳에 있었던 느낌을 그대로 채워주지는 못하지만, 사진은 그 상황이나 장소 및 사진 속 사람들에 대한 역사적 느낌이나 감을 전달해 준다. 이와 더불어 사진은 이러한 느낌이나 감을 그대로 전달하기 위해 연구결과 보고서에 실리기도 한다.

사진은 어떤 장소나 상황에 대한 전반적인 모습과 느낌을 제공해 주며 또 다른 자료와 같이 사용되어 좋은 사실적 정보를 주기도 한다. 예를 들어, 정년퇴직 식장을 찍은 사진에는 누가 참석했는지를 알 수 있을 뿐만 아니라 자리 배치 형태 같은 주변 상황에 대해서도 무엇인가 말해준다. 연구하고 있는 동네의 항공사진은 주민의 분포 현황과 지리적 위치, 학교의 개수와 위치 및 규모 등의 교육체제 사이의 관계를 보여준다.

사진은 사실적 정보를 제공해 주는데, 연구자가 직접 찍었든 어디서 입수한 것이든 사진은 어떤 목적이나 특정한 시각에 의해 찍혀진 것이다. 이 사진을 단지 피상적 이상으로 사용하기 위해서는 그 사진을 찍은 사람의 촬영 목적과 관점을 알아야 한다(Fancher, 1987). 이런 식으로 볼 때 사진은 다른 형태의 모든 질적 데이터와 동일하다. 즉, 연구에서 사용하려면 사진을 찍을 당시의 적합한 맥락에서 해석해야 하고, 사진에서 정보와 이해를 추출하기 전에 이 사진이 연구 자료로서 가치와 역량이 어느 정도인지를 알아야 한다(Fox & Lawrence, 1988; Brugioni, 1999). 우리 중 한 명은 서커스 기록물 보관소를 방문하여 서커스 공연 사이의 곁들이 공연 때 신체적 기형을 가진 사람들을 전시했던 역사 기록에 대한 연구를 시작한 적이 있었다. 연구자가 그곳에서 접했던 데이터는 주로 대중에게 알려진 사진으로 돈벌이 목적으로 판매되고 있었다. 처음에는 이 사진들을 조사하여 신체적 기형을 가진 사람들에 대한 정보 출처의 가능성이 있는지 살펴보았다. 연구자는 여러 쇼 진행자들이 쓴 진솔한 회고록과 자서전을 읽음으로써, 그 전시는 관객을 끌기 위한 사기 행각이었고 그것이 사진으로 촬영되었다는 사실을 알게 되었다. 따라서 그 사진들은 신체장애를 가진 사람들의 정확한 묘사로 볼 수는 없었지만, 흥행 상품의 가치를 높이기 위한 형식화된 전시 형태로 볼 수는 있었다. 결국 이 연구는 신체 기형을 가진 사람들에 대해서가 아니라 전시 형태가 어떻게 발전, 향상되었는지를 조사하는 방향으로 진행되었다(Bogdan, 1988).

패터슨시의 실크파업 기간 동안 아동 안전 보호를 외치는 사진, 뉴저지의 패터슨, 1913년 6월. Iandoli 찍음.

사진은 사진 찍는 사람이 중요하게 생각하는 것이 무엇인지에 대한 촬영자의 시각과 사진을 찍고자 하는 사람들의 요구, 사진을 찍고자 하는 높은 지위의 사람이 촬영자에게 내린 지시 등을 잘 보여준다. 사진 촬영자의 이러한 개인적 시각 때문에 사진을 주관적 영역으로 간주하여 사진의 "사실적"가치를 가볍게 취급하는 연구자들도 있지만, 사진의 한 가지 면은 질적 연구의 관점과 상당히 유사하다. 즉, 사진을 연구대상으로 취급함으로써 사람들이 중요하게 생각하는 것과 찍히고 싶고 찍고 싶어 하는 이미지에 대한 단서를 알아낼 수 있다. 사진을 이렇게 접근할 때 사진은 시각적 문장이다. 사진과 다른 형식의 시각 자료에 대한 조사를 통해 익압받는 사람들이 사진으로 어떻게 표현되었는지를 알고자 한 식민지 후속 연구(Alloula, 1986; Graham-Brown, 1988; Sharpe, 1993; Said, 1993), 미국계 흑인 학생에 대한 연구(Lyon, 1992; Durham, 1991; Willis & Dodson, 1989), 여성연구(Kozol, 1994; May, 1988) 등은 사진을 학문 영역의 관점에서 다루는 몇 가지 분야이다(Graebner, 1990; Squiers, 1990 참조). 사진이 비록 어떤 것을 결정적으로 입증할 수는 없지만 다른 데이터와 함께 사용된다면 추가적 증거를 제시하는데 기여할 수 있다(Bogdan, 1988).

6학년 교실, 뉴욕의 세네카 폴스, 1909년경 Pitcher 찍음.

사진은 다른 형태의 기능도 하는데, 연구자의 이론적 구성 개념에 적합하지 않는 비정상적인 이미지를 보여주는 경우도 있다. 이처럼 사진 이미지가 이론 개발을 위한 분석틀에 맞지 않지 않을 경우 애초에 사진에 나타난 이미지 이면에 담긴 것을 찾을 수 있도록 통찰과 분석을 확장해야 한다. 예를 들어, 앞에서 예로 들었던 신체 기형을 가진 사람들의 쇼에 대한 연구에서 연구자는 연구 초기에는 천한 대접을 받았던 장애인을 찾을 것으로 기대했다. 그가 살펴 본 사진들 중에는 이런 연구자 관점을 지지해 주었지만, 다른 사진들은 연구자의 기대와는 전혀 다른 내용을 담고 있었다. 이 사진들 중 상당수가 그 전시의 품격 향상을 위한 것이었고, 예를 들어 난쟁이들은 특별한 재능을 가진 사람들로 종종 묘사되었다. 연구자의 기대와 다른 이러한 이미지는 연구의 초점을 다시 생각해보게 하였다. 1920년대 정신지체 학생을 위한 공립학교에서 찍은 사진에 대한 연구에서 우리는 모든 사진에 찍힌 학생들이 말쑥하고 단정하며 예의 바른 중산층 가정 출신의 소년들임을 주목했다. 이 이미지는 그 당시 정신지체자에 대한 전문가들의 진술과 너무 차이나는 것이었다. 그 당시 전문가들은 정신지체자는 모든 사람들의 건강을 심각하게 위협하는 사회적 질병과 같은 존재로 정의했고 이와 함께 인종개량 운동이 활발한 때였다. 사진에 나타난 이미지와 이런 전문가들의 견해 사이의 모순에 대한 심사숙고는 다양한 측면에서 이 문제의 논의를 촉진시켰다.

연구자들도 사람들이 그들을 둘러싼 세상을 어떻게 정의하는지, 즉 사람들이 당연하게 생각하는 것은 무엇인지, 의심 없이 받아들이고 있는 것은 무엇인지를 밝히기 위해 사진을 활용한다. 예를 들어, 학교와 복지담당 기관은 종종 자신들이 주관하는 행사를 알리기 위하여 언론에 사진을 배포한다. 또 이들 기관의 공식문서에도 학생과 복지관련 대상자의 사진이 실려 있다. 학교에서는 학생을, 기관에서는 대상자를 어떻게 인식하였는지 사진에 나타난 학생과 대상자를 통해 추측할 수 있다. 즉, 사진 찍을 당시 대상자의 옷차림은 어떤가? 어떤 자세를 취하고 있는가? 등을 알 수 있다. 예를 들어, 정신지체 장애인을 대상으로 하는 기관의 기부금 모금 캠페인에서 찍은 사진을 조사하면서 우리가 발견한 것은 이 대상자들이 어린 아이나 광대, 무능한 사람 역을 맡도록 배정되었다는 점이다.

이제부터 사진술과 사진 수집열, 연구 자료로 가치 있는 사진의 범위 등에 대한 역사적인 면을 설명하려고 한다(Nickel, 1998). 이 설명은 여러분이 연구를 하거나 여행을 하면서 만나게 될지도 모르는 오래된 사진에 초점을 두고 있다.

‖ 기독교 학교, 뉴욕시 크로건, 1914년경

상업용 목적으로 만들어진 최초의 사진은 1840년대로 거슬러 올라가는데, 대중에게 확산된 것은 1860년대에 와서이다. 1860년 이전에는 사진을 찍더라도 여러 장으로 인쇄할 수 있는 기술이 없었다. 이 문제가 해결되고 난 후로 사진의 상업성은 엄청나게 확장되었다. 최초로 대중에게 폭 넓게 판매된 사진 형식은 명함판 사진(carte de visite)이었다. 이 이름은 프랑스 명함(visiting card)과 유사하다고 해서 붙여진 것이다. 가로 2½인치, 세로 4인치의 가벼운 마분지에 사진을 풀로 붙인 것으로 사진사나 사진 배급소에서 팔았다. 자신이나 가족사진을 찍어 앨범에 보관했다가 집에 오는 손님에게 보여주는 것이 그 당시의 유행이었다. 물론 앨범에는 전쟁 영웅이나, 성직자, 정치인, 대통령과 그 가족들, 왕족, 책 저자, 유명 무대 배우, 유명 인사 등 다른 사람들의 사진도 들어 있었다. 명함판 크기의 풍경이나 정물 사진도 있었지만 사람들의 생생한 인물을 묘사하는 사진이 대부분이었다. 이런 사진은 아주 인기 있었고 수집할 가치도 높고 해서 이 사진의 구입과 수집을 그만둘 수 없었던 사람들을 "명함판 마니아"라고 부를 정도였다. 명함판 사진 형식은 1870년대와 1880년대에 접어들면서 명함판보다는 조금 더 큰 캐비닛판(4½인치×6½인치) 사진으로 바뀌었다. 캐비닛판 사진도 인물 묘사에 주로 사용되었으며 그 용도는 명함판 사진과 거의 같았다. 20세기에 접어들면서 캐비닛판 사진은 사라졌고 어떤 다른 형식의 사진으로 대체되지 않았다. 그 대신 다양한 형식과 크기의 사진이 나타났다.

20세기의 초반에 가장 인기 있었던 사진 형식은 우편엽서였다(Bogdan, 1999; Bogdan & Weseloh, 출판예정). 우편법의 변화에 따른 우편엽서의 허용과 값싼 가격으로 인하여 사진엽서 카드는 1905년경 미국에서 대규모로 사용되었다. 미국뿐만 아니라 여러 다른 나라에도 급속도로 광범위하게 퍼져나갔다. 사람들은 소식을 알리기 위해서뿐만 아니라 그림이 좋아서 우편엽서를 구입했다. 엄청난 양의 우편엽서가 상업적으로 판매되었다. 큰 회사에서 대규모로 우편엽서를 발행했지만, 작은 지역 장인들에 의해 사진으로 만들어진 우편엽서를 사람들은 가장 좋아했다. 이런 사진엽서는 손쉽게 제작되었고 그 지역민이나 관광객들에게 언제든지 팔 수 있었기 때문에, 20세기 초반은 미국인들의 삶에서 가장 널리 사진이 애용되는 시기였다. 사진엽서는 작은 마을의 생활과 그곳 사람들의 일상을 풍부하게 보여준다. 학교 안과 밖의 모습, 수업 장면, 운동 팀의 모습, 졸업식 장면 등 학교에 관한 사진엽서는 어디서든

어린이 병동, 장소 불명, 1910년경

지 볼 수 있다. 연구자의 관심에서 볼 때 우편엽서나 사진엽서는 정해진 공간에 전달하고자 하는 글을 쓸 수 있는 유일한 사진 형식이다. 사진과 함께 그 내용을 조사함으로써 연구자는 그 사진엽서가 어떻게 만들어졌고 보내는 사람은 왜 그것을 구입했는지에 관한 맥락을 더 잘 이해할 수 있다.

국외 추방자나 이주자들이 식민지 국가에서 보내 온 엽서는 그곳에서 권력을 가진 사람들이 제 3 세계 사람들을 어떻게 인식하고 있는지를 잘 보여주는 일종의 문서이다(Geary & Webb, 1998). 아프리카 흑인과 미국 원주민 인디언의 모습을 담은 수천 장의 카드엽서가 미국에서 생산되었고, 이것은 색깔이 다른 사람들에 대한 편견과 고정관념을 부추겼다. 그렇지만 이들 모든 엽서가 부정적 이미지를 표현한 것은 아니었다. 비주류 집단의 사람들은 자신

들의 목적을 위해 사진엽서를 제작해서 판매했고, 이 엽서의 많은 사진들은 주류에서 밀려난 사람들의 삶을 좀더 실감나고 긍정적으로 생생히 묘사하였다(Albers & James, 1990).

사진엽서 중에는 비전문가에 의해 제작된 것도 있었다. 20세기에 접어들면서 길거리에서 사람들이 쉽게 사용할 수 있는 카메라가 코닥에서 나와 스냅사진을 사진엽서로 만들 수 있게 되었다. 모든 사진엽서가 인물 묘사 형식을 취하지는 않았지만 지방 사진사나 비전문가들의 경우 여전히 이런 형식을 취했다(Morgan & Brown, 1981). 만약 오래된 가족사진을 가지고 있다면 뒷면을 보기 바란다. 그러면 "우편엽서"라고 인쇄된 글자를 볼 수 있을 것이다.

20세기 동안 우편엽서의 인기와 함께 사진 형식의 다양화가 이루어졌다. 칼라 사진이 흑백 사진을 대체하면서 여러 가지 크기의 스냅사진들이 인기를 얻었다. 슬라이드 형식의 사진을 찍어 가정에서 큰 스크린으로 볼 수 있게 해 주었던 3mm 카메라는 1950년대와 60년대

정신지체학생으로 구성된 폴크 공립학교 음악밴드, 펜실베이니아의 폴크, 1903년경

에 전성기를 누렸다.

명함판 사진, 캐비닛판 사진, 우편엽서, 3mm 슬라이드 모두 작은 크기의 사진이었다. 이보다 훨씬 큰 사진도 나왔다. 이 사진들은 앨범 속에 보관되는 것이 아니라 집이나 공공장소, 상업용 건물, 학교, 법원청사, 도서관, 소방서, 공장, 여름 캠프, 동아리 모임방 등에 장식용으로 벽에 내걸렸다. 전체 조망을 찍는 파노라마 사진은 아주 인기 있었고 질적 연구를 하는 사회과학자의 특별한 관심을 끌었다. 20세기 말에 와서 파노라마 효과를 위해 카메라 렌즈를 상하좌우로 회전시켜 큰 배율로 확대 가능한 이미지를 찍을 수 있는 카메라가 발명되었다. 어떤 카메라는 180도 회전이 가능해서 가로 6피트, 세로 10인치에 수백 명의 사람들을 한꺼

번에 찍을 수 있었다. 대부분의 초기 사진과 마찬가지로 파노라마 사진에 사용되는 원판은 최종 인화본과 동일한 크기였다. 작은 원판에서 확대하여 인화하는 현대의 사진과 달리 이런 옛날 방식의 사진은 놀랄 만큼 화질이 좋다. 이 사진들을 보면 다른 시대에 살았던 사람들의 얼굴을 실제로 지금 대하면서 쳐다보고 있다는 느낌이 들 정도이다. 1950년대에 오면서 다소 사용이 줄었다고는 하지만 이 형식은 반세기 동안 많은 사람들의 인기를 얻었다. 이런 인기에 부응하듯 사진사들은 축하행사나 모임, 소풍, 그리고 거의 모든 계획된 사회 행사 – 결혼, 졸업식, 생일, 수학여행, 집회나 대회, 건물 개관식, 정년퇴직 행사 등의 모습을 사진으로 남겼다.

순회 사진엽서 사진사가 찍은 마차 앞에 선 인디언 복장을 한 소년, 매사추세츠의 버나드 스톤, 1912년경

모임에 참가한 모든 사람들을 파노라마 사진으로 찍은 사진사들이 돈벌이 하는 가장 흔한 방법은 사진 속의 모든 사람들에게 개인별로 사진을 파는 것이었다. 지하실과 다락방에 수십 년씩 보관되었던 이 사진들은 자기 집 앞에서 펼쳐놓고 싼 값에 파는 세일 행사와 골동품점에서 흔히 볼 수 있다. 이 파노라마 사진은 크기 때문에 수집가들이 선호하는 물품은 아니었다. 북부 버몬트의 맥컬리스터(McAllister)(Borsavage, 1979)와 텍사스의 골드벡(Goldbeck)(Burleson, 1986)의 작품을 포함하여 그 지방의 뛰어난 사진사들이 찍은 많은 파노라마 사진들을 수록한 작품집들이 많이 있다. 이 사진들은 주로 교육과 복지시설에 관한 주제를 다루고 있다.

또 다른 형식의 사진도 있었는데 예를 들어, 입체 사진엽서는 오랜 역사를 지닌 사진형식으로 삼차원으로 재생된 광경을 보고자 하는 사람들을 위해 상업용 회사들에 의해 많이 생산되었다. 이와 함께 파노라마 사진처럼 시각적으로 극적이지는 않지만 광각 렌즈를 사용하여 사람들을 집단적으로 찍은 사진들도 있었다. 사진 형식에 대해서는 계속해서 열거할 수 있지만, 이 책에서는 연구목적용 데이터로서 사용 가능하고 풍부한 역사적 이미지를 담고 있는 사진만 언급하고자 한다. 지금까지 연구 자료로 사용 가능한 사진에 대해 간략하게 살펴보았다. 이런 사진을 찾아 연구 자료로 사용하기 위해서는 약간의 상상력과 보호본능이 필요하다 (Dowdell & Golden, 1989).

4.6.2 연구자가 직접 찍은 사진

교육연구자의 손에 들려 있는 카메라는 이미 앞에서 설명한 여러 가지 방식으로 사용될 사진을 찍는다. 사진은 많은 사실적 정보를 단순화시켜준다. 예를 들어, 지역 주민의 분포와 학교 위치 사이의 관계를 좀더 잘 알아보기 위하여 연구자는 항공사진을 찍는다. 우리가 알고 있는 어떤 사회과학자는 도심의 시민광장을 재설계하는 것을 도와달라는 요청을 도시설계 업자로부터 받았다. 하루의 정해진 시간 동안 사람들이 이 공간을 어떻게 사용하는지 알기 위하여 10분마다 자동으로 촬영되는 장치를 단 카메라를 그 광장이 마주보이는 건물의 창문에 설치하였다. 카메라는 광장 전체의 모습을 담을 수 있도록 설치되었다. 놀이터나 대학의 광장, 다양한 실외 공간을 연구할 때 이 기법은 다른 방법과 함께 쉽게 사용될 수 있다.

카메라를 가장 흔히 사용하는 경우는 아마도 참여관찰을 할 때이다(English, 1988; Walker, 1993; Preskill, 1995). 카메라는 사진으로 찍어두지 않으면 나중에 간과할 수 있는 자세한 점을 기억하도록 도와주는 수단으로 흔히 사용된다. 연구현장에서 연구자가 찍은 사진은 나중에 여러 단서 사이의 관계를 면밀하게 조사할 수 있는 이미지를 제공한다. 데이터 수집도구로 카메라를 사용하여 찍은 조직이나 기관의 소속을 표시하는 견장이나 배지, 특정 행사에 참석한 사람들의 모습, 좌석 배치 모양, 사무실의 배치 모양, 책꽂이의 내용물 등은 연구 데이터로서 충분한 가치가 있다. 교실 모습을 구석구석 찍은 사진은 문화적 개념의 항목을 만드는 연구 활동을 촉진시켜 주기도 한다.

연구용 도구로 카메라를 사용하는 또 다른 방법은 연구참여자에게 카메라를 주고 사진을 찍어오도록 하는 것이다. 아직까지 우리도 이 방법을 사용해보지는 않았지만, 이 방법을 사용하는 연구자들은 연구참여자가 자신을 둘러싼 세계를 어떻게 조망하고 있는지에 대한 통찰을 얻을 수 있는 한 가지 방법이 될 수 있다고 한다. 어떤 연구에서는 신체장애자들이 거주하는 아파트 단지에서 사용되는 휠체어에 카메라를 부착하였다. 이 휠체어를 탄 사람이 아파트 단지를 돌아다니면서 찍은 사진은 그곳에 살고 있는 신체장애자의 눈높이에서 볼 때 이 단지의 설계가 어떻게 느껴지는지 건축가에게 알려주는데 사용되었다.

종이로 만든 달에 걸터앉은 자매의 스튜디오 사진, 1914년경

연구자가 찍었거나 혹은 연구자가 선택해서 연구

참여자에게 보여주는 사진은 데이터 수집을 위한 자극제로 사용될 수 있다(Schwartz, 1989). 어떤 연구자는 장애가 없는 정상 학생들이 교실에 같이 있는 심각한 신체장애를 가진 학생을 어떻게 인식하고 있는지 알아보고자 했다. 이 학생들을 인터뷰하고 교실의 다른 학생들과 함께 토론해보도록 했다(Barnes, 1978). 연구자는 장애를 가진 학생의 이름을 말하거나 모습을 기술하는 대신, 장애학생의 모습을 찍은 슬라이드를 보여주고 정상 학생들에게 그 모습을 설명하고 다른 학생들과 토론해보도록 했다. 또 다양한 사람들이 특정한 종류의 환경을 어떻게 인식하는지를 알아보기 위하여 어떤 지리학자는 도시 초등학교 학생들을 포함하여 여러 집단의 도시 거주자들에게 자연 보호 구역 사진을 스크린에 비추어 보여주고 이에 대해 토론하도록 하였다.

4.6.3 분석을 위한 사진

지금까지 데이터로서 사진이나 데이터를 생산하기 위한 자극제로서 사진에 대해 설명하였다. 사진을 이렇게 사용하는 것은 사회과학 연구에서 사진 촬영에 대한 현재의 논쟁에서 가장 사소한 쟁점이다. 가장 심각한 쟁점은 사진의 분석적 사용으로, 사진 자체가 어떤 상황이나 주제의 객관적인 표현이거나 주관적 진술이라고 연구자가 주장하는 경우이다(Goffman, 1979; Trachtenberg, 1979; Harper, 1994). 여기에서 여러 질문이 생긴다: 예를 들면, 연구자나 누군가가 학교와 같은 곳의 내부 생활을 사진으로 포착할 수 있는가? 다른 방법으로는 포착할 수 없는 본질을 사진은 포착할 수 있는가? 사람들이 찍은 사진은 원래 장면을 지나치게 감상적으로 표현하거나 인생이나 사회의 적나라한 면이나 어두운 면을 강조함으로써 왜곡시키는 것은 아닌가? 사진이 실제로는 일이나 사건의 계속적인 흐름의 한 순간에 불과한 것을 영속하게 만드는 것은 아닌가? 타이프라이터가 그 자체로는 아무런 말을 하지 않는 것처럼 카메라도 그렇지 않은가?(Becker, 1978) 카메라는 그것을 들고 있는 사람의 촬영 기술과 사물을 보는 통찰력에 좌우되는 도구에 불과한가? 또는 카메라를 들고 있는 사람과 카메라, 그리고 이 둘을 초월한 무엇인가가 존재하는가?

사진에 관심 있는 질적 연구자라면 이런 질문에 답을 찾아야 한다. 교육연구자의 탐구 대상은 이해이므로 사진은 그 이해에 대한 답이 아니라 도구이다. 카메라의 발명과 대중적 사용은 사람들이 세상을 보고 경험하는 방식의 변화를 가져왔다. 교육연구에서 사진의 사용에 대해 설명하고 있지만, 사진의 사용뿐만 아니라 사진과 사진 찍는 사람의 세계도 연구의 중요한 주제로 보는 것이 중요하다. 사회는 사진에, 사진은 사회에 어떤 영향을 미치고 있는지 이해해야한다. 사진의 이러한 여러 측면과 영향을 충분히 이해할 때 사진의 분석적 가치에 대한 심층적 탐색이 가능하다. 사진술은 교육연구자의 도구이기도 하지만, 문화적 산물이며 또한 문화의 생산자로 이해해야한다.

4.6.4 기술과 장비

질적 연구에서 사진촬영을 하려면 뛰어난 사진술이 있어야 하는가? 답은 '예'이면서 또한 '아니오'이다. 조지 이스트먼(George Eastman)*은 "당신은 버턴만 누르십시오. 그 외 모든 것은 우리가 해 드립니다"라는 약속을 충실히 지켰기 때문에 부를 축적할 수 있었다. 하지만 연구의 경우는 그렇게 간단하지 않지만 어떤 경우에는 이스트먼의 말에 가까울 때도 있다.

"사진으로 보여주고자 하는 것이 무엇인가?"라는 질문에 먼저 답을 해야 한다. 연구장소나 상황의 "목록이나 항목"을 만들기 위한 목적으로 찍는 사진이라면 사진술은 거의 필요 없다. 사람들 사이의 행동의 미묘한 현상을 포착하려고 사진을 찍는다면, 상당한 연습과 이론 공부가 필요하다. 중요한 핵심은 사진에 담고 싶은 내용이 무엇인지를 미리 분명하게 확인할 수 있느냐이다. 분명하게 구체화된 것이라면 누구라도 쉽게 사진으로 찍을 수 있다. 이것을 할 수 있는 한 가지 방법은 연구자가 보려고 하는 것이 무엇인지를 아는 것인데, 특히 연구의 탐색 단계인 경우 연구자가 원하는 장면이 발생했을 때 그 장면에서 보고자 하는 것이 무엇인지를 인식하는 것이다.

목록이나 항목을 사진 기록으로 남기려는 목적이 아니라 사진을 연구용 데이터로 활용하려고 할 때는 어떤 장면이나 상황이 작은 정사각형 사진 틀 속에 들어왔을 때 어떻게 보이는지를 판단하는 능력이 요구된다. 이런 기술과 능력은 특히 흑백 사진을 사용할 때 더욱 중요하다. 아마추어들이 찍은 사진을 보면 찍고 싶어 하는 실제 세계를 3×5인치 사진 틀 속으로 넣을 때 얼마나 잘못된 변환이 일어나는지 흔히 볼 수 있다. 머리 부분이 잘린 사진, 꼭 들어가야 할 사람을 빼고 찍은 사진, 역광에 의해 전체가 어두운 사진, 배경 때문에 사람이 너무 작게 찍힌 사진 등이 그런 경우이다. 이런 실수는 사진을 찍을 때 자신이 담고자 하는 것이 무엇이며 무엇이 있어야 하는지를 알고 카메라의 파인더에 정확하게 그것이 들어 왔는지 확인함으로써 해결될 수 있다.

좀 더 약간 수준을 높이면, 연구자는 사진에 "나타날" 것에 대한 감을 발달시켜야 한다.

* George Eastman(1854-1932). 미국의 발명가이며 사업가로 Kodak 사진기와 롤필름을 발명하였다.

사진 찍는 사람의 눈은 사진이 포착할 수 없는 세세함을 식별할 수 있어야 한다. 색깔 음영이나 투명도, 질감과 같은 미묘한 것들이 사진에 제대로 나타나지 않거나 너무 많이 나타나는 경우가 있다. 아주 작은 세세함은 필름 사진으로 해결할 수 없거나 인화할 수 없는 경우도 있다. 그런데 만약 그런 세세함이 연구자가 수집하고자 하는 중요한 데이터의 일부라면 접사기능을 이용하여 사진을 찍어야 한다.

연구를 수행하면서 찍는 사진이 연구자의 사진촬영의 첫 경험이 되어서는 안 된다. 이런 사진촬영 기술은 배우기 어려운 것이 아니므로 연구 시작 전에 반드시 배워두어야 한다. 연구용으로 사용할 사진과 유사한 사진을 연습으로 몇 번 찍어보는 것으로 충분할 것이다. 연구용으로 사용할 사진에 무엇을 찍고 싶은지 구체적으로 확인한 다음 그런 상황이나 장면, 장소를 찾아서 촬영 연습을 한다. 좋은 사진을 찍으려고 너무 노력하지 말고 찍으려고 정한 것만 사진에 담으려고 하면 된다. 좋은 연구를 위한 좋은 사진은 그냥 우연하게 찍어지는 것이 아니라 부단한 촬영 연습을 통해 얻어진다.

그렇다면 어떤 장비가 필요할까? 녹음기 사용에서 설명한 것과 같이 좋은 장비여야 한다. 좋은 연구는 보통 연구결과를 책으로 출판하기 때문에 가능하면 책에 실을 수 있을 정도로 질 좋은 사진을 찍어야 한다. 책에 사진을 복사해서 사용할 경우 이미지 훼손이 심하기 때문에 처음부터 해상도가 높은 사진을 찍는 것이 좋다.

사진을 사용한 질적 연구의 수행에 있어 마지막 장애물은 사진 찍힌 사람에 대한 "초상권의 양도"이다. 연구결과를 출판하는 경우, 사진 찍힌 사람 모두에게 사진의 사용을 허락하는 초상권 양도서에 서명을 받는 것이 아주 중요하다. 미성년자의 경우, 부모나 보호자의 서명이 필요하다. 연구를 시작하면서부터 바로 이 양도에 대한 권리를 확보해두어야 하는데, 종종 생각한 것보다 훨씬 어렵고 시간 소비가 많은 문제로 비화되는 경우가 있기 때문이다. 연구 장소의 접근을 허락받고 연구 시작을 위한 준비를 마친 상태라면 그 장소의 방문과 사진촬영에 대한 허락은 이미 확보한 것이지만, 초상권의 양도와 같은 경우는 아니다. 따라서 연구 과정에서 얻은 사진에 대한 출판이나 사용에 대한 권리를 확보하지 않으면 사진 데이터를 가지고도 연구에 사용 못하는 결과가 생길 수 있다.

4.7 공식 통계자료와 다른 양적자료

질적 연구를 수행하다보면 다른 사람들이 조사해 둔 양적 데이터를 종종 접하게 된다. 앞에서도 설명했듯이 학교의 경우 엄청난 양의 데이터를 보관하고 있다. 교사들은 개인별 목적으로 데이터를 선별하여 보관하고 있다. 학교 행정실에는 인종 분포나 사용되는 언어 종류, 신체장애 학생의 장애 정도, 부상 운동선수의 수, 출석률, 퇴학이나 정학 받는 학생수와 비율, 학업성취도 점수, 폭력 발생 건수 등 엄청나게 많은 수치 자료를 수집, 보관되어 있다. 질적 연구자는 이 자료로부터 질적 연구 데이터를 생성하는 것이 유용하다는 사실을 알고 있다. 그렇다면 질적 연구자는 이런 자료를 어떻게 생각하고 어떻게 활용하는가?

질적 연구에서 양적 데이터의 사용은 전통적으로 있어왔다. 양적 데이터는, 예를 들어 학생 등록 숫자가 증가했는지 감소했는지의 상황 변화를 알 수 있게 해준다. 또 양적 데이터는 특정 교육 프로그램에 참가하고 있는 사람들에 대한 서술적 정보(나이, 인종, 성별, 사회 경제적 지위)를 제공해준다. 이런 종류의 데이터는 의문과 탐색의 시작을 이끄는 경우가 많다. 질적 연구의 논문에서 양적 데이터는 종종 기술통계의 형식으로 제시된다.

통계 데이터도 연구 수행 동안 연구자가 발전시켜 온 아이디어를 검사하는데 사용된다. 예를 들어, 관찰을 통해서 취업 훈련 프로그램의 남자 훈련생들이 여자 훈련생들과는 달리 이 훈련을 자신들의 삶에서 중요한 일로 인식하지 않는다는 사실을 알았다고 하자. 훈련 참여의 진지함은 출석률에서 나타난다고 가정하여 연구자는 남녀의 이런 차이에 대한 이 "예상 가설"을 출석부로 확인한다. 물론 연구자가 발견한 이런 남녀의 차이점을 단지 출석률을 가지고 입증하려는 것은 아니지만, 이 프로그램의 특정한 측면에 대한 연구자의 아이디어를 탐색하는 것으로는 활용 가능하다. 만약 남자의 출석률이 여자의 출석률만큼 높지 않다면 이 점을 설명할 타당한 이유를 찾아야 한다.

연구참여자가 말한 것과 실제 공식 통계자료를 비교해 보는 것은 어떤 견해나 느낌을 탐색하는데 도움이 된다. 예를 들어, 최근 새로운 독서 프로그램의 시행을 연구했던 연구자는 이 프로그램이 교실에서 실시된 다음부터 학생들의 읽기 수준이 많이 향상되었다는 말을 교사들로부터 종종 들었다. 교사들의 이 말을 조사한 연구자는 그 학교 학생들의 읽기 수준이 향상되지 않았다는 사실을 발견했다. 사실 교사들은 한 번도 학생들의 읽기 수준 향상에 대한 데이터를 본 적이 없었다. 새로운 이 프로그램에 대한 교사들의 열성적인 지지는 단지 그들의 느낌뿐이었지 실제 데이터로 나타난 것은 아니었다.

다른 사람들(평가자, 행정가, 다른 연구자)에 의해 수집된 양적 데이터는 위에서 설명한 바와 같이 전통적으로 질적 연구에 유용하게 사용되어져 왔는데, 질적 연구자들은 자신들이 직접 양적 데이터를 수집하고 싶어 한다. 이것은 다른 사람들이 수집한 양적 데이터의 숫자가 아무런 가치가 없다는 뜻은 아니다. 오히려, 질적 연구자는 그 숫자들을 수집해서 사용한 사람들이나 연구참여자에게 이 숫자들이 어떤 정보와 의미를 주었을까를 생각하면서 그 수집과 사용과정을 상상해본다. 질적 연구자는 실제를 정확하게 기술하는 수단으로 양적 데이터를 취급하는 것이 아니라 실제를 구성하는데 있어 연구참여자가 숫자를 어떻게 사용하는지에 관심의 초점을 둔다(Gepart, 1988). 질적 연구자는 통계가 어떻게 세상에 대한 연구참여자의 상식적 이해를 지지하거나 반박하는지에 관심 있다.

질적 연구자는 양적 데이터를 액면 그대로 받아들이지 않는다. 질적 연구자는 수치 데이터 수집과 연관된 사회적 과정과 사람들의 생각과 행동의 수치화에 따른 영향을 알고자 한다. 수치 데이터의 생성에 대한 이러한 관심은 사회 현상이나 인간 행동의 수치화를 위한 정확한 세기나 횟수, 근사 방법의 향상을 연구하는 통계학자의 관점과는 다르다. 양적 데이터에 대한 질적 접근은 헤아려야 할 것을 빠짐없이 정확히 헤아렸는지에 초점이 있는 것이 아니라 세기라는 수치화가 실제로 어떻게 일어났는지에 대한 이해에 초점이 있다.

다음은 학교나 사회복지기관에서 구할 수 있는 양적 데이터를 어떤 측면에서 이해해야 하는지 7가지 항목으로 나열한 것이다.

(1) "실제 비율"의 개념은 잘못된 것이다.

정량화의 과정은 비율(주로 %)과 수치값으로 나타나는데, 이 값들은 이 세상에 "원래부터 자연적으로" 존재했던 것이 아니다. 사람이나 사물, 사건에 대해 취한 연구대상자의 행동에 따라 계산되는 비율과 횟수는 그 행동을 어떤 관점에서 정의하는 가에 따라 달라질 수 있다. 또 연구대상자가 어떤 범주의 사람이나 사물, 사건에 대해 취한 태도가 수치화 되었다고 하더라도, 그 비율과 횟수의 계산 방법에 대한 본질적인 일치가 있었다는 뜻은 아니다. 예를 들어, 학교에서 발생한 폭력 사건의 비율은 그 시간과 장소에 있던 사람이 그 행동을 어떻게 정의해서 숫자로 기록하였는가에 좌우된다. 횟수로 정량화할 구체적인 행위에 대한 관점이나 정의를 만들기 전까지는 폭력 행동의 비율을 계산해 낼 수 없다(지역교육청마다 폭력 행동을 얼마나 다르게 정의하고 있는지에 대한 예는 National Institute of Education, 1978을 참조). 사회과학자나 정책 연구자, 정부 관료는 의도적인 특정 방법으로 횟수를 세고 특정 계산법을 만들어 "실제 비율"을 구하는 경우가 많다. 그로부터 도출되는 것은 실제 비율과는 거리가 먼 것으로 의도적으로 적용된 가정과 개념, 그리고 특정 계산 과정의 결과물일 뿐이다. "참된 측정치"를 구했다고 주장하는 것은 사용하는 개념과 방법이 다른 어떤 개념이나 방법보다 최상위에 있다고 주장하는 것과 같으므로 절대적 의미의 "진리"와 혼동하지 말아야 한다.

사람들은 횟수를 세는데 필요한 개념이나 방법을 어떤 다양한 방식으로 정의하고 수량화하는가? 이런 정의와 방법으로 횟수를 세려고 할 때 영향을 주는 요인은 무엇인가? 데이터 수집자마다 횟수를 세는 방법을 다양하게 적용하지는 않는가? 무엇을 세고 어떻게 셀 것인지에 대한 데이터 수집자의 이해는 어떻게 발전되는가?

(2) 맥락은 무시한 채 사람이나 대상, 사건만 따로 선별하여 수량화하는 것은 이들의 원래 의미를 변형시킨다.

수량화는 이미 암묵적으로 당연시하는 것을 두드러지게 만들고 이미 비정형의 것을 구체적인 것으로 만들 수 있다. 예를 들어, 학생의 인종과 민족 배경에 대한 통계 조사는 어떤 학생이 어떤 인종과 민족 배경에 속하는지 크게 개의치 않았던 사람들에게 오히려 그것에 대한 관심의 증가를 가져오게 한다. 소수민족 출신이나 장애학생, 부상당한 운동선수의 수, 학교에서 발생한 폭력 행동이나 마약 사용의 빈도 등에 대한 통계 데이터는 그 현상들을 수치적으로 나타내는 것 이상이다. 그 수치 데이터는 사람들이 그 현상들을 인식하고 행동하는 방식에 변화를 준다. 횟수는 사람과 사건에 대한 의미에 구체적으로 어떤 영향을 미치는가?

(3) 수량화는 비맥락적이다.

수량화하려고 할 때는 반드시 그에 대한 맥락이 있다. 어떤 것의 측정치를 구하거나 횟수를 세는 것은 특수한 맥락과 연결되어 있다. 다시 말해, 어떤 맥락도 없이 숫자가 그냥 혼자서 생겨나는 경우는 없고 반드시 그 숫자가 발생하게 되는 사회적, 역사적 맥락과 연관되어 있다. 출석률이나 마약 사용 빈도, 학업성취도, 학습장애 학생의 수 등의 비율이 수치상으로 변화되었다고 해서 실제 행동의 변화와 그 횟수에 포함된 사람들의 특징도 그 수치에 따라 반드시 대응하여 변화되는 것은 아니다. 그러므로 이런 수치상의 변화로부터 일반화 하는 것은 시기상조이지만, 어떤 특정 현상에 대한 관심의 증가는 결국 사람들로 하여금 그 현상의 관찰 횟수를 증가시키게 된다. 사라슨과 도리스(Sarason & Doris, 1979)는 의무 교육과 정신지체의 증가에 대한 논의에서 정신지체의 비율은 교육받을 학생에 대한 정의의 변화와 연관 지어 이해해야 한다고 말했다.

(4) 수량화는 많은 사람들이 관여되기 때문에 다양한 수준의 현상으로 이해될 수 있다.

어떤 국가적, 사회적 문제를 워싱턴 정치가들이나 국가 수준의 위치에 있는 사람들이 측정하는 방법은 시 수준에 있는 사람들이 생각하는 방식과 일치하지 않는다. 마찬가지로, 교육감의 지시문에 대한 교장의 해석은 다를 수 있다. 물론 더 심각하게 일반 대중들은 데이터를 만들어낸 사람이 누구인지도 모르는 데이터를 보고 듣는다. 한 지역 신문사 기자는 이 점을 다음과 같이 적었다: "한 명의 학생은 주교육부가 하는 방식대로라면 반드시 한 명의 학생이 아니다... 교육자들이 헤아리는 방식에 의하면 한 명의 학생은 절반이 될 수도 있고, 한 명이 될 수도 있고, 한 명과 1/4이 될 수도 있고, 한 명과 1/10이 될 수도 있고, 또 어떤 경우에는 한 명의 학생이 사실 두 명이 되기도 한다"(Bogdan & Ksander, 1980, p. 303).

세기를 하려고 한 원래 의도가 무엇인가? 세기에 대한 동기와 발단은 다양한 수준의 사람들에게 어떻게 이해되는가? 데이터를 보고 듣는 수준의 사람들은 이 데이터의 의미를 어떻게 이해하는가? 데이터 수집자의 세는 방법에 대한 이해는 그로부터 얻은 결과와 어느 정도 일치하는가?

(5) 누가, 어떤 동기로 세는가에 따라 생성되는 숫자와 그 생성과정, 그 숫자에 담긴 의미가 달라진다.

이 항목은 세는 사람의 역할의 중요성을 강조하는 것과는 다르다. 예를 들어, 주정부의 자금이 어떤 특정 범주의 사람들(예: 영재나 장애 학생 등)에게 지원한다면 지원받는 사람의 실제적 행동 변화와는 상관없이 이 범주의 사람들의 비율은 증가하는 경향이 있다. 어떤 학교에 지원되는 돈 액수가 횟수를 나타내는 숫자에 좌우된다면, 그 돈을 지원하는 기관에서 원하는 수준까지 그 수치가 움직인다. 그래서 점점 더 많은 주정부와 지자체가 이러한 관계나 지시에 의한 수치 조작 때문에 지원금에 대한 결과 보고 체계를 정교하게 개선하고 있다.

횟수를 세고 비율을 계산하는 것은 종종 전문가들에 의해 이루어지기 때문에 수치와 비율을 계산하는 전문가가 누구냐가 중요하다. 맹인에 대한 서비스 연구에서 맹인 학생들의 수를 세는데 일반적으로 적용되는 맹인에 대한 전문가의 법적 정의에 따르면 이 학생들의 대부분은 정상인의 범주에 속한다(Scott, 1969). "학습장애"라는 진단을 위한 범주는 세는 사람이 누구냐의 중요성을 잘 보여주고 있다. 어떤 전문가들은 모든 어린 학생의 40퍼센트 정도가 학습장애라고 하는 반면 다른 전문가들은 "학습장애"는 단지 인위적으로 고안된 진단 용어라고 주장한다.

횟수나 비율의 수치를 계산하는 사람들은 이런 자신들의 행동의 결과를 어떻게 이해하는가? 정해 놓은 횟수나 비율의 달성을 조건으로 지급되는 지원금의 경우 이 지원금의 지급은 횟수 세기에 어떤 영향을 미치는가? 다양한 전문가 집단들은 세기에 어떤 영향을 미치는가? 비전문가에 의한 세기와 전문가에 의한 세기는 어떻게 다른가?

(6) 세기의 결과는 세기를 했던 상황의 사회적 활동을 변화하게 한다.

세기의 결과인 숫자는 어떤 것이 중요하고 의미 있는지를 사람들이 인식하게 하며, 특별한 의미의 활동을 단지 평범하고 일상적인 것으로 바꾸어 놓을 수도 있다. 예를 들어, 학기말에 보는 표준화된 시험점수는 그 과목의 교수-학습 내용과 그 학기 동안의 수업 활동에 변화를 준다. 이런 시험에서 좋은 성적을 받는 학생들의 비율을 높이는 것이 교육기관의 주요한 관심이기 때문이다.

숫자는 교육 활동에 참여하는 사람들의 정상적인 활동에 어떤 영향을 주는가? 수치로 된 높은 시험점수와 학업에서 성공 사이에는 어떤 관계가 있는가?

(7) 미국 교육 시스템에서 수치화와 수치 자료는 정의적 의미뿐만 아니라 의식적 의미를 가진다.

다른 사회의 경우 일상적 삶을 종교적 관점에서 설명한다. 이와 달리 미국은 과학, 즉 숫자라는 기호에 크게 의존하기 때문에 횟수 세기에 의한 결과인 숫자와 비율의 산출은 이성적 사고와 같은 의미로 생각된다. 교육과 관련된 다양한 사람들에게 횟수 세기에 따른 결과인 숫자가 지니는 기호적 의미는 무엇인가? 행정가들은 이 숫자를 어떻게 이용하는가? 일반적으로 의미하는 숫자의 기능 외에 숫자는 어떤 기능을 하는가?

지금까지 논의한 것은 양적자료 수집의 종말을 주장하고자 하는 것은 아니다. 만약 그렇다면 교육 시스템의 붕괴를 가져올 것이다. 말하고자 하는 의도는, 세기의 결과인 수치를 당연시하는 양적 연구 관점에서 벗어나 그 맥락을 연구하는 질적 연구 관점에서 그 수치를 연구함으로써 교육 부분에서 만연되어 있는 수량화의 본질을 생각해야 한다는 것이다. 지금까지의 논의는 질적 연구 과정에서 우연히 접하게 되는 양적데이터를 단순히 수용하지 말고 질적 관점에서 항상 민감하게 생각해야 함을 설명하려는 것이다.

4.8 결론

지금까지 데이터에 대한 질적 접근방법뿐만 아니라 질적 데이터의 다양한 형식에 대해 살펴보았는데, 물론 이 설명이 모든 것을 포함하는 것은 아니다. 어떤 연구자는 질적 연구를 할 때 비디오 장비와 필름을 아주 많이 사용하는데 이런 부분에 대한 논의는 하지 못했다. 대중

매체뿐만 아니라 학교에서 사용하고 있는 교과서 내용의 분석을 통해 여성과 소수민족 집단의 이미지와 주제를 귀납적으로 분석하는 연구자도 있다. 이런 부분에 대한 논의도 없었다. 학교 연감과 문학을 다룬 잡지도 데이터의 또 다른 출처인데, 이 장에서는 간단하게 살펴보았다. 데이터에는 지금까지 말한 종류와 여러 다른 형식이 있으며, 연구과정에서 수집하는 것만 데이터가 아니라 "연구하는" 마음으로 볼 때 적합하다고 생각되는 것 또한 데이터가 된다는 점을 알아야 한다. 뛰어난 질적 연구자가 되는 것은 "구체적이고 상세함은 연구참여자들을 이해하는데 좋은 단서이다"라는 관점을 배우는 것이다. 질적 연구자는 대상물과 사건이 데이터로서 갖는 가치를 알아볼 수 있는 예민한 정신의 도구를 가지고 있어야 한다. 다시 말해, 질적 연구자는 그 대상물이 만들어진 이유와 연구하고 있는 주제에 대해 그 대상물이 앞으로 어떤 정보를 어떤 형태로 제공할 것인지를 알 수 있어야 한다는 것이다. 또 질적 연구자는 어떤 데이터가 더 조사할 필요가 있는지 아니면 애매모호하여 버릴 것인지를 알아야 한다.

"내가 여기에 있는 이유는 데이터를 수집하려는 것이다. 지금 내가 하고 있는 활동은 연구목적과 어떤 연관이 있는가?"를 항상 기억해야 한다. 그리고 연구자의 역할을 충분히 습득했다면 이 말을 반드시 지켜야 한다. 연구를 시작할 때 정했던 목표를 달성하기에 충분한 데이터가 수집되었고 연구현장에 더 오래 머무르는 것이 무의미함을 인지할 때가 온다. 이때가 연구현장과 작별하고 데이터 분석을 할 시점이다.

5

데이터 분석과 해석

데이터 분석이란 수행한 연구에서 결과를 찾기 위하여 지금까지 수집한 인터뷰 녹취록과 현장조사록, 여러 다른 자료를 체계적으로 정렬하고 조직하는 과정을 의미한다. **데이터 해석**(interpretation)은 연구결과에 관한 아이디어를 계발하고 발전시켜 직접적으로 관련된 문헌뿐만 아니라 광범위한 여러 개념과 관심사와 연계시키는 활동을 말한다. **분석**(analysis)은 데이터를 만지고 조작하고, 조직하고, 다룰 수 있는 단위로 분리하고, 코딩하고, 이를 통해 패턴을 찾는 활동을 말한다. 해석은 연구와 관련된 이론과 다른 분야와 연계하여 연구자 아이디어의 틀을 짜고 설명하며, 또 연구자의 연구결과가 중요한 이유를 보이고 이를 다른 사람들이 이해할 수 있도록 만드는 작업을 말한다. 연구의 최종 산물은 논문이나 책, 원고, 발표이며 응용연구의 경우에는 실행 계획 등이다. 데이터 분석과 해석은 두서없이 기록한 내용을 이러한 결과물로 변환시키는 것이다(LeCompte & Schensul, 1999).

데이터 분석과 데이터 해석 사이의 차이점을 설명하는 것은 그렇게 어렵지 않지만, 질적 연구를 수행하는 과정에서 이 둘을 따로 구분하는 것은 훨씬 더 어렵다. 자료에서 얻은 결과와 이 결과에 대한 연구자의 아이디어는 함께 수면 위로 올라온다. 이 장에서는 데이터 분석에 주로 초점을 맞추어 설명할 것이지만, 데이터 해석에 대해서도 조언을 할 것이며 다음 장에서 연구결과의 해석에 대해 다시 논의할 것이다.

중요한 결과를 찾고, 해석하고, 수집한 자료들을 이해하는 등의 일련의 분석 작업은 연구를 처음하는 사람에게는 엄청난 일로 느껴질 것이다. 이런 작업을 해 본적이 없는 사람이라면 데이터 분석은 연구현장에서 데이터 수집이 끝나갈 때 그곳에 그대로 남고 싶고 피하고 싶은 큰 근심거리이다. "좋은 것을 하나도 건지지 못했다", "내 시간만 낭비했다", "이 일을 해내기는 불가능하다", "분석도 못한 현장조사록이 이렇게 컴퓨터에 쌓여 있으니 논문 완성은 물 건너갔다" 등의 불안감이 엄습한다. 이런 걱정은 데이터 분석과 해석을 처음 하려고 할 때 대부분의 사람들이 느끼는 감정이다. 분석과 해석이 물론 복잡하게 얽힌 과정이지만 처리할 수 있는 몇 개의 단계로 나눌 수 있는 과정이기도 하다. 데이터 해석 작업을 하나의 거대한 일로 생각하기보다 순서대로 진행되는 일과 결정으로 이루어진 일이라고 생각한다면, 데이터 분석은 좀 더 처리할 수 있는 하나의 과정이 된다.

이 장의 목적은 분석을 하고 그것을 해석하는 방법을 설명하는 것이다. 이 주제에 대한 많은 참고 자료들이 있고 이를 인용하여 설명할 것이지만(Becker, 1970a; Cassell, 1978a; Lofland, 1971; Schatzman & Strauss, 1973; Spradley, 1980; Strauss, 1987; Miles & Huberman, 1994; LeCompte & Schensul, 1999), 질적 연구에 관한 책에 대한 초보 연구자들의 불평 중 한 가지는 데이터 분석과 해석을 관심 있게 충분히 다룬 책이 없다는 것이다.

분석과 해석을 다룬 책에서 아무리 많은 양을 할애하여 설명하더라도 이 작업을 해 보지 않은 사람은 그 방법을 여전히 모른다고 느껴 계속 더 많은 것을 요구하기 때문이다. 이 책에서 설명하려는 분석과 해석에 관한 내용은 연구자가 지금 당장 시작할 수 있을 정도로 기초적이며 실제적이다. 데이터 분석과 해석을 처리 가능할 뿐만 아니라 기계적으로 실행 가능할 수 있는 구체적인 방법을 몇 가지 제시하고자 한다. 그러나 이를 배우기 위해서는 여러 가지 방법과 형식으로 여러분이 직접 데이터를 수집하고 조작해 봐야 한다. 즉각적으로 배울 수 있는 것이 아니며 또 모든 연구 프로젝트에 적용될 수 있는 일련의 절차가 있는 것도 아니다.

시작하기 전에 앞 장에서의 논의를 상기하기 바란다. 질적 연구에는 여러 가지 형식이 있고 데이터 분석과 해석 작업을 하는 방법도 다양하다. 분석은 크게 두 가지 방식으로 진행할 수 있다. 첫 번째 방식은 데이터 수집과 동시에 분석과 해석을 하며 데이터 수집을 끝낼 즈음 같이 끝내는 것이다. 이 방식은 현장조사에 경험이 많은 연구자들이 주로 사용한다. 연구자가 연구현장에서 데이터 수집을 함과 동시에 분석과 해석을 하는 것이 가장 효과적이고 효율적이다. 두 번째 방식은 분석과 해석을 하기 전에 데이터를 먼저 수집하는 것이다. 연구현장에서 연구방법에 대한 결정을 내리고 자료수집에서 발견한 것을 곰곰이 생각해보는 것은 모든 질적 연구에서 하는 활동이므로, 이 두 번째 방식은 어떤 절대적인 형식이 있는 것이 아니라 연구자는 그냥 이 방식으로 하면 된다.

초보 연구자일수록 연구현장에서는 기초적인 분석만 하고 좀 더 형식적인 분석과 해석은 대부분의 데이터가 수집될 때까지 미루어두는 것이 좋다. 연구현장에 들어가서 라포르를 형성하는 문제는 상당히 복잡하기 때문에 초보 연구자가 이런 과정에서 분석까지 한다는 것은 지나치게 소모적이다. 그리고 이렇게 하면 한 번에 감당하고 처리해야 할 일이 너무 많아진다. 게다가 초보 연구자는 연구현장에서 처음 접하게 되는 문제와 주제를 이해하기 위한 이론적이며 주요한 배경 지식을 충분히 가지고 있지 않은 것이 일반적이다. 연구현장에서 자료수집과 동시에 분석과 해석을 하기 위해서는 보고 듣는 현상이나 상황을 이론과 개념으로 볼 수 있는 눈이 있어야 한다.

데이터 수집과 동시에 충분하고 세밀한 분석과 해석은 뒤로 미루는 것이 좋지만 어느 정도의 분석은 데이터 수집을 하는 동안 이루어져야 한다. 이렇게 말하는 이유는 연구의 초점을 결정해야 하기 때문인데 이런 초점은 연구자가 수집하는 데이터와 데이터의 분석에 기초하여 결정된다. 그래서 연구현장에서의 데이터 분석과 이에 따른 연구초점의 결정이 없으면, 데이터 수집은 방향을 잃게 되어 연구자가 수집하는 데이터는 연구현장을 떠난 뒤의 공식적 분석 때 필요충분한 데이터를 확보하지 못할 수도 있다. 연구자가 원하거나 필요로 하는 것보다 더 많은 데이터를 수집하는 것이 일반적이지만, 연구초점을 결정하는 것은 이런 데이터 수집의 처리 가능한 범위와 수준을 결정하고 유지하게 해 준다.

5.1 연구현장에서의 분석과 해석

다음의 사항들은 데이터 수집과 동시의 분석과 해석, 그리고 연구현장을 떠난 뒤의 분석과 해석을 하는데 도움이 된다.

(1) 초점이 분명한 연구가 되도록 하라

앞에서도 설명했듯이 대부분의 연구에서 데이터 수집은 마치 깔때기와 같다. 처음에는 서로 다른 연구참여자들을 추적, 탐문하고, 연구현장이나 장소 및 관심 가는 연구참여자나 문제에 대한 폭넓은 이해를 위해 물리적, 사회적 공간을 탐색하는 등 광범위하게 데이터를 수집한다. 연구초점이 생겨서 발달하게 된 후에는 실행 가능한 것이 무엇인지 그리고 연구자에게 관심 가는 것이 무엇인지 이 두 가지에 따라 데이터를 수집하는 범위와 수준을 좁혀나간다. 이 일은 연구현장을 서너 번 방문한 후나 몇 번의 초기 인터뷰를 한 후에 한다. 이런 과정에서 연구자가 내려야 할 결정으로는 "이 학교의 3학년 교실에 초점을 두어야겠다", "여성의 사춘기에 대한 기억을 좀 더 깊게 탐색해봐야겠다", "내 주된 관심은 어린이들이 이 프로그램에서 어떤 경험을 하고 있는지 알아보는 것이다", "큰 규모의 고등학교에 재직하고 있는 여자 교사를 인터뷰해야겠다", "내 연구초점은 교사와 학생 사이의 의사소통이다" 등이 있다.

연구 초반에는 이렇게 자유롭게 탐색을 하는 것이 좋지만 연구초점에 대한 결정은 되도록 일찍 내리도록 한다. 모든 것이 흥분을 자아내게 하고 연구하고자 하는 세상이 끝없어 보이기 때문에 연구초점을 선택하는 것은 어려운 일이다. 모든 것을 추적하려고 해서는 안 되며 이동 가능 범위와 시간도 연구자의 능력에 맞도록 한정하여 너무 산만하거나 연구초점과 부적합한 데이터를 수집하지 않도록 연구자 자신을 엄격히 관리한다. 설정한 주제나 장소와 상황, 연구참여자에 관한 데이터를 많이 수집할수록, 그리고 이 데이터에 대해 조금이라도 일찍 깊이 있게 생각하는 시간과 기회를 가질수록 최종 분석을 할 때 더 생산적인 성과를 달성할 수 있다.

(2) 연구자가 완성하고 싶은 유형의 연구에 대한 결정을 내려라

1장과 2장에서 기관이나 조직에 대한 사례연구, 관찰연구, 생애사연구 등 다양한 유형의 질적 연구를 소개했다. 능숙한 연구자는 이런 유형의 연구에 맞는 연구 전통을 취하여 이 유형의 연구를 달성하는데 필요한 데이터를 선별, 추적하여 수집한다. 경험 많은 연구자 중에는 연구를 수행하면서 연구에 맞게 연구 전통을 취사선택하는 경우도 있지만, 그렇다고 해도 원하는 유형의 연구에 대한 결정은 먼저 내리고 연구를 진행한다. 초보 연구자라면 특정한 연구 전통에 익숙하지 않거나 특정 종류의 데이터를 수집하기 위한 지식이 충분하지 않을 것이다. 연구자는 무엇보다도 마음의 결정을 분명히 내려야 하는데 예를 들어, 어떤 상황이나 장소에 대한 전체적인 서술을 원하는지 또는 그 상황이나 장소의 특정한 측면에 대한 이론 개발에 관심이 있는지를 명확히 해야 한다. 상호작용의 아주 작고 세밀한 부분에 관심이 있는가 혹은 좀더 폭넓고 일반적인 사회적 과정에 관심이 있는가? 연구자가 원하는 유형의 연구를 결정해야 하지만 사실 처음부터 미리 이런 결정을 내리기는 어렵다. 서로 다른 유형의 연구를 구분할 수 있더라도 여전히 연구 수행을 위한 충분한 지식이나 기능이 부족하다고 느낄 것이다. 이를 경우 선행연구 중에서 자신의 연구를 이끌 모델이 될 만한 좋은 연구를 찾아서 비슷한 방식으로 연구를 수행하는 것도 좋은 방법이다.

(3) 분석적 의문을 던져라

연구설계에 대한 논의에서 연구자는 자신의 연구에 대한 일반적인 여러 의문들을 가지고 있다고 언급했다. 이 의문은 중요한데, 그 이유는 이 의문에 따라 데이터 수집의 초점이 정해지고 수집 활동을 조직화하는데 도움이 되기 때문이다. 연구자가 제기하는 의문은 연구자가 달성하고자 하는 연구 유형과 밀접하게 연관되어 있다. 연구현장에 들어가자마자 연구자가 제기했던 이 의문들 중 어떤 의문이 연구와 직접 연관이 있는지 판단하고, 연구 방향의 설정을 위해서는 어떤 의문을 재진술해야 하는지를 결정한다.

만성적 실업자를 위한 직업훈련 프로그램에 대한 연구를 시작할 때 우리는 다음과 같은 일반적인 의문을 가졌었다. 즉, “이 프로그램의 어떤 요인이 훈련생들의 취업 가능성을 효율적으로 높이고 있는가?” 초기 관찰을 통해서 이 교육 프로그램에 참가한 사람들은 반드시 “만성적 실업자”가 아니라는 사실과 이 프로그램의 대부분이 취업 준비와 무관하다는 사실이 분명해졌다. 따라서 “이 프로그램의 공식 목적과 실제적 운영은 너무 차이가 큼에도 불구하고 어떻게 이 프로그램이 계속해서 운영될 수 있는가?”라는 의문이 생겨 연구에 대한 첫 번째 의문을 포기했다(Bogdan, 1971).

연구를 조직적이고 체계화하는 의문의 다른 예를 들어보면, 유치원 교실에서 한 동안 시간을 보낸 연구자는 "이 아이들은 매일 유치원에서 무엇을 하는가?"라는 의문을 던졌다. 대학병원의 신생아 중환자 병동에서 했던 연구에서 우리는 현장조사를 시작할 때 마음속에 특별한 연구초점이 없었지만, 곧 다음과 같은 의문을 중심으로 연구를 조직화하였다. 즉, "이 병동에서 부모와 전문 의료진 사이의 의사소통의 본질은 무엇인가?" 차츰 연구가 진행되면서 이 의문은 다시 세 가지 의문으로 나누어졌다. 즉, "부모에게 아이들의 상태를 말해주는 사람은 누구인가? 이때 무슨 말을 하는가? 부모들은 무슨 말을 듣는가?"

질적 연구를 처음 하는 사람들은 가끔 질적 연구로는 좋은 답을 얻을 수 없는 의문을 던지는 경우가 있다. 이런 질문들은 양적 연구 전통에 따른 교육과 훈련의 결과이며 "원인"이나 특정 현상의 발생 빈도나 비율을 찾고자 하는 것이다. 예를 들어, 간호사로 수 년 간의 경력을 가진 한 연구자는 최근 심근경색을 경험했고 이를 예방하기 위한 환자 교육 프로그램에 등록한 사람들을 관찰하고 인터뷰했다. 이 연구자는 이 교육 프로그램에 제시되어 있는 규칙을 환자들이 얼마나 잘 준수하는지에 관심이 있었다. 이 프로그램과 환자의 규칙 준수행동 사이의 관계에 대한 연구자의 전반적인 관심은 질적 연구방법으로 쉽게 탐구될 수 있는 것이었지만, 연구자는 두 가지 더 심도 있는 의문을 제기함으로써 질적 연구로는 답을 할 수 없게 되었다. 즉, "여자와 남자 중 누가 더 규칙을 준수하는가?" 그리고 "이 규칙 준수의 비율의 차이는 어떠한가?" 질적 연구를 수행하는데 안내 역할을 하는 의문은 좀더 개방형 질문이어야 하며 원인과 결과보다는 과정과 의미를 알아보고자 하는 것이어야 한다.

교사들의 교육매체 활용을 좀더 효과적으로 돕기 위한 프로그램에 대한 연구에서 의문은 "교육매체 전문가들이 매체에 대한 교사들의 행동과 태도를 바꾸고자 시도할 때 무슨 일이 일어나는가?"였다. "정신지체"로 판명된 사람들과의 인터뷰 연구에서 "정신지체 사람들은 자신들을 어떻게 생각하는가?"라는 질문을 제기했다.

질적 연구자는 종종 실제-이론적 질문(substantive theoretical questions)과 형식-이론적 질문(formal theoretical questions)을 구분한다. 위에서 제시한 질문들은 실제적인 질문들이다. 즉, 이 질문들은 연구하고 있는 특정한 상황이나 장소, 대상에 초점을 두고 있다. 실제적인 질문을 형식적인 이론적 질문으로 바꾸려면 낱말을 바꾸면 된다. 즉, 대부분 이런 경우 구나 형용사를 빼기만 하면 된다(Glaser & Strauss, 1967, p. 80). "이 프로그램의 공식 목적과 실제적 운영은 너무 차이가 큼에도 불구하고 어떻게 이 프로그램이 계속해서 운영될 수 있는가?"를 특정 프로그램이란 단어를 빼고 일반적인 "프로그램의 제시된 목표와 크게 다른 활동으로 구성된 프로그램이면서도 어떻게 계속 운영되는가?"로 바꾸고, "이 병동에서 부모와 전문 의료진 사이의 의사소통의 본질은 무엇인가?"에서는 의료 전문가를 빼고 일반적인 전문가의 경우로 바꾸어 "부모와 전문가 사이의 의사소통의 본질은 무엇인가?"로 바꾸며, "교육매체 전문가들이 매체에 대한 교사들의 행동과 태도를 바꾸고자 시도할 때 무슨 일이 일어나는가?"는 교육매체 전문가라는 특정 대상을 빼고 일반적인 "외부 전문가가 교사들의 행동을 변화시키려고 할 때 무슨 일이 일어나는가?"로 바꾸면 된다.

다양한 상황이나 장소에서 관찰을 하는 연구와 이론적 샘플링을 사용하는 연구의 경우 실제적 질문은 자연스럽게 이론적 질문으로 바뀐다. 연구현장에서 상당한 분석을 하고 연구대상자나 상황, 장소를 옮기면서 이런 질문을 제기하고 답을 한다면, 연구자는 **형식적 근거이론**(formal grounded theory)(Glaser & Strauss, 1967)으로 명명된 이론을 생성하고 있는 것이다. 앞에서 언급했듯이 초보 연구자의 경우 연구현장에서 이런 정교한 분석을 하는 것은 어렵다. 대부분의 초보 연구자는 하나의 장소나 상황, 하나의 연구참여자 집단을 대상으로 연구를 수행한다. 데이터 수집을 안내해주는 실제적 수준의 질문을 계속 던지면서 관찰자 주해와 메모를 통해 실제적 이론과 공식적 이론 사이의 관계를 끊임없이 추측하려고 해야 한다. 데이터 수집을 마친 후 형식적 분석을 실시하는 단계에서 연구자는 이 관계에 대해 더 심도 있는 추측을 제기한다. 연구결과를 작성하여 제시할 때 연구자의 실제적 수준에서 발견한 결과를 공식적인 이론적 쟁점과 연결 짓도록 한다. 다시 말해, 연구자가 발견한 것이 인간의 일반적 행동의 해석에 반영되도록 한다.

공식 질문과 함께 연구의 의도를 잘 나타내는 진술문을 작성하는 것이 연구에 도움이 된다. 이 진술문은 간단하면서도 한두 문장으로 한정하는 것이 좋다. 연구자의 관심과 전문 연구분야에 대해 전혀 모르는 사람들의 경우 "당신 연구에서 발견하고자 하는 것은 무엇입니까?"라고 묻는다고 생각해보자. 이런 경우 연구에 대한 진술문의 예로는 "저는 병동에서 의료진과 환자와의 의사소통에 대해 이해하려고 합니다." 또는 "저는 여학생들이 고등학교에서 대학으로 진학하면서 자신의 몸매에 대한 생각이 어떻게 바뀌는지를 알아보고자 합니다." 등이 있다. 연구자는 연구에 대해 질문하는 사람에게 혼란스럽거나 모호하지 않으면서 그들이 만족할만한 답을 줄 수 있도록 분명한 진술문을 마음에 준비하도록 한다. 이런 진술문을 작성하도록 하며, 한 가지 진술문이 머릿속에 떠올랐다는 것은 연구자가 자신의 연구목적이나 의도를 분명하게 이해했고 이를 밝힐 수 있다는 뜻으로 이것은 또한 분석과 해석에서 핵심적 역할을 한다.

(4) 이전 관찰에서 발견한 것을 토대로 다음 데이터 수집을 계획하라

규칙적으로 현장조사록을 읽으면서 다음 번 데이터 수집에서 찾으려는 것이 무엇인지를 구체적으로 계획한다. 연구자 자신에게 "지금까지 내가 모르는 것이 무엇인가?"라고 묻는다. 이 질문에 답하려면 연구자가 지금까지 알게 된 것이 무엇이고 연구가 어떤 모양으로 진행되고 있는지를 되짚어보아야 한다. 다른 곳보다 이곳에서 더 많은 시간을 보내고 싶은지 결정해야 하고, 특정한 활동을 관찰할 계획을 세우거나 구체적인 질문에 대해 특정 연구참여자와 인터뷰할 계획을 세운다. 예를 들어, 신생아에 관한 연구에서 의료진과 부모 사이의 의사소통에 초점을 두기로 결정한 후 연구자는 아이에 대해 의료진과 부모가 토론을 나누는 모임에 참여하기 위하여 부단히 노력하였다. 부모와의 대화를 통해 부모들이 무엇을 알고 그것을 어떻게 알게 되었는지에 관한 질문들을 만들어낼 수 있었다.

이전의 관찰을 통해 다음 번 관찰 계획을 세우라고 조언하지만 이 계획이 실패로 끝날 수도 있다. 연구자가 발견하고자 한 것을 발견하기 불가능한 장소에 가거나 상황에 직면할 수 있다. 연구현장의 경우, 연구참여자들의 행동을 연구자가 통제할 수 없기 때문에 연구자가 그 계획을 실행에 옮길 능력이 있느냐와 상관없이 계획을 세우는 것 자체가 연구의 방향 설정과 올바른 연구 진행에 도움이 된다.

(5) 연구자가 생성하는 아이디어에 대해 "관찰자 주해"를 많이 기록하라

현장조사록에는 관찰자 주해가 포함되어 있어야 한다. 4장에서 논의한 바와 같이 관찰자 주해는 연구자 자신의 생각과 느낌을 적은 현장조사록의 일부분이다. 처음으로 연구를 수행하는 연구자는 보통 심사숙고하고 추측할 충분한 시간을 내지 못한다. 자세한 서술에 너무 집착하느라 연구 과정에서 생기는 직감을 형식화하지 못하는 일이 생기지 않도록 하며, 데이터 수집 동안 떠오른 중요한 통찰은 잊어버리기 전에 바로 기록하도록 한다. 목격한 장면이나 다른 사람과 함께 나눈 대화에서 어떤 강한 느낌을 받을 때면 언제나 그 느낌을 적는다. 현재의 연구현장에서 일어난 일이 다른 장소나 상황을 연상시키게 한다면 이러한 정신적 연관성도 기록한다(이 연관성의 기록은 실제 이론을 형식 이론으로 진행되게 하는데 특히 중요하다). 단어나 장면, 상황이 반복해서 일어난다면 관찰자 주해에 기록하고 그 의미를 깊이 추측한다. 이전에는 불분명하고 모호했던 것을 어느 순간 갑자기 이해하게 되었다면 그것을 상세히 기록한다. 연구참여자들이 공통점을 가지고 있음을 알았다면 관찰자 주해로 지적하여 기록한다. 이렇게 관찰자 주해를 기록함으로써 연구자는 적극적인 비판적 사고를 하게 되며 단지 기록장치 이상의 일을 하게 된다. 관찰한 것을 선행연구의 결과나 이론의 아이디어와 결부시키도록 노력한다. 관찰자 주해는 연구결과를 해석하는 첫 번째 단계일 수 있다. 〈그림 5.1〉은 장애나 특수아동의 차별교육 폐지에 대한 연구에서 데이터 분석에 유용했던 관찰자 주해의 예이다.

〈그림 5.1〉 관찰자 주해의 예

다음은 신체장애를 가진 아이들을 일반 공립학교 교실에서 정상 학생들과 함께 교육시키는 방식에 대한 연구에서 발췌한 관찰자 주해의 예이다. 현장조사록에 이와 같은 관찰자 주해가 많을수록 최종 데이터 분석은 쉽게 이루어진다.

(O.C.: 페어뷰 초등학교의 교장은 "차별교육금지"의 일환으로 자폐 아이들에게 음악을 가르치는 이 수업에 정규 교사들을(특수교육 비담당 교사들) 참관하도록 했다고 한다. 대학교에서 그 어떤 사람한테서도 이런 식의 차별교육금지의 실시에 대해 들은 적이 없다. 이것은 마치 교사들이 차별교육금지 수업을 받는 듯하다.)

(O.C.: 벤 샤트랜드는 교육청의 차별교육금지를 실천하려는 노력에 대해 부정적인 말을 종종 하지만 "신체나 정신장애아"가 있는 자신의 반을 잘 지도하고 있다. 정년을 보장받을 후보이기 때문에 이런 교육의 실시를 압력으로 느끼는 듯하다. 그는 행정위주의 교육 실시를 반대하는 듯하며, 차별교육금지에 대한 이러한 부정적 생각은 이 학교에서 교사의 지위나 학교 행정에 대한 전반적인 불만의 표출이라고 생각된다.)

(O.C.: 휠체어를 타고 복도를 지나가고 있는 저 아이는 사실 신체장애아가 아니라는 이상한 말을 교사로부터 들었다. 이 여교사가 말하는 뜻은 그 학생은 어떠한 특별 서비스를 받은 적도 없고 개별화 교육 프로그램(IEP) 신청서를 교사에게 낸 적도 없다고 한다. 행정적 의미에서 볼 때, 이 학생은 신체장애아가 아니지만 이 학생을 본 나를 포함한 모든 사람들에 따르면 이 여학생을 신체장애자로 생각할 것이라고 한다. 장애에 대한 이러한 서로 다른 인식차이를 알아봐야겠다. 어떤 학생들은 전혀 신체적으로 문제가 없어 보이는데 신체장애 학생으로 등록되어 있다. 이 점을 좀 더 파헤쳐봐야겠다.)

(O.C.: 신체장애 학생의 정상 학생과의 통합교육 실시는 계획대로 모두 끝났으므로 어떤 교사들의 반에는 신체장애 학생이 없다는 소리를 여러 곳에서 세 번째 듣는다. 어떻게 이런 일이 생겼을까? 다른 교사들은 이 교사들을 어떻게 생각할까? 이 학교의 경우 차별교육금지

찬성파와 반대파로 나누어져 있는 듯하다.)

(O.C.: 장애학생들을 자기 교실에서 가르쳐야 하는 메이 선생님은 이를 위해 참석했던 워크숍에 대해 좋은 말을 거의 하지 않았다. 장애학생들이 가진 문제의 본질을 이해하려는 것이 아니라 "내가 뭘 해야 되죠?" 식의 준비에 강조를 둔 말은 리스 선생과 존스 선생, 바레트 선생이 공통으로 가진 경향인 듯하다. 샤프 선생과 밍구엘 선생은 이들보다는 장애학생들의 문제의 원인에 훨씬 더 관심을 가지고 있는 듯하다. 그런데 재미있는 것은 지금 이 학교의 장애아들에 관한 현실적 문제를 고민하는 교사들은 교사직이나 학년 수준을 바꾸는 것에 대해 전혀 언급하지 않고 있다. 하지만 이 교사들 외의 다른 교사들 모두는 대학에서 수업을 듣고 있으며 가르치는 분야나 학년 수준을 바꾸고 싶다고 한다. 연구자로서 내가 감지한 이런 것이 진실이며 만약 이들 교사들이 그렇다면 이 모든 것이 말하고자 것은 무엇인지 궁금하다.)

(6) 연구자가 배우고 있는 것에 대해 메모를 작성하라

연구현장을 다섯 번이나 여섯 번 정도 방문한 후 작성한 데이터를 읽고 어떤 생각이 떠오르는지 한두 쪽의 요약서를 적도록 한다. 관찰자 주해 사이의 연관성을 이 요약서에 발전시켜 적는다. 이와 같은 메모 작성이나 요약서 작성을 정기적으로 계속한다. 이러한 메모는 연구현장이나 장소에서 야기되었던 쟁점들과 이들이 더 폭넓은 이론적, 방법론적, 실제적 문제들과 어떻게 연관되어 있는지를 심사숙고하고 반성할 기회를 제공한다.

〈그림 5.2〉의 메모는 도심의 고등학교에서 "신경학적 장애"와 "학습장애" 청소년을 위한 통합교육 프로그램을 여섯 번 참관한 후에 적은 것이다. 이와 같은 메모의 형식과 내용은 연구자마다 크게 다르기 때문에, 이것은 단지 하나의 예로서 생각하기 바란다. 메모의 내용은 그 연구와 밀접하게 관련된 사람들만 이해할 수 있기 때문에 예로 제시한 이 메모의 내용이 분명하게 느껴지지 않을 수 있으며, 또 메모를 작성한 연구자가 느끼는 만큼 의미심장하지 않을 수 있다. 4장에서 설명한 바와 같이 메모는 또한 현장조사 기법과 연구전략에 관한 내용도 포함하고 있는데, 〈그림 5.3〉에 이것에 대한 예가 제시되어 있다. 추가적으로, 메모 작성은 연구 과정에서 겪게 되는 좌절감을 극복하게 해 주고, 전개되고 있는 연구자의 아이디어를 좀더 분명하고 정교하게 하기 위한 계획을 세우는데 도움이 되며, 연구자의 반성을 기록으로 남기게 해 준다. 〈그림 5.4〉는 한 학생의 박사학위 논문을 위한 연구에서 적은 메모로 메모의 이러한 측면을 잘 반영하고 있다.

연구가 진행됨에 따라 메모는 좀 더 개념적으로 되는데, 어떤 메모는 단지 하나의 아이디어만 주로 다루기도 한다. 다른 메모는 연구자의 지금까지 발견들을 다른 데이터와 상황과 연결시켜주는 좀더 추측성 "생각 조각이나 고리"의 역할을 한다. 메모를 적을 때는 연구가 끝난 뒤에 작성하는 공식적 글을 작성하듯이 지나치게 공들이지 않는 것이 좋다. 연구자의 아이디어가 자연스럽게 흘러나오도록 너무 고민하지 말고 비공식적 언어로 정해진 형식 없이 편하게 적도록 한다. 데이터 수집을 끝낸 후 좀 더 공식적인 분석을 하게 될 때, 지금까지 쓴 많은 메모에 대해 깊이 생각해 볼 시간은 얼마든지 충분히 있다.

〈그림 5.2〉 현장조사록 메모

좀 더 조사해봐야 할 많은 주제와 아이디어, 영역이 아래와 같이 이미 나타나고 있다.

1. **장애자 신분과 특수반을 핑계로 학교에서 장소 타협하기** 어떤 학생들의 경우 가끔 자신들이 특수교육을 받고 있다는 사실이 부끄러워 이 프로그램과 관련되고 싶어 하지 않는다. 필과 팜은 교실에 있을 때 문을 닫고 있기를 원했지만, 자신들이 듣는 수업의 교사들과 이 프로그램과의 관련성이 자신들에게 어떤 이익을 줄 수 있는 쪽으로 타협을 한다고 한다. 이렇게 함으로써 이들은 어떤 활동에서 빠질 수 있게 된다. 군대모병에 대한 대화에서 만약 군에서 자신을 징병하려고 한다면 신체장애자라고 말할 것이지만 데이트하고 싶은 여자한테는 이 사실을 말하지 않을 것이라고 했다. 이것은 "장애"를 선별적으로 사용하는 경우이다. 이 프로그램의 학생들은 과거에는 저능한 두뇌를 가진 것으로 생각되었지만 지금은 어떤 특별한 것이 잘못된 것으로 생각되고 있다는 알프레드의 말도 이와 맥락을 같이 하고 있다. 학생들이 신체장애와 특별교실 참여를 어떻게 사용하고 있으며 자신들이 신체장애자임을 어떤 경우에 밝히고, 어떤 경우에 밝히지 않는지 자료를 더 조사해봐야겠다.

2. **교사가 사용하는 장애학생에 대한 통합교육의 개념** 이 연구를 처음 시작할 때, 정상 학생들을 가르치는 일반 교사들은 "장애아"에 대한 과거 경험과 느낌 때문에 신체장애 학생들과 관련되는 것을 원하거나 원하지 않을 것이라고 생각했다. 어떤 경우에는 이런 생각이 맞은 듯 보였지만, 이 통합교육 프로그램에 대한 좋고 싫음은 이것의 어떤 특별한 측면이나 이에 참여하는 학생과 연관되어 있지는 않은 듯하다. 이 프로그램의 실행에 대한 학교 행정력의 지원이 충분하지 않다고 생각하는 일부 교사들은 "지금 우리 반 애들만 해도 많거든요"라는 식으로 통합교육을 교사에 대한 "추가적인" 부담으로 느낀다. 여기서 "행정력"

이란 교사의 업적으로 다음 해 계약 갱신을 결정하는 사람들을 말한다고 한다. 교장의 뜻을 따라야한다는 다른 교사들은 교장이 교사들을 위한 일이라면 무슨 일이든 언제든지 열심히 하기 때문에 그가 원하는 일이라면 교사들도 기꺼이 참여해야 한다고 생각한다. 통합교육을 책임지는 사람은 학교에서 어느 위치의 사람이며 통합교육에 대한 학교 내의 갈등과 서로 다른 관심들이 어떻게 소통되는지를 추적하는 것은 힘든 작업이겠지만, 유익할 것이라는 생각이다. 또 특수교육을 실시하는 다양한 교실에 대한 특정 교사들의 생각도 알아봐야겠다. 마지선생은 학습장애아들은 정서장애를 가진 아이들처럼 문제 행동을 일으키지 않기 때문에 학습장애아들을 더 좋아한다고 말했다.

3. **장애를 가진 학생의 분류** 아주 짧은 시간에 교사들이 얼마나 다양하게 장애학생들을 분류하고 있는지 알게 되었다. 위에서 잠깐 장애학생에 대한 마지선생의 평을 언급했지만, 이 프로그램을 운영하고 있는 교사들은 나름대로의 방식으로 이 학생들을 분류하고 있다. 오르크 선생은 이 프로그램에 있는 학생 중 세 명은 정말 여기에 속하지 않는 학생들이라고 했다. 두 명은 부모의 강요에 의해 속해 있고(한 명은 이 프로그램에 있기에는 "너무 뛰어나고", 다른 한 명은 "너무 느리다"), 나머지 한 명은 작년부터 이 두 명 중 한 명과 친했기 때문에 속해 있다. 그런데 이 프로그램에 속한 학생 중 한 번도 나타나지 않는 학생들도 있다. 이 프로그램의 명부에는 원래 12명의 이름이 올라와 있다. 말한 대로 세 명은 이 프로그램에 속하지 않는 학생이고, 세 명은 꾸준하게 출석하지 않고 있다면, 정작 이 프로그램에 참가하고 있는 실제 학생은 여섯 명이 된다. 이 프로그램이 누구를 위한 것인가라는 질문이 자연스럽게 제기된다. 이 학생들 중에는 "정말 문제 있는 학생"으로 지목된 학생도 있고, "해낼 수 있다"는 학생도 있고, "걱정스러운" 학생도 있고, "16살이 되거나 올해 말에는 여기에 없을" 학생도 있다. "착한 학생"과 "별난 학생"이란 용어도 들을 수 있었다. 이 용어들에 대해 그리고 정상 교실의 교사들이 특수교육을 받는 학생들과 자기 반 학생들을 어떻게 비교하여 분류하는지 좀 더 체계적으로 접근해봐야겠다. 내가 느낀 바로는 이들을 서로 다르게 분류하고 있는 듯하다. 또한 교사와 비교할 때 심리학자들은 이 학생들을 어떻게 분류하고 있는지도 흥미로운 조사거리일 것이다.

4. **이 학교의 환경 및 구조와 이 프로그램과의 관계** 이 학교의 공부 압박과 대학 진학을 언급하는 많은 말을 이미 수집했다. 두 사람이 말하기를, 이 학교에는 최상위 학생과 최하위 부진 학생의 두 가지 유형의 학생이 있다고 한다. 상위 성적 학생들은 학교 근처지역의 전문직

가정 출신이고, 부진학생들은 주로 기초생활수급 대상자 가정 출신으로 시내에 거주하는 학생들이라고 한다. 이렇게 구분하는 것은 흥미로운 사실로서 이 두 분류에 속하지 않는 학생들도 많이 있을 것이다. 학생에 대한 이런 인식이 교사의 행동에 어떤 영향을 준다면 어떻게 주는지 궁금하다. 학습부진 프로그램에 있는 학생들은 어느 분류에 넣어야하는가? 뿐만 아니라 관찰하고 들은 바에 의하면, 흑인 학생과 백인 학생 사이의 적대감은 없지만 친구 관계는 상당히 유사 인종끼리 형성되어 있다고 한다. 백인 학생들은 그들끼리 어울려서 점심을 먹는다. 흑인 학생이 백인 학생과 섞여 있다는 것은 흑인 학생이 전문직 가정의 출신이고 백인도 그런 가정 출신일 때인 것으로 보인다. 그런데 학습부진 프로그램에 속한 학생들은 가정이 부유할 수도 있고 가난할 수도 있으며, 백인 학생일 수도 있고 흑인 학생일수도 있다. 이 학교처럼 큰 규모의 학교에서 학습부진아를 위한 프로그램에 이러한 인종과 가정의 경제적 지위가 어떻게 영향을 미치는지 조사해보는 것은 중요할 듯하다.

〈그림 5.3〉 연구방법론 메모

카멜레온 같은 연구자

날짜: 1981년 3월 31일

한 사람 한 사람 교사마다 너무 다르다! 이 학교에서 상당한 시간을 보내면서 교사들 사이에 많은 공통된 견해를 들었는데도 불구하고, 이들 교사들이 얼마나 서로 다른지에 항상 깜작 놀란다. 이들 교사들과 라포르를 형성하고 인터뷰를 하는 것은, 인터뷰하는 동안 연구자가 마치 카멜레온이 되어야 한다는 뜻이다. 느낌이 있는 것처럼 꾸민 행동을 해야 하는가 하면, 어떤 때는 다른 사람의 관점을 이해해야 한다는 연구자가 갖는 의무감에 인터뷰마다 서로 다르게 행동하고 소통하는 나 자신을 발견한다. 어제 있었던 브리짓과 빌의 인터뷰를 비교해보면, 전혀 다른 얼굴을 했던 나 자신을 볼 수 있다. 브리짓과의 인터뷰에서 내가 질문을 하면 그녀는 길게 답을 해주었다. 나는 머리를 끄덕거리면서 "음... 그래요" 하면서 그녀의 말에 아주 흥미로워했다. 이 인터뷰는 형식적이지는 않았지만 미리 준비한 질문 중심으로 진행되었다.

그런데 빌과의 인터뷰는 훨씬 더 평상적인 분위기에서 했다. 말할 때 욕을 하기도 했고 준비된 말이라고는 전혀 찾아볼 수가 없었다. 그는 “엿 같다”, “지랄 같다”라는 소리를 계속 하면서 말했다. 브리짓과의 인터뷰에서 했던 것처럼 그의 분위기에 맞추기 위해서 나도 비슷한 욕을 하면서 맞장구쳤다. 그렇다고 해서 브리짓과의 인터뷰보다 질이나 양이 떨어진다고 생각하지는 않으며, 그것은 그의 말하는 방식이나 억양 때문이라고 생각한다.

이 두 사람과의 인터뷰를 통해서 연구자는 인터뷰에서 마치 카멜레온과 같이 행동해야한다는 것을 알았다. 좋은 인터뷰를 하기 위해서는 연구참여자마다 다른 스타일에 적응해야 함을 알았다. 이렇게 함으로써 좀 더 민감한 질문도 할 수 있다는 생각이 든다. 연구자인 내가 그들의 스타일에 맞춰서 말하고 행동하면 나를 자신들의 친구로 생각할 것이고 좀 더 도전적인 질문을 하더라도 껄끄러워하지 않을 것이다. 인터뷰어와 인터뷰이의 관계가 아니라 친구 대 친구로서 내가 묻는 질문에 언제든지 답을 해 줄 것이라고 본다. 물론 이렇게 하는 데는 여러 가지로 조심해야 한다. 그들을 진정으로 이해하지 않고 단지 가식적으로만 그런 척 하다가는 가짜로 낙인찍히기 십상이다. 그래서 왜곡이 아니라 신축적으로 말하고 행동해야 한다고 본다.

〈그림 5.4〉 메모

대학 일학년 여대생의 교육과 해석 규칙

처음 대학에 입학한 여학생들은 일련의 해석 규칙들을 가지고 있는 것 같다. 다시 말해, 이들은 지금까지 살아오면서 삶을 목격하고 행동하는데 기초가 된 규칙들에 따라 해석하는 듯하다. 대학에 들어오면서 이 세상을 전혀 다르게 해석하며 이 세상을 해석하는 다른 규칙들을 사용하는 많은 사람들을 만나게 된다. 그래서 많은 여대생들이 자신들의 이러한 규칙들이 세상을 이해하고 해석하는데 얼마나 유용한지에 대한 의문을 가지게 되는 것 같다. 이들은 정말 이런 의문에 직면할까? 만약 그렇다면 어떻게 직면할까?

많은 백인 학생들은 자신들의 삶이 규범을 반영하고 있다고 생각한다. 내가 만나고 있는 포커스그룹에 있는 유색 인종 학생들은 백인 학생들에게 이 세상에는 다양성이 존재함을 가르친다. 그리고 그 가르치는 방법 또한 아주 직접적이다. 이런 식으로 가르치는 방식은 단지 이런 종류의 집단이나 교실에서만 일어나는가 또는 사회생활을 하는 가운데서도 이런 일은 일어나는가? 이것을 탐구해볼 필요가 있다고 본다. 그래서 작은 지역 출신의 백인 학생들 중 많은 학생들은 주말과 친목 시간이면 그냥 재미로 술을 마셔야한다는 기대감을 가지고 있었다. 다음은 이에 대한 몇 가지 사례들이다.

> 우리들처럼 온타리오 호수에 여름 별장이 있는 애들은 그곳에 종종 가서 시간을 보내죠. 부모님들이 외출하고 없을 때면 지하실 방에서 엄청나게 술을 마셔요. 그런 식으로 그냥 마셔대요. 그렇지 않으면 그냥 쇼핑몰에 가는데, 주로 밤늦게 가다보니 뭐 딱히 할 수 있는 일은 없어요. 보통 이런 식으로 시간을 보내요.

> 정말 깜깜한 밤에 오지의 꾸불꾸불한 도로를 운전해서 해변으로 가요. 숲으로 둘러싸여 아지트 같은 곳으로 시간 보내기 좋고 뭐든지 할 수 있고 주로 모닥불을 피우죠. 그곳에는 맥주가 항상 있었고, 아시다시피 모든 고등학교에서 이런 맥주 파티가 있잖아요. 부모님이 있는 친구 집에서처럼 혹시 들킬지도 모른다는 걱정할 필요도 없이 우리끼리 편하게 시간을 보낼 수 있는 신나는 장소죠. 무슨 말인지 아시죠? 이런 것들이 우리가 멈포드에서 하는 일들이었어요. 우리들 전부 자기 차를 45분 정도 몰아서 그곳에 쭉 주차하고서는 음악을 틀어놓고 시간을 보내죠. 그런 때면 어김없이 술을 마셔요.

> 우리 집은 캐나다 국경에서 20분 정도, 몬트리올과는 1시간 정도 떨어져 있는 곳에 있어서 주말이면 캐나다 국경을 넘어가서 술 먹고 놀고 하는 걸 많이 했죠. 캐나다에서 음주 허용 나이는 18세이기 때문에 많은 고등학생들이 그곳에 가곤 했어요.

이러한 사례들이 말하고 있는 것은 이들의 경험이 규범에 따른 것이란 점이다. 이들 작은 지역에서는 술 마시는 것 외엔 재미로 할 수 있는 것이 많이 없다는 생각이 강했다. 심지어 자신을 "기독교인"이라고 말하는 학생들도, 또 "청춘의 삶"과 같은 "기독교와 관련된" 클럽에서 활발한 활동을 하고 있는 학생들도 술을 마셨다. 이들 학생들은 경제적으로 안정되어 있음이 명백하다. 이들은 부모집 외에 또 다른 집이 있고, 자동차를 가지고 있으며, 사생활을 즐길 수 있는 여러 가지 길이 있는 학생들이다.

라틴계 학생들은 술에 대한 다른 의미를 부여했다. 도시에서의 즐거움에 대한 서술의 중간 부분에서 잭은 "술 마시는 것, 제가 말하고자 하는 것은, 작은 지역에서 온 여학생 중에서 한 명이 '와, 이게 바로 내가 하고 싶은 거였어'라고 말했어요. 사실 우리한테는 술 마시는 것은 아무런 의미가 없었어요. 뭐 그저 그런 거였죠. 마치 술 마시는 사람도 있고, 담배 피는 사람도 있고 그런 거죠. 뭐 그렇게 크게 생각해 볼 것은 아니었어요."

작은 지역 출신의 학생들과는 달리 대도시 출신의 학생들은 술을 부모나 어른들로부터 독립의 의미체로 생각하지 않았다. 술에 대한 이런 다른 생각은 술이 도시에서 문제가 아니라 오히려 시골 지역에서 더 문제라는 최근의 연구결과와 연관되어 있는 듯하다. 이것은 다시 체크해봐야겠다. 그렇지만 이런 다른 의미의 부여는 또한 문화적일 수도 있다. 파티에서 친구들의 술 마시는 것에 대한 제나의 서술에 따르면 학생들의 술 마시는 것을 감독하는 어른이 있었다.

> 주말이면 우리는 파티를 기다리고 있었어요. 누군가의 생일 파티라도 있으면 하고 바라면서요. 그럴 때면 생일 파티를 하거나 어떤 다른 일을 할 수 있으니까요. 그런 파티에서는 술을 마셨는데 별스럽게도 항상 우리들 중 한 명의 부모가 참석해 있었죠. 제가 다닌 학교의 경우 대부분 스페인 계통과 미국계 흑인 학생들이 다녔기 때문에 항상 스페인식의 파티를 했고 부모들 중 한 명이 바카디 술이나 다른 종류의 술을 한 병 가지고 왔어요. 그런 경우는 주로 어떤 친구의 생일이었고 참석한 모든 학생들이 약간 술을 마셨지만 누구도 술에 취했던 경우는 없었어요. 우리가 즐길 수 있었던 것은 기본적으로 그런 정도였어요.

술을 마시려고 제나의 친구들은 부모들이 마을을 떠나 멀리 외출할 때까지 기다리거나, 캐나다 국경을 건너거나, 해변에 가려고 깜깜한 밤에 꾸불꾸불한 도로를 운전할 필요가 없었다.

제나는 스페인 계통의 문화 출신이 아닌 사람들에게 이렇게 부모가 학생들 파티에 감독자로 참석하는 상황이 어떻게 비춰지는지를 나타내려고 "별스럽다"라는 단어를 사용하고 있다. 잭과 제나는 술 마시는 것을 좋은 뜻으로 말하고 있는 것인가? 녹취록을 더 살펴봐야 할 것 같다. 그러나 이 둘은 또 술 마시는 것의 대안적 의미를 구체적으로 말하고 있다. 이런 의미의 차이를 분명히 하려고 이 둘은 백인 학생들을 연결시켜서 말하고 있다. 유색 학생들은 백인 학생들에게 자신들의 경험은 규범적이지 않다는 사실을 "가르칠" 많은 기회를 가지고 있었다. 백인 학생들은 유색 학생들의 이러한 "교육"을 통해 어떤 생각과 행동을 할까?

(7) 연구자가 발견한 아이디어와 주제를 정보제공자에게 물어보아라

3장의 현장조사에서 비상할 정도로 감지력이 뛰어나고 말을 조리 있게 하는 핵심 정보제공자나 연구참여자에 대해 설명했다. 예를 들어, 통합교육에 관한 연구에서 예비 관찰을 하는 동안 이런 교육에 찬성하거나 반대하는 교사들을 연구자가 알게 되었다고 하자. 핵심 정보제공자에게 "제가 지켜보니까 장애학생의 통합교육에 대한 찬성, 반대에 따라 교사들을 구분할 수 있을 듯 한데 구분해 줄 수 있어요?"라는 질문으로 연구자가 알게 된 것을 화제로 삼을 수 있다. 연구자의 이런 생각에 대해 이 교사가 어떤 반응을 보이는지 살펴본다. 이 교사는 연구자의 찬반 구분에 대해 찬성이나 반대를 보일 것이고, 연구자가 생각하는 것이 왜 옳은지 또는 왜 틀린지를 설명할 것이다. 또 다른 예로 대학병원의 신생아 중환자 병동에 근무하는 인턴과 레지던트 의사에 대한 연구에서, 병원 의료진이 신생아 부모들을 비공식적으로 어떻게 분류하는지를 알아보기 위해 우리 연구팀이 개발한 체계표를 선별한 몇 명의 정보제공자에게 보여주고 이에 대한 생각이나 견해를 물어보았다. 우리 연구팀이 알지 못했던 부모의 "유형"에 대해 말했고, 우리 연구팀의 체계표가 부모들을 지나치게 유형별로 구분하고 있다고 했고, 부모에 대한 의료진의 생각은 이런 유형별 구분이 아니라 하나의 집단으로 나타내는 것이 더 적절하다고 지적해 주었다.

정보제공자를 하나의 자료 출처로 생각할 수 있지만 이들로부터 나온 정보를 완전히 믿고 의지하는 것은 좋지 않다. 이들은 사물이나 상황, 장면을 독특한 방식으로 볼 위험이 있는데, 이런 시각으로 인해 명확한 의미파악과 해석을 못할 수 있다. 예를 들어, 대학병원의 지각력이 뛰어난 한 의사는 어느 신생아가 "생존할 수 없는지"를 판단하는 것은 문제점이 많기 때문에 이에 대한 진술을 거부하였다. 그는 구체적인 기준에 따른 이런 판단은 개인에 따른 판단을 최소화시킨다는 입장을 취했다. 우리 연구팀이 작성한 현장조사록에는 이러한 결정의 문제점에 대한 많은 언급으로 가득 차 있었다. 그 의사가 이 문제점에 대한 대화를 거부한 것은 탐구할 중요성이 낮다는 것을 의미하는 것은 아니다. 그 쟁점에 대해 연구자를 이해시키기에 자신이 충분한 자격이나 지식을 가진 적합한 사람이 아니라는 의미였다.

앞에서도 언급했듯이 정보제공자의 경우 언제든지 연구참여를 중단할 수 있기 때문에 어떤 특정 정보제공자로부터 연구자가 얼마나 많은 것을 배웠는지를 드러내는 것은 현명하지 않다. 그래서 연구에 도움을 주는 사람들을 고를 때는 신중하게 선별해야 한다. 이렇게 선별된 핵심 정보제공자는 연구자의 분석이 진척되도록 도움을 줄 수 있는데, 특히 이미 서술했던 부분 중 미심쩍거나 빠진 내용을 채우는데 큰 도움을 줄 수 있다. 이런 부분은 아무에게나 물을 수 있는 것도 아니고 설령 도움을 얻는다고 해도 연구에 유용하지 않을 수 있다.

(8) 연구현장에 있는 동안 연구와 관련된 문헌이나 선행연구 조사를 시작하라

질적 연구를 수행하는 연구자는 문헌고찰이나 선행연구 조사를 언제 시작해야 하는가에 대해서는 약간의 논란이 있지만(Glaser, 1978), 우리 생각에는 연구현장에 몇 번 방문했거나 어느 정도 머물러 있었다면 연구와 관련된 분야의 문헌고찰이나 선행연구 조사를 하는 것은 분석을 용이하게 한다고 본다. 관련 문헌이나 선행연구에서 제기하고 있는 중요한 문제들은 무엇인가? 선행연구의 결과는 지금 내가 연구하고 있는 연구현장에 대해 무엇을 말하고 있는가? 연구자의 관점과 관련 문헌이나 선행연구의 관점은 어떻게 다른가? 만약 두 관점이 일치한다면 어떤 점에서 일치하는가? 관련 문헌이나 선행연구에서 지금까지 간과해 온 것은 무엇인가? 연구자의 특정한 연구 분야를 중심으로 읽는 것뿐만 아니라 다양하고 폭 넓은 자료를 읽는 것이 분석에 많은 도움이 된다. 자신의 연구와 직접 관련이 없는 분야의 질적 연구물을 읽는 것은 연구자에게 많은 도움이 되는데, 그 이유는 다른 분야의 연구자는 데이터를 어떻게 다루고 처리했는지를 알게 되어 본인의 연구 수행의 모델로 삼을 수 있기 때문이다. 연구현장에서 연구를 수행하면서 관련 문헌이나 선행연구 조사를 하는 데는 위험성도 있는데, 그 이유는 이렇게 함으로써 알게 되는 개념이나 아이디어, 모델로 인하여 자신의 데이터를 여러 가지 다른 시각에서 바라볼 수 없도록 만들 수도 있기 때문이다. 그래서 연구자 자신의 데이터를 관련 문헌이나 선행연구에서 이미 만들어 놓은 개념틀 속에서 쳐다보고 생각하지 않도록 특별히 조심해야 한다. 관련 문헌이나 선행연구를 읽는 것이 연구자의 사고를 대체하는 것이 아니라 사고에 대한 자극을 제공하는 것이 되도록 해야 한다. 다른 연구자의 분석틀의 적합성을 알아보는 연구를 하는 것도 좋은 연구이지만 연구자 자신의 개념을 만들거나 다른 사람의 연구결과를 확장시키는 연구가 될 수 있도록 노력하는 것이 더 중요하다.

(9) 은유와 유추, 개념을 가지고 놀아라

근시안적 접근은 모든 연구의 최악의 적이다. 질적 연구를 하는 것은 특정 장소나 상황에서 데이터를 수집하는 것으로 그 특수함과 세세함은 다른 장소나 상황, 더 폭 넓은 경험과 연관될 수 없다. 그래서 연구하고 있는 장소나 상황에 대해 "이것은 나에게 무엇을 상기시키는가?"라고 스스로에게 물어보는 것이 좋다.

장애학생을 일반 교실에서 함께 가르치는 통합교육에 대한 연구에서 우리는 이런 교육에서 우리가 관찰한 것과 과거 인종차별폐지를 위해 노력했던 것과의 유사점과 차이점을 마음속으로 비교해보았다. 좀 더 모험적으로 생각해보기 위해 역사라는 시간 틀을 벗어버리기로 했다. 유아보상교육의 일환인 헤드 스타트 프로그램(Head Start programs)에 속한 장애학생의 수를 세는 사람들을 관찰하는 국가적 연구를 수행하면서, 우리는 과거 1600년대의 매사추세츠 세일럼의 사람들이 정신질환자 인구조사 과정에서 어떤 일을 겪었는지 궁금했다. 우리 연구진은 과거 세일럼에서 정신질환자 인구조사 과정에서 사용했던 방식과 크게 다르지 않게 학생의 신체적 징후와 전문가의 진단과 판단, 그리고 스스로 장애가 있음을 밝히는 것을 통해 조사하였다. 이런 조사에서 보듯이 전문가들은 심지어 어린 아이들의 꾸며낸 정신이상 증상도 장애학생으로 진단할 가능성이 많았다. 그럼에도 불구하고 이런 거짓 증상도 정신이상으로 진단되는데 사실 이런 증상은 정신이상의 진단과는 아무런 관련성이 없는 것이다. 이 연구 수행의 예는 여러분의 연구와 별 상관없는 소리로 들릴 수도 있지만, 연구자가 자신의 연구문제를 생각하는 방식을 넓혀주는 역할을 한다.

해석 부분을 확장시키는 또 다른 방법은 특정한 장소나 상황에서 관찰된 구체적인 관계와 사건들을 더 높은 추상적 수준으로 끌어올리는 것이다. 이미 앞에서 설명했듯이, 문장의 진술을 바꾸는 것이 이를 위한 한 가지 방법이다. 또 다른 방법은 연구자가 발전시키고자 하는 일반화의 의미를 잘 나타내는 짧은 문구를 만드는 것이다. 예를 들어, 장기 실업자를 위한 훈련 프로그램을 관찰했던 연구에서 프로그램을 운영하는 교사들은 최고의 기술과 재능을 가지고 있어 취업할 가능성이 높은 훈련생들에게 많은 관심을 보이고 있음을 우리는 관찰했다. 교사와 훈련생 사이의 이러한 구체적인 관계를 가지고 놀아봄으로써 우리는 가장 적은 도움이 필요한 사람이 가장 많은 도움을 받고 있는 현상을 묘사할 수 있는 "교사의 총애를 받는 원리"라는 추상적인 문구를 발전시켜 만들어냈다.

의과대학의 아동병동에 관한 연구에서 우리는 이 병동의 의료진들이 아이들을 진단하는 것뿐만 아니라 그 부모들도 평가하는 것을 알게 되었다. 부모들에 대한 의료진의 이러한 판단에 따라 이들은 아이의 상태에 관해 부모들에게 무엇을 말할지, 아이의 치료에 부모를 어떻게 참여시킬지를 결정했다. 이와 같이 의사는 환자뿐만 아니라 환자와 관련된 다른 사람들도 판단한다는 의미를 포착하기 위해 우리는 "제3자에 대한 진단"이란 문구를 만들어냈다. 이러한 문구를 발전시켜 만들어냈다면, 어떤 배경이나 환경 하에서 그리고 어떤 다른 상황이나 장소에서 이 문구에 해당하는 일이 일어날 것인지를 구체적으로 밝히고 기록해야 한다. 이 과정은 연구자로 하여금 연구를 수행하고 있는 상황이나 장소에 대해 다양한 측면을 깊이 있게 생각해 보게 하며, 자신의 연구 상황이나 장소가 다른 연구와 어떻게 다른지 비교할 수 있도록 해 준다. 이 과정을 거침으로써 아이디어나 의미가 발전하여 개념으로 정착된다.

(10) 시각적 도구를 사용하라

시각적 도구의 사용은 점점 많은 관심을 받고 있는 분석 기법이다(Strauss, 1987; Miles & Huberman, 1994). 다이어그램과 표, 행렬표, 그래프, 차트와 같은 시각적 도구는 연구 계획단계에서부터 최종 결과물까지 모든 분석 단계에서 활용 가능하다.

연구 수행과 관련하여 앞으로 해야 할 여러 가지 선택들을 구체적으로 살펴 볼 목적으로 연구의 잠재적 구성 요소를 시각적 표현 도구로 나타내 보는 것은 연구 수행에 많은 도움이 된다. 이러한 대략적 스케치는 건축가의 설계도보다 더 형식이 없는 것으로 낙서에 가깝다. 참여관찰을 사용한 연구에서 우리가 했던 것이 바로 이것이다. 처음 몇 번의 만남을 가졌던 다양한 범주의 사람들을 각각 원으로 나타냈다. 예를 들어, 청소년 보호감호소에 대한 연구에서 수감자들과 감호소 관리자들, 전문 관리자들, 외부 상담자들, 행정 담당자들, 감호소 관리 공무원들, 방문자들(수감자의 친구들과 가족들), 관리자의 친구와 가족들을 각각 원으로 나타냈다. 심지어 구형이나 감형을 협상하는 변호사들과 사법기관의 사람들까지도 원으로 나타냈다. 한 개의 원으로 나타낸 특정 범주들 속에 서로 다른 관점을 가진 사람들이 포함되어 있을 때는, 즉 수감자를 나타내는 원에는 초범자도 있고 재범자도 있으며 이들은 아주 다른 시각을 가지고 있으므로 우리는 이들을 각각 개별 원이나 원에 포함되는 다른 원으로 나타냈다. 그런 다음 화살표를 사용하여 원과 원 사이를 관계 지었다. 이 화살표는 그 원에 속한 사람들의 관점을 나타내는데, 한 원에 속한 사람들이 다른 원에 속한 사람들에 대한 관점은 그 원이 화살표의 시점이 되도록 표시했고, 화살표가 이 원의 종점이 되는 경우는 그 관점의 역방향을 의미했다. 그래서 전문 관리자에 대한 수감자들의 관점은 수감자 원을 시점으로 하고 전문 관리자 원을 종점으로 해서 화살표를 그렸다. 접촉이 가장 빈번한 사람들 군을 서로 근접하게 둠으로써 이 보호감호소 사람들의 범주를 군집화하고자 했다. 또한 여러 범주의 사람들에게 의미 있는 대상들이나 장소, 과정을 나타내기 위해 다른 도형을 사용했다. 그리고 이 대상들이나 장소, 과정에 대한 그 사람들의 관점을 나타내기 위해 화살표를 사용했다. 따라서 청소년 보호감호소에 대한 연구에서 이 청소년들의 출신 고등학교는 직사각형으로, 이들이 했던 일은 다른 도형으로 표시했다. 우리는 이 보호감호소를 구성하는 모든 요소와 이들 요소들 사이의 관계를 하나의 다이어그램으로 표시하기 위해 모든 것을 배열하고 정렬하고자 노력했다. 그런 다음 이 다이어그램을 보면서 이런 질문들을 던졌다. 이 대상자들의 범주 중에서 우리 연구자가 가장 관심 있는 것은 어느 범주인가? 이 범주에 속하는 사람들의 어떤 점이 우리의 관심을 끄는가? 이 범주의 사람들과 다른 범주의 사람들과의 관계에 관심이 있다면 이 다른 범주는 어느 것인가? 이 범주의 사람들에게 의미 있는 장소나 대상은 무엇이며 이것도 우리 연구 범위에 포함시켜야 하는가? 이러한 질문을 체크하면서 우리 연구자가 관심 없는 원과 화살표, 도형은 ×로 표시하여 제외시켰고, 관심 있는 것만 쉽게 알아볼 수 있도록 형광펜으로 표시했다.

일정 기간 동안 어떤 사람에게 또는 어떤 관계에, 기관이나 조직에, 여러 형태의 사람들

집단에게 무슨 일이 일어났는지를 연구하는 경우, 연구자가 앞으로 무엇을 해야 하는지 알아보려면 흐름도를 그려보는 것이 도움이 된다. 어떤 연구자는 이런 다이어그램을 그리는 것을 시간 낭비라고 할 수 있고, 이런 것의 도움 없이도 머릿속으로 잘 할 수 있다고 말할 수 있다. 하지만 초보 연구자라면 이렇게 하는 것이 연구의 범위와 구성을 펼쳐 놓고 우선적으로 해야 할 것을 정하고 연구설계를 하는데 도움이 된다. 이런 방식이 자신에게 적합하다고 생각되면 한번 사용해 보기 바란다.

시각적 도구는 종이에 대충 그린 다이어그램에서 아주 정교하게 그려진 전문적 도안에 이르기까지 그 정교성은 천차만별이다. 어떤 시각적 도구들은 연구자가 여기저기서 얻은 통찰들을 정리하거나 아이디어 사이의 관계를 나타내려고 현장조사록에 아무렇게나 그려 놓은 그림에 해당한다. 이러한 원시적 형태의 낙서 같은 그림도 문장으로는 이해하기 어려운 복잡성을 시각화하는데 종종 도움을 준다. 시각적 도구는 동료 연구자와 학위 심사위원 교수들에게 연구결과에 대한 연구자의 생각을 요약, 정리하여 제시하는 데도 도움을 준다. 어떤 연구자들은 절대 이러한 시각적 도구를 사용하지 않는 반면 다른 연구자들은 심지어 학위 논문이나 학회지에 발표할 논문에도 시각적 도구를 사용하여 종종 연구결과를 제시한다.

5.1.1 추가적 도움말

다음 내용인 "데이터 수집 후의 분석과 해석"으로 넘어가기 전에 분석과 관련된 세 가지 사항을 말하고자 한다. 이미 앞에서 말한 아이디어와 절차처럼 이 세 가지 사항도 연구 수행 과정에서의 분석과 최종 분석 둘 다에 중요한 메시지를 던져준다.

첫째, 짐작하고 추측하는 것을 두려워해서는 안 된다. 처음 연구를 수행하는 사람들의 경우, 보통 자신감이 부족하여 연구에 관한 여러 아이디어를 만드는데 지나치게 소심하다. 자세하고 정확한 사실들을 찾아야 한다는 걱정은 버리는 것이 좋다. 물론 아이디어는 반드시 데이터에 근거를 두어야 하므로 사실과 정확성이 중요하지 않다는 말은 아니다. 사실과 정확성 자체를 추구하는 것은 연구의 끝이 아니라 아이디어를 생성해 내고 생각을 분명하게 할 수 있도록 도와주는 하나의 수단이라는 뜻이다. 라이트 밀스(Wright Mills)가 말하듯이, "사실은 추론을 가능하게 한다. 하지만 어떤 분야의 학습을 가능하게 하는 최고의 도구는 바로 추론이다"(Mills, 1959, p. 205). 질적 연구의 발전에 크게 기여한 핵심 인물인 바니 글레이저(Barney Glaser)는 인간 행동을 연구하는 학문에 최고로 기여하는 것은 좋은 아이디어라고 했다. "연구결과는 쉽게 잊히지만 아이디어는 그렇지 않다"(Glaser, 1978, p. 8).

질적 연구를 처음 수행하는 연구자들은 어떤 것이 참이고 진실하다고 확신하기 전에는 아무 말도 해서는 안 된다고 배웠기 때문에 짐작하고 추측하는 것을 종종 꺼려한다. 하지만 짐작하고 추측하는 것은 질적 연구를 생산적으로 만들어주며, 어떤 아이디어를 발전시켜야 할 필요가 있는지를 돌아보게 해 준다. 아이디어를 공식 문장으로 진술하기 위해 이것을 입증할 필요는 없지만 지금까지 관찰한 것에 기초할 때 그 아이디어가 말하고자 하는 것이 그러할 가능성이 높아야 한다. 모든 증거를 수집하지 않았다고 해서 "짐작하고 추측하기"를 포기해서는 안 된다. 지금까지 수집한 자료에 기초하여 생각하면 된다.

둘째, 생각한 것을 드러낼 때는 유의해야 한다(Glaser, 1978). 연구를 계속 진행함에 따라 정기적으로 연구에 대한 아이디어가 생긴다. 이런 창조적 과정을 경험하는 것에 흥분과 활기를 느끼기도 할 것이다. 아이디어를 심사숙고함에 따라 얻게 되는 생각을 입 밖으로 드러내고 싶어진다. 두 가지로 생각 드러내기를 할 수 있는데, 먼저 친구나 동료에게 아이디어를 소재로 대화를 나누거나 현장조사록에 메모나 관찰자 주해로 적고 그 후에 공식 문장으로 만드는 것이다. 연구와 관련된 생각과 아이디어를 다른 사람과 대화하는 것은 분석을 방해할 수도 있다고 앞에서 말했는데, 그렇다고 해서 완전히 비사교적이 되어야 한다는 뜻으로 한 말은 아니다. 그렇지만 분석에 대하여 이야기를 나누게 되면 연구자의 생각을 종이에 적어야 하는 힘든 작업에 필요한 에너지를 빼앗길 수 있다는 점에 유의해야 한다. 데이터를 분석할 때는 컴퓨터 앞에 연구자 혼자 있는 시간도 포함시켜야 한다. 분석한 것을 문장으로 적고, 그런 다음 그것에 대해 이야기를 나누는 것이 좋다.

마지막으로, 데이터 수집 단계 동안 수집한 자료를 검토하면서 떠오르는 많은 아이디어를 기록해두라고 조언하고 싶다. 그때까지 수집된 자료를 검토하면서 새로운 파일을 하나 만들어 거칠고 정돈 안 된 아이디어와 여러 가지 추측을 워드로 입력하거나 추가적인 촌평을 공책에 적어둔다. 이렇게 할 때 촌평 쓴 날짜를 같이 적어 뒤에 추가된 것임을 분명히 알 수 있도록 한다. 촌평과 날짜를 함께 적어두는 것은 연구자의 사고 흐름을 추적하는데 도움을 준다. 만약 프린트물로 검토를 한다면 현장조사록과 녹취록 좌우 여백에 많은 촌평을 적도록 한다. 연구참여자들이 사용한 핵심 단어와 문구는 형광펜으로 표시한다. 특히 중요하다고 생각되는 부분은 밑줄을 그어 표시해 둔다. 이렇게 프린트물로 작업을 할 때는 많은 밑줄과 기호, 접어둔 흔적, 커피 자국 등이 있어 너덜너덜하게 되도록 한다. 연필을 사용하여 나중에 혼동되거나 중요하지 않는 것은 지울 수 있도록 하는 것이 좋다.

5.2 데이터 수집 후의 분석과 해석

마지막 관찰에 대한 현장조사록의 워드 작업을 마쳤으면, 이제 이 조사록을 파일로 만드는 작업을 진행한다. 연구자 앞에는 그 동안 열성적으로 모은 한 더미의 자료가 놓여있다. "이제 무엇을 어떻게 해야 하지?"라는 생각이 들면서 머릿속이 텅 빈 느낌을 받게 된다.

경험 많은 연구자는 이때 무엇을 해야 하는지 잘 안다. 잠시 휴식을 취한다. 그냥 자료를 놓아두고 휴가를 떠나거나 연구를 하는 동안 미루어두었던 일을 한 후 휴식을 취한 몸과 신선한 정신 상태로 다시 돌아온다. 자료수집이 끝나자마자 즉각 분석을 하지 않는 것이 좋다는 것은 여러 곳에서 들을 수 있다. 현장조사의 자세한 사항들로부터 연구자 자신을 멀찍이 떨어져있게 하여 연구자와 연구참여자들과의 관계를 조망할 수 있는 시간을 갖도록 한다. 이렇게 함으로써 지겹고 따분하게 느껴졌던 데이터에 대해 새로운 열정과 활력이 생기도록 한다. 또, 이런 휴식을 취하면서 다른 아이디어들을 읽고 심사숙고할 기회도 가지도록 한다. 하지만 너무 긴 시간의 휴식은 오히려 독이 되기도 하는데, 현장조사록과 녹취록 내용에 대한 친밀성을 떨어뜨리는 결과를 초래할 수 있다. 가장 심각한 문제는 데이터 분석 후 추가적인 자료수집이 필요하여 다시 연구현장으로 돌아갈 경우가 생길 때이다. 너무 오래 휴식을 취하다보면 정보제공자들이 어디에 있는지 알 수 없거나, 지위가 바뀌었거나, 혹은 연구현장이나 상황이 연구자가 연구를 마치고 떠날 때와 다르게 바뀌었을 수도 있다.

어느 정도의 휴식을 취하는 것이 좋은지, 자료와 어느 기간 정도 떨어져 있는 장점은 무엇인지 등에 대한 논의는 학위 논문 심사일이나 연구기간 만료, 보고서 제출일 등의 연구자 개인의 사정에 따라 크게 다르다.

5.2.1 코딩범주 개발하기

수 천 개의 장난감이 바닥에 어지럽게 널려 있는 큰 강당을 상상해보자. 여러분이 해야 할 일은 앞으로 개발할 분류 체계에 따라 이 장난감들을 무리지어 분류하는 것이다. 분류 체계를 만들기 위해 강당을 돌아다니면서 장난감을 집어서 살펴보고 조사한다. 무리지어 분류하는 방법은 많다. 이 장난감들은 크기나 색깔, 만든 나라, 만든 날짜, 제조 회사, 만든 재료, 할 수 있는 놀이 종류, 사용 가능한 연령, 움직이는 것인지 고정된 것이지 등에 따라 분류될 수 있다.

이렇게 하는 것은 질적 연구자가 데이터를 체계적이고 조직적으로 정리, 분류하기 위하여 코딩체계를 개발하는 것과 같은 일이며 차이가 있다면 장난감을 분류하는 것보다 연구 데이터를 조직하고 분류하는 일이 더 어렵고, 다루어야 하는 상황이 더 복잡하고, 체계적으로 조직해야 할 자료가 쉽게 구성 단위로 분리할 수 없는 것이고, 상황이 사람들과 관련된 것이고, 분류 체계도 자명하지도 명확하지도 않다는 점이다.

수집한 데이터를 읽어가다 보면 어떤 단어나 문구, 행동 패턴, 연구대상자들의 사고방식, 사건 등이 반복해서 나타나고 두드러지는 것을 알 수 있다. **코딩체계**(coding system)를 개발하는 것은 여러 단계를 거친다. 데이터를 읽으면서 데이터가 다루고 있고 토픽뿐만 아니라 불변하는 것과 패턴을 찾는다. 그런 다음, 이들 토픽과 패턴을 대변하는 단어나 문구를 적는다. 이 단어나 문구가 **코딩범주**(coding categories)가 된다. 이들 코딩범주는 연구자가 수집한 서술 데이터를 분류하는 수단으로 (코딩범주는 장난감을 어떤 깃발 아래 분류할 때 그 깃발과 같은 것이다) 주어진 토픽에 포함된 자료를 다른 데이터와 물리적으로 분리하게 해준다. 어떤 코딩범주는 데이터를 수집하는 도중에 연구자의 생각에 의해 떠오르기도 한다. 이럴 때는 앞으로의 사용을 위해 반드시 이 코딩범주를 기록해둔다. 데이터 수집이 끝난 후 그리고 이 데이터의 분류 작업을 할 준비가 된 후, 코딩범주의 목록을 만드는 일은 앞으로 설명하고자 하는 데이터 분석의 핵심적 단계이다.

강당에서 장난감을 분류하는 일을 위에서 예로 들었을 때 분류 작업을 하는데 사용가능한 몇 가지 체계를 언급했다. 예를 들어, 그 체계에는 제조 회사와 색깔이 있었다. 제조 회사를 나타내는 표시(또는 코딩범주)로는 레고, 마텔, 피셔 프라이스 등이 있을 것이고, 색깔을 나타내는 표시로는 보라색, 푸른색, 빨강색, 노란색, 혼합색 등이 있을 것이다. 여러분이 강당에 있다고 하고 장난감을 분류하는 목적이, 예를 들어 이 장난감을 제조 회사에 다시 반환하려는 목적이라면 제조 회사별로 코드를 만들어서 분류하면 일을 아주 쉽게 할 수 있다. 질적 연구에서 코딩체계를 개발하는 것도 이와 유사하다. 특정한 연구문제와 관심에 따라 특정한 범주가 생성된다. 특정 이론이나 학문 분야의 전통을 따르는 경우에는 그에 맞는 특정한 코딩체계가 있다. 코딩체계를 개발하는데 사용 가능한 모든 코딩범주와 이론적 전통을 설명하는 것은 이 책의 범위를 넘어선다. 여기서 제시하고자 하는 것은 어떤 식으로든지 코딩 작업을 끝내는데 필요한 코드군의 목록이다.

이를 위하여 우리는 아래와 같이 코드군이나 코드 종류를 만들어 보았다. 물론 이것이 모든 연구에서 보편적으로 사용 가능한 코딩체계를 대표하지는 않는다. 여러분이 만든 개별 코드가 이들 코드군의 어디에 속하는지 지나치게 얽매일 필요는 없다. 코드군을 아래에 제시한 목적은 데이터 분석 시에 기계적으로 빌려 사용할 수 있는 포괄적 코딩체계를 제시하려는 것이 아니라 어떤 코드들이 있고 코드로서 적합한 구체적인 아이디는 무엇인지 이해하는데 도움을 주려는 것이다.

각각의 코드군을 제시하고 그 코드군의 정의를 내리고, 어떤 종류의 데이터가 그 코드군으로 분류될 수 있는지 설명하고, 그 코드군이 가장 잘 사용되는 경우는 언제인지 논의하며, 그런 다음 그 코드군을 대표하는 코드 범주에 적합한 데이터 단위의 예는 어떤 것인지에 대해 설명하려고 한다.

어떤 연구의 경우 연구자는 특별한 개인적 관심사가 있어 다른 연구자들과는 전혀 다른 유형의 코드 체계를 사용하거나 코드 범주가 중복되기도 한다. 한 문장이든 한 문단이든 어떠한 데이터 단위일지라도 단 하나의 코드 범주에 속하지 않고 여러 코드에 속하는 경우도 있다. 여기에 제시한 코드군은 여러분 자신의 연구 데이터를 분류하기 위한 코드 범주를 개발하는데 도움을 줄 것이다.

(1) 장소/배경 코드

이 용어는 연구하는 장소나 상황, 토픽, 연구대상자에 관한 가장 일반적인 정보를 분류하는데 필요한 코드들을 말한다. 연구자의 연구를 더 넓은 맥락에서 생각할 수 있도록 하는 자료들은 이들 코드 밑에 분류하여 놓는다. 대부분의 연구에서 알 수 있듯이 연구장소나 상황, 맥락과 관련된 자료를 포괄하는 데는 한 가지 코드면 충분하다. 이들 코드 아래에는 연구장소나 상황, 연구대상자나 토픽에 관한 서술 자료들을(팸플릿, 안내 책자, 연감 등) 포함하여 지역 신문에 실린 기사와 다른 언론 매체에 나온 자료를 배치시키다. 또, 연구대상자와 연구장소나 상황, 연구장소가 그 지역에서 어떤 곳인지 등에 대해 사람들이 말해준 일반적인 진술들도 이 코드에 둔다. 그리고 연구장소나 상황에 대한 기술 통계량과 여러 가지 다른 양적 데이터도 이 코드에 둔다. 이 코드군에 속하는 특정한 코드의 예를 보면 "초등학교에 대한 서술", "중도시의 고등학교" 등이 있다. 특정한 코드명은 연구자의 연구 주제에 따라 달라진다.

아래는 이와 같은 특정 코드에 배치된 데이터의 예이다. 그 내용은 연구자가 처음 학교를 방문했을 때 그 학교의 교장이 연구자에게 말해준 그 학교에 대한 진술이다.

> 존스 고등학교는 850명의 학생이 있습니다. 이들 중 약 90퍼센트 정도가 4년제 대학으로 진학합니다. 우리 학교가 속한 이 지역은 대개 중상위 계층의 전문직들이 사는 곳입니다. 이곳 부모들은 좋은 교육을 받은 사람들로서 자신들의 자식들도 그러한 교육을 받기를 원합니다. 그래서 이 지역의 다른 어떤 고등학교보다 학생 한 명당 더 많은 비용을 투자하고 있습니다. 또, 다른 어떤 고등학교보다 우수한 교사들이 있습니다. 축구에 대해

서만 말하더라도... 그건 또 다른 얘기입니다만 팀을 만드는데 어려움을 겪고 있습니다. 우리 학교 학생들이 진학한 대학교 목록을 드리겠습니다. 그리고 우리 학교의 철학, 목표, 프로그램을 소개하는 안내 책자도 드리겠습니다.

연구자가 받은 이 자료들은 장소나 상황/맥락 코드 아래에 코딩될 수도 있다.

(2) 상황 정의 코드

이 유형의 코드 아래에는 연구참여자들이 연구장소나 특정한 토픽을 어떻게 정의하는지를 말해주는 데이터 단위들을 둔다. 연구자는 연구참여자들의 세계관과 연구장소나 연구 토픽과 관련하여 이 참여자들이 자신들을 어떻게 보는지에 관심이 있다. 이들 연구참여자들이 달성하고자 원하는 것은 무엇인가? 이들은 자신들이 하는 행동을 어떻게 정의하는가? 이들에게 중요한 것은 무엇인가? 이들은 자신들의 참여(예: 종교, 정치, 사회 계층, 페미니스트, 임신중절 반대)를 정의하는데 영향을 주는 어떤 특정한 경향성을 가지고 있는가? 연구자는 학생들이나 학교의 행정가들, 학부모들 등 다양한 참여자를 관찰하게 되고 이들 각각의 참여에 대해 코딩범주를 만든다. 코딩범주를 만드는데 기초가 되는 이러한 참여 유형들 사이에는 또 다른 특징들이 있을 수도 있다. 초등학생 때의 경험에 대한 여성들의 인식이라는 연구에서 "상황 정의" 코드에는 "페미니스트적 자각", "현재 자신에 대한 이미지", "과거를 해석하는 데 미치는 영향" 등의 코딩범주가 포함되었다(Biklen, 1973).

다음은 상황 정의 코드군에 적합한 데이터의 예로서 "교사라는 직업에 대한 교사의 견해"라는 코드가 부여된 한 교사의 진술문이다.

개인적으로 볼 때, 가르치는 것은 바로 제 삶 그 자체입니다. 샤워를 하면서도 "수업 내용을 지난 학기 때 했던 방식이 아니라 이런 식으로 제시했더라면 어땠을까?"라고 생각합니다. 가끔 이런 생각을 하면서 나도 모르게 20분 동안이나 샤워를 하곤 합니다. 남편은 제가 미쳤다고 하는데 남편도 저와 비슷합니다. 우리는 파티나 휴가를 크게 중요하게 생각하지 않습니다. 가르치는 일은 정말로 우리 삶의 중요한 부분입니다.

(3) 연구참여자들의 관점을 나타내는 코드

이 코드군에 속하는 코드들은 모든 또는 일부 연구참여자들이 공유하고 있는 사고방식으로 상황에 대한 일반적이고 포괄적인 정의가 아니라, 어떤 장소나 상황에 대한 특정한 경향성을 나타내는 경우에 사용된다. 이 코드들은 어떤 일반적인 견해뿐만 아니라 공유된 규칙과 규범을 포함한다. 관점은 연구참여자들이 사용하는 특정한 문구에 종종 표현된다. 대학병원의 중환자실에 대한 연구에서 공유된 이해를 표현하는 다음 두 문구가 종종 사용되었고, 이 두 문구는 데이터 분류를 위한 코드로 만들어졌다: "절대 뭐라고 장담할 수 없다"(이 문구의 의미는 환자에게 무슨 일이 일어날지 예상할 수 없다는 것이다), "정직하게 말하되 잔인하지 마라"(이 문구의 의미는 부모들에게 환자 상태를 정확하게 알려줄 때 이들을 화나게 하지 말아야한다는 것이다).

다음은 위에서 언급한 연구에서 발췌한 것으로 "절대 뭐라고 장담할 수 없다"라고 코드 매겨진 데이터 단위이다.

> 나는 인턴인 캐롤과 같이 있었다. 그녀는 정맥 내 점적치료를 막 시작한 "홉킨스 씨 아기"의 치료를 맡고 있었다. 조안 간호사가 들어와서 "뭐가 어떻게 돌아가는지 알고 싶다면 잠깐 나오세요"라고 나에게 말했다. 나는 그녀를 따라 복도로 나왔고 간호사실 옆에는 세 명의 간호사들이 서 있었다. 이들은 아장아장 걷고 있는 어린 여자 아이를 둘러싸고 있었다. 간호사들 옆에는 이 아이의 엄마라고 생각되는 여자가 있었다. 그녀는 드레스를 깔끔하게 입고 있었고 여자 아이는 바지와 셔츠를 입고 있었다. 조안이 낮은 목소리로 "이 아이는 괜찮아요. 검사를 다 해봤거든요. 처음 병원에 왔을 때는 홉킨스 씨 아기보다 더 크지도 않았어요. 그때 우리는 이 아이가 완치될 거라고 생각하지 않았어요. 그런데 젤 보세요. 지금은 아주 건강하잖아요. 그래서 애들에 대해서는 절대 뭐라고 장담할 수 없어요."

(4) 사람과 대상에 대한 연구참여자의 사고방식을 나타내는 코드

이 코드군은 연구참여자들 각자와 외부인, 이들의 주변 세계를 둘러싸고 있는 대상들에 대한 연구참여자들의 이해를 나타낸다. 예를 들어, 교사들은 자신들이 가르치는 학생들에 대한 여러 가지 정의를 소유하고 있다. 교사들의 눈에는 여러 유형의 학생들이 있다. 유치원에 대한 연구에서, 한 연구자는 교사들이 유치원생들을 "미성숙한" 또는 "취학할 준비가 된" 존재로 생각한다고 했다. 뿐만 아니라 교사들은 이 유치원생들을 옷 입는 방식에 따라 그리고 가정환경에 대한 교사의 평가에 따라 범주화하고 있었다. 이 연구에서 "학생에 대한 교사의 시각"은 이런 데이터에 대한 코딩범주였다. 대학병원의 영아 중환자실에 대한 연구에서, 우리는 이곳의 의료진들이 중환자실에 있는 영아들의 상태 변화와 관련된 어떤 정교한 분류체계에 따라 이 영아들을 범주화하고 있음을 발견했다. 이러한 범주의 예로는 "수유자와 양육자", "생존 가능성이 없는 아기", "아주 심각한 아기", "건강 상태가 좋은 아이", "만성병", "고무 젖꼭지", "휴식 장소" 등이 있었다. 영아 환자들의 이러한 범주화와 마찬가지로 부모들도 "아주 좋은 부모"와 "보통 부모", "문제 부모"로 분류되었다. "의료진들이 본 환자들"과 "의료진들이 본 부모들"은 이 연구에서 사용했던 코드 범주들이다. 사람들만 이렇게 분류되는 것은 아니다. 학교 청소부들에 대한 연구에서 보면, 서로 다른 휴지통의 종류가 기록되고 분류되었다.

다음은 "사람들과 대상들에 대한 연구참여자의 사고방식" 아래 대상물로 코딩된 도심의 고등학교에 관한 연구에서 발췌한 내용이다. 이 연구의 경우 코드는 "교사들 각자에 대한 정의"이다.

> 조디는 이 학교의 다른 교사들에 관한 이야기를 시작했다. "여기 학교 교사들은 알다시피 괜찮아요. 대화하고 싶지 않은 교사 한 명을 대라고 하면 생각이 나지 않으니까요. 물론 교사들 사이의 차이야 당연히 존재하죠. 학생들이 올바르게 행동하는 데도 불구하고 학생들 때문에 못살겠다고 뭐든지 불평하는 유형의 교사들이 있어요. 사실 이 학교의 학생들이 그렇게 엉망은 아니거든요. 학업이 뒤처지는 학생에게 아무런 도움도 주지 않는 그런 집단의 교사들도 있어요. 아주 고지식하면서 서로 어울려 친하게 지내는데 모두 남자 교사들이죠. 그런가하면 아주 열성적인 교사들도 있는데, 이들은 무슨 일에도 낙심하지 않고 학생들에게 언제든지 더 많은 시간과 노력을 투자하죠.

(5) 과정을 나타내는 코드

과정 코드(process codes)는 사건이나 시간 경과에 따른 변화, 또는 한 유형이나 한 종류의 상태에서 다른 상태로의 변환 등의 계열성을 범주화하기 쉽게 하는 단어와 문구를 말한다. 이 과정 코드를 사용하기 위해 연구자는 시간 경과에 따른 한 사람이나 집단, 기관이나 조직, 활동을 주의 깊게 관찰해서 적어도 두 부분의 계열성에서 일어나는 변화를 지각해야 한다. 전형적인 과정 코드들은 시간 경과, 단계, 변화 추이, 경력, 연대순 등을 가리킨다. 이와 더불어 한 가지 계열성에서의 핵심 사항(예: 전환점, 표준점, 변환기 등)도 이 과정 코드군에 포함될 수 있다(Roth, 1963 참조).

과정 코딩체계는 주로 삶의 과정을 순서 매기는데 사용된다. 연구참여자의 삶의 중요한 부분들을 구획 짓는 기간들이 코딩범주가 된다. 교육이란 측면에서 한 사람의 삶의 역사를 대표하는 코드들을 보면 (1) 어린 시절의 삶, (2) 뉴저지로의 이사, (3) 입학식 날, (4) 넬슨 담임선생님, (5) 넬슨 담임선생님 이후의 초등학교 생활, (6) 중학교의 첫 주, (7) 십대가 되는 것, (8) 중학교를 졸업한 이후 등이 있다. 이 코드들은 연구참여자가 자신의 삶의 순서를 어떻게 계열 짓고 있는지를 반영하고 있음을 알 수 있다. 이 코드들은 똑같은 기간으로 나누어져 있지도 않고 연구자가 임의로 구분해 놓은 기간도 아니다. 이와 같이 삶의 과정에 대한 코딩체계를 개발하는 경우 연구참여자의 분류 체계가 보통 코드명이 된다.

과정 코딩체계는 또한 어떤 조직이나 기관에 대한 사례연구에서 데이터를 체계적으로 조직하는데 사용된다. 이런 경우 일정한 기간의 경과에 대한 그 조직이나 기관의 변화가 관심의 초점이다. 마찬가지로, 사회계몽 프로그램에 대한 연구의 경우는 연대순 코딩체계를 사용하여 코딩 작업을 한다. 연대순 코딩은 역사를 다루는데 가장 중요한 기둥이다.

어떤 연구에서는 과정 코드가 주류를 이루지만, 다른 연구에서는 과정 코드가 여러 가지 코드들 중 단지 한 가지 코드에 해당하는 경우도 있다. 예를 들어, 어떤 교실에 대한 연구에서 "교사 경력을 쌓는 단계들", "학교에서의 일 년", "학교에서의 일주일", "청소년 동료 집단에 수용되는 단계들", "중퇴자가 되는 과정" 등과 같은 코드들을 보면 과정 코드가 여러 다른 코드군과 함께 사용되고 있음을 알 수 있다.

다음은 "교사 경력을 쌓는 단계들"이란 과정 코드에 속하는 데이터 단위의 예이다.

> 이 학교에서 근무한지 이제 5년째입니다. 마지나 수 선생님처럼 나이든 교사축에 드는 것은 아니지만 그렇다고 젊은 교사축에 드는 것도 아닙니다. 젊은 교사들이 학교에 발령받고 오는 것을 볼 때면, 제 자신에게 "[새로 온 교사들] 너희들도 알게 될 거야. 나도 그랬거든!"이라고 말을 합니다.

(6) 활동 코드

정기적으로 규칙성 있게 일어나는 행동을 나타내는 코드들을 **활동 코드**(activity codes)라고 한다. 활동 코드가 대표하는 행동들은 대개 상대적으로 비공식적인 행동으로 "학생들의 흡연", "농담하기", "영화 보기"와 같은 코드명을 붙일 수 있고, 어떤 장소나 상황의 공식적인 부분이면서 정기적으로 일어나는 행동들에 붙여진 코드명으로는 "학교에서의 아침 운동", "점심 먹기", "출석하기", "교장실에 가는 학생들", "체험학습", "특수교육 사례발표회" 등이 있다. 이러한 코드명을 붙일 수 있는 데이터 단위는 상당히 명확한 편이다. 다음은 어떤 초등학교의 특수교육 프로그램에 관한 연구에서 발췌한 이러한 데이터 단위이다. 이 데이터 단위는 정서불안을 가진 학생들로 구성된 학급에 어떤 학생을 배정할 것인지에 대한 회의에 관한 것이다.

이 회의는 11시에 정확하게 시작해야 했지만 [연구자인] 내가 11:05에 도착했음에도 불구하고 회의실에는 아무도 없었다. (O.C.: 이 회의는 내가 도착하고 10분 정도 지난 후 참석자의 절반이 출석하는 그런 세 번째 회의이다.) 맨 먼저 도착한 사람은 브라운 선생님이었다.

(7) 사건 코드

이런 종류의 코드들은 장소나 상황 또는 인터뷰하는 연구참여자들의 생활 중에서 일어나는 구체적인 활동과 연관된 데이터 단위에 부여된다. 이 사건 코드는 드물게 일어나거나 한 번만 일어나는 특정한 사건을 대표한다. 예를 들어, 우리 중 한 명이 초등학교 시절 여학생의 경험에 관한 인터뷰 연구에서 월경의 시작은 이들 모든 여성들이 말한 사건이었다(Biklen, 1973). 이 사건은 하나의 코딩범주가 되었다. 참여관찰을 통한 연구의 경우, 코딩범주로 되는 사건들이란 연구참여자들에게 상당한 관심과 토의를 야기 시키는 사건들을 말한다. 어떤 참여관찰 연구에서 "한 교사의 해고", "교사의 일인 시위", "소동", "학교의 무대행사" 등의 사건들이 코딩범주가 되었다.

다음은 "소동"이란 사건 코드명이 부여된 데이터 단위의 예인데, 한 교사와의 대화에서 발췌한 것이다.

그 소동이 있었던 날, 제가 지금까지 살아오면서 봤던 중에 가장 많은 경찰차가 왔어요. 대부분의 학생들은 무슨 일이 일어났는지 몰랐죠. 브라운 경사도 참견할 수가 없을 정도로 일이 너무 확대되었어요. 학교 사람들은 아직도 그 일을 잊어버리지 못하고 있어요.

(8) 전략 코드

전략이란 작전이나 술책, 방법, 기술이나 솜씨, 조작, 꾀를 포함하여 사람들이 어떤 일을 원하는 식으로 달성할 때 사용하는 의도적인 방식을 말한다. 예를 들어, 교사들은 학생들의 행동을 통제하기 위해서, 독서 지도를 위해서, 맡은 일 년을 무사히 보내기 위해서, 자기 반이 복도 청소 당번을 안 맡기 위해서, 원하는 반의 담임이 되기 위해서 다양한 전략들을 구사한다. 학생들은 시험을 잘 치기 위해서, 좋은 친구를 사귀기 위해서, 서로 원하는 것이 다를 때 타협하기 위해서 다양한 전략을 사용하다. 교장은 마음에 안 드는 교사를 해고하기 위해서, 신임 교사를 채용하기 위해서, 결석 학생의 수를 줄이기 위해서 다양한 전략을 구사한다. 다음은 "교실통제를 위한 기법들"이란 전략 코드명이 부여된 발췌문이다.

드래크 선생님이 교실에 들어왔다. 아무도 자기 자리에 앉아 있지 않았다. 모두 서서 큰 소리로 떠들고 있었다. 제미는 라디오를 듣고 있었다. 드래크 선생님은 낮은 톤이면서 불쾌한 감정을 드러낸 말투로 "자, 수업 시작합시다"라고 말했다. 이렇게 말하고 잠시 기다렸지만 달라진 게 아무 것도 없었다. 그러자 제이슨에게 몸을 굽히더니 연구자인 나에게는 들리지 않은 말을 했다. 제이슨이 큰 소리로 "공지사항! 공지사항! 공지사항을 말하겠습니다!"라고 말했다. 모든 학생들이 떠드는 것을 중단하고 제이슨을 쳐다보았다. 제이슨은 "수업 시작됐으니 조용히 합시다"라고 말했다. 모든 학생들이 자기 자리에 앉았다. 레온이 큰 소리로 "이봐, 제이슨, 너 봉급 받아야겠는데"라고 말했다. 드래크 선생님이 웃으면서 "조용히 하라는 말 못 들었어?"라고 말했다.

사람들의 행동을 단순히 어떤 동기에 의해 일어난 것으로 보지 않는 것이 중요한데, 만약 연구자가 그렇게 본다면 스스로 그것을 인지하고는 있어야 한다. 사람들의 행동을 전략이나 술책으로 본다면, 연구자의 판단에 의한 것인지 아니면 그 행동을 한 연구참여자의 판단인지 반드시 구분해야 한다.

(9) 관계와 사회 구조 코드

조직이나 기관의 조직도에 의해 공식적으로 정의되지 않은 것으로 사람들 사이의 정기적이고 규칙적인 행동들이 "관계"에 속한다. 이 관계 코드에 들어가는 데이터로는 비판하는 사람, 친구, 애인, 목적을 같이 하는 제휴자, 적, 멘토/학생 등이 있다. 좀 더 공식적으로 정의된 관계로서 사회학자들이 말하는 사회적 역할, 역할 집단, 직위 등은 이 코드군에 속하는 또 다른 데이터이다. 어떤 장소나 상황을 둘러싼 관계들에 대한 모든 서술을 "사회 구조"라고 하며, 이 영역에 대한 코딩은 사회 구조에 대한 서술을 가능하게 해 준다.

다음은 관계에 관한 것으로 "학생들의 우정"이라는 관계/사회 구조 코드가 부여된 데이터 단위이다.

그 반 학생들이 조례실에 들어왔을 때, 네 명의 남학생 무리인 팀과 헤리, 피터, 브라이언 중 둘은 문 앞에 서서, 나머지 둘은 책상 위에 앉아서 이야기하고 있었다. 이들은 어제와 똑같이 행동했다. 메리와 수는 같이 들어왔고, 베스와 엘리슨은 둘이 붙어 앉았다. (O.C.: 이 남학생들은 집단으로 어울려 다니는 듯하다. 그렇지만 여학생들은 둘씩 짝을 지어 다니는 경향이 있다. 이 점을 한번 확인해 봐야겠다. 어떤 학생들은 집단으로 어울리지 않지만 다른 학생들은 항상 무리지어 모여서 다닌다.)

(10) 내러티브 코드

내러티브 코드는 말하는 것 자체에 대한 구조를 기술하는 것이다. 정보제공자들이 연구자에게 자신들의 이야기를 말해줄 때, 각자 머릿속에 독특한 방식으로 구성된 자신들의 삶을 설명한다. 이 설명의 제시가 이야기체인 내러티브라면 이 이야기의 구성은 무엇인가? 이 이야기는 어디서 시작하며, 이 이야기가 말하고자 하는 것은 무엇이며, 어디서 끝나는가? 정보제공자들이 자신들의 이야기를 체계적으로 조직하려고 선택한 구성은 이들이 가진 신념에 대한 무엇인가를 대변하는 것일 수도 있다. 뿐만 아니라 이들이 자신들의 이야기를 구성할 때 서로 모순되는 부분은 어디인가? 종종 이들은 한 번에 두 가지의 생각을 말하려고 하거나, 말하는 가운데 서로 모순되는 부분이 있기도 하고, 이야기가 여러 방향으로 전개되기도 하고, 어떤 특정한 입장을 구체적으로 표현할 수 있는 언어를 가지고 있지 않을 수도 있다.

다음 두 가지 데이터는 이런 점을 예시하고 있다. 이 발췌문은 남녀 성에 대한 여대생들의 생각에 대한 연구에서 나온 것이다. 이 연구에서 자료수집의 일환으로 수행된 인터뷰는 생화학 전공을 포함해서 9개의 전공의 3, 4학년 여대생들을 대상으로 실시되었으며, 두 발췌문은 생화학 전공 여대생들의 인터뷰 데이터이다. 이 녹취록은 내러티브와 정보제공자의 이야기 중에 모순이 있음을 잘 보여주고 있다.

발췌문 1

연구자: 워싱턴 시에서 자랄 때에 대해 말해줄래요?

키샤 : 음... 그곳은 문화적으로 상당히 다양성이 있는 곳이죠. 그런데 제가 자란 동네는 대부분 흑인이나 다른 인종들이 주로 사는 곳이었어요. 학교나 다른 곳에서도... 제가 다닌 학교에도 흑인 학생들이 주를 이루었죠. 우리 동네는 말하자면 좀 험악한 곳이었어요.

연구자 : 험악하다는 것이 무슨 뜻이죠?

키샤 : 음... 마약하는 사람들을 주변에서 흔히 볼 수 있었다는 그런 거죠. 재개발 지역 같은 그런 분위기 있잖아요. 그래서 방학 때 집에 가면, 학교 때문에 집을 떠나 있다 보니 모든 사람들이 저를 아주 자랑스러워해요. 고등학교를 졸업했을 때 집에 머물러 있을 거라는 생각은 절대 안 했어요. 그래서 집에서 탈출하는 거 같은 게 바로 내가 원하는 거라는 걸 알았죠.

연구자 : 어디서 그런 생각을 하게 되었어요?

키샤 : 글쎄요. 제 부모는 한 번도… 음… 아버지는 중학교조차 졸업하지 못했고, 엄마는 절 임신하는 바람에 고등학교를 마치지 못했어요. 그래서인지 두 분 다 힘들게 생활하는 걸 봤어요. 그래서 전 그들보다 제 자신이 나아졌으면 생각했고 그게 이런 생각을 하게 된 유일한 이유죠. 전 학교 가는 걸 정말 좋아했거든요. 전 전문직에 종사하고 싶었어요, 아시죠? 그리고 고등학교에 저를 정말 격려하고 잘 가르쳐준 좋은 선생님들이 많았어요. 그들은 저를 위해 그곳에 항상 있었어요.

발췌문 2

연구자 : 그랬군요. 당신 전공에 있는 몇 명의 소수인종 출신 중 한 명이라고 했는데, 어때요?

키샤 : 글쎄요. 익숙해서 괜찮아요. 흑인이란 것 때문에 힘든 적은 없어요. 그렇다고 해서 흑인이란 사실을 떠벌리는 것도 싫어요. 그런데 제가 여자고 흑인이라서 많은 교수님들이 저한테 기대를 많이 하고 있어요. 제 전공에는 흑인이 거의 없거든요.

연구자 : 흠…

키샤 : 그래서… 제 지도교수는 제가 열심히 잘 하기를 바라죠. 그리고 저하고 가까이 연관된 다른 많은 교수님들도 그렇게 생각하고요. 유기화학 실습의 경우 저 혼자만 흑인이죠. 실습할 때 여럿 학생들이 "아마 뭐하는지도 모르고 있을거야"라는 식으로 저를 쳐다보는 것에도 전혀 스트레스 받지 않아요. 그래도 항상 제가 실습 과제를 제일 먼저 끝내고 점수도 잘 받아요. 한 여학생이 있는데 실습할 땐 항상 실습 상대가 있어야 하는데… 갠 항상 제일 마지막까지 남아서야 겨우 실습을 끝내곤 하기 때문에 사이가 그렇게 좋진 않아요. 항상 제일 먼저 실습실을 나가는 사람은 저죠.

연구자 : 그래요?

키샤 : 그리고 실습보고서에서도 항상 제가 그 학생보다 점수가 높아요. 그러면 그녀는 "어떻게 그 점수를 받았어?"라고 말하는데, 그 말하는 투가 "넌 그 점수를 받을 수 없는데"라는 식이죠. 알겠어요 제가 말하는 것이 어떤 뜻인지?

연구자 : 그럼요. 내가 지금까지 들은 바로는 전공 수업에서 다른 학생들보다 당신이 교수들로부터 더 좋은 점수와 평을 듣는다는 거죠?

키사 : 예. 그런 거죠. 물리 실습에도 저 혼자만 흑인이죠. 그래도 사람들 때문에 그 수업에서 문제가 있고 그런 적은 없어요. 우리 실습조에 있는 한 남학생은 매주 저한

테 도움을 청하러 오는데 그럴 때면 항상 제가 물리 내용하고 실험에 대해 도와주죠. 그 남자 애는 정말 괜찮은 학생이에요. 절대 다른 사람들처럼 저를 흑인과 백인이란 시각으로 보지 않아요. 제 생각에는 사람들이 흑인이 극소수이고 수업 시간에도 극소수이기 때문에 더 잘 인식하는 듯해요. 그렇지만 뭐 저한테는 전혀 문제가 아니에요. 전 익숙하거든요.

키샤가 자신의 이야기를 어떻게 말하는지, 그리고 그녀의 이야기가 취하고 있는 내러티브 형식은 어떤지 등 위의 발췌문으로부터 많은 것을 분석할 수 있다.

① 키샤는 지금까지 자신의 삶에 대한 내러티브를 어떻게 구성하고 있는가? 그 전에 들어 본 이야기와 키샤의 이야기 사이에 유사한 점을 알 수 있었다. 흑인이라는 사실에 대한 사람들의 예상과는 달리 키샤는 좋은 교사와 교수의 도움과 자신의 노력을 더하여 돈 잘 버는 전문직이 되고자 하는 미국인의 꿈을 실현하기 위해 살고 있었다. 키샤는 사회에서 여전히 인종차별이 있다는 것을 잘 인식하면서도 개인의 노력이 더 중요하다는 점을 믿고 있다.

② 키샤의 이야기에서 어느 부분이 모순인지 발견했는가? 모순은 이야기하는 사람의 삶에서 힘들었던 부분을 암시하기 때문에 보통 풍부한 분석의 출처가 된다. 전공 수업에서 유일한 흑인 여학생으로서의 경험에 관한 키샤의 이야기에서 그녀는 흑인으로서 두드러져 보이는 것을 기술하면서 또한 그런 것이 그렇게 문제가 되지 않는다고 말하고 있다. 이 부분에서 키샤가 직면하고 있는 모순은 무엇인가?

(11) 방법 코드

이 코드군은 연구절차와 연구 수행 상에서 일어나는 문제들, 기쁨, 딜레마 등을 연구에서 수집한 자료와 분리해준다. 대부분 연구의 경우 "방법"이란 코드 하나만으로도 충분하다. 하지만 어떤 연구자들은 연구장소나 상황에 대한 실질적이거나 이론적 주제보다는 연구 수행 방법에 더 관심을 두어 자신의 연구를 연구방법론에 관한 연구로 수행하는 경우도 있다 (Johnson, 1975). 이런 경우 모든 코딩범주는 연구방법과 관련된다. 이 책의 각 장과 소단원의 제목들은 이와 같은 연구에서 코드의 역할을 할 수 있다. 사실 이 책은 우리의 연구 경험의 산물이며, 이 책을 준비하는 과정에서 우리는 지금까지 해왔던 연구와 우리가 지도한 학생들의 연구 데이터를 계속해서 읽었다. 그래서 이러한 데이터를 체계적으로 조직했던 하나의 코딩체계가 이 책의 구성으로 되었다. 이미 앞에서도 설명했듯이 어떤 연구일지라도 한 가지 이상의 코딩군을 사용한다. 연구방법론에 대한 연구를 수행하는 연구자는 "과정 코드들"을 사용하여 데이터를 체계적으로 조직하는데, 이 경우 연구 활동의 순서나 계열이 코드명(예: 연구설계, 연구현장의 선정, 라포르의 형성, 자료분석)이 된다.

보통 많은 양의 관찰자 주해도 "방법"이란 코드를 부여한다. 다음은 이런 코드를 부여한 유치원 프로그램에 대한 연구에서 발췌한 관찰자 주해의 예이다.

> (O.C.: 이들 세네 살 아이들과 함께 이 연구현장에 있다는 것이 정말 묘한 기분이다. 내 스스로 거북함을 느껴야 할 아무런 이유가 없다고 본다. 하지만 어제 박물관으로 견학을 갔을 때, 나는 이 아이들 중 한 명으로 행동하려고 했다. 나도 이들과 똑같이 줄을 맞추는 등의 행동을 했다. 사실 잘 되지는 않았다. 다른 아이들처럼 내 어린 짝에게 손을 잡자고 손을 내밀었는데 이 짝이 내 손을 거부했을 때는 특히 더 불편함을 느꼈다.)

5.2.2 사전에 정해진 코딩체계

2장의 연구설계와 평가연구에서 논의한 것처럼, 연구자들은 한 가지 연구장소나 상황, 한 명의 연구참여자의 특정한 문제나 측면을 탐구해 달라는 연구 대행을 의뢰받는 경우가 종종 있다. 이런 경우 코딩범주들은 어느 정도 연구 대행을 의뢰하는 사람으로부터 주어지는 것이 보통이다. 장애학생에 대한 연구에서 우리는 이 연구를 발주한 사람들이 원하는 데이터를 수집하기 위하여 영역별 목록(그림 5.5)을 개발하였다. 이 목록은 뒤에 코딩범주로 발전되었다. 평가연구를 위한 코딩체계는 대개 연구비를 주는 기관과 연구를 수행하는 연구자 사이의 협약 사항에 영향을 받는다. 따라서 코드명은 이 협약 사항으로부터 만들어진다.

〈그림 5.5〉 통합교육에 대한 사례연구의 관찰 지침서

아래는 데이터 수집을 위한 전반적인 영역과 이 영역의 하위에 속하는 여러 가지 구체적인 주제들이다. 우리 연구자는 장애를 가진 학생들을 위한 통합교육과 관련된 영역의 정보에 관심이 있다. 예를 들어, 어떤 학교가 개혁지향성 학교로 유명하다면, 이 학교에서 구한 정보는 변화에 대한 그 학교 교직원들의 성향을 말해줄 수 있기 때문에 그 정보는 관심이 가는 정보이다.

통합교육을 실시하는 학교에 대한 서술(그 학교의 여러 가지 배경을 몇 쪽으로 서술)

- 건물과 운동장 등에 대한 물리적 배경
- 역사적 배경
- 재학생 수
- 지역사회에 대한 배경
- 교직원
- 잘 알려진 몇 가지 특징
- 명성
- 유명한 졸업생이나 동문
- 위치

통합교육을 담당하는 학급이나 프로그램

- 학교에서 배치된 위치
- 배경과 역사－장애를 가진 학생들과 언제, 어떻게 시작했는가(예: 이 학급이나 프로그램에 참여할 학생들 선정 절차, 이 학생들의 배정 과정이나 방법, 교사의 참여과정, 부모 참여과정)
- 이 학급의 공간 배치에 대한 서술(예: 학습센터, 장애학생용 교구나 장비를 두는 공간, 벽에 걸린 물건들, 학생들 책상 배치 모양, 교사용 책상의 배치 위치 등)
- 관리조직체－교사와 관련 인력의 배치, 의사결정을 내리는 책임자
- 성적주는 방법
- 교사훈련 프로그램

통합교육을 담당하는 교사와 그 외 교직원들

- 옷 입는 스타일
- 생김새에 대한 서술
- 교사 경력
- 교사 자신들이 하고 있는 일에 대한 생각, 특히 장애를 가진 학생들을 학급에 통합하려고 노력하는 방법에 대한 생각
- 장애를 가진 학생, 이 학생의 부모, 학교의 행정을 담당하는 교장과 교감 등에 대한 생각. 통합교육의 성공적 실시에 영향을 주는 요인은 무엇인가?
- 통합교육을 담당하는 교사로서 사물을 보는 관점
- 일상적인 하루 일과
- 장애를 가진 학생뿐만 아니라 일반 학생들과의 관계
- 통합교실에 투입된 추가 교직원(보조 교사, 인턴 교사 등)
- 통합교실과 연관된 그 외 교직원들(이들의 역할과 생각)

- 음악, 미술, 체육 담담의 "특수" 교사 – 통합교육에 참여하게 된 이유와 생각, 통합교육에서 이들 교사의 중요성
- 정규 학급 교사들과의 관계(동료 관계, 지원)
- 정규 학급의 어떤 동료교사가 통합교육을 후원하고 지원하는가?

장애아로 정의된 학생들

- 장애학생의 행동과 정상 학생들의 행동의 유사점과 차이점
- 친구관계 – 장애학생과 친구 관계인 학생들은 누구인가(친구 관계도), 이 관계에 미치는 교사의 영향
- 일상적인 하루 일과
- 옷 입는 스타일과 생김새에 대한 서술
- 치료 과정에 대한 서술
- 지금까지 학교생활과 가족력
- 학급의 다른 학생들에게 어떻게 비쳐졌고 어떤 취급을 받았는가?
- 교실에서 이 학생들의 위치 – 교사로부터 위치, 다른 학생들과의 위치
- 이 학생들을 설명할 때 다른 사람들이 사용하는 단어들
- 교사는 이 학생들의 진보를 어떻게 정의하는가(다른 학생들과 비교하여 같다/다르다), 사회성 발달의 목적과 학업성취의 목적 사이의 균형
- IEP 개별화 교육 프로그램 (아래의 교육과정 영역참조)
- 교사와 이 학생들과의 접촉 빈도와 접촉 성격(다른 정상적인 학생들과 비교하여)

정상 학생들

- 생김새에 대한 서술
- 학업에 대한 서술
- 옷 입는 스타일
- 배경
- 다른 학생들과 교사와 어떻게 지내는가?

교육과정

- 내용(사용되는 자료, 교구, 개별화 부분)
- 실시 과정(전체 학급 대상, 소집단 대상, 개인 학생 대상, 통합교육 부분과 장애학생 부분)
- 장애학생과 정상 학생을 위해 배분된 시간량
- IEP 개별화 교육 프로그램(있다면 누가 만들었는가, 실시되었는가, 적합한가)

부모

- 교사와 만난 빈도와 만남의 성격
- 부모는 통합교육에 자신의 아이를 참여시키고자 했는가?
- 통합교실과 통합 프로그램에 부모의 참여 정도
- 장애학생을 위한 IEP에 부모의 참여
- 통합교육과 이 프로그램의 성공에 대한 부모의 견해

교장과 그 외 지원 및 행정담당 교직원

- 이 프로그램에 대한 이들의 역할과 관계(학생 배치, 학부모와의 상담 등)
- 이 프로그램과 교실에 대한 이들의 정의
- 이 프로그램이나 교실을 위해 지원해 준 것과 해 주지 않은 것에 대한 서술(자료, 인적 자원, 긍정적인 대중과의 관계, 이 프로그램에 대한 현직교사의 연수과정 개발)

* 위의 도표는 Robert Bogdan과 Ellen Barnes가 작성한 것이다. 이 연구는 National Institute of Education으로부터 연구비 지원으로 수행되었다.

5.2.3 코딩과 분석에 주는 영향

수집한 많은 양의 데이터에 코드를 적으려고 할 때, 코딩범주는 연구자가 어떤 데이터를 주시해야 하는지를 알려준다. 그런데 이것은 많은 데이터 중에서 어느 부분을 살펴봐야 한다는 힌트에 불과하다. 따라서 분석과 해석은 단지 데이터에만 근거를 둔 채 연구자의 관점과는 무관하게 행해진다는 그런 의미는 아니다. 연구자가 데이터 중에서 어떤 과정과 활동, 사건, 연구자의 관점을 코드로 부여할 만큼 중요하게 생각하는가는 사회적 가치와 세상을 이해하는 방식에 영향을 받는다.

연구자마다 가지고 있는 이론적 관점이나 경향은 데이터에 대한 이해와 중요하게 생각하는 부분, 처리 방법을 결정한다. 예를 들어, 페미니즘의 사회적 가치에 대한 덜 엄격한 견해는 남녀 성을 어떻게 하나의 분석 범주로 고려해야 하는지에 대한 생각의 변화를 가져왔다. 스미스(Smith, 1987)의 주장에 따르면, 페미니즘은 4장에서 언급한 인터뷰할 때의 민감성과 더불어 더 중요하게는 데이터의 분석과 해석에도 영향을 주어왔다고 한다.

뿐만 아니라 데이터를 해석한다는 것은 연구자가 중요하게 생각하는 토픽에 대해 일종의 대화를 하는 것이다. 따라서 연구자가 원하지 않는 다른 관점과 방식으로 데이터에 코드를 부여하고 분석하려고 하지는 않는다. 우리 중 한 명은 초등학교 여교사의 교사직에 대한 관점을 연구한 적이 있었다. 일반적으로 남자 교사에 비해 여자 교사의 경우 자신들의 일에 대해 적극적으로 헌신하고 전념하지 않는다는 여교사의 교사직에 대한 사회학 관련 이론들을 데이터 분석을 위한 배경 이론으로 활용하지 않은 채 연구자는 이론이 아니라 자신이 관심 있는 관점에 따라 수집한 데이터를 분석했다(Biklen, 1995). 따라서 분석은 연구자의 관점에 의해, 이론적 경향에 의해, 그리고 연구참여자에 관한 대화에 의해 이루어진다.

질적 연구의 초보 연구자가 이론을 어디에 두어야 할지 아는 것은 종종 어려운 일이다. 어떤 연구자의 경우 권력이나 남녀의 성, 갈등 같은 것과 관련된 특정한 이론에 따라 질적 연구를 수행한다. 이러한 이론들은 데이터 수집 전부터 연구에 영향을 미치며 이런 영향은 전체 연구과정의 형성과 구성의 틀을 좌우한다. 자신의 연구를 특정한 이론적 배경이나 패러다임에 두고 질적 연구를 수행하는 연구자들도 있는데, 종종 이런 점을 인식 못하기 때문에 특정 이론이나 패러다임의 이름을 밝히지 않는다. 외과 의사에 대한 보스크(Bosk, 1979)의 연구의 경우, 기능적 사회학 패러다임에 두고 있지만 논문에서 결코 이 패러다임을 논의하거나 언급하지 않았다. 여전히 많은 질적 연구자들은 연구 시작 단계에서 어떤 이론적 배경이나 패러다임이 연구 수행 방법과 절차를 결정하거나 수집하는 데이터에 중요한 영향을 미칠지 분명히 알지 못한 채 연구를 수행한다. 그런 다음, 데이터 수집 과정에서 수집하는 데이터에 대한 이해의 필요성이 제기됨에 따라 특정한 이론들을 살펴본다. 연구자의 이론적 배경이 출간된 연구물에 "끼워져" 있을 때, 초보 연구자들이 이런 연구물을 읽으면서 이론적 배경을 배우기 어려운 한 가지 이유는 데이터와 이론이 혼합된 관계로 서로 잘 엮어지도록 연구자는 글을 써야 한다고 배웠기 때문이다. 아래의 두 예는 연구결과의 분석에 이론을 어떻게 연결시키는지를 보여준다.

예 1: 레슬리 보가드(Lesley Bogad, 1998)는 대중 매체에 대한 문맹에 관심이 있었다. 자신을 페미니스트라고 한 그녀는 여자 청소년들의 대중 매체에 대한 문맹에 관한 연구를 하고 싶었다. 페미니즘과 연관된 이 연구자의 이론적 배경은 여러 가지 면에서 연구 초반의 결정에 영향을 미쳤다. 첫째, 연구자는 여성이라는 성에 관한 의문에 관심을 가지고 있었다. 둘째, 연구자는 대중 매체가 여자 청소년들의 성에 관한 개념 형성에 중요한 영향을 미친다고 생각했다. 자신의 정보제공자들과 인터뷰를 함으로써 연구자는 대중 매체에 대한 문맹에 관한 자신의 여러 가지 가정들이 틀렸음을 알게 되었다. 연구자는 대중 매체에 대한 문맹이라는 자신의 정의가 너무 제한적이어서 다른 형식의 대중 매체는 포괄하지 못한다는 사실을 발견했다. 연구자는 대중 매체에 대한 문맹은 대중 매체 그 자체보다 더 많은 것과 연관되어 있음을 알게 되었다. 대중 매체에 대한 문맹의 정의는 이데올로기와 권력, 사회적 분화에 관한 "문맹"까지도 포함해야 함을 연구자는 알게 되었다. 연구자는 자신이 알게 된 이러한 결과를 반영하려면 문화연구(cultural studies)가 가장 적합한 연구틀이라는 결론을 내리게 되었다.

예 2: 페넬로피 에커트(Penelope Eckert, 1989)는 언어학을 배웠고 청소년들이 특정한 사회적 정체성을 어떻게 가지는지를 연구할 당시에는 인류학을 공부했다. 자신의 연구를 시작하기 전, 그녀는 정체성 형성 과정의 핵심에는 사회 경제적 지위가 있다고 굳게 믿었으며, 특정 사회 기관이나 조직이 사람들의 사회적 계층을 만들어낸다고 생각했다: "전 세계적으로 학교교육이란 젊은 사람들에게 사회 체제 안에서의 여러 역할을 담당하도록 준비시키는 과정을 통해 앞 세대의 문화적, 사회적 체제가 그대로 유지, 전승되도록 하는 것이다"(Eckert, 1989, p. 7). 그녀가 몰랐던 사실은 고등학생들 사이에서 사회 계층이 사회적 정체성 형성에 어떻게 작용하는지였다. 그녀의 연구는 노동자 계층에 속한 학생들의 경우 가족뿐만 아니라 친척, 이웃이 가까이 살다 보니 다양한 연령층이 모여 친구 집단을 형성하게 되었고, 이런 집단 형성은 어른들과의 친밀한 관계를 가지기 어렵게 했다. 그녀는 많은 수의 노동자 계층 출신의 청소년들이 "마약에 빠진" 사람들로 낙인찍히는 과정을 서술하였다. 반면, 중산층 계층 가정의 학생들은 비슷한 나이의 친구들과 집단을 형성하는 경향이 있었고, 어른들과의 상호협력적 관계를 갖는데 익숙했다. 이 학생들은 "모범생"으로 불리는 경향이 있었고 착한 학생으로 인식되었다. 이러한 각각의 범주에 속한 학생들은 학교에서 주로 활동하는 장소도 서로 달랐고, 다른 학생들과 학교와 관련된 어른들과의 관계도 서로 다르게 형성했다. 설령 이 두 범주 중 한 곳에 분명하게 속한다고 할 수 없는 학생들도 이 두 범주에 의해 크게 영향을 받았다.

위에서 살펴본 두 가지 연구는 각각의 연구 수행 과정에서 서로 다른 시점에서 이론을 어떻게 사용하고 있는지를 잘 보여주고 있다. 좀 더 정확하게 말하자면, 연구 과정의 서로 다른 시점에서 이론을 다루고 있지만 복잡한 정도에 있어서는 차이가 있음을 알 수 있다. 그렇지만 이들 두 연구자는 똑같이 자신들의 연구결과에 놀랐고, 정보제공자들로부터 어떻게 그들의 세계를 이해해야 하는지를 배웠다. 자신의 연구가 이론과 맞물려 있다는 것은 아무 생각도 없이 데이터를 그냥 긁어모으는 과정은 아니라는 뜻이다. 이론은 연구자가 알았거나 깨닫게 된 여러 가지 모순들을 생각해보고 해결할 수 있도록 해주며, 이런 모순들은 수집한 데이터의 중요한 부분을 더 깊이 있게 조사해보도록 하며, 이론을 확장할 수 있도록 해 준다.

5.3 데이터 처리의 기계적 방법

데이터 수집을 마쳤다면 이 데이터를 어떻게 해야 적절하게 잘 다룰 수 있을까? 여기서 말하는 데이터는 현장조사를 하는 가운데 수집된 서술식 자료의 파일(인터뷰 녹취록, 현장조사록, 신문 기사, 공식자료, 연구참여자의 메모 등)을 말한다는 사실을 명심해야 한다. 연구자 자신의 메모와 생각 조각을 적은 것, 관찰자 주해, 다이어그램, 연구자가 기록한 통찰 등도 데이터와 동일하게 취급해야 한다. 데이터를 기계적으로 취급한다는 것은 연구자가 수집한 자료를 보기 쉽도록 서류 파일이나 폴더, 컴퓨터 파일로 정리, 분류하는 실질적인 방법을 말한다. 연구자가 연구현장에서 배운 것을 토대로 연구결과를 적으려고 하면 그에 해당하는 데이터를 추적하여 읽을 수 있도록 조직해야 한다. 기계적으로 데이터를 다루는 방법이 상당히 중요한 이유는, 현장조사 이후의 연구 활동의 방향을 연구자에게 알려주어 일어날지 모를 시간 계획의 혼선을 막고 짜임새 있게 해 주기 때문이다. 데이터 처리의 전반적인 계획을 세우는 것이 중요한데, 그렇다고 해서 특정한 유형들의 계획이 존재해서 연구자가 그 중에서 한 가지를 선택해서 따라야 하는 것은 아니다.

질적 데이터 분석에 사용할 수 있는 여러 가지 컴퓨터 소프트웨어가 있으며 더 좋은 소프트웨어가 계속해서 만들어지고 있다. (예를 들어, HyperResearch, Nudist, Ethnograp, HylperQual, Qualpro 등이 있음. 특정 프로그램에 대한 좀더 자세한 정보는 Richards & Richards, 1994; Tesch, 1990; Weitzmann & Miles, 1994를 참조.) 소규모의 개인 연구를 수행하는 연구자들은 이런 컴퓨터 프로그램을 사용하지 않은 데이터 분석을 여전히 선호하고 있다. 여기서는 자료를 기계적으로 조직, 분류하는 기초적인 방법에 대해 설명하려고 한다. 이 설명은 데이터 분석을 위해 연구자가 컴퓨터 프로그램을 사용하든 하지 않든 적용되는 것이며, 설령 특정 컴퓨터 프로그램을 사용하는 쪽으로 결정하더라도 조금만 손질하면 쉽게 이 프로그램에 맞게 사용할 수 있는 방법이다. 이 방법은 여러 가지로 변형하여 사용할 수 있으므로 정확하게 어떻게 이 방법대로 데이터를 분석할 것인지는 연구자가 원하는 분석의 정밀 정도와 연구자의 개인적 선호, 연구자가 사용 가능한 자원(연구 보조원의 고용, 연구비, 컴퓨터 같은 장비, 시간 등), 연구자가 수집한 자료의 양, 그리고 연구자의 목적 등에 따라 다르다.

어떤 연구자의 경우 데이터를 기계적으로 다루는 이러한 방식으로 데이터를 분석하려고 하지 않는다는 점을 먼저 밝히고자 한다. 이들은 데이터를 전체적으로 쭉 살펴본 후 기억에 남는 것을 토대로 연구결과를 작성하는 눈대중 방식을 사용한다. 그런데 이 방식은 취급할 데이터 양이 적고 연구목적이 제한적인 경우, 또는 천재적인 연구자인 경우라면 효과적일 수 있지만, 설령 그렇다고 하더라도 권장하고 싶은 방법은 아니다. 데이터가 체계적으로 분류되어 있지 않다면 수집한 데이터에 관해 깊이 있게 생각한다는 것은 상당히 어려운 일이다.

앞에서 제시한 현장조사록 작성과 논의 부분의 조언을 따라 연구를 수행했다면, 여러분의 녹취록의 좌우에는 상당한 여백이 있을 것이고 그 내용은 많은 문단으로 나누어져 있을 것이다. 첫 번째 단계는 간단한 집안 청소일과 같은 것으로 여러분의 모든 파일을 찾아내어 순서대로 정렬한다. 대부분의 사람들은 파일을 시간 순서대로 정렬하는 것을 좋아한다. 마찬가지로, 녹취록도 데이터가 수집된 날짜와 시간 순서에 따라 쪽수를 매기는 것이 보통이지만, 여러 가지 다른 종류의 데이터를 수집했다면(인터뷰, 현장조사록, 공식문서 등) 비슷한 종류의 자료들끼리 묶어서 순서대로 정리하는 것이 좋다. 날짜와 시간 순서대로 정리하는 것과 유사한 종류의 자료들끼리 묶어서 정리하는 것은 어느 방식으로 하든 별다른 차이는 없다. 단지 중요한 점은 원하는 자료를 추적하고자 할 때 쉽게 찾을 수 있게만 정리하면 된다. 파일을 정리할 때, 나중에 연구자 자신도 혼동되는 방식으로 해서는 안 된다. 데이터를 분석하기 전에 원본 데이터의 파손이나 오염을 막기 위해 먼저 복사본을 만들어두는 것이 좋다. 분석을 하는 도중에 데이터 순서를 바꾸었다든지 또는 어떤 식으로든지 변형이 있었다면, 보관된 이 원본 데이터를 참조하면 된다. 그리고 이 보관된 원본 데이터는 예비용이므로 안전한 곳에 보관하도록 한다.

위에서 말한 것처럼 데이터를 정리했으면 상당한 시간을 확보하여 다른 사람이나 일에 방해받지 않고서 적어도 데이터를 두 번 정도 세심하게 읽는다. 방해받지 않는 상당한 시간을 가져야하는 것은 다른 일로 인해 연구자의 집중이 중간에 끊어진다면 데이터의 전반에 대한 감을 잡기가 어렵기 때문이다. 특히 관찰자 주해와 메모에 대해 특별한 주의를 기울여 읽도록 한다. 이렇게 읽는 동안 연구자는 코딩범주의 초벌 목록의 작성을 시작해야 한다. 공책을 옆에 두거나 컴퓨터에 워드 파일을 만들어 가능한 코드가 생길 때마다 적어둔다. 또한 데이터 분석단계에서 떠오른 아이디어와 아이디어 사이의 연관성을 알아볼 수 있는 다이어그램 등을 적어두어야 한다(Miles & Huberman, 1994).

코드를 만들 때는 연구자에게는 낯설지만 연구참여자들이 사용한 단어와 문구를 찾도록 한다. 이 특수한 어휘들은 중요한 탐색이 필요한 연구현장의 어떤 측면을 알려주는 신호 역할을 하기도 한다. 찾은 문구들 자체가 코딩범주로서의 역할을 하지 못할 때는 이들을 대표할 수 있는 포괄적 코드를 만들어서 이 코드 아래에 문구들을 배치한다. (이런 방법에 대한 좋은 논의는 Spradley(1980)을 참조하기 바람.)

초벌 코딩범주들을 생성한 후, 이 범주들을 약어로 만들어 데이터 단위로 정한다. 이 범주들을 필요에 따라 수정하고 전체 데이터를 다시 한번 읽으면서 해당하는 데이터 단위에 코딩범주의 약어를 적는다. 만약 질적 데이터 분석용 컴퓨터 프로그램을 사용한다면 데이터에 코드를 부여하는 방식에 대한 매뉴얼을 읽도록 한다. 위에서 언급한 데이터 단위(unit of data)란 현장조사록과 녹취록, 문서 등의 일부분으로 코딩범주에 의해 대표되는 특정한 주제 아래에 배정되는 것을 말한다. 현장조사록과 인터뷰 녹취록의 경우 보통 문단들이 데이터 단위에 해당하는데, 가끔 여러 문단들이나 문장들도 데이터 단위가 될 수도 있다. 분석하려는 데이터에 코딩범주들을 처음 부여해봄으로써 연구자가 만든 그 범주들이 얼마나 데이터를 대표하여 잘 나타낼 수 있는지 점검할 수 있다. 이 반복된 점검 과정을 거치면서 처음의 코딩범주는 수정되기도 하고, 새로운 코드들이 만들어지기도 하고, 어떤 코드들은 폐기되기도 한다. 여기서 중요한 점은 한 번에 최적의 코딩체계를 만들려고 해서는 안 된다는 것이다. 어떤 코딩체계가 최적인지는 연구자의 목적에 따라 좌우된다.

코딩체계를 만들 때, 예를 들면 30개에서 50개 정도의 코드로 그 개수를 한정하는 것이 좋다. 이 코드들은 연구자의 주장이나 결론을 입증할 대부분의 주제들뿐만 아니라 연구자가 더 탐색하고자 하는 주제들을 대표할 수 있어야 한다. 다른 코드들을 사용해서 똑같은 데이터를 코딩함으로써 어느 코드가 더 좋은 대표 가능성이 있는지를 알아본다. 새로운 코드 목록이 만들어지면 같은 방법으로 이 목록을 점검해본다. 이때 새로운 코드 목록은 어떤 모양으로 연구결과의 작성을 이끌지 추측해본다. 또 종이에 코드들을 주제별로 대강 묶어 연구자의 데이터를 나타내는데 적합한지 알아보는 것도 시도해볼만하다.

이 시점이 되면 연구자가 가지고 있는 데이터가 연구자의 관심 분야를 충분히 포함하고 있지 않음을 알게 되어 어떤 결정도 내리지 못할 수도 있다. 이런 경우에는 그 때까지 가지고 있는 데이터에 기초하여 연구자의 관심을 재진술한다. 어떤 경우에는 아주 긴 코드 목록이 생성되기도 하는데 이런 경우에는 줄이도록 한다. 50개 이상의 주요 코드가 있다면 분명히 이들 중에는 중복된 것이 있을 것이다. 물론 데이터나 코드를 버리는 것이 쉽지 않지만, 데이터 분석은 데이터를 전체적으로 줄이는 감축 과정이다. 따라서 코드수를 제한하는 것이 절대적으로 필요하다. 그리고 데이터 분석을 본격적으로 할 시점에는 코드들이 거의 결정되어 있어야 한다.

정보는 코드에 따라 다른 수준으로 분류된다. **대표코드**(major codes)는 좀더 일반적인 것으로 광범위한 활동과 태도, 행위 등을 포함하여 통합시키는 역할을 한다. **하위코드**(subcodes)는 이들 대표코드들을 더 작은 단위로 나누어 분류하는 역할을 한다. 30대 이후에 자녀를 가진 전문 직장 여성의 일과 가족생활에 대한 연구에서 "자녀 돌보기"라는 대표코드는 "자녀 돌보기의 지금까지의 역사", "재정적인 면", "자녀 돌보기의 타협", "좋아하는 자녀 돌보기", "자녀 돌보기에 대한 책임감"의 다섯 가지 하위코드로 나뉘어 분류되었다. 남녀 성에 따른 교수-학습 활동의 문화에 대한 연구에서 "협력 관계"는 여러 대표코드 중의 하나였다. 이 대표코드 아래에는 "지원"과 "갈등", "이행" 등이 하위코드로 있었고, 이 하위코드는 교사들 각자에 의한 관계로 세분화되었다. 하위코드를 만들려면 먼저 대표코드들을 정한 다음 각각의 대표코드에 해당하는 데이터를 세심하게 읽는다. 이 대표코드가 나타내는 데이터를 더 작게 나누는 것이 편리하다면 하위코드를 만들고 이 하위코드를 사용해서 분석을 진전시켜 나간다(Strauss & Corbin, 1990 참조).

〈그림 5.6〉 '만성 실업자' 취업 프로그램에 대한 연구에 사용되었던 코드

1. 훈련생들의 출석
2. 훈련센터(물리적 측면, 인지도, 다른 훈련 프로그램들)
3. 이 프로그램의 협력 기업체들
4. 프로그램 참여 정도에 따른 훈련 교사진의 정의
5. 훈련 교사진이 본 훈련생들
6. 기업체 인사담당자들이 본 훈련생들
7. 훈련생들의 직업에 대한 시각
8. 직업훈련에 대한 훈련생들의 생각
9. 훈련 교사진에 대한 훈련생들의 시각
10. 훈련생들의 자신과 다른 훈련생들에 대한 생각
11. 훈련생 모집과 선발(어떻게, 왜 이들은 이 프로그램에 참여하는가)
12. 훈련생들의 배경
13. 낙제하여 "유급된 훈련생"
14. 공장 견학
15. 이 프로그램의 성공(성공 여부의 측정방법, 여러 사람들이 생각하는 성공 여부)
16. 방법(끼어들기 등)
17. "핵심 훈련생들"
18. 농담하기
19. 후속조치
20. 훈련생들 사이의 관계
21. "거짓말하기"
22. "중도 포기자들"
23. 상담하기
24. 기업체에 소개를 위한 회의
25. 지루함
26. "시간 죽이기"
27. 극빈 프로그램
28. "현장실무형 훈련"
29. 이 프로그램의 역사
30. 훈련생들이 일으키는 말썽
31. 부당이득 취하기
32. "일한 대가"
33. 어린 아이들
34. 이웃들의 생활 상태
35. 큰 사업과의 연관
36. "상담하기"
37. 정부의 취업 서비스
38. 시간(훈련생들이 정의하는)
39. 잡담
40. 돈

41. 프로그램 책임자

42. 훔친 텔레비전

43. 상공회의소

44. 훈련 활동들

코딩범주의 개발을 완료했다면, 이를 목록으로 만들고 각각의 코드에 약어나 숫자를 부여한다. 어떤 연구자들은 약어나 숫자를 부여하기 전에 이 코드 목록을 알파벳 순으로 정렬한다. 이렇게 하는 것은 코드 목록의 기억을 용이하게 하는데 도움이 된다(〈그림 5.6〉의 만성 실업자를 훈련 프로그램의 연구에 사용되었던 코드 목록을 참고). 이제 모든 데이터를 읽으나가면서 각 단위(문단이나 문장 등)에 적합한 코드를 적는다. 이렇게 코드를 적을 때는 문장을 세밀하게 살펴보고 조사하면서 어떤 코드가 각 단위의 데이터를 대표하는지 판단한다. 그리고 데이터의 한 단위가 어디에서 시작해서 어디서 끝나는지를 결정한다. 종종 데이터 단위는 중복될 수도 있고 특별한 데이터 단위는 한 가지 이상의 코드를 부여할 수 있다. 따라서 대부분은 아니지만 데이터의 많은 단위들 옆에는 한 가지 이상의 약어나 숫자가 붙을 수 있다. 코드를 나타내는 약어나 숫자를 부여할 때, 그 코드가 어떤 문장의 어디까지를 포함하는지 밑줄이나 괄호 등으로 정확하게 표시해야 한다. 이러한 방법을 예시하기 위하여 코드가 부여된 녹취록의 인쇄본(그림 5.7)을 예로 제시하였다.

연구자들이 인쇄본을 가지고 분석을 할 때, 보통 녹취록 원본에 코드를 붙인 다음 이것을 복사본으로 만들어 분석하고 원본은 순서가 뒤섞이지 않도록 조심하여 따로 보관해둔다.

5.4 컴퓨터를 활용한 데이터 분석

데이터 분석을 용이하게 하는 컴퓨터 소프트웨어 프로그램들을 질적 데이터 분석용 컴퓨터 보조 소프트웨어(Computer Assisted Qualitative Data Analysis Software, CAQDAS)라고 총칭해서 부른다. 여기서 "보조"라는 단어 뜻이 중요한데, 카르바잘(Carvajal, 2002)도 언급했듯이, 컴퓨터 프로그램은 분류와 조직을 위한 도구로서만 도움이 될 뿐 연구자를 위해 분석을 대신해주는 것은 아니다. 여러 컴퓨터 프로그램은 데이터에 접근성을 용이하게 해 준다. 실(Seale, 2002)은 인터뷰를 사용한 연구에서 CAQDAS의 다양한 예와 유용한 배경 지식을 제공하고 있다.

이와 같은 질적 데이터 분석용 프로그램 중 하나를 사용할 때, 연구자는 데이터 단위나 단위가 되는 데이터의 경계를 정하고 여기에 약어나 숫자로 된 코드 기호를 붙인다. 녹취록의 적절한 위치에 이 코드 기호를 붙이게 되면 컴퓨터는 동일한 코드가 부여된 모든 문장이나 문단, 어절을 추출해준다. 예를 들어, 초등학교 3학년 교실에 대한 연구에서 "학생들 사이의 친구관계"가 많은 코드 중의 하나라면, 이 코드가 부여된 녹취록의 모든 데이터 조각이 명령어 입력으로 녹취록에서 추출된다. 연구자는 컴퓨터 화면으로 추출된 이 데이터를 볼 수 있고 프린트도 할 수 있다. 이렇게 데이터가 추출될 때, 컴퓨터 프로그램은 추출된 모든 데이터의 출처를(녹취록의 쪽번호와 줄번호) 자동으로 표시해준다. 연구자는 코드에 따라 추출된 이들 데이터로 새로운 파일을 만들어 이 파일 내에 다시 하위코드를 부여하고 더 세밀한 추가적인 분석을 할 수 있다.

하나의 데이터 단위에 대해 복수의 코드가 부여되기도 하고 코딩된 문장의 일부분 토막인 어구도 서로 중복될 수 있다. 이런 어구들은 여러 가지 다른 범주로 동시에 분류될 수 있다. 또 컴퓨터 프로그램은 그 데이터 파일에서 각 코드가 출현한 횟수도 계산해서 나타내준다. 이런 컴퓨터 프로그램을 사용하면, 각 코드에 해당하는 복사본 녹취록 부분을 가위로 잘라서 보관해 둔 폴더를 여러 부 종이로 복사해야 하는 수고를 들 수 있다. 컴퓨터 프로그램을 사용하면서 종이로 인쇄된 내용을 보면서 분석하는 것을 더 좋아한다면 언제든지 해당하는 부분 전체나 일부분을 복사하면 된다. 컴퓨터 프로그램을 사용하면 인쇄된 녹취록을 사용할 때보다 데이터에 대해 손쉽게 코드를 다시 부여할 수 있으므로 데이터 분석을 하는 동안 코딩체계를 바꾸는 것도 용이하다. 새로운 코드들은 쉽게 추가된다. 질적 연구법을 가르치는 교수는 어떤 프로그램들이 있으며 어디서 이용할 수 있는지를 알려주어야 한다. 보통 대학교의 컴퓨터 센터에 가면 이에 대한 정보를 구할 수 있으며, 심지어 어떤 대학교에서는 네트워크 상에서 질적 데이터 분석용 소프트웨어를 사용할 수 있도록 해 놓았다.

CAQDAS 프로그램을 사용해 보려고 한다면, 특정 종류를 선택하기 전에 다음 사항들을 먼저 고려해 보는 것이 좋다.

- 간단한 문자열 검색이 가능해서 데이터에 대한 연구자의 접근을 용이하게 하는 프로그램을 원하는가 아니면 가설 설정을 할 수 있는 기능을 가진 프로그램을 원하는가?
- 분석할 많은 양의 데이터가 있을 때 혹시 어떤 부분을 간과했을지도 모른다는 걱정이 되는가? 인간이기 때문에 중요한 데이터를 놓칠 수 있는 가능성을 줄이고 정확하고 엄밀하

게 데이터를 조사하고 싶은가?

- 녹취록의 문장만 코드 매기는 프로그램이 필요한가 아니면 그림과 비디오까지도 처리할 수 있는 프로그램을 원하는가?
- 코딩범주들 사이의 유용한 관계를 좀 더 편하게 발견할 수 있도록 해 주는 프로그램을 원하는가?

프로그램의 체계화나 조직의 정도는 프로그램마다 차이가 있으므로 연구자가 데이터를 생각하고 접근하는 방식과 동일하게 데이터를 처리하는 프로그램을 찾는 것이 좋다.

〈그림 5.7〉 손으로 직접 코딩 작업한 현장조사록

현장조사록

비스타 초등학교의 교사 휴게실

날짜: 1981년 2월 3일

교사임무	그러고 나서 교사휴게실에 혹시라도 누가 있는지 보려고 내려갔다. 운이 좋았다. 질 마틴이 첫 번째 책상에 앉아서 학생들의 과제를 검사하고 있었다. 케이시 토마스는 책상 주위를 어슬렁거리면서 담배를 피고 있었다. "안녕, 질. 안녕, 케이시. 같이 앉아도 되나요?"라고 내가 물었다. "물론이죠" 질이 답했다. "당신하고 남편이 중국에 있었다던데 맞아요?"라고 내가 물었다. 질은 "있었죠, 왜요?"라고 말하고는 케이시 쪽을 보면서 "이제 중국에 대해 알아요? 세리가 보여줄 만한 슬라이드를 가지고 있어요?"라고 말했다.
권위	케이시는 나한테 비록 "그들이" 6학년 사회과 교육내용에서 세계 공동체를 빼버렸더라도 이것에 대해 수업할 거라고 말했다. "그런데 '그들'이 누구인지 말해줄래요?"라고 물었다. "당신도 알잖아요 '그들'이 '그들'인거."
자율성	교사들이 교실에서 어떠어떠한 것을 가르칠 수 있다는 권한을 그들이 어떻게 부여했는지에 대해 질과 케이시 둘 다 불쾌해했다. '그들'이란 주정부의 개정된 6학년 사회과 교육과정을 전달했던 학교의 교장, 교감이었음이 드러났다. 주정부는 이 교육과정에서 "우리들이 중요하게 생각하는 모든 것을 빼버렸고" 6학년이 공부할 내용으로 "경제 지리학"으로 대체했다고 한다.
자기 것을 하기	질과 케이시 둘 다 "6학년들은 경제 지리학을 잘 이해할 수 없다"고 생각하고 있으며, 아시아와 아프리카의 세계 공동체라는 주제가 더 중요하다고

자기 것을 하기	생각하고 있다. 이들은 자신들이 원하는 것을 가르치려고 계획을 세웠다고 했다. 케이시는 "그들이 앞으로 어느 날 둘러보러 올 거예요"라고 말했다. "그래요? 케이시는 반란자에요?" 내가 물었다. "아뇨, 난 그저 내 것을 가르치고 싶을 뿐이에요."라고 말했다.
부모	잠시 이렇게 잡담을 한 후 질은 나에게 "당신은 우리가 무엇을 중요하게 생각하는 것에 관심이 있는 듯 하네요. 그 관심사 중 한 가지가 부모라고 생각되는데요"라고 말했다. 그녀는 어제 오후에 한 학생의 부모와 아동심리학자와 함께 참석했던 학부모 상담에 대해 말하기 시작했다. "그 학생의 행동 변화를 위해 저한테 큰 책임감을 지우는 것에 정말 화가 났어요."라고 말했다. 이들은 "아이들이 자신들의 행동에 대한 책임감을 가져야하는지를 부모가 알기에는 너무 어렵잖아요"라고 사탕발림으로 말하면서 그 학생에 대한 "관리"를 교사에게 넘겼다고 말했다.

큰 규모의 프로젝트인 경우 컴퓨터는 연구자들의 데이터 접근을 좀 더 쉽게 도와준다. 질적 데이터 분석용 컴퓨터 프로그램은 연구자들로 하여금 데이터의 동일한 내용에 대해 여러 가지 방식으로 코드를 쉽게 부여하게 해주며, 서로 다른 코드를 부여했던 데이터끼리 혹시 유사한 주제나 분석틀과 연관이 있는지를 비교해 볼 수 있게 해 주며, 동일한 데이터에 대해 여러 가지 다른 방법으로 분석해 볼 수 있게 해 준다. 아래의 내용은 질적 연구 소프트웨어를 소개하는 웹사이트로 이들 소프트웨어를 서로 비교해 볼 수 있다. 이들 프로그램은 코드의 개수도 구해준다. 281쪽부터 시작되는 〈그림 5.8〉은 '남녀 성별에 따른 단어 사용'이라는 연구에서 사용된 코드들의 예이다. 연구자들은 Filemaker Pro라는 소프트웨어를 사용해서 2년 동안 팀으로 수행된 프로젝트의 인터뷰 녹취록과 포커스그룹 녹취록에 코드를 부여하기 위해 코딩틀을 만들었다. 인터뷰와 포커스그룹의 녹취록은 워드 파일(MS Word를 사용하여)로 타이프 하였고, 이 파일을 화면에 띄워놓고 직접 코드를 메겼으며(이 연구는 팀으로 수행되었기 때문에 모든 녹취록은 두 개의 팀 구성원들에 의해 코드를 메겼다), 그런 다음 두 팀의 각 파일로부터 코드를 복사-붙이기로 전체 파일에 대해 코드를 메겼다. 그리고 연구자는 각 코딩범주의 전체 코드 옆에 네모 표시를 했다. 이 소프트웨어의 Find Mode를 사용하여, 연구자는 살펴보고자 하는 코드들 옆의 네모 표시에 체크 표시를 했고 해당 데이터가 화면의 여백에 나타났다. 예를 들어, "대학교수"와 "남녀 성별"이란 코드 둘 다에 체크표시를 했을 때, 대학교수와 관련된 주제들 중에서 남녀 성별문제로 코드가 부여된 12개의 데이터 예가 나타났다. 또 학생들에게 대학 캠퍼스에서 여학생으로서 생활한다는 것이 어떤지를 물었을 때, 이들은 자기 과의 남학생이나 여학생의 수를 언급한다는 사실을 우리 연구진은 깨달았다. 그래

서 이 과정을 나타내기 위해 “수치화”라는 코드를 만들었다. 이 “수치화”라는 코드 옆에 X 표시를 했을 때 남녀 성별과 관련된 코드가 메겨진 41개의 응답이 추출되었다. 285쪽의 〈그림 5.9〉는 수치화로서 코드가 부여된 데이터의 세 가지 예이다.

질적 데이터 분석용 소프트웨어를 위한 웹사이트

비상업용 사이트:

http://caqdas.soc.surrey.ac.uk/

CAQDAS Networking Project는 실제적이고 기술적인 지원과 소프트웨어 사용에 필요한 하드웨어와 소프트웨어의 환경에 대한 정보를 제공하고 있으며, 질적 데이터 분석용 소프트웨어에 대한 여러 가지 논의를 제공하고 있다. 이 사이트는 다른 어떤 소프트웨어 회사와의 상업적 링크가 없다.

http://www.lboro.ac.uk/research/mmethods/research/software/caqdas.html

이 사이트는 여러 종류의 CAQDAS 프로그램을 비교한 정보를 제공하고 있으며 접속자에게 각 소프트웨어 개발 회사의 프로그램 URL과 링크를 제공하여 특정 프로그램을 살펴볼 수 있게 해 두었다.

http://www.qualitative-research.net/fqs/fqs-e/inhalt2-02-e.htm

이 사이트는 온라인 저널인 *Forum: Qualitative Social Research*(포럼: 질적 사회 연구)의 특별판인 “질적 연구 과정에서 공학의 사용(Using Technology in the Qualitative Research Process)”을 게시해 놓은 곳으로 질적 연구의 초보자에게 도움이 되는 많은 중요한 논문을 제공하고 있다. 뿐만 아니라 마크업 언어(mark-up language, 예: HTML) 같은 특수한 관심사와 이에 대한 논의를 알고자 하는 CAQDAS 고급 사용자를 위한 도움도 제공하고 있다.

http://www.audiencedialogue.org/soft-qual.html

이 URL 주소에서 알 수 있듯이 이 사이트는 여러 소프트웨어에 대한 안내를 제공하고 있으며, 질적 연구용 소프트웨어에 관한 몇 가지 중요한 사항에 대한 견해를 서로 비교해 놓고 있다.

http://www.socresonline.org.uk/3/3/4.html

이 사이트는 온라인 저널인 *Sociological Research Online*(사회학 연구 온라인)을 볼 수 있는 곳으로 질적 연구자들에게 아주 유용한 온라인 저널이다. 특히 Atlas/ti와 NUDIST 두 소프트웨어를 비교한 Christine Barry의 논문은 아주 흥미롭다.

상업용 사이트:

http://www.qsrinternational.com

http://www.qsr.com.au

이 두 웹사이트는 NUDIST(최근에 발표된 두 버전인 N4 Classic과 N5를 포함하여)와 NVIVO의 여러 버전을 설계하고 개발한 QSR 그룹과 연결시켜 준다. 이러한 질적 연구용 소프트웨어는 모두 컴퓨터 보조 분석용이지만 서로 다른 방식으로 작동한다. NUDIST의 두 버전과 NVIVO 사이의 가장 큰 차이점은 분석 과정의 구조와 형식에 있다. NUDIST는 "trees"와 "nodes"를 중심으로 구조화된 코딩을 바탕으로 데이터 분석을 수행한다. NVIVO는 좀더 유연한 코딩체계를 가지고 있다. 이 두 종류 소프트웨어는 공히 질적 "가설 검증"이 가능하다. 이들 프로그램의 데모 버전을 다운로드 해서 어느 것이 더 좋은지 시험해 볼 수 있으며 CD로도 구입이 가능하다.

http://www.qualisresearch.com/ethnograph_software

*Ethnography*는 질적 연구용 소프트웨어의 원조 프로그램에 해당한다. 이 소프트웨어는 "문장에 기초한 질적 연구 데이터 분석용 소프트웨어"라고 불린다. 현재 사용 가능한 여러 프로그램과 같이 *Ethnography*는 워드 파일의 데이터를 불러와서 화면상에서 코딩을 할 수 있게 해준다. 연구자는 현장조사록이나 인터뷰 녹취록, 문서 등을 코딩할 수 있다. 다른 프로그램과 달리 *Ethnography*는 사진이 아닌 텍스트 데이터만 분석할 수 있다.

http://www.researchware.com/

질적 연구용 소프트웨어인 HyperRESEARCH를 위한 이 웹사이트는 제품에 대한 설명과 데모버전의 다운로드 링크 그리고 온라인 도움을 청할 수 있는 링크를 제공하고 있다. HyperRESEARCH 2.0은 또 다른 프로그램으로 데이터를 코딩하고, 한 개의 코딩범주에 해당하는 데이터를 조사하고, 서로 다른 코딩범주들이 같이 묶여질 수 있는지를 탐색하는 데 적합하다. Ethnography와는 달리 HyperRESEARCH는 텍스트 형식의 데이터뿐만 아니라 사진과 비디오에 대한 데이터 분석 작업도 가능하다. 이 소프트웨어는 질적 연구용 초기 소프트웨어지만 아직까지도 여전히 사용되고 있다.

http://www.atlasti.de.atlasueu.html

Atlas.ti도 다른 소프트웨어에 뒤지지 않는 또 다른 질적 연구용 소프트웨어로서 해석학(解釋學, hermeneutic나 interpretive)적 접근을 포함한 다양한 질적 자료의 분석에 유용하다. 이 소프트웨어는 텍스트와 사진, 오디오, 비디오 데이터의 분석이 가능하다. 창의적, 비구조적, 체계적이란 단어들이 이 소프트웨어의 데이터 분석 방법을 가장 잘 설명하고 있다.

http://www.scolari.co.uk

Scolari 웹사이트는 SAGE 출판사의 모든 소프트웨어 출시를 취급하고 있는 곳이다. SAGE는 질적 연구용 소프트웨어 프로그램의 대부분을 판매하고 있으므로 이 Scolari 웹사이트는 가격, 상품 유형, 여러 종류의 프로그램을 알아볼 수 있는 좋은 곳이다.

http://www.socresonline.org.uk/3/3/4.html

이 웹사이트는 *Sociological Research Online*의 온라인 저널 사이트이다. 이 저널에는 1998년 Linda Barry의 "질적 데이터 분석용 소프트웨어의 선택: Atlas.ti와 Nudist의 비교(Choosing Qualitative Data Analysis Software: Atlas.ti and Nudist Compared)"라는 논문이 발표되어 있는데, 이 논문은 CAQDAS에 관한 문헌들을 고찰하고 있고, 질적 연구용 소프트웨어의 초보 사용자를 위해 이 두 소프트웨어의 비교를 제시하고 있다. Barry는 간단한 프로젝트뿐만 아니라 복잡한 프로젝트를 수행하는데 있어서 이 두 소프트웨어의 장단점이 무엇인지를 비교하고 있다. 또 이 논문의 참고문헌이 특히 유용하다.

지금까지 설명한 것은 단지 컴퓨터의 아주 기본적인 기능들에 관한 것이다. 여러 코드 사이의 관계를 조사하여 가정과 주장을 설정하고자 하는 연구자를 위한 좀 더 정교한 프로그램들이 있다. 어떤 프로그램은 연구자의 연쇄적 추론과정을 추적할 수 있고, 어떤 것은 이론의 형성과 검증까지도 할 수 있다. 이러한 첨단 소프트웨어의 활용은 논쟁을 불러일으켰는데, 이 프로그램들이 실제 분석할 데이터보다 훨씬 더 정교하여 잘못 사용될 가능성이 있고 데이터 분석에 대한 환상을 가질 수 있게 한다는 비판을 받고 있다. 따라서 초보 연구자는 신중해야 한다! 질적 연구에 대한 많은 경험을 쌓게 되면 단지 소프트웨어의 정교함과 우아함 때문에 사용하는 경우는 줄어들 것이라 본다.

분석을 도와주는 컴퓨터 소프트웨어를 사용하지 않는 연구자는 “잘라내어 폴더에 넣기(cut-up-and-put-in-folders)” 방법을 사용한다. 이 방법은 컴퓨터 소프트웨어가 개발되기 전에 모든 종류의 질적 데이터를 분석할 때 사용되어 왔다. 이 방법은 현재 컴퓨터가 데이터를 분석하는 방식과 아주 유사하지만, 모든 것을 연구자가 직접 손으로 해야 하고 상당히 시간과 노력이 많이 걸리는 지루한 작업이며 쉽게 실수를 범할 가능성이 많다. 이 방법에 따르면, 코드 개수에 맞게 마분지 폴더를 준비하여 각 폴더마다 하나의 코드명을 적은 다음, 그 코드에 해당하는 프린트된 녹취록의 데이터 단위 내용을 잘라내어 해당 폴더에 넣는다. 코드가 메겨진 녹취록 전부를 이런 식으로 하는데, 잘라낸 단위 내용에는 해당 코드와 녹취록의 쪽수를 반드시 기록하여 잘라낸 내용이 녹취록의 어디에 있었는지를 추적할 수 있도록 해야 한다. 그리고 어떤 데이터 단위들은 한 개 이상의 코드가 메겨진 경우도 있기 때문에 그 해당 쪽을 복사하거나 여러 부의 복사본 녹취록을 준비하여 작업하는 것이 편리하다.

“잘라내어 폴더에 넣기” 방법을 사용할 때 필요한 많은 시간과 노력을 컴퓨터가 하는 작업량과 비교해 본다면 컴퓨터를 사용하는 기술적 이점은 너무도 명백하다. 하지만 초보 질적 연구자가 특수한 목적으로 만들어진 컴퓨터 소프트웨어를 사용하는 것이 바람직한가에 대해서는 여전이 논란의 여지가 있다. 소프트웨어의 사용에 대한 찬반 논쟁은 연구자가 소프트웨어 사용을 배우는데 소비하는 시간이 이를 사용함으로써 절약하는 시간과 같은지에 따라 좌우된다(이와 관련된 다른 논쟁들도 있는데 이에 대해서는 Pfaffenberger, 1988과 Clark, 1987을 참조바람). 컴퓨터 사용에 익숙하고, 새로운 컴퓨터 프로그램의 사용 방법을 배우는데 능숙하고, 적합한 소프트웨어가 있다면, 이런 컴퓨터 프로그램의 사용은 초보 연구자의 첫 번째 연구 프로젝트의 데이터를 분류하고 해당 데이터를 추출하는데 도움이 될 것이다. 만약 연구자의 프로젝트가 큰 규모의 연구라면, 예를 들어 수 백 페이지에 달하는 녹취록이 예상되는 학위 논문이라면 데이터 분석의 다양한 기술적인 측면을 익히기 위해서 컴퓨터 프로그램을 사용할 수 있다. 연구자의 첫 번째 질적 연구가 마지막이 아니라면, 즉 연구자가 연구경력을 위해 앞으로 계속 사용할 생각이라면 이런 프로그램을 당장 배우는 것이 좋다. 이런 프로그램을 사용하려고 한다면 주변에서 많이 보거나 듣거나 혹은 추천하는 프로그램을 하나 선택해서 사용하는 것이 좋다.

5.5 해석

아래의 내용은 데이터를 해석할 때 생각해 볼만한 추가적인 아이디어들이다.

① 질적 연구의 배경이 되는 기초적 아이디어들을 이해하는데 도움이 되는 글을 다시 읽어본다. 이 책의 첫 번째 장처럼, 다시 말해 질적 연구의 기초가 되는 이론적 기본 틀에 대해 설명되어 있는 장으로 돌아가서 읽기 시작한다. 예를 들어, 상징적 상호작용론의 기본 가정들은 무엇이며, 연구자 자신의 데이터에서 발견한 것들은 이들 가정들과 어떤 연관성이 있는가? 연구자가 생각하는 방식에는 상호작용론의 이러한 아이디어들이 반영되어 있는가 아니면 새로운 다른 이론적 틀을 사용하고자 하는가? 어떤 이론적 틀을 사용하고 있는가?

② 연구자의 연구와 관련된 학술지나 출판물에 실린 연구물을 읽는다. 그 저자들이 어떻게 자신들의 연구 수행 방식과 연구결과의 기여를 설명하고 있는지를 살펴보면서 읽는다. 여러분의 데이터와 읽고 있는 책과 논문에 실린 연구물과의 유사점과 차이점은 어떤가? 책과 논문의 저자들은 자신들의 데이터를 분석하고 해석하는데 있어 어떤 개념과 아이디어, 이론들을 사용하고 있는가? 이들 저자들의 연구결과에서 빠진 것이나 간과된 것은 무엇인가? 이들의 연구결과의 분석에서 빠진 것이나 간과된 것은 무엇인가?

③ 연구자가 연구하고 있는 연구대상자들과 연구 상황이나 장소에 대해 의도적으로 좋고 나쁨을 판단하려고 노력한다. 비록 질적 연구자의 경우 보통 어떤 것이 좋거나 나쁘다고 말하지 않으려고 하지만, 연구자 자신의 데이터와 연구자 자신과의 관계를 깊이 있게 알고자 하는 목적이라면 다음과 같이 질문하도록 한다: 지금 내가 보고 있는 것은 좋은 것인가 나쁜 것인가? 나는 어떤 가치와 기준, 가정에 따라 이처럼 좋고 나쁘다고 판단하는 것인가? 내 연구대상자들은 어떤 가치와 기준, 가정을 사용하는가?

④ 다음과 같이 질문한다: 내 연구결과의 실제적인 시사점은 무엇인가? 현재의 활동이나 사건들에 대한 시사점은 무엇인가? 현재 내가 사용하고 있는 이론적 틀에 대한 시사점은 무엇인가?

⑤ 여러분의 연구결과물을 읽을 예비 독자들은 어떤 가정들을 가지고 있을지 생각해본다. 이들 독자들에게 연구자가 이해한 것을 어떻게 전달해 줄 것인지 생각해본다.

⑥ 연구에서 얻은 주요한 통찰이나 이해를 말해주는 연구 과정에서의 경험담이 있는가? 그 이야기를 전해주도록 한다. 연구물의 어느 부분에 어떻게 이 이야기를 말할지 창의적으로 생각한다. 그리고 이 이야기는 이론과 연구자의 연구결과 등과 어떻게 연관되는

가?

⑦ 독자들에게 연구자가 하고 싶은 말이 무엇인지를 분명하게 전달해주는 문장을 쓰도록 한다.

5.6 끝내는 말

데이터 분석과 해석에 대한 설명과 논의를 약간 급하게 끝내는 느낌이 있는 것이 사실이다. 여기에서 설명한 것보다 실제 연구 과정에서 일어나는 일은 다르다. 연구결과의 분석과 해석은 다음 장에서 설명할 글쓰기 단계에서도 계속된다. 코딩된 엄청난 양의 데이터 앞에서 무엇을 어떻게 할지 모르겠다면, 다음 장의 내용이 최종 결과물로 나아가도록 하는 데 도움이 될 것이다.

〈그림 5.8〉 Filemaker Pro를 사용한 코딩체계

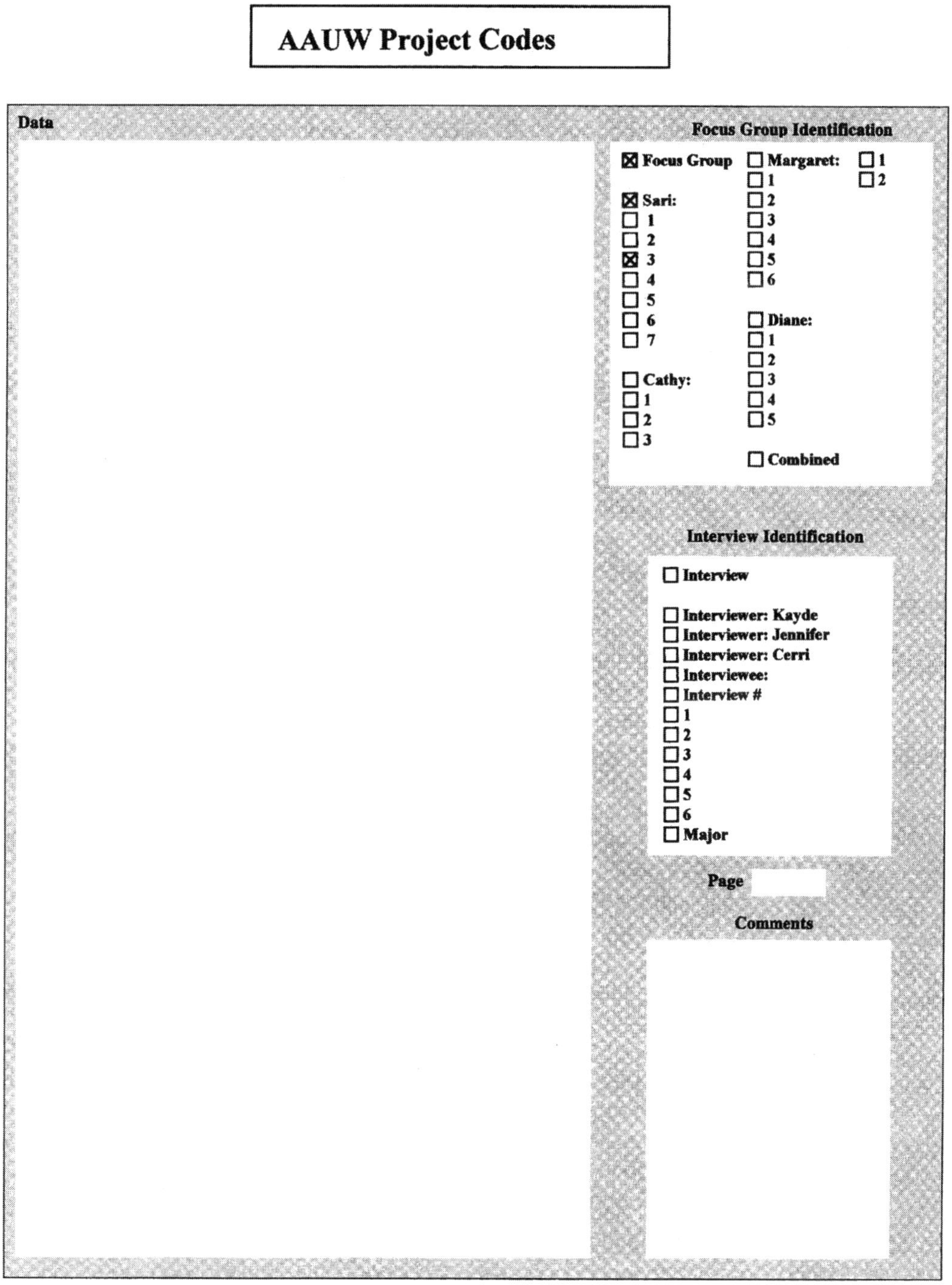

(계속)

〈그림 5.8〉 계속

AAUW Project Codes

Demographics
- ☐ Participant Demographics
- ☐ family background
- ☐ geography
- ☐ parents' marital status (pms)
- ☐ class background
- ☐ ethnicity
- ☐ racial identification
- ☐ religion
- ☐ high school-kind

Race
- ☐ Race
- ☐ social construction of race
- ☐ skin privilege
- ☐ consciousness
- ☐ racial conflicts

Sexual Identity
- ☐ sexual identity
- ☐ heterosexual gaze

Gender
- ☐ Gender
- ☐ slut
- ☐ gendered language
- ☐ gender as equal rights
- ☐ gendered interactions
- ☐ women on men
- ☐ good girls
- ☐ bad boys
- ☐ feminism
- ☐ girl police
- ☐ ideology
- ☐ resistance
- ☐ bad girls
- ☐ women on women
- ☐ double standard
- ☐ enumeration
- ☐ silencing

Language
- ☐ Language
- ☐ language and power
- ☐ coded language
- ☐ gendered language
- ☐ JAP
- ☐ PC
- ☐ sex language
- ☐ stereotypes
- ☐ slang
- ☐ reflexivity
- ☐ verbal shrug
- ☐ vocabulary of gender

Class
- ☐ Class
- ☐ definitions of class
- ☐ stud knwldge parnt fin
- ☐ costs
- ☐ class privilege
- ☐ class conflict

Informants
- ☐ Informants
- ☐ the critical reader
- ☐ personal crisis
- ☐ saying no
- ☐ contradictions
- ☐ making it for others
- ☐ goals
- ☐ view of self as student
- ☐ talent

Technology
- ☐ Technology
- ☐ internet
- ☐ computers
- ☐ MP3
- ☐ Instant Messenger
- ☐ CDs
- ☐ CD Burner
- ☐ cell phones
- ☐ beepers
- ☐ email

Performances
- ☐ Performances
- ☐ performing gender
- ☐ performing race
- ☐ performing class
- ☐ performing sexuality
- ☐ performing age
- ☐ performing femininity
- ☐ performing masculinity

Families
- ☐ Families
- ☐ relationships with fam
- ☐ expectations
- ☐ pressures
- ☐ conflicts
- ☐ supports
- ☐ influences

Sex
- ☐ Sex
- ☐ Negotiating Sex
- ☐ Safe Sex
- ☐ Abstinence
- ☐ Virgins
- ☐ Sex Ed
- ☐ Religion
- ☐ Respect
- ☐ decisions about sex
- ☐ pleasure
- ☐ "danger"

Working Codes
- ☐ travel
- ☐ knowledge/experience
- ☐ difference
- ☐ smartness
- ☐ cultural capital
- ☐ power relations
- ☐ regulating youth
- ☐ food
- ☐ safety
- ☐ feeling like a spectacle

Identity
- ☐ Identity
- ☐ Race as identity marker
- ☐ Class as identity marker
- ☐ sexuality as identity marker
- ☐ representations of self
- ☐ markers of identity
- ☐ negotiations with self (identity struggles)
- ☐ fashion as identity marker
- ☐ agency
- ☐ Then...Now

Body
- ☐ Body
- ☐ hair
- ☐ weight
- ☐ tattoos
- ☐ piercing
- ☐ body parts
- ☐ looks
- ☐ makeup
- ☐ the gaze
- ☐ degradation

Difference
- ☐ Difference
- ☐ Essentializing gender diffs
- ☐ diversity
- ☐ the "other"
- ☐ privilege

(계속)

〈그림 5.8〉 계속

AAUW Project Codes

Methods

- ☐ Methods

Sports

- ☐ Sports
- ☐ dykes and spikes
- ☐ sports rule
- ☐ the woman athlete

Focus Group Process

- ☐ FG Process
- ☐ Negotiating Race in the FG
- ☐ Dealing with Difference
- ☐ Negotiating Confidentiality
- ☐ Teaching Role
- ☐ Negotiating Sexuality in the FG
- ☐ Talk about Talk
- ☐ Interactions
- ☐ Shifting Alliances
- ☐ "Like"

Substance Use

- ☐ Substance Use
- ☐ Alcohol
- ☐ Drugs
- ☐ Abuse
- ☐ Roofies
- ☐ cigarettes
- ☐ drunk driving

Pop Culture

- ☐ Popular Culture
- ☐ Music
- ☐ TV
- ☐ Films
- ☐ Crossover Music
- ☐ pop culture reference
- ☐ media
- ☐ critique

Consumption

- ☐ Consumption
- ☐ The Mall
- ☐ Designer Goods
- ☐ consumerism
- ☐ shopping
- ☐ money
- ☐ materialism

Relationships

- ☐ Relationships
- ☐ friendship
- ☐ romantic
- ☐ dating
- ☐ m-d
- ☐ family
- ☐ academic
- ☐ sexual
- ☐ m-m
- ☐ f-f
- ☐ f-m
- ☐ age differences
- ☐ violence in relationships
- ☐ f-d
- ☐ parents

Taking Up Space in School

- ☐ Taking up Space in School
- ☐ risks/danger
- ☐ strategies to take up classroom space
- ☐ seeking attention
- ☐ the good girl
- ☐ bonding with the teacher
- ☐ "the edge"

High School

- ☐ High School
- ☐ Fun/Pleasures
- ☐ Teachers
- ☐ Teachers and Favoritism
- ☐ Groups
- ☐ Gender in curriculum/classroom
- ☐ gender in hidden curriculum
- ☐ gendered interactions
- ☐ struggles
- ☐ Quality of high school
- ☐ tracking
- ☐ "coolness factor"
- ☐ dress codes
- ☐ extra-curricula
- ☐ social reproduction
- ☐ student resistance
- ☐ prom

Discrimination

- ☐ discrimination
- ☐ racism
- ☐ sexism
- ☐ homophobia
- ☐ stereotyping
- ☐ segregation
- ☐ anti-semitism
- ☐ prejudice
- ☐ internalized discrimination
- ☐ backlash
- ☐ Orientalism
- ☐ sexual harrassment
- ☐ ableism

Talk

- ☐ Talk
- ☐ gossip
- ☐ good friend talk
- ☐ class talk
- ☐ race talk
- ☐ unsettled talk
- ☐ cultural cliches
- ☐ sex talk
- ☐ style of talk

(계속)

〈그림 5.8〉 계속

AAUW Project Codes

employment

- ☐ employment
- ☐ h.s.
- ☐ college
- ☐ summer (college)

Advising

- ☐ advising

Going Out

- ☐ Going Out
- ☐ Clubs-- HS
- ☐ Clubs-- SU
- ☐ Parties-- HS
- ☐ Parties-- SU
- ☐ IDs
- ☐ Safety

Ideology

- ☐ Ideology
- ☐ individualism
- ☐ heterosexuality

Fitting In

- ☐ Fitting In
- ☐ Coolness
- ☐ Passing

Body Routines

- ☐ Body Routines
- ☐ 8:30 Class
- ☐ time constraints
- ☐ diet
- ☐ exercise
- ☐ getting ready

Sororities

- ☐ Sororities
- ☐ Rush
- ☐ Pledging
- ☐ Hazing
- ☐ Greek Practices
- ☐ access

Sociology of Knowledge

- ☐ sociology of knowledge
- ☐ science

- ☐ Upstate University
- ☐ Why U.U.
- ☐ school spirit
- ☐ campus climate
- ☐ groups
- ☐ size (perception of)
- ☐ expectations of college life
- ☐ strategies for doing gender to make it
- ☐ strategies for doing race to make it
- ☐ strategies for doing class tomake it
- ☐ strategies for doing sex'l ident to make it
- ☐ invisibility
- ☐ pleasure/fun
- ☐ living arrangements
- ☐ academic life

Major

- ☐ major
- ☐ why major
- ☐ investment in major
- ☐ changing majors
- ☐ choosing major
- ☐ minor
- ☐ major in media
- ☐ vocabulary of major
- ☐ internship/placement

College Courses

- ☐ college courses
- ☐ course content
- ☐ grades
- ☐ professors
- ☐ TAs
- ☐ pedagogy

Rape

- ☐ rape
- ☐ date rape
- ☐ definitions

Style

- ☐ Style
- ☐ styles
- ☐ preppy
- ☐ city
- ☐ Jappy
- ☐ "presentable"
- ☐ feeling comfortable

Fashion

- ☐ Fashion
- ☐ Designer Goods
- ☐ Clothes
- ☐ fashions
- ☐ accessories
- ☐ shoes
- ☐ guy fashion

Interview Process

- ☐ interview process
- ☐ interpretation of question
- ☐ meta-commentary

Dorm Life

- ☐ Dorm Life
- ☐ The Mount
- ☐ BB
- ☐ The Mount vs BB
- ☐ choice
- ☐ roommate

〈그림 5.9〉 Filemaker Pro를 사용하여 추출된 데이터 예

Data

Brandy: How does gender come up in class? Um (pause). Oh, I remember last year when I was taking uh, my p, my physical chemistry class, and this boy that copied off of me on this quiz that we took. He got a higher grade than me, and so we both went to the professor about that. Like, I went to the professor about that, and he said, he didn't say it like, in the outright way, but he said it along the lines of like, generally males are smarter than females.

Comments

she reads it as

Focus Group Identification

Interview Identification

Interview

Page

28

Data

Rashida: Mmmm, no. Mmm-mmm. There's not that much minority in the chemistry department to begin with. Um, there aren't that many females, either. Like, I'll go to lecture and I look around all you see is majority like, males, you know what I'm saying?

Comments

Focus Group Identification

Interview Identification

Interview

Page

30

Data

Jennifer: How does the chemistry department address gender?
Janet: Um. (pause) Well, let's see. (pause) Hmmm. How do they address gender? What. You know what? (Jennifer laughs) Honestly, I don't think, there, there's probably, like, two female, or one female professor in, like, the whole chemistry department. Everyone else is, like, male.

Comments

Second to last T

Focus Group Identification

Interview Identification

Interview

Page

17-18

논문작성과 글쓰기

연구결과의 글쓰기는 여러 방향에서 접근 가능하다. 하지만 컴퓨터 앞에 앉아 어디서부터 시작해야 할지 막막함을 느낄 것이다. 이럴 때 가장 두려운 것은 아무 것도 할 수 없다는 느낌이다. 다시 말해, 어떻게 올바른 단어를 선택하고 문장을 구성하는지, 어떻게 능동적 표현과 수동적 표현을 적절하게 조화시켜 글을 쓰는지, 또 어떻게 연구자의 의도를 반영하는 글쓰기가 되도록 조직하는지 등에 대해 초보 연구자는 잘 모른다. 그렇지만 연구결과의 작성을 한 번에 모든 것을 완성해야 하는 엄청난 일이 아니라, 구체적인 작은 일들에 대한 일련의 글쓰기로 생각한다면 점차 무엇을 어떻게 해야 하는지 감을 잡을 수 있을 것이다.

질적 데이터를 이용하여 글을 쓴다는 것은 추상적이고 개념적인 글쓰기보다는 다소 수월하다. 현장조사록과 분석, 예비 해석, 코드가 부여된 서술 자료 등은 컴퓨터 화면에 몇 글자를 타이프 할 수 있는 시작점을 제공해 주기 때문이다. 연구자는 상당한 양의 서술 데이터를 이미 가지고 있을 뿐만 아니라 연구논문의 첫 장을 작성할 수 있는 많은 양의 관찰자 주해와 분석적 메모도 가지고 있다. 따라서 이러한 자료가 있으므로 연구자는 최종 보고서나 논문, 책 등의 산물을 언제든지 수정할 수 있고 원하는 대로 확장하여 글을 쓸 수도 있다.

연구 데이터를 사용해서 어떤 모습의 최종 결과물을 계획하고 있는가에 따라 무엇을 쓰고 어떻게 글을 조직하는지에 영향을 미친다. 예를 들어, 연구자가 학위 논문을 작성하는 경우라면 학위 논문 작성 방법의 정해진 형식을 따라야 한다. 학회지에 발표하는 연구 논문과 연구 보고서는 일반적으로 학위 논문보다는 형식의 자유가 더 많이 주어진다. 형식에 대한 선택과 파괴는 항상 가능하지만 무엇을 쓰든지 항상 서론, 본론, 결론은 있어야 한다. 서론은 이 논문이나 글에서 연구자가 무엇을 하려고 하는지를 말하는 것으로, 전체적인 내용을 펼쳐 보이는 역할을 한다. 본론은 연구결과를 제시하고 그로부터 어떤 주장을 하고, 연구결과를 발전시키는 곳이다. 연구자의 주장을 독자에게 설득하기 위해 데이터를 배치하면서 그에 대한 자신의 생각과 주장에 대한 논리를 논의하는 곳이다. 결론에서 연구자는 지금까지 말한 것을 요약하고, 본질적으로 서로 다른 견해를 동시에 제시하기도 하고, 후속 연구나 실제 교육 현장에서의 실천을 위하여 연구결과에 대한 시사점을 제시한다. 다시 말해, 식사 후에 나오는 디저트나 커피처럼 모든 것을 서로 묶는 곳이다. (연구결과의 작성에 도움 되는 고전적 참고 자료는 다음과 같다 – Baker, 1966; Kierzek & Gibson, 1968; Strunk & White, 1972; Friedman & Steinbert, 1989; Williams, 1990)

지금까지 설명한 내용은 연구 결과물이 어떤 형태인지에 대한 개요로서 실제 연구자는 다양한 스타일과 글의 조직 방법으로 연구결과를 작성할 수 있다. 수강하는 연구법 강좌를 통해 처음으로 질적 연구를 수행하는 과제를 받았고 특정한 형식에 따라 글을 써야 하는 경우, 연구결과 작성 방법의 선택에 대해서는 충분한 허용이 주어지는 것이 보통이다.

어디에서 시작해야 하는가? 사실 이미 시작했다. 지금까지의 설명을 잘 따라왔다면, 즉 연구초점을 좁혀서 명확히 했고, 어떤 유형의 연구를 해야 할지 결정했고, 관찰자 주해와 메모를 작성했고, 수집한 데이터를 체계적으로 분류해서 주제를 찾았고, 연구와 관련된 연구 문헌과 논문을 읽었다면, 여러분은 현재 제대로 길을 가고 있다(Atkinson, 1991; Wolcott, 1990). 그렇다면 연구결과의 작성인 글쓰기의 스타일과 형식, 내용에 대해서는 어떠한가? 이 장에서는 글쓰기를 일련의 선택으로 간주한다. 여기서는 연구자가 내려야 할 가장 중요한 선택 중 몇 가지를 설명하고, 다른 대안적 선택 가능성의 예를 제시하려고 한다.

6.1 글쓰기의 선택

글쓰기는 최종 산출물을 어떻게 구성할 것인지, 누구를 대상으로 쓸 것인지, 그리고 여러 다른 사항들에 대한 연구자의 선택에 따라 좌우된다. 연구자가 가지고 있는 여러 가지 다른 가능성을 고려하고 자신에게 잘 맞을 것으로 보이는 사항을 신중하게 선택할 때, 연구자는 글쓰기에 대한 더 많은 통제권을 가질 수 있다. 다음의 내용은 연구자가 내려야 하는 이러한 몇 가지 결정에 대한 설명이다. 이러한 선택 사항들이 마치 서로 분리된 별개의 것으로 설명하고 있지만, 실제로는 서로 연관되어 있다.

6.1.1 어떤 주장을 할 것인가에 대한 결정 사항들

좋은 논픽션 글을 쓰기 위해서는 분명한 초점이 있어야 한다. 초점이 있는 글은 제안을 말하고 그것을 실행하는 글을 말한다. 초점이 있다는 것은 연구자가 독자에게 무엇을 말할 것인지를 결정하는 것을 뜻한다. 연구자는 한 두 개의 문장으로 이 초점을 진술할 수 있어야 한다. 이 초점을 **주장**(argument)이라고 한다. 주장이란 신문이나 논문에서 어떤 논쟁에 대해 작자가 취하는 입장을 말한다. 모든 좋은 학문적 글에는 반드시 주장이 있는데, 그렇다고 해서 그 주장이 항상 논쟁적이라는 뜻은 아니다. 주장은 있지만 논쟁적이 아닌 예로는 누군가 여러분의 글을 읽고 다음과 같이 말하는 경우이다: “저자는 이 글에서 청소년 여학생들의 성적 경험에 대한 토크쇼는 항상 그 상황을 정의하는 전문가들에게 의존하고 있다고 말하고 있다” 또는 “이 글에서 저자는 20세기 초에는 장애인 수용시설을 그 지역의 중요한 일부분으로 생각했기 때문에 이 시설들의 사진이 있는 그림엽서를 사람들이 구입했다라고 말하고 있다”, 또는 “저자들은 고등학교에서 수학을 공부하는 학생들을 특징짓는 데는 크게 세 가지 주요한 주제가 있다고 주장하고 있다.”

연구자의 주장이 있다는 것은 한 가지 입장이 정해져 있는 것이다. 연구자가 말하고자 하는 토픽이 있을 때 이 토픽에 대한 연구자 자신의 관점이 어떻게 변화되었는지를 독자에게 글에서 밝히지 말아야 한다. 즉, 다음과 같은 식으로 글쓰기는 피하는 것이 좋다: “처음에는 이 토픽을 이렇게 생각했다가, 그 다음에는 또 다른 식으로 생각했고, 그런 다음에 깨달은 것은...” 동기를 부여한 것이 무엇인가에 따라 연구자의 입장은 달라진다(Williams, 1990, p. 98). 데이터에 대해 연구자의 관점 변화가 글쓰기의 핵심이 아니라면, 혹은 글의 토픽이 연구자와 연구자의 견해에 대한 것이 아니라면, 어떤 토픽에 대한 연구자의 관점 변화는 연구자의 주장으로서 큰 역할을 하지 못한다.

주장에는 여러 종류가 있는데, 그 중 한 가지가 **논제**(thesis)이다. 논제는 하나의 진술이나 명제로서 글의 앞부분에 제안한 다음, 그것에 대해 주장하는 형식을 따른다. 논제는 연구자가 연구에서 밝힌 것과 그 주제와 관련된 학문 분야의 문헌에서 말하는 것과의 비교로부터 만들어질 수 있다(예: “연구자들은 이러이러한 입장을 취해왔다... 그런데 본 연구에서는 또 다른 차원의 입장을 밝히고 있다...”). 또는 현장 전문가들의 주장과 연구자의 연구결과가 밝힌 것과의 대조로부터 만들어질 수도 있다(예: “매뉴얼에 제시되어 있는 그 모델은 실제 교실에서 수행될 때는 원래 형태보다 상당히 다른 형태를 띠게 된다”). 그래서 논제는 해당 분야의 현장 전문가들이 예상하는 결과보다 연구자와 같은 그 분야의 외부인에 의한 예상하지 못한 결과가 더 중요하다는 점을 주장할 수도 있다. 논제는 하나의 좋은 초점으로 논쟁을 불러일으키면서 동시에 흥미를 가지게 한다. 그러나 논제와 같은 주장으로 글을 시작하는 경우 종종 공격을 받기 쉽다. 도발적인 논제를 제시하는 경우 연구자 자신의 연구를 지나치게 과장되게 진술할 위험이 있다. 다시 말해, 이렇게 논제를 과장되게 진술하는 것은 지금까지 아무도 실제로 취한 적이 없는 허황된 입장을 연구자가 공격하려는 것과 같다. (이것을 “허수아비”를 세운다고 한다.) 그렇다고 해서 이미 반박되어진 것을 공격의 대상으로 선정하면 그 논제는 심드렁해진다. 학술 분야의 전문가들은 엉터리로 꾸며낸 논제에 대해 특히 비판적이다. 이들은 연구자의 주장을 스타일의 문제로 보는 것이 아니라 문장에 쓰인 그대로 받아들인다. 따라서 논제를 적을 때는 신중하게 해야 한다.

주장의 또 다른 형식은 **주제**(theme)이다. 창작이나 논의의 중심 과제나 주된 내용을 뜻하는 주제는, 논제에 비해 공공연한 논쟁적인 목소리는 작지만 그래도 몇 가지 커다란 공통점을 가지고 있다. 주제는 데이터로부터 출현하는 어떤 개념이나 이론으로 "경향을 나타내는 어떤 신호나 지배적인 어떤 개념, 또는 핵심적 특징"이다(Mills, 1959, p. 216). 주제는 어떤 특정한 상황이나 장소에 대한 진술문부터 인간이나 인간의 행동, 상황에 대한 보편적인 진술문에 이르기까지 추상화의 정도를 달리하면서 진술될 수 있다(Spradley, 1980). 앞 장의 데이터 분석에 대한 논의 부분에서 몇 가지 잠재적인 주제를 제시했었다. "애정을 나타내는 교사의 원리"와 "제 3자에 의한 진단"은 글의 초점이 될 수 있는 잠재적인 주제들이다. 이론개발에 관심 있는 학문 분야의 연구자들은 실제 연구 데이터에 기초한 **발생적 주제**(generic themes)의 개발을 연구의 가장 숭고한 목적으로 생각한다(Glaser & Strauss, 1967). 로플랜드(Lofland)의 말에 따르면, 포괄적 주제는 "단지 어떤 기관이나 단체, 특정한 이데올로기적 논쟁, 또는 지역적이거나 국소적 관심사에만 적용 가능한 내용이 아니라, 일반적인 것에 적용되는 내용으로 연구를 통해 밝혀진 구조나 과정을 선정하여 그것을 추상적인 문구로 만든 것을 말한다."(Lofland, 1974, p. 103)

화제(topic)는 주장의 세 번째 형식이다. 주제와 마찬가지로 화제도 연구자가 쓴 노트의 대부분에서 볼 수 있는 것이지만, 화제는 연구자가 연구하고 있는 것에 대한 아이디어라기보다는 연구하고 있는 것에 대한 특정한 측면의 한 단위에 더 가깝다. 주제는 개념적인데 반해 화제는 서술적이다. 앞 장의 데이터 분석에 대한 논의에서 몇 가지 화제의 예를 제시했는데, "좋은 교사란 무엇인가?"와 "병동에서의 의사소통" 등은 그 예이다.

연구 결과물의 제시라는 면에서 연구자가 택할 수 있는 주장의 형식에 대한 예를 통해 논제와 주제, 그리고 화제 사이의 차이점을 알아보았다. 그런데 주장은 보통 복합적인 것으로 어떤 경우에는 이 세 가지 모두를 요소로 가진다. 위에서 설명한 것이 주장의 모든 가능한 형식은 아니며 다른 형식도 있다. 예를 들어, 논문에서의 주장은 다른 사람들이 만들어 놓은 개념이나 주제의 유용성을 예시할 수도 있다. 평가연구를 하는 경우, 연구 용역 계약을 할 때 탐구한다고 동의했던 그 연구문제에 대한 답이 거의 대부분 주장으로 된다. 따라서 어느 한 형식만을 고집하고 다른 형식을 제외하는 그런 연구자는 없다.

연구자가 말하고자 하는 것을 어떤 형식으로 만드는 것이 좋은지에 대한 선택은 연구하고 있는 분야에 대해 연구자가 얼마나 친숙하게 잘 알고 있는가에 따라 결정된다. 그렇다면 결정에 필요한 것은 무엇인가?(물론 지도 교수나 연구용역 계약자가 연구자에게 요구했던 것에 따라 결정되기도 한다.) 예를 들어, 만약 한 교사의 일상적 하루의 모습에 대한 훌륭한 서술을 지금까지 어느 누구도 제시하지 않았다면 화제를 사용한 주제(topical theme)로 논문을 작성하는 것이 교수 활동의 연구 분야에 중요한 기여를 할 것이다. 그런데 만약 여러 연구 문헌에 이미 좋은 서술이 제시되어 있는 분야를 연구한다면, 논제나 주제의 형식으로 주장을 펼치는 것이 연구결과를 보다 가치 있게 해 준다. 여러분의 연구와 유사한 연구에서 이미 다른 사람들도 많이 사용해서 잘 알려진 개념적 틀을 중심으로 여러분의 주장을 전개하는 것은 좋은 연구 경험을 쌓게 해주고 연구결과의 글쓰기를 쉽게 해 주는 좋은 점은 있지만, 사람들에게 큰 관심을 불러일으키지는 못할 것이다. (어느 누구도 그런 연구결과를 출판하는데 관심이 없을 것이다.) 만약 특정 단체에서 시행하고 있는 어떤 프로그램의 효과를 평가하는 연구를 하면서 이론적 주제(theoretical theme)를 사용하여 글을 쓰게 되면 사람들로부터 큰 관심을 얻지 못할 수도 있다.

연구자가 사용하는 주장의 형식은 또한 연구자의 기술에 달려있다. 초보 연구자들은 종종 화제나 주제의 형식을 사용함으로써 주장의 날카로움을 무디게 만든다. 경험이 많거나 자신의 연구와 연구 분야에 대한 배경 지식이 풍부한 연구자들은 논제나 주제를 사용하여 글을 쓰는 경향이 많고 아주 가끔 화제를 사용하기도 한다.

논제와 주제, 화제의 구체적인 모습을 결정하는데 있어 중요한 근거는 연구자가 수집하고 분석해서 코드를 매긴 데이터이다. 데이터가 별로 없이 빈약한 영역에서 초점을 택할 수는 없다. 초점을 찾는 한 가지 간단한 방법은 연구자의 코딩범주들을 전반적으로 살펴보면서 어떤 데이터의 양이 가장 많은지 조사한다. 모든 질적 데이터 분석용 컴퓨터 소프트웨어는 데이터의 단위 개수를 계산해 줄뿐 아니라 각 코드 밑에 있는 낱말의 총 개수도 구해준다. 손으로 직접 데이터를 분류하는 “폴더 방법”을 사용했다면 모든 폴더 중에서 가장 두꺼운 폴더를 고른다. 많은 양의 데이터를 가진 몇 개의 코드를 골랐다면, 이 데이터를 세밀하게 읽으면서 이 코드들이 어떤 공통점을 가지는지 조사한다. 또, 연구과정 중에 적었던 메모를 다시 읽으면서 이 코드들 사이의 연관성을 말해 놓은 것이 있는지, 이미 몇 가지 주제를 발견하여 적어 둔 것이 있는지를 살펴본다.

이렇게 찾은 초점을 가지고 글쓰기를 시작하더라도 처음 생각한 대로 글이 잘 써지지 않을 수 있다. 글쓰기의 첫 시도를 위한 시발점인 이 초점은 확정된 것이 아니라 앞으로 검증받아야 할 잠정적인 가설로 생각하는 것이 좋다. 그래서 이 가설이 잘 맞아떨어지는지를 데이터를 통해 지속적으로 살펴봐야 한다. 가설이 틀렸다면 다시 이 과정을 반복해서 가설을 재설정하고 정교하게 한다. 글쓰기를 하는 지금이 연구자가 데이터를 가장 가까이서 세밀하게 바라볼 수 있는 시점이므로 데이터의 분석 과정이나 연구현장에서 미처 알지 못했던 번쩍이는 통찰과 발견이 일어날 수 있다. 연구자는 이 통찰과 발견을 언제든지 수용할 수 있는 열린 마음을 가져야 한다. 초안 작성을 통해서 정한 초점에 따라 글쓰기가 잘 되는지를 알아보는 것이 좋은 방법이다.

논문 제목은 연구자가 정한 초점을 보여주는 것이어야 한다. "판정 받은 것이 판정이 아니다: 정신지체에 대한 내부자 시각"(Bogdan & Taylor, 1976)이란 연구에서 저자는 특수교육에서 "지체" 판정을 받은 사람의 시각과 "정신장애"로 판정 받은 사람들을 위한 여러 프로그램의 측면을 제시했다. "솔직하지만 잔인하기 않게: 신생아 병동에서 일어나는 전문가와 부모 사이의 의사소통"은 병원 전문가들이 신생아 중환자실의 환자 부모에게 무엇을 말하는지에 관한 연구이다. "솔직하지만 잔인하지 않게"는 병동에서 부모와 의사소통하는 병원 관계자들이 공유하고 있는 관점이다. 비록 글을 마친 다음에 제목을 정하는 것이 올바른 순서이지만, 글쓰기 전에 제목을 정하는 것은 연구자가 제시하고자 하는 주장의 탐색을 촉진할 수 있다.

6.1.2 문장에 연구자의 존재를 어떻게 나타낼지에 대한 결정 사항들

지난 15년 동안 학회지나 학술 논문에 실린 질적 연구 논문과 보고서에서 저자 자신을 언급하는데 사용되는 대명사의 선호도에 변화가 있었다. 이 변화는 약간의 개인적인 의미를 가지고 있는 "우리"나 "연구자"에서 아주 개인적인 "나"로 바뀐 것이다. 이렇게 된 데는 몇 가지가 이유가 있다. 한 가지 이유는 "나"를 사용하는 것이 더 솔직하고 직접적이라는 주장 때문이다. "연구자"라는 대명사를 사용했을 때 전해지는 느낌은 자만과 권위를 나타내려는 듯하다. 또 다른 이유는 "연구자"의 사용은 질적 연구에서 실제로 존재하지도 않는 객관성을 암시하려는 것이다. 특정한 시각을 가진 개인에 의해 연구가 설계되고 수행되었기 때문에 연구자의 글 속에 이 시각은 반영되어져야 한다. 여전히 어떤 저자들은 좀 더 형식적인 스타일의 대명사를 사용하고 있다. 연구자가 편하게 느끼는 목소리로 글을 써는 것이 좋지만 연구자의 이런 자세가 독자의 취향과 맞지 않을 수도 있다는 점을 알고 있어야 한다.

문장에 나타나는 연구자의 존재는 글 속에 연구자 자신의 상황을 얼마나 많이 할애하여 써는가에 따라 반영된다. 질적 연구물에서 저자의 자서전적 글을 포함해서 정치적, 자기 반성적 글은 점차 유행처럼 되고 있다(Ellis, 1995b, 1993; Krieger, 1991). 어떤 연구자는 개인적 선입견을 분리시키거나 다른 사람들에게 자신의 선입견을 밝히는 수단으로 책과 논문에 연구자 자신에 대한 글을 쓴다. 어떤 이들은 연구자의 이런 반성적이고 고백적 방식이 연구에 대해 더 솔직하다고 하는데, 그 이유는 독자들에게 연구자가 자신의 주관성을 인지하고 있다는 사실을 보여주기 때문이다. 이 방식은 또한 독자들에게 연구자의 주관성을 고려하면서 연구물을 읽어야한다는 경고를 준다. 연구자가 연구하는 집단의 일원인 경우(교사가 교사를 연구하는 경우)에 이 방식을 사용하면 독자들이 연구현상에 대해 더 깊은 이해를 하는데 도움이 된다(Karp, 1996). 질적 연구의 어떤 측면에서 보면 이런 고백적 글은 독자들에게 연구자의 권위를 얻는 새로운 장치로 사용되고 있다.

연구자들의 모든 고백적 글이 독자들의 신뢰를 얻는데 동등하게 효과적인 것은 아니다. 연구자의 고백적 글은 천박하게 보일 수도 있고, 자신의 연구에 대해 가치부여를 하지 못하는 이유로 보일 수도 있고, 자신의 연구를 추켜세우는 것으로 보일 수도 있다(Patai, 1994). 비록 이런 고백적 글이 효과적이지만, 독자에게 연구자의 정직함을 확신시키고 연구자가 누구인지를 알리는 데는 여러 가지 다른 방법들이 있다. 연구자의 개인적 편견은 염려해야할 중요한 것이지만, 이런 염려 때문에 연구자의 글쓰기가 좌절되어서는 안 되며, 이로 인하여 연구결과의 글쓰기가 방해받아서도 안 된다. 어떤 연구자들은 하나의 장르로 연구자의 반성을 성공적으로 만든 경우도 있지만(Linden, 1992), 너무 많은 반성적 글은 독자들을 따분하게 만들 수 있고, 연구대상자들보다 연구자 자신을 더 중요하게 생각하고 있다는 느낌을 줄 수 있으므로 주의해야 한다. 독자는 연구자가 말하는 모든 것을 무비판적으로 그냥 받아들이지 않는다. 독자는 연구자의 자기 고백적 글에 대해서도 비판적이라는 사실을 염두에 두어야 한다. 다른 글쓰기와 마찬가지로 연구자의 고백적 글도 연구자가 적절하게 잘 쓴다면 그 글의 원래 목적을 충분히 달성할 수 있다.

6.1.3 독자와 관련된 결정 사항들

연구방법에 대해서 어느 정도까지 써야 하는가? 선행연구와 이론적 배경에 대한 고찰은 어느 정도까지 상세해야 하는가? 내 주장을 어느 정도까지 구체적으로 진술해야 하는가? 어떤 스타일로 글을 써야 하는가? 연구자는 연구결과의 글쓰기에 대해 이런 많은 질문들을 가질 수 있는데, 독자를 상상하면서 이 질문에 답하는 방식으로 접근하면 된다. 만약 학술지에 발표할 글을 쓴다면 다음과 같은 질문들을 생각해보기 바란다: "내가 발표하기 원하는 특정 학술지의 심사위원들은 무엇을 어떻게 말해야 내가 말하고자 하는 것에 편안함을 느낄까?" "내가 답하지 않고 남겨 둔 것에 대해 그들은 어떤 질문거리를 가지고 있을까?" 만약 여러분이 특정 교수나 학위 논문 심사위원회에 제출할 글을 쓴다면, 위에서 설명한 대로 똑같이 하면서 이들의 관점이 무엇인지를 염두에 두도록 한다. 이렇게 하는 것이 글쓰기를 질적으로 생각하는 것이다. 항상 독자와 청중을 염두에 두고 글을 쓰는 것처럼 누구를 위해 쓰는 글인지를 항상 분명히 하도록 한다(Miles & Huberman, 1994).

집단은 물론이고 각 개인끼리도 글쓰기에 대해 선호하는 형식이 다르다. 연구자는 청중을 생각하면서 글을 쓸 때, 이들이 선호하는 유형의 글이 어떤 것인지를 고려하도록 한다. 이런 경우 연구자는 그들의 선호 유형을 존중하거나 우습게 여기는 두 가지 행동이 가능한데, 연구자라면 그 선호 유형을 존중하는 것이 당연하다. 이렇게 청중을 구체적으로 정한 다음 글을 씀으로써 연구자는 자신의 글 속에 이론적인 부분이 어느 정도 차지해야 하는지, 구체적인 토픽에 대해 어느 정도까지 설명해야 하는지, 독자가 문화연구에 관해 어느 정도 이해하고 있는지 등을 결정할 수 있다.

글을 쓰는데 있어서 연구에 참여했던 정보제공자들은 어떻게 할 것인가? 이들도 독자로 간주하고 글을 써야하지 않을까? 몇 가지 유형의 응용 평가연구의 경우는 정보제공자들이 잠재적 독자이지만, 일반적인 연구에서 정보제공자들이 연구자의 책이나 논문의 주된 잠재적 독자이지는 않다. 이 말은 연구자가 이들을 고려하지 않아도 된다거나, 이들을 관련시켜야 한다거나, 또는 이들 중의 한 명이나 모두가 연구자가 쓴 것을 읽지 않을 것이라는 그런 뜻은 아니다. 비록 주류의 연구 활동과는 다소 차이가 있지만, 어떤 연구자들은 정보제공자들을 연구 파트너로 간주하여 연구의 한 축으로 삼을 것을 권고하며 그런 식으로 연구를 수행한다. 이 정보제공자들은 연구자의 초고를 읽고 심지어는 문장을 고치기도 한다. 이들 중에는 심지어 공동 저자가 되기도 한다. 이런 경우 연구의 권위와 검열, 대표성과 비대표성, 이런 연구의 가치와 실행 가능성 등에 관련된 몇 가지 어려운 쟁점들이 야기된다. 여기에서 이에 대한 자세한 논의를 다루기에는 이 책의 목적을 크게 벗어나는 듯하다. 일반적으로 글에서 정보제공자들을 다루고 이들을 표현할 때는 이들이 자기 자신을 바라보는 것처럼 나타내도록 노력해야 한다. 글에서 말하는 투나 이들을 기술하는데 사용하는 단어에서 이들의 품위를 떨어뜨려서는 안 된다. 정보제공자가 자신을 기술하는데 선호하는 단어들을 사용하도록 한다(만약 정보제공자가 동성애자를 뜻하는 homosexual보다는 gay나 남자 동성애자의 속어인 queer를 더 선호한다면, 이 선호하는 단어를 사용하도록 해야 한다). 여러분의 정보제공자들이 주된 독자는 아닐지라도 연구자가 쓴 글을 읽는다면 어떤 반응을 보일지를 항상 염두에 두고 생각해야 한다. 연구자로서 지켜야할 것을 지켰는지를 검열하는 생각으로써가 아니라, 정보제공자들을 염두에 둠으로써 연구자가 말하는 것이 종종 조절하는 경우가 있으며 이럴 때는 항상 정직하고 공정하도록 노력해야 한다. 정보제공자들의 반응을 생각하는 것은 연구자로 하여금 더 많은 반성을 하도록 하며 더 좋은 글을 쓸 수 있도록 해 준다. 어떤 연구자들은 핵심 정보제공자들과 연구 논문을 함께 공유하며 쓴 글에 대해 토론하기도 한다. 한편, 정보제공자들은 종종 연구자가 쓴 글에 대해 조금도 개의치 않으며 수많은 단어들로 이루어진 글을 읽는데 시간을 낭비하려고 하지 않는다. 결국 연구 결과물에 대해 끝까지 책임을 다해야 하는 사람은 연구자/저자이다. 연구자/저자는 어떤 것에 대해 정보제공자들이 본 그대로 보지 못할 수도 있으며, 정보제공자들 사이에서도 서로의 관점에 따라 끼리끼리 나누어질 수도 있다. 정보제공자들은 연구자가 생각하는 것보다 더 칭찬하는 말을 듣고 싶어 하거나 영웅적으로 보이고 싶어 할 수도 있다. 이 말은 때때로 연구자가 자신의 입장을 고수해야 한다는 뜻으로 이런 식으로 글을 쓰게 되면 정보제공자들을 화나게 만들 수도 있다. (이 문제를 해결하는 한 가지 방법은 연구자 자신이 본 것과 정보제공자들이 본 것을 반대로 기술하는 것이다.)

여러분의 정보제공자들을 업신여기고 대상물처럼 취급하는 것을 경계해야 하며, 반대로 그들을 지나치게 낭만적으로 묘사하려는 경향에 대해서도 주의해야 한다. 여러분이 연구하고 있는 사람이 상당한 권력을 가진 인물이라면, 연구자는 이들에 대해 상당히 신중한 자세를 취하게 된다. 반대로 평범하거나 사회적으로 비주류 계층에 속한 사람들을 연구하는 경우, 연구자는 이들을 아무런 죄가 없이 학대받고 있는 사람들로, 또는 이 세상의 소금 역할을 하는 사람들로 여길 수 있다. 정보제공자들은 사람들에게 상처를 입히고 다른 악의적인 행동을 하는 사기꾼이나 협잡꾼일 수도 있고, 동시에 억압받는 사람들일 수도 있다. 따라서 연구자는 항상 이런 점에 민감하고 정직하도록 해야 한다. 다시 말해, 연구자는 자신의 정보제공자들과 공개적 관계의 대표자임을 잊어서는 안 된다.

6.1.4 학문 분야에 대한 결정 사항들

연구결과를 적을 때, 단어의 선정과 사용, 쟁점을 생각하는 방식, 여러 고려 사항들을 사회학이나 인류학과 같은 특정한 학문 분야의 연구에서 행해지는 것과 동일한 방식으로 적을 수 있다. 또는 여러분의 주장을 만들기 위하여 여러 다른 학문 분야로부터 이런 것을 가져와서 적을 수도 있다. 연구 결과물을 작성할 때 하나의 학문 분야만을 사용하게 되면, 비록 연구자가 사용하는 단어와 개념들을 새롭거나 혁신적인 방식으로 적용하더라도 이 분야에 속한 사람들은 이런 것에 익숙할 것이다. 역할, 경력, 프로정신과 같은 단어들은 사회학자들이 흔히 사용하고 있다. 교육행정이나 인류학 분야에서는 이런 단어들을 다른 용어나 개념으로 더 공통적으로 사용할 것이다. 특정 분야에 근거하여 연구를 수행한다면, 그 분야에 속한 사람들에게 공통적인 단어와 개념들을 사용하도록 하는 것이 좋다.

그렇지만 어떤 학문 분야의 공용 단어들을 사용한다고 해서 연구자가 말하고자 하는 쟁점을 충분히 깊이 있게 다룰 수 있는 것은 아니라는 사실을 알게 된다. 또 자신의 연구가 "간학문적"인 연구가 됨을 알게 되기도 한다. 에이미 베스트(Amy Best, 2000)는 고등학교 무도회에 관한 연구에서 간학문적 영역인 언어와 문화연구의 두 가지 개념 모두가 고등학생들의 무도회 준비에 관한 연구자의 데이터를 적합하게 설명해 준다는 사실을 알았다. 페미니스트 연구는 어느 정도 다학문적 통합성을 가져야 한다는 사실은 페미니스트들 사이에서는 이 분야의 발달 초기부터 알려져 있었다. 지금까지 설명한 학문 분야에 대한 결정 사항들은 연구자가 원하는 독자와 각 대학의 학위취득 조건, 연구자의 목적, 연구 논문의 게재를 승낙할 학술지 등에 영향을 받는다.

6.1.5 서론에 대한 결정 사항들

서론을 먼저 적는 경향이 일반적이긴 하지만, 여기서는 서론은 항상 제일 마지막에 적는 것이 좋다는 베커(Becker, 1986c)의 충고에 따르고자 한다. 이렇게 하는 이유는 연구자가 자기 논문에 대해 충분히 알아야만 어떤 내용과 방법으로 그 논문을 소개하는 것이 가장 좋은지를 잘 알기 때문이다.

서론은 보통 연구의 초점의 중요성을 이해하는데 필요한 일반적인 배경 지식으로 시작한다. 자기 분야의 문헌이나 현재 논쟁 중에 있는 쟁점의 맥락으로부터 시작하는 것이 한 가지 방법이다. 또 다른 방법은 연구자가 달성하고자 하는 목적을 진술하는 것으로 시작하는 것이다. 서론 부분은 보통 전체적인 논문의 구성 체계에 대한 기술로 끝난다. 연구방법에 대한 논의도 서론에 둘 수 있지만, 어느 정도 양으로 어느 부분에 위치할 것인지는 연구자나 연구 분야마다 다르다. 신문이나 잡지 같은 언론 계통의 글을 쓸 때는 연구방법을 포함시키지 않는 것이 관례이다. 연구 논문의 경우 연구자가 사용한 방법, 연구를 수행한 날짜와 연구 기간, 연구장소나 상황 및 연구참여자의 수, 데이터의 성격, 연구자와 연구참여자와의 관계, 데이터의 검증 방법, 그리고 연구절차의 엄격함과 연구참여자의 적합성을 평가할 수 있는 여러 정보 등을 독자에게 알려주는 것은 아주 중요하다. 종종 이러한 정보는 부록에 제시되기도 하는데, 연구결과를 책으로 출판한 경우는 특히 그러하다. 연구방법에 관한 문헌을 잘 제시해 놓은 책으로는 1930년대 시카고 보스턴의 이탈리아계 이민자들이 모여 살았던 슬럼가를 묘사한 《길모퉁이 사회》 (*Street Corner Society*, Whyte, 1955)와 미국계 흑인 남성과 그 가족의 삶을 묘사한 《길모퉁이 남자들》(*Tally's Corner*, Liebow, 1967)*와 같은 고전이 있다.

서론을 쓰는데 직접 도움이 되는 조언으로는, 논문의 첫 쪽에 연구자가 무엇에 대해 쓰려고 하는지를 독자에게 직접적이고 간결한 문장으로 제시하는 것이 좋다. "본 연구는 학교 운동장에서 초등학생들의 놀이에 대한 참여관찰의 결과를 제시하고자 한다." "본고는 2년 동안 중서부 지역의 중간 규모의 도시 외곽에 위치한 고등학교에서 수행한 학생들의 친구 관계 연구에 대한 보고서이다." 독자들은 자신들이 읽고 있는 것이 전체 내용과 어떤 연관이 있는지를 알지 못하면 집중력을 잃게 된다. 이런 조언을 무시한 채 논문의 1/3 정도에서 연구자가 제시한 목적을 읽게 된다면 그 논문을 계속해서 읽어나가는데 상당한 어려움이 생긴다. 25쪽이나 심지어 50쪽 정도 읽었을 때야 비로소 연구자가 의도하는 글의 목적이 무엇이고, 읽으려고 하는 것이 어떤 내용이며, 왜 읽어야하는지를 구체적으로 제시해주는 경우가 종종 있다. 이때쯤이면 사람들은 지금까지 무엇을 읽었는지 이미 기억하지 못한다.

원고를 쓰기 시작하는 한 가지 좋은 방법은 연구자의 글이 무엇에 관한 것인지를, 또는 연구하고 있는 것이 무엇인지를 핵심적으로 나타낼 수 있는 간단한 이야기를 말하는 것이다. 예를 들어, 앞에서 인용한 학술지에 게재되었던 신생아에 관한 연구에서 저자들은 다음과 같이 논문을 시작했다.

> 신생아 중환자 병동을 두 번째 방문했을 때 우리는 연구의 초점을 예시하는 한 사건을 목격하게 되었다. 어떤 부부가 조산으로 3.5kg밖에 나가지 않으면서 심각하게 아픈 아들을 면회하러 왔다. 20대 초반의 이 부부는 시골에서 가난하게 살고 있었고, 이 면회를 위해 아침부터 128km를 운전해 왔다. 병원 선물가게에서 구입한 카네이션을 아기가 누워 있는 뚜껑 없는 사각형 아기 침대의 철제 봉에 테이프로 붙였다. 둘 다 아이 가까이에 서서 서로 말을 주고받으면서 가녀린 아들에게 "곧 집에 가게 될 거야"라고 그 아버지가 말했다. 그 엄마도 머리를 끄덕거리면서 "널 위해 모든 것을 준비해 두었어"라고 말했다. 이들의 목소리가 들릴 정도로 떨어져 있던 간호사가 이들 부부에게 다가와서는 "이제 현실을 직시해야 해요. 당신 부부의 아이는 굉장히 아픈 상태입니다"라고 말했다. 그날 밤 그 아이는 죽었다. 이 소식을 들은 그 부모는 슬픔에 북받쳤고 그 엄마는 완전히 정신이 나갔었다고 한다. 이렇게 해서 우리의 현장조사의 초점은 신생아 병동의 병원 관계자와 부모 사이의 의사소통이 되었다. 구체적으로 말해서, 우리는 다음과 같은 의문에 대한 이해의 폭을 넓이는 데 관심을 가지게 되었다: 부모들에게 아이의 상태를 말해주는 사람은 누구인가? 이때 이 사람은 어떤 말을 하는가? 그리고 부모들은 어떤 말을 듣게 되는가? (Bogdan, Brown, & Foster, 1992, p. 6)

* 한글 번역본: 엄신자, 이준우(2001). 길모퉁이 남자들. 인간과 복지.

서론의 일부분으로 이야기를 제시하는 것은 독자를 글의 초반부터 끌어들이고, 다루고자 하는 문제에 대한 구체적인 감을 가지게 하고, 그 장소나 상황의 감정을 전달하고, 그곳에 있다는 것이 어떤 느낌인지를 전달할 수 있다. 이런 이야기를 말 할 때는, 독자들에게 왜 연구자인 여러분이 이 이야기를 하는지 그리고 이 이야기가 전체 글과 어떤 관련이 있는지를 기술해야 글과의 직접적 연관성이 이루어져 효과적이다. 학술지에 발표할 논문의 시작을 몇 년 전 어떤 이야기로 거슬러 올라가서 글을 시작하는 것은 게재 승낙을 받는데 위험을 자초할 수도 있었지만, 지난 몇 년 동안 독자들을 좀 더 끌어들이는 대안적 글의 양식을 적극 권장하는 학술지들의 출현과 함께 이런 위험에 대해서는 상당히 관대해지고 있다.

6.1.6 논문의 골자와 증거를 제시하는 방법에 대한 결정 사항들

논문의 주요 부분을 조직하는 방법에는 여러 가지 선택이 있는데, 이 주요 부분을 **골자**(core)라고 한다. 논문의 골자는 많은 양의 초벌 원고로부터 구성되어 맞추어지며 연구자의 주장에 따라 방향이 잡힌다. 서론에서 앞으로 무엇을 어떻게 한다고 제안했던 그대로 진행해 나가는데, 즉 논제를 미리 던지고 주제를 제시하며 화제를 명확히 한다. 서론의 이런 내용을 본론으로 가져와서 연구자의 주장에 대한 검증을 제시하는 것이 연구자의 능력이다. 본론을 쓰기에 충분한 데이터를 가지고 있지 않음을 알게 되어 연구의 초점을 확대하거나 변경시켜야 할 상황이 발생할 수도 있다. 한편, 너무 많은 데이터가 있어 원래 계획했던 본론의 길이보다 훨씬 많은 양을 써야할 상황이 생길 수도 있다. 이런 경우에는 연구의 초점을 한정시켜 좁혀야 한다.

본론을 쓸 때 여러분이 제시한 주장은 연구자가 가야할 방향을 잃지 않게 해준다. 본론에 포함되는 어떤 내용이더라도 이 주장과 반드시 직접 관련이 있어야 한다. 글의 골자는 제목이 있는 몇 개의 섹션으로 나누어진다. 각 섹션을 골자에 포함시켜야 하는지에 대한 결정은 "이 섹션은 나의 연구초점과 직접적으로 연관된 것인가?"의 답에 따르면 된다.

이들 섹션의 성격과 여기에 포함될 내용, 이들 섹션들 사이의 연관성 등은 코딩된 데이터의 추가적 분석을 통해 점차 모습을 갖추게 된다. 연구초점이 구체화되어 나타나 있는 몇 개의 코딩범주를 추려낸 후, 이 범주들을 세심하게 읽으면서 체계적으로 조직하고 이로부터 패턴과 부분, 또는 요소를 찾는다. 처음 전체 데이터를 대상으로 기계적으로 분류, 조직할 때와 같은 식으로 코딩범주에 속한 데이터를 처리한다. 따라서 이때 자료의 양은 처음보다는 훨씬 적기 때문에 다루기는 더 쉽다. 데이터를 몇 개의 파일로 만드는 목적은 이처럼 목적에 맞게 다루기 쉽게 하기 위해서이다.

특정 코딩범주에 있는 데이터를 철저하게 분석하여 더 작은 부분(하위범주들)들로 분류될 수 있는지 살펴보아야 한다. 예를 들어, 한 교실에서 수행된 참여관찰 연구에서 코딩범주 중 하나가 "학생에 대한 교사의 정의"라고 해보자. 이 코드 밑에 포함된 자료를 철저하게 읽는 가운데 연구자는 이 교사가 서로 다른 용어를 사용하여 학생들을 기술하는 것을 알게 되었다. 이 교사는 "학생들의 종류"라는 분류 체계를 마음속에 가지고 있었다. 즉 "좋은 학생들", "버릇없는 어린 녀석들", "불쌍한 영혼들", "낙오자들", "귀여운 애들", "문제아들"이라는 단어들을 반복적으로 사용하는 것을 알게 되었다. 연구자는 이 교사의 이러한 분류 체계를 만들 수 있다. 여기서 "학생에 대한 교사의 정의"는 대표코드(cover term)이고, "학생들의 종류"는 "좋은 학생들"을 하위코드(subcodes)로 갖는 하위범주이다(Spradley, 1980). 이러한 범주들은 연구자의 논문에서 주요한 또는 작은 섹션의 제목으로 사용되기도 한다.

바로 위에서 설명한 것처럼 많은 서로 다른 유형의 코딩범주들로부터 종류에 대한 분석을 할 수 있다. "~ 의 종류들"이 흔히 사용되는 하위 코딩범주이며, "~ 의 단계들", "~ 하는 방법들", "~ 의 일부분들", "~ 의 결과들", "~ 를 위한 이유들", "~ 하는 장소들", "~ 을 위한 사용", "~ 의 특징들" 등과 같은 것도 코딩범주로서 사용될 수 있다. 하위 코딩범주들은 골자 안에 들어 갈 여러 섹션들이 어떠해야 하는지에 대한 생각을 촉진하므로 데이터를 더 체계적으로 조직하도록 해 주는 도구이다. 예를 들어, 논문의 본론에서 전체적인 구성과 그 요소들을 제시할 수 있다. 그렇더라도 지나치게 이런 전체적인 구성을 짜내려고 해서는 안 된다. 전체적인 구성을 제시하는 것은 단지 본론을 기술하는 한 가지 방법일 뿐이다. 연구 논문의 섹션은 연구초점인 논제에 따라 다른 형태를 띠게 된다.

본론의 특정 내용이 무엇이든지 상관없이 각 섹션은 반드시 전체 논문의 구성과 유사하게 구성되어야 한다. 다시 말해, 각 섹션도 서론, 본론, 결론의 요소와 순서를 따라야 한다. 섹션의 서론에는 이 섹션에는 어떤 내용이 있는지, 초점과 어떻게 연관되는지, 그리고 앞에 제시한 부분들과 어떤 관계가 있는지에 대해 쓴다. 섹션의 본론에는 서론에서 제시한 것에 대해 쓰고, 마지막으로 섹션의 결론에는 이 섹션의 내용이 무엇인지를 요약하고, 초점과의 연계성을 한번 더 언급하며, 다음 섹션으로 전환을 제시한다. 섹션의 내용이 다른 곳으로 빠지지 않도록 하기 위해서는 지금 쓰고 있는 내용이 이 섹션의 서론 부분에서 언급했던 내용과 얼마나 서로 연관되는지를 스스로에게 물어보는 것이 좋다.

질적 연구자가 자신의 연구를 글로 나타내고자 할 때, 무엇을 해야 할지 고려하는 데는 여러 가지 방법이 있다. 스프래들리(Spradley, 1979)는 이것을 **번역**(translation)이라고 했다.

번역으로 생각한다는 것은 연구현장에서 여러분이 보고 들은 것을 종이 위해 적어 연구자가 이해했던 그대로를 독자도 이해하도록 하는 것을 의미한다. 연구자가 할 일을 번역활동으로 비유하는 것은, 정보제공자들의 관점을 독자에게 전달하기 위해 종이 위에 옮겨놓는 단순 전달자로 연구자를 너무 협의적으로 묘사하는 것이다(Clifford & Marcus, 1986). 클리포드(Clifford, 1986)의 주장에 따르면, 연구자는 이러한 협의적 단순 전달자가 아니라 수집한 데이터의 분석결과로 나온 증거에 의해 뒷받침 되는 "부분적 진리"를 연구자의 언어로 정확히 표현하는 사람이라고 한다.

독자는 연구자가 제시하는 증거를 통해 일반화된 사실을 마음속에 가지게 된다. 실제로 질적 연구자는 독자에게 "이것이 내가 발견한 것이며 이를 증명하는 구체적인 자료가 여기 있습니다"라고 말한다. 연구자는 이러한 자신의 입장을 예시하기 위해 어떤 증거를 사용할 것인지를 결정해야 하는데, 이 일은 특정한 것과 일반적인 것 사이의 균형 잡는 활동이다. 연구자의 글은 연구자가 일반화한 것(말하고자 하는 것의 실제적인 요약)은 연구자가 말한 것(서로 더해서 일반화가 된 상세한 것들)에 근거를 두고 있다는 점을 연구자는 글 속에 반드시 분명하게 나타내도록 해야 한다. 특정한 것과 일반적인 것을 균형 잡히게 할 수 있는 몇 가지 방법을 좀 더 구체적으로 살펴보면, 인용의 사용과 적합한 예를 끌어들이는 것이다.

좋은 질적 연구 논문이란 연구자가 제시한 주장들을 구체화하고 예시하기 위하여 데이터에서 도출한 서술을 잘 문서화한 것이다. 질적 연구 논문에서는 진리를 밝히기 위한 형식적인 절차나 관례라는 것이 없다. 그래서 연구자의 과제는 독자들이 자신의 주장을 그럴듯하게 믿도록 설득하는 것이다. 연구참여자의 말을 인용하고 현장조사록과 여러 데이터로부터 추출한 짧은 문장들을 제시함으로써 독자들을 설득할 수 있으며, 독자들이 연구자가 연구했던 사람들에게 조금 더 가깝게 다가갈 수 있도록 해준다. 인용은 연구참여자들이 말한 것을 나타낼 뿐 아니라 어떻게 말했고 이들이 어떤 사람들인지를 알 수 있게끔 해준다.

다음 예에서 이 글의 저자는 이탈리아계 이민자들이 캐나다의 학교에서 어떤 경험을 하는지를 정보제공자들의 여러 인용과 연구자 자신의 서술 및 이 서술의 같은 문단에 포함된 분석을 혼합하여 제시하고 있다.

> 학교를 존중하고 공부에 대한 책임을 다해야 한다고 엄격하게 배운 학생들이 낯선 외국어 환경 속에 몰입된 채로 하는 경험은 말 그대로 처절함 그 자체이다. "마치 꽂아놓은 보리자루 같은 느낌이죠"라고 15살 남자애가 말했다. 이탈리아의 켄탄자로에서 온 13세 아이는 "영어를 모르고 이 사람들의 말을 알아들을 수 없다는 것이 이해가 되지 않았어요"라고 말했다. 이들에게는 심지어 아주 간단한 질문을 받는 것조차 고문에 가까웠다.

> "선생님이 내 이름을 물어보면 내 이름조차 말하기가 겁났어요. 내가 말하는 내 이름하고 이들이 말하는 내 이름이 너무 다른 거예요. 얼마나 싫은 데요 그런게…"라고 몰리제에서 이민 온 12살 여자아이가 말했다. (Ziegler, 1980, p. 265)

여기에서 보면 인용문과 저자의 해석이 함께 어우러져 특정한 사실을 일반적 사실과 잘 조율되도록 유연한 문장으로 써진 것을 알 수 있다.

데이터를 나타내는 또 다른 방법은 하나의 진술문을 제시하고 몇 개의 예를 가지고 그 진술문을 예시하는 것이다. 추상적 내용을 예시하는 이런 방식은 학위 논문과 같은 좀 더 형식화된 연구에서 흔히 채택하고 있다. 다음의 예는 초등학교 때의 경험을 회상하는 성인 여성과의 인터뷰에 기초한 학위 논문에서 발췌한 것이다.

> 교사들의 자기 직업에 대한 관심과 흥미는 학생들에게 그대로 전달되는데, 연구참여 성인 여성들은 자신을 가르쳤던 교사들을 평가하는데 이 점을 증거로서 제시하였다. 그들은 학생뿐만 아니라 가르치는 것을 좋아하지 않는다고 느꼈던 교사들을 좋지 않은 교사로 판정했다.
>
> > "그 다음 학년에 제가 만난 교사는 롤리 선생님이었어요. 그런데 얘들을 전혀 좋아하지 않았어요. 가르치는 직업을 택한 것이 정말 실수인 선생님이었죠." (#104)
> >
> > "2학년 담임선생은 임신한 젊은 여선생이었는데 그런 몸 상태로 가르치는 것을 감당할 수 없었어요. 그 여선생은 두세 명 정도 좋아하는 학생이 있었는데 둘은 남자애였고 한 명은 여자애였는데, 저는 그 선생하고 정말 지겹도록 맞지 않았어요." (#320)
> >
> > "4학년 담임선생은 알단이라는 미혼 여선생이었는데 그녀에 대해 뭐라고 해야 할지 모르겠네요. 음... 건성으로 가르치는 여선생이었고 매우 따분하게 수업을 했어요. 목소리 높낮이는 항상 똑같았고 그냥 진도 나가고 또 나가고. 그래서 전 몽상에 빠져있는 시간이 많았어요." (#325)

위에서 제시한 예들은 예시하고자 하는 일반적 사실에 대한 약간 서로 다른 측면을 보여주고 있다(Biklen, 1973). 이 경우 일반적 사실은 제시한 데이터와 분리되어 있다. 이보다 앞에 제시한 예에서는 특정한 사실과 일반적 사실이 교대로 제시되어 있었다. 특정한 사실을 일반적 사실과 함께 어떻게 산재하도록 할 것인지를 예시하기 위해 우리가 사용했던 위의 예를 보면 데이터를 어떻게 끌어들이는가도 알 수 있다. 다시 말해, 연구자는 해석과 예를 서로 섞거나(캐나다 학교교육에 대한 논의처럼) 일반적 사실에 대한 진술을 예와 분리해서 두는 것이다. 어느 경우를 사용하든 연구자는 항상 어떤 목적으로 데이터를 사용하고 있는지를 반드시 나타내야 한다. 다음의 내용은 서술과 인용문을 제시하는 다양한 방식에 대한 아이디를 주는 예들이다.

이 발췌문에서 저자는 "여차여차해서" 식으로 말하고 다른 예로 보강하는 방식을 따르고 있다.

> 여선생 프레스톤은 운동장에서 루이스에게 화를 크게 내면서 "네가 무슨 생각하는지 난 상관 안 해. 그렇게 쳐다보지 말고 그냥 입 다물고 가만히 있어"라고 답했다. 또는 여선생 크렌은 "죠가 항상 마지막 말을 강요 안했으면 좋겠는데. 그가 말싸움하려고만 하지 않으면 그를 무시할 이유가 없죠"라고 말했다. 학생들이 겉으로라도 학교의 규칙에 따라 준다면, 그리고 학생들이 교사에게 직접 대들지만 않는다면 교사는 학생들을 통제할 수 있을 것이다. (McPherson, 1972, p. 84)

위에서 저자는 예를 제시한 다음 결론에 해당하는 해석으로 이 예를 마무리하고 있음을 또한 알 수 있다. 결론에 해당하는 이 문장은 연구자의 해석을 강화하거나 약간 다른 새로운 진전을 제시하는 역할을 한다.

다음 예는 데이터를 제시하는 또 다른 방법인 콜론 사용을 보여주고 있다. 이 콜론의 의미는 콜론 이후에 제시된 문장은 이전 문장을 예시한다는 것이다.

> 관찰자 역시 [관찰하는 방식이 교실에서의 교사 행동에 미치는] 영향에 충격을 받았다. 고프리는 평소에 그가 했던 것과는 달리 학생들에게 벌주는 것을 꺼리게 되었다. 고프리는 이를 인정하면서 자신의 노트에 이렇게 섰다:
>
> > "교실에서 문제가 생겼을 때, 예를 들어 피터가 잘못된 행동을 했을 때, 관찰자가 교실에 있다는 사실이 평소와는 달리 교사로서 내 행동에 아주 큰 영향을 미치는 듯하다. 내일부터는 그가 생각하는 나는 어떤 모습일지 곰곰이 생각해서 평소와 똑같이 행동해야겠다. 아니면 적어도 평소의 나와 가깝게 행동해야겠다."(9/11) (Smith & Geoffrey, 1968, p. 61)

이 예에서 교실에서의 참여관찰자인 루이스 스미스는 그 교사(고프리)의 일기장에 적힌 내용을 데이터의 예로 기록하였다. 콜론을 사용함으로써 연구자의 해석과 인용문 사이의 전환이 부드럽게 되었고 이런 전환을 위해 까다롭게 문장을 쓸 필요가 없게 되었다.

데이터를 제시하는 또 다른 방법은 본문 속에 직접 추가하여 섞는 것으로 연구자가 말하고자 하는 이야기의 일부분이 되도록 하는 것이다. 이 방법을 사용함으로써, 연구자는 대화와 서술을 직접 이야기체로 통합시킬 수 있다. 독자에게 이런 방식은 연구자가 마치 이야기를 해 주는 듯이 느껴지는데, 연구자와 연구자가 제시하는 자료와의 거리감을 훨씬 줄어들게 된다. 다음의 예는 감옥에 있는 아이들을 인터뷰한 후 저자가 배운 것을, 이 경우 "저 아이는 결국 누군가를 살해할 거예요"를 반영하고 있다:

> 바비 디존은 항상 자기 반에서 가장 큰 여학생이었고 몇몇 남학생만 그녀보다 키가 컸다. 3, 4, 그리고 5학년 때 아이들 중에는 그녀를 놀리는 애들도 있었다. 그러나 12살이 되었을 때, 그녀는 힘이 세고 덩치가 컸기 때문에 바비의 주먹에 두들겨 맞는 것이 무서워서, 이렇게 때리는 것으로 유명했는데, 아무도 그녀를 놀리지 못했다. 그녀가 터프하거나 나쁜 여자애가 아니었다고 그녀의 담임이 말했다. 그녀에겐 일종의 터프한 면이 있었지만 그것은 그녀 내부의 작은 일부분에 지나지 않았고 누군가가 심하게 화나게 하지 않는다면 스스로 폭발하지는 않았다. (Cottle, 1977, p. 1)

이 예에서 보면, 인터뷰로부터 얻은 서술은 이야기와 별개로 분리되어 제시되어 있지 않고 격식 없는 분위기를 만들기 위해 이야기 흐름 속에 자연스럽게 이 서술이 자리하고 있다.

분명한 점은, 데이터로부터 예를 통합하는 데는 여러 방법들이 있다는 것이다. 한 가지 이상의 수단을 사용함으로써 다양한 유형의 글쓰기가 가능하다. 또한 글쓰기를 제대로 잘 하려면 연구자의 의도를 반영하는 글의 스타일, 의도하는 독자층, 그리고 가장 중요한 것인 연구자가 말하고자 하는 것 등을 확실히 해 둘 필요가 있다.

지금까지 말하고자 한 바는, 여러분의 글에는 현장조사록과 여러 다른 자료로부터 추출한 데이터가 잘 문서화 되어야 한다는 것이다. 그렇다고 해서 큰 부분의 데이터를 논의도 없이 또는 통합하는 분명한 이유도 없이 글 속에 포함시켜야 한다는 뜻은 아니다. 초보연구자들은 종종 자신의 데이터가 너무 풍부하여 연구자가 생각하는 만큼 독자에게도 자명하고 중요할 것이라고 생각한다. 이들 연구자는 정보제공자들의 진술이나 서술의 느낌을 망치고 싶지 않다고 말한다. 하지만 독자는 종종 냉정함을 유지한 채 글을 읽는다. 인용문을 사용해서 글을 쓰는 것은 어려운 작업이다. 그래서 원본 그대로의 현장조사록을 제시해 버리는 것은 연구자가 연구로부터 알게 된 복잡한 내용을 독자가 알기 쉽도록 세련되게 정세해서 독자와 공유해야 하는 책임을 회피하는 행동이다.

질적 연구 결과물을 작성할 때 순전히 이야기식인 내러티브로 써야할 곳이 있다. 가장 흔히 이런 식으로 써야하는 연구 유형은 1인칭 생애사연구이다. 이 경우, 저자는 간단한 서론과 더 나아간다면 결론 정도만 쓰고 나머지 전체 원고는 거의 정보제공자 그 자신의 단어로 써나간다. 하지만 비록 1인칭 생애사연구라 하더라도 출판에 앞서 자료를 신중하게 편집하고 재배열해야 한다.

6.1.7 결론에 대한 결정 사항들

결론은 반드시 있어야 한다. 이 경우 연구자인 여러분은 어떤 선택을 할 수 있을까? 많은 선택을 할 수 있는데, 흔히 주장을 다시 진술하고 간단히 설명한다. 연구자가 제시한 결과에 대한 시사점을 분명하게 밝힐 필요가 있다. 대부분의 연구 보고서는 후속 연구를 위한 제언으로 결론의 끝을 맺는다. 후속 연구가 필요 없는 연구는 없다는 것은 연구자가 앞으로 연구를 계속 할 수 있다는 믿음이다. 하지만 연구자가 아닌 정신과 의사도 더 많은 사람들이 정신과 치료를 받아야 한다고 생각하고, 텔레비전을 만드는 가전회사조차도 사람들이 텔레비전을 더 많이 구입해야 한다고 생각한다. 후속 연구의 필요성에 대한 연구자의 이런 믿음이 아무리 진실 된 것이라 하더라도 진부한 문장으로 후속 연구에 대한 제언을 쓴다는 사실은 지울 수 없다. 연구자가 알게 된 것과 왜 이 연구가 중요한지에 대한 결정적 진술문이 이런 케케묵은 결론 때문에 그 의미를 상실할 수 있다. 더 많은 연구의 필요성을 제기하는 것은 연구 결과물의 글쓰기에 대한 정열이 식었을 때, 좋은 글을 끝까지 일정하게 써나갈 힘이 빠졌을 때 연구자들이 흔히 사용하는 방법이다. 결론을 쓴다는 것은 끝이 바로 눈앞에 있다는 것이므로 전력을 다 해야 한다.

가끔 질적 연구자들은 글을 쓸 때 근시안적이 된다. 잠시 뒤로 물러서서 자신이 연구한 것이 어떻게 한 사회를 구성하는 사회적 단위의 일부분인지를 생각하고 글을 쓰지 못한다. 연구결과를 쓸 때, 특히 결론 부분에서 연구자는 독자에게 이 연구에서 말하고자 하는 것은 큰 세상의 조그만 부분에 대한 한 측면을 부각시킨 것이며 퍼즐의 한 조각에 불과하다는 사실을 상기시켜야 한다. 예를 들어, 신생아 병동의 연구를 보더라도 치료를 받고 못 받고, 누가 살고 누가 죽을지, 치료해줄 사람을 어떻게 선정해야 하는지 등에 대한 결정은 오직 병동에서만 이루어진다는 잘못된 믿음을 사람들이 가질 수 있다. 지금까지 이 책에서 자주 인용했던 이 연구의 출판된 보고서의 결론에서 저자들은 이 병동을 미국 전체의 의료 체계의 맥락에서 이해해야 한다는 생각을 독자에게 분명히 제시하였다. 저자들은 이 의료 체계가 예방보다는 치료와 위기 조정을 어떻게 강조했는지를 지적했다. 스미스(Smith, 1987)는 우리의 연구가 사람들의 관점과 의료 체계를 연결짓는 것이 필요하다는 점을 특히 중요하게 지적했다. 만약 여러분의 연구설계에 연구결과를 더 큰 사회와의 연결성을 논하는 것이 포함되어 있지 않다면, 독자에게 연구의 제한점으로 이 사실을 알려주는 것이 좋다.

6.2 더 많은 글쓰기 도움말

6.2.1 초안 작성하기

지금까지의 원고 작성에 대한 논의가 여러분에게 연구결과의 글쓰기를 시작할 수 있는 발판을 제공했기를 바란다. 연구자가 결정해야 할 사항들을 쉽게 다룰 수 있을 정도의 작은 부분으로 쪼개는 일이 아주 중요하다. 제일 먼저 하나의 초점을 찾아야 하고, 그런 다음 골자에 대한 개요를 잡는다. 지금 쓰고 있는 것이 최종본이 아니라 초안이라는 점을 여러분 자신에게 분명히 인식시키도록 한다. 생각을 종이에 글로 표현하면서 시작하도록 여러분 자신을 종용한다. 이 초안은 언제든지 다시 쓸 수 있고 바꿀 수 있다. 여러분 자신이 지금까지 쓴 것을 아주 비판적으로 바라보던 관점을 중지하고, 무엇인가 부족하다는 느낌도 잠시 접어둔다. 전체적인 흐름을 작성하는 "초안"은 긴장을 완화시켜주는 장치이다. "초안"은 약간의 편집과 단어 교체로 쉽게 최종본으로 완성된다.

6.2.2 연구결과의 발표 양식

질적 연구의 경우 연구결과를 발표할 때 반드시 준수해야 하는 관례적 방식이 없다는 사실은 질적 연구자의 입장에서는 하나의 행운이다(Lofland, 1974; Richardson, 1994). 질적 연구의 특정 학파의 경우 다른 학파와 구별되는 양식으로 연구결과를 제시하는데, 이들이 사용하는 특정 단어와 문구를 통해 쉽게 이 점을 확인할 수 있다. 그렇지만 다양한 발표 형식이 질적 연구에서는 일반적이다. 연구 집단과의 연관성을 언급하기 위해 연구자는 "문화기술지"나 "미시적 문화기술지" 등의 단어를 사용함으로써 특정 학파를 선택할 수 있다. 이런 경우 그 학파의 스타일을 익힌 후 그 스타일에 맞추어 글을 쓰는 것이 좋다(Van Maanen, 1988;

Richardson, 1990b). 이 방식은 연구자가 자기만의 글 쓰는 스타일이 없는 경우 유용하다. 계속해서 글 쓰는 연습을 한다면 자신만의 문체가 나타날 것이다.

연구결과의 발표 양식은 연속된 직선으로 생각할 수 있다. 이 직선의 한쪽 끝에서는 연구결과의 발표를 좀 더 형식적이고 전통적인 방식에 따라 제시한다. 다른 쪽 끝에서는 좀 더 비형식적이고 전통 파괴적 양식으로 글을 쓴다. 이 양식에 따른 연구물은 이야기를 먼저 제시하고 끝에 가서야 결론을 이끌어낸다. 다시 말해, 귀납적으로 연구결과를 제시하는 것이다. 여러분이 지금 쓰고 있는 글은 이 직선의 어느 한쪽에 위치하는지를 살펴보기 바란다.

연구결과를 제시하는 데는 몇 가지 정해진 형식이 있다. 이 중 어느 한 형식을 선택한다면, 여러분의 연구결과는 이 형식에서 요구하는 어떤 종류의 자료를 어떤 식으로 조직해야 한다는 기본적인 요구 사항을 충족해야 한다. 예를 들어, 미시적 문화기술지를 선택했다면, 단 한 곳의 연구현장에서 일어나는 깊이 있고 미세한 행동에 초점을 맞추어야 한다. 이를 위하여 그 연구현장에서 일어나는 상호작용의 특정한 측면에 초점을 더 좁혀 그 현장을 더 작은 부분으로 나누어 조사한다. 이 연구결과를 글로 발표하기 위해서는 연구현장이나 그곳에서 일어나는 사건을 작은 부분으로 계속해서 나누고 분해하는 미시적 문화기술지의 데이터 조직 방법을 이용하여 글을 구성한다. (미시적 문화기술지의 좋은 예로는 Florio, 1978과 Smith & Geoffrey, 1968이 있다.)

거시적 문화기술지도 마찬가지로, 어떤 복잡한 상황을 둘러싼 전반적인 영역을 거시적으로 볼 수 있도록 펼쳐 놓고 연구 주제와 관련 있는 모든 측면을 다루고 있는지를 확실히 한다. 그렇지만 어떤 특정한 연구 전통에 따른 형식을 그냥 선택하기만 하면 연구자가 쓰려고 하는 글이 자동적으로 조직된다는 뜻이 아니라, 연구결과를 글로 쓸 때 질적 연구의 이러한 양식에 따른 특정한 관례를 이용함으로써 좀 더 쉽게 글을 구성하여 쓸 수 있다는 의미이다.

좀 더 전통적 방식에 따라 연구결과를 발표하는 경우, 연구결과나 연구 관점을 전달식으로 제시하는 것이 보통이다. 다시 말해, 연구자는 서론에서 글이나 책, 논문이 주장하는 것이 무엇인지를 먼저 말하고, 그런 다음 그 주장의 핵심적인 측면을 제시하고 데이터에서 예를 찾아 문서화하는 식으로 글을 전개해 나간다. 이런 스타일로 글을 쓰는데 있어서 흥미로운 점은 연구를 수행할 때는 귀납적으로 찾은 데이터를 이를 제시할 때는 연역적으로 제시하는 것으로, 연구자는 수집한 데이터가 연구 시작 전에 이미 가졌던 어떤 가정이나 관점을 증명하기 위한 것이 아니라는 점을 분명히 하여 오해의 소지가 없도록 해야 한다.

연역적 방법으로 연구결과를 발표하는 스타일의 좋은 예로는 이미 존재하는 이론을 구체적으로 입증하는 연구이다. 데이터 수집이 완료된 후, 이 데이터로부터 연구자가 발견한 것이 무엇인지를 설명해주는 이론을 선택한다(예로는 McPherson, 1972의 연구가 있음). 교육 분야에서 수행된 현대의 질적 연구 중에서 이론을 입증하는 연구 예를 많이 볼 수 있다(Sharp & Green, 1975년 참조). **레벨링 이론**(labeling theory)이라는 것도 이런 입증에 사용되는 인기 있는 개념이다(Rist, 1977b 참조).

좀 더 비형식적이고 전통을 탈피하는 발표 양식을 **묘사적 글쓰기**(portrait writing) 또는 **이야기하기**(storytelling)라고 부른다(Denny, 1978b). 이런 식의 글쓰기는 학문 분야에서는 여전히 논쟁을 야기하고 있으므로, 만약 대학교의 학위 논문과 같은 공식적인 글을 이렇게 쓰려고 한다면 미리 지도교수와 대학의 학위심사위원회에 이에 대한 수락 여부를 알아보는 것이 좋다. 이런 종류의 연구물을 읽는 것은 연구자가 창조한 하나의 이야기를 읽는 것과 거의 같다. 예를 들어, 버스타기에 관한 책에서 코틀(Cottle)은 보스턴 시의 버스 이용에 관한 쟁점의 두 입장을 가진 사람들의 감정을 묘사했다. 아래 예는 자신의 아들이 버스를 이용해야 한다는 소식을 접한 한 부모의 반응을 묘사한 것이다.

> 엘렌 멕도넙은 이 소식을 접하고서 기분이 상했다고 표현할 수 있는 반면 큰 키에 붉은 곱슬머리와 잘 생긴 코를 가진 그녀의 남편인 클레런스는 거의 격분했다. 어느 날 저녁 이 부부의 집을 방문했을 때 "그들이 나한테 이런 짓을 해"라고 그가 소리를 질렀다. "그들이 어떻게 나한테 그럴 수 있어, 이런 머저리 같은 놈들. 그들이 이렇게 할 거라고 내가 당신한테 말했지. 매주 교회 나가고, 똑같은 일을 한 주에 40시간씩 해마다 일하면서도 불평하고 싶어도 말하지 않고 마치 유리창처럼 투명하게 살고 있지만 그들은 여전히 이런 짓을 하잖아."(Cottle, 1976a, pp. 111-112)

저자는 적절한 단어를 사용해서 이 부부의 격한 감정을 자세하게 묘사하고 있음을 알 수 있다.

현장조사록에 있는 자료들 중 많은 부분은 연극 대본이나 짧은 이야기 속의 대화를 구성하기에 좋은 출처이다(Reinharz, 1992; Paget, 1990; Turner, 1982; Richardson, 1994b). 심지어 시 형식으로 질적 연구물을 표현하는 연구자도 있다(Richardson, 1993, 1994a 참조, 이에 대한 비평은 Schwallbe, 1995 참조). 그런가하면 공연으로 연구결과를 발표하는 연구자도 있다(McCall & Becker, 1990). 이 책에서는 이러한 형식의 연구결과 발표에 대한 논의는 다루지 않고 있다. 이런 식으로 질적 연구의 데이터를 사용할 수 있다는 점은 참으로 흥미롭다. 하지만 초보연구자의 경우는 먼저 좀 더 전통적인 형식을 숙달하는 것이 바람직하다.

6.2.3 과다한 글쓰기

맨 처음 초고를 작성할 때 주로 문제가 되는 것은 과다하게 많이 쓰는 것이다. 이런 초고는 말이 너무 장황하고 독자가 알고 싶어 하는 것 이상을 담고 있다. 저자는 모든 것이 중요하다고 생각하는 경향이 있고 독자도 그렇게 생각할 것이라고 가정하지만, 사실 독자는 그렇지 않다. 글 쓰는 사람으로서 가장 어려운 점은 지금까지 쓴 것을 버리는 것이다. 여러분이 쓴 원고를 철저하게 읽으면서 삭제 가능한 문장이나 문단, 소단원을 찾는다. 그래서 원고의 양을 되도록 줄이려고 노력한다. 글 쓰는 사람은 말하고자 하는 것이 충분하지 않다는 걱정을 하지만 독자는 같거나 비슷한 말이 계속 반복되는 것을 싫어한다. 원고 양이 40쪽을 넘는다면 두 개의 원고로 나누어서 발표하는 것이 타당하며, 그렇지 않다면 책으로 출간하는 것을 고려해보는 것이 좋다. 원고의 양을 대충 정한 다음, 그 범위 안에서 연구초점과 골자에 대한 결정을 내리도록 한다. 초고를 세심하게 읽으면서 의미에는 변화를 주지 않으면서 삭제할 수 있는, 또는 삭제함으로써 의미가 더 분명해 질 수 있는 단어와 문장을 찾도록 한다.

종종 아주 긴 원고를 읽어달라는 부탁을 받는데 그럴 때 그 저자는 질적 데이터에 기초하다보니 양이 많아졌다고 이유를 말한다. 하지만 그 말은 양이 많아진 것에 대한 적합한 이유가 아니다. 이렇게 긴 원고는 충분히 오랫동안 세심하게 작업 하지 않은 문서와 다를 바 없다. 그래서 이런 원고는 잘 다듬어진 결과물이 아니라 초고에 가까운 글이다. 원고를 길게 써는 것이 짧게 써는 것보다 종종 더 쉽다. 여러분의 원고를 다시 읽고 짧게 줄여보도록 한다.

한번 말하는 것으로 족하다! 과다한 글쓰기와 관련되어 지켜야할 또 다른 사항은 독자에게 말하고자 하는 것을 분명하게 한번만 말하는 것이다. 똑같은 것을 계속 반복해서 말하지 않도록 한다. 초보연구자의 경우 흔히 자신이 말하고자 하는 핵심을 분명하게 밝히지 못하고 있다는 불안감을 가지거나 혹은 독자가 무지하다고 생각하는 경향이 있다. 그러다보니 앞에서 말한 것을 문단이나 심지어 소단원을 사용하여 다시 말하게 된다. 재진술은 핵심을 상세하게 설명해야 할 때만, 또는 다른 내용으로의 전환할 때만 사용해야 한다. 하지만 "앞에서 언급한 바와 같이 ……", "이것은 앞에서 언급했던 점을 지지하고 분명하게 말해준다.", "지금까지 말한 것을 정리하면 ……" 등과 같은 반복은 괜찮다. 계속된 반복은 독자를 지루하고 감각을 잃게 해서 연구자가 정말 말하고자 하는 중요한 것들을 이해하는데 필요한 집중력을 떨어뜨린다.

6.2.4 "그렇죠. 그러나……?"

질적 연구의 결과를 작성할 때, 연구자는 자신의 관점과 분석, 설명, 데이터가 밝히고 있는 것에 대한 연구자의 해석 등을 제시한다. 비판적인 예리한 독자는 "그렇죠. 그러나……" 라는 반응을 보인다. 데이터로부터 발췌한 여러 인용문을 제시하면서 논의를 전개하고 분석과 해석의 타당성을 높이기 위해 여러 가지 증거를 제시하더라도 독자는 여전히 이런 질문을 할 것이다: "당신이 발견한 것을 다른 식으로 설명할 수도 있지 않아요?", "그것이 당신이 해석한 방식이라고 합시다. 그러면 이런 식은 하나의 대안이지 않을까요?", "모든 연구참여자들이 항상 그러한 관점을 나타냈다는 것입니까?"

연구자는 독자가 궁금해 할 질문을 던지고 그에 대한 답을 글에 제시하는 것이 중요한데, 보통 골자를 적을 때 이것을 한다. 대안적 견해를 제시하고 연구자가 선택한 이 대안이 왜 데이터를 일관성 있게 더 잘 설명하는지를 논의한다. 연구자가 논의하지 않은 소수의 연구참여자의 관점이 있다면 여기서 언급한다. 연구자는 자신의 원고에 대해 최악의 비평가처럼 행동해야 한다. 다시 말해, 답하기 아주 까다로운 여러 질문을 제기하고 그에 대해 한 가지씩 답을 해 나간다. 어떤 작문 스타일을 택하더라도 연구결과에 대해 언제든지 대안적 설명이 가능하다는 사실을 명심해야 한다.

6.2.5 간단하고 쉬운 내용을 앞부분에 배치

지나치게 이른 시점에 독자에게 복잡하고(하거나) 자세한 정보를 너무 많이 제공하지 않도록 한다. 저자는 자신이 제시하는 내용에 상당히 익숙하다보니 독자는 그렇지 않다는 사실을 종종 망각한다. 글을 쓸 때는, 연구자 위치에서가 아니라 독자의 위치에서 쓰도록 한다. 논문의 뒷부분에 제시되어 있는 복잡하고 자세한 주장과 정보를 이해하는데 필요한 배경 지식을 제시하면서 논문의 첫 부분에는 직접적인 문장으로 간단하고 쉬운 내용을 배치한다. 연구문제에 대한 연구자의 이해와 지식을 인정할 수 있는 상당한 학식을 가진 독자를 대상으로 한다면, 그런 내용은 뒤에 배치하도록 한다. 또한 그러한 내용에 대한 주석이나 부록 작성도 고려하는 것이 좋다.

6.2.6 누구의 관점인가?

질적 연구의 경우, 연구자는 연구참여자들의 아이디어와 관점, 사고방식에 대해 기술한다. 여러 직업군 사람들이 — 예를 들면 학생, 교사, 행정가 — 연구에 참여하며, 이들 연구참여자가 세상을 바라보는 방식에 따라 이들의 아이디어와 관점, 사고방식에 약간의 변이성이 있다. 연구자이며 논문 저자로서 여러분은 이들 연구참여자들의 아이디어를 알고 있다. 연구참여자들의 관점에 대한 연구자의 관점을 흔히 분석이라고 부른다. 글을 쓸 때, 연구자가 적고 있는 관점이 연구참여자들의 관점인지 아니면 연구자의 관점인지를 분명하게 밝혀야 하는 점이 중요하다. 그리고 연구참여자들의 관점으로부터 글을 쓴다면, 연구자는 또한 어떤 연구참여자인지도 분명히 해야 한다. 이와 더불어 관찰된 행동에 기초하여 연구참여자들에게 그 행동의 동기를 전가하지 않도록 주의해야 한다. 예를 들면, 어떤 교사가 학생에게 구석에 가서 앉아 있으라고 말한 것을 관찰했다면, 이 교사와 인터뷰 없이 그리고 이 교사의 깊은 사고를 파헤치지 않고서는 왜 그런 일이 일어났는지 연구자는 말해서는 안 된다. 단지 관찰에 의존해서는 이 교사가 벌을 준 것인지, 그 학생의 행동을 통제하려고 한 것인지, 또는 그 학생을 보호하려고 한 것인지 연구자는 말할 수 없다. 그런데 만약 연구자가 그렇게 말을 한다면, 연구자는 연구참여자들의 사고방식 대신에 연구자 자신의 사고방식에 따라 말을 하는 것이다. 이런 식으로 글을 쓰지 않도록 경계하도록 한다.

6.2.7 전문 용어와 상투적 표현 남발

연구자의 특수한 분야뿐만 아니라 연구자가 논의하고 있는 구체적인 쟁점들에 대해 많이 알지는 못하지만, 연구 내용에 큰 관심을 가진 사람들을 끌어들이기 위해서는 구체적이고 명확한 글쓰기를 해야 한다. 그래서 연구자가 전문용어와 진부한 판에 박은 표현, 상투어, 뻔한 소리, 완곡한 표현 등을 사용해서 글을 쓸 때는 반드시 독자를 고려하면서 써야 한다.

전문 용어는 고도로 특수화되거나 전문 분야에서 사용하는 언어를 말한다(예: 연구참여자의 견해, 상징적 상호작용). **진부한 판에 박은 표현**은 과도한 사용으로 인해 본래의 뜻을 잃어버린 아이디어를 나타내는 단어를 말한다(예: 다중문화, 역할). **상투어**는 중요성이나 심오함은 있지만 과도한 사용과 부정확한 사용으로 인하여 낡아버린 문구를 말한다(예: 기력 쇠진, 전략적 계획 세우기). **뻔한 소리**는 너무 자명하여 더 이상의 설명이 필요 없는 문구를 말한다(예: 사회는 복합적이다, 권력은 산재해 있다). 사람들에게 너무 잘 알려져 있어 반복해서 사용할 이유가 없는 흔한 아이디어나 표현에 주의해야 한다(예: 가르치는 것은 어렵다, 모든 아동들은 잠재적 학습능력을 가지고 있다).

우리의 생각에는, 위에서 제시한 전문 용어와 상투어의 정의에 적합한 예를 제시하였다고 생각하는데 어쩌면 이렇게 하는 것은 한편으로는 위험한 일이기도 하다(Katz, 1995). 용어의 정의에 적합한 예를 제시했느냐를 따지는 것이 별로 중요하지 않은 사소한 것일 수 있지만, 거기에는 더 깊은 문제가 있다. 어떤 사람이 사용하는 전문 용어와 진부한 판에 박은 표현, 상투어, 뻔한 소리는 다른 사람에게는 중요한 개념일 수 있다(Hewitt, 1995). 전략적 계획 세우기나 사회적 구성이라는 문구 또는 **담론**이라는 단어를 생각해보자. 비전문가에게는 이들 문구나 단어가 난해하게 들리겠지만, 특정 학문 분야의 전문가들에 의해서는 엄밀한 방식으로 사용되고 있으며 의사소통의 중요한 수단의 역할을 하고 있다. 그러나 이들 문구나 단어는 또한 많은 사람들에 의해 여러 가지 다른 방식으로 응용되고 사용되는 까닭에 그 의미가 불명확해졌다. 뿐만 아니라 추상적인 학문 내용에 대한 쉬운 이해를 위해 다른 단어로 대치되는 것이 일상적이다. 이들 문구나 단어는 전문 용어에 속하는가 아니면 잘못 사용되고 있는 기본적인 사회 과학의 개념들인가? 우리가 말하고자 하는 것은, 이러한 단어의 사용을 금지해야 한다는 주장이 아니라 이들을 사용할 때 주의를 기울려야 한다는 것이다. 특히 한 문단에 한번 이상, 한 쪽에 여러 번 계속 반복적으로 이러한 추상적 단어를 사용하는 경우가 그러하다. 만약 특정 개념이나 아이디어에 매료되어 사용하고 싶다면, 그 의미와 함축된 뜻을 자기 것으로 내면화시킨 다음 그 관점에서 글을 써야 하는데, 이때는 연구자 자신의 말로 표현하는 것이 중요하다. 독자에게 익숙하지 않거나 의미가 분명하지 않은 채 널리 사용되고 있는 단어와 문구를 사용하려고 할 때는, 독자에게 연구자가 의미하는 바가 무엇인지를 설명하는 것이 필요하다. 개념들을 정의할 때, 그 개념을 만든 사람의 인용에만 전적으로 의지하는 것은 바람직하지 않다. 여러분 자신의 말로 그 개념을 명확하게 말함으로써 독자는 여러분이 어떻게 그 개념을 이해하고 있는지 알 수 있으며, 또한 여러분 자신이 말하는 것을 여러분 스스로가 알고 있다는 확신을 주게 된다.

어떤 상황에서는 전문 용어이지만 다른 상황에서는 완곡한 표현일 때도 있다. 가끔 완곡한 표현을 위해 단어를 선택하여 사용하기도 한다. 예를 들어, "인종과 사회 계층에 의한 정체성"이라고 말할 때, 이 단어들은 그 의미를 간단히 전달하기 위한 완곡한 표현으로 개인의 정체성이란 인종과 사회 계층에 의해 두텁고 끈끈하게 연관되어 있음을 나타내려는 것은 아니다. 또 "학문적" 글쓰기에 대해 말할 때, 이 "학문적"이란 단어는 학문이란 단어를 사용함으로써 어떻게 지적으로 보이는지, 또 학문이 어떻게 "상아탑"에 자리를 잡고 있는지를 간단히 언급할 때 사용하는 일종의 단어이다. 완곡한 표현은 유용하고 중요하며, 가끔 지루한 느낌을 주기도 한다. 다른 약어들과 마찬가지로, 완곡한 표현을 나타내는 단어와 문구는 여러분 자신과 여러분의 정치적 성향, 이론적 제휴 관계를 나타내는 특정한 방식임을 독자에게 말하는 신호이다. 이들 단어와 문구는 하나의 신호 역할뿐만 아니라 또한 연구자가 논의하고 있는 것의 길고 자세한 설명에 대한 간단한 표현의 역할을 한다. 그리고 종종 이런 종류의 간단한 약어적 표현으로 말하는 것이 중요하고 필요하다.

한편, 제한점도 있기 마련이다. 독자가 완곡한 표현을 계속 보게 되면 너무 친숙하고 때로는 진부하여 그냥 지나쳐 버리는 경우가 생길 수도 있다. 이 표현들은 연구자가 의미하는 것보다 더 많은 의미를 취하고 있기 때문에 연구자가 의도하지 않은 의미를 전달할 수도 있다. 그리고 이런 표현을 잘 모르는 독자의 경우 연구자와 충분한 의사소통을 할 수 없다. 지금까지 말한 것이 연구자가 글을 쓸 때 결정해야 할 몇 가지 사항들이다.

6.2.8 목소리의 전달

지난 15년 동안 "목소리의 전달"이란 표현은 질적 연구와 밀접하게 연관되어 왔다. 이 표현은 페미니스트 운동과 해방운동으로부터 출현한 것으로 사회 변화를 가져오기 위해 자신들의 삶을 대변할 기회를 가지지 못했던 사람들에게 그런 기회를 주는 것을 말한다(목소리의 전달에 대한 문제점에 대해서는 Ellsworth, 1989; Lather, 1991b; McWilliam, 1994; Orner, 1992를 참조 바람). 뿐만 아니라 "목소리의 전달"은 이러한 목소리를 문장 형식으로 만드는 것을 언급하는데 사용되어져 왔다.

질적 연구 발달 초기의 연구자들은 침묵으로 일관할 수밖에 없는 사람들의 목소리를 연구를 통해 전달해야 한다는 점을 인식했고 그렇게 글을 적었다. 인류학자인 오스카 루이스(Oscar Lewis)는 1950년대와 1960년대에 수행한 히스패닉계 빈곤 가정에 대한 유명한 연구를 회고하면서 "거의 아무도 들어주지 않았던 사람들의 목소리를 전달하려고 노력했다"고 진술했다(Lewis, 1965, xii). 초기 시카고학파 사회학자들도 비행청소년과 부랑자, 이민자들에 대한 연구에서 비슷한 진술을 했다. 하워드 베커(Howard Becker)는 1960년대에 쓴 〈우리는 어느 편에 서 있는가, Whose Side Are We On〉에서 사회 계층의 위계에서 낮은 위치의 사람들과 사회적 약자 집단의 관점을 경시하는 정치적인 측면을 지적했다. 비록 질적 연구가 독자에게 연구가 아니라면 절대 알 수 없는 사람들의 세계를 알 수 있게 해 주고 연구를 통해 이 사람들의 이야기를 전달하고 있지만, 정보제공자는 절대 자신들의 이야기를 정말 있는 그대로 말하지는 않는다. 비록 연구자로서 연구하고 있는 그 사람이 어떤 사람인지 독자에게 전달한다고 하더라도 연구자는 여전히 전달하는 사람일 뿐이다. 있는 그대로 완전하게 그들의 목소리를 전달하려는 것은 불가능한 낭만적 생각이며 이것은 또한 연구자가 할 일도 아니다.

그럼에도 불구하고 질적 연구는 쉽게 어디서나 접할 수 없는 이야기를 들려주는 하나의 은유적 공간을 제공해주기 때문에 사회적 약자 집단을 연구하는 매력이 있다. 비판적 인종연구자들이 질적 연구에 매료된 이유도 쉽게 어디서나 들을 수 없는 이야기의 중요성을 그 분야가 강조하기 때문이다. 따라서 연구를 통해 목소리를 전달한다는 의미는 특별한 이야기를 위한 공간을 제공하는 것이지 아무런 조작을 가하지 않은 진정한 목소리를 인쇄된 문장으로 표현한다는 의미는 아니다.

6.2.9 일반적인 충고 사항

- 수동적 표현보다는 능동적 표현으로 글을 쓴다.
- 국어사전과 유의어 사전은 중요한 도구이다. 명확한 표현과 애매한 표현의 차이는 흔히 단어 선택에 좌우된다. 원하는 것을 표현하지 못하고 있다는 느낌이 든다면 좀 더 뜻이 분명한 단어로 대치될 수 있는지 사전을 찾아보는 것이 좋다.
- 글쓰기 모임에 가입하거나 여러분의 글을 읽고 건설적인 피드백을 줄 수 있는 글쓰기 파트너를 구한다(Stall, Thomson, & Haslett, 1995). 글을 읽고 그냥 칭찬만 하는 사람은 글쓰기 파트너로는 적합하지 않다. 여러분의 글에 대해 독자는 정말 어떻게 반응할지를 가늠하려고 노력해야 한다(Schwalbe, 1995). 자신을 방어하려고 하지 말고 비평을 들으려고 해야 하는데, 이런 자세는 글쓰는 사람으로서는 취하기 어려운 자세이다. 여러분의 글쓰기 실력의 발전을 진정으로 원하는 사람은 여러분의 글에 대해 좋은 점과 나쁜 점을 함께 논의하려는 사람이다.
- 잘 쓴 질적 연구 논문과 책을 읽기 바란다. 이렇게 함으로써 다양한 표현법에 대한 감을 익힐 수 있고 또한 잘 쓴 글의 모델을 볼 수 있다. 앞에서도 언급했듯이, 글의 형식은 형식적인 틀에 맞게 글을 써는 전통적인 질적 연구물에서부터 전통을 탈피한 예에 이르기까지 다양하다. 저자들이 어떻게 데이터를 제시하는지, 어떻게 주장을 구성하고 전개하는지, 문장들을 어떻게 배열하는지, 형식을 어떻게 체계적으로 조직하는지 등을 익힐 수 있도록 폭넓게 글을 읽는다. 질적 연구의 훌륭한 예로서 형식적인 글쓰기에 속하는 연구물로는 Charmaz(1991), Chase(1995), DeVault(1991), Karp(1996)가 있다.

다소 비전통적인 스타일의 연구물로는 Thomas Cottle(1976a, 1976b, 1977)의 연구와 Robert Coles의 시리즈 연구물인 〈위기의 아이들, Children of Crisis〉이 있다(Coles, 1964, 1977).

많은 저자들의 경험에 따르면 글을 쓰다보면 깊고 다양한 생각을 하게 된다고 한다. 그렇지만 단지 이런 이유 때문에 글쓰기를 하는 것은 아니다. 대부분의 사람들은 다른 사람과 생각을 공유하는 글의 형태인 결과물을 만들기 위해 글을 쓴다. 여러분의 첫 번째 연구경험이 설령 과제를 읽을 한 명의 교수를 위한 것이라 할지라도 그것에서 멈출 이유는 없다. 더 많은 독자를 생각하기 바란다. 초보 연구자에 머물려고 하지 말고 여러분의 글을 출판한다고 생각하고 글을 쓰기 바란다.

6.3 작문을 평가하기 위한 기준들

지금까지 글쓰기에 관해 많은 충고와 조언을 했다. 그리고 앞 장에서는 분석과 해석을 어떻게 실시하는지에 대해 여러 가지 충고와 조언을 했다. 이 내용을 비록 분리된 것처럼 설명했지만, 실제 연구를 수행해보면 동일한 과정의 일부분임을 알 수 있다. 질적 연구의 최종 결과물인 학위 논문, 보고서, 학술지에 발표된 논문, 책 등의 수준은 연구와 관련된 모든 것을 통합하여 전달하는 연구자의 능력에 좌우된다.

분석과 글쓰기에 대한 충고와 조언에서, 이런 최종 결과물의 수준을 판단하는 기준에 대해 약간 언급했지만 분명하고 포괄적으로 설명하지는 않았다. 질적 연구의 결과물을 읽을 때 그것을 어떻게 평가해야 하는가? 연구수행이 잘 되었다거나 못 되었다고 말할 때 그것은 무엇을 의미하는가? 질적 연구에 해박한 지식을 가진 사람들은 어떻게 논문을 평가하는가? 이런 질문들에 답하는 것은 쉽지 않았는데, 겨우 지난 십여 년 정도에 이르러서야 이 질문들에 대한 답을 제시하기 시작했다(Lincoln, 1995). 이 질문들에 대해 답하기가 어려웠던 이유 중의 한 가지는 질적 연구자들이 사용하는 언어와 개념, 관습을 넘어서서 객관성, 적합한 절차, 신뢰성, 타당성이란 방향으로 논의가 진행되었기 때문이다. 질적 연구물을 평가하기 위한 표준화된 기준은 없지만, 다음의 내용은 여러분 자신의 연구물뿐만 아니라 다른 사람들의 연구물을 평가할 때도 생각해봐야 할 사항들이다.

6.3.1 설득력 있는 글인가?

저자가 말하는 것을 여러분은 믿는가? 저자는 설득력 있는 글을 쓰기 위하여 많은 전략을 구사한다. 먼저, 저자는 사용했던 연구절차와 수집한 데이터의 본질에 대한 구체적인 설명을 한다. 연구참여자의 수는 얼마인가? 얼마나 오랫동안 연구참여자를 인터뷰했고 관찰했는가? 연구자가 말하고자 하는 핵심을 예시하고 증명하는 좋은 데이터를 효과적으로 제시하는 것도 또한 설득력을 높인다. 이것에 대해서는 이 장에서 충분히 설명하고 논의했다. 설득력 있기 위한 또 다른 효과적인 전략은 대안적 해석이나 설명에 대해 반론을 제시하는 것이다. 이런 식으로 문맥에서 연구자의 권위를 세우는 스타일의 글과 그런 글을 쓸 줄 아는 기술을 가진 연구자는 독자를 설득하기 쉽다. 설득력 있는 글을 쓰는 쉬운 방법이란 없다. 앞에서도 언급했듯이, 예를 들어 연구자 자신에 대해 서술하는 것은 독자에게 신뢰감을 줄 수는 있지만, 설득력 있는 좋은 서술이 아니거나 엉뚱한 독자를 대상으로 할 경우 오히려 연구자에 대한 신뢰를 악화시킬 수 있다.

6.3.2 저자는 글의 통제권을 가지고 있는가?

이 장에서 언급한 모든 전략들은 저자가 글의 통제권을 가지도록 하고 있다. 연구자가 글의 통제권을 가지고 있다는 것은 연구자가 원하지 않는 방향으로 억지로 글을 쓰는 것이 아니라 원하는 것을 쓴다는 것이다. 연구자가 글의 통제권을 가지고 있다는 것은 글의 스타일을 독자에게 틀림없이 맞출 수 있음을 뜻한다. 연구자가 글의 통제권을 가지고 있을 때는 똑같은 데이터를 가지고도 더 형식적인 학위논문용 글을 쓸 수 있고, Phi Delta Kappan과 같은 저널에 게재할 비형식적인 글도 쓸 수 있다. 다시 말해, 동일한 데이터를 가지고 글의 스타일을 바꿀 수 있다. 쉽게 이해할 수 있는 방식으로 글을 쓸 수 있기도 하고, 학문적인 독자를 위한 글을 쓸 수도 있고, 또는 이론적으로 글을 쓸 수도 있다.

연구자가 글의 통제권을 가지고 있으면 독자가 따라올 수 있는 분명한 논리를 개발하는 데 초점을 둘 수 있다(여기서 말하는 논리는 반드시 이성적인 논리일 필요는 없다). 또한 연구자가 원하는 주장을 전개할 수 있으며, 이것이 잘 되지 않으면 초고에서 여러 가지 변화를 시도해 볼 수 있다. 저자가 글의 통제권을 가지고 있는지 없는지 독자는 안다. 독자는 또 글의 내용이 흥미 있고 관심 가는 글인지 아닌지도 안다. 연구자가 글의 통제권을 가지고 있으면, 독자들이 원하는 식으로 읽어질 수 있도록 글을 수정할 수 있다. 독자는 연구자가 말하는 이야기가 재미있고 주장이 타당함을 알기 때문에 그 이야기를 기억하게 된다. 연구자가 글의 통제권을 가지고 있을 때, 독자를 연구자가 원하는 템포로, 자신의 견해로 이끌어갈 수 있고, 좁은 길을 따라 경치 좋은 곳으로 데리고 갔다가 언제든지 큰 도로로 다시 데리고 갈 수 있다. 연구자는 글을 써 나가면서 구체적인 것에서 이론으로 그리고 개인적 반성으로 옮겨갈 수 있다. 연구자가 글의 통제권을 가진 경우라면 독자는 자신들이 어디에 있는지 항상 알 수 있다.

6.3.3 어떤 기여를 하는가?

어떤 글을 읽고 "이 글을 참 잘 쓴 글이고 저자가 말하고자 하는 것이 무엇인지 확실히 알겠어. 그런데 그래서 뭐?"라고 말하는 경우가 있을 것이다. 사람들이 "그래서 뭘 어떡하자는 것이야?"라고 질문을 던지는 것은 인간 행동의 이해라는 큰 맥락에서 이 논문의 가치가 무엇인지를 언급하는 것이다. 이런 경우 몇 가지 질문이 가능한데, 어떤 식으로든 기여 가능한 글을 쓰는 데는 여러 가지 방법이 있다. 기여라는 면에서의 질문은 일반적으로 좀 더 구체적인 맥락에 근거를 두고 있다: 무엇에 대해 기여하는가? 특정 분야의 연구에 기여하는가, 특정 연구전통에 기여하는가, 일반적인 이해에 기여하는가, 특정한 구체적인 분야에 기여하는가(예: 간호학, 특수교육), 인간 행위에 대한 지식에 기여하는가? 어떻게 기여하는가? 지금까지 한 번도 설명되지 못한 것을 설명하는가, 지금까지 결코 들어본 적이 없는 집단 사람들의 목소리를 제시하는가, 새로운 근거이론을 개발하는가, 어떤 사람의 이론을 반박하는가? 지금까지 단지 몇 건의 연구만 이루어졌다면 저자의 기여는 즉각적으로 와 닿는 것이므로 굳이 기여할 점을 설명할 필요는 없다. 그렇지 않은 경우, 저자가 생각하는 기여할 점은 무엇인지, 그리고 지금까지 수행되어 온 연구와 어떻게 연관되는지 독자에게 설명해야 한다.

초보 연구자들을 당황하게 하는 또 다른 문제는 글의 이론적 기여나 개념적 기여에 관한 것이다. 연구자가 쓴 것을 독자에게 보여주었을 때, "좋은 글입니다. 그런데 당신의 글은 개념적으로나 이론적으로 충분하지 않습니다"라는 말을 들었다면 연구자는 어떻게 할 것인가? 질적 연구자는 서술적 글과 개념적 글을 구분하여 글을 쓰는 것이 보통이다. 연구물은 절대 이것 아니면 저것처럼 서로 배타적인 경우는 없다. 연구하는 구체적인 장소나 상황, 사람들에 대한 자세한 서술을 더 중요시하고 초점을 둔 연구물이라면 서술적이라고 보통 말한다. 개념적이거나 이론적 글은 연구하고 있는 장소나 현상, 상황에 대해 더 많은 해석을 제공해주며, 더 포괄적이고 상위의 쟁점들과 연결시켜 준다. 이론적인 글이 되는 데는 두 가지 서로 다른 방식이 있다. 첫째, 다른 사람들의 이론에 있는 아이디어를 사용하여 수집한 데이터를 다루거나 어떤 특정 이론의 발달에 기여하기 위하여 데이터를 사용하는 것이다. 둘째, 글 자체가 데이터로부터 생성된 이론을 개발하기 위한 것으로, 이런 글은 귀납적으로 근거이론을 생성하는 데 기여한다. 여러분의 글이 이론적이거나 개념적이지 않다고 독자가 평을 한다면, 이 둘 중 어느 한 가지나 혹은 두 가지 방식 모두를 언급하는 것일 수 있다. 개념적 글은 연구하고 있는 특정 쟁점의 서술적 특성들을 중심으로 조직된 것이 아니라 일반적으로 이론의 여러 아이디어와 개념을 중심으로 조직된 것을 말한다. 뛰어난 서술 자체만으로 사람들의 이해를 돕는데 중요한 기여를 할 수 있지만, 독자는 그런 서술과 관련된 개념적 또는 이론적 아이디어가 무엇인지도 알고 싶어 한다.

6.4 텍스트

문화기술지를 포함하여 다양한 유형의 질적 연구 결과물을 쓰는 사람들은 자신들이 말하고자 하는 것과 말하는 방식이 수집한 데이터 외의 다른 요인들에 의해 영향을 받는다는 사실을 최근에 와서야 깨닫게 되었다. 누구를 위해 글을 쓰는지, 어떤 역사적 시점에서 그리고 어떤 특정한 장르를 사용하여 글을 쓰는지, 정치와 사회적 압력, 연구자 자신의 개인적 이력 등 이런 모든 것이 텍스트 구성에 관여한다. 1인칭으로 기술하든 3인칭("나" 또는 "연구자")으로 기술하든 사용한 연구방법, 연구자가 어떤 사람의 관점을 취하고 있는지, 연구자가 제기하는 주장의 구조, 어떤 비유를 연구자가 사용하는지, 연구자가 독자로부터 인정받고 싶은 권위 등은 앎의 추구를 위한 "과학적" 접근 방식의 필요성보다는 텍스트 작성의 구성에 필요한 것으로 이해하는 것이 바람직하다. 지난 십 년 동안 포스트모던적 논쟁과 문화연구와 문학평론(특히 해체비평) 분야 연구자들의 연구 활성에 의해 사회학자들은 "지식"의 생산에 대해 더 많이 이해하려고 자신들이 쓴 텍스트에 대한 연구를 시작했다(인류학 분야에서의 예로는 Marcus & Cushman, 1982; Clifford, 1983; Clifford & Marcus, 1986을 참조바람. 사회학 분야에 대한 예로는 Van Maanen, 1988; Denzin, 1989, 1994를 참조바람).

텍스트에 초점을 둠으로써 질적 연구자들은 연구물의 창조에 가치가 어떻게 개입하는지에 대해 스스로 더욱 의식적이 되었다. 이런 강조는 또한 질적 연구자의 가장 중요한 과제 중 하나인 글쓰기에 대한 주의를 요구하게 되었다. 이전의 대부분의 책과 연구 논문의 연구방법론에는 현장조사나 연구설계를 강조했다. 그렇지만 포스트모던 사회학자들은 "똑같은" 이야기도 형식을 달리해서 쓸 수 있고, 이를 통해 "전혀 다른" 이야기가 된다는 점을 보여 왔다(Van Maanen, 1988).

"문화기술지는 과학이 아니라 단지 소설에 불과하다"는 식으로 사회 과학 글쓰기의 합법성을 손상시킴으로써 질적 연구의 텍스트에 대한 부정적 태도를 취할 수도 있다. 그러나 질적 연구의 텍스트를 이렇게 부정적으로 보는 대신 이 텍스트를 글쓰는 방식의 선택을 폭넓게 할 수 있는 좋은 기회로 생각할 수도 있다. 질적 연구물의 텍스트는 다양한 형식을 취할 수 있고 이 형식을 글로 채우는 것은 연구자의 능력임을 이해한다면, 연구자들은 창의적 표현을 금지해 왔던 관습에서 자유로울 수 있을 것이다(McCall & Becker, 1990; Becker, 1986c). 텍스트 파괴에 대한 사회학자들의 최근의 관심을 회고하면서 어떤 인류학자들은 인문과학의 요즘 글쓰기의 상황을 "실험적 시기"라고 표현하고 있다(Marcus & Fischer, 1986).

6.5 글쓰기 착수를 위한 마지막 조언

많은 연구자들이 항상 글쓰기를 미룬다. 글쓰기를 시작하지 못하는 이유는 셀 수 없을 정도로 많다. 심지어 마침내 책상에 앉으면서도 커피 마시기, 연필 깎기, 화장실 가기, 참고문헌을 좀 더 뒤적거리기, 때로는 책상에서 일어나서 연구현장으로 다시 돌아가기 등 여러 가지 잡생각을 한다. 글 쓸 "준비"를 절대 하지 못한다는 사실을 기억해야 한다. 글쓰기는 해야 할 일이 무엇인지에 대한 결정을 내리는 것이며 그 결정을 따르도록 자신을 엄격히 단련시키는 일이다. 사람들은 종종 "글을 쉽게 잘 쓰시네요"라고 말하면서 우리들이 행운아라고 말한다. 글이 술술 써지는 것은 어느 누구에게도 일어나지 않는 일이며 글쓰기는 정말 힘든 작업이다(Becker, 1986c; DeVault, 1994). 어떤 저자는 "(우리 같은 사람들에게는) 글쓰기가 쉽죠. 이마에 붉은 핏방울이 생길 때까지 그냥 앉아서 백지를 쳐다보면 되는 일이죠"라고 글쓰기에 대한 어려움을 말했다. 글의 뛰어난 구성 능력과 자신감, 기술 등을 갖춘 사람은 다른 사람보다 글 쓰는데 더 능숙하겠지만, 그렇다고 해서 쉬운 일은 결코 아니다. 마음속에서 좀처럼 자연스럽게 나오지 않는 것이 글쓰기이다. 대부분의 사람들은 글쓰기 전에 너무 그것을 인식하다보니 종종 손에 땀이 나고 불안감을 경험하게 된다(Woods, 1985). 다른 사람에게 말해주고 싶은 무엇인가가 있음을 자신에게 계속 상기시켜야 한다. 이렇게 함으로써 글쓰기에 대한 주저함과 불안감을 극복하고 글쓰기에 대한 동기가 생기게 될 것이다.

7 교육에서의 질적 응용연구

다양한 목적과 다양한 독자를 위해 수행하는 것이 연구이다. 학자들은 전통적으로 연구를 기초연구와 응용연구의 두 가지 유형으로 크게 분류한다. 이 분류에 따르면, **기초연구**(basic research)는 생산된 지식의 즉각적인 응용에는 거의 또는 아무런 관심 없이 보편적 지식을 축적하는 연구를 말한다. **응용연구**(applied research)는 실행적인 면에 직접적으로 사용될 수 있는 연구결과를 얻고자하는 연구이거나 프로그램의 향상과 실행에 있어서의 즉각적인 변화를 가져오기 위한 연구를 말한다(Schein, 1987). 응용연구는 더 명확하게 실행과 연관되어 있으며 다양한 독자층(교사, 행정가, 공무원, 부모, 학생)을 가지고 있지만, 다양한 형식의 응용연구가 갖는 공통점은 즉각적인 실행적 시사점이 있다는 점이다.

이 장의 제목은 기초연구와 응용연구 사이에 존재하는 엄격하고 때로는 양립할 수 없는 구분을 무비판적으로 수용하는 뜻으로 비칠 수 있다. 두 유형의 연구 사이에 존재하는 이런 긴장감은 대학과 과학자 집단에 널리 퍼져 있는 몇 가지 가치를 반영한 것이다. 이들 집단들은 기초연구가 더 "순수"하고 일상적 세상사에 덜 오염되었기 때문에 더 명성 있고 가치 있다고 생각한다.

교육분야에는 기초연구와 응용연구 둘 다 존재한다. 교육은 이론과 실제가 융합되어야 이상적인데, 많은 경우에 있어서 이들 사이의 협조가 잘 이루어지지 않고 서로 적대적 관계가 생긴다. 교육가들은 이론과 실제가 너무나 극명하게 분리된 문제에 직면하고 있으며, 많은 교사와 교육가들이 이론과 실제 각각에 대해 서로 경멸하는 것은 이런 적대감을 보여주는 좋은 예이다. 대학교의 경우 교육학과는 순수 학문분야가 아니라 응용분야로 간주되기 때문에 흔히 인문과학의 불쌍한 사촌으로 불린다. 교육학과 교수들은 이런 것에 방어적 자세를 취한다. 교육연구자 자신들이 교육의 실제적인 측면을 담당하고 있는 동료들과의 관계를 끊으면서까지 기초연구와 응용연구를 서로 적대적으로 구분하고 있는 것이 한 가지 방어적 자세이다.

우리는 두 가지 연구 유형이 서로 충돌하는 것이 아니라 가끔 서로 보완해주고, 서로 연관되어 있으며, 서로 적대적일 필요는 없다고 생각한다. 어떤 응용연구는 기초연구처럼 인간에 대한 근본적 지식과 이론의 축적을 돕는다. 학습이론과 같은 기초연구는 응용연구처럼 누군가에 의해 즉각 채택되어 특정한 학생이나 교실에 적용된다. 경험 있는 질적 연구자들 중에는 기초연구와 응용연구 둘 다에 대해 동시에 관심을 가져 양쪽의 견해를 취하기도 한다. 이들 연구자는 자신이 수집한 데이터를 양쪽 모두의 연구 목적에 사용한다. 물론 이 말은 동일한 글이 실천가와 이론가 둘 다에게 적용 가능하다는 의미가 아니라, 한 쪽에 맞추어 개념화되고 작성된 자료는 다른 쪽을 위해 재작업될 수 있다는 의미이다. 우리의 경우를 보더라도 연구지원으로 수행된 평가연구의 실행 보고서를 제출한 후, 기초연구의 틀로 이 보고서를 다시 작성하곤 했다(Bogdan, 1976; Bogdan & Ksander, 1980). 이와 마찬가지로, 기초연구를 통해서 우리가 배운 것의 많은 부분은 실제적 응용이 가능한 것이었으므로, 이런 응용 목적을 위해 그 정보를 재조직화했다.

사람들은 어떤 때에 교육과 복지 분야에 대한 응용 질적 연구를 착수하는가? 아래의 몇 가지 경우를 살펴보자:

> 연방정부는 전국 10개의 교육청을 대상으로 실험 프로그램을 실시하기 위하여 연구비를 지원한다. 이 연구에 지원한 질적 연구자들은 프로그램의 실행 과정을 관리, 감독하고 실행을 위한 활동을 수정하고 향상시킬 수 있는 피드백을 제공한다.

> 전국여성연합회는 여학생을 위한 직업 모형을 활성화시키고자 한다. 이 협회는 교육연구기관을 고용하여 여학생에 적합한 프로그램의 평가를 맡긴다. 연구자들은 전국에 걸쳐 여학생에게 좋은 프로그램을 가지고 있는 도시, 교외지역, 시골의 대표적인 학교들을 연구할 계획을 수립한다(Research for Action, 1996).

> 대학 학생지원부 소속의 교직원들은 새로운 대학정책의 실행 방법에 불만을 느끼고 있다. 그래서 세 명의 교직원으로 소위원회를 구성하여 학생지원부의 모든 직원들과 기숙사에서 직원을 보조하는 학생조교들을 대상으로 인터뷰를 실시하여 어떤 문제점들이 있는지를 알아보고자 한다.

> 자기 딸의 담임교사와 상담을 하려고 기다리던 어떤 엄마가 초등학교의 독서 교재를 살펴본다. 그 책에는 여자 아이를 "같이 놀아도 재미가 없는", "가냘픈", 그리고 남자 아이들은 뛰어오르고, 달리고, 올라가고, 여자 아이에게 물건을 던지고 하는데, 여자 아이들은 아무 것도 하지 않고 그냥 서 있는 그림으로 묘사하고 있다. 이 엄마는 여자 아이(그리고 남자 아이)를 여전히 이런 고정관념 식으로 표현하고 있는 이유를 알 수 없었다. 이 엄마는 지역의 여성들로 된 모임에서 자신이 본 것과 화가 난 이유를 설명했다. 이 모임의 여성들은 지역의 초등학교에서 사용되고 있는 모든 교과서를 조사해 보기로 결정했다. 이들은 여성과 여자 아이와 관련된 묘사와 그림, 내용을 체계적으로 조사하여 그 결과에 대한 대중의 의식을 깨우치고자 했다.

이들 예는 현장에서 질적 연구 접근을 보여주고 있다. 비록 각 경우마다 목적은 다르지만,

이 모든 예는 변화에 초점을 맞추고 있고 또 바로 그 현장이나 상황과 그 시점에 유용한 연구이다. 첫 번째 예처럼 실험 프로그램을 운영하는 연구자들의 경우 그 변화란 의도적이고 계획적이며 발의된 혁신을 말한다. 두 번째 예에서 교육연구기관은 여학생들의 다양한 직업에 대한 경험을 향상시키기 위해 실시되고 있는, 즉 변화를 위한 학교들의 정책을 평가하고자 한다. 세 번째 예에서 대학교의 학생지원부 소속 교직원의 경우 변화는 자신들의 업무 수행에 대한 불만을 가진 업무 종사자에 관한 것이다. 네 번째 예의 경우 초등학교 여자 아이의 부모들은 학교의 읽을거리에 있는 성의 평등에 대한 변화를 추구하고 있다. 이들 예에서 보면 변화의 원동력은 서로 다른 출처에서 나오며, 그 변화에 대한 연구 자체는 전문 연구자나 비전문 연구자에 의해 수행되며, 공무원들은 그 변화를 환영할 수도 있고 안 할 수도 있다.

변화는 사람들의 삶의 향상을 목적으로 하기 때문에 신중하게 접근해야 한다. 변화가 일어나려면 현재의 믿음과 생활 스타일, 행동이 갈등상태에 빠지게 되기 때문에 복잡하고 까다롭다. 특정한 교실에서의 변화나 교육 제도 전반에 대한 변화를 시도하는 사람들은 이 변화에 관련된 사람들이 무엇을, 어떻게 생각하는지 좀처럼 이해하지 못한다. 따라서 이들은 그 변화의 참여자들이 어떻게 반응할지를 정확하게 예측할 수 없다. 변화와 함께 살아가야할 사람들은 바로 그 장소나 상황의 사람들이므로 변화가 일어나려면 그 상황에 대한 이 사람들의 정의가 결정적인 역할을 한다. 변화 과정에 대한 이러한 인간적 측면들을 가장 잘 연구할 수 있는 것이 바로 이 책에서 설명하고 있는 질적 연구이다. 변화에 대한 사람들의 관심사와 이들의 관점을 강조함으로써 연구자는 변화를 일으키는데 얽혀 있는 복잡한 것들은 분류하여 풀 수 있다. 그리고 한 교실의 참여자든 또는 교육체제의 여러 분야나 직급에 있는 참여자든 질적접근은 변화의 한 가운데 있는 참여자들도 동시에 다룰 수 있게 해 준다. 질적접근을 통해 연구자는 과정을 배제한 채 결과에 초점을 두지 않고 상황에서의 행위를 보게 된다.

이 장에서는 응용 질적 연구의 세 가지 큰 유형인 **평가-정책연구**(evaluation and policy research), **실행연구**(action research), **현직(現職)자연구**(practitioner research)로 구분하여 논의하고자 한다. 응용 질적 연구를 이렇게 세 가지 유형으로 구분하여 논의하는 이유는 설명을 체계적으로 하려는 목적이므로, 각 유형을 완전히 별개의 연구 유형으로 구분하지 말고 또 이 논의를 포괄적이고 완벽하다고 생각해서도 안 된다. 앞으로 보게 되겠지만, 실제 세계의 범주들은 겉으로 보이는 것처럼 그렇게 분명하게 구별되고 서로 무관한 경우는 좀처럼 없다. 논의하고자 하는 응용연구의 세 가지 유형은 각각 변화와 관련이 있는 연구 유형이며 서로 다른 사람들에 의해 서로 다른 목적으로 사용된다.

평가-정책연구의 경우, 연구자는 연구비 지원자(정부 기관이나 상급 기관)에 의해 연구용역을 받아 어떤 특정 프로그램의 중단이나 지속 발전을 결정하기 위하여 그 프로그램의 변화를 기술하고 평가를 수행한다. 이러한 평가연구는 응용연구의 가장 잘 알려진 형태이다. 평가연구의 결과물은 보통 글로 작성된 보고서로 제출한다(Guba, 1978; Guba & Lincoln, 1981; Patton, 1980; Fetterman, 1984, 1987). 정책수립을 위한 연구의 경우, 연구자는 어떤 특정한 사회 문제와 서비스, 또는 사회의 여러 측면에 대해 관심을 가지고 있는 정부 기관이나 사설 기관과의 연구비 지원 계약을 맺어 연구를 수행하는 것이 보통이다. 연구자의 과제는 프로그램의 발전과 여러 정책 결정을 담당하고 있는 관계자에게 도움이 되는 정보를 제공하는 연구를 수행하는 것이 전형적이다. 이 정보는 보고서 형식으로(또는 아주 가끔 구두 형식으로) 연구비 지원자에게 전달된다.

실행연구는 두 가지 형태로 다시 나누어진다. 정치적 실행연구(political action research)가 그 한 가지로서, 연구를 수행하는 사람들은 정보 수집을 통해 정치적 과정에 영향을 주고자 하는 시민처럼 행동한다. 이 연구의 목적은 사회 변화를 촉구하는 사람들의 신념과 일치하는 방향으로 그 변화를 촉진시키는 것이다. 연구 수행자는 수집된 데이터를 사용하여 팸플릿, 기자 회견, 연설, 국회와 법정에서 진술, TV 프로그램의 출현, 폭로성 기사 등을 통해 직접 영향을 주고자 한다. 다른 한 가지 형태는 참여적 실행연구(participatory action research)로서, 연구자들이 문맹퇴치 종사자들 또는 연구의 설계와 과정에 협력하는 프로그램 운영진들과 함께 농촌 지역의 노동자를 위한 문맹퇴치 프로그램의 실행과 같이 프로그램 운영이나 정책 실행에 직접 참여하여 수행하는 연구이다(표 7.1 참조). 이 프로그램의 참여자들은 자신들의 지위나 분야에 상관없이 연구 과정의 여러 측면에 참여한다. 이 연구의 목적은 프로그램이나 정책의 향상에 있다.

현직자연구의 경우, 연구 수행자는 보통 현직 종사자(교사, 행정가, 또는 교육 전문가)이거나 현직과 밀접하게 연관된 사람으로 자신들의 직업 활동을 좀더 잘 수행하기 위하여 질적 연구방법을 사용한다. 연구 수행자는 가르치는 일이나 병원에 관련된 업무를 더 효과적으로 수행하기 위하여 질적 연구방법을 사용하여 현직의 효과적 수행 방법과 수행의 향상 방법을 찾고자 한다. 또는, 어떤 현직자 집단은 자신들이 현재하고 있는 업무 수행을 다르게 해 보려고 이 연구를 한다. 이 연구를 통한 변화의 수혜자는 그 현직자의 고객이나 학생, 감독자이다. 이 형태의 연구에 참여하는 사람들은 반드시 보고서를 작성하지는 않는다. 이들은 연구를 통한 결과를 즉각적으로 현직 업무 활동의 변화로 전환시켜 수업계획서나 훈련 프로그램, 워크숍, 새 교육과정의 작성 등에 직접적으로 반영한다.

〈표 7.1〉 교육의 응용 질적 연구

연구 유형	연구 수혜자	목적	데이터 표현 형식
평가-정책 연구	연구비 지원자	계획된 변화를 기술, 문서화, 평가하기 위함. 정책 결정자에게 정보를 제공하기 위함.	글로 작성된 보고서, 구두 발표나 보고
정치적 실행연구	사회적 원인	사회 변화의 촉진	연설, 국회와 법정 진술, TV 프로그램의 출현, 폭로성 기사, 보고서
현직자연구	학습자나 프로그램	교육을 통한 개인이나 집단의 변화 촉진	변화를 위한 훈련 프로그램, 워크숍, 교육과정, 계획서

이러한 광범위한 활동들을 연구라는 범주에 포함시키는 것에 대해 비난할 사람들도 있겠지만, 우리는 연구의 의미를 크게 손상시키지 않는 범위에서 연구의 정의를 확장하여 사용하고자 한다. 특히 실행연구와 정치적 실행연구를 포함시킴으로써 우리는 대부분의 연구자들이 생각하는 범위를 넘어선 확장된 연구의 정의를 내리고 있다. 전통적 연구 관점에서 볼 때, 이러한 연구는 여러 가지 면에서 분명히 변이적 형태의 연구에 속한다. 그렇지만 우리의 목적은 이들 영역에서 질적 연구를 추구하는 가치를 언급하고자 하는 것이지 "연구"라는 이름으로 이런 활동들에 찬사를 보내려는 것은 아니다.

이 책에서 지금까지의 논의는, 독자로 하여금 질적 연구의 수행을 배우고 생애 첫 연구를 착수할 수 있도록 한다는 가정을 바탕에 깔고 있었다. 생애 첫 연구를 응용연구로 수행하는 연구자는 거의 없다. 응용에 앞서 연구 기법을 배우는 것이 가장 효과적이다. 따라서 지금까지의 논의는 응용연구 측면을 소홀히 다룬 대신 기초연구 측면을 강조하였지만 그 차이는 그렇게 큰 것은 아니다. 지금까지 설명한 내용의 대부분은 바로 응용연구에 적용되거나 응용연구로 변형될 수 있다. 약간의 특별한 문제와 차이점이 생길 수는 있다. 이 장에서는 이러한 특정 사안들의 구체적인 논의를 통해 응용연구의 각 유형을 살펴보고자 한다. 응용연구의 각 유형의 서로 다른 측면을 부각시키기 위하여, 응용연구의 두 유형에 속하는 연구 사례를 제시하고자 한다. 각 연구 사례 다음에는 토론 부분이 제시되어 있는데, 여기서는 응용연구의 수행을 위해 연구 전략들을 어떻게 변형하고 확장하는지 보여주기 위해 각 연구 사례에 대해 동일한 질문을 던지고 답을 제시해 놓았다. 각 연구 사례에 대한 질문은 다음과 같은 것이다: 이 연구는 누가 설계했는가? 연구팀에는 어떤 사람이 있었는가? 이 연구의 목적은 무엇인가? 이 연구로부터 무엇을 원했는가? 연구자와 "연구비 지원자"는 어떤 관계에 있었는가? 연구장소나 상황, 연구주제에 대한 연구자들의 가정은 무엇이었는가? 누가 보고서를 작성했는가? 이 연구의 특정 장소나 상황에서 "효과적"이란 무슨 의미였는가? 이 질문에는 연구참여자,

연구목적, 집단들 사이의 관계, 연구에 대한 가정과 연구결과 등에 대한 핵심적인 내용이 내포되어 있다.

7.1 평가와 정책연구

7.1.1 헤드 스타트(Head Start)*: 연구 사례의 기술

1972년 의회는 유아교육 프로그램에 속한 장애아동의 수를 최소 10% 늘리기 위하여 국가에서 지원하는 유아교육 프로그램인 헤드 스타트의 시행을 명령하였다. 전국의 헤드 스타트 프로그램 책임자들은 다른 지시사항들과 함께 "장애아동"의 포괄적 정의를 제시 받았고 1973년 가을부터 이 아동들을 자율적 결정에 따라 더 받을 수 있다는 권한을 위임받았다. 이 권한 위임의 목적은 장애를 가진 아동들에 대한 혜택을 늘리고 프로그램에 참여한 일반 학생들과 함께 받는 통합교육을 향상시키고자 하는 것이었다. 이 프로그램을 관리했던 연방기관은 권한 위임이 효과적으로 이루어지고 있는지 살피기 위하여 연구계획서를 공모했다. 이 기관은 각 지역의 헤드 스타트 프로그램이 따라야 할 사항들을 잘 준수하고 있는지를 알고자 했다. 한 회사가 이 연구과제 공모에 지원하여 계약을 체결했다. 이 연구는 다소 자율성을 지닌 두 부분으로 조직되어 실시되었다. 첫 번째 부분의 주요 목적은 프로그램 책임자들에게 우편 설문지를 발송하여 현재 프로그램에 참여한 장애아동의 수와 유형을 파악하였고 이 프로그램 시행 일 년 전과 비교할 때의 그 비율을 물었다. 이 데이터에 기초하여 이 규정이 시행된 후로 장애학생의 수는 두 배로 증가했으며, 헤드 스타트 프로그램에 참여하는 아동의

---

* 빈곤계층이나 소수자 집단에 속하는 아동에게는 주의 집중력이나 주의 지속력의 저하, 언어능력의 부족, 일반지능의 저하 등 여러 심리적 문제가 취학 전 시기부터 일어난다. 이것을 '문화결핍(cultural deprivation)'이라 하는데, 이 문화결핍이 원인이 되어 학업부진이 일어나며 나아가서는 취직곤란이나 빈곤까지 초래한다.
'교육의 기회균등'이라는 이상 하에 혜택 받지 못한 어린이들을 위하여 정책적으로 교육상의 편의를 부여하려는 목적으로 행하여지는 교육을, 불완전한 교육을 보충한다는 뜻과 불완전한 교육의 희생자에게 손해배상으로서 교육조건을 개선한다는 뜻을 담아 보상교육(補償敎育, compensatory education)이라 한다. 문화결핍 아동에 대한 보상교육은 1960년대 중엽부터 하나의 교육정책으로 미국, 캐나다, 이스라엘 등 여러 나라에서 실시하고 있다. 그 중 가장 큰 규모의 보상교육을 실시하고 있는 곳은 미국으로서, 여러 교육단계에서 단계에 따라 다소 목적을 달리하여 실시하고 있다. 즉 헤드 스타트 프로젝트(head start project), 폴로 스루 프로젝트(follow through project)는 유년기나 초등학교 저학년에서 뒤진 발달을 회복하는 것이 목적이다. 이에 비해 고등교육법에 의한 보상교육에서는 능력이 있으면서도 진학이 곤란한 사람에 대한 학자금 원조에 중점을 두고 있다. 보상교육 방법은 학교 안에서의 학습내용, 교육형태, 교육방법의 개선과 학교와 지역사회 및 가정 간의 관계 개선으로 나누어지며, 각각 다양한 방법이 채택되고 있으며 그 유효성에 관한 평가연구는 인간의 발달과 교육에 관한 귀중한 정보를 제공하고 있다.

적어도 10.1%가 현재 장애아동에 속한다고 보고하였다.

이 연구의 두 번째 부분은 질적 연구방법을 사용하는 관찰자 팀들이 헤드 스타트 프로그램을 여러 번 직접 방문하는 것이었다. 이 팀들은 개방형 설계를 통해 관찰과 함께 학부모와 프로그램 담당자들과의 대화와 인터뷰로 연구를 수행했다. 처음 관찰은 "헤드 스타트 담당자와 부모들은 이 프로그램의 시행을 어떻게 받아들였는가?" "조금이라도 있었다면, 결과적으로 어떤 변화가 있었는가?"와 같은 전반적인 질문들에 대한 데이터를 수집하기 위한 것이었다. 이 질적 연구 팀의 결론에 따르면, 모집된 장애아동의 수는 확연하게 증가하지 않았으며 그 보다는 장애아동의 정의에 변화가 있었다고 한다. 그리고 헤드 스타트가 현재 10.1%의 장애아동에게 서비스를 제공하고 있다는 것은 사실과 다르다는 결론을 제시하였다. 내러티브 형식을 취한 이 보고서는 헤드 스타트 시행 효과와 관련된 여러 가지 가정에 대한 논의를 펼쳤다. 이 논의에는 **장애**(handicap)라는 용어에 의해 생긴 혼란, 헤드 스타트의 실시를 "상부로부터의 명령"으로 생각한 프로그램 담당자들의 인식, ("공문상의 단순 준수"에서부터 "실제적인 모집 노력"까지) 방침 준수의 다양한 차이, 시행에 따른 예상하지 못한 결과들(이전에는 장애아동으로 분류되지 않았던 아동들의 장애아동 분류에서 프로그램 참여 전체 아동들에 대한 개별화의 향상까지) 등에 대한 설명도 포함되었다.

연구비 지원기관은 이 질적 연구 보고서를 좋아하지 않았다. 이들은 "헤드 스타트 프로그램의 서비스 혜택을 받는 장애아동이 몇 퍼센트인가?"라는 사실을 알고 싶어 했다. 이 지원기관은 이 보고서가 애매모호하지 않고 명확한 결과를 의회에 전달하기를 원했고, 이 질적 연구의 결과가 헤드 스타트를 보완해주는 역할을 하기를 원했다.

7.1.2 헤드 스타트: 연구 사례에 대한 논의

이 평가연구의 질적 연구 부분은 내러티브 형식의 데이터를 요구한 정부를 만족시키기 위해 연구자들이 설계한 것이었다. 연구팀은 한 명의 교수와 여러 곳의 프로그램 담당자를 인터뷰하고 운영상황을 관찰할 몇 명의 대학원생들로 구성되었다. 이 연구의 목적은 헤드 스타트가 장애를 가진 아동들을 전국적으로 시행되는 이 프로그램에 참여하도록 하는데 성공적이었는지 아닌지를 평가하는 것이었다. 그러나 이런 연구가 늘 그렇듯이 이 지원기관은 이 새로운 규정이 "성공적으로" 준수되고 있음을 보고서로 만들어 의회에 제출하기를 원했다. 이 연구의 경우, 연구계획서를 통한 공개 경쟁으로 연구자들이 연구계약을 맺었기 때문에 연구자들은 연구비 지원기관과의 개인적 관계는 없었다. 이런 관계는 연구자와 연구비 지원자 사이의 가장 일반적인 관계에 속한다. 연구팀은 헤드 스타트 프로그램을 실시하는 유아교육 기관의 많은 사람들이 다양한 관점을 가지고 있을 것으로 가정하여 이 연구를 질적접근으로 수행하고자 했다. 이 교수는 대학원생들과의 협동 연구임을 연구계획서에 명시했고 이를 지원기관에 제출했다.

질적 연구를 하는데 있어서는 이러한 긴장감은 항상 존재한다. 이로 인해 연구비 지원기관의 목적과 연구자의 목적이 달성 불가능한 위기에 처하기도 한다. 또한 연구의 명시된 목적과 암묵적 목적 사이의 모순이 존재하기도 한다. 이러한 모든 약점들을 해소하기 위해 연구비 지원기관과 연구자는 여러 가지 타협을 하게 되고 이에 따라 응용연구 보고서가 작성되는 것이 흔한 일이다.

위에서 언급한 것에 더하여, 헤드 스타트 경험은 평가와 정책수립연구에 대한 질적 연구방법의 많은 측면을 예시하고 있다. 이런 측면들은 1장에서 논의했던 질적 연구방법의 전반적인 특징을 반영한다. 수집된 데이터는 사람들이 직접 사용했던 단어와 사건과 활동에 대한 기술로 이루어져 서술적이다. 연구결과의 제시 또한 서술적이다. 이 연구는 프로그램이 실제로 시행되고 있는 장소에서 일반적으로 수행된다. 기초연구만큼 그 정도로 광범위하게 연구를 수행하는 것은 아니지만, 연구자는 평가하고자 하는 사람들의 활동 영역 내에서 이들과 시간을 보낸다. 연구설계와 분석은 귀납적으로 이루어진다. 사전에 정의된 목적이나 프로그램의 공식적 설명에 의한 추정 목적을 달성하기 위하여 연구를 시작하는 것이 아니라, 그 프로그램의 운영 상황에 대한 연구자의 서술로부터 시작한다. 특정한 결과에 도달했는지 아닌지를 중요시하기 보다는 일이 어떻게 돌아가는지의 과정에 강조점이 있다. 그리고 프로그램의 다양한 참여자들이 일어난 일을 어떻게 보고 이해하는지에 관심이 있다. 지위고하를 막론하고 프로그램의 운영에 관여하는 모든 사람들한테서 프로그램이 자신들에게 어떤 의미인지를 나타내는 데이터를 구한다. 다시 말해, 어떤 일을 했어야 했거나 어떤 일이 틀렸거나에 대한 프로그램 책임자들의 견해는 프로그램을 실제 운영하는 교직원들의 견해와 동일한 비중으로 다루어졌다. 이 연구의 강조점은 일어난 일을 다양한 관점에서 말하는 것이며, 헤드 스타트 프로그램의 시행에 따른 희망적 결과뿐만 아니라 예상하지 못한 결과를 탐색하는데 있었다.

7.1.3 연구비 지원 받기

어떻게 평가-정책연구를 하게 되는가? 연구 사례에서도 언급했듯이 가장 일반적인 방법은 연구계획서 공모를 통해서이다. 평가연구에 대한 공모를 낸 기관에 연구계획서를 제출해서 다른 경쟁자들과 함께 연구비 지원계약을 따내야 한다.

질적 연구자가 연구비 지원을 받으려고 할 때 한 가지 부닥치는 문제는 연구설계 부분이다. 정부에서 발주하는 어떤 연구계획서 공모의 경우, 질적 연구자는 지원하지 못한다는 것을 명시하고 있다. 연구문제를 구체적으로 살펴보면 질적 연구방법은 고려 대상에서 제외되어 있다. 연구비 지원을 받는데 관심 있는 연구자는 이런 부분에 주의해야 하며 그렇지 않으면 헛수고만 할 뿐이다.

질적 연구를 분명하게 싫어하는 정부 기관들이 있는데, 그 수는 점차 줄어들고 있다. 어떤 기관들은 질적 연구방법에 정말 관심을 가지고 있으며 이런 연구수행을 원하고 있다. 그렇지만 심지어 이런 경우에도 연구비 지원기관에서 선정한 연구계획서 심사위원들이 질적 연구방법을 알지 못하기 때문에, 질적 연구 설계의 중요한 측면들을 이해하지 못한다. 어떻게 이 심사위원들에게 질적 연구법을 알리겠는가? 질적 연구는 연구를 수행하면서 연구진행을 위한 구체적인 사항들을 알 수 있다는 귀납적 접근방법을 취하는데, 아직 구체적으로 알지 못하는 연구방법론과 연구문제를 어떻게 연구계획서에 진술해야 하는가? 2장에서 이 문제에 대해 연구계획서를 작성하기 전에 예비연구를 먼저 수행해 봄으로써 연구설계를 분명하게 할 수 있다는 조언을 하였다. 분명한 사실은, 충분한 시간을 주고서 연구계획서를 공모하고 평가하여 연구비 지원 결정을 내리지 않는다는 것이다. 따라서 만약 연구비 지원을 신청하는 연구자가 연구에서 사용하려는 컴퓨터 소프트웨어를 명시하고, 연구결과의 기대효과를 분명히 밝히고, 실험 처치가 효과 있다는 결론을 내리기 위한 구체적인 기준을 밝히는 등의 연구 진행과정을 미리 구체적으로 밝히지 않는다면, 질적 연구에 대해 전반적인 교육을 받지 않은 심사위원들은 회의적일 수밖에 없다. 이러한 심사위원을 만족시킬 수 없는 것은 분명하지만, 연구계획서를 작성하기 전에 폭넓게 문헌연구와 선행연구 고찰을 함으로써 연구 시작을 위해 필요한 상당히 구체적인 연구문제 목록을 만든다면 도전해 볼 수 있을 것이다.

이들 연구문제로부터 연구 수행 방법을 진술할 수 있는데, 연구를 진행하는 과정에서 이들 연구문제가 유용하지 않을 경우 연구설계를 변경할 것이라는 점을 분명히 밝히기 바란다. 평상적으로 작성했던 연구계획서보다 데이터 분석과 여러 다른 절차들을 더 분명하게 작성하여 질적 연구방법에 익숙하지 않은 연구계획서 심사위원들이 연구자가 앞으로 무슨 연구를 어떻게 하려고 하는지를 구체적으로 알 수 있게 한다.

질적 연구를 수행하기 위해 연구계획서를 작성하는 것과 질적 평가연구를 수행하는 것은 서로 다른 두 가지 방법이 필요하다. 연구계획서는 연구자가 달성하고자 하는 것이 무엇이고 어떤 방법으로 달성할 것인지를 심사위원에게 알리기 위한 하나의 가정이다. 이 계획서는 실제로 연구자가 연구를 수행할 때 필요한 세밀한 계획서는 아니다. 실제로 연구장소나 상황에 들어갈 때 연구자는 학교에 대해 아무 것도 모르는 것처럼 행동함으로써 마음을 비우게 된다. 그러나 연구계획서를 작성할 때는 교육적 관행의 향상에 기여할 수 있는 유능하고 풍부한 지식을 갖춘 사람으로 심사위원들이 인정하도록 해야 한다.

7.1.4 연구자와 연구비 지원자의 관계

평가－정책연구자의 지위가 대부분 연구자와 다른 이유는 자신들의 연구 활동에 대한 연구비를 계약에 의해 지원받는다는 점이다. 이들은 연구 규정을 따라야함과 동시에 연구비 지원자의 기대도 충족시켜야 한다. 상방간의 신중한 타협과 분명한 이해를 거쳐 좁힐 수는 있지만, 정확하고 계획적인 연구 수행을 위해 연구자가 생각하는 기준들이 연구비 지원자의 기대사항과 맞지 않을 수 있다. “고용된 사람”은 연구자로서 책임을 다함과 동시에 연구비 지원계약서의 사항을 준수해야할 의무가 있다. 아래의 내용은 질적 연구자와 연구비 지원자 사이에 의견차이가 종종 발생하는 몇 가지 영역으로 이 차이를 피하거나 해결할 수 있는 몇 가지 방법을 제안하고자 한다.

(1) 수집된 데이터의 소유권

현장조사록과 여러 가지 질적 데이터에 대한 접근과 소유권을 누가 가질 것인가를 연구 시작 전에 구체적으로 서로 동의하지 않으면 차후 분쟁의 소지가 될 수 있다. 연구비를 지원하는 기관이나 사람이 이 자료를 소유하는 것이 당연하다고 생각되지만, 이것은 연구자의 윤리와 상반된다. 연구참여자들의 삶과 미래에 대한 결정권을 가지고 있을 사람으로부터 이들을 보호하는 것은 연구자의 의무이며 연구자와 연구참여자 사이에 일어난 모든 것은 비밀이 보장되어야 한다. 연구자에게 말한 것이 보고서나 다른 사람들과의 대화 소재가 되더라도 그 출처를 어느 누구도 알 수 없다는 안전함을 연구참여자들이 느껴야만 풍부한 데이터를 수집할 수 있다. 연구참여자들이 말하는 것이 연구자를 거쳐 곧장 상급 기관의 사람들에게 전달된다고 생각하면 연구참여자들의 반응은 왜곡되기 마련이다.

(2) 프로그램의 목적을 연구목적으로 하기

좋은 질적 연구 설계의 일반적 기준에 의하면 연구는 “이 프로그램은 성공적인가 그렇지 않은가?”와 같은 구체적인 질문에 답하려고 수행해서는 안 된다고 한다. “이 프로그램은 잘 운영되고 있는가?”와 같은 질문에 연구자가 답해주기를 바라는 연구비 지원자는 “그것은 어떻게 보는가에 따라 다르다”라는 연구자의 답에 만족하기 쉽지 않다. 행정가로서 프로그램의 목적을 설정했던 연구비 지원자는 프로그램의 목적에 의문을 제기하는 이런 답에 불쾌함을 느낀다. 이들이 원하는 것은 시행 중인 프로그램이 목적에 맞게 잘 운영되는지에 대한 판단을 연구자가 내려달라는 것이며 이 일을 위해 연구비를 지원하는 것이다.

이런 갈등을 피하는 데는 여러 가지 방법이 있다. 제일 좋은 처방은 예방이다. 연구자의 연구초점은 성공이나 실패의 판단이 아니라 서술이나 문서화에 있다는 점을 연구 시작 때 가능한 한 분명하게 밝히도록 한다. 다시 말해, 연구자의 목적은 프로그램의 좋고 나쁨에 대한 정보를 제공하는 것이 아니라는 점을 연구동의서에 반복해서 명시하도록 노력해야 한다 (Everhart, 1975).

(3) 계급에 따른 신빙성의 차이

모든 데이터 출처를 중요하게 취급하는 질적 연구자는 종종 어떤 기관의 계급에 따른 신빙성의 정도를 위태롭게 한다. 이것이 연구자와 연구비 지원자 사이의 분쟁의 원인이 되기도 한다. 질적 연구 보고서는, 말하자면 학교에 대한 고등학교 교장 선생님의 견해와 그 학교 학생들의 견해를 동시에 배치하는 경우가 흔하다. 학생들의 관점은 교장 선생님의 관점만큼이나 신빙성 있어 보이고 종종 논리적으로 들린다. 일반적으로 상부 계급의 사람들이 하는 말은 말단 사람들이 하는 말보다 더 정보력이 있고 정확하며, 심지어 말단 사람들에 대한 상부 계급 사람들의 평가에서도 그러하다고 인정되는 곳이 기관과 조직의 구조이다. 이런 구조에 익숙한 사람들에게 “다른 사람들의” 견해를 신빙성 있게 제시하는 것은 고위층 사람을 불편하게 하고 화나게 할 수 있다.

질적 연구자는 계급에 따른 서로 다른 견해를 기술적으로 재치 있게 제시할 줄 알아야 한다. 그러므로 자신의 연구와 연구결과가 신중하게 고려되기를 원하는 연구자는 한편으로는 상대방을 격앙시키는 언어 사용을 피하면서 다른 한편으로는 대중과의 관계에도 부합하는 글을 쓰도록 해야 한다.

(4) “비판하는 것이 연구자의 일이다”

질적 연구방법을 사용한 평가-정책연구는 기관이나 조직의 관행을 비판적으로 조사하는 것이 목적이지만, 그렇다고 해서 비판이 공공연하게 부정적인 목소리여야만 한다는 뜻은 아니다. 많은 경우 기관이나 조직은 말하는 것과 행동하는 것이 다르며 목적이 명시한 대로 행동하지 않는다. 그렇지만 실제로 하는 일을 보면 중요하고 칭찬받을 만한 일을 하는 경우도 있다. 연구비 지원자는 달성한 성과는 제시하지 않은 채 잘못된 것이나 잘못한 것만 강조하는 질적 연구 보고서에 종종 당황하고 불쾌감을 느낀다. 긍정적인 칭찬은 모든 사람들이 앞으로 더 잘하게 하는 원동력이다. 이렇게 하려고 거짓말할 필요는 없지만, 긍정적이고 낙관적인 말을 한다고 해서 권력에 타협하는 것도 아니고 연구자의 지위를 위태롭게 하지도 않는다.

(5) 연구비 지원자가 정한 경계선

질적 연구자는 맥락 속에서 연구참여자들을 보려고 한다. 그래서 어떤 프로그램에 대한 연구를 할 때, 연구자는 그 프로그램이 연구하는 것이 아니라 더 큰 조직과의 관련성을 찾으려고 한다. 때때로 연구비 지원자는 어디까지 연구를 수행 가능한지에 대한 경계선을 긋는다. 이 경계선은 가끔 그 조직의 상부 지위계통에 대한 조사는 제외시킨다. 평가 과제를 그 프로그램 내부의 운용에만 제한시켜 좁게 한정시킨다면 평가연구 보고서는 왜곡된 견해를 제시할 가능성이 있다. 즉, 그 조직의 상부 지위계통의 비효율성이 비난의 대상이 될 수도 있다. 연구비 지원자는 특정 프로그램으로부터 지나치게 선을 넘어선 연구자의 활동에 불쾌할 수도 있지만, 이런 식의 조사활동이 중요한 경우도 있다. 연구 착수를 논의하는 단계에서 미리 프로그램에 대한 광범위한 접근 허용을 협상하는 것이 이런 갈등을 해소할 수 있다.

(6) 누가 보고서를 받고 소유하는가?

평가 - 정책연구는 연구비 지원자에게는 양날의 칼과 같다. 종종 자신들이 의도하지 않았던 결과나 그 기관이나 조직의 실제적 활동이 공개적으로 알려지는 것을 원하지 않는다. 심지어 기관이나 조직의 구성원들에게도 어떤 정보를 숨기고자 하는 경우가 가끔 있다. 그렇다면 누가 최종 보고서를 받아야 하는가? 누가 그 보고서를 소유해야 하는가? 이것은 특히 다루기 까다로운 문제일 수도 있다. 한 번 더 강조하면 연구비 지원자와 미리 합의를 하는 것이 차후 발생 가능한 이런 문제를 예방할 수 있다.

평가 - 정책연구를 수행한 연구자가 작성한 보고서는 정치적 관련성을 가지고 있으므로 연구비 지원이나 사람들의 생활, 서비스 등에 영향을 미칠 수 있다. 적을 만들지 않으면서 이러한 연구를 수행하기 위해서는 뛰어난 판단력과 요령, 정직함이 요구된다. 베테랑 연구자인 에반스(J. W. Evans, 1970)는 "평가연구자들은 대개 다른 사람들에게 괴롭힘을 당하고 논란을 빚는 인물들이므로 이 분야를 직업으로 삼으려는 사람들은 이 점을 분명하게 인식해야 한다"라고 말했다.

평가-정책연구자의 경우 연구로부터 발생할 수 있는 잠재적 문제들을 자각하고 철저한 사전연구 계획과 논의를 통해 이 문제들을 피하도록 하는 것이 중요하다. 그러나 이들 연구자는 자신들이 생각하고 계획한 대로의 연구 수행을 방해하는 연구비 지원자나 특수한 여러 관심 집단들한테서 여러 가지 이유로 압력을 받는다. 그 중 한 가지 이유가 바로 돈이다. 따라서 연구비로 생계를 충당하거나 충당하려는 연구자의 경우 연구자로서의 정직함을 지킬 수 있는 좋은 안전장치는 이러한 연구용역 계약을 하지 않는 것이다.

7.1.5 연구장소

3장에서 연구장소나 상황에서 연구자 자신을 어떻게 다루어야 하는지를 설명했다. 3장에서 논의했던 연구자로서의 행동거지, 라포르 형성하기, 인터뷰 기술 등은 여기에서 다룰 내용과 관련이 많다. 하지만 평가나 정책연구를 위한 연구장소의 경우 다른 쟁점들이 존재한다.

프로그램을 평가하는 연구 수행으로 연구비를 지원받는다는 것은 어떤 특정 프로그램을 평가해야 하고, 연구자를 고용한 기관에 그에 대한 피드백을 제공해야 한다는 의미이다. 사람들은 누군가에게 평가를 받는다는 것을 불편하게 느낀다. 어떤 사람들은 자신들이 하는 일에 다른 사람들보다 더 자신감을 가지고 있으므로 연구자의 연구 활동에 적극 참여하고 기꺼이 정보를 공유하려고 한다. 또 어떤 사람들은 평가를 받는다는 사실에 더 많은 위협감을 느껴 회피성 반응을 더 많이 하기도 한다. 평가를 받는 정보제공자들은 연구자가 나쁜 평가 결과를 주어 지원이 끊기거나 일자리를 잃을지도 모른다고 불안해 할 수도 있다.

이러한 불안감을 줄이기 위하여 연구자가 할 수 있는 일은 무엇인가? 먼저, 연구자와 함께 시간을 보낼 사람들에게 연구자가 그곳에 있는 것은 그들에게서 배우고자 하는 것, 즉 자신들이 하는 일에 대해 어떻게 생각하는지 그리고 자신들의 강점과 약점은 무엇인지를 알고자 하는 것임을 분명하게 전달해야 한다. 예를 들어, 만약 연구자가 특정 학교를 대상으로 "기본으로 돌아가기" 프로그램이 어떻게 운영되고 있는지를 연구한다면, "기본으로 돌아가기"에 대해 교사들이 어떻게 생각하는지를 아는 것은 중요한 문제이다. 이 점을 연구참여자들에게 분명히 전달해야 한다. 연구자가 그 학교에 있는 이유가 "기본으로 돌아가기"가 "좋은" 프로그램인지 아닌지를 결정하는 것이 아니라 연구참여자들의 시각을 수집하는 것임을 분명히 한다.

연구자가 그 기관이나 조직의 "계급에 따른 신빙성"의 규칙을 따르지 않음을 분명하게 보여줌으로써 연구에 참여하는 사람들은 연구자와 만나는 것을 편하게 느끼게 된다(Becker, 1970a). 연구자는 학교조직의 하위에 있는 학생과 교사뿐만 아니라 교사와 교장, 교장과 장학사에게 연구에 필요한 정보를 듣게 된다. 그래서 연구자가 연구와 관련된 사람들 각자의 관점을 소중하게 여긴다는 점을 알 수 있도록 행동해야 한다.

또한 연구자가 스파이가 아니라는 인상을 심어주는 것도 중요하다. 연구에 관계된 사람들은 자신들의 이름이 밝혀지지 않고 자신들의 신분이 어떤 식으로든 위장되는지 알고 싶어 한다. 평가연구에서 문제가 되는 것은, 연구자가 특정 연구장소나 상황에 있음을 연구비 지원자도 알고 있기 때문에 연구참여자들을 완벽하게 위장 보호한다는 것이 사실상 어렵다는 것이다. 연구에 참여하는 개별 참여자를 위장시키는 것은 훨씬 더 어려운 일이므로 사람들은 편안함을 덜 느끼게 될 것이다. 이런 상황의 어려움을 해소할 수 있는 방법은 없다.

7.1.6 피드백

어떤 질적 연구 팀이 교육용 시청각 기자재를 사용하는 교사들을 대상으로 연구를 진행했을 때, 연구 도중에 연구보고서의 초고를 교장과 교감에게 주면서 동시에 이 교사들에게도 주었다. 현장연구자의 의도가 공학 사용에 대한 자신들의 관점을 이해하는 것이었음을 알게 된 이 교사들은 적극적으로 자신들의 견해를 연구자와 나누게 되었다. 이 상황에서 보면, 평가자인 연구자는 연구를 진행하는 동안 연구현장의 사람들에게 피드백을 주었다. 이런 형태의 평가를 평가 용어로 **형성평가**(formative)라고 한다. 이 용어가 뜻하는 것은, 평가의 목적은 평가 결과에 대한 평가자의 계속적인 보고를 통해 현재 진행 중인 프로그램을 향상시키는 것이다. 이런 형태의 평가 방식에 의하면 연구참여자들과 함께 정보를 신속하고, 더 비공식적으로, 친밀하게 공유할 수 있다. 평가자는 연구참여자들과 정기적으로 만나 평가 결과를 제시하고 그에 따른 변화를 위한 시사점을 서로 논의할 수 있다.

평가의 두 번째 형태는 **총괄평가**(summative)라고 불린다. 전통적으로 가장 흔하게 사용되고 있는 평가 유형이다. 이 평가 방식에 의하면 평가가 완료된 후 최종 보고서는 연구 계약자에게 제출된다. 이 보고서에 따라 평가 대상이었던 프로그램의 재조직에 대한 결정이 내려지고 인적, 물적 자원의 재배치가 이루어진다. 이 평가 방식에 의하면 피드백은 연구가 진행되는 과정에서는 거의 제공되지 않는다. 왜냐하면 이 평가 방식은 장기적 영향력을 가진 더 공식적 평가이므로, 평가자와 평가를 받는 연구참여자들 사이에 더욱 빈번한 긴장감이 생기게 된다. 질적 평가자에게 있어서 피드백은 연구방법론의 핵심적 관심사이다. 연구의 한 가지

목적은 연구참여자들이 경험하는 복합적인 실제를 구성하는 것이기 때문에, 연구자에 의해 구성된 것이 그들이 보는 실제 세상을 충분히 잘 반영하고 있는지를 정보제공자들과 함께 점검하는 방법이 있어야 한다. 질적 연구방법은 피드백을 한 가지 연구 전략으로 간주하고 있으므로 질적 연구자는 즉각적인 피드백을 제공하는 형성평가를 실시할 때 더 편안함을 느끼게 된다.

7.1.7 독자

지금까지 살펴본 바와 같이 평가-정책연구는 현직자나 정책 입안자에게 더 나은 교육을 위한 정보를 제공할 목적으로 수행되기 때문에 응용적이다. 그렇기 때문에 평가연구 보고서를 읽는 주된 독자는 연구자를 고용한 집단, 즉 학교나 프로그램 운영 기관, 정부 기관, 직업훈련 센터 등이다. 서면 보고서는 단순히 읽어보는 것이 아니라 어떤 종류의 조치를 촉구하거나 이끌어내려는 것이므로, 보고서는 이를 달성 가능하도록 작성되어야 한다. 이 보고서는 장황하기보다는 짧아야 하고 전문 용어를 남발하기보다는 단순한 문장을 사용해야 한다. 질적 연구자라면 당연히 여기 제시해 놓은 대부분의 권고 사항을 따르는데 문제가 없겠지만, 질적 데이터의 본질로 볼 때 통계적 결과와 표, 차트, 리스트에 의존하지 않는 질적 연구자로서는 간결함을 추구하는 것이 쉽지 않을 것이다. 그래서 필요에 따라 질적 연구의 보고서는 예와 그에 대한 서술로 작성된다. 이렇게 하더라도 여전히 보고서는 길어지게 마련이다. 평가 보고서 작성에서 분량을 짧게 하려고 사용되어 온 한 가지 전략은 보고서의 제언 부분을 들어내어 필요시에 별개로 제시될 수 있게 작성하는 것이다.

7.1.8 시간계획표

캘리포니아 출신의 교육 문화인류학자인 스티브 알지부(Steve Arzivu)는 "문화기술지연구는 좋은 와인과 같아서 숙성될 년수와 세심한 준비가 필요하다"라고 말했다. 이런 생각은 교육에서의 질적 현장조사를 하는 연구자들, 특히 참여관찰을 사용해 온 연구자들에게는 당연한 것이었다. 이런 생각과 함께 몇몇 질적 연구자는 데이터를 수집하는데 투자했던 시간의 두 배를 보고서를 작성하는데 투자해야 한다고 권고했다(Wolcott, 1975). 자신을 기술자라기보다 한 사람의 예술가로 생각하는 질적 연구자는 심사숙고와 묵상의 시간이 필요하다. 그러나 평가-정책연구자는 즉각적인 가치가 있는 연구결과를 신속하게 제공해야 할 의무가 있다.

질적 연구가 항상 그렇게 긴 시간이 필요한 것은 아니라는 사실을 우리는 경험으로 알게 되었다. 시작에서 보고서 작성까지 4개월 내에 평가연구를 완수한 적이 있었다. 최종 보고서를 뛰어난 학술지에 논문으로 발표하지는 않았지만, 우리에게 연구를 맡겼던 사람들로부터 이 보고서가 큰 도움이 되었다는 좋은 평을 들었다. 응용 질적 연구의 경우 연구 스타일이 유연하므로 이처럼 연구자의 목적에 맞게 연구 수행을 위한 실질적인 시간계획표를 작성하는 것이 중요하다. 그렇지만 이런 경우 여러분의 연구목적은 잘 숙성된 뛰어난 와인을 만드는 것이 아니라 그보다는 숙성 시간과 세심함이 떨어지는 와인을 만드는 것일 수도 있다. 비록 연구현장에서 소요할 시간 양을 연구보고서에 분명하게 명시하는 것은 중요하지만, 모든 연구를 규모가 크고 필생의 업적이 될 연구로 삼을 필요는 없다. 어떤 사람들은 빠르고 집중력 있게 수행하는 질적 연구를 "전격적 문화기술지"라고 비난도 하지만(Rist, 1980), 신중하고 정직하게 작성된 연구결과는 어떤 경우에 아주 유익할 수도 있다.

7.1.9 정책연구에 대한 가치 지향적 접근

지금까지 평가-정책연구의 주제들에 대한 개관을 설명했다. 의미 있는 응용연구를 수행하는데 있어 앞에서 언급했던 몇 가지 어려움을 효과적으로 극복할 수 있는 접근에 대한 논의를 이제 하고자 한다. 이 접근법은 역사적 상황의 변경이 어떻게 유의미한 사회적 변화에 기여하는 방식으로 나타나는지 그리고 소위 응용연구가 어떻게 이론에 기여할 수 있는지를 예시한다. 이 접근법을 "낙천적 평가-정책연구"라고 한다(Bogdan & Taylor, 1990).

1971년 시러큐스 대학교에 인간정책센터가 설립된 이래로 이 센터의 직원들은 질적 연구 방법을 사용하여 장애자들의 삶과 경험을 연구하고 있다. 이 센터의 많은 연구는 응용 질적 연구로서 평가/정책에 초점을 두어왔다. 1970년대 이 센터의 연구진은 "정신지체와 정신질환"을 가진 사람들을 돌보는 여러 기관들에 연구 관심을 집중하였고, 이런 곳에서 행해지는 학대와 비인간적 관행을 문서화했다. 1970년대 후반과 1980년대로 접어들면서, 이 센터는 정규학교 프로그램에 장애를 가진 학생들을 통합하여 교육시키는 방식과 관행을 평가연구했다(Biklen, 1985; Taylor, 1982). 그리고 1980년대 동안 이 센터는 중증 발달장애를 가진 사람들의 지역사회로의 통합에 전념했으며, 1980년대 후반부터 이 센터는 장애인을 지역사회로 통합시키려고 공공기관과 사설 기관들이 펼친 정책과 실무를 연구하기 시작했다(Taylor, Biklen, & Knoll, 1987; Taylor, Bogdan, & Racino, 1991; Taylor, Bogdan, & Lutfiyya, 1995).

센터 연구원들이 장애인의 지역사회 통합에 관한 연구를 시작했을 때, 그 전에 이루어진 평가-정책연구의 결과에 대해 실망했다. 보고서를 읽으면서, 대부분의 평가-정책연구들이 잘못된 질문을 물었기 때문에 실제 업무를 담당하는 현직자에게 유용한 정보를 제공하는데 실패했다는 사실을 알게 되었다(Gustavsson, 1995). 전통적 접근은 주로 "성공적인가?"라는 질문에 기초하고 있었다. 전통적 접근의 연구자들은 통합이란 주제를 "통합이 잘 되고 있는가?" 또는 약간 달리 표현해서 "통합이 장애인들을 위해 효과적인가?"라는 식으로 다루었다. 장애시설에서 퇴원해서 지역사회로 통합되는 것을 돕는 프로그램의 효과에 대한 수많은 연구들이 있다. 어떤 연구들은 통합 프로그램이 장애인들에게 도움이 되었음을 입증한 반면, 다른 연구들은 그렇지 못했음을 밝혔다. 그러나 센터의 연구진은 통합이 효과적이라 믿는 사람들이 프로그램을 개발했기 때문에 효과적으로 통합이 운영되었음을 알게 되었다. 게다가 중증장애를 가진 사람들이 사회에 통합되어야 하는가는 현실적인 문제가 아니라 도덕적 문제임을 연구진은 알게 되었다. 이것은 데이터의 문제가 아니라 가치의 문제이다. 이것은 노예에 대한 쟁점과 유사하다. 만약 남북전쟁 바로 직전에 사회학자들이 있었다면, 노예해방이 효과적인지 말해달라고 질문을 했을까? 어떤 정책들은 노예나 장애인 같은 그 해당 사람들에게 즉각적인 영향을 주는 것과는 상관없이 수립된다. 이런 정책들은 의식에 있어서의 변화를 나타낸다.

센터의 연구자들은 "중증장애인의 통합은 성공적인가?"라는 질문은 옳은 질문이 아니었다는 결론을 내렸다(Gustavsson, 1994). 이 질문은 긍정적이라기보다는 회의적 질문이었다. 이 연구자들은 어떻게 장애인들이 지역사회에 성공적으로 통합되는지를 알아내고자 했다. "통합의 의미는 무엇인가?", "통합은 어떻게 달성될 수 있는가?"가 이들의 질문이었다. 연구자들은 자신들의 연구가 통합의 방향으로 개혁을 이끌고 있는 의식 있는 현직자들의 사회 변화를 위한 노력의 진보에 도움이 되기를 원했다. 연구자들은 체계적이고 엄밀한 데이터 수집과 분석, 비판적 탐구, 선입견이나 가정을 보류한 분석의 효과가 연구 수행에서 중요하다고 믿었다. 연구자들은 또한 현장의 현직자들과 경험적 근거이론가들 사이의 틈을 줄이는 데 도움을 주고자 했다. 이 연구자들이 개발한 접근법은 연구하는 쟁점에 대해, 이 쟁점이 무엇이든지 간에, 강한 견해를 가진 연구자들에게 그리고 사회 변화에 기여하고자 하는 연구자들에게 여러 가지 시사점을 주었다.

이 센터는 정부 연구비 지원기관에 이 접근법을 성공적으로 판매하였다. 뿐만 아니라 이 센터의 연구계획서는 연구비 지원을 받았고 현직자들도 이 센터의 연구결과를 사용하고 있다. 장애아동과 장애어른을 학교와 지역사회로 효과적으로 통합시키려고 노력하는 많은 사람들이 이 센터의 연구물을 읽고 있다.

아래에서 연구에 대한 긍정적 접근을 좀 더 상세하게 논의하고자 한다. 지역사회에 살고 있는 "중증 발달장애를 가진" 아이와 어른들을 돕는 것을 목적으로 하는 전국의 정부 기관을 위해 이 센터의 연구원들이 수행했던 3년 기간의 연구에 대해 좀 더 구체적으로 알아보려고 한다.

7.1.10 연구에 대한 추가 설명

이 3년 기간의 프로젝트의 일부로서 연구진은 일 년에 8개의 프로그램을 연구하도록 지원받았다. 연구진은 소그룹의 가정에서 운영하는 중증장애인을 위한 지역사회 통합 프로그램뿐만 아니라 중증장애인이 있는 가족과 가정을 지원하는 좀 더 혁신적인 통합 프로그램도 조사하였다. 어떤 연구자는 각 가정을 방문하여 이틀에서 나흘 정도 그곳에서 머물렀다. 모두 40개 프로그램에 대한 데이터가 수집되었다. 이 현장조사자들은 모두 질적 연구 경험이 있었고, 공식적으로 질적 연구에 대한 훈련을 받은 연구자들이었다. 전통적인 철저한 참여관찰 연구에서 볼 때 이틀에서 나흘 정도의 참여관찰은 충분한 시간은 아니었지만, 연구자들은 광범위하고 집중적으로 현장조사록을 작성했고, 녹음기를 사용한 인터뷰를 실시했으며, 정부 기관의 공식문서와 그 외 자료들을 수집하였다. 현장조사록과 녹취록을 제출하는 것에 더하여 각 연구자는 자신들이 방문한 프로그램을 기술하고 그 프로그램에서 이루어지고 있는 관행과 딜레마를 기록한 20~60쪽의 사례연구 보고서도 제출하였다.

7.1.11 연구장소의 선정

연구문제의 본질과 센터의 연구진이 사용하는 긍정적 접근법에 기초하여 연구를 위한 기관을 통상적이지 않은 방법으로 선정했다. 정책 입안자와 관료들의 경우 연구결과의 일반화에 주된 관심을 두기 때문에, 대부분의 전국 평가연구, 심지어 질적 데이터 수집과 분석조차도 연구할 프로그램을 선정할 때 임의적 샘플링을 약간 변형한 방식을 사용한다.

이 연구의 경우 연구진의 관심은 평균 수준의 프로그램이나 대표성을 띤 프로그램에 대해 알고자 하는 것이 아니었다. 연구진은 많은 "지역사회 프로그램"이 실제로 지역사회와 분리된 시설들이란 점을 알고 있었다. 사실 임의적 샘플링을 통한 지역사회 프로그램의 선정은 장애인의 지역사회로의 통합에 대해 아무런 정보도 주지 못할 수 있다. 임의적 샘플의 프로그램을 선정하기보다 연구진은 중증장애인이 어떻게 지역사회로 통합될 수 있는지를 가르쳐

줄 수 있는 장소를 의도적으로 찾았다. 그래서 다소 불명확한 통합의 정의만 가지고 시작했다. 과거 전국의 전체 시설에 대해 광범위하게 조사한 경험이 있었기 때문에, 찾고자 하는 곳이 사회로부터 사람들을 격리시키는 장소는 아님을 알았다. 하지만 연구진은 통합의 개념을 확실하지 않고 아직 미정의 개념으로 취급하였다. 즉, 미리 가정된 개념이 아니라 앞으로 조사해야 할 개념으로 취급하였다. 연구진은 통합 운영기관들이 중증장애인을 사회로부터 격리시켰던 역사적 관행을 타파하고 통합을 새롭게 정의하여 이들 장애인을 어떻게 지역사회로 통합시킬 수 있었는지를 알고자 했다.

연구할 후보 프로그램의 지명을 관철시키기 위하여 전문 뉴스레터에 광고를 내고, 전국으로 우편을 발송하고, 전문 분야의 문헌을 조사하는 등의 다양한 방법을 사용했지만 가장 성공적인 전략은 "눈덩이" 샘플링 기법을 약간 변형한 방법이었다. 먼저 "핵심 정보제공자들"을 확인하여 이들에게 중증장애인을 잘 통합시키고 있는 통합 운영기관과 더불어 통합 프로그램을 알고 있는 사람들을 알려달라고 부탁하는 것으로 시작했다. 정보제공자들은 두 가지 특징이 있었다. 첫째, 이들 정보제공자들은 장애인 권익향상 운동가에서 대학의 연구진, 학부모, 전문 분야 지도자까지 다양한 사람들이었지만 통합의 실천에 대한 철학을 모두 공유하고 있었다. 둘째, 이들 정보제공자들은 프로그램의 평가나 컨설팅을 위해 전국을 순회했던 사람들로서 여러 기관들에 대해 일차적인 지식을 가지고 있었다.

후보 프로그램 명단을 작성한 후, 더 좋은 샘플를 추려내기 위하여 각 프로그램 운영진과 심층 전화 인터뷰를 실시했다. 이 인터뷰에 기초하여 매년 방문할 8개의 기관을 선정했다. 지역사회로 장애인을 통합시키는데 진정으로 노력하는 그런 기관을 선정하려고 노력했지만, 이 기관들은 제공하는 서비스 유형과 위치, 운영 방법 측면에서 서로 많이 달랐다.

방문한 프로그램에서 서비스를 받는 장애인들의 삶의 본질과 질은 기관들마다 크게 다르다는 사실을 발견했다. 어떤 기관은 통합에 대한 좋은 예를 제공해 줌으로써 연구진의 기대를 충족시켰지만 그렇지 못한 기관도 있었다. 이들 기관들을 서로 비교함으로써 연구진은 통합의 의미를 더 명확하게 이해하게 되었다.

7.1.12 연구현장과의 관계

연구진은 각 연구현장에 들어가는데 또는 프로그램을 운영하는 기관의 직원과 운영에 관련된 다른 사람들의 협력을 구하는데 아무런 문제가 없었다. 기관의 사람들은 연구진이 가정을 방문하도록 조정해 주었고, 운영 직원과 장애인, 장애인의 가족, 다른 기관의 사람들과의 인터뷰를 주선해 주었고, 필요한 보고서와 문서를 제공해 주는 등 편의를 제공해 주었다.

이러한 협력의 정도는 어느 정도 그 기관의 모습 자체를 반영하는 것이었다. 기관의 많은 사람들은 중증장애인이 지역사회에 수용되도록 일하는 것이 자신들의 임무라고 생각했다. 이들은 자신들을 통합의 좋은 예라고 생각했고 통합에 대한 메시지를 널리 전파하고자 했다.

연구진의 접근 방법은 그 자체가 협력을 설명하는 것이었다. 연구진은 이들 기관이 혁신적이거나 모범적 사례이기 때문에 후보로 선정된 것이라고 설명했다. 특히 큰 관심을 받지 못했던 작은 규모의 기관 사람들을 더 추켜세워 칭찬했다. 기관의 사람들은 연구진을 크게 환영했다. 어떤 기관 책임자들은 심지어 자신들의 기관을 연구의 일부로 받아달라고 요구하기까지 했다.

이런 긍정적인 접근법이 많은 프로그램 담당자들로 하여금 자신들의 딜레마를 좀더 솔직하게 말하도록 했다. 대부분의 담당자들은 자신들의 성공을 자랑하면서 동시에 여러 가지 문제점과 어려운 점을 솔직하게 말했다.

7.1.13 분석과 보급

각 연구자는 방문한 기관에 대한 사례연구를 했다. 이 사례연구는 그 기관의 개관, 혁신적인 방법에 대한 기술, 기관에서 목표 달성을 하는 가운데 직면했던 문제점과 딜레마에 대한 논의 등을 다루었다. 각 기관에서 도움을 받는 최소 2명의 장애인 삶에 방문의 초점을 두었으므로, 보고서는 장애인의 삶에 영향을 미치는 기관의 통합 실천방법과 운영을 구체적으로 예시하였다.

인간정책센터의 연구진은 이 사례연구의 결과를 그 기관과 함께 공유했으며 연구에 관련된 사람들과 연구결과를 논의하였다. 지역과 주, 전국의 전문가협회와 부모협회의 뉴스레터에 각 사례연구에 기초한 단편 논문을 발표했는데, 이 논문에서 각 기관의 통합에 대한 실천을 하나의 "이야기"로 전했다.

대부분의 보고서와 논문은 그 기관들의 긍정적인 측면을 부각시키는 쪽에 초점을 두었다. 이 보고서와 논문은 중증장애인을 포함해서 장애를 가진 사람들도 지역사회의 행동 기준에 적합하게 생활 가능하다는 점을 입증함과 더불어 기관의 긍정적인 노력을 합법화했다. 기관들은 자신들의 통합을 위한 창의적 활동과 노력을 좌절시키려는 주정부 관료들에 대해 자신들을 옹호하기 위해 이 보고서를 사용하곤 했다. 모범적 기관에 속하지 못한 기관에 대한 부정적인 면이 보고서에 기록되어 있는 경우, 그 기관의 이름을 익명으로 처리할지를 그 기관에게 선택하도록 하였다.

연구진은 각 기관의 개별 사례를 넘어 공통적으로 존재하는 패턴을 찾는데 관심을 두었다. 각 기관의 방문을 통해 보고서와 논문을 작성할 수 있었을 뿐만 아니라 현장조사록과 인터뷰 녹취록도 작성되었기 때문에 수 천 쪽에 달하는 데이터를 여러 관점에서 분석할 수 있었다. 분석의 일정 부분을 기관에서 지역사회의 중증장애인에게 제공하는 "서비스의 기술 수준"을 기술하는데 할애했으며 이것은 현직자에게 좋은 정보로서 도움이 되고 있다. 예를 들어, 장애인을 집단으로 묶어 형식적인 가정을 만들어 보살피는 방식에서 장애인 자신의 집에서 가족에 의해 보살핌을 받는 방식으로 "서비스의 기술 수준"을 바꾸었다. 구체적인 사례를 통해 연구진은 어떻게 이런 변화가 달성될 수 있었는지를 설명했다. 연구진은 또한 효과적인 지역사회 지원 프로그램을 개발하는데 필요한 개념적 쟁점들을 지적함으로써 이 분야의 현직자에 대한 제언을 제시하였다. 예를 들어, 지역사회에 사는 것과 장애인 보호시설에서의 퇴원에 대한 초창기 개념으로는 "지역사회에 사는 것"과 "지역사회의 일부가 되는 것"을 분명하게 구분하지 못했다. 지역사회에 사는 것은 단지 물리적 존재만을 뜻하는 것이며, 지역사회의 일부가 되는 것은 지역사회의 구성원들과 상호작용하고 관계를 맺을 수 있는 기회가 있음을 의미한다. 연구진은 현직자들이 이 두 개념의 구분을 이해하도록 그리고 현직자들이 장애인이 지역사회의 다른 구성원들과 의미 있는 인간관계를 맺을 수 있도록 적극적인 도움을 줄 수 있도록 여러 기관의 서비스 내용을 기술하였다.

연구진은 대중 강연과 워크숍, 저술 활동을 통해 중증장애를 가진 사람들의 좀더 밝고 긍정적인 미래의 모습을 그리려고 했고 이런 미래가 실현될 수 있는 방안을 찾으려고 노력했다.

7.1.14 이론적 이해와 개념적 이해

"긍정적 접근"이 너무 현직자의 실제 업무 활동과 밀접하게 연관되어 있어 기초연구에 해당하는 것으로 생각될 수도 있지만, 이 접근법을 통해 연구진은 장애인 분야의 실제적인 응용을 넘어 감광(感光)개념과 근거이론을 개발하였다. 연구진은 진정한 실제적 응용연구는 사회학과 인류학과 같은 학문 분야에 기여하면서 이론과 실제를 결합시키는 기초적 결과를 낳는 연구라고 생각했다. 이 "긍정적 접근"을 취함으로써 이 접근법이 아니었더라면 간과했을지도 모를 데이터를, 즉 일반인이 겉모습이 확연히 다른 장애인을 받아들이는 것에 대한 데이터를 구할 수 있었다.

지난 25년 동안 장애와 이상행동(일탈)을 연구해 온 사회 과학자들은 육체적, 정신적, 행동적 차이점을 가진 사람들에게 붙여진 낙인과 꼬리표, 일반인들에 의한 거부 등에 연구의 초점을 두었다. 분명한 사실은, 많은 비정상적 사람들이 낙인 이론가들이 개념화하여 문서화한 사회적 과정에 의해 버림을 받고 있다는 점이다. 그렇지만 낙인과 배타에 지나치게 몰두한 나머지 사회학자들은 정상적 사람과 그렇지 않은 사람 사이에 존재하는 보살핌 관계를 간과해 왔다. 센터의 연구진은 이러한 관계를 많이 발견하였고, 상세하게 이 관계를 기술할 수 있었다(Bogdan & Taylor, 1989). 긍정적 전망을 가지고 이 분야에 들어감으로써 연구진은 그 동안 이상행동의 사회학에서 무시해왔던 이 관계를 부각시키는데 도움을 주었다. 수용이란 개념이 연구진의 연구 활동에서 핵심적인 주제 중의 하나로 출현하게 되었다(Bogdan & Taylor, 1987; Bogdan, 1992). 이 연구는 현직자의 실제 업무 활동을 좀더 효과적으로 수행할 수 있는 실제적인 아이디어와 제안을 제공함과 더불어 사회학이 어떤 일을 해야 하는지에 대한 교훈도 제공하였다.

지금까지 많은 지면을 할애하여 인간정책센터의 연구 활동에 대해 논의한 이유는 이곳 연구진의 연구 활동을 다른 사람들이 채택해야 한다는 생각 때문이 아니며, 또한 이 연구 활동이 최고의 응용연구에 대한 접근 방식이라고 생각하기 때문도 아니다. 여기서 논의한 것은, 평가와 정책연구를 의미 있게 수행하는데 있어서 직면하게 되는 여러 가지 어려움과 문제를 연구진이 어떻게 극복했는지에 대한 예를 제공하려는 생각에서이다. "여기에 제공된 논의를 내 자신의 연구와 내가 고려하고 있는 쟁점을 다루는데 어떻게 적용할 수 있을까?"를 스스로에게 물어봐야 한다. 더 중요하게 질문해야 하는 것은 "내가 수행하려는 연구를 창의적이고 유용하게 하려면 어떤 종류의 혁신적 절차와 책략을 개발해서 사용해야 하는가?"이다.

7.2 실행연구

실행연구(action research)는 수년간의 훈련을 받은 대학이나 연구 단체, 정부 기관에 소속된 사람들만 연구를 한다거나 또는 연구는 특정 주의나 집단의 이익을 위해 수행하는 것이 아니라 항상 공평하고 객관적이어야만 한다는 가정을 반영하지 않는다. 우리의 관점에서 볼 때, 연구는 대상과 활동에 대해 사람들이 취하는 관점이다. 학문 분야를 벗어난 "일반 직업 세계"의 사람들도 연구를 수행할 수 있다. 이런 연구는 실제적이고 자신들의 관심사를 해결하기 위한 목적이며 사회 변화를 추구하는 하나의 도구이다.

최근에 와서 학문적 연구와 실행연구 사이의 구분이 많이 좁혀졌다. 예를 들어, 화이트(Whyte, 1991)는 "과학의 진보와 인간 복지의 향상 둘 다를 위해 연구와 실행을 긴밀하게 연결시키는 전략들을 개발하는 것은 중요하다"(p. 8)고 주장했다. 그와 그의 동료 연구자들은 자신들이 행하는 연구를 **참여실행연구**(participatory action research)라고 명명했다. 그는 농업 향상 전략이나 산업체 노사 관계, 회사 평가에 관한 연구든 상관없이 연구를 설계하는데 조직이나 기관의 직급 체계에서 "낮은 직급" 사람들의 관여를 촉구했다. 그의 연구는 전문 분야의 연구이지만 연구설계와 진행에 있어서는 전문 분야의 전문가에 의존하지 않았다. 페미니스트 연구 또한 학문적 연구와 실행연구 사이에 양다리를 걸치는 경우가 종종 있다. 앞에서 언급한 독서 교재에 묘사된 여자 아이에 대해 황당했던 엄마에 관한 일화는, 여자 아동의 삶의 향상을 꾀하려고 학문 분야 밖의 사람에 의해 수행된 연구 예이다. 페미니스트들도 학문 분야의 안과 밖에서 가정 폭력과 동성애 혐오, 성추행, 강간, 인종 차별과 같은 주제에 대해 페미니스트 주의에 입각한 비공정(公正) 연구를 한다. 이들이 이런 유형의 연구를 하는 것은 사회 정의를 위한 것이다(Reinhartz, 1992 참조).

포스트모더니즘에 의한 최근의 연구도 어떤 연구가 공정하고 어떤 연구가 비공정하다는 생각에 도전하고 있다. 1장에서 논의했던 것처럼 모든 연구자는 특정 관점에서 연구를 설계하기 때문에 이런 관점 자체가 비공정한 형태이다. 우리가 제기했던 이러한 모든 쟁점들이 말하고자 하는 것은 응용연구와 기초연구의 개념을 따로 구분하는 것이 그렇게 유용한 것은 아니라는 점이다. 동시에, 실행연구와 관련된 특정한 쟁점들에 대한 몇 가지 논의는 유용할 것으로 본다. 앞에서도 언급했듯이 실행연구에는 두 가지 유형이 있다. 하나는 참여실행연구로서, 어떤 프로그램이나 시설에 속한 사람들이 연구 프로젝트의 설계와 실행에 함께 참여하여 실행의 변화를 위한 시사점을 찾는 것이다. 다른 하나는 **정치실행연구**(political action research)인데, 정치적 권력의 이슈에 관한 사회적 변화를 촉진할 목적으로 시민들이 연구를 수행하는 것이다. 먼저 참여실행연구의 사례부터 살펴보고자 한다.

7.2.1 학교의 위원회 활동에 대한 연구 사례: 서술

한 고등학교의 학부모-교직원 가을협의회에서(실제 연구에서는 이 학교를 해밀턴 고등학교라는 가명으로 처리하였다) 인종과 민족이 서로 다른 집단으로 구성된 학부모들이 수학 교과의 운영에 불만을 토로했다(Biklen et al., 1992). 이 부모들의 불만은 지난 봄에 있었던 전국 수학모의평가에서 학생의 점수가 전반적으로 낮거나 낙제 점수였다는 사실에서 촉발되었다. 두 명의 교사와 네 명의 학부모, 한 명의 학생으로 구성된 대책위원회가 꾸려졌다. 이 위원회는 학교의 수학 프로그램의 목적이나 운영에는 전혀 문제가 없으며 이 프로그램의 문제는 학생, 교사, 학부모와 같이 그 당사자가 누군가에 따라 그리고 이 프로그램과 당사자와의 관련성에 따라 좌우된다고 가정했다. 그래서 위원회는 학생, 교사, 학부모, 그리고 행정 담당자 등 모든 당사자들과의 인터뷰를 계획했다. 수학교사들이 학부모들과 만나 편하게 대화하는 것이 어렵다는 점을 위원회에 알려왔기에 위원회는 위원회에 속한 학부모 중 한 명이자 이 책의 저자 중 한 명인 비크렌(Biklen) 교수의 대학원생 세 명을 고용해서 인터뷰를 돕도록 했다. 결국 비크렌 교수와 그녀의 대학원생들이 모든 인터뷰를 담당하게 되었다. 비크렌 교수는 학부모를 인터뷰했고, 대학원생들은 교사, 행정 담당자, 학생을 각각 맡아서 인터뷰했다.

이 위원회는 교사, 학부모, 학생이 수학 프로그램의 문제에 대해 서로 다른 처방을 제시했음에도 불구하고 문제의 본질에 대해서는 공감하고 있음을 알게 되었다. 또한 수학교과에 대한 문제들이 단지 수학 교과에만 한정된 것이 아니라 학교 전반의 문화가 반영되어 발생한 것이란 점에 동의가 있었다. 만약 "조용하게 가만히 있는 것이 최선이라는 문화"가 존재해서 수학 교실에서 틀린 답을 말하지 않으려는 경향이 생겼다면 이것 또한 수학 교실에 영향을 미쳤을 것이다. 교사와 학생, 학부모가 느꼈던 행정 지원의 부족 또한 수학 교실에서의 교수와 학습에 영향을 미쳤을 것이다. 위원회는 네 가지 테마를 중심으로 보고서를 작성했고, 이 결과에 기초하여 변화를 위한 권고 사항을 제시했다.

첫째, 학부모, 교사, 학생은 수학이 다른 교과와 같지 않다는 점에 동의했다. 영어와 사회 같은 교과에서는 일상생활에서 말하고 듣는 기능을 그대로 교실로 가져올 수 있지만, 수학은 그런 식으로 세상과 연결되지 않는다. 인터뷰에 참가한 사람들에 따르면 수학이 다른 교과와 또 다른 점은 수학의 구성 방식에 있다는 것이다. 학생들은 수학을 반드시 사전 단계가 숙달되어야만 후속 학습이 가능한 교과로 생각했다. 그래서 한 개라도 빼먹든가 숙달이 되지 않으면 문제가 생기게 된다고 생각하고 있었다. 대부분의 학생들이 수학을 이러한 일련의 단계로 생각하고 있다는 점에 모든 교사들이 동의했고, 몇 교사들은 학생들이 수학에 대해 이런 생각을 가지지 않기를 희망했다.

수학을 혐오하고 수학에 대한 실패를 인정하는 것 둘 다 사회적으로 전혀 문제가 되지 않는다는 공유된 견해가 해밀턴 고등학교의 수학에 대한 이미지를 형성하고 있었다. 어떤 부모들은 자신들도 인문이나 사회 과목에서는 생각하지도 못했던 공부의 어려움을 수학 과목에서 겪었다고 솔직하게 털어놓았다. 그래서 자신들의 수학에 대한 이런 두려움이 자식에게 전달

될까 걱정하고 있었다. 엄마들이 특히 이 점을 강조했는데 "수학을 못하는 내 유전자가 내 딸한테 전달되지 않기만 바랄 뿐이죠"라고 말했다. 수학에 대한 혐오와 수학 공부는 정말 어렵다는 이미지가 전반적으로 깔려있음과 동시에 학생들은 수학을 못하는 것은 자신들이 똑똑하지 못하기 때문이라고 생각하고 있었다. 이런 생각은 반대 논리 또한 참이기 때문에 가능하다. 즉, 수학을 잘하면 모든 교과에서 잘하는 것으로 생각하기 때문이다.

둘째, 수학 교과에서 발생하는 문제들의 원인 규명을 위해 각 당사자들이 사용하는 설명은 그들이 어떤 위치에 있느냐에 따라 달랐다. 교사들은 학생들이 수학을 좋아하기를, 수학을 잘 못하는 학생들이 좀 더 나아지기를, 그리고 수학을 잘 하는 학생들에게 더 큰 자극과 도전이 주어지기를 원했다. 교사들은 수학 교실의 학생 수가 너무 많고, 행정을 담당하고 있는 교장과 교감이 수학 교과에 대한 지원을 너무 안 해주며, "이 학생들은 생각하는 것은 배우지 않은 채 규칙만 따라하는 것만 배웠다"는 초등학교 때의 잘못된 학습 습관이 수학 교과에 대한 학생들의 발목을 잡고 있다고 생각했다. 교사들은 수학을 잘 하지 못하는 학생들의 동기 유발에 대해 걱정했다. 교사들의 말에 의하면 "제일 마지막 줄이 이해 안 가요"라는 학생들의 단편적인 질문이 아니라 "사고를 야기하는" 그런 질문을 학생들에게 받기를 원했다. 그래서 생각 깊은 질문을 던지는 학생들을 이런 종류의 질문을 던지는 학생들과 함께 공부할 수 있는 "적합한 반에 배치"하기를 원했다.

학생들도 교사들이 지적한 수학 교실 학생 수의 과다에 동의했다. 그러나 대부분의 학생들은 학생들이 던지는 너무 많은 질문을 교사들이 "좋아"하지 않는다고 말했다. 학생들은 "설명을 잘 하는" 교사를 좋아했다. 학생들은 자신들을 "이해가 된" 학생들과 그렇지 못한 학생들로 나누었다. 이해가 되지 못한 학생들 모두는 그것에 대해 좌절감을 표현했다. "선생님이 모든 것을 아주 논리적으로 설명했지만, 아무 것도 알 수 없을 때 좌절감을 느꼈어요"라고 학생들이 말했다. 심화 과정의 수학 수업을 못듣는 학생들은 저학년 학생들과 같이 수업 듣는 것을 싫어했는데, 특히 저학년 학생들은 "이해를 했지만" 자신들은 그렇지 못했을 때 더욱 싫어했다. 모든 학생들은 모르는 것을 아는 척할 필요가 없는 그런 수학 교실에서 수업 듣기를 원했다.

학부모들은 교사들에 대해 비판적이었다. 부모들은 교사들이 자신들의 자녀를 "수학에 흥미가 없는" 또는 "수학에 재능이 없는" 학생이라고 낙인찍는 것은 이 아이들의 "자존감"을 상하게 하기 때문에 교사들의 이런 행동을 걱정했다. 부모들은 교사들이 자신의 자녀를 포기하지 않기를 바랐다.

셋째, 학생, 교사, 학부모 모두 서로 더 좋은 관계 맺기를 원했다. 교사들은 학생들이 수업 시간에 맞춰 교실에 와서 특정 내용의 수학만 배우고 가는 학생으로서가 아니라 사람 대 사람으로 가까워질 수 있도록 교실 밖에서 학생들과 많은 시간을 보낼 수 있기를 원했다. 부모들은 교사들과 더 친밀한 관계 맺기를 원했다. 그리고 학생들은 교실에서 수업 듣는 다른 학생들과 좋은 관계를 맺고 싶어 했다. 학생들은 자신들과 친밀한 관계를 가지는 교사들을 좋아했다. 각 당사자들은 좋은 관계 형성을 가장 핵심적인 것으로 꼽았으며, 이런 관계 형성은 시간이 걸린다는 점에 모두 동의했다.

넷째, 각 집단들은 숙제에 대해 한마디씩 했다. 교사들은 학생들이 하루 저녁에 적어도 한 시간 반 정도 숙제하는 것이 중요하다고 느꼈다. 학생들도 숙제가 중요하다고 생각은 하지만, 교사가 숙제 검사를 하지 않으면 하고 싶지 않았다고 했다. 부모들은 자녀들의 숙제를 도와줄만한 능력이 없음을 걱정했다.

이러한 네 가지 테마와 더불어 부모들은 또한 정체성이란 더 큰 쟁점들이 있음을 언급했다. 여학생의 백인 엄마들은 남녀에 따른 수학에 대한 두려움이 자신들의 딸에게 대물림 되는 것은 아닌지 걱정했다. 미국계 흑인 엄마들은 백인 수학교사와 자신들의 흑인 아들 사이의 관계 형성에 혹시 인종적 차이가 작용하지 않을까 걱정했다. 수학 교과는 이러한 더 큰 쟁점들의 일부분이었다.

앞에서 논의했던 헤드 스타트 연구에서와 같이, 이 연구의 결과도 단지 한 가지 문제만 다룬 것이 아니라 수학 교과를 넘어선 더 크고 깊은 쟁점들에 대한 시사점을 제공했다. 연구 결과에 기초하여 학생들의 수준을 고려한 적합한 반배치, 학생들이 수학을 할 수 있다는 기대치의 중요성, 수학과 인문 사회 과목 사이의 차이를 줄이기 위한 전략들, 스터디 그룹 만들기, 학교에 수학 클리닉실 만들기 등을 포함한 여러 가지 제언이 제시되었다. 하지만 가장 주요한 제언은 소통에 관한 것이었다. 교사, 학부모, 학생, 그리고 행정 담당자들이 당면한 문제들에 대해 서로 대화가 필요했다. 연구진은 각 당사자들과 모두 대화를 했는데 정작 이들 당사자들끼리는 서로 대화를 해 본적이 없었다.

7.2.2 학교의 위원회 활동에 대한 연구 사례: 논의

앞에서 언급했던 질문에 대한 답으로 이 사례에 대한 논의를 하고자 한다. 이 위원회에 소속된 부모와 교사 모두의 관심사를 해결하기 위하여 이 연구는 대학 교수로 있는 이 위원회의 한 학부모에 의해 설계되었다. 그 이유는 부모들이 자신들의 목소리를 분명하게 내고 싶어 했기 때문이었다. 위원회가 연구팀으로 활동하려고 했지만 위원들 대부분 너무 바쁘다는 이유로 실질적인 연구 활동 참여를 거절했으므로 비크렌 교수와 그녀의 대학원생들이 실제적으로 인터뷰를 맡아서 했다. 이 연구의 목적은 두 가지 면에 관한 것이었다. 첫째, 왜 이렇게 많은 사람들이 학생들의 수학성취도에 떠들썩한지, 각 당사자들은 수학 프로그램에 대해 어떤 비판을 하는지, 사람들은 어떤 변화를 원하는지를 이 연구에서 밝히고자 했다. 두 번째 목적은 이 학교와 관련된 집단의 사람들을 수학 프로그램의 운영에 대해 "무엇을 어떻게 해보자"라는 적극적 활동가로 만드는 것이었다. 사람들은 이 연구로부터 실천 가능한 권고 사항들을 얻고 싶어 했다. 사실 이 연구는 연구에 참여한 모든 당사자들이 똑같이 만족하지는 않았지만 20개의 긴 권고 사항들을 제시했다. 이 연구의 경우 연구자와 연구 계약자와의 관계는 개인적이면서 비공식적이었다. 이 연구를 하는 데는 어떤 돈도 연구비로 오가지 않았다. 부모들은 자녀들의 교육에 관심을 가지고 있었고, 위원회의 위원들은 모두 친분 관계로, 같은 학교 학생들의 부모로, 또는 이들 학생들을 가르치는 교사로 서로 연결되어 있었다. 이 연구에서 위원회의 각 위원은 당면한 쟁점들에 대해 서로 다른, 때로는 상반되는 가정을 가지고 있었다. 부모들 중 두 명은 교사들이 좀 더 책임감을 가지기를 원했고, 미국계 흑인 부모들이 좀 더 자녀의 학교 교육에 관심을 가져주기를 원했다. 수학 교육자인 한 부모는 수학을 가르칠 때 미국수학교사협의회(NCTM, National Council of Teachers of Mathematics)의 지침을 학교가 준수하기를 원했다. 비크렌 교수는 서로 다른 당사자들의 관점이 연구되어야 하므로 내러티브이며 서술적 평가가 가장 좋은 방식이라고 생각했다. 연구에서 제시한 권고 사항들은 위원회의 각 위원들을 어느 정도 만족시켰다. 비크렌은 보고서의 초안을 읽고 수정 의견을 내주었던 다른 위원들과의 협의 하에 보고서를 작성했다.

7.2.3 정치실행연구

대중 앞에서 말하는 것을 두려워하는 고등학교 졸업 학력을 가진 여성인 루이스 깁스(Lois Gibbs)는 후커 화학회사가 유독성 폐기물 저장소로 사용해왔던 뉴욕시의 버펄로 근처 러브캐널(Love Canal)*에 지어진 99번가 초등학교에 다니는 아들의 병을 걱정했다. 그녀는

---

* 러브캐널(Love Canal)사건
러브캐널은 나이아가라 강에서 500m 남쪽에 위치한 운하로 1892년 윌리엄 러브(William T. Love)가 10km의 운하를 건설하려다가 1910년 미국의 경제 공황으로 1.6km만 건설되고 공사가 중단되어 1940년대까지 방치되어 있었다. 나이아가라 지역은 전기세가 저렴했기 때문에 전기를 많이 사용하는 화학공장이 많았는데, 1942년 염소제조회사인 후커 화학회사가 이 지역에 자체 폐기물을 투기하기 시작하였으며 2만여 톤을 이 운하에 매립하였다. 1953년 이 화학회사는 러브운하를 포함한 주변 땅을 나이아가라 시교육위원회에 기증하였고 교육위원회는 몇 년 후 이곳에 초등학교를 세웠고 일부는 주택지로 사용하였다. 1970년대부터 이 지역의 주민들은 오염

동네 주민들을 인터뷰했고 이 주민들의 가족 질병 패턴의 관찰을 기록으로 남겼다. 그녀의 연구는 가족의 건강 문제를 걱정하는 다른 가정주부들을 동참시켜 주택소유자연합회를 발족시켰다. 그녀는 이러한 연구를 통해 주민들의 유독성 관련 질병은 유독성분의 배출을 위해 설치된 오래된 배수로 지역에 세워진 집들 주변에 밀집하여 발생한다는 사실을 밝혀냈다. 주택소유자연합회는 주정부를 설득하여 질병에 노출된 가정에 대한 보상을 이끌어낼 수 있었다(Antler & Biklen, 1990).

정치실행연구의 모든 점을 가지고 있는 이 예에서, 연구는 어떤 특정 이슈에 대한 변화를 촉진시키기 위하여 착수되었다. 유독성 폐기물에 의한 가족의 건강을 걱정하는 엄마들(Levine, 1980b)이든 대규모 주정부 시설의 병동에 격리된 정신지체 장애자들의 처우를 걱정하는 교수들(Blatt & Kaplan, 1974)이든 정치실행연구의 연구자들은 적극적인 운동가로서 역할을 한다. 실행연구는 항상 중요성이란 질문에 관여한다.

실행연구자들은 연구는 항상 자신들의 가치를 반영한다고 가정한다. 앞의 여러 곳에서도 언급한 바와 같이 학술적 연구도 가치를 반영한다. 학자들이 질적 연구방법을 사용하여 어떤 사회 문제에 관여할 때, 그 문제를 연구해서 힘없는 약자 집단의 관점을 대변하는 책을 쓸 수 있다. 이런 연구자들의 가치는 분명히 연구물에 반영되고 또 이런 연구는 유용한 가치는 있지만, 어떤 변화를 위한 계획과 직접적으로 연관되어 있지 않기 때문에 실행연구는 아니다.

여기서 한 가지 지적하고자 하는 것은 연구는 항상 정치적 영향력을 가진다는 사실이다. 연구의 의미와 중요성은 연구의 목적과 연구결과의 사용에 의해 부여된다. 그렇지만 연구목적이 기존의 현상 유지를 지지할 때가 아니라 이 현상 유지의 어떤 측면에 도전하는 것일 때 연구는 그 특정 목적의 달성을 위한 역할을 한다. 정부 기관의 많은 사람들도 특정 목적을 위해, 예를 들면 자신들이 얼마나 잘 하고 있는지를 문서화하여 앞으로 계속 지원금을 받기 위해 데이터를 수집하고 연구를 수행한다. 이것은 기관에서 수행하는 연구의 공통적 기능이다. 그러므로 기관은 일을 더 잘 하기 위해 지원금이 필요하다. 기관들이 더 많은 지원금이 필요한 이유와 지원받은 지원금을 가지고 얼마나 많은 일들을 달성했는지를 매년 보고서로 작성하는 것은 우연한 일이 아니다.

"실행연구가 객관적인가?"라고 아마 의문을 가지고 있을 것이다. 이 질문에 대해 특히 연구의 객관성을 중요하게 다루는 학문 분야의 대학원생이라면 분명하게 해 두는 것이 좋다.

물질에 의한 피부병과 두통, 만성 천식, 신장 및 간질환 등 원인 불명의 이상 질환에 시달렸으며 다른 지역에 비해 유산율이 높았다. 1980년 당시 카터 대통령은 국가 비상사태를 이 지역에 선포하기에 이르렀다. 러버캐널 사건은 미국의 수퍼펀드(Super Fund)법 제정의 결정적 계기가 되었다.

객관성은 보통 수집한 모든 정보에 동등한 가중치를 주는 것으로 정의 되거나 연구를 수행하는 연구자가 연구자로서 개인적 관점을 가지지 않는 것으로 정의된다. 언론학에서는 전통적으로 객관성을 이 두 가지 측면 둘 다를 의미해 왔다(Wicker, 1978). 실행연구자들은 객관성은 연구자와 연구자가 발견한 것의 정직한 보고와의 결합과 관련된 것으로 생각한다. 몇 가지 예를 통해 실행연구자들이 객관성을 어떻게 논의하는지 살펴보자.

정신지체 장애자를 위한 공립학교를 조사, 모니터링 하는데 관심 있는 사람들을 위한 실행연구 매뉴얼에는 객관성을 서술적 보고서를 작성하는 맥락에서 논의하고 있다.

> 만약 "객관성"이 장애자 시설의 긍정적 측면과 부정적 측면을 동등하게 다루는 것을 의미한다면, 이들 서술적 보고서의 의도는 이 시설에 대한 "객관적" 관점을 제시하려는 것이 아니다. 기관이나 시설의 안내 소책자, 언론 보도용 자료, 대중 보고서 등은 항상 이 상황의 긍정적인 그림만 그린다. [그래서] 모니터링 방법으로써 서술적 보고서는 법적, 도덕적 권리의 침해에 — 좀처럼 보고되지도 않고 변화가 필요한 것 — 방향을 맞추어야 한다. 이 방향에 따라 연구자는 자신의 관찰을 가능한 한 정직하고, 완벽하고, 객관적으로 보고해야 한다. (Taylor, 1980)

이 예에서 실행연구자는 시설에 수용된 사람들의 권리를 위한 대변인이지만, 이들의 생생한 상황을 연구로 이끈 자극제는 바로 연구자의 옹호적 역할이다. 그러나 그러한 상황에 대한 보고서는 정직함, 관찰한 것에 대한 상세한 서술, 그리고 정확성을 갖추어야 한다.

폭로성 언론인으로 유명한 제시카 미트포드(Jessica Mitford)는 객관성이 관점을 가지지 않는 것을 의미한다면 자신은 객관적이지 않다고 말했다. 그녀는 자신의 연구에서 정확성을 추구하였고 정확성의 중요성을 강조하였다.

> 정확성은 자신의 연구를 완전하게 하는데 뿐만 아니라 명예 훼손에 의한 소송 가능성을 피하는데 필수적이다. 연구자의 선입견에 맞추어 증거를 조작하려고 하거나 연구자의 개인적 관점으로 인해 사실의 탐색이 방해 받는다면 정확성은 파멸을 초래하게 된다.
> 그러나 나는 주로 억제의 기법과 가능한 한 편집자 논평의 회피를 통해, 그리고 무엇보다도 청부인이나 검찰 대변인, 교도소 행정관 등이 스스로 발표를 통해 자신들에게 족쇄를 채우도록 함으로써 객관성의 모습을 갖추려고 노력한다. (Mitford, 1979, p. 24)

독자는 미트포드의 기사나 보고서에서 항상 편견이 있음을 분명히 알 수 있지만, 그녀는 절대 정보제공자의 말을 왜곡하거나 어떤 식으로든 거짓말 하지는 않았다. 연구자는 절대 거짓말을 해서는 안 된다.

앞에서 논의했던 "계급에 따른 신빙성"은 객관성에 대한 또 다른 조망을 제시해준다. 톰 위커(Tom Wicker)는 공식 출처의 자료 사용이란 측면에서 언론에서의 객관성을 설명했다. 그에 의하면 1960년대까지 공식적 자료 출처에 의존하지 않았던 언론은 주관적으로 간주되었다. 그러나 베트남 전쟁을 통해 많은 언론인들의 경험은 이런 생각을 바꾸는데 기여했는데, 그 이유는 기자들이 정부 관료들이 말하는 정보에 의구심을 가졌기 때문이었다. 종군 기자들이 베트남 사람들과 그 지역의 하급 미군 관료들과 돌아다니면서 취재를 시작함으로써 전쟁의 양상에 대해 정부 관료들이 말한 낙관적인 생각을 가지지 못했다. "이들 종군 기자들은 종종 목숨을 잃고 사지가 절단되고 정부의 처벌을 감수하는 위험 속에서 자신들이 보고, 듣고, 판단한 것에 따라 최고의 객관적 기사를 작성하기 시작했다. 이러한 철저한 조사에 의해 장군, 대사, 대변인의 주장은 공허하고 과장되었다는 사실이 밝혀지기 시작했다"(Wicker, 1978, p. 8). 위커의 관점에서 볼 때, 기자는 공식 출처의 자료에만 매달리는 것을 중단하고 사회와의 직접적인 관련을 경험할 때 객관성을 얻는다. 실행연구자의 경우 객관성은 정직하고, 데이터 수집을 위해 직접 자료 출처의 장소로 가고, 쟁점과 관련된 사람들의 관점을 끌어내는 것을 의미한다.

7.2.4 실행연구가 하는 일

실행연구자가 사회 문제를 위해 데이터를 수집할 때, 이들은 인종차별과 환경 위험에 대한 기존의 관행을 변화시키고자 이렇게 한다. 실행연구는 여러 가지 방법으로 이를 달성한다.

(1) 실행연구을 위한 체계적인 정보의 수집은 특정 집단 사람들의 삶을 어렵고 힘들게 만드는 사람들과 기관, 시설을 폭로하는데 도움이 될 수 있다. 예를 들어, 제랄도 리베라(Geraldo Rivera)는 장애인들이 취급받는 방식의 변화를 위해 뉴욕시의 윌로우브룩 주립학교의 상태를 고발했다(Rivera, 1972). 정신지체를 가진 사람들에 대한 서비스를 비판할 때 종종 기관이나 시설이 지역사회로부터 먼 외딴 곳에 있어 일반 대중들이 쉽게 접근하기 어렵다고 지적되어 왔다. 그래서 리베라는 일반 대중들이 접근하기 어려운 이 상황에 대한 관심을 고조시키기 위해 텔레비전 카메라를 사용하여 그 생생함을 폭로하였다.

(2) 실행연구는 많은 사람들에게 더 신뢰성 있는 주장을 하고 계획을 세우기 위한 정보와 이해, 구체적인 사실들을 제공할 수 있다. 예를 들어, 학교에서 일어나고 있는 체벌의 위험성을 의회에서 증언할 때 상세한 인터뷰와 관찰이 포함된다면 이 증언은 더 큰 힘을 발휘한다.

(3) 실행연구는 법적으로 그리고 지역사회의 활동으로부터 이의가 제기되는 체제상의 문제점들을 밝히는데 도움이 될 수 있다.

(4) 실행연구는 사람들이 자신들을 더 잘 이해하게 하고, 문제점들에 대한 자각을 높이고, 헌신하도록 한다. 직접 어떤 사실들을 경험하고 알게 됨으로써 사람들은 특정한 쟁점들에 대한 자각이 높아지고 전념하게 된다. 예를 들어, 제랄도 리베라는 윌로우브룩의 이야기를 다룬 후 개인적으로 엄청난 변화를 겪었다. 그는 이전에 자신이 다루었던 유쾌한 이야기들을 절대 다시 다루고 싶어 하지 않았다: "윌로우브룩에 대한 사람들의 반응과 이 학교의 어린이들에 대해 느끼는 책임감 때문에 나는 이와 같은 깊이 있는 이슈들을 다루지 않는다면 큰 죄책감을 느낀다"(Rivera, 1972).

(5) 실행연구는 사람들을 특정 이슈들에 적극적으로 관여하게 하는 조직적인 전략의 역할을 할 수 있다. 실행연구 자체는 한 가지 조치이다. 루이스 깁스와 러브캐널 뿐만 아니라 정형화된 인물을 묘사하는 교과서를 연구했던 여자들의 경우가 이에 해당된다. 라이트 밀스(C. Wright Mills, 1959)가 쓴 것처럼 사회 변화를 위한 첫 번째 단계는 사람들을 똑같은 입장에 놓는 것이다.

(6) 실행연구는 확신을 심어준다. 연구자의 견해를 지지하는 데이터 없이 감정에만 의존할 때 어떤 목적을 향해 강력하게 행동하기는 어렵다. 데이터 수집은 전략을 짜고 지역사회의 조치나 실행 프로그램을 개발하는데 도움이 된다.

실행연구는 특정한 사회 목적의 달성을 위한 진보를 촉진하고 헌신과 실천을 강화하는 역할을 한다.

7.2.5 실행연구의 데이터

실행연구를 할 때 그 실행과정 연구로, 수집하는 데이터는 증거라고 생각해야 한다. 실행연구의 과제를 연구자로서 접근해서 "연구문제"가 무엇인지를 묻는 것은 일을 더 체계적으로 착수할 수 있는 마음 자세를 스스로에게 요구한다. 이렇게 말하는 것은 말장난으로 들릴 수도 있지만 스스로에게 "어떤 연구가 필요한가?"라고 묻는 것은 "이것에 대해 무엇을 알아야 하는가?"보다 훨씬 더 일의 심각성을 느끼게 한다.

실행연구자는 문서 자료를 철저하게 찾아야 한다. 찾는 대부분의 자료는 비밀 자료가 아니므로 도서관, 법원, 법률사무소 등에서 구할 수 있다. 예를 들어, 지역 학교의 체벌 사례에 대한 연구를 한다면 과거에는 체벌을 어떻게 처리했는지를 알기 위해 과거 50년 동안의 지역 신문을 자세하게 읽어야 할 것이다.

사실 그 자체가 무언가를 말하는 경우는 결코 없다. 기록과 자료를 철저하게 조사하면서 "내 연구 사례를 설득력 있게 하려면 이 자료를 가지고 무엇을 어떻게 해야 할까?"라고 계속 스스로에게 물어봐야 한다. 모든 연구자들이 자신들의 견해를 확고하게 문서화하려고 하는 반면 실행연구자는 변화를 위한 제언이나 권고 사항을 제시해야 한다. 결과적으로 실행연구자는 다른 사람들을 실행에 옮기도록 설득하려면 수집한 자료를 어떻게 활용해야 하는지 스스로에게 항상 질문을 던져야 한다.

특별히 설득력 있는 문서화 자료라면 일반 대중들은 쉽게 접할 수 없다. 이런 자료는 조사하고자 하는 특정 집단에서 발간하는 저널이나 뉴스 레터, 잡지 등에 있다(Mitford, 1979 참조). 정신건강 저널에 있는 향정신제에 관한 광고나 학교행정 잡지에 실린 학교 안전시스템에 관한 광고, 사립학교 연합회에서 발간하는 뉴스 레터에 실린 기사 등은 모두 특정한 관점을 제공하는 설득력 있는 예를 제공하고 있다. 이 자료들이 실행연구의 일차 데이터이다.

실행연구자를 위한 또 다른 설득력 있는 데이터 종류는 소비자의 증언이다. 인종차별적 대우를 받았거나 억압을 받고 있는 사람들은 자신들의 경우를 강력하게 증언할 수 있다. 임신, 정신지체, 부적응 태도 등의 이유로 자신들의 의지와 상관없이 학교로부터 배제된 어린이를 위한 어린이 보호 기금(Children's Defense Fund)에서 수행한 연구는 이들 어린이들의 목소리를 세상 사람들이 들을 수 있게 함으로써 강력한 설득력을 가질 수 있었다. 실행연구자는 심지어 스스로는 자신들의 상황을 대변할 수 없다고 간주되는 정신지체나 아주 나이가 들었거나 아주 어린 사람들인 소비자로부터 그들의 관점을 끌어내려고 종종 질적인 방법을 사용한다. 이렇게 함으로써 이들은 사회 변화를 위한 운동에 의해 가만히 앉아 혜택을 받을 대상자가 아니라 그 운동을 이끌어 갈 일부가 될 수 있다. 이런 질적 전략은 인간미 있는 과정이다.

제랄도 리베라가 윌로우브룩의 실태를 폭로하는 뉴스를 취재할 때, 그는 세 살 때 뇌성 소아마비를 정신지체로 잘못 진단받아 그 이후 18년 동안이나 이곳에서 격리 수용되어야 했던 21살의 버나드 카라벨로(Bernard Carabello)를 인터뷰했다. 리베라는 버나드와의 인터뷰를 폭로성 뉴스의 가장 극적인 순간으로 기억했다. 무슨 말을 하는지 알아듣기 어려웠지만 무언가를 전달하려고 안간힘을 쓰면서 버나드는 학교 가서 읽는 것을 배우고 싶다는 바람을 말했고 윌로우브룩에 대한 예산이 삭감될 때마다 얼마나 상황이 악화되었는지를 전했다(Rivera, 1972). 버나드는 6시 뉴스 청취자들에게 시설에 수용된 사람에 대한 특별한 인간애의 상징이었다. 이와 같은 소비자 증언은 또한 "실제로 그곳이 어떤 곳인지도" 잘 모르는 외부인들에 의한 전형적인 행정 편의주의를 타파하게 한다.

실행연구 데이터의 또 다른 특징은 위에서 언급했듯이 어떤 것의 폭로를 위해 종종 수집되고 사용된다는 점이다. 모든 실행연구가 그렇다는 뜻은 아니지만, 부정부패를 들추어내는 실행연구는 부패, 스캔들, 부정의 폭로를 시도한다. 이런 경향은 학교나 병원, 정부 기관, 정신병동 시설과 같은 큰 기관이나 시설에 대한 실행연구를 착수할 때 특히 현저하게 나타난다. 예를 들어, 평가연구와 달리 부정부패를 들추어내려는 실행연구의 전통을 따르는 경우 연구자는 그 연구장소나 상황에 관한 비밀 유지를 지키려고 하지 않고 폭로하려고 한다. 평가연구자는 보통 정보제공자들과의 라포르 형성에 신경을 쓰고 이것의 형성을 위태롭게 하는 행동은 하지 않으려고 한다. 한편 실행연구는 그곳의 관행을 변화시키기 위해서는 그것을 폭로해야만 한다. 만약 특정 지역사회의 버스 정책을 변화시키기 원한다면, 어떤 학교의 교육과정 개발의 협력적 참여에 영향을 주고 싶다면, 또는 어떤 곳의 시설이나 그곳의 관행에 영향을 주고 싶다면 연구자는 익명보장이란 연구 절차를 지킬 수 없다.

연구자의 목적이 좀더 전국적인 규모에 초점을 맞추고 있다면 이름을 밝히는 것에 대해 좀더 치밀한 방법적 결정을 내려야 한다. 예를 들면, 어떤 사회 문제에 대한 수많은 구체적인 사례를 전국에 걸쳐 수집한 후 이런 사례가 발생한 장소를(어느 도시인지 또는 어떤 학교인지) 전반적으로 밝힐 수 있지만 이런 경우 이미 연구자의 초점은 어떤 부정한 관행에 책임이 있는 개별 장소에 있는 것이 아니다. 오히려 이 사회 문제가 모든 곳에서 발생하는 전국적 문제라는 사실을 사람들에게 알리는 것에 목적을 두어야 한다.

이런 유형의 연구를 할 때는 높은 위험성을 감수해야 한다. 부정한 관행의 희생자들과 정부 기관에 근무하는 철밥통 사람들 둘 다의 직업과 삶이 위험에 처하게 된다. 이러한 이유로 데이터 수집이 조직적이고 철저하고 엄밀해야 함은 특히 중요하다. 만약 어떤 학교에서 이루어지고 있는 어떤 관행에 대해 연구자가 관심을 가지고 있다면 이 관심을 문서화하기 위하여 일정 기간 동안 그곳을 방문해야 한다. 질적 연구에서 작성하는 참여관찰록과 같이 관찰을 상세하게 서술식으로 적어야 한다.

예를 들어, 실행연구자로서 정신지체를 가진 사람들을 위한 주거용 위탁시설에서 일어나는 처우 사례나 처우 패턴을 조사할 계획이라면 그리고 일단의 부모들이(또는 모니터링 집단들) 그 시설을 방문해서 기록하고 정리한 노트가 있다면 이 노트를 체계적인 현장조사록으로 활용할 수 있다.

이러한 전략들은 이 책의 앞부분에서 기술한 것과 다르지 않다. 즉, 많은 사람들이 사회 변화를 목적으로 하는 연구를 너무 위협적인 것으로 생각하기 때문에, 이런 목적을 달성하는 데 있어 정직함, 정확함, 철저함을 추구하는 것은 아주 중요하다. 이렇게 하다보면 데이터 수집이 의외로 많은 시간을 잡아먹겠지만 데이터의 왜곡이 줄어들어 결국에는 좀더 빨리 목적에 도달할 수도 있다.

실행연구자가 직면할지도 모르는 추가적인 문제는 연구자가 학위가 없거나 공식적으로 연구에 대한 훈련을 받은 적이 없어 데이터가 엄밀하게 수집되지 않았다는 점에 대한 책임의 발생이다. 러브캐널의 투쟁을 이끌면서 이 투쟁의 지도자가 된 가정주부 루이스 깁스는 독성의 환경 패턴에 대한 데이터를 의사들에게 처음 가져갔을 때 의사들은 이 데이터가 가정주부들에 의해 수집되었다는 이유만으로 데이터로서 가치를 인정하지 않았다(Levine, 1980b). 만약 연구자가 체계적으로, 철저하게, 증거에 기초하여 직접 데이터를 수집한다면 루이스 깁스처럼 결국에는 데이터로서 인정받게 될 것이다.

7.2.6 실행연구와 질적 연구 전통

평가와 정책연구처럼 참여실행연구와 정치실행연구 둘 다 질적 연구 접근법의 기초 위에 근거를 두고 있다. 이 두 가지 실행연구는 사회 문제를 이해하고 그 문제를 해결하도록 사람들을 확신시키고 설득시키기 위하여 사람들의 말에 의존한다. 그리고 실행연구는 "가르치는 곳인 학교"나 "병원에서의 치료"와 같은 문구를 완결되고 공식화된 이해로 받아들이지 않고 여전히 완결되지 않은 이해로 간주해서 연구의 목적으로 삼는다. 응용연구는 행동에 의한 조치, 훈련, 결정 내리기가 주된 목적이기 때문에 기초연구와 여러 가지 면에서 다르다.

실행연구의 근원은 깊다. 교육에서의 질적 연구의 역사를 논의했던 장에서 언급했듯이 질적 연구방법론은 사회적 격동기에 출현했다. 부정부패를 들추어내던 언론계는 산업화 과정의

미국 사회에서 사람들이 직면한 주요한 문제들을 파헤쳐 수자원의 오염, 도시 슬럼가의 팽창, 학교에서 가난에 따른 학생 배치 등을 법으로 금지하는 조치를 마련하는데 필요한 데이터 수집을 위한 사회 조사를 실시했다. 이와 동일한 노력들이 1930년대에 다시 나타나게 되었는데, 도로시 랭(Dorothea Lange)과 루이스 하인(Lewis Hine)과 같은 사진사들이 사진을 이용하여 대공황기의 미국 사회의 가난과 좌절을 심도 있게 파헤쳤다. 1960년대에는 미군의 군수산업에 반대하는 국립실행연구(National Action Research Against the Military Industrial Complex, NARMIC)와 같은 단체들이 생겨나서 실행연구를 수행했다. 1980년대와 1990년대에는 환경 재앙(예: 러브캐널 사건), 의학 정책(예: AIDS 연구, 분만시 과다한 제왕절개 시술의 사용), 사회 문제(예: 노숙자의 부당한 처우)와 같은 분야에서 실행연구가 수행되었다.

질적 연구는 항상 기초연구와 응용연구 둘 다를 포함해 왔다. 역사적으로 볼 때 이 둘은 서로 얽혀 있던 시기가 있었는가 하면 서로 분리된 채 있던 시기도 있었다. 최근 유명한 교육인류학자는 사회 변화를 연구하는 문화기술지 연구자에 의해 "내부자와 연구참여자들이 느낌은 있지만 서술하고 정의할 수 없는 것을 정확하게 서술하고 문서화하는 수준의 향상"이 이루어지고 있다고 말했다(Hammersley, 1992, p. 102).

7.3 질적 연구를 활용하는 현직자

교사들이 가르치는 활동에 좀더 반성적이 되도록 응용연구나 실행연구를 수행하게 하는 것은 전혀 새로운 일이 아니다. 이런 일은 1950년대부터 벌써 있어왔다(Zeichner & Gore, 1995). 좀 더 최근에 오면서 "교사들은 무엇에 대해 반성적이어야 하는가?" 라는 질문으로 연구 관심이 나타났다. 엄청난 문헌들이 이 질문에 대해 협력하는 방법(Oja & Smulyan, 1989), 권한 부여(Bruner, 1995), 민주주의(Noffke, 1995), 사회 정의(Zeichner, 1996) 등을 답으로 내놓았다. 수많은 장소에서 현직자로서 응용연구의 수행 방법을 배울 수 있기 때문에, 그리고 교육에서 응용연구와 이론연구의 구분이 점점 모호해지고 있기 때문에(Ellsworth, 1989 참조) 여기서는 몇 가지 핵심 쟁점들만 살펴보고자 한다.

질적 연구의 이론적 뿌리에 대한 논의해서 강조했듯이 교사는 교실에서 일어나는 일을 학생과는 전혀 다른 관점에서 바라본다. 마찬가지로 교장은 교사(또는 학부모, 수위, 학교에 근무하는 간호원, 사회복지사)의 관점과는 다른 식으로 학교를 바라본다. 조직체 내에서 다른 위치나 지위의 사람들은 서로 다른 시각을 가지고 있을 뿐만 아니라 유사한 위치나 지위에 있는 사람들일지라도 매우 다양한 시각을 가지고 있다. 모든 교사들이 학생들을 비슷한 관점에서 보는 것은 아니다. 즉, 교사의 특정 경험, 배경, 학교 밖의 생활 등이 이들의 특정 시야를 형성하는데 영향을 준다. 사람들은 살아가면서 다른 사람들이 생각하는 방식에 대해 아주 부족한 증거에 기초하거나 아무런 증거도 없이 가정을 하는데 이런 가정에 의한 상투적이고 진부한 생각이 종종 진정한 이해를 방해한다. 따라서 어떤 학생들이 대학에서 공부를 잘 하지 못하는 경우 "게으르다", "좋은 고등학교 출신이 아니다", "이미 알고 있다고 생각해서 공부를 하지 않는다", "아무런 노력도 하지 않고 공부하려고 한다"는 등의 이유를 듣게 된다.

현직자인 교사들이 질적 연구 접근법을 사용할 때 이들은 학교의 여러 다른 사람들을 체계적으로 이해하려고 노력한다. 이 접근법은 좀 더 엄격하고 주의 깊게 정보를 수집하도록 하여 교육자들로 하여금 자신들의 관점을 깨닫고 고정 관념에 따라 다른 사람을 대하는 행동을 탈피하도록 요구한다. 이와 더불어 이 접근법을 사용하려는 현직자들은 사람들의 삶을 은연중에 관장하는 규칙을 좀 더 분석적으로 파악하기 위해 물리적 환경의 행동 패턴과 특징을 깨달아야 한다.

질적 관점을 사용함으로써 현직자는 업무의 효율성을 향상시킬 수 있다는 믿음은 질적 접근법의 변화와 타협을 보는 시각에 그 뿌리를 두고 있다. 교실에서 혁신적 프로그램을 실시하려고 할 때, 어떤 교사들은 "그것은 현실하고 잘 맞지 않아서 제대로 안 될 걸요"라고 말한다. 많은 혁신 프로그램들이 이치에 맞지 않기 때문에 이 교사들이 말하는 것이 가끔 옳을 때가 있다는데 이견을 달고 싶지 않다. 그러나 많은 현직자들이 "현실"을 변화 불가능한 것으로, 자신들의 영향권을 벗어난 어디 먼 곳에 존재하는 것으로 취급한다. 많은 사람들은 자신들의 상황을 타협 불가능한 것으로 본다. 이런 생각의 틀 속에 있는 사람들은 의미를 창조하고 형성하는데 자신들이 적극적으로 참여하고 있다고 느끼지 못한다. 질적 연구를 강조하는 이론적 관점은 이에 대해 다른 시각을 취한다. 실제란 사람들이 일상적 생활을 영위하는 가운데 이들에 의해 구성된다. 사람들은 "현실 세계"를 만들고 변화시키는데 적극적이며 다른 사람들에게 영향도 준다. 교사와 학생은 매일 교실에서 상호작용 함으로써 이 "현실 세계"를 함께 정의한다. 교사와 학생의 "현실 세계"에 대한 정의는 학교 조직, 활용 가능한 자원, 문화에 대한 상식적 이해와 같은 제한된 범위 내에서 타협 가능한 것이지만, 교사와 학생의 서로에 대한 정의와 교육 환경에 대한 정의는 타협하는 것이 아니라 일방적으로 서로에게 전달되는 것이다 (Sarason & Doris, 1979). 현직자에게 질적 관점이 유용하다는 믿음은 모든 사람을 자신과 자신을 둘러싼 환경을 변화시킬 수 있는 잠재성을 지닌 존재로서 뿐만 아니라 자신들이 일하고 있는 조직이나 기관을 변화시킬 매개체로서 보는 것과 관련된다. 질적 연구를 수행하는 기술은 사람들에게 이 세상에 대한 실제적 정보를 제공함으로써 사람들이 이 세상을 자신들의 희망에 맞게 더 조화롭게 살도록 돕는데 일정 부분 역할을 한다.

질적 접근법은 여러 가지 방식으로 교육 업무에 통합되어질 수 있다. 첫째, 고객(학교의 경우 고객은 학생들을 말함)과의 직접적인 만남을 하는 개인(교사, 수업설계 전문가, 상담자 등)이 업무를 좀 더 효과적으로 하려고 질적 접근법을 사용할 수 있다. 둘째, 질적 접근법을 예비 교사 교육의 훈련 프로그램의 일부로 사용할 때, 이 접근법은 예비 교사를 학교 환경 전체에 대한 좀 더 예리한 관찰자가 되도록 촉진시키며 좀 더 의식적 노력으로 학습 과정을 이끌도록 돕는다. 셋째, 질적 연구를 학교 교육과정으로 통합시켜 학생들을 교실과 학교 밖으로 내보내 실제로 인터뷰와 참여관찰을 하도록 할 수 있다.

7.3.1 수업 향상을 위한 질적 연구의 사용

현직자는 어떻게 질적 관점을 자신들의 직업 활동에 통합할 수 있는가? 물론 현직자는 아주 바쁜 사람들이기 때문에 보고 듣는 모든 것을 자세하게 기록하는 것이 어렵고 또한 연구자처럼 다양하고 폭넓게 연구참여자들을 만나기도 힘들다. 그러나 교사는 교사 업무의 일부로서 연구자처럼 행동할 수 있다. 교사는 상세한 현장조사록을 결코 작성하지는 않지만 자신들의 경험을 좀더 체계적으로 적을 수는 있다. 정해진 공책에 이렇게 체계적으로 기록하는 것은 데이터 수집에 도움이 된다. 교사는 연구자처럼 사람들을 인터뷰할 수는 없지만 일상적으로 하는 대화를 좀더 생산적인 정보 수집 활동으로 전환시킬 수 있다. 질적 관점을 통합하는 것은 질적 연구자처럼 자기 존재를 의식하고, 적극적으로 생각하고 행동하는 것 이상을 의미하지는 않는다. 만약 여러분이 이런 입장이라면 어떤 점에 있어서 다르게 행동할 것으로 생각하는가?

이런 질적 연구 관점을 취한다는 것은 교사 자신에 대해 당연시 하는 습관을 버리고 좀더 연구의 대상으로 간주하는 것을 의미한다. 그리고 좀더 반성적인 자세가 필요하다. 교사로서 학교 안을 돌아다니는 자신을 유심히 지켜보자. 어떤 장소를 돌아다니는가? 돌아다니다가 어떤 곳에 멈추어 서는가? 교무실이나 교재연구실의 자기 책상은 어떻게 정돈되어 있는가? 학교에서 누구와 대부분의 시간을 보내는가? 하루 일과는 어떻게 짜여있는가? 하루 중 어떤 시간이 기다려지는가? 하고자 했던 또는 하고 싶다고 생각했던 일과 지금 하고 있는 일은 어느 정도 일치하는가? 교사로서 어떤 것을 장애물이라고 정의하는가? 특별히 무능한 교사라고 생각되는 사람이 있는가? 그들에 대해 어떻게 생각하는가? 그들이 생각하는 것을 어떻게 생각하는가?

질적 연구방법을 사용하는 교사들에게는 어떤 이점이 있는가? 질적 연구자처럼 행동하는 이런 교사는 교사로서 가르치는 본분을 다할 뿐만 아니라 스스로를 의식적으로 지켜보기 때문에, 즉각적인 갈등이나 대립 상황에서 멀리 떨어져서 좀더 큰 시각에서 무슨 일이 일어난 것인지를 볼 수 있다. 연구진한테서 자기 교실의 한 학생의 참여관찰자가 되어 달라고 부탁받은 교사가 연구에 참여하였다. 관찰을 위해 이 교사가 선택한 아이는 자신이 "평소에 다루기가 어려웠던" 아이였다. 교사는 이 아이를 가까이에서 관찰했고 보고 들은 것을 참여관찰록에 기록하였다. 연구 종료 시점에 이 둘의 관계는 "놀랄 만큼 향상되어" 있었다. 이 아이에 대해 이전에 알지 못했던 것을 깨닫게 됨으로써 교사는 이 아이를 "좋아하게" 되었다. 이렇게 좋아하는 감정이 생기게 된 것은 이 학생이 보는 세상은 어떤 세상인지 그리고 그 세상을 어떻게 이해하는지를 교사로서 이해하기 시작하면서부터였다고 말했다. 교사는 이 학생과 자신의 사고방식이 어디에서 일치하고 어디에서 갈등을 야기하는지 알게 되었다.

이 예는 교사가 직면할 수 있는 한 가지 특정 문제를 다루고 있지만 효과적인 교수의 향상을 위한 질적 연구방법 사용에 대한 좋은 모델을 제시해주고 있다.

단계 1: 초점을 두고자 하는 문제 하나를 선정한다. 교사와의 관계에 문제가 있는 어떤 학생, 교사 스스로 바꾸고 싶은 어떤 특정한 습관, 또는 교사 스스로 더 발전시키고 싶은 어떤 구체적인 스타일

단계 2: 가능한 한 항상 관찰과 대화를 기록함으로써 단계 1의 문제에 대한 상세한 기록을 지속한다. 이 문제 주변에서 일어난 상호작용들을 강조하려고 노력한다. 그 학생이 어떤 행동을 하고 교사와 다른 사람들에게 무슨 말을 하는지를 기록한다. 교사 스스로 변화시키고자 하는 그 습관적 행동이 언제 나타나는지 그리고 누구와 함께 있을 때 나타나는지를 기록한다. 그 습관적 행동에 대한 학생들의 반응은 어떠한가? 발전시키고 싶은 스타일이 표출되었을 때 교실에서 어떤 일들이 일어나는지 상세히 기록한다. 이런 스타일의 표출을 좋아하는 학생들이 있음을 알아챘는가?

단계 3: 단계 1의 문제에 대한 장기간의 기록을 마치면 눈에 띄는 어떤 패턴이 있는지 수집한 데이터를 면밀하게 들여다본다. 출현하는 패턴이 있는지 스스로 질문한다. 그 학생이 물었을 때 왜 나는 그런 식으로 행동했을까? 그런 행동을 표출했을 때 교실에서는 어떤 일이 벌어졌는가? 등

단계 4: 이 데이터를 사용해서 필요한 결정을 내린다. 연구 과정 자체가 그 상황(자신의 학생과의 관계 향상을 바라는 교사의 경우 연구를 진행하면서 그와의 관계가 크게 향상된 것처럼)을 향상 시키는 경우가 종종 있다. 그렇지 않은 경우에는 연구로부터 얻은 지식을 사용하여 계획을 세워야 한다. 어쩌면 그 학생과의 관계 개선을 위해 필요하다고 발견한 내용의 일부를 그 해당 학생과 공유해야 할 것이다. 어쩌면 학생들과 학급 회의를 열거나 다른 교사들과 토론이 필요하거나 전문가한테 구체적인 조언을 필요로 할 수도 있다. 판단 결정은 이런 질적 연구를 수행하는 개별 교사의 사정에 따라 다를 것이다.

7.3.2 질적 연구방법과 교사 교육

질적 연구방법은 연구하고자 하는 사람들에 대한 연구자의 점진적인 공감 발달과 다양한 관점을 이해하려는 연구자의 최선의 노력을 요구한다. 질적 연구의 목적은 어떤 판단을 내리는 것이 아니라 정보제공자들의 세계를 이해하는 것이다. 이 접근법이 교사훈련 프로그램에 유용한 이유는 교사에게 학교의 복합적인 환경을 탐구할 수 있는 관점을 제공해 주며 동시에 교사 자신의 가치와 이런 가치가 학생, 교장, 학부모, 다른 사람들에 대한 교사의 태도에 어떤 영향을 미치는지를 좀더 의식적으로 돌이켜 보게 하기 때문이다.

우리의 연구에 참여하는 예비 교사들을 보면 자신들이 교실로 가져오는 가치와 신념을 깨닫지 못하는 것을 종종 볼 수 있었다. 어떤 가치를 가지고 있는가는 교사의 교수-학습에 영향을 미치고 상호작용하는 능력을 향상시키지만, 가치는 학생에 대한(다른 교사들에 대한) 교사의 태도를 형성한다. 그래서 우리 중의 한 명은 질적 연구방법을 초등, 중등 예비 교사의 교육 프로그램의 일환으로 심도 있게 사용하였다.

이 프로그램의 일환으로 예비 교사들은 매주 각자 배정된 학교에서 일정 시간을 보냈다. 질적 연구방법을 사용함으로써 이들에게 학교교육에 관한 서로 대립되는 관점들을 분류, 정리해 보게 해서 학교교육의 모습이 어떠해야 하는가에 대한 자신들의 생각에 대한 의문을 가져보도록 했다. 참여관찰의 몇 가지 전략을 가르쳤고, 현장조사의 일환으로 각자 배정된 학교의 교실이나 학교에 대한 소규모 연구 수행을 필수로 요구하였다. 우리는 이 예비 교사들이 체계적으로 "현장조사록"을 작성하도록 전반적인 "연구" 문제의 목록을 제시하였다.

- 교사는 그 반을 어떻게 편성하고 있는가?

- 관찰 대상인 교사는 규율이란 용어를 어떤 의미로 생각하고 있으며 그 의미는 교사 행동에 어떤 영향을 주는가?
- 관찰 대상인 교실의 분위기를 어떻게 특징지을 수 있는가?
- 배정된 학교의 교사들은 자신들의 직업에 대해 어떻게 생각하는가?
- 관찰 대상인 교실에서 어떤 학생들이 가장 중요하게 생각되는가?
- 배정된 학교의 교직원들은 교육 문제를(예: 독서 문제, 규율 문제 등) 어떻게 해석하는가?
- 비난은 어떻게 가해지는가? 그리고 해결책은 어디에서 찾는가?

이러한 질문들은 특정 과목의 내용을 중심으로 만들어진 것이다. 다른 내용을 중심으로도 이와 비슷한 질문들을 만들 수 있다. 이러한 관찰자 질문의 목적은 (1) 어떤 것에 대한 판단이나 평가를 중지하고, 그것을 묘사하고 서술하는 학생들의 능력을 향상시키기 위하여, (2) 자신의 가치와 관점을 항상 의식하도록 하기 위해, (3) 학교에서 서로 다른 역할을 맡은 사람들의 관점을 좀더 분명하게 알도록 하기 위해서이다.

학교생활을 들여다보는 한 가지 수단으로 "관점"이란 개념의 강조는 예비 교사들이 교사의 역할에 대해 가지고 있던 여러 가지 가정에 대한 의문을 제기하도록 했음을 발견했다. 예를 들어, 이들 예비 교사들 중에는 가난하거나 저소득층 가정 출신의 학생들은 교사를 힘들게 한다거나 "문화적 차이"가 일탈 학생을 만들어낸다는 가정을 가진 이들이 있었다. 관찰 기법을 배움으로써 예비 교사들은 교실이나 학교에서 일어나는 행위들에 대한 자신들의 선입견은 멀리 떼어놓고 생각하는 객관적 시각을 가지게 되었다.

이해하고자 하는 사람의 관점을 연구자가 대신 말해주는 것이 질적 연구의 관점이다. 이것은 예비 교사들이 "문화 박탈"과 같은 잘 알려진 교육 이론이나 "과잉 행동"과 같은 정신건강에 대한 개념을 전혀 염두에 두지 말고 '있는 그대로' 보고 듣고 해야 한다는 것을 의미한다. 체계적인 현장조사록의 작성 기법을 배움으로써 예비 교사들은 학교에서 힘의 분배가 어떻게 이루어지는지, 교사들이 직면하는 압력의 종류, 교장이나 교감이 제공하는 지원의 정도, 학생들이 학교생활을 이해하는 방식 등을 볼 수 있게 되었다. 우리는 예비 교사들에게 질적 연구방법을 사용하는 목적은 이들이 학교생활에 대해 가진 선개념으로부터 벗어나서 다른 사람의 눈으로 학교를 보도록 하는 것임을 강조했다.

다음 두 가지 예는 질적 연구방법을 가르침으로써 예비 교사들이 교육적 "진리"에 대한 자신들의 개념을 얼마나 확장시켰는지를 보여주고 있다. 유아교육센터에서 관찰을 수행한 한 학생은 학기 초에 이 센터의 아이들이 규율이 잡히지 않았다고 생각했다. 어느 날 베시가 인형을 가지고 놀고 있는 작은 여자 아이한테서 그 인형을 빼앗는 것을 보았다. 인형을 빼앗긴 여자 아이는 울기 시작했다. 교사가 이 두 여자 아이한테 가까이 가서 베시에게 왜 인형을 빼앗았는지 물었다. 베시는 "가지고 놀고 싶어서요"라고 말하고는 도망쳤다. 관찰자인 예비 교사가 인형을 작은 여자 아이한테 돌려주려고 베시를 붙잡았을 때, 그 교사는 "그냥 놔둬요. 다른 인형을 조앤한테 가져다 줘야겠네요"라고 말했다. 규율 부족이라고 생각한 이 예비 교사는 당황했고 이에 대해 나중에 교사와 인터뷰해야겠다고 생각했다. 교사는 어떤 물건에 대한 한 아이의 권리 보호를 위해 어른이 끼어드는 것이 항상 올바른 행동은 아니라고 생각한다고 예비 교사에게 설명했다. 어른이 끼어들다보면 그 아이는 자신의 권리를 보호해주는 교사에게 의존적이게 된다고 교사는 부연 설명했다. "제 생각에는, 자기 스스로 자신의 권리를 보호해야 한다는 점을 그 아이가 배우는 것이 중요하다고 봅니다. 우리 어른이 해야 할 일은 그 아이가 자신의 영역을 보호할 수 있는 기능을 가르치는 것이죠." 예비 교사는 마침내 교사의 관점을 이해하게 되었다. 처음에는 온통 혼란스럽게 보였던 것들을 나중에는 식별할 수 있게 되었다. 물론 예비 교사는 이 교사의 행동과 판단에 전적으로 동의하지 않을지도 모르지만 어쨌든 발생하는 행위를 바라보는 시각을 바꾸게 되었다. 다른 말로 표현하면, 실제에 대한 관념이 바뀐 것이다.

그렇지만 교사의 관점을 이해하는 것은 단지 한 가지 목적일 뿐이다. 예비 교사들은 관찰에 대한 자신들의 서술을 통해 교사의 관점을 액면 그대로 수용해서는 안 된다는 사실을 배웠다. 위의 예에서 관찰자인 예비 교사는 그 교사의 반에 있는 아이들이 "집중력이 짧기 때문에 아주 쉽게 주의가 산만해진다"는 교사의 말을 그대로 받아들였다. 이 예비 교사의 관찰록에는 교사의 이러한 평가를 처음에는 신용하는 내용으로 기록되었다: "나는 수업 시간에 다음과 같은 일을 관찰했다. 동양계 아이들 중 한 아이가 교사가 말하는 것에 전혀 주의를 기울이지 않고 있었다. 이 여자 아이는 창밖만 쳐다보거나 땋은 머리만 만지작거렸다." 그렇지만 그 뒤에 기록한 관찰록에는 교실의 또 다른 측면을 서술했다: "이 교실의 어떤 아이들은 영어를 할 줄 모른다. 이 아이들은 교사가 무슨 말을 하는지 이해하지 못한다. 그 동양계 여자 아이도 이런 경우이다. 그녀는 바로 얼마 전에 미국에 왔기에 아직 전혀 영어를 못한다." 그런 다음 예비 교사는 교실에서 일어나는 일에 대한 자신의 관점이 어떻게 변화되었는지를 기록했다.

지금까지 교사교육 프로그램에서 질적 연구 관점을 어떻게 활용할 수 있는지를 설명했다.

질적 연구방법은 교사들로 하여금 업무와 다른 사람들과의 상호작용에 영향을 미치는 요인들에 대해 좀더 민감하도록 돕는다. 질적 연구방법을 교수법적으로 사용하는 경우 현직 교사의 연수, 워크숍, 비공식적 훈련 등의 프로그램에 통합시킬 수 있다. 예를 들어, 어떤 교육 문화인류학자는 멕시코계 미국인 교사들을 문화기술지 연구자로 훈련시키기 위한 연구비를 지원받았다. 이 프로젝트의 목적은 이 교사들에게 문화적 요인들이 어떻게 이들 자신과 학생들의 행동에 영향을 미치는지에 대한 자각을 높이는데 있었다. 이 목적을 달성하기 위하여 이 교사들을 자신들의 환경과는 전혀 다른 문화적 현장에 배치했다. 따라서 이들은 연구현장에 들어가는데 허락 받기, 신뢰 쌓기, 그리고 다른 "문화"를 이해하려고 할 때 현장조사자가 겪는 모든 과정과 단계를 거쳐야 했다.

질적 연구 접근법은 치료법도 아니고 인간관계를 위한 기법도 아니다. 이것은 복합적인 경험을 서술하고 분석을 추구하는 연구방법이다. 자료 수집 과정의 일부로서 잘 들어야 하고, 긴밀한 질문을 해야 하고, 세밀하게 관찰해야 한다는 면에서 인간관계 방법론과 비슷한 점을 가지고 있다. 상징적 상호작용론자는 어떤 상황을 경험한 많은 사람들이 자신들에게 일어난 일을 어떻게 이해하는지를 알고자 하는 것은 서로 다른 사람들의 관점에 대한 공감적 이해임을 강조한다. "반대쪽에서는 사물이 어떻게 보이고 어떻게 느껴지는가"(Becker et al., 1961)라는 질적 연구자의 초점은 본질적으로 다르고 탐구되지 않은 사람들의 관점을 바깥 세상에 공개하는 기회를 제공한다.

부록

부록 A

교육 장소나 상황에 대한 관찰용 질문의 예

1. 학교 환경

1.1 물리적 환경

- 이 학교 건물의 성격과 용도는 무엇인가?
- 학생들을 적절하게 수용할 정도로 건물은 충분히 큰가?
- 어느 정도 오래된 건물인가? 그리고 전반적으로 건물의 상태는 어떠한가?
- 학교 주변을 둘러싼 울타리나 담장이 있는가?
- 학교 주변의 모습은 어떠한가?
- 학교 시설의 전반적인 외관은 어떠한가?
- 장애가 있는 학생이나 교사를 위한 건물의 출입구가 따로 있는가?
- 학교는 그 지역의 어느 구역에 있는가?
- 그 구역의 위치와 성격은 어떠한가?
- 이 학교에 등하교하는데 이용 가능한 교통 시설은 어떠한가?
- 이 학교를 처음 방문한 사람도 교무실을 쉽게 찾을 수 있도록 안내표시가 잘 되어 있는가?
- 이 학교 건물의 온도는 어떠한가?
- 여름과 겨울에 냉난방은 적절한가?
- 온도는 개별 교실에서 조절 가능한가?
- 창문은 손으로 열 수 있는가? 혹은 못 열게 폐쇄되어 있는가?
- 통풍시설은 어떠한가?
- 이 학교에는 어떤 종류의 문들이 있는가?
- 이 학교의 전반적인 공간 배치는 어떠한가?
- 교사들은 자신들의 공간을 어떻게 정의하는가?
- 교사와 교직원들은 어떤 공간을 개인 공간이라고 정의하는가?
- 학생들은 개인별 사물함이 있어 개인 물품을 보관할 수 있는가?
- 어떤 학생들이 학교에서 가장 좋은 곳에서 공부하는가?

- 교실이나 복도를 학생들이 장식할 수 있는가?
- 이러한 장식의 본질, 즉 성격이나 이유는 무엇인가?
- 휠체어를 탄 사람이 학교 건물에서 갈 수 없는 곳이 있는가?
- 학교 건물의 안과 밖에 물건과 가구는 맹인학생들이 다니는데 지장이 없도록 항상 제 위치에 있는가?
- 휠체어를 탄 사람이 자유롭게 출입할 수 있을 만큼 화장실 문과 이들을 위한 장애자용 화장실 문은 충분히 넓게 설치되어 있는가?
- 화장실의 용변 시설은 깨끗하고 냄새가 나지 않는가?
- 화장실에는 비누와 수건이 준비되어 있는가?
- 화장실 한 칸에는 프라이버시를 위해 문이 달려 있는가?
- 어떤 낙서가 있는가?
- 어떤 종류의 컴퓨터와 시청각 기자재가 활용 가능한가?
- 어디에 이 기자재가 보관되어 있는가?
- 어떻게 이 기자재를 갖추었는가?
- 기자재를 독점하는 사람이 있는가?
- 기자재가 파손되면 어떻게 하는가?
- 이 기자재는 자주 사용되는가?
- 교직원들은 학생들과 같이 점심을 먹는가?
- 학생들과 교직원들에게 주어진 점심시간은 몇 시간인가?
- 여유 있게 식사할 수 있는 충분한 시간인가?
- 식당의 분위기는 어떠한가?
- 배식은 어떤 식으로 이루어지는가?
- 어떤 용기에 배식되는가?
- 학생들은 어떤 식기를 사용하는가?
- 어떤 음식이 제공되는가?
- 교직원들은 학생들 앞에서 학생들이 먹는 음식에 대해 부정적인 말을 하는가?
- 특정 학생들에게 무료인 점심 프로그램을 실시하는 학교가 있는가?
- 이 프로그램은 어떻게 운영되는가? 무료 점심을 먹는 학생들에게 붙여진 어떤 오명이 있는가?
- 학교식당에는 어떤 규칙과 규정이 있는가?

- 학교식당 내부는 어떻게 인테리어 되어 있는가?
- 학생들은 학교식당의 점심에 대해 무슨 말을 하는가?
- 학교식당에서 점심 먹을 때 학생들은 자신이 원하는 자리에서 먹을 수 있는가?
- 학교식당 업무 분장에 대해 교사들은 어떻게 생각하는가?
- 학교식당 점심에 대해 교사와 교직원들은 무슨 말을 하는가?
- 교사들이 식사하는 장소의 자리 배치는 어떠한가?
- 자리 배치는 매일 동일한가?

1.2 경제, 사회, 문화적 환경

- 지역 사회에서 이 학교의 명성(좋은 학교, 힘든 학교, 위험한 학교)은 어떠한가?
- 사람들이 이 학교의 명성을 말할 때 그 명성의 의미는 정확히 무엇인가?
- 지난 5년 동안 이 학교가 직면했던 주요한 문제들은 무엇인가?
- 학교에 대한 외부의 비판에 대해 교직원들은 어떤 반응을 보이는가?
- 이 학교가 외부인들에 의해 비판받는 점은 무엇인가?
- 이 학교의 인종 구성은 어떠한가?
- 이 지역의 다른 학교와 비교할 때 이 학교의 인종 구성은 어떠한가?
- 이 학교의 인종 구성에 대해 교직원, 학생, 부모는 어떻게 생각하는가?
- 이 학교의 인종 구성에 대해 논쟁이 있었는가? 또는 현재 논쟁 중인가?
- 이 학교의 소수 집단 학생과 교사들은 어떻게 분포되어 있는가?
- 한 교실에 소수 집단 학생들과 일반 학생들의 분포는 균형적인가 아니면 한 쪽으로 치우쳐 있는가?
- 이 학교의 여러 인종 집단 사이의 관계는 어떠한가? (서로 따로따로 행동하는가 혹은 같이 섞여서 행동하는가)
- 서로 다른 인종 집단 학생들은 다른 인종 집단 학생들을 언급할 때 어떤 단어를 사용하는가? 자기 자신을 언급할 때는 또 어떠한가?
- 이 학교의 사회 경제적 계층의 구성은 어떠한가?
- 어떤 종류의 세금을 이 학교는 지원 받는가?

1.3 언어적 환경

- 교직원들은 **남자아이**, **여자아이**, **어린애** 등과 같은 익숙한 명사를 학생들에게 말할 때, 사

용한다면 어느 정도 사용하는가? 어떤 어투로 사용하며 어떤 상황 하에서 사용하는가?

- 학생들의 행동이나 신체적 특징으로 이들을 언급하는 경우가 있는가(예: 느린 굼벵이, 수다쟁이, 예쁜이)?
- 교직원들은 학생들을 어떤 별명으로 부르는가?
- 교직원들이 학생들에게 말하는 상투적인 문구는 어떤 것이 있는가? "친절을 베풀면 상투 위에 올라앉으려 한다" 혹은 "매를 아끼면 아이를 망친다" 등이 이런 예에 해당한다.
- 학생들은 교직원들을 어떤 별명으로 부르는가?
- 여러 활동, 대상, 장소 등에 대해 학생들이 사용하는 별명에는 어떤 것이 있는가?(예: 어떤 학교에서는 점심을 "게걸스럽게 먹기"라고 부른다)
- 학생들이 교직원을 은밀하게 언급할 때 사용하는 단어는 무엇인가?
- "카운슬러"나 "재활활동"과 같은 제목이 붙은 프로그램이 실제로 학교에서는 어떤 활동으로 운영되는가?
- 이전에 학교에서 한 번도 들어 본 적이 없는 어떤 단어와 문구가 사용되고 있는가?
- 그런 단어와 문구는 이 학교에서만 사용되는가? 그것들의 의미는 무엇인가?
- 평범한 단어를 사용하는 것이 어떤 활동, 행동, 대상을 설명하는데 더 좋은 데도 불구하고 이것들을 언급할 때 교직원들은 난해한 단어를 사용하는가?
- 교직원들은 자신들이 사용하는 난해한 단어들을 정의할 수 있는가?
- "행동 수정", "카운슬링", "취업 훈련" 등의 단어를 교직원들은 구체적으로 어떤 의미로 사용하는가?
- 교사들은 자기 학교를 어떻게 기술하는가? 학생들은 자기 학교를 어떻게 기술하는가?

2. 인적 환경

2.1 교사들

- 교사들이 불평하는 것은 무엇인가? 교사들이 칭찬하는 것은 무엇인가?
- 교사들은 학생들의 낮은 학업성취도를 어떻게 설명하는가?
- 교사들은 학생들의 높은 학업성취도를 어떻게 설명하는가?
- 교사들이 선호하는 것이 있는가? 있다면 무엇인가?
- 교사들은 "내 시간"과 "학교에서의 시간"을 구분하는가?
- 교사들은 병가와 방학에 대해 어떻게 생각하는가?

- 교사들은 무엇을 비전문가적 행위라고 정의하는가?
- 여학생과 남학생은 어떻게 서로 다르게 대우 받는가?
- 남학생이 하는 일과 여학생이 하는 일이 따로 정해져 있는가?
- 교과서에 나타나 있는 남학생, 여학생 그리고 남자, 여자에 대한 이미지는 어떠한가?
- 교직원들은 남학생에게 어울리는 행동과 여학생에게 어울리는 행동을 어떻게 말로 표현하는가?
- 학교에서 인기 있는 교사는 누구인가?
- 이들을 인기 있게 만든 것은 무엇인가?
- 학교에서 미움 받는 교사는 누구인가?
- 이들을 미움 받게 만든 것은 무엇인가?

2.2 교사를 제외한 다른 교직원들

- 학교에서 일하는 사람들을 부르는 다양한 명칭들은 무엇인가?
- 학교에서 여러 전문가들이 하는 일은 무엇인가?
- 학교에서 사람들이 각자 맡은 일은 무엇인가?
- 교직원들이 맡은 일자리의 구체적은 자격 요건은 무엇인가?
- 맡은 부서의 일을 시작하기 전에 교직원들은 어떤 직무 교육을 받는가?
- 교직원들이 학교에서 일하는 이유는 무엇인가?("아이들을 좋아해서", "봉급 때문에", "편해서")
- 여러 분야의 교직원들은 자신들의 직업을 어떻게 생각하는가?
- 학생, 교사, 부모, 교장, 교감은 학교의 여러 전문가(카운슬러, 교육매체 전문가)를 어떻게 생각하는가?
- 도서관의 일상 모습은 어떠한가?
- 사서는 도서관의 책을 누구의 소유물로 정의하는가?
- 여러 분야의 전문가들은 자신들의 일에서 가장 중요한 측면이 무엇이라고 생각하는가?
- 여러 직종의 교직원들이 좋아하는 것은 무엇인가?
- 여러 직종의 교직원들이 싫어하는 것은 무엇인가? 그 이유는 무엇인가?
- 어떤 특정 부서의 교직원들이 다른 교직원들보다 "빈둥거리는" 일이 많은가?
- 교직원들이 무시하는 규칙과 규정은 무엇인가?
- 건물 관리인(또는 수위) 일은 주로 누가 하는가?

- 교장, 교감은 건물 관리인을 어떻게 정의하는가?
- 학생들은 건물 관리인을 어떻게 정의하는가?
- 교사들은 건물 관리인을 어떻게 정의하는가?
- 건물 관리인과 학교의 다른 사람들 사이의 관계는 어떠한가?
- 건물 관리인은 여러 교사와 교직원들을 어떻게 생각하는가? 학생들에 대해서는?
- 건물 관리인은 학교의 어디에 머무르는가?
- 건물 관리인은 주로 무엇에 대해 말하는가?
- 건물 관리인을 보조하는 학생들이 있는가? 있다면 그 학생들은 누구인가?

2.2 교사를 제외한 교직원과 학생 사이의 의사소통

- 교직원들은 학생들을 험담하는가? 자기들끼리는 험담하는가?
- 한다면 어떤 험담을 어떻게 하는가?
- 학생들은 교직원들로부터 어떤 괴롭힘을 당하는가?
- 학생들은 교직원들로부터 어떤 험한 말을 듣는가?
- 학생들이 교직원들로부터 언어적 모욕이나 비방을 당하는 경우가 있는가? 있다면 그 정도는 어떠한가?
- 교직원들은 학생들의 시간을 소중하게 생각하는가 아니면 학생들과의 약속 시간을 어기고 학생들을 기다리게 하는가?
- 어떤 특정 학생에 대해 교직원들이 목소리를 높이는 경우가 있는가?
- 어떤 학생들에게 그렇게 하는가?
- 학생들이 교직원들에게 무시당하는 경우가 있는가? 있다면 그 정도는 어떠한가?
- 학생들이 마치 없는 존재처럼 취급되는 경우가 있는가? 있다면 그 정도는 어떠한가?
- 어떤 상황이나 조건하에서 그러한가?
- 교직원들과 학생들은 "즐거운 금요일(TGIF)"에 대해 어떻게 생각하는가?
- 한 주의 다른 요일에 대해서는 어떻게 생각하는가?
- 학교의 분위기가 요일마다 다른가?
- 학교의 분위기는 일 년 동안 시간대 별로는 어떠한가?
- 학기말은 어떻게 생각되는가?
- 교직원들은 학교에서 자신들의 성공 여부를 어떻게 측정하는가?
- 학생들은 학교에서 자신들의 성공 여부를 어떻게 측정하는가?

- 교직원들이 말하는 앞으로 계속 진행시켜 나가야할 목적들은 무엇인가?
- 이런 목적들과 관련하여 교직원들은 자신들의 활동을 어떻게 생각하는가?
- 학생들과 다양한 직종의 교직원들은 외부인들이 자신들을 관찰하거나 학교 안을 돌아다니는 것에 대해 어떻게 생각하는가?
- 교직원들은 교실이나 방에 들어갈 때 노크를 하는가?
- 여러분이 이 학교의 학생이라면 학생으로서 품위를 지키는 것이 어려울 것이라고 생각하는가?
- 교직원들은 학생들을 어떻게 보는가? 가능성이 충만한 인간 존재로? 어린 아이로? 위험인물로?
- 교직원들은 학생들을 어떻게 정형화시켜 놓고 있는가?
- 교직원들은 학생들의 과거와 가정 배경을 어느 정도까지 인지하고 있는가?
- 교직원들은 방문객들 앞에서 평소와는 다르게 행동하는가? 어떻게?
- 학생들은 교직원에게 의도적으로 힘든 시간을 주려고 하는가?
- 학생들은 어떻게 의도적으로 힘든 시간을 주는가? 그리고 그것을 어떻게 생각하는가?
- 학생들이 교직원들을 놀리는 경우가 있는가?
- 있다면 어떤 식으로 놀리는가?
- 학생들은 수업 시간에 어떻게 의사소통 하는가?
- 교직원들이 학생들을 대하는 것 이상으로 학생들은 교직원들을 대하는가?
- 교직원들과 학생들 사이에는 자유롭고 공개적으로 의사소통이 이루어지는가? 그렇다면 어느 정도로 이루어지는가?
- 교직원들이 학생들에게 정보를 숨기는 경우가 있는가? 그 반대 경우는 어떠한가?
- 어떤 정보를 숨기는가?
- 학생들은 교직원을 어떻게 생각하는가?
- 교직원은 학생들을 어떻게 생각하는가?
- 방과 후 특별활동에는 어떤 것들이 있는가?
- 누가 여기에 참가하는가? 교직원? 학생?
- 이 학교에서는 어떤 성취에 가장 큰 상을 주는가? 운동? 공부? 다른 것?
- 학생들은 어느 정도의 결정권을 가지고 있는가?

2.3 학생들

- 학생들은 언제, 얼마나 자주 체육 활동을 하는가?
- 다른 학생들보다 더 많은 체육 활동을 하는 학생들이 있는가? 어떤 학생들이 그런가? 그리고 그 이유는 무엇인가?
- 학생들은 어떤 활동을 좋아하는가? 싫어하는 활동은?
- 학생들과 교직원의 복장은 어떠한가?
- 복장 스타일에서 학교 내에서의 위치나 지위를 알 수 있는가? 머리 스타일은?
- 학생들은 무엇 때문에 교실에서 싸우는가?
- 이 반에서 누가 가장 인기 있는 학생인가? 어떤 이유에서 그러한가?
- 가장 인기 없는 학생은 누구인가? 그 이유는 무엇인가?
- 학급 반장은 어떻게 행동하는가? 반장은 어떻게 선출되는가?
- 문제 있는 학생이 있을 때 누구로부터 도움을 받을 수 있는가?
- 행동수정 약물을 복용하는 학생들이 있는가? 있다면 몇 명이나 있는가?
- 학생들에게 그런 처방을 내릴 때 학교의 역할은 무엇인가?
- 학교의 다양한 사람들은 학교에서 행동수정 약물의 사용에 대해 어떻게 생각하는가?
- 프로그램의 대체제로 약물이 사용되는 경우가 있는가?

2.4 행정

- 지금 교장 선생은 이 학교에 얼마 동안 재직하고 있으며 이전의 교장 선생에 대해 이 학교의 사람들은 어떻게 말하는가?
- 교장이 교실이나 방에 들어오면 교사들은 어떻게 행동하는가?
- 교장, 교감은 무엇을 비전문적이라고 정의하는가?
- 교장, 교감은 어떻게 교사들을 점검하는가?
- 교장, 교감의 스타일은 어떠한가?
- 전교 조회 시간이 있는가? 어떤 모습인가?
- 교사를 제외한 교직원들은 교장, 교감을 어떻게 생각하는가? 학생들은?
- 이동별 수업은 어떻게 이루어지는가?
- 매일, 매주, 매달의 학교 계획은 어떠한가?
- 교실과 교실 간에는 어떤 차이점이 있는가?
- 학교 계획에 의해서가 아니라 학생과 교사의 필요에 의해 일일계획이 결정되는 경우가

있는가? 있다면 어느 정도인가?

- 먹고 화장실 가고 하는 것과 같은 기본적인 필요가 적절히 해결되는가?
- 학생과 교사가 감시 카메라의 감시를 받지 않는 곳이 있는가? 있다면 어느 정도인가?
- 학생들에게 요구되는 공식적, 비공식적 복장 규정은 무엇인가? 다른 교직원들에게는?
- 화장실, 전화, 학교 건물 밖과 같은 곳에 학생들이 쉽게 접근 가능한가? 가능하다면 어느 정도인가?
- 누가 확성기를 사용하며 어떤 목적으로 사용하는가?
- 이 학교에 재학하려면 학생들은 어떤 기준(나이, 거주여부)을 만족해야 하는가?
- 반은 어떻게 편성되는가? 학생과 교사의 반 편성 권한은 누구에게 있는가?
- 반 편성 결정은 어떻게 내려지는가?
- 특별 프로그램과 행사(견학, 연극)에 참여하는 학생은 어떻게 결정되는가? 공평하게? 보상으로?
- 이런 행사에 참여하는 것에는 반이나 인종적 차이가 반영되는가?
- 이런 행사의 활동 내용은 누가 결정하는가?
- 이런 행사의 계획 세우기에 학생들도 참여하는가?
- 각 학년에서 하는 활동은 어떻게 다른가?
- 학년이 다르면 교실 미화도 다른가? 어떻게 다른가?
- 교사의 상담이나 학생들의 이전 학업 정도와 상관없이 이 반에서 저 반으로 학생들이 이동하는 경우가 있는가? 있다면 어느 정도인가?
- 학생기록부의 목적은 무엇인가?
- 학생기록부에는 부모 의견란이 있는가?
- 학생기록부는 그 학생에 대한 전반적인 기록이 아니라 특정 교과나 학업에 대한 기록을 중시하는가?
- 학생기록부에는 학생을 폄하하는 항목이 있는가?
- 있다면 그 학생에게 그 항목에 대해 해명할 기회가 주어지는가?
- 그 학생의 학생기록부에 대해 교사들 간에 공개적인 토론이 이루어지는가?
- 부모들은 자녀들의 학생기록부의 내용이나 정보를 쉽게 열람할 수 있는가?

2.5 학부모

- 학교와 학부모 사이에 오가는 의사소통의 내용은 무엇이며 어떻게 이루어지는가?

- 자녀에게 영향이 미치는 결정 사항에 대해 학교는 학부모의 의견을 물어보는가?
- 학교의 방문자가 지켜야 할 규칙들은 무엇인가?
- 학교운영위원회(PTO, Parent-Teacher Organization)가 있는가?
- 학교운영위원회는 어떤 일을 하는가?
- 학교운영위원회의 평상적 모임에는 몇 명이나 모이는가? 어떤 사람들이 참석하는가?
- 학교운영위원회에는 어떤 프로그램들이 있는가?
- 학교에 대한 학부모의 불평은 어떻게 처리되는가?
- 학교에서는 부모나 보호자에게 어떤 인쇄물을 제공하는가?
- 그 인쇄물의 내용은 무엇인가?
- 학부모는 얼마나 자주 학교와 연락을 취하며 연락 내용은 무엇인가?
- 학교에는 자원봉사자 프로그램이 있는가? 있다면 그 내용은 무엇인가?
- 교직원과 자원봉사자들 사이의 갈등이 있는가?
- 있다면 무엇에 대한 갈등인가?
- 자원봉사자는 어떤 일을 하는가?
- 학교를 방문하려고 할 때 지켜야 하는 규정은 무엇인가?
- 이 학교에서는 방문자의 방문이 흔한 일인가?
- 학교의 공개 개방일은 어떤 모습인가?
- 학교의 공개 개방일은 일상적인 학교생활의 모습을 그대로 보여주는가?

3. 학습 환경

3.1 학습 상황

- 교실은 어떻게 환경미화 되어 있는가?
- 학생들은 서로 상호작용을 하는가?
- 학생들 간의 상호작용으로 칭찬받거나 벌을 받는 경우가 있는가?
- 시험과 지난 학년 성적에 의해 측정되어진 이 반의 능력별 수준차는 어떠한가?
- 학생들은 무엇으로 칭찬을 받는가?
- 교실은 공간이 여유 있는가? 혹은 빽빽한가?
- 교실은 시설이 양호한가? 혹은 부실한가? 거무칙칙한가? 혹은 밝은가?
- 지난 학년의 성적으로 볼 때 이 반에서 공부 잘 하는 학생은 누구인가? 공부 못하는 학생은?

- 공부 잘하고 못하는 학생은 정확히 학업 능력에 따른 것인가?
- 한 반의 평균 학생 수는 몇 명인가?
- 교실에는 자료센터가 설치되어 있는가?
- 모든 학생들은 같은 시간에 같은 과제를 수행하는가?
- 토론할 때 학생들은 자발적으로 답하는가?
- 학생들은 교사뿐만 아니라 학생들끼리도 서로 말을 주고받는가?
- 교실에서의 절차는 협동이나 경쟁을 최적화 하는가?
- 학생들은 얼마나 자주 그룹 프로젝트를 수행하는가?
- 학생들은 개인별 과제나 장기간 과제를 얼마나 잘 수행하는가?
- 학생들은 모둠 활동에 어느 정도의 경험을 가지고 있는가?
- 학생들의 의자와 책상은 이동 가능한가? 그리고 이동 되어져 있는가?
- 학생들은 자신들이 노력여부에 따라 보상받을 것이란 사실을 어떻게 지각하는가?
- 모든 학생들이 노력여부에 따라 보상을 받는가?
- 이 반은 동질집단으로 구성되어 있는가? 이질집단으로 구성되어 있는가?
- 동질집단으로 구성되어 있다면, 그 구성 기준은 무엇인가?

3.2 교사 – 학생 관계

- 하루 동안의 수업에서 교사는 얼마나 많이 활동지를 사용하는가?
- 학생들은 수업 시간 중에 과제를 끝냈을 때 자유 시간을 가질 수 있는가?
- 교사는 학생들의 자유 시간 동안 사용할 자료를 준비해 놓고 있는가?
- 어떤 종류의 모둠 활동을 학생들에게 제공하는가?
- 모둠 활동을 하는 동안 교사의 역할은 무엇인가?
- 교사 책상은 교실의 어디에 위치하고 있는가?
- 교사 책상을 기준으로 볼 때 하루 동안 교사의 교실에서 이동은 어떠한가?
- 어떤 종류의 교과 자료가 사용되는가?(예: 교과서, 다른 읽기 자료, 게임 등)
- 수업의 주된 활동은 교과서를 중심으로 이루어지고 다른 자료들은 "심화 학습"을 위해 사용되는가?
- 어떤 종류의 교수 매체가 벽, 천정 등에 매달려 있는가?
- 교실의 잡일들은 어떻게 나누어져 있는가?
- 한 시간의 수업은 몇 분 동안 이루어지는가?

- 어떤 개별화된 교수-학습이 실시되는가? 어떤 학생들을 위해서?
- 어떤 학생들이 교사와 가장 많은 대화를 나누는가?
- 어떤 학생들이 교사와 가장 적은 대화를 나누는가?
- 교사는 어떤 학생들을 가장 많이 손대어 접촉하는가? 어떤 학생들을 가장 적게 손대어 접촉하는가?

3.3 규율과 통제

- 학생들이 스스로 자기 자리를 선택할 수 있는가?
- 학교의 일일 활동에서 현저하게 드러나는 통제는 어떤 것들인가?
- 교실들에서는 어떠한가?
- 학교에서 학생들의 이동을 제한하는 규정들은 어떤 것들이 있는가?
- 교직원들은 어떤 통제 수단을 사용하는가?
- 학교에서 처벌의 본질은 무엇인가?
- 처벌은 어떻게, 언제 가해지는가?
- 교직원들이 학생들에게 공식적으로 말할 때 어떤 목소리로 말하는가?
- 교장과 교감은 어떤 종류의 일을 의도적으로 모른 척하는가?
- 교사는 어떤 일을 의도적으로 모른 척하는가?
- 체벌의 본질과 정도는 어떠한가?
- 위험한 폭행 사건이 있는가?
- 교직원들에 대한 학생들의 불만 사항을 처리해 주는 독립적인 장치가 있는가?
- 이런 경우 학생들에게 위협이나 협박이 가해지는가?
- 위협이나 협박의 전형적인 모습은 어떠한가?
- 얼마나 많은 학생들이 적의를 나타내는가?
- 학생들의 어떤 행동에 대해 처벌이 가해지는가?
- 학생들의 규율을 잡는 권한은 어떤 교직원에게 있는가?
- 학교에서의 처벌과 보상은 학교 밖에서의 처벌과 보상 정도와 어느 정도 근접하는가?

부록 B
현장조사록 작성 예

날짜: 1980. 3. 24.
죠 맥클라우드
오전 11:00에서 오후 12:30
웨스트우드 고등학교
녹취록 #6

마지 선생의 4차시 수업

나는 마지 선생이 4차시 수업이 시작된다고 말한 시각인 11시 5분 전에 웨스트우드 고등학교에 도착했다. 평상시처럼 스포츠 티, 카키색의 면으로 된 치노 바지, 그리고 울리치 파커를 입었다. "신경학상 손상/학습장애" 프로그램, "마지의 프로그램"으로 더 잘 알려진 이 4차시 수업이 오늘 하루 중 모든 학생들이 함께 듣는 유일한 수업이었다. 이 수업 시간이 아니고는 학생들이 다 모이지 않는데, 이 수업 이외의 시간에는 이 수업을 듣는 학생들 중 두세 명, 많아야 네 명 정도의 학생들만 다른 수업의 숙제에 도움을 받으러 마지 선생의 교실에 들르곤 한다.

봄이 오는 것을 느낄 수 있는 따뜻한 날씨였다. 몸집이 큰 사람을 체포했을 때 사용되는 긴 의자식의 뒷좌석이 있는 경찰차 한 대가 학교 건물 앞쪽의 큰 주차장 뒤쪽에 주차되어 있었다. 그 차 안에는 아무도 타고 있지 않았고 왜 그곳에 주차되어 있는지 그 이유를 누구한테서도 듣지 못했다. 학교 건물 앞쪽의 원형식 진입로에는 미육군 차가 주차되어 있었다. 그 차의 한쪽 면에는 미육군 휘장이 있었고 차 색깔은 카키색이었다. 내 차에서 내려 학교 건물 쪽으로 걸어갈 때, 육군 군복을 입은 대머리의 사십대 남자가 건물 밖으로 나와 그 차로 가서 운전석에 앉았다. 네 명의 남학생과 한 명의 여학생도 건물 밖으로 걸어 나왔다. 모두 백인 학생들이었다. 이들은 낡은 덩거리 바지와 글자가 새겨진 원색의 티셔츠에 봄 잠바를 입고 있었다. 네 명 중 가장 키 큰 남학생이 "꿀꿀, 꿀꿀" 돼지 소리를 냈다. 주차된 경찰차를 보고 내는 소리였다.

O.C.: 이 학생들이 "경찰을 돼지"로 간주하리라 생각하지 못했기 때문에 이 장면은 나에게 낯설었다. 이런 장면은 1970년대 초를 연상하게 했다. 내 자신의 고등학교 경험으로 형성된 고등학교에 대한 나의 가정들을 먼저 이해해야겠다. 웨스트우드 고등학교는 내가 다닌 고등학교와 확연하게 다르게 느껴지지만 경찰차가 학교에 있다는 것은 고등학교 때를 상기시켜주었다.

복도를 따라서 걸어갈 때 수업이 끝나 학생들이 다음 수업할 교실로 이동하고 있었다. 여느 학교에서 볼 수 있는 것처럼 복도 한쪽에 있는 라커 근처 여기저기에 남학생들이 여학생들과 함께 서 있었다. 세 커플을 볼 수 있었다. 가끔 외치는 소리도 들렸다. 복도에는 한 명의 교사도 보이지 않았다.

O.C.: 수업이 끝나고 다른 교실로 이동할 때 복도는 교사들의 감독이 보통 없는 듯하다.

두 명의 흑인 여학생들이 함께 복도를 걸어가고 있었던 것이 기억난다. 이들은 키가 크고 날씬했으며 구슬을 사용해서 곱게 땋은 머리를 하고 있었다. 나는 행정실에 잠깐 들러 교장선생님 비서한테 나의 방문을 알렸다. 그녀는 따뜻한 미소로 나를 맞았다.

O.C.: 나는 이제 이 학교에 대해 상당히 편안함을 느낀다. 내가 여기에 어느 정도 속해 있다는 느낌이 든다. 복도를 걸어갈 때면 어떤 교사들은 나한테 "안녕하세요"라고 인사를 해온다. 나는 복도에서 학생들 사이를 지나갈 때면 인사를 하면서 지나가곤 한다. 복도를 지나가던 학생들이 나를 위 아래로 훑어보는 경우가 두 번 있었다. "공부는 잘 돼가?"라고 말하면 학생들의 의심의 눈초리는 싹 없어지는 듯하다.

나는 마지 선생의 교실로 들어갔고, 그녀는 내가 지금까지 그녀의 교실에서 본 사람들보다 더 많은 사람들과 함께 교실 앞에 서 있었다. 그녀는 학급에게 말하는 것처럼 또는 수업을 막 시작하려는 듯이 보였다. 지난 여러 번의 방문 때와 마찬가지로 그녀는 깨끗하고 깔끔하고 단정하면서도 캐주얼한 복장을 하고 있었다. 줄무늬가 있는 정장 블레이저 코트에 하얀색 블라우스, 검정색 바지를 입고 있었다. 나를 보고서 미소를 지으면서 "지난번보다 오늘은 더 많은 사람들이 있죠"라고 말했다.

O.C.: 지난번이라고 말한 것은 지난번에 내가 왔을 때는 불과 몇 명의 학생들만 교실에

있었던 것을 의미했다. 그녀는 소수의 학생들이 있을 때 학생에 대한 책임감이 커진다는 자의식을 가지고 있는 듯하다. 어쩌면 그녀는 30명 이상을 데리고 수업하는 일반 교사들과 자신을 비교하는지도 모르겠다.

교실에는 20대 중반으로 보이는 두 명의 여자가 의자에 앉아 있었다. 그러다보니 교실에는 한 개의 의자만 남았다. 마지는 나한테 이렇게 말한 듯하다: "오늘은 교육청에서 온 두 명의 손님이 있어요. 한 분은 취업지도 카운슬러이고 다른 분은 물리 치료사입니다." 그런데 이 단어들이 정확한지는 확실하지 않다. 나는 늦게 온 것에 대해 당황함을 느꼈다. 나는 교육청에서 나온 두 명 중 한 명 옆의 의자에 앉았다. 이들은 내가 보아 온 교사들보다는 훨씬 더 정장차림으로 스커트를 입고 있었고 수첩을 들고 있었다. 그들도 앉아서 마지의 수업을 관찰했다.

아래의 그림은 오늘 교실의 자리배치를 그린 것이다.

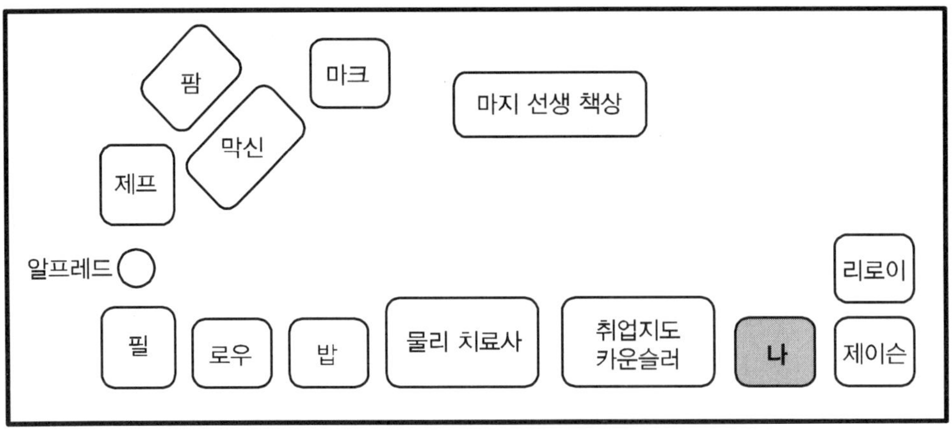

보조 교사인 알프레드(미스터 암스트롱, 마지 선생의 보조) 선생이 교실을 순회하다가 필과 제프 사이에 서 있었다. 마지 선생은 교사 책상 주위를 왔다 갔다 하면서 수업의 시작을 말했다. "전부 기억하죠. 내일은 롤웨이 공장 견학이 있다는 거. 학교 현관 앞에 버스가 대기하고 있을 거니까 8시 30분에 항상 모이는 대로 집합합니다. 샤프 선생님이 말하기를 롤웨이 공장 견학은 특별히 여러분 각자 개인취업을 위한 것은 아니라고 합니다. 이번 견학은 G.M. 견학과는 다르다고 합니다. 그때는 여러분이 취업하기를 원하는 분야를 견학시켜 주었습니다. 그렇지만 롤웨이 공장은 모든 학생들이 견학하는 곳입니다. 여기에서 보게 될 많은 직종이 여러분에게 꼭 적합한 것은 아닙니다. 어떤 직종은 엔지니어링 학위가 있는 학생들을 위한

것입니다. 내일 올 때 편안한 신발을 신고 오는 것이 좋을 겁니다. 두세 시간 정도 걸을지도 모릅니다." 막신과 마크가 걷는다는 소리에 "우~"하는 야유를 했다.

마지 선생은 잠시 말을 멈추더니 요구하는 목소리로 말했다. "알았죠 모두. 질문? 모두 내일 출석하는 겁니다. (잠시 멈춤) 종이에다 내일 견학 갔을 때 묻고 싶은 질문을 적기 바랍니다." 그녀는 종이를 나눠주기 시작했고 이 때 내 옆에 앉아 있던 제이슨이 투덜대는 소리로 말했다. "이걸 해야 돼요?" 마지 선생은 "이 정도는 너한테 아주 쉽다고 생각하는데, 안 그래 제이슨?"라고 말했다. 이것은 약간 비난조로 들렸지만 그렇게 강한 비난은 아니었다.

> O.C.: 이것은 서로 잘 아는 두 사람 사이의 비난성 말투 같았다. 마지 선생은 이 학생들을 적어도 몇 년 동안 알고 지내고 있다. 오래 알고 지내는 것이 이 학생들과 마지 선생과의 관계에 어떤 영향을 미치는지 더 알아봐야겠다.

마지 선생이 계속해서 말했다: "자, 그럼. 어떤 질문들을 내일 물어보고 싶습니까?" 제이슨은 "보험요"라고 큰 소리로 말하자 마지 선생은 "제이슨 말고 막신에게 묻고 있는 거야"라고 말했다. 이런 말투는 제이슨에 대해 화를 내지 않고 말하고자 하는 바를 전달하는 것이었다. 막신은 "일하는 시간하고 봉급요"라고 말했다. 누군가가 "복지제도요"라고 소리쳤다. 마지 선생은 학생들이 말한 것을 칠판에 적었다. 마지 선생은 제프 옆에 앉아 있는 필을 지목했다. 나는 마지 선생이 제프를 빠뜨렸다고 생각했다. 미스터 암스트롱이 필 바로 옆에 서 있었다. "질문할 거 생각했어?"라고 마지 선생이 말하자 필은 "생각나지 않는데요"라고 말했다. "정말이야 필? 좀 생각해봐"라고 마지 선생이 말했다. 그런 다음 마지 선생은 백인 학생인 밥에게 다가갔다. 이 프로그램에서 밥과 제프만 백인 학생이다. 이 반의 두 여학생은 모두 백인이다. 밥은 "하나도 생각나는 게 없어요"라고 말했다.

마지 선생은 제이슨을 지목해서 생각하는 다른 질문이 있는지 물어보았다. "있어요. 한 해의 생산량이 어느 정도인지 물어보고 싶어요"라고 말했다. 마지 선생은 "맞아요. 여러분은 그 공장의 생산품에 대해 어떤 질문이라도 물을 수 있어요. 리로이 너는 어때? 생각나는 질문거리가 있어?"라고 말했다. 그는 "아니요"라고 답했다. 미스터 암스트롱이 구석에 서 있으면서 필에게 "취업을 하고자 할 때 그 회사에 어떤 것을 물어보는지 알잖아?"라고 작은 목소리로 말하고 있었다. 필이 "훈련 프로그램요. 어떤 종류의 훈련 프로그램을 실시하고 있어요?"라고 말했다. 마지 선생은 "그렇지, 바로 그거야, 훈련 프로그램"이라고 말했다. 마지 선생은 계속해서 학생들의 말을 경청했다.

O.C.: 마지 선생은 상당히 활기가 넘쳤다. 내가 이전에 그녀의 이런 모습을 보지 않았더라면 교육청에서 나온 사람들 때문에 쇼한다고 생각했을 것이다.

마지 선생은 계속해서 "자, 이 질문들을 나눠준 종이에 모두 적었어요? 내일 공장 견학 갔을 때 각자 적어도 한 가지 질문은 할 수 있겠어요? 앞에 사람이 질문한 것과 같은 질문은 되풀이 하지 않으면서 각자 모두 한 가지 질문 정도는 할 수 있죠? 샤프 선생님은 여러분들이 질문하는 걸 좋아하는데, 만약 질문을 하지 않으면 견학 후에 잔소리 들을 겁니다. 그리고 내일 5교시는 수업이 없습니다"라고 말했다.

나는 교실을 둘러보면서 학생들의 옷차림을 눈여겨보았다. 막신은 글자가 프린트된 검정색 티셔츠를 입고 있었다. 그 티셔츠는 아이론으로 아주 멋있게 프린트된 것으로 상당히 비싸게 보였다. 그녀는 리바이스 청바지와 나이키 조깅화를 신고 있었다. 마크의 키는 5′9″나 5′10″ 정도다. 그는 악어 그림이 있는 긴 소매의 아주 세련된 저지 셔츠를 입고 있었지만 바지는 주름이 져 있었고 낡은 검정색 농구화는 장식이 떨어져 나갔고 흙이 묻어 있었다. 팜은 단추가 달린 줄무늬 셔츠에 라일락 색깔의 벨루어 스웨터를 입고 있었다. 그녀의 머리는 아주 단정했는데 마치 비싼 헤어숍에서 머리를 한 것 같았다. 팜 바로 옆에는 제프가 휠체어를 타고 앉아 있었다. 그는 다리가 부러진 것처럼 한 쪽 다리를 신발을 신지 않은 채 올리고 있었다. 미스터 암스트롱은 백인으로 반짝이는 셔츠를 입고 있었으며 앞 쪽 단추 두 개를 열어놓고 있었다. 그는 허리띠를 하지 않은 채 밝은 색깔의 바지를 입고 있었다. 필은 흰색 셔츠 위에 베이지색 스웨터와 어두운 색의 바지를 입고 있었고 발목이 짧은 농구화를 신고 있었다. 농구화는 붉은색이었고 더러웠다. 셔츠의 목둘레는 때가 끼어 있었다. 그는 이 반에서 제일 옷을 못 입는 학생이다. 제프는 보통 크기의 흰색 낡은 티셔츠와 청바지를 입고 있었다. 그의 긴 금발 머리는 빗질이 되어 있지 않았다. 얼굴에는 여드름 자국이 있고 키는 6 피트가 넘는다. 깨끗하고 새로 산 듯한 조깅화를 신고 있었다. 조깅화를 신고 있는 학생은 그 혼자뿐이었다. 나머지 모든 학생들은 농구화를 신고 있었다. 로우는 5′9″나 5′10″ 정도이고 붉은색 풀오버를 입고 있었다. 제이슨은 검정색 골프 모자를 쓰고 있었고 어떤 대학교 마크가 찍힌 티셔츠 위에 베이지색 재킷을 입고 있었다. 그는 검정색 양복 정장 바지에 목부분이 V자형으로 파진 대학교 마크가 찍힌 붉은색 티셔츠를 입고 있었는데 색이 바래있었다.

O.C.: 이 학생들 중 두 명이 웨스트우드 고등학교 학생들은 마치 패션쇼를 하는 듯하다고 나에게 말해주었다. 나는 무엇이 그렇게 패션스러운지 이해하는데 한참이 걸렸다. 제이슨

이 그런 표현을 사용했다. 내가 보기에 제이슨이 가장 옷 입는 것에 신경 쓰는 듯하다.

마지 선생이 말했다. "자, 이제 시험을 치도록 합시다." 그녀는 문제지를 나누어주었다. 문제지의 한 쪽 면에는 공란의 수표와 그 수표의 작성 방법이 제시되어 있었다. 또한 예금 전표와 여러 가지 그림과 함께 수표책의 대차대조표도 제시되어 있었다. 학생들은 수표책에 수입과 지출을 맞추고, 수표와 예금 전표를 작성하기 위해서 올바른 위치에 정확한 숫자를 기록해야 했다. 수업 시간의 많은 부분이 이 활동에 할애되었다. 마지 선생이 말했다. "시작해요. 이것은 시험이란 사실을 잊지 말도록." 막신이 그녀에게 질문을 했다. 마지 선생은 "이건 시험이야. 그러니 너한테 말을 해 줄 수가 없어"라고 말했다. 제이슨이 "적어도 어떤 단어의 철자는 어떻게 쓰는지 말해 줄 수 있잖아요? 20의 철자가 어떻게 되요?"라고 말했다. 마지 선생은 이 말을 무시했다. 리로이에게 다가가서 말했다. "리로이, 볼펜 말고 연필로 적어야 되지 않겠어. 만약 실수라도 한다면 지울 수가 없잖아. 연필 어디 있어?" 그는 제이슨을 쳐다봤고 제이슨은 리로의 연필을 돌려주었다. 그러자 마지 선생은 교사 책상에 있던 연필을 가져다 제이슨에게 주었다. 마지 선생은 교실의 다른 쪽으로 옮겨갔다. 밥도 볼펜을 사용하고 있었다. 그녀는 "밥, 볼펜 말고 연필을 사용해야지"라고 말했다. 제이슨이 마지 선생을 자기 쪽으로 오게 해서 도움을 청하려고 "선생님, 선생님"하고 몇 번 불렀다. 미스터 암스트롱이 이를 알아차리자 제이슨은 그에게 예금 전표 작성에 관해 몇 가지 질문을 했다. 미스터 암스트롱은 "그 질문에 답을 하게 되면 시험 문제의 답을 너한테 알려주는 꼴이 되는 거잖아"라고 거부 의사를 표현했다.

나는 취업지도 카운슬러 쪽으로 몸을 굽혀 그녀의 일에 대해서 물었다. 그녀는 2년 정도 교육청에서 일하고 있으며 대학교에서 석사 과정을 밟고 있다고 했다. 나는 그녀에게 오늘 이 반을 방문한 이유를 물었고 그녀는 "이 프로그램에 대해 들었어요. 그래서 L.D.(Learning Disabled, 학습장애) 학생들이 카운슬링을 받을 자격이 있는지를 알아보려고 합니다. 이 반을 한 번도 본 적이 없어 와서 살펴보고 이들 학생들이 어떤 종류의 서비스를 받고 있는지를 파악하고자 여기에 왔어요"라고 답했다. 나는 그녀와 같이 온 여자에 대해서도 물었는데 그녀는 물리 치료사이고 물리 치료사가 이들 학생들에게 줄 수 있는 어떤 서비스가 있는지를 알아보려고 그녀와 같이 오게 되었다고 했다. 이 물리 치료사는 교육청 관할에 온지 얼마 안됐다고 했다.

O.C.: 나는 이 여자들이 정말 올 곳을 잘못 왔다고 느꼈다. 옷차림부터가 전혀 여기와 어

울리지 않았고 마치 통나무에 튀어나온 혹 같이 느껴졌다.

시험 치는 동안 마지 선생은 학생들이 뭐하는지 살피면서 교실을 순회하고 있었다. "너희들 모두 아주 똑똑해. 은행에다 돈을 넣기만 하면 되는 거야"라고 마지 선생이 말했다. 시험 치는 동안 마지 선생은 학생들을 칭찬하려고 "너희 모두는 아주 똑똑해"라는 말을 서너 번 했다.

어떤 순간 마지 선생이 교실을 둘러보더니 "맥은 어딨어? 아, 참, 어머니하고 같이 오지 못하면 오지 말라고 했지. 여기 없는걸 보니 어머니가 같이 오지 못했나보다."

마지 선생이 취업지도 카운슬러에게 다가가서 말을 걸었다. 취업지도 카운슬러는 "이 학생들은 통합교육을 안 해요?"라고 물었다. 마지 선생은 "정규 수업 시간에는 일반 학생들과 같이 공부해요. 이 수업만 같이 모여서 공부해요"라고 말했다. 카운슬러는 "체육시간은요? 제프 같은 경우 어떻게 해요?"라고 물었다. 마지 선생은 "정규 체육시간 수업을 들어요. 제프는 수영장을 사용할 수 있죠. 수영장은 장애인들이 사용할 수 있도록 만들어져 있어요"라고 답했다. 카운슬러는 "이 학생들 중 수업 외에 어떤 종류의 치료를 받는 학생이 있나요?"라고 물었다. 마지 선생은 "제프가 한 주에 한 번씩 C.P.(Cerebral Palsy, 뇌성마비) 클리닉에 가요"라고 답했다. 마지 선생은 속삭이듯이 말하고 있었지만 내 옆에 앉아 있던 제이슨도 충분히 모든 것을 들을 수 있을 정도였다. 카운슬러가 "저는 저쪽의 밥을 지켜보고 있어요. 그런데 연필 쥐는 것조차 아주 어려워 하네요"라고 말했다. 마지 선생은 "그렇죠. 이 학생들 모두가 그래요. 읽는 것보다 쓰는 것이 정말 어려운 일이죠"라고 말했다.

마지 선생은 "이 반이 만들어지기 전에는 이 학생들을 L.D.라고 하지 않았고 설령 L.D.라고 하더라도 정서적으로 상당히 불안했었어요. 이들을 위한 곳이 학교에는 정말로 한 곳도 없었어요. 제 뜻은, 이 학생들을 이 프로그램이나 저 프로그램에 넣을 수는 있겠지만 정말 그들이 원하는 그런 곳은 없었다는 말이죠."

이때 마지 선생의 목소리가 높아졌기 때문에 "정서적으로 불안했어요"라는 말을 제이슨이 분명히 들었다고 나는 생각했다.

O.C.: 이 학생들도 나만큼 이런 L.D.라는 라벨에 민감한지 궁금하다. 학생들 앞에서 이런 라벨을 사용하는 것은 참 안 좋은 행동이라고 생각한다.

카운슬러가 "휠체어 타는 학생을 제외하고 치료요법을 받는 다른 학생들은 있는가요?"라고 물었다. 마지가 "잘 모르겠는데요. 어떤 종류의 치료를 뜻하는 것이죠?"라고 물었다. 카운슬러는 "어... 상담이나 물리치료요. 우리가 기적을 만들지는 못하지만 일정 부분은 기여할 수 있거든요. 어떤 C.P. 학생의 부모가 그 아이가 처음 말한 단어가 차였다고 말한 것이 기억나네요. 그런데 이제 와서 그 아이한테 자동차 정비사가 될 수 없다는 소리를 어떻게 하겠어요?"라고 말했다.

O.C.: 카운슬러의 이런 촌평은 다른 곳에서는 들어본 적이 없다. 도대체 무슨 생각에서 이런 말을 했는지 이해할 수가 없었다. 이 카운슬러가 긴장하고 있음을 느낄 수 있었다. 카운슬러는 어렸고 마지 선생은 친절하기는 했으나 따뜻하게 대하지는 않았다.

수업 도중 어떤 시점에서 마지 선생은 "아, 맞다. 홈룸 학생들한테 이걸 나누어주는 주는 걸 깜박했네. (그녀의 홈룸은 일반 학생들로 구성되어 있다.) 내가 참 멍청하지"라고 수업을 방해하는 듯한 말을 했다. 그녀는 한 장짜리 용지를 들고 있었다. "뭐에 관한 건데요?"라고 제프가 물었다. "대학을 방문하는 여름 프로그램. 관심 있는 대학을 방문하는 거"라고 마지 선생이 말했다. 제프가 자신은 전혀 관심 없다는 듯이 손을 내저었다.

O.C.: 마지 선생은 오늘 수업에서 대학이란 단어를 두 번 언급했다. "대학"이란 단어를 들었을 때 이 학생들은 어떤 느낌을 받는지 궁금하다.

마지 선생은 학교의 운영 방식에 대한 여러 가지 문제점들을 카운슬러에게 말하기 시작했다. "고등학교 졸업장을 따기 위해 이 학생들이 시험을 쳐야하고 아무 필요도 없는 성적을 받아야 한다는 것이 문제죠. 그러다보니 이들에게 필요하지도 않는 교과목을 억지로 듣게 하는 꼴이 되어버렸어요. 이들이 생활하는데 필요한 기능을 배울 수 있고 프로그램의 끝에는 시험이 아니라 이들에게 필요한 뭔가를 줄 수 있는 그런 적성에 기초한 프로그램을 이 학생들은 들어야 해요. 이런 식으로 4년이란 시간을 낭비하게 해서는 안 돼요." 카운슬러는 어떤 교과목을 학생들에게 억지로 듣게 하는지 물었다. 마지 선생은 "여기 있는 학생 한 명은 현재 생물을 듣고 있고 이 반에는 없지만 대수를 듣는 학생도 있어요"라고 말했다. 카운슬러는 "와, 그건 대단한데요. 컴퓨터 같은 것이 필요한 적이 있어요?"라고 물었다.

O.C.: 이 카운슬러는 마지 선생이 말하는 관심사와 걱정거리와는 상관없는 말을 하고 있는 듯하다.

마지 선생은 약간 퉁명하게 "음... 컴퓨터가 있다면 당연히 사용해야죠. 녹음기는 몇 대 있는데 사용해보려고 노력하고 있어요"라고 말했다. 카운슬러는 "교육청에서 컴퓨터 몇 대를 이 학교에 구매해 주려고 하고 있어요. 당신이 사용할 수 있을지는 장담 못하겠지만 현재 주문은 된 상태입니다"라고 말했다. 마지 선생은 "이 학생들 중 한 명은 손으로 쓴 것이 아니라 타이프로 친 것을 항상 가지고 다녀요. 학생 어머니가 모든 것을 타이프로 다 쳐 주죠. 그는 대학에 가고 싶어 하는데 어머니를 대학에 데리고 갈 수도 없으니 제 생각에는 어렵다고 봐요"라고 말했다. 그리고는 목소리를 낮춰서 "산림학을 전공하겠다고 하는데 자기 현실을 무시한 희망사항인 셈이죠"라고 말했다.

마지 선생은 카운슬러에게 계속해서 "이 학생들 중 대부분은 C.E.T.A.*에 있어요. C.E.T.A.가 평생 직업을 보장하는 건 아니지만 적어도 이들이 할 수 있는 일자리는 제공해주죠. 그런데 문제는 졸업장입니다. 이 학생들은 모든 성적을 다 받을 수 있지만 졸업장은 받지 못해요. E.M.R.(Educable Mentally Retarded, 교육 가능한 정신지체)인 경우에만 적응적 졸업장을 받을 수 있어요. 이 학생들은 최소 능력 시험을 구두로 칠 수는 있지만 쓰기, 읽기, 수학의 모든 부분을 통과해야만 합니다. 비관적으로 말하는 것은 아니지만 내년에 있을 이 시험에 이들 중 한 명도 아마 통과하지 못할 겁니다"라고 말했다.

이 두 사람이 대화하는 약 15분에서 20분 동안 내내 학생들 모두 아주, 아주 열심히 시험을 치고 있었다. 미스터 암스트롱은 교실의 이쪽저쪽으로 다니면서 학생들의 질문에 답하고 있었다. 학생들의 문제 풀이에 도움이 되는 힌트는 주려고 하지 않았다. 그는 제시된 지시문이 무엇을 뜻하는지만 분명하게 설명하려고 했다.

교육청에서 나온 두 여자는 마지 선생에게 고맙다는 인사와 함께 "다시 오겠습니다"라는 말과 함께 떠났다. 사실 한 여자는 이때까지 말 한마디 하지 않았다. 두 여자가 교실을 떠난 후 마지 선생은 학급에게 말했다. "아까 두 여자는 교육청에서 나온 사람들입니다. 한 사람은 취업지도 카운슬러였고 다른 사람은 물리치료사입니다. 여러분에게 소개해 주고 싶었지만 이름을 잘 몰라서 당황스러웠습니다. 죠 맥클라우드는(나를 가리키면서) 여기에 앉아 있습니다. 그는 정기적으로 우리 반을 참관하고 있는 것은 여러분들도 잘 알고 있죠. 그는 우리 반과 같은 수업에 관심을 가지고 있고 대학교에서 나왔습니다."

마지 선생은 "여러분들이 할 수 있는 한 최선을 다해서 더하기와 빼기를 하기 바랍니다. 집에서 이걸 한다면 계산기를 사용할 수 있어 아마 훨씬 쉽게 할 수 있을 거야"라고 말했다.

* 정부 지원의 실업자 재훈련이나 교육 계획을 뜻하는 미국의 종합 직업 훈련법(Comprehensive Employment and Training Act)을 말하며 '씨터'라고 발음한다.

O.C.: 이 반의 학생들은 대부분 가난한 학생들이다. 이들이 계산기를 가지고 있을 거라고는 생각하지 않지만 내 생각에는 마지 선생이 이들을 격려하려고 한 말인 듯하다.

미스터 암스트롱이 리로이에게 다가가서 "이 책을 왜 들고 있어? 이건 시험이잖아"라고 말했다. 리로이는 미소를 지으면서 위로 쳐다보고는 "음... 이걸 어떻게 하는지 배우고 싶어서요"라고 말했다. 리로이는 시험에 책을 펴놓고 있었고 이것은 명백히 허용되지 않는 행동이었다. 시험은 그렇게 끝이 났다.

제이슨이 시험을 끝내고 답안지를 내면서 "만점이야, 아주 쉽네요"라고 말했다. 그는 화장실을 가도 되는지 물었고 마지 선생은 따라 나오면서 "5분만이야"라고 말했다. 잠시 뒤에 그는 돌아왔고 입에 연필을 물었다. "너 내 연필을 입에 물고 뭐하고 있는 거야?"라고 마지 선생이 말했다. "그냥 쥐고 있는데요"라고 제이슨이 말했다. "이리 내"라고 마지 선생이 말했다. 제이슨은 연필을 입에서 빼내어 마지 선생에게 주었다. "이것 봐. 내 연필에 너 이빨 자국이 났잖아. 남의 물건을 돌려주는 꼴이 이게 뭐야"라고 마지 선생이 말했다.

O.C.: 이 목소리는 약간 화난 투였지만 싸울 기세는 아니었다. 사실 마지 선생은 제이슨과 좋은 관계를 맺고 있어 설령 그녀가 명령조로 말하더라도 그건 아주 오래된 친구에게 하는 말과 같았다.

마지 선생이 답안지를 거두자 제이슨이 "누가 답을 틀리게 적었는지 보자. 난 하나도 틀린 게 없어요"라고 말했다. 답안지를 거두면서 마지 선생은 제프에게 "제프, 넌 6교시 안에 이걸 끝마치면 되고 여러분 중 다 못한 사람들은 내일까지 내면 됩니다"라고 말했다.

O.C.: 이것이 진짜 시험이 아니라 시험을 가장한 것이었다는 사실은 나에게 큰 인상을 주었다.

제이슨은 "내일 아침 8시 30분에 버스로 출발하는데 어떻게 내일까지 이걸 끝낼 수 있어요?"라고 물었다. 마지 선생은 "어떤 학생들은 4교시에 오지 않고 다른 교시에 오기도 하니까"라고 답했다.

수업 끝을 알리는 종이 울렸고 모든 학생들이 교실을 나가기 시작했다. 누가 제프의 휠체어를 밀고 나갔는지 아니면 제프 혼자서 나갔는지 기억나지는 않지만 필이 제프의 다리가 위로 걸쳐져 있는 것을 알아차리고는 "무슨 일이야 제프? 다리를 분지른 거야?"라고 물었다.

필이 말하는 것은 다리를 삔 것을 의미했다. 마지 선생이 "다리를 분질렀다고, 필, 말을 아주 잘하는데. 삔 것이냐고 말해야지"라고 했다. 마크와 막신이 웃었다.

> O.C.: 마지 선생은 목소리의 톤을 달리하여 농담조로 말을 한다. 이런 말투가 상대방을 무시하는 것으로 생각되지는 않는다. 그녀의 목소리에는 조롱이나 무시하려는 의도가 없었고 학생들은 그녀를 좋아하는 것 같다. 그녀는 이 프로그램에 있지 않는 학생들한테도 같은 식으로 말한다. 그러면 학생들도 그녀에게 농담조로 말한다.

모두가 교실을 떠났고 미스터 암스트롱이 나한테 다가왔고 마지 선생도 그랬다. 둘 다 내 옆에 앉았고 우리는 대화하기 시작했다. 나는 맥이 어디에 있는지 물었다. 마지 선생은 "맥은 정말 문젯거리예요. 그냥 출석하지 않고 있어요. 다른 프로그램에도 나타나지 않고 있어요. 계속 그 아버지하고 연락을 취하려고 해도 연락이 안 되네요. 그 어머니한테도 그렇고요. 언젠가 전화를 했더니 맥이 받더라구요. 수화기를 통해 그녀가 너무 피곤해서 전화를 받으러 올 수 없다고 말하는 것이 들렸어요. 그 아버지는 낮에 하루 종일 일하고 밤에는 목사일을 해요. 그들은 홀로우 거리에 살고 있죠." 나는 "어떤 종류의 목사에요?"라고 물었다. 마지 선생은 "알프레드, 당신 혹시 알지 않아요?"라고 말했다.

> O.C.: 알프레드는 맥의 이웃에 살고 있다.

알프레드는 "그 교회는 전일제 교회인데 아주 작아요"라고 답했다. 나는 "교육청에서 왜 사람들이 나온 거죠?"라고 물었다. 마지 선생은 "글쎄요. 10시 반까지 온다고 해 놓고 11시 45분이 되도 오지 않았어요. 10시 반에 왔으면 그녀들하고 애기를 나눌 수 있었을텐데. 그때는 제가 여유 시간이 있었거든요. 늦게 왔다고 교실에 못 들어오게 할 수는 없어서 들어와서 앉아라고 했죠. 뭘 많이 봤는지 모르겠어요. 뭘 하러 왔는지는 나도 모르겠어요"라고 말했다.

나는 마지 선생한테 교육청에 대해 어떻게 생각하는지 물었고 그녀는 "그쪽에서는 제가 여기에 있는 것도 몰라요. 내가 존재하는지도 모르고 있죠"라고 답했다. 나는 "그럼 그곳의 누구에게 보고를 해요?"라고 물었다. 마지 선생은 "음, 정확히는 아무한테나 보고하는 건 아니죠. 죠 캐롤이 그것을 맡은 사람이죠, 그렇지만 불레드가 특수교육 분야의 책임자죠. 캐롤은 몇 가지 특수교육 프로그램에 책임을 맡고 있는데 아마 제 생각에는 새로 시작한 프로그램들일 거예요. 불레드는 확실히 어떤 일을 맡고 있는지 모르겠네요. 분명한 것은 그가 어떤 결정을 내리는 사람은 아니라는 거예요. 전 자주 캐롤을 만나러 가곤 해요. 그가 특수교육 프로그램의 감독관이니까요"라고 말했다.

나는 그 사람들이 여기에 와서 이런 특수교육 프로그램을 관찰한 적이 있는지 물었다. 마지 선생은 "특수교육 과목을 담당하고 있는 교사인 클레어 마이너가 언제 한번 와서 우리가 살아 있는지 둘러봤고 그 이후로 그녀가 온 적은 없었죠. 언젠가 제가 필요한 게 있어서 캐롤한테 전화해서 그녀가 한번 다녀간 적은 있었지만 스스로 온 적은 없었어요. 그들은 제가 뭐하고 있는지 보러 오지 않고 제가 뭐하고 있는지도 몰라요. 저도 신경 끄고 살아요. 그들은 제가 잘 하고 있고 스스로 문제를 잘 처리하고 있다고 생각하는 게 틀림없어요. 하지만 만약 새로운 교사가 있었다면 아마 여기에 와서 프로그램이 어떻게 돌아가는지 살펴볼 겁니다. 문제가 생기면 도움은 얻을 수 있겠지만 그들은 제가 하고 있는 쪽에서 가장 윗선은 아니죠. 아마 어떤 것에 대해 결정되는 게 없다는 소리를 여기 사람들이 하는 걸 당신도 들을 거예요"라고 말했다.

나는 "결정되는 게 없다는 예를 말해줄 수 있어요?"라고 물었다. 마지 선생은 "제프의 경우가 그런데, 제프도 우리하고 롤웨이 공장에 견학갈 수 있도록 특별 버스를 내 달라고 교육청에 계속 전화하고 있어요. 그런데 그곳에 있는 마이크하고 연락을 할 수 없어요. 결국 제프는 견학갈 수 없을 듯해요 우리한테는 그런 버스가 없으니까"라고 말했다.

나는 또 다른 예가 있는지 물었다. 마지 선생은 "이번 학기 초에 있었던 보조 교사에 대한 일인데. 제가 데리고 있던 보조 교사가 그만 두어서 교육청에 전화를 했어요. 캐롤이 저한테 올해에는 보조 교사를 줄 수가 없다는 거예요. 그들은 저보고 저쪽 교실에 있는 수업 자료 담당 교사가 데리고 있는 보조 교사한테서 지원을 받으라고 했어요. 그런데 그 교사도 저하고 같은 시간에 수업하고 있기 때문에 그건 불가능했어요. 얼마나 많은 학생들이 그녀 교실이나 제 교실에 오는지 알지도 못하면서 그런 소리를 하길래 아주 화가 났어요. 그래서 고함을 질렀죠. 할 수 없어 탤보트 교장 선생님한테 말했죠. 그 분이 정말 전화통에 대고 고함을 잘 질러대는 데도 역시나 어디에서도 답을 들을 수가 없었어요. 그래서 교원연합회를 언급했어요. 교육청 사람들한테 교원연합회에 전화할거라고 했죠. 교육청 사람들은 교원연합회를 정말 무서워하거든요. 짐작하겠지만 금방 교육청에서 전화가 와서 알프레드를 보내겠다고 했어요. 이 일이 지난 10월 1일 즈음에 있었어요. 사실 이 프로그램은 예비 타당성 조사를 위한 예비 프로그램에 해당하는 것이었어요. 그런데 보조 교사도 없는 판국에 무슨 예비 프로그램을 실행하겠어요? 제가 교원연합회를 말하자 저한테 전화해서 보조 교사를 보내겠다고 했어요"라고 말했다.

나는 이 프로그램이 어떻게 시작되었는지 마지 선생한테 물었다. 나는 지난번 방문 때 이 점에 대해 분명하게 알지 못했다고 말했다. 마지 선생은 "음, 리로이 알죠, 아까 봤죠. 이 반' 에서 가장 장애가 심한 학생이 리로이죠. 도둑질과 폭행으로 5년의 보호관찰을 받고 있어요. 지난 해 초에 리로이를 제 반에 받았어요. 로우 윈치가 그를 검사했는데 신경정신적 장애가 있음을 알았어요. 아무도 그가 그런 문제가 있는지 몰랐죠. 그냥 잘 지냈으니까요. 그는 정서 장애라고 판정 받았어요. 그는 아주 의심이 많아요. 설령 목소리만 높여도 그는 과격하게 흥분해요. 한번은 도서관에서 제가 사서에게 그가 보호관찰에 있다는 소리를 했는데 저한테 소리를 지르면서 "아무한테도 그거 말하지 마요"라고 했어요. 아무도 모르는 척 하죠. 보호관찰 감독관이 항상 그를 관찰한다는 사실을 모두 다 알고 있어요. 그들은 리로이를 지역위원회에 회부했고 이런 학생을 위한 어떤 프로그램이 필요하다고 로우에게 말했고 제가 그것에 자원했죠. 물론 그때는 자료준비실에 멜이 있었어요. 작년까지 제가 자료 담당 교사였거든요. 떠나기 전에 멜을 만나보면 좋을 거예요. 여기 오지 않은지 좀 됐어요" 하고 말했다. 알프레드가 "예, 맞아요. 음식점에 취직 했거든요"라고 말했다.

마지 선생이 "어쨌든, 사람들이 그런 학생들을 위해 프로그램이 필요하다는 이야기를 하기 시작했어요. 미론 중학교의 로우 브라운 선생은 거의 모든 시설이 완비된 교실에서 신경정신적 장애와 학습장애를 가진 학생들을 가르치고 있는데 이들 중 몇 명이 여기로 진학할 것이란 걸 알았어요. 그래서 그 학생들을 위한 필요성 때문에 급하게 만들어진 프로그램이죠"라고 말했다.

나는 이들 학생들이 시험을 친다는 것이 얼마나 어려운 일인지 상상이 간다고 말했다. 그녀는 "맞아요. 과제를 내 주면 그들은 그 과제에 매달려요. 물론 그들이 정답을 맞추지는 못해요. 예를 들면, 리로이처럼 이름을 적으라고 하면 스웨터와 바지에 적죠"라고 말했다.

나는 마크는 상당히 옷을 잘 차려 입었고 값비싼 셔츠를 입고 있었다는 것을 언급했다. 마지 선생은 "항상 그렇게 옷을 차려 입지는 않아요. 어떤 날은 아주 꼴 볼견 셔츠를 입고 왔어요. 제가 이스트가에 있는 마크 집으로 갔어요. 지금은 이사를 했지만. 마크는 한 번도 정상 교실에 있어 본 적이 없고 특수반에만 있었어요. 이전에는 알프레드가 운영했던 프로그램에 있었어요. 이 지역의 장애인협회에서 그를 살펴보고는 그의 어머니한테 아들의 교육적 필요를 충족시킬 수 있는 프로그램이 하나도 없다는 것에 대해 소송을 내라고 했어요. 협회에서 그의 아들을 위한 지금 이 프로그램이 운영될 거라는 소리를 듣기 전까지는 그 엄마는 그렇게 열심히 소송을 위해 뛰어다닐 필요가 없었어요. 그 협회에서 그녀에게 공식적으로 정말 소송을 내라는 그런 뜻으로 말한 것은 아니었죠. 알프레드가 같이 일한 적이 있는 메리 윌로우는 정말 좋은 여자죠"라고 말했다.

마지 선생은 내가 만난 적이 없는 루카 메타에 대해 말하기 시작했다. "이 교실에 있어서는 안 될 학생이 한 명 있어요. 그 아버지가 불라드 교장 선생님한테 억지로 부탁해서 특수반에 넣게 되어 지금 이 반에 있어요. 사실 루카는 생활 기능을 익힐 필요가 없어요. 그는 직업교육을 받고 싶어 했고 산림 감독관이 되고 싶다고 언제 말했어요."

나는 마지 선생과 알프레드한테 토요일 밤에 있었던 웨스트우드 고등학교의 연극을 본 적이 있다고 말했다. 그 연극에 출연한 학생들이 이 특수 프로그램에 있는 학생들과 어떤 연관성이 있는지 물었다. 나는 고등학교에서 친구 관계에 대해 전반적으로 물었다. 마지 선생이 "친구 관계에 대해서는 생각해 보면 극과 극이라고 봐요. 정말 중간 관계란 존재하지 않죠. 보셔서 알겠지만 그 연극에는 흑인 학생이 유일하게 한 명 있었어요. 흑인 학생들은 이 학교에 많은 흑인 학생들이 있기 때문에 정말 이 학교에 오는 것을 좋아하죠. 다른 학교의 경우는 이렇게 많지 않아요. 그렇지만 당신이 생각하는 것처럼 그렇게 스스럼없이 서로 어울리지는 못해요. 목요일은 50번째 생일날로 정한 날이죠. 모든 학생들이 자신이 50살이 됐을 때처럼 옷을 입어야 했어요. 그 연극은 마치 50대가 출연하는 연극이었죠. 아주 극소수의 흑인 학생들만 그렇게 옷을 입고 와요. 흑인 학생들 스스로 백인 학생들과 어울리는 것을 꺼리는데 점심시간 때 학생 식당을 가보면 백인 학생들은 백인 학생들끼리, 흑인 학생들은 흑인 학생들끼리 모여서 점심을 먹는 걸 볼 수 있어요. 중상류층의 흑인 학생의 경우는 백인 학생들과 어울려요. 그건 다른 경우죠"라고 말했다.

언제인가 마지 선생은 나한테 배구팀의 코치를 자원해서 맡았다고 했다. 그녀는 "서로 다른 수준의 학생들에게 말하는 것에 익숙해져야만 했어요. 항상 아주 천천히 말하고 어려운 단어를 사용하지 않았어요. 배구팀은 잘 되어야만 했어요. 제 스스로를 시험해 보고 여러 수준의 학생들을 대하는 연습을 할 수 있는 좋은 기회였어요"라고 말했다.

우리는 계속해서 학교에서 제일 문젯거리 학생과 제일 문제가 없는 학생들에 대해 이야기를 계속했다. 마지 선생은 "제가 이야기 해 본 교사들의 말에 따르면 그 선생님들의 교실에는 공부를 할 수 있는 학생들과 할 수 없는 학생들이 섞여 있다고 해요"라고 말했다.

이 말을 언제 들었는지 정확하게 기억할 수는 없지만 마지 선생은 언젠가 "L.D. 라벨이 붙으면 더 좋은 반에 배정된다"고 말했다. 이 말은 L.D. 반의 경우 문제를 일으키는 학생이 더 적다는 뜻이다.

어떤 이유에서 이런 대화가 시작되었는지 기억나지 않지만 마지 선생은 이 프로그램 학생들의 사회적 배경에 대해 말하기 시작했다. 그녀는 "팜은 이 근처에 사는데 전문직 가정의 출신이죠. 막신은 달라요. 그녀는 동쪽 지역에 살아요. 그녀는 6남매의 딸인데 가정이 그렇게 부유하지는 않아요. 사실 막신의 아버지는 청소용역부들을 책임 맡고 있어요. 제프는 더그우드에 살고 있고 중산층 가정이죠"라고 말했다. 나는 로우에 대해 물었다. 마지 선생은 "로우는 신경정신적 장애를 가지고 있어요. 누나가 있었는데 2년 전에 여기 고등학교를 졸업했죠. 그는 누구보다도 저를 걱정하는 학생이죠. 뭐가 그렇게 만들었는지 저도 잘 모르겠어요. 그는 뭐든지 아주 느려요. 그래서 할 수 있는 일이 있을지 모르겠어요. 그의 아버지는 가끔 학교에 오는데 로우는 정말 아버지하고 똑같이 생겼어요. 그 애한테 뭘 말할 거예요? 그 애가 무엇을 할 수 있을까요? 그 애가 무엇을 하려고 해요? 비행기 세차하는 거? 이런 것에 대해 취업 카운슬러한데 물었어요. 카운슬러는 공항의 비행기 세차하는 직업이 있다고 했어요. 그런데 그 애가 어떻게 비행기를 닦겠어요? 격납고를 청소하는 건 어떨까? 어쩌면 그런 일은 할 수 있겠죠. 로우의 어머니는 참 좋은 사람이에요. 아들의 장애를 본인 잘못이라고 생각하죠. 상상이 가요 그런 모습이? 로우가 태어난 걸 자업자득이라고 생각하면서 살아간다는 것이?"라고 말했다.

"가장 문제가 많은 학생이 루카 메타죠. 리로이는 가장 문제가 없는 학생 중 한 명이죠. 루카의 어머니는 얼마 전에 콩팥 수술을 받았어요. 모두들 그가 보호관찰에 있다는 것을 알고 있죠. 사실 학교에서 무슨 물건이 없어졌다 하면 학생들은 루카를 먼저 의심하죠. 그는 체육관에 가곤 하는데 그가 갔다하면 뭔가 없어지는 거예요. 그래서 학생들이 루카를 더 이상 체육관에 출입하지 못하게 했어요. 그의 보호관찰관은 루카 때문에 직위해제 되었어요. 루카는 다음 해에는 여기 없을 거예요"라고 말했다.

그 때 시간이 거의 12시였고, 나는 다른 날 또 오겠다고 말했다. 마지 선생은 "시간 날 때 언제든지 오세요. 화요일은 소풍이 있어요"라고 말했다. 나는 수요일 4교시에 올지 모른다고 말했다.

마지 선생은 "그런데, 능력에 기초한 프로그램이 여기에 필요하다고 제가 말하는 것을 우연히 들었을 거예요. 이런 학생들에게 여기 앉아서 4년을 썩게 만드는 것은 그들에게 아무런 의미도 없는 멍청한 짓이에요. 이 학생들은 밖에 나가서 일을 해야 해요. 그런데 이들이 갖추어야 할 능력이란 오늘 한 것과 같은 수표 작성하기와 같은 생활 기능들이죠. 사람들은 이들이 바깥 세상에 나가서 이렇게 간단한 일을 스스로 할 수 있는 기능들을 가르치지도 않고 있어요. 일단 이들이 생활에 필요한 기능들을 충분히 습득했고 스스로 할 수 있을 때, 이들을 학교 밖 세상으로 내 보내야 해요. 이런 것에 대한 생각도 없어요 사람들이"라고 말했다.

어느 시점에서 마지 선생은 필립의 가족에 대해 말하고 있었다. 그녀는 "그는 아주 좋은 가정 출신이죠. 아주 착한 중산층 가정의 학생이죠"라고 말했다.

마지 선생을 방문하는 동안 나는 가끔 군입대가 이들 학생들에게 가능한 직업분야인지 물었다. 마지 선생은 "그건 또 다른 문제죠. 대부분의 학생들이 군대에서 필요한 일에 대한 테스트를 통과하지 못 해요. 유명한 "60분(Sixty Minutes)" 프로에서 군대가 학생들에게 부정행위를 하도록 하여 군에 입대하도록 했다는 뉴스가 있었어요. 이들 학생들은 졸업장을 딸 수가 없어요. 그러니 군대에 들어갈 수가 없죠. 시험 칠 때 정말로 이들에게 부정행위를 눈감아 줄 수 있는 방법이 있어 졸업장을 딸 수 있게 해줬으면 하고 바라죠. 이들에게는 졸업장이 정말 필요하거든요. 만약 필이 졸업장을 받지 못한다면 아주 실망하고 힘들어 하겠지만 그렇다고 어떻게든 졸업장을 따도록 뭔가 해 줄 수도 없어요. 팜은 아마 쓰러질걸요. 만약 졸업을 못한다면 그녀는 크게 좌절할 거예요. 그녀 친구들은 졸업장을 받거든요"라고 말했다.

우리는 교실을 나왔다. 마지 선생과 알프레드는 나와 같이 텅 빈 복도를 걸었다. 나는 마지 선생한테 학생들이 이 수업을 듣는 것을 어떻게 생각하는지 물었다. 그녀는 "학생들마다 달라요. 사실 팜은 정말 싫어하죠. 역사 과목에 낙제해서 여름 학기를 들어야 해요. 낙제한 이유는 이 프로그램에 있다는 사실을 역사 과목 학생이나 선생한테 말하지 않아 보충 도움을 받지 못했고 그 때문에 낙제를 했어요"라고 말했다. 마지 선생은 현관까지 나와 같이 걸어 나왔다. 알프레드는 중간에 교무실로 들어갔다.

현관으로 오는 도중에 마지 선생은 "우리 반에 새로 오는 학생에 대해 말한 것 기억나죠? 치과의사 아들인 스웬슨의 아들요? 그 학생에 대해 여러 가지 이야기를 듣고 있어요. 그가 정말로 E.M.H.(Educable Mentally Handicapped, 교육 가능한 정신장애)이고 과잉행동 장애가 있는지 알아봐야겠어요. 정말로 이 학생 때문에 아주 바빠질 듯해요. 내년에는 이 프로그램에 20명 정도의 학생이 있을 예정이라 보조 교사 한 명 더 필요할 듯해요"라고 말했다. 나는 마지 선생한테 인사를 하고 내 차로 걸어 왔다.

추가 사항

그저께 밤에 웨스트우드 고등학교에서 교사로 있는 여선생을 파티에서 우연히 만났다. 그녀는 내가 웨스트우드에서 무엇을 하고 있는지 물었다. 나는 내가 하고 있는 일을 설명했다. 그녀는 자기 반에는 마지 선생의 프로그램에 있는 학생들이 많이 있지 않다고 했다. 그녀 반에는 루카가 있는데 그는 아주 좋은 학생이라고 했다. 정확하지는 않지만 그녀가 이렇게 말한 것 같다: "그는 잘 읽지는 못해요 그렇지만 제 반에 있는 다른 학생들보다 지적 능력이 뛰어나요.” 그가 타이프를 쳐서 숙제를 냈다고 그녀는 말했다. 그녀는 리로이도 자기 반에 있는데 그에 대해서는 많이 알지 못한다고 했다. 나는 언제 그녀와 대화를 나누고 싶다고 말했다.

> O.C.: 오늘 아침 통합교육의 연구에 대해 한스와 이야기를 나누고 있었다. 존스 마키 학교에 대해 대화를 시작했고 어쩌면 한두 명 이상의 장애학생이 교실에 있는 것이 장애학생들에게도 더 좋을 것이라고 했다. 대화를 나누면서 어쩌면 통합교육에 대한 많은 불신이 그 학생들이나 통합교육하고는 별 상관없는 것이 아닐지도 모른다는 생각이 들었다. 통합교육을 위해 변형과 이행을 겪고 있는 학교들이야 말로 어쩌면 가장 통합교육을 반대하는 학교들일지 모른다. 통합교육은 사람들이 찬성하고 반대하는 그런 것으로 이해되어서는 안 된다. 학교들마다 서로 다른 문제에 직면하고 있는 것으로 이해되어야 한다. 맥리 주니어 고등학교의 한 교사는 학교에 특수교육을 받아야 하는 학생들을 위한 반이 있다는 것은 그 학교가 문 닫아야 하는 일이라고 했다. 하지만 그 학교의 교장은 그 학교가 존속해야 할 표시라고 생각할 수도 있다. 특수교육은 그것이 어떻게 인식되는가에 따라 문제를 야기하기도 하고 완화시키기도 한다. 이 점이 아주 중요하다고 본다.

용어 정리

감광 개념(Sensitizing Concepts) 다른 상황이나 다른 연구참여자에 대한 일반화가 가능한 연구에서 연구자의 관찰에 의해 개발된 어떤 일반적인 아이디어, 관계, 또는 추상적 개념들을 나타내는 단어나 문구를 말한다.

개방형 인터뷰(Open-ended Interviewing) 정해진 특정한 형식이나 절차 없이 행하는 인터뷰를 말한다. 연구자는 연구참여자와 자연스럽게 대화하며 그 대화의 주제 또한 연구참여자가 꺼낸 것으로 연구자는 단지 그 주제를 따라가면서 대화를 통하여 필요한 자료를 수집한다. 개방형 인터뷰는 종종 비구조화 인터뷰(unstructured interviewing)와 동의어로 사용된다.

개인 기록문서(Personal Documents) 연구참여자에 의한 직접적인 긴 진술문으로 이들의 관점을 나타낸다. 개인 기록문서란 연구참여자가 기록한 일기, 편지, 자서전, 또는 다른 유형의 기록물을 말하며 또한 연구자가 연구참여자와 함께 수행했던 심층인터뷰의 녹취록을 언급하는 용어이기도 하다.

공식문서(Official Documents) 단체, 기관이나 조직에 의해 보관되고 있는 메모, 뉴스레트, 개인기록 및 다른 종류의 서술적 기록들을 말한다.

관찰안내서(Observation Guides) 연구에 적합한 자료를 수집할 수 있는 현장으로 연구자를 안내해주는 일련의 질문목록이나 자료수집 영역 목록을 말한다.

관찰자 주해(Observer's Comments) 관찰한 것에 대한 서술에서 한발 물러나서 관찰한 것에서 무엇을 배웠는지를 회상하고 반성하는 내용을 기록한 것으로 현장조사록의 한 부분을 차지하는 연구자의 기록 부분이다. 관찰자 주해는 연구방법론적 문제들과 연구와 관련된 여러 가지 다른 측면들에 관한 문제들에 대한 연구자의 주해를 적은 것이다.

관찰자 효과(Observer effect) 연구자가 연구하고 있는 상황이나 환경을 어떻게, 얼마나 변화시키는가를 표현하는 용어이다.

구술사료(史料) 또는 구술기록(Oral History) 생활사 인터뷰를 언급할 때 사용하는 용어이다. 과거에 대한 정보를 발견하고 전달하는 수단으로 구술된 기억, 이야기, 노래 등이 여기에 해당한다.

귀납적(Inductive) 특수한 상황(사물, 현상)으로부터 일반적인 상황(사물, 현상)으로 사고해 나가는 것을 말한다. 질적 연구의 경우 가설이나 협의의 연구문제를 연구시작 전에 미리 설정하여 연구를 수행하는 것이 아니라 자료 수집을 하는 동안의 분석을 통해 가설, 연구문제, 또는 결론을 도출하는 것을 말한다.

근거이론(Grounded Theory) 안셈 스트라우스(Anselm Strauss)와 바니 글래서(Barney Glaser)와 연관된 용어로 연구자가 자료를 수집함과 동시에 분석을 실시하는 특수한 절차를 말한다. 또는 좀 더 일반적인 의미로 질적 연구 자료를 사용해서 귀납적으로 어떤 이론을 개발하는 경우를 말할 때 사용되기도 한다.

계급에 따른 신빙성(Hierarchy of Credibility) 연구를 수행할 때는 사회적, 경제적 권력 계층에 있는 사람들일수록 더 많이 알고 있기 때문에 하위계층 사람들보다 이들의 말을 더 많이 들어야 하고 이들의 말이 더욱 신빙성이 있다고 잘못 생각하는 것을 지칭하는 용어이다.

기록문서연구(Archival Research) 연구자가 자신의 연구를 수행하는데 있어서 도서관과 기록문서 보관소 등의 자료를 사용하여 수행하는 연구를 말한다.

기호학(Semiotics) 사람들이 사용하는 기호를 지배하는 법칙과 기호사이의 관계를 규명하고, 기호를 통해 의미가 형성, 전달되는 과정과 기호체계가 인간행동에 어떤 영향을 주는지 그 정신과정을 연구하는 학문을 말한다.

눈덩이 표본추출법(Snowball Sampling) 연구에 참여한 연구참여자가 연구목적에 적합하며 연구자에게 귀중한 정보를 줄 수 있는 다른 연구참여자를 추천하는 것으로 원하는 표본의 크기를 얻을 때까지 이 과정을 계속하는 표본추출법을 말한다.

내부 샘플링(Internal Sampling) 참여관찰 연구를 할 때 누구를 인터뷰할 것인지, 연구에 투자하는 시간은 어떻게 배분할 것인지 등의 연구를 수행할 때 고려해야 하는 여러 가지 배분과 관련된 사항들을 결정하는 것을 말한다.

내부자 관점(Inner Perspective) 질적 연구자가 연구참여자의 관점을 언급할 때 사용하는 용어이다.

논제(Thesis) 연구논문이나 원고에서 명제의 형식으로 연구자에 의해 제안된 아이디어나 이론으로 논리적인 논의가 뒤따르는 문장을 말한다.

녹취록(Transcripts) 녹음장치로 기록된 인터뷰나 현장조사록의 내용을 문장으로 바꾸어 놓은 문서를 말한다.

다중사례연구(Multi-Case Studies) 두 명 이상의 연구참여자나 두 곳 이상의 상황, 장소, 또는 연구관련 문서보관소를 대상으로 하는 연구를 말한다.

다큐멘터리(Documentary) 만들거나 찾아내고자 하는 개념이나 이론에 대한 전반적인 서술을 강조하는 자료보고 방식을 말한다.

단독연구(Lone Ranger Research) 다른 현장조사자들이나 협력 연구원들의 도움 없이 연구자 혼자서 수행하는 연구를 말한다.

대중문화(Popular Culture) 탈공업화 사회에서 살아가는 사람들의 생활 스타일, 오락 및 일반 대중적 측면을 뜻하는 용어이다. 서적이나 문서의 내용물, 생산품, 영화, 잡지, 텔레비전, 책, 음악, 테마유원지 등을 언급할 때 종종 사용되는 용어이지만 좀 더 폭넓은 뜻으로 사용되고 있다.

데이터 포화상태(Data Saturation) 연구자가 수집하는 정보가 충분하여 수집되는 정보가 중복된다고 생각되는 자료수집의 단계를 말하는 것으로 질적 연구에서 자료수집을 마쳐할 때임을 암시하는 상태이다.

메모(Memos) 질적 연구자들이 자료를 수집하는 동안 자신들의 연구수행에 대한 반성을 기록해 놓은 것을 말한다. 메모는 보통 현장조사 기록문을 작성할 때 같이 기록되는 것으로 현장조사 록의 일부분이며 자료분석과 해석을 위한 출발점이 되는 아이디어를 담고 있다.

모델(Models) 연구결과를 바탕으로 해서 서술적으로 추상화 해 놓은 개념을 말한다. 이 모델에는 어떤 윤곽에 의해 서로 느슨하게 연결되어 있는 유형에 따른 분류체계, 범주, 개념, 아이디어, 관계, 정의 등으로 구성된다.

문화기술지(Ethnography) 어떤 집단, 사회, 공동체의 문화나 그 하위문화의 기술을 언급하는 인류학 용어로 이론적 측면을 뜻하는 동시에 연구방법이나 이 연구(법)에 의해 나온 최종 연구 결과물을 뜻하기도 한다. 기술(記述)민족학 또는 민족지(誌)학으로 번역하기도 하는데, 이 책에서는 연구 결과물이나 연구방법적 측면의 경우 문화기술지 연구라고 번역하고 연구 결과물을 지칭하는 경우에는 문화기술지로 번역하였다(역자주).

문화연구(Cultural Studies) 비판연구의 관심을 사용하여 문화를 연구하는 특정한 접근방법을 말한다.

민속방법론(Ethnomethodology) 상징적 상호작용 이론과 비슷하며 현상학적인 방법을 적용하여 사회 질서의 이론을 구축하려는데 목적이 있다. 사람들이 일상생활을 영위해 가는 방식, 즉 어떤 방식으로 사람들이 자신들의 일상적 삶을 이끌어가고 이해하는지에 초점을 두고 있는 질적 연구의 특별한 방법을 말한다. 민속방법론은 사회 질서는 어떻게 유지되는가 하는 사회학의 기본 문제에 대하여 사회 구성원의 극히 일상적인 의미부여 활동의 고찰을 통해 이 문제에 접근하는 연구방법으로 헤롤드 가핑클(Harold Garfinkel, 1917-)이 창시한 사회학 연구방법이다. 사회 질서 그 자체를 연구하는 대신 상호작용하는 사람들이 어떻게 사회 질서에 관한 감각을 창출하고 유지시켜 나가는가를 알려고 한다. 민속방법론자는 일상생활의 구조와 기조가 되는 기본적인 원칙을 발견하고자 하는 시도에서, 당연하게 느껴지는 행위의 규명에 초점을 두고 상호 작용을 통하여 사람들이 자기들이 사는 세상에 대해서 공통된 정의를 내리는 과정을 고찰한다. 따라서 사회 질서란 상호 작용의 쌍방이 공통된 의미에 합의함으로써 그들이 당면한 상황을 이해할 수 있게 된 결과라는 것이다. 또한 이들의 관심사는 사회 절서의 실재성보다는 그것이 구체적으로 사람들 사이에서 서로 합의된 것으로 인정하는 바로 그 규율(또는 규칙)을 찾는 것에 더 비중을 둔다(역자주).

반구조화 인터뷰(Semi-Structured Interviews) 면담자가 미리 준비한 일련의 구조화되고 조직화된 질문을 한 다음 좀더 풍부한 정보를 얻기 위하여 개방형 질문을 사용하여 더 깊게 피면담자의 반응을 이끌어 내는 인터뷰(면담)의 한 유형을 말한다.

분류체계(유형학)(Typologies) 일종의 분류체계를 언급하는 용어인데 질적 연구에서는 연구대상자들이 자신들이 살아가는 세상을 서로 다른 여러 종류로 나누어 조직화하는데 사용하는 범주를 언급할 때 주로 사용한다.

분석(Analysis) 결과를 도출할 목적으로 수집된 자료에 숨어 있는 패턴을 찾기 위하여 자료를 분류, 정렬, 코딩(부호화) 하는 일련의 과정을 말한다.

분석적 귀납법(Analytic Induction) 특정한 문제나 의문, 쟁점을 연구할 때 사용하는 자료 수집과 분석의 특별한 방법을 말한다. 이 용어는 근거이론(grounded theory)과 관련되어 종종 언급되므로 좀더 자세한 것은 근거이론을 참고하기 바란다.

비구조화 인터뷰(Unstructured Interviewing) 미리 정해진 질문이나 주제를 사용하지 않은 채 면담하는 것을 말한다. 연구자는 연구대상자에게 일반적인 경험에 대해서 말해 달라고 하고 그 과정에서 중요하게 생각되는 주제가 있다면 더 깊게 물어보는 인터뷰 방법이다. 보통 심층 인터뷰와 연관성이 많은 인터뷰 방법이다.

비판이론(Critical Theory) 이 이론은 윤리적, 정치적 행위가 연구라고 생각하며 이런 측면에서 연구를 행하고 있다. 비판이론가들에 따르면 권력이 없는 사람들과 노동자들에게 불평등과 부정을 해소할 수 있도록 해야 하는 것이 자신들이 추구하는 연구라고 한다. 이 이론가들은 지속적으로 이데올로기를 비판함으로써 사회현상의 분석과 논의를 위한 비판적 관점을 발달시킴으로써 현대 문화연구의 시조라고 할 수 있다(역자주).

사례연구(Case Study) 하나의 상황, 한 명의 연구참여자(또는 대상자), 문서를 보관하는 하나의 장소, 또는 어떤 특정한 하나의 사건을 상세하게 조사하는 연구를 말한다.

사회적 구성(Social Construction) 사회를 바라보는 다양한 관점은 고정되거나 필수적인 관점이 존재하는 것이 아니라 사회구성원들 간의 사회적 상호작용에 의해 형성되며 그러한 관점은 사람들의 정신에 존재한다는 사실을 언급할 때 사용하는 용어이다.

삼각검증법(Triangulation) 질적 연구에서 도출한 결과의 타당성을 높이기 위해서 여러 유형의 자료수집 방법, 자료출처, 또는 다양한 이론적 관점을 사용해야 함을 나타내는 용어이다.

상시비교법(Constant Comparative Method) 수집하는 자료의 출처가 여러 군데인 경우에 사용하는 연구설계로서, 이 설계에 따르면 연구의 시작과 함께 수집된 자료의 공식적인 분석을 시작해서 자료의 수집이 끝날 즈음 수집된 자료의 분석도 거의 동시에 마무리되도록 연구가 진행되는 동안 상시 실시한다. 이 연구설계는 근거이론의 접근법으로 범주를 확인하고, 범주들 사이의 구분을 짓고, 어떤 범주가 이론적으로 연관되고 중요한지의 결정을 연구시작부터 끝까지 항시 실시하는 질적 연구 데이터의 분석과정을 말한다.

상징적 상호작용론(Symbolic Interaction) 사회학에서 개인이 어떻게 사회적 상호작용을 하는지 그리고 이러한 상호작용이 어떻게 사회적 구조와 개인의 자기정체성을 만들어내고 유지시키는지를 연구하는 이론을 말한다. 질적 연구를 위한 개념적 토대를 이룩했던 죠지 허버트 미드(George Herbert Mead)로부터 배운 허버트 브루머(Herbert Blumer)에 의해 이론으로 정립되었다.

상황 정의(Definition of the Situation) 연구참여자의 사고방식이나 관점을 말하는 것으로 상징적 상호작용론과 관련된 용어이다.

생애사(Life History) 한 명의 연구참여자에게서 얻은 그의 삶에 대한 구체적이고 자세한 서술로 구성된 1인칭의 전기적 형식의 기록을 말한다. 강조점은 연구참여자가 사는 동안 일어났던 여러 사건과 삶의 여러 측면에 대한 개인적 해석과 관점을 끄집어내는데 강조점을 두고 있다.

생애사 인터뷰(Life History Interview) 연구참여자의 생활사를 서술할 목적으로 연구자가 행하는 인터뷰를 말한다.

신뢰도(Reliability) 연구자가 수집하는 데이터와 연구자가 기록하는 문서, 그리고 연구자가 연구하고 있는 실제 사회현상 사이의 일치도를 말한다. 연구자가 도출한 결과의 의미에 대한 연구자의 해석의 정확성이나 이 결과들이 다른 연구와 이론과 어떻게 연관되는지에 대한 정확성을 언급하는 것이 아니라 연구 장소와 연구참여자에 대한 연구자의 정확한 서술을 언급할 때 사용하는 용어이다.

실행연구(Action Research) 불평등, 사회 · 경제적 지위나 인종에 따른 차별, 또는 환경 위기 등을 야기 시키는 사회적 원인들을 좀더 향상시켜 기존의 관행을 변화시키고자 하는 연구를 말한다. 또한 좀더 일반적인 의미로 어떤 즉각적인 변화를 가져오는 연구를 말하기도 한다.

시카고학파(Chicago School) 1920년대와 1930년대 시카고 대학교의 사회학과 교수들을 지칭하는 이름으로 이들은 질적 연구의 특별한 방법의 개발에 큰 영향을 미친 인물들이다.

심층인터뷰(In-depth Interviewing) 연구참여자의 사고방식이나 사고의 흐름에 대한 풍부한 이해를 얻기 위하여 설계된 인터뷰를 말한다. 일반적인 인터뷰보다 보통 길고, 한 시간이나 그 이상이 걸리기도 하며 이 인터뷰에서 사용하는 질문자체는 연구참여자의 반응에 따라 변화 가능하여 구조화가 덜 되어 있다. 그래서 이 인터뷰 방법은 연구대상자가 대화주제로 삼는 것을 통해서 연구자가 탐구, 조사해 간다. 심층인터뷰는 보통 동일한 연구대상자를 상대로 한 번이상의 인터뷰를 한다.

연구계획제안서(Request for Proposals, RFPs) 국가기관이나 연구진흥재단에서 수행하고자 하는 연구를 기술해 놓은 문서로서 이 연구계획 제안서는 많은 연구자들이 이들 연구에 참여하도록 권장하는 목적으로 배부된다.

연구방법론(Methodology) 자료수집 방법과 함께 연구수행을 위한 배경이 되는 이론이나 가설을 포함하는 것으로 연구자가 연구수행을 위해 취하는 일반적인 방식을 말한다.

연구승인권자(Gate Keepers) 연구자에게 연구수행을 허락할지 금지할지에 대한 권한을 가지고 있는 사람을 말한다.

연구윤리심의위원회(Institutional Review Boards, IRB) 대학이나 기관에서 연구계획서를 심의·승인하고 연구자가 연구를 위해서 지켜야 할 윤리적, 법적 기준을 준수하고 있는지를 감시·관리하기 위하여 설치한 위원회를 말한다. 이 위원회의 주된 관심사는 연구참여자가 연구참여로 인하여 어떤 위험에 노출되지는 않는지 그리고 이들 연구참여자가 연구참여 동의를 했는지 등이다.

연구참여동의(Informed Consent) 연구의 성격과 본질, 그리고 연구에 참여함으로써 발생할 수 있는 위험을 연구참여자에게 말하는 것으로 서면이나 직접 구술의 형식으로 전달하는 것을 말한다. 연구참여동의서(Informed Consent Form)

연성(軟性)자료(Soft Data) 질적 연구의 자료 수집을 통해서 얻어진 현장조사록, 인터뷰 녹취록, 공식 문서, 그림, 또는 다른 유형의 서술 자료를 말한다.

요령 배우기(Learning the Ropes) 질적 연구자가 현장조사를 수행할 장소와 상황에 적응하는 요령을 막 배우기 시작하는 것을 표현하는 용어로 질적 연구자들이 현장조사의 시작단계를 언급할 때 사용한다.

응용연구(Applied Research) 어떤 프로그램이나 실행에 대한 실제적인 결정을 내리거나 향상을 가져오기 위하여 직접적으로 사용할 수 있는, 또는 직접적으로 사회변화를 야기 시키도록 사용할 수 있는 유형의 연구를 말한다.

의도적 표본추출법(Purposeful Sampling) 수행하려고 하는 질적 연구의 목적을 가장 잘 달성할 수 있다고 판단되는 "정보가 풍부한" 연구참여자, 장소, 사례 등을 의도적으로 선택하는 과정을 말한다.

의미(Meaning) 질적 연구에서 연구참여자들이 세상을 어떻게 이해하는지, 이들이 큰 의미를 부여하고 있는 것은 무엇인지를 강조할 때 사용하는 용어이다.

위장연구(Covert Research) 연구참여자가 자신이 연구 대상으로 연구되고 있는지를 알 수 없도록 숨기면서 행하는 연구를 말한다.

이론적 표본추출법(Theoretical Sampling) 어떤 이론이나 모델에 있는 특정한 개념이나 주제를 연구하는데 가장 좋은 예가 되는 연구대상자나 상황을 표본으로 삼는 것을 말한다.

일반화 정도(Generalizability) 어떤 한 가지 상황이나 한 집단의 사람들로부터 얻은 연구결과를 다른 상황이나 다른 사람들에게도 적용할 수 있는지(또는 들어맞는지)의 정도를 말한다.

자기 문화기술지(Auto-ethnography) 연구자 자신을 연구의 대상으로 삼는 연구로서 자신을 연구의 주된 주제로 기술하는 연구를 말한다.

자연적(Naturalistic) 연구참여자와 연구자 사이의 관계가 알려진 상태에서 연구에 참여하는 사람들이 있는 그들의 환경에서 수행하는 연구를 언급할 때 사용하는 용어이다.

잠정적 가설(Working Hypothesis) 연구가 진행되는 도중에 그때까지 수집된 자료로부터 도출되어 차후 연구가 더 많이 진행되고 더 많은 자료에 의해 검증되고 수정될 수 있는 가설을 말한다.

정책연구(Policy Research) 사회적 쟁점이나 관심사에 관한 자료를 수집하고자 하는 정부기관이나 비정부기구(Nongovernmental organization, NGO)와의 계약에 의해 수행하는 연구를 말한다.

주제(Themes) 연구자가 수집하여 분석한 자료에서 드러나게 되는 여러 개념, 근거이론, 또는 아이디어로서 어떤 특정한 데이터와 결과들을 일관된 패턴으로 포괄하는 대표적이고 통합적인 성격을 띤다. 테마는 연구로부터 유도된 큰 아이디어들을 말하는데 연구결과와 해석에 대한 보고서 작성과 발표를 위한 전체적인 틀을 잡는데 필수적이다.

질적종합평가(Summative Qualitative Evaluation) 연구를 수행하고 있는 도중에 행해지는 질적형성평가와는 달리 연구를 종료한 상태에서 연구자가 보고서로 제출한 연구결과에 대한 평가를 말한다.

질적 연구(Qualitative Research) 있는 그대로의 자연적 상황에서 서술 데이터 수집과 귀납적 사고의 사용을 중요시하며 연구참여자의 관점 이해를 강조하는 사회과학 연구에서 사용하는 연구방법이다.

질적형성평가(Formative Qualitative Evaluation) 연구비 지원자(재단)나 연구참여자에게 연구를 진행하고 있는 도중에 그때까지의 연구결과에 대해 계속적으로 피드백을 제공받으면서 수행하는 평가연구를 말한다.

참여관찰(Participant Observation) 질적 자료수집의 한 가지 방법으로 연구참여자가 직접 생활이나 근무하고 있는 환경에 연구자가 장기간 머물면서 그 환경이나 사람들에게 있는 듯 없는 듯 하면서 자료를 수집하는 것을 말한다. 이때 연구자는 참여자인 동시에 관찰자의 역할을 하게 된다.

총체적(Holistic) 연구참여자와 연구 대상이 되는 장소를 전체적이며 좀더 폭넓은 맥락에서 조사하여 연구하는 것을 말한다.

코딩(Coding, 부호화) 수집된 자료를 분류하기 위한 범주를 만들어가는 과정을 말한다. 또는 자료를 분류하는 과정을 언급할 때도 사용되기도 한다.

코딩범주(Coding Categories) 질적 연구의 자료를 분류하여 분석할 때 사용하기 위하여 만든 단어(또는 용어)이나 문구를 말한다.

판단중지(또는 선입견 배제)(Bracketing, 브래키팅) 연구참여자나 연구자가 당연한 것으로 생각하는 아이디어, 낱말, 문구 등을 찾아내서 연구의 대상으로 다루는 분석적 방법을 말한다. 예를 들어, 약혼한 커플을 대상으로 한 연구의 경우 "사랑"이란 단어가 이들과 연구자에게 당연한 것으로 받아들여졌기 때문에 이 "사랑"을 브래키팅한 다음 이들 연구참여자들이 어떻게 사랑이란 단어를 이루어가는 지를 연구했다.

패러다임(Paradigm) 사고와 연구의 방향을 이끄는 논리적으로 연관성을 가진 가정, 개념, 또는 명제들의 집합체로 어떤 것을 설명하는 분명하고 전형적인 예나 모델을 말한다.

페미니스트 방법(Feminist Methods) 페미니즘을 표방하는 연구방법으로 연구 수행과정에서 연구참여자의 좀더 적극적인 참여역할을 강조한다.

페미니즘(남녀동권주의, 여권신장론)(Feminism) 성(性)이 사회에서 핵심적인 역할을 하고 있음을 강조하는 이론으로 이 이론은 남녀의 성에 의한 불평등을 해소하는데 기여하고 있다.

포스트모더니즘(Postmodernism) 인간이 과학과 합리적이고 이성적인 사고에 대한 신념을 버리고 대중문화와 공학 매체의 홍수 속에 지배되는 특정한 문화 기간에 있다고 진술하고 있는 이론을 말한다. 또한 현재의 포스트모던 현상을 언급하는 이론들을 지칭하기도 한다.

평가연구(Evaluation Research) 어떤 계획의 실행에 따른 변화를 기술하고, 문서화하고, 평가하는 연구를 말한다. 평가연구는 일반적으로 연구자와 의사결정권자의 연구 계약에 의해 이루어지는 것으로 연구자는 의사결정에 대한 정보를 제공해주는 역할을 한다.

현상학적(Phenomenological) 연구참여자들의 관점을 이해하는데 초점을 두고 있는 사회학의 연구를 언급할 때 사용하는 용어이다.

현장조사(Fieldwork) 질적 연구의 표준 자료 수집 방법을 말한다. 대부분의 경우 현장조사는 연구참여자들이 일상적으로 자연스럽게 시간을 보내는 장소에서 연구자가 자료를 수집하는 경우를 언급할 때 사용하는 용어이다.

현장조사록(Fieldnotes) 연구자료를 수집하는 과정에서 연구자가 듣고, 보고, 경험하고, 생각한 것을 적어놓은 기록문서를 말한다.

현직(現職)자 연구(Practitioner Research) 교사, 사회복지사, 또는 다른 복지사업에 종사하는 직업인들이 자신들 직업 활동을 향상시키기 위해 사용하는 연구기법을 말한다.

해석(Interpretation) 연구 수행을 통해서 얻은 연구결과들에 대한 아이디어를 개발해서 이들과 참고문헌 및 좀더 폭넓은 관련 내용이나 개념들과의 관련성을 파악하는 것을 말한다.

해석연구(Interpretive Research) 문자로 기록된 자료를 포함한 서술적 자료를 사용하는 연구로서 반드시 질적 연구의 특징인 귀납적, 자연적(naturalistic), 또는 연구참여자의 의미 파악 등과 관련될 필요는 없는 연구를 말한다. 이 용어는 종종 질적 연구와 동의어로 사용되기도 하지만 사실 질적 연구보다 좀더 폭넓은 연구를 뜻한다. 따라서 모든 질적 연구는 해석적이지만 모든 해석연구가 질적 연구라고 말하기는 어렵다.

핵심 정보제공자(Key Informants) 연구자와 특별히 좋은 신뢰감(라포르)을 형성한 연구참여자로서 연구자에게 자료수집에 큰 도움과 통찰을 제공해 주며 제공하는 자료에 대해 생각이나 느낌을 조리 있고 또렷하게 말해주는 연구참여자를 말한다.

참고문헌

Abu-Lughod, L. (1999). The interpretation of culture(s) after television. In S. Ortner (Ed.), *The fate of "culture": Geertz and beyond*, pp. 110–135. Berkeley: University of California Press.

Acker, S. (Ed.). (1989). *Teachers, gender and careers.* New York: Falmer Press.

Adams, R. N., & Preiss, J. J. (Eds.). (1960). *Human organization research.* Homewood, IL: Dorsey Press.

Adler, P. A., & Adler, P. (1987). *Membership roles in field research.* Newbury Park, CA: Sage.

Adler, P. A., & Adler, P. (1991). *Backboards & blackboards: College athletes and role engulfment.* New York: Columbia, 1991.

Adler, P. A., & Adler, P. (1994). Observational techniques. In N. K. Denzin & Y. S. Lincoln (Eds.), *Handbook of qualitative research.* Thousand Oaks, CA: Sage, pp. 377–392.

Agar, M. H. (1986). *Speaking of ethnography.* Newbury Park, CA: Sage.

Albers, P. C., & James, W. R. (1990). Private and public images: A study of photographic contrasts in postcard pictures of Great Basin Indians. *Visual Anthropology 3*: 343–366.

Alloula, M. (1986). *The colonial harem.* Minneapolis: University of Minnesota Press.

Allport, G. (1942). *The use of personal documents in psychological science.* New York: Social Science Research Council.

Altheide, D. L., & Johnson, J. M. (1994). Criteria for assessing interpretive validity in qualitative research. In N. K. Denzin & Y. S. Lincoln (Eds.), *Handbook of qualitative research.* Thousand Oaks, CA: Sage, pp. 485–499.

American Sociological Association (1989). *Code of ethics.* Washington, DC: American Sociological Association.

Anderson, E. (1999). *Code of the street.* New York: Norton: 1999.

Anderson, N. (1923). *The hobo.* Chicago: University of Chicago Press.

Angell, R. (1936). *The family encounters the depression.* New York: Scribner's.

Angell, R. (1945). A critical review of the development of the personal document method in sociology 1920–1940. In L. Gottschalk, C. Kluckhohn, & R. Angell (Eds.), *The use of personal documents in history, anthropology, and sociology.* New York: Social Science Research Council.

Antler, J., & Biklen, S. K. (1990). Introduction. In *Changing education: Women as radicals and conservators.* Albany, NY: State University of New York Press, pp. xv–xxvii.

Anyon, J. (1984). Intersections of gender and class: Accommodation and resistance by working class and affluent females to contradictory sex-role ideologies. *Journal of Education 166*(1): 25–48.

Atkinson, P. (1990). *The ethnographic imagination.* London: Routledge.

Atkinson, P. (1991). Supervising the text. *Qualitative Studies in Education 4*(2): 161–174.

Back, L. (1993). Gendered participation: Masculinity and fieldwork in a south London adolescent community. In D. Bell, P. Caplan, & W. J. Karim. *Gendered fields: Women, men & ethnography.* London: Routledge, pp. 215–233.

Bacon-Smith, C. (1992). *Enterprising women: Television fandom and the creation of popular myth.* Philadelphia: University of Pennsylvania Press.

Bain, R. (1929). The validity of life histories and diaries. *Journal of Educational Sociology 3:* 150–164.

Baker, P. (1973). The life histories of W. I. Thomas and Robert E. Park. *American Journal of Sociology 79:* 243–261.

Baker, S. (1966). *The complete stylist.* New York: Crowell.

Ball, M. S., & Smith, G. W. H. (1992). *Analyzing visual data.* Newbury Park, CA: Sage.

Barker, R. D. (1968). *Ecological psychology.* Stanford, CA: Stanford University Press.

Barnes, E. (1978). *Peer interaction between typical and special children in an integrated setting: An observational study.* Unpublished doctoral dissertation, Syracuse University.

Barthel, D. (1988). *Putting on appearances.* Philadelphia: Temple University Press.

Bartlett, F. C., Ginsberg, M., Lindgren, E. S., & Thouless, R. H. (Eds.). (1939). *The study of society.* London: Kegan Paul, Trench, Trubner & Co.

Becker, H. S. (1951). *Role and career problems of the Chicago public school teacher.* Unpublished doctoral dissertation, University of Chicago.

Becker, H. S. (1952a). The career of the Chicago public school teacher. *American Journal of Sociology 57:* 470–477.

Becker, H. S. (1952b). Social-class variations in the teacher–pupil relationship. *Journal of Educational Sociology 25:* 451–465.

Becker, H. S. (1953). The teacher in the authority system of the public school. *Journal of Educational Sociology 27:* 128–141.

Becker, H. S. (1958). Problems of inference and proof in participant observation. *American Sociological Review 23:* 652–660.

Becker, H. S. (1963). *Outsiders: Studies in the sociology of deviance.* New York: The Free Press.

Becker, H. S. (1970a). *Sociological work.* Chicago: Aldine.

Becker, H. S. (1970b). The life history and the scientific mosaic. *Sociological work.* Chicago: Aldine.

Becker, H. S. (1970c). Whose side are we on? *Sociological work.* Chicago: Aldine.

Becker, H. S. (1978). Do photographs tell the truth? *After Image 5:* 9–13.

Becker, H. S. (1983). Studying urban schools. *Anthropology & Education Quarterly 14*(2): 99–106.

Becker, H. S. (1986a). Computing in qualitative sociology. *Qualitative Sociology 9*(1): 100–103.

Becker, H. S. (1986b). *Doing things together.* Evanston, IL: Northwestern University Press.

Becker, H. S. (1986c). *Writing for social scientists.* Chicago: University of Chicago Press.

Becker, H. S. (1995). Visual sociology, documentary photography, and photojournalism: It's (almost) all a matter of context. *Visual Sociology 10*(1–2): 5–14.

Becker, H. S., & Geer, B. (1957). Participant observation and interviewing: A comparison. *Human Organization 16:* 28–32.

Becker, H. S., & Geer, B. (1960). Participant observation: The analysis of qualitative field data. In R. Adams & J. Preiss (Eds.), *Human organization research.* Homewood, IL: Dorsey Press, pp. 267–289.

Becker, H. S., Geer, B., & Hughes, E. (1968). *Making the grade.* New York: Wiley.

Becker, H. S., Geer, B., Hughes, E. C., & Strauss, A. (1961). *Boys in white: Student culture in medical school.* Chicago: University of Chicago Press.

Behar, R. (1990). Rage and redemption: Reading the life story of a Mexican marketing woman. *Feminist Studies 16*(2): 223–258.

Behar, R. (1996). *The vulnerable observer.* Boston: Beacon Press.

Benney, M., & Hughes, E. (1956). Of sociology and the interview. *American Journal of Sociology 62*(2): 137–142.

Berger, P., & Lückmann, T. (1967). *The social construction of reality.* Garden City, NY: Doubleday.

Bernal, D. (2002). Critical race theory, Latino critical theory, and critical raced-gendered epistemologies: Recognizing students of color as holders and creators of knowledge. *Qualitative Inquiry 8*(1): 105–126.

Bertaux, D. (Ed.). (1981). *The life history approach in the social sciences.* Beverly Hills, CA: Sage.

Bertaux, D., & Delcroix, C. (2000). Case histories of families and social processes. In P. Chamberlayne, J. Bornat, & T. Wengraf (Eds.). *The turn to biographical methods in social science.* London: Routledge, pp. 80–89.

Best, A. (2000). *Prom night.* New York: Routledge.

Bettie, J. (2003). *Women without class.* Berkeley: University of California Press.

Bhaba, H. (1986). The other question: Difference, discrimination, and the discourse of colonialism. In F. Barker, P. Hulme, M. Iversen, & D. Loxley (Eds.), *Literature, politics, and theory.* London: Methuen.

Bhaba, H. (1990). *Nation and narration.* New York: Routledge.

Bhaba, H. (1992). Postcolonial authority and postmodern guilt. In L. Grossberg, C. Nelson, & P. Treichler (Eds.), *Cultural studies.* New York: Routledge, pp. 56–65.

Biklen, D. (1985). *Achieving the complete school.* New York: Teachers College.

Biklen, D., & Bogdan, R. (1977). Media portrayals of disabled people: A study in stereotypes. *Interracial Books for Children Bulletin 8*(6 & 7).

Biklen, S. (1973). *Lessons of consequence: Women's perceptions of their elementary school experience: A retrospective study.* Unpublished doctoral dissertation, University of Massachusetts.

Biklen, S. (1985). Can elementary school teaching be a career? *Issues in Education 3:* 215–231.

Biklen, S. (1987). School teaching, professionalism and gender. *Teacher Education Quarterly 14:* 17–24.

Biklen, S. (1993). Mothers' gaze through teachers' eyes. In S. K. Biklen & D. Pollard (Eds.), *Gender and education.* National Society for the Study of Education Yearbook. Chicago: University of Chicago Press.

Biklen, S. (1995). *School Work: Gender and the cultural construction of teaching.* New York: Teachers College Press.

Biklen, S. with Mitchell, J., Patterson, J., Thomas, H., Tinto, P., & Yamini, A. (1992). *Hamilton High*

School mathematics task force report. Unpublished document.

Biklen, S., & Moseley, C. R. (1988). Are you retarded? No, I'm Catholic: Qualitative methods in the study of people with severe handicaps. *Journal of the Association for Persons with Severe Handicaps 13*(3): 155–163.

Blase, J., Jr. (1980). *On the meaning of being a teacher: A study of teachers' perspective.* Unpublished doctoral dissertation, Syracuse University.

Blatt, B., & Kaplan, F. (1974). *Christmas in purgatory.* Syracuse, NY: Human Policy Press.

Bluebond-Langner, M. (1978). *The private worlds of dying children.* Princeton, NJ: Princeton University Press.

Blumer, H. (1969). *Symbolic interactionism: Perspective and method.* Englewood Cliffs, NJ: Prentice-Hall.

Blumer, H. (1980). Comment, Mead and Blumer: The convergent methodological perspectives of social behaviorism and symbolic interaction. *American Sociological Review 45:* 409–419.

Bogad, L. (1998). "Banter for Breakfast": Youth, power and resistance in an (un)regulated space. *Educational Studies, 29*(4): 376–392.

Bogardus, E. (1926). *The new social research.* Los Angeles: Jesse Ray Miller.

Bogdan, R. (1971). *A forgotten organizational type.* Unpublished doctoral dissertation, Syracuse University.

Bogdan, R. (1972). *Participant observation in organizational settings.* Syracuse, NY: Syracuse University Division of Special Education and Rehabilitation.

Bogdan, R. (1976). National policy and situated meaning: Head Start and the handicapped. *American Journal of Orthopsychiatry 46*(2): 229–235.

Bogdan, R. (1980). The soft side of hard data. *Phi Delta Kappan 61:* 411–412.

Bogdan, R. (1983). Teaching fieldwork to education researchers. *Anthropology and Education Quarterly 14*(3): 171–178.

Bogdan, R. (1988). *Freak show: Presenting human oddities for amusement and profit.* Chicago: University of Chicago Press.

Bogdan, R. (1992). "Simple" farmer accused of murder: Community acceptance and the meaning of deviance. *Disability, Handicap and Society 7*(4): 303–320.

Bogdan, R. (1999). *Exposing the wilderness.* Syracuse, NY: Syracuse University Press.

Bogdan, R., Brown, M. A., & Foster, S. (1982). Be honest but not cruel: Staff/Parent communication on neonatal units. *Human Organization 41*(1): 6–16.

Bogdan, R., & Ksander, M. (1980). Policy data as a social process: A qualitative approach to quantitative data. *Human Organization 39*(4): 302–309.

Bogdan, R., & Taylor, S. (1975). *Introduction to qualitative research methods.* New York: Wiley.

Bogdan, R., & Taylor, S. (1976). The judged not the judges: An insider's view of mental retardation. *American Psychologist 31:* 47–52.

Bogdan, R., & Taylor, S. (1982). *Inside out: The social meaning of mental retardation.* Toronto: University of Toronto Press.

Bogdan, R., & Taylor S. J. (1987). Toward a sociology of acceptance: The other side of the study of deviance. *Social Policy,* pp. 34–39.

Bogdan, R., & Taylor, S. J. (1989). Relationships with severely disabled people: The social construction of humanness. *Social Problems 36*(2): 135–148.

Bogdan, R., & Taylor, S. (1990). Looking at the bright side: A positive approach to qualitative policy and evaluation research. *Qualitative Sociology 13*(2): 183–192.

Bogdan, R., & Taylor, S. (1994). *The social meaning of mental retardation.* New York: Teachers College Press.

Bogdan, R., & Weseloh, T. (forthcoming). *Guide to real photo postcards: The people's photography.* Syracuse, NY: Syracuse University Press.

Bolton, R. (Ed.). (1989). *The contest of meaning: Critical histories of photography.* Cambridge, MA: MIT.

Borsavage, K. (1979). *L. L. McAllister: Photo artist.* Burlington, VT: Robert Hull Fleming Museum.

Bosk, C. (1979). *Forgive and remember.* Chicago: University of Chicago Press.

Botkin, B. A. (Ed.). (1945). *Lay my burden down: A folk history of slavery.* Chicago: University of Chicago Press.

Brent, E., Scott, J., & Spencer, J. (1987). Computing in qualitative sociology: Guest column. *Qualitative Sociology 10*(3): 309–313.

Briggs, C. L. (1986). *Learning to ask: A sociolinguistic appraisal of the role of the interview in social science research.* New York: Cambridge University Press.

Bronfenbrenner, U. (1976). The experimental ecology of education. *Educational Researcher 5*(1): 1–4.

Brown, R. H. (Ed.). (1995). *Postmodern representations: Truth, power, and mimesis in the human sciences and public culture.* Urbana, IL: University of Illinois Press.

Brugioni, D. A. (1999). *Photo fakery: The history and techniques of photographic deception and manipulation.* Dulles, VA: Brasseys.

Bruner, E. M. (1993). The ethnographic self and the personal self. In P. Benson (Ed.), *Anthropology and literature.* Urbana, IL: University of Illinois Press, pp. 1–26.

Bruner, L. (1995). The death of idealism? Or, issues of empowerment in the preservice setting. In S. Noffke

& R. Stevenson (Eds.), *Educational action research: Becoming practically critical.* New York: Teachers College Press, pp. 31–42.

Bruyn, S. (1966). *The human perspective in sociology.* Englewood Cliffs, NJ: Prentice-Hall.

Bryman, A. (1988). *Quality and quantity in social research.* Boston: Unwin Hyman.

Buckingham, D. (Ed.). (1998). *Teaching popular culture: Beyond radical pedagogy.* London: University College of London Press.

Burgess, R. G. (1984). *In the field: An introduction to field research.* London: Allen & Unwin.

Burgess, R. G. (1985). *Issues in educational research: Qualitative methods.* Philadelphia: Falmer Press.

Burleson, C. W. (1986). *The panoramic photography of Eugene Goldbeck.* Austin, TX: University of Texas Press.

Burnett, J. H. (1978). Commentary on an historical overview of anthropology and education: A bibliographic guide. In The Committee on Anthropology and Education, *Anthropology and education: Report and working papers.* New York: National Academy of Education, pp. 62–69.

Campbell, D. (1978). Qualitative knowing in action research. In M. Brenner, P. Marsh, & M. Brenner (Eds.), *The social contexts of method.* New York: St. Martins, pp. 90–112.

Campbell, M., & Gregor, F. (2004). *Mapping social relations: A primer in doing institutional ethnography.* Walnut Creek, CA: Alta Mira Press.

Carey, J. T. (1975). *Sociology and public affairs, the Chicago school.* Beverly Hills, CA: Sage.

Carini, P. (1975). *Observation and description: An alternative methodology for the investigation of human phenomena.* North Dakota Study Group on Evaluation Monograph Series. Grand Forks, ND: University of North Dakota.

Carrington, K., & Bennett, A. (1996). "Girls' mags" and the pedagogical formation of the girl. In C. Luke (Ed.), *Feminisms and pedagogies of everyday life.* Albany, NY: State University of New York Press, pp. 147–166.

Carson, T., & Sumara, D. (Eds.). (1997). *Action research as living practice.* New York: Peter Lang.

Carspecken, P. (1996). *Critical ethnography in educational research.* New York: Routledge.

Carvajal, D. (2002). The artisan's tools: Critical issues when teaching and learning CAQDAS. *Forum: Qualitative Social Research 3*(2), http://www.qualitative-research.net/fqs-texte/2-02/2-02carvajal-e.htm.

Case, C. (1927). A crisis in anthropological research. *Sociology and Social Research 12*(1): 26–34.

Casella, R. (1997). *Popular education and pedagogy in everyday life: The nature of educational travel in the Americas.* Unpublished Ph.D. dissertation, Syracuse University.

Casella, R. (1999). Pedagogy as view sequence: Popular culture, education, and travel. *Anthropology of Education Quarterly 30* (2): 187–209.

Casella, R. (2001a). *At zero tolerance.* New York: Peter Lang.

Casella, R. (2001b). *"Being down:" Challenging violence in urban schools.* New York: Teachers College Press.

Casey, K. (1993). *I answer with my life: Life histories of women teachers working for social change.* New York: Routledge.

Cassell, J. (1978a). *A field manual for studying desegregated schools.* Washington, DC: The National Institute of Education.

Cassell, J. (1978b). Risk and benefit to subjects of fieldwork. *The American Sociologist 13:* 134–144.

Cassell, J., & Wax, M. (Eds.). (1980). Ethical problems in fieldwork [Special issue]. *Social Problems 27*(3).

Cazden, C., John, V., & Hymes, D. (Eds.). (1972). *Functions of language in the classroom.* New York: Teachers College Press.

Center for Law and Education (1978, September). Corporal punishment. *Inequality in Education 23.*

Chang, H. (1992). *Adolescent life and ethos: An ethnography of a US High School.* London: Falmer Press.

Chaplin, E. (1994). *Sociology and visual representation.* New York: Routledge.

Charmaz, K. (1991). *Good days, bad days: The self in chronic illness and time.* New Brunswick, NJ: Rutgers University Press.

Chase, S. (1995). *Ambiguous empowerment: The work narratives of women school superintendents.* Amherst, MA: University of Massachusetts Press.

Children's Defense Fund. (1974). *Out of school in America.* Washington, DC: Author.

Chin, E. (2001). *Purchasing power: Black kids and consumer culture.* Minneapolis: University of Minnesota Press.

Christian-Smith, L. (1988). Romancing the girl: Adolescent romance novels and the construction of femininity. In L. Roman, L. Christian-Smith, & E. Ellsworth (Eds.), *Becoming feminine: The politics of popular culture.* London: Falmer Press, pp. 76–101.

Christian-Smith, L (1990). *Becoming a woman through romance.* New York: Routledge.

Clark, C. M. (1987). Computer storage and manipulations of field notes and verbal protocols: Three cautions. *Anthropology & Education Quarterly 18:* 56–58.

Clifford, J. (1983). On ethnographic authority. *Reflections 1*(2): 118–146.

Clifford, J. (1986). Introduction: Partial truths. In J. Clifford & G. Marcus (Eds.), *Writing culture: The poetics and politics of ethnography.* Berkeley: University of California Press, pp. 1–26.

Clifford, J. (1988). *The predicament of culture.* Cambridge, MA: Harvard University Press.

Clifford, J. (1997). Spatial practices: Fieldwork, travel, and the disciplining of anthropology. In A. Gupta & J. Ferguson (Eds.), *Anthropological locations.* Berkeley: University of California Press, pp. 185–222.

Clifford, J., & Marcus, G. E. (Eds.). (1986). *Writing culture: The poetics and politics of ethnography.* Berkeley: University of California Press.

Clough, P. T. (1992). *The end(s) of ethnography: From realism to social criticism.* Newbury Park, CA: Sage.

Coles, R. (1964). *Children of crisis.* Boston: Little, Brown.

Coles, R. (1977). *Privileged ones.* Boston: Little, Brown.

Collier, J., Jr. (1967). *Visual anthropology: Photography as a research method.* New York: Holt.

Collins, R., & Makowsky, M. (1978). *The discovery of society* (2nd ed.). New York: Random House.

Computers and qualitative data [Special issue]. (1984). *Qualitative Sociology 7*(1 & 2).

Cooley, C. H. (1926). The roots of social knowledge. *The American Journal of Sociology 32:* 59–79.

Corbin, J., & Strauss, A. (1990). Grounded theory method: Procedures, canons, and evaluative criteria. *Qualitative Sociology 13:* 3–21.

Coser, L. (1979). Two methods in search of a substance. In W. Snizek, E. Fuhnnan, & M. Miller (Eds.), *Contemporary issues in theory and research: A metasociological perspective.* Westport, CT: Greenwood Press, pp. 107–118.

Cottle, T. (1976a). *Barred from school.* Washington, DC: New Republic.

Cottle, T. (1976b). *Busing.* Boston: Beacon Press.

Cottle, T. (1977). *Children in jail.* Boston: Beacon Press.

Cressey, D. (1950). Criminal violation of financial trust. *American Sociological Review 15:* 738–743.

Cresswell, J. (1997. *Qualitative inquiry and research design: Choosing among five traditions.* Thousand Oaks, CA: Sage.

Cressy, P. (1932). *The taxi-dance hall.* Chicago: University of Chicago.

Cronbach, L. (1975). Beyond the two disciplines of scientific psychology. *American Psychologist 30*(2): 116–127.

Cronbach, L., & Suppes, P. (Eds.). (1969). *Research for tomorrow's schools.* New York: Macmillan.

Cronbach, L. et al. (1980). *Toward reform of program evaluation.* San Francisco: Jossey-Bass.

Cuff, E. C. (1993). *Problems of versions in everyday situations.* Studies in Ethnomethodology and Conversation Analysis, No. 2. Washington DC: International Institute for Ethnomethodology and Conversation Analysis.

Currie, D. (1999). *Girl talk: Adolescent magazines and their readers.* Toronto: University of Toronto Press.

Curry, B. K., & Davis, J. E. (1995). Representing: The obligations of faculty as researchers. *Academe* (Sept.–Oct.): pp. 40–43.

Cusick, P. A. (1973). *Inside high school: The student's world.* New York: Holt, Rinehart & Winston.

Dalton, M. (1967). Preconceptions and methods in *Men who manage.* In P. Hammond (Ed.), *Sociologists at work.* New York: Anchor.

Daniels, A. K. (1983). Self-deception and self-discovery in field work. *Qualitative Sociology 6*(3): 195–214.

Daniels, J. (1997). *White lies: Race, class, gender, and sexuality in white supremacist discourse.* New York: Routledge.

Davis, A., & Dollard, J. (1940). *Children of bondage.* Washington, DC: American Council on Education.

Davis, A., Gardner, B. B., & Gardner, M. R. (1941). *Deep south.* Chicago: University of Chicago Press.

Davis, A., & Havighurst, R. J. (1947). *Father of the man.* Boston: Houghton Mifflin.

De Andrade, L. (2000). Negotiating from the inside: Constructing racial and ethnic identity in qualitative research. *Journal of Contemporary Ethnography, 29*(3): 268–290.

Decker, S. (1969). *An empty spoon.* New York: Harper & Row.

Denny, T. (1978a). *Some still do: River Acres, Texas.* (Report #3 in Evaluation Report Series). Kalamazoo, MI: Evaluation Center, Western Michigan University, College of Education.

Denny, T. (1978b). *Story telling and educational understanding.* Paper presented at meeting of the International Reading Association, Houston, Texas. (ERIC Document Reproduction Service No. ED 170 314)

Denzin, N. (1978). *The research act* (2nd ed.). New York: McGraw-Hill.

Denzin, N. (1989). *Interpretive biography.* Newbury Park, CA: Sage.

Denzin, N. K. (1994). The art and politics of interpretation. In N. K. Denzin & Y. S. Lincoln (Eds.), *Handbook of qualitative research.* Thousand Oaks, CA: Sage.

Denzin, N. K. (1995). The poststructural crisis in the social sciences: Learning from James Joyce. In R. H. Brown (Ed.), *Postmodern representations: Truth, power, and mimesis in the human sciences and public culture.* Urbana, IL: University of Illinois Press, pp. 38–59.

Denzin, N., & Lincoln, Y. (Eds.). (2003). *The landscape of qualitative research: Theories and issues* (2nd ed.). Thousand Oaks, CA: Sage.

Denzin, N. K., & Lincoln, Y. S. (1994). Introduction. In N. K. Denzin & Y. S. Lincoln (Eds.). *Handbook of qualitative research.* Thousand Oaks, CA: Sage, pp. 1–17.

Denzin, N. K., & Lincoln, Y. S. (Eds.). (1994). *Handbook of Qualitative Research.* Thousand Oaks, CA: Sage.

Deutscher, L. (1973). *What we say/what we do.* Glenview, IL: Scott, Foresman.

DeVault, M. (1991). *Feeding the family.* Chicago: University of Chicago Press.

DeVault, M. (1994). Speaking up, carefully. *Writing Sociology 2*(1): 1–3.

DeVault, M. (1999). *Liberating method: Feminism and social research.* Philadelphia: Temple University Press.

DeVault, M. L. (1990). Talking and listening from women's standpoints: Feminist strategies for interviewing and analysis. *Social Problems 37*(1): 96–116.

Devine, E. T. (1906–1908). Results of the Pittsburgh survey. *American Sociological Society: Papers and Proceedings 3:* 85–92.

Dexter, L. A. (1956). Role relationships and conceptions of neutrality in interviewing. *IP American Journal of Sociology 62*(2): 153–157.

Dickens, D. R., & Fontana, A. (Eds.). (1994). *Postmodernism & social inquiry.* New York: Guilford.

Didion, J. (1979). *The white album.* New York: Simon & Schuster.

Dobbert, M. L. (1982). *Ethnographic research: Theory and application for modern schools and societies.* New York: Praeger.

Dollard, J. (1935). *Criteria for the life history.* New Haven, CT. Yale University Press.

Dollard, J. (1937). *Caste and class in a southern town.* New York: Harper.

Donovan, F. (1920/1974). *The woman who waits.* New York: Arno Press.

Douglas, J. (1976). *Investigative social research.* Beverly Hills, CA: Sage.

Dowdell, G. W., & Golden, J. (1989). Photographs as data: An analysis of images from a mental hospital. *Qualitative Sociology 12*(2): 183–214.

Du Bois, W. E. B. (1967/1899). *The Philadelphia negro: A social study.* New York: Benjamin Blom, distributed by Arno Press.

Duncan, G. A. (2002). Critical race theory and method: Rendering race in urban ethnographic research. *Qualitative Inquiry, 8*(1): 85–104.

Duncombe, S. (1997). *Notes from underground: Zines and the politics of alternative culture.* London: Verso.

Duneier, M. (1992). *Slim's table.* Chicago: University of Chicago Press.

Duneier, M. (1999). *Sidewalk.* New York: Farrar, Straus and Giroux.

Durham, M. S. (1991). *Powerful days.* New York: Stewart, Tabori & Chang.

Durkin, T. (1997). Using computers in strategic qualitative research. In G. Miller & R. Dingwall (Eds.), *Context and method in qualitative research.* London: Sage, pp. 92–105.

Duster, T., Matza, D., & Wellman, D. (1979). Fieldwork and the protection of human subjects. *The American Sociologist 14:* 136–142.

Easterday, L., Papademas, D., Shorr, L., & Valentine, C. (1977). The making of a female researcher: Role problems in fieldwork. *Urban Life 6:* 333–348.

Eckert, P. (1989). *Jocks & burnouts: Social categories and identity in the high school.* New York: Teachers College Press.

Edgerton, R. (1967). *The cloak of competence.* Berkeley: University of California Press.

Eddy, E. (1967). *Walk the white line.* Garden City, NY: Doubleday.

Eddy, E. (1969). *Becoming a teacher.* New York: Teachers College Press.

Edwards, E. (Ed.). (1992). *Anthropology and photography 1860–1920.* New Haven, CT: Yale University Press.

Eisner, E. (1980). *On the differences between scientific and artistic approaches to qualitative research.* Paper presented at the meeting of the American Educational Research Association, Boston.

Eisner, E. (1991). *The enlightened eye: Qualitative inquiry and the enhancement of educational practice.* New York: Macmillan.

Eisner, E., & Peshkin, A. (Eds.). (1990). *Qualitative inquiry in education: The continuing debate.* New York: Teachers College Press.

Ellis, C. (1991). Sociological introspection and emotional experience. *Symbolic Interaction 14:* 23–50.

Ellis, C. (1993). Telling a story of sudden death. *Sociological Quarterly 34:* 711–730.

Ellis, C. (1995a). Emotional and ethical quagmires in returning to the field. *Journal of Contemporary Ethnography 24*(1): 68–98.

Ellis, C. (1995b). The other side of the fence: Seeing black and white in a small southern town. *Qualitative Inquiry 1*(2): 147–167.

Ellsworth, E. (1988). Illicit pleasures: Feminist spectators and Personal Best. In L. Roman, L. Christian-Smith, & E. Ellsworth (Eds.), *Becoming feminine: The politics of popular culture.* London: Falmer Press, pp. 102–119.

Ellsworth, E. (1989). Why doesn't this feel empowering? Working through the repressive myths of critical

pedagogy. *Harvard Educational Review 59*(3): 297–324.
English, F. W. (1988). The utility of the camera in qualitative inquiry. *Educational Researcher 17*(4): 8–15.
Erickson, F. (1973). What makes school ethnography "ethnographic"? *Anthropology and Education Quarterly 4*(2): 10–19.
Erickson, F. (1975). Gatekeeping and the melting pot. *Harvard Educational Review 45:* 44–70.
Erickson, F. (1986). Qualitative methods in research on teaching. In M. C. Wittrock (Ed.), *Handbook of research on reaching* (3rd ed.). New York: Macmillan, pp. 119–161.
Erikson, K. (1962). Notes on the sociology of deviance. *Social Problems 9:* 307–314.
Erikson, K. (1976). *Everything in its path.* New York: Simon & Schuster.
Evans, J. W. (1970). Evaluating social action programs. In L. Zurcher & C. Bonjean (Eds.), *Planned social intervention.* Scranton, PA: Chandler.
Evans, W. (1973). *Photographs for the Farm Security Administration, 1935–1938.* New York: Da Capo Press.
Everhart, R. (1975). Problems of doing fieldwork in educational evaluation. *Human Organization 34*(2): 205–215.
Everhart, R. (1977). Between stranger and friend: Some consequences of "long term" fieldwork in schools. *American Educational Research Journal 14*(1): 1–15.
Fabian, J. (1983). *Time and the other: How anthropology makes its object.* New York: Columbia University Press.
Fancher, R. E. (1987). Henry Goddard and the Kallikak family photographs. *American Psychologist 42*(6): 585–590.
Farber, P., & Holm, G. (1994). Adolescent freedom and the cinematic high school. In P. Farber, E. Provenzo, Jr., & G. Holm (Eds.), *Schooling in the light of popular culture.* Albany, NY: State University of New York Press, pp. 21–40.
Faris, R. E. L. (1967). *Chicago sociology, 1920–1932.* Chicago: University of Chicago Press.
Federal Writers' Project (1939). *These are our lives.* Chapel Hill, NC: University of North Carolina.
Ferguson, A. (2001). *Bad boys: Public schools in the making of black masculinity.* Ann Arbor: University of Michigan Press.
Ferguson, D. (1994). Is communication really the point? Some thoughts on interventions and membership. *Mental Retardation 32*(1): 7–9.
Ferguson, P., Ferguson, D., & Taylor, S. (Eds.). (1992). *Interpreting disability: A qualitative reader.* New York: Teachers College Press.
Fetterman, D. M. (Ed.). (1984). *Ethnography in educational evaluation.* Newbury Park, CA: Sage.
Fetterman, D. M. (1987). Ethnographic educational evaluation. In G. Spindler & L. Spindler (Eds.), *Interpretive ethnography of education.* Hillsdale, NJ: Lawrence Erlbaum, pp. 81–108.
Fielding, N. G., & Fielding, J. L. (1986). *Linking data.* Newbury Park, CA: Sage.
Fields, E. (1988). Qualitative content analysis of television news: Systematic techniques. *Qualitative Sociology 11*(1): 183–189.
Filstead, W. (Ed.). (1970). *Qualitative methodology.* Chicago: Markham.
Finch, J. (1984). "It's great to have someone to talk to": The ethics and politics of interviewing women. In C. Bell & H. Roberts (Eds.), *Social researching.* London: Routledge and Kegan Paul, pp. 70–87.
Finders, M. (1997). *Just girls: Hidden literacies and life in junior high.* New York: Teachers College Press.
Fine, G. (1987). *With the boys.* Chicago: University of Chicago Press.
Fine, G. A., & Glassner, B. (1979). Participant observation with children. *Urban Life 8*(2): 153–174.
Fine, G. A., & Sandstrom, K. L. (1988). *Knowing children: Participant observation with minors.* Newbury Park, CA: Sage.
Fine, M. (1988). Sexuality, schooling, and adolescent females: The missing discourse of desire. *Harvard Educational Review 58*(1): 29–53.
Fine, M. (1993). Over dinner: Feminism and adolescent female bodies. In S. Biklen, & D. Pollard (Eds.), *Gender and education.* 92nd Yearbook of the National Society of the Study of Education. Chicago: University of Chicago Press, pp. 126–154.
Fine, M. (1994a). Working the hyphens: Reinventing self and other in qualitative research. In N. K. Denzin & Y. S. Lincoln (Eds.), *Handbook of qualitative research.*Thousand Oaks, CA: Sage, pp. 70–82.
Fine, M. (1994b). Dis-stance and other stances: Negotiations of power inside feminist research. In A. Gitlin (Ed.), *Power and method.* New York: Routledge, pp. 13–35.
Fine, M., & Weis, L. (1998). *The unknown city: The lives of poor and working-class young adults.* Boston: Beacon Press.
Firestone, W. A. (1987). Meaning in method: The rhetoric of quantitative and qualitative research. *Educational Researcher 16*(6): 16–21.
Florio, S. E. (1978). *Learning how to go to school: An ethnography of interaction in a kindergarten/first grade classroom.* Unpublished doctoral dissertation, Harvard University.
Fonow, M. M., & Cook, J. (1991). Back to the future: A look at the second wave of feminist epistemology

and methodology. In M. M. Fonow & J. Cook (Eds.), *Beyond methodology: Feminist scholarship as lived research.* Bloomington, IN: Indiana University Press, pp. 1–15.

Fontana A., & Frey, J. (1994). Interviewing: The art of science. In N. Denzin & Y. Lincoln (Eds.), *Handbook of qualitative research.* Thousand Oaks, CA: Sage, pp. 361–376.

Fordham, S. (1996). *Blacked out: Dilemmas of race, identity, and success at Capital High.* Chicago: University of Chicago Press.

Foster, M. (1992). African American teachers and the politics of race. In K. Weiler (Ed.), *What schools can do: Critical pedagogy and practice.* Albany, NY: State University of New York Press, pp. 93–127.

Foster, M. (1993). Self-portraits of black teachers: Narratives of individual and collective struggle against racism. In W. Tierney & D. McLaughlin (Eds.), *Naming silenced lives: Personal narratives and the process of educational change.* New York: Routledge, pp. 155–175.

Foster, M. (1994). The power to know one thing is never the power to know all things: Methodological notes on two studies of Black American teachers. In A. Gitlin (Ed.), *Power and method: Political activism and educational research.* New York: Routledge, pp. 129–145.

Fox, D. M., & Lawrence, C. (1988). *Photographing medicine: Images and power in Britain and America since 1840.* New York: Greenwood Press.

Freire, P. (1968). *Pedagogy of the oppressed.* New York: Herder and Herder.

Fried, A., & Elmaii, R. (Eds.). (1968). *London (Excerpts from Life and labour of the people in London).* New York: Pantheon.

Friedman, S., & Steinbert, S. (1989). *Writing and thinking in the social sciences.* Englewood Cliffs, NJ: Prentice-Hall.

Fuchs, E. (1966). *Pickets at the gates.* New York: The Free Press.

Fuchs, E. (1969). *Teachers talk.* Garden City, NY: Doubleday.

Gans, H. (1967). *The Levittowners: Ways of life and politics in a new suburban community.* New York: Pantheon Books.

Garfinkel, H. (1964). *Studies in ethnomethodology.* Englewood Cliffs, NJ: Prentice-Hall.

Garfinkel, H. (1967). *Studies in ethnomethodology.* Englewood Cliffs, NJ: Prentice-Hall.

Gauntlett, D., & Hill, A. (1999). *TV living: Television, culture and everyday life.* London: Routledge.

Geary, C.M., & Webb, V. (1998). *Delivering views: Distant cultures in early postcards.* Washington, DC: Smithsonian Books.

Geer, B. (1964). First days in the field. In P. Hammond (Ed.), *Sociologists at work.* Garden City, NY: Doubleday.

Geer, B. (Ed.). (1973). *Learning to work.* Beverly Hills, CA: Sage.

Geertz, C. (1973). Thick description: Toward an interpretive theory of culture. In *The interpretation of cultures.* New York: Basic Books.

Geertz, C. (1979). From the native's point of view: On the nature of anthropological understanding. In P. Rabinow & W. Sullivan (Eds.), *Interpretive social science.* Berkeley: University of California Press, pp. 225–242.

Geertz, C. (2000). *Available light.* Princeton, NJ: Princeton University Press.

Geiger, S. (1986). Women's life histories: Method and content. *SIGNS 11*(2): 334–351.

Georges, R. A., & Jones, M. O. (1980). *People studying people: The human element in fieldwork.* Berkeley: University of California Press.

Gepart, R. P., Jr. (1988). *Ethnostatistics: Qualitative foundations for quantitative research.* Newbury Park, CA: Sage.

Gerth, H., & Mills, C. W. (1978). *Character and social structure.* New York: Harcourt Brace.

Giroux, H., & Simon, R. (1989). Popular culture as pedagogy of pleasure and meaning. In H. Giroux & R. Simon (Eds). *Popular culture, schooling, and everyday life.* New York: Bergin & Garvey, pp. 1–30.

Glaser, B. (1978). *Theoretical sensitivity: Advances in the methodology of grounded theory.* Mill Valley, CA: Sociology Press.

Glaser, B., & Strauss, A. L. (1967). *The discovery of grounded theory: Strategies for qualitative research.* Chicago: Aldine.

Glass, G. (1975). A paradox about excellence of the schools and the people in them. *Educational Researcher 4:* 9–13.

Glesne, C., & Peshkin, A. (1992). *Becoming qualitative researchers.* White Plains, NY: Longman.

Goetz, J. P., & LeCompte, M. D. (1984). *Ethnography and qualitative design in educational research.* New York: Academic Press.

Goffman, E. (1959). *The presentation of self in everyday life.* Garden City, NY: Anchor.

Goffman, E. (1961). *Asylums.* Garden City, NY: Anchor Books.

Goffman, E. (1979). *Gender advertisements.* New York: Harper.

Gold, R. (1958). Roles in sociological field observations. *Social Forces 36:* 217–223.

Goldman, R., & Papson, S. (1994). The postmodernism that failed. In D. R. Dickens & A. Fontana (Eds.),

Postmodernism & social inquiry. New York: Guilford, pp. 224–254.

Goode, D. (1992). Who is Bobby? Ideology and method in the discovery of a Down syndrome person's competence. In P. Ferguson, D. Ferguson, & S. Taylor (Eds.), *Interpreting disability: A qualitive reader.* New York: Teachers College Press, pp. 197–212.

Goode, D. (1994). *A world without words: The social construction of children born deaf and blind.* Philadelphia: Temple University.

Gouldner, H. (1978). *Teachers' pets, troublemakers, and nobodies.* Westport, CT; Greenwood Press.

Graebner, W. (1990). *Coming of age in Buffalo.* Philadelphia: Temple University Press.

Graham-Brown, S. (1988). *Images of women: The portrayal of women in photography of the middle east 1860–1950.* London: Quartet.

Grant, G. (1979). Journalism and social science: Continuities and discontinuities. In H. Gans, N. Glazer, J. Gusfield, & C. Jenks (Eds.), *On the making of Americans: Essays in honor of David Riesman.* Philadelphia: University of Pennsylvania Press, pp. 291–313.

Grant, G. (1988). *The world we created at Hamilton High.* Cambridge, MA: Harvard University Press.

Greene, M. (1978). *Landscapes of learning.* New York: Teachers College Press.

Griffiths, A., & Smith, D. (2005). *Mothering for schooling.* New York: Routledge Falmer.

Groce, N. (1985). *Everyone here spoke sign language.* Cambridge, MA: Harvard University Press.

Guba, E. G. (1978). *Toward a methodology of naturalistic inquiry in educational evaluation.* CSE Monograph Series in Evaluation, 8. Los Angeles: Center for the Study of Evaluation, University of California.

Guba, E., & Lincoln, Y. (1981). *Effective evaluation: Improving the usefulness of evaluation results through responsive and naturalistic approaches.* San Francisco: Jossey-Bass.

Guba, E., & Lincoln, Y. (1982). Epistemological and methodological bases of naturalistic inquiry. *Educational Communication and Technology Journal 30:* 233–252.

Guba, E. G., & Lincoln, Y. S. (1994). Competing paradigms in qualitative research. In N. K. Denzin & Y. S. Lincoln (Eds.), *Handbook of qualitative research.* Thousand Oaks, CA: Sage, pp. 105–117.

Gubrium, J. (1988). *Analyzing field reality.* Beverly Hills, CA: Sage.

Gubrium, J., & Holstein, J. (1997). *The new language of qualitative method.* New York: Oxford University Press.

Gupta, A., & Ferguson, J. (1997). Discipline and practice: "The field" as a site, method, and location in anthropology. In A. Gupta & J. Ferguson (Eds.), *Anthropological locations.* Berkeley: University of California Press, pp. 1–46.

Gustavsson, A. (1994). Beyond the reformer's perspective and able-centrism. In B. Qvarsell & B. L. T. van der Linden (Eds.), *The quest for quality.* Stockholm, Sweden: Peogogiska Institutionen.

Gustavsson, A. (1995) Preface. In A. Gustavssan, (Ed.), *Disability and integration.* Stockholm, Sweden: Department of Education, Stockholm University, pp. 3–8.

Gutman, J. M. (1974). *Lewis Hine, 1974–1940: Two perspectives.* New York: Grossman.

Hall, K. D. (2004). The ethnographies of imagined communities: The cultural production of Sikh ethnicity in Britain. *The Annals of the American Academy of Political and Social Science 595,* pp. 108–121.

Hallden, G. (1994). Establishing order: Small girls write about family life. *Gender and Education 6*(1): 3–17.

Hamilton, D. (1994). Traditions, preferences, postures in applied qualitative research. In N. K. Denzin & Y. S. Lincoln (Eds.), *Handbook of qualitative research.* Thousand Oaks, CA: Sage, pp. 60–69.

Hammersley, M. (1992). *What's wrong with ethnography?* London: Routledge.

Haraway, D. (1991). Situated knowledges: The science question in feminism and the privilege of partial perspective. In *Simians, cyborgs, and women.* New York: Routledge.

Harding, S. (Ed.). (1987). *Feminism and methodology.* Bloomington, IN: Indiana University Press.

Harper, D. (1994). On the authority of the image: Visual methods at the crossroads. In N. K. Denzin & Y. Lincoln (Eds.), *Handbook of qualitative research.* Thousand Oaks, CA: Sage, pp. 403–412.

Harrison, S. (1931). *The social survey.* New York: Russell Sage Foundation.

Harvey, D. (1989). *The condition of postmodernity.* Oxford, UK: Blackwell.

Haskins, J. (1969). *Diary of a Harlem schoolteacher.* New York: Grove Press.

Heath, S. B. (1983). *Ways with words: Language, life and work in communities and classrooms.* Cambridge, UK: Cambridge University Press.

Heider, K. G. (1988). The Rashomon effect: When ethnographers disagree. *American Anthropologist 90:* 73–81.

Helling, I. K. (1988). The life history method. In N. K. Denzin (Ed.), *Studies in symbolic interaction.* Greenwich, CT: JAI, pp. 211–243.

Henry, J. (1955a). Culture, education and communications theory. In G. Spindler (Ed.), *Education and an-*

thropology. Stanford, CA: Stanford University Press, pp. 188–207.

Henry, J. (1955b). Docility, or giving teacher what she wants. *The Journal of Social Issues 11*(2): 33–41.

Henry, J. (1957). Attitude organization in elementary school classrooms. *American Journal of Orthopsychiatry 27:* 117–123.

Henry, J. (1963). *Culture against man.* New York: Random House.

Herndon, J. (1968). *The way it spozed to be.* New York: Simon & Schuster.

Herriott, E. (1977). Ethnographic case studies in federally funded multi-disciplinary policy research: Some design and implementation issues. *Anthropology and Education Quarterly 8*(2): 106–115.

Hertz, R., & Imber, J. (1993). Fieldwork in elite settings. *Journal of Contemporary Ethnography* (Special Issue of the Journal devoted to research with elites.) *22*(1).

Hewitt, R. (1995). Salvaging jargon. *Writing Sociology 3*(1): 1–3.

Hill, R. J., & Crittenden, K. (1968). *Proceedings of the Purdue Symposium on Ethno-methodology.* Lafayette, IN: Institute for the Study of Social Change, Purdue University.

Hirabayashi, L. R. (1999). *The politics of fieldwork: Research in an American concentration camp.* Tucson: University of Arizona Press.

Hochschild, A. R. (1983). *The managed heart: Commercialization of human feelings.* Berkeley: University of California Press.

Hollingshead, A. B. (1949). *Elmstown's youth.* New York: Wiley.

Holm, G. (1994). Learning in style: The portrayal of schooling in *Seventeen* magazine. In P. Farber, E. Provenzo, Jr., & G. Holm (Eds.), *Schooling in the light of popular culture.* Albany, NY: State University of New York Press, pp. 41–58.

Holm, G., & Farber, P. (1994). Education, rock-and-roll, and the lyrics of discontent. In P. Farber, E. Provenzo, Jr., & G. Holm (Eds.), *Schooling in the light of popular culture.* Albany, NY: State University of New York Press, pp. 41–58.

Holstein, J., & Gubrium, J. (1994). Phenomenology, ethnomethodology and interpretive practice. In N. Denzin & Y. Lincoln (Eds.), *Handbook of qualitative research.* Thousand Oaks, CA: Sage, pp. 262–272.

Howe, K. R. (1988). Against the quantitative–qualitative incompatibility thesis or dogmas die hard. *Educational Researcher 17*(8): 10–16.

Hughes, E. (1934). Institutional office and the person. *American Journal of Sociology 43:* 404–413.

Hughes, E. C. (1971). *The sociological eye.* Chicago: Aldine.

Hurley, F. J. (1972). *Portrait of a decade: Roy Stryker and the development of documentary photography in the thirties.* Baton Rouge, LA: Louisiana State University Press.

Hyman, H. (1954). *Interviewing in social research.* Chicago: University of Chicago Press.

Ianni, F. (1978). Anthropology and educational research: A report on federal agency programs, policies and issues. In the Committee on Anthropology and Education (Eds.), *Report and working papers.* National Academy of Education, pp. 427–488.

Ives, E. (1974). *The tape-recorded interview: A manual for field workers in folklore and oral history.* Knoxville, TN: The University of Tennessee Press.

Jackson, P. (1968). *Life in classrooms.* New York: Holt, Rinehart & Winston.

Jacob, E. (1987). Qualitative research traditions: A review. *Review of Educational Research 57*(1): 1–50.

Jacoby, R. (1995). Clarifying seditious thought. *Writing Sociology 2*(4): 1–3.

Jahoda, M., Deutsch, M., & Cook, S. (1951). *Research methods in social relations (Part 1).* New York: Dryden.

James, A. (1999). Learning to be friends: Participant observation amongs English schoolchildren. In C. W. Watson (Ed.), *Being There: Fieldwork in anthropology.* London: Pluto Press, pp. 98–120.

James, A., & Prout, A. (Eds.). (1990). *Constructing and reconstructing childhood: Contemporary issues in the sociological study of childhood.* London: Falmer.

Janesick, V. J. (1994). The dance of qualitative research design. In N. K. Denzin & Y. S. Lincoln (Eds.), *Handbook of qualitative research.* Thousand Oaks, CA: Sage, pp. 209–219.

Johnson, J. M. (1975). *Doing field research.* New York: The Free Press.

Journal of Educational Sociology, 1927 *1*(4).

Journal of Educational Sociology, 1927 *1*(7).

Junker, B. (1960). *Fieldwork.* Chicago: University of Chicago Press.

Karp, D. A. (1996). *Speaking of sadness: Depression, disconnection, and the meaning of illness.* New York: Oxford.

Katz, S. (1995). Learning the (T)ropes. *Writing Sociology 2*(3): 1–3.

Kellner, D. (1991). Reading images critically: Toward a postmodern pedagogy. In H. Giroux (Ed.), *Postmodernism, feminism, and cultural politics.* Albany, NY: State University of New York Press, pp. 60–82.

Kellner, D. (2003). *Media spectacle.* London: Routledge.

Kellogg, P. (1911–1912). The spread of the survey idea. *Proceedings of the Academy of Political Science* 2(4): 475–491.

Kelly, D. (2000). *Pregnant with meaning: Teen mothers and the politics of inclusive schooling.* New York: Peter Lang.

Kelly, J. G. (1969). Naturalistic observations in contrasting social environments. In E. P. Willens & H. L. Raush (Eds.), *Naturalistic viewpoints in psychological research.* New York: Holt, Rinehart & Winston, pp. 183–199.

Kennard, M. (1990). Producing sponsored films on menstruation: The struggle over meaning. In E. Ellsworth & M. Whatley (Eds.), *The ideology of images in educational media.* New York: Teachers College Press, pp. 57–73.

Kiang, P. N. (1995). Bicultural strengths and struggles of Southeast Asian Americans in school. In A. Darder (Ed.), *Culture and difference: Critical perspectives on the bicultural experience in the United States.* Westport, CT: Bergin & Garvey, pp. 201–225.

Kierzek, J., & Gibson, W. (1968). *The Macmillan handbook of English.* New York: Macmillan.

Kincheloe, J. L., & McLaren, P. L. (1994). Rethinking critical theory and qualitative research. In N. K. Denzin & Y. S. Lincoln (Eds.), *Handbook of qualitative research.* Thousand Oaks, CA: Sage, pp. 138–157.

Knobel, M. (1999). *Everyday literacies: Students, discourse, and social practice.* New York: Peter Lang.

Kohl, H. (1967). *36 children.* New York: New American Library.

Komarovsky, M. (1940). *The unemployed man and his family.* New York: Dryden.

Komarovsky, M. (1946). Cultural contradictions and sex roles. *American Journal of Sociology 52:* 184–189.

Kozol, J. (1967). *Death at an early age.* New York: Bantam.

Kozol, W. (1994). *Life's America.* Philadelphia: Temple University Press.

Krathwohl, D. R. (1988). *How to prepare a research proposal.* Syracuse, NY: Syracuse University Press.

Krieger, S. (1985). Beyond "subjectivity": The use of the self in social science. *Qualitative Sociology 8*(4): 309–324.

Krieger, S. (1991). *Social science and the self: Personal essays on an art form.* New Brunswick, NJ: Rutgers.

Krueger, E. T. (1925a). The technique of securing life history documents. *Journal of Applied Sociology 9:* 290–298.

Krueger, E. T. (1925b). The value of life history documents for social research. *Journal of Applied Sociology 9:* 196–201.

Ladson-Billings, G. (2003). It's your world, I'm just trying to explain it: Understanding our epistemological and methodological challenges. *Qualitative Inquiry 9* (1): 5–12.

Lancy, D. (1993). *Qualitative research in education.* New York: Longman.

Langer, M. (1978). *Private worlds of dying children.* Princeton, NJ: Princeton University Press.

Langness, L. L., & Frank, G. (1981). *Lives: An anthropological approach to biography.* Novata, CA: Chandler & Sharp.

Lareau, A. (1987). Social class and family—school relationships: The importance of cultural capital. *Sociology of Education 56* (April): 73–85.

Lareau, A. (1989). *Home advantage: Social class and parental intervention in elementary education.* London: Falmer Press.

Lather, P. (1988). Feminist perspectives on empowering research methodologies. *Women's Studies International Forum 1*(6): 569–581.

Lather, P. (1991a). *Getting smart: Feminist research and pedagogy with/in the postmodern.* New York: Routledge.

Lather, P. (1991b). Deconstructing/deconstructive inquiry: The politics of knowing and being known. *Educational Theory 41*(2): 153–173.

Leacock, E. (1969). *Teaching and learning in city schools.* New York: Basic Books.

LeCompte, M. D. (1987). Bias in the biography: Bias and subjectivity in ethnographic research. *Anthropology & Education Quarterly 18:* 43–52.

LeCompte, M. D., & Schensul, J. J. (1999). *Analyzing and interpreting ethnographic data.* Walnut Creek, CA: AltaMira Press.

Lefkowitz, B. (1997). *Our guys.* Berkeley: University of California Press.

Lesko, N. (1988). *Symbolizing society: Rites and structure in a Catholic high school.* London: Falmer Press.

Levine, M. (1980a). Investigative reporting as a research method: An analysis of Bernstein and Woodward's *All the President's Men. American Psychologist 35:* 626–638.

Levine, M. (1980b). *Method or madness: On the alienation of the professional.* Invited Address, Division 12. Meeting of the American Psychological Association, Montreal.

Lewis, A. (2001). There is no "race" in the schoolyard: Color-blind ideology in an (almost) all-white school. *American Educational Research Journal, 38*(4): 781–811.

Lewis, O. (1965). *La vida.* New York: Vintage.

Liebow, E. (1967). *Tally's corner.* Boston: Little, Brown.

Lightfoot, S. (1978). *Worlds apart: Relationships between families and schools.* New York: Basic Books.

Lincoln, Y. (1995). Emerging criteria for quality in qualitative and interpretive research. *Qualitative Inquiry 1*(3): 275–289.

Lincoln, Y. S., & Denzin, N. K. (1994). The fifth moment. In N. K. Denzin & Y. S. Lincoln (Eds.), *Handbook of qualitative research.* Thousand Oaks, CA: Sage, pp. 575–586.

Lincoln, Y. S., & Guba, E. G. (1985). *Naturalistic inquiry.* Beverly Hills, CA: Sage.

Lindeman, E. C. (1925). *Social discovery.* New York: Republic.

Linden, R. R. (1992). *Making stories, making selves: Feminist reflections on the Holocaust.* Columbus, OH: Ohio State University Press.

Lindesmith, A. R. (1947). *Addiction and opiates.* Chicago: Aldine.

Livingstone, S., & Lunt, P. (1994). *Talk on television.* London: Routledge.

Locke, L. F., Spirduso, W. W., & Silverman, S. J. (1987). *Proposals that work: A guide for planning dissertations and grant proposals.* Newbury Park, CA: Sage.

Lofland, J. (1971). *Analyzing social settings.* Belmont, CA: Wadsworth.

Lofland, J. (1974). Styles of reporting qualitative field research. *The American Sociologist 9:* 101–111.

Lofland, J. (1976). *Doing social life.* New York: Wiley.

Lorber, J. (1988). From the editor. *Gender and Society 2*(1): 5–8.

Luschen, K. (1998). Contested scripts: The education of student-mothers in childcare schools. *Educational Studies, 29*(4): 392–410.

Luttrell, W. (1997). *School-smart and mother-wise: Working-class women's identity and schooling.* NY: Routledge.

Lutz, C., & Collins, J. (1993). *Reading National Geographic.* Chicago: University of Chicago Press.

Lutz, F., & Gresson, A. (1980). Local school boards as political councils. *Educational Studies 2:* 125–143.

Lynch, M., & Peyrot, M. (1992). A reader's guide to ethnomethodology. *Qualitative Sociology 15*(2): 113–122.

Lynd, R. S., & Lynd, H. M. (1929). *Middletown.* New York: Harcourt Brace.

Lynd, R. S., & Lynd, H. M. (1937). *Middletown in transition.* New York: Harcourt Brace.

Lyon, D. (1992). *Memories of the southern civil rights movement.* Chapel Hill, NC: University of North Carolina Press.

Mac An Ghaill, M. (1994). *The making of men: Masculinities, sexualities and schooling.* Buckingham, GB: Open University Press.

Maccoby, E., & Maccoby, N. (1954). The interview: A tool of social science. In G. Lindzey (Ed.), *Handbook of social psychology* (vol. 1). Cambridge, MA: Addison-Wesley, pp. 449–487.

Mace, H. O. (1990). *Collector's guide to early photographs.* Radnor, PA: Wallace-Homestead.

Maines, D. R., Shaffir, W., & Turowetz, A. (1980). Leaving the field in ethnographic research: Reflections on the entrance–exit hypothesis. In W. B. Shaffir, R. A. Stebbins, & A. Turowetz (Eds.), *Fieldwork experience: Qualitative approaches to social research.* New York: St. Martin's.

Malinowski, B. (1922). *Argonauts of the western Pacific.* New York: Dutton.

Malinowski, B. (1960). *A scientific theory of culture and other essays.* New York: Oxford University Press.

Marcus, G. (Ed.). (1996). *Connected: Engagements with media.* Chicago: University of Chicago Press.

Marcus, G. (1998). *Ethnography through thick and thin.* Princeton, NJ: Princeton University Press.

Marcus, G. E. (1994). What comes (just) after post? In N. K. Denzin & Y. S. Lincoln (Eds.), *Handbook of qualitative research.* Thousand Oaks, CA: Sage, pp. 563–574.

Marcus, G. E., & Cushman, D. (1982). Ethnographies as texts. *Annual Review of Anthropology 11:* 25–69.

Marcus, G. E., & Fischer, M. M. (1986). *Anthropology as cultural critique: An experimental moment in the human sciences.* Chicago: University of Chicago Press.

Martin, E. (1987). *The woman in the body.* Boston: Beacon Press.

Mascia-Lees, F. E., Sharpe, P., & Cohen, C. B. (1989). The postmodernist turn in anthropology: Cautions from a feminist perspective. *Signs 15*(1): 7–33.

Matthews, F. (1977). *Quest for an American sociology: Robert E. Park and the Chicago school.* Montreal: McGill-Queens University Press.

May, E. T. (1988). *Homeward bound: American families in the cold war era.* New York: Basic Books.

McAdoo, H. (1980). Oral history as a primary resource in educational research. *Journal of Negro Education 49*: 414–422.

McCall, G. J., & Simmons, J. L. (Eds.). (1969). *Issues in participant observation.* Reading, MA: Addison-Wesley.

McCall, M. M., & Becker, H. S. (1990). Performance science. *Social Problems 3* 7(1): 117–132.

McCracken, G. (1988). *The long interview.* Newbury Park, CA: Sage.

McDermott, R. (1976). *Kids make sense: An ethnographic account of the interactional management of success and failure in one first grade classroom.* Unpublished doctoral dissertation, Stanford University.

McDermott, R. P., Gospodinoff, K., & Aron, J. (1978). Criteria for an ethnographically adequate description of concerted activities and their contexts. *Semiotica 24:* 245–275.

McIntyre, D. (1969). Two schools, one psychologist. In F. Kaplan & S. Sarason (Eds.), *The psycho-educational clinic: Papers and research studies.* Boston: Massachusetts Department of Mental Health, pp. 21–90.

McLaren, P. (1994). *Life in schools.* (2nd ed.). New York: Longman.

McLaughlin, D., & Tierney, W. G. (Eds.). (1993). *Naming silenced lives: Personal narratives and the process of educational change.* New York: Routledge.

McPherson, G. (1972). *Small town teacher.* Cambridge, MA: Harvard University.

McRobbie, A. (1991). *Feminism and youth culture.* Boston: Unwin Hyman.

McRobbie, A. (1994). *PostModernism and popular culture.* London: Routledge.

McWilliam, E. (1994). *In broken images: Feminist tales for a different teacher education.* New York: Teachers College Press.

Mead, G. H. (1934). *Mind, self, and society.* Chicago: University of Chicago Press.

Mead, M. (1942). An anthropologist looks at the teacher's role. *Educational Method 21:* 219–223.

Mead, M. (1951). *The school in American culture.* Cambridge, MA: Harvard University Press.

Mehan, H. (1978). Structuring school structure. *Harvard Educational Review 48:* 32–64.

Mehan, H. (1979). *Learning lessons.* Cambridge, MA: Harvard University Press.

Mehan, H., & Wood, H. (1975). *The reality of ethnomethodology.* New York: Wiley.

Meltzer, B., & Petras, J. (1970). The Chicago and Iowa schools of symbolic interactionism. In T. Shibutani (Ed.), *Human nature and collective behavior.* Englewood Cliffs, NJ: Prentice-Hall.

Meltzer, B., Petras, J., & Reynolds, L. (1975). *Symbolic interactionism: Genesis, varieties and criticism.* London: Routledge and Kegan Paul.

Mercurio, J. A. (1972). *Caning: Educational rite and tradition.* Syracuse, NY: Syracuse University.

Mercurio, J. A. (1979). Community involvement in cooperative decision making: Some lessons learned. *Educational Evaluation and Policy Analysis 6:* 37–46.

Merriam, S. B. (1988). *The case study research in education.* San Francisco: Jossey-Bass.

Merton, R. K., & Kendall, P. L. (1946). The focused interview. *American Journal of Sociology 51:* 541–557.

Messerschmidt, D. A. (1984). Federal bucks for local change: On the ethnography of experimental schools. In D. M. Fetterman (Ed.), *Ethnography in educational evaluation.* Newbury Park, CA: Sage, pp. 89–114.

Metz, M. H. (1978). *Classrooms and corridors: The crisis of authority in desegregated secondary schools.* Berkeley: University of California Press.

Michael, L., & Peyrot, M. (1992). Introduction: A reader's guide to ethnomethodology. *Qualitative Sociology 15*(2): 113–121.

Michaels, P. (1994). *The child's view of reading: Understandings for teachers and parents.* Boston: Allyn & Bacon.

Middleton, D., & Hewitt, H. (2000). Biography and identity: Life story work in transitions of care for people with profound learning difficulties. In P. Chamberlayne, J. Bornat, & T. Wengraf (Eds.). *The turn to biographical methods in social science.* London: Routledge, pp. 261–275.

Middleton, S. (1987). Schooling and radicalization: Life histories of New Zealand feminist teachers. *British Journal of Sociology of Education 8*(2): 169–189.

Middleton, S. (1993). *Educating feminists: Life histories and pedagogy.* New York: Teachers College Press.

Miles, M., & Huberman, M. (1984). *Qualitative data analysis.* Beverly Hills, CA: Sage.

Miles, M. B., & Huberman, A. M. (1994). *Qualitative data analysis: An expanded source book* (2nd ed.). Thousand Oaks, CA: Sage.

Mills, C. W. (1959). *The sociological imagination.* London: Oxford University Press.

Mischler, E. G. (1991). *Research interviewing: Context and narrative.* Cambridge, MA: Harvard.

Mitford, J. (1971). *Kind and usual punishment.* New York: Knopf.

Mitford, J. (1979). *Poison penmanship.* New York: Knopf.

Moffatt, M. (1989). *Coming of age in New Jersey.* New Brunswick, NJ: Rutgers University Press.

Moore, G. A. (1967). *Realities of the urban classroom.* Garden City, NY: Anchor.

Morgan, D. (1997). *Focus groups as qualitative research. 2nd Edition.* Qualitative Research Methods Series. Thousand Oaks, CA: SAGE.

Morgan, H., & Brown, A. (1981). *Prairie fires and paper moons: The American photographic postcard, 1900–1920.* Boston: Godine.

Morris, V. C., & Hurwitz, E. (1980). *The Heisenberg problem: How to neutralize the effect of the observer on observed phenomena.* Paper presented at the meeting of the American Educational Research Association, Boston.

Morrow, V. (1995). Invisible children? Toward a reconceptualization of childhood dependency and responsibility. *Sociological studies of children* (JAI Press) *7:* 207–230.

Morse, J. M. (1994). Designing funded qualitative research. In N. K. Denzin & Y. S. Lincoln (Eds.), *Handbook of qualitative research.* Thousand Oaks, CA: Sage, pp. 220–235.

Mulligan, T., & Wooters, D. (1999). *Photography from 1839 to today.* New York: Taschen.

Musello, C. (1979). Family photograph. In J. Wagner (Ed.), *Images of information.* Beverly Hills, CA: Sage, pp. 101–118.

National Institute of Education (1978). *Violent schoolmate schools: The safe school study report to the Congress.* Washington, DC: Author.

Nickel, D. R. (1998). *Snapshots.* San Francisco: San Francisco Museum of Modern Art.

Noffke, L. (1995). Action research and democratic schooling: Problematics and potentials. In S. Noffke & R. Stevenson (Eds.), *Educational action research: Becoming practically critical.* New York: Teachers College Press, pp. 1–10.

Nordstrom, C., & Robben, A. (1995). *Fieldwork under fire.* Berkeley: University of California Press.

North, L. V. (1909, March 6). The elementary public schools of Pittsburgh. *Charity and the Commons 21:* 1175–1191.

Oakley, A. (1981). Interviewing women: A contradiction in terms. In H. Roberts (Ed.), *Doing feminist research.* London: Routledge and Kegan Paul, pp. 30–61.

O'Barr, W. (1994). *Culture and the ad: Exploring otherness in the world of advertising.* Boulder, CO: Westview Press.

Odum, H. (1951). *American sociology: The story of sociology in the United States through 1950.* New York: Greenwood.

Ogbu, J. (1974). *The next generation: An ethnography of education in an urban neighborhood.* New York: Academic Press.

Oja, S., & Smulyan, L. (1989). *Collaborative action research: A developmental approach.* London: Falmer Press.

Olesen, V. (1994). Feminisms and models in qualitative research. In N. K. Denzin & Y. S. Lincoln (Eds.), *Handbook of qualitative research.* Thousand Oaks, CA: Sage, pp. 158–169.

O'Neal, M. H. (1976). *A vision shared.* New York: St. Martin's.

Orner, M. (1992). Interrupting the calls for student voice in "liberatory" education: A feminist poststructuralist perspective. In C. Luke & J. Gore (Eds.), *Feminisms and critical pedagogy.* New York: Routledge, pp. 74–89.

Ortiz, S. (2004). Leaving the private world of wives of professional athletes: A male sociologist's reflections. *Journal of Contemporary Ethnography 33*(4): 466–487.

Ortiz, S. (2005). The ethnographic process of gender management: Doing the "right" masculinity with wives of professional athletes. *Qualitative Inquiry 11*(2): 265–290.

Oyler, C. (1996). *Making room for students: Sharing teacher authority in Room 104.* New York: Teachers College Press.

Paget, M. (1990). Performing the text. *Journal of Contemporary Ethnography 19*(1): 136–155.

Patai, D. (1994). Sick and tired of scholars' nouveau solipsism. *The Chronical of Higher Education,* February 23, p. A52.

Pattillo-McCoy, M. (1999). *Black picket fences.* Chicago: University of Chicago Press.

Patton, M. Q. (1980). *Qualitative evaluation methods.* Beverly Hills, CA: Sage.

Patton, M. Q. (1987). *How to use qualitative methods in evaluation.* Newbury Park, CA: Sage.

Perry, P. (2001). White means never having to say you're ethnic: White youth and the construction of cultureless identities. *Journal of Contemporary Ethnography, 30*(1): 56–91.

Peshkin, A. (1986). *God's choice.* Chicago: University of Chicago Press.

Peters, C. C. (1937). Research technics in educational sociology. *Review of Educational Research 7*(1): 15–25.

Pfaffenberger, B. (1988). *Microcomputer applications in qualitative research.* Newbury Park, CA: Sage.

Pillow, W. S. (1997). Exposed methodology: The body as a deconstructive practice. *International Journal of Qualitative Studies in Education, 10*(3): 349–363.

Plummer, K. (1983). *Documents of life: An introduction to the problems and literature of a humanistic method.* London: George Allen & Unwin.

Poister, G. (2002). *A cross-cultural study of family photographs in India, China, Japan and the United States.* Lewiston, NY: Edwin Mellen Press.

Popkewitz, T. S. (1984). *Paradigm & ideology in educational research.* New York: Faber.

Porter-Gehrie, C. (1980). The ethnographer as insider. *Educational Studies 2:* 123–124.

Porter-Gehrie, C., & Crowson, R. L. (1980). *Analyzing ethnographic data—Strategies and results.* Paper presented to the meeting of the American Educational Research Association, Boston.

Pratt, M. L. (1985). Scratches on the face of the country; Or, What Mr. Burrow saw in the land of the Bushmen. *Critical Inquiry 12* (Autumn): 119–143.

Pratt, M. L. (1986). Fieldwork in common places. In J. Clifford & G. Marcus (Eds.), *Writing culture.* Berkeley: University of California Press, pp. 27–50.

Pratt, M. L. (1992). *Imperial eyes: Travel writing and transculturation.* New York: Routledge.

Preskill, H. (1995). The use of photography in evaluating school culture. *Qualitative Studies in Education 8*(2): 183–193.

Press, A. (1991). *Women watching television: Gender, class, and generation in the American television experience.* Philadelphia: University of Pennsylvania Press.

Provenzo, E., & Ewart, A. (1994). *Reader's Digest* and the mythology of schooling. In P. Farber, E. Provenzo, Jr., & G. Holm (Eds.), *Schooling in the light of popular culture.* Albany, NY: State University of New York Press, pp. 85–102.

Proweller, A. (1998). *Constructing female identities: Meaning making in an upper middle class youth culture.* Albany: State University of New York Press.

Psathas, G. (Ed.). (1973). *Phenomenological sociology.* New York: Wiley.

Punch, M. (1986). *The politics and ethics of fieldwork.* Newbury Park, CA: Sage.

Punch, M. (1994). Politics and ethics in qualitative research. In N. K. Denzin & Y. S. Lincoln (Eds.), *Handbook of qualitative research.* Thousand Oaks, CA: Sage, pp. 83–97.

Quint, S. (1994). *Schooling homeless children.* New York: Teachers College Press.

Radway, J. (1984). *Reading the romance.* Chapel Hill, NC: University of North Carolina Press.

Ragin, C., & Becker, H. (Eds.). (1992). *What is a case?* New York: Cambridge University Press.

Raissiguier, C. (1993). Negotiating work, identity, and desire: The adolescent dilemmas of working-class girls of French and Algerian descent in a vocational high school. In C. McCarthy & W. Crichlow (Eds.), *Race, identity and representation in education.* New York: Routledge, pp. 140–156.

Redfield, R. (1955). *The educational experience.* Pasadena, CA: Fund for Adult Education.

Reichardt, C. S., & Cook, T. D. (1979). Beyond qualitative versus quantitative methods. In T. D. Cook & C. S. Reichardt (Eds.), *Qualitative and quantitative methods in evaluation research.* Beverly Hills, CA: Sage.

Reichardt, C. S., & Rallis, S. F. (Eds.). (1994). *The quantitative–qualitative debate: New perspectives.* San Franciso: Jossey-Bass.

Reinharz, S. (1992). *Feminist methods in social research.* New York: Oxford University Press.

Reinharz, S. (1993). Neglected voices and excessive demands in feminist research. *Qualitative Sociology 16*(1): 69–75.

Research for Action (1996). *Girls in the middle.* Washington, DC: American Association of University Women.

Reverby, S. (Ed.). (2000). *Tuskegee's truths: Rethinking the Tuskegee Syphilis Study.* Chapel Hill: University of North Carolina Press.

Richards, T. J., & Richards, L. (1994). Using computers in qualitative research. In N. K. Denzin & Y. S. Lincoln (Eds.), *Handbook of qualitative research.* Thousand Oaks, CA: Sage, pp. 445–462.

Richardson, L. (1990a). Narrative and sociology. *Journal of Contemporary Ethnography 19*(1): 116–135.

Richardson, L. (1990b). *Writing Strategies: Reaching diverse audiences.* Newbury Park, CA: Sage.

Richardson, L. (1993). Poetics, dramatics, and transgressive validity. *Sociological Quarterly 34*(4): 695–710.

Richardson, L. (1994a). Nine poems: Marriage and the family. *Journal of Contemporary Ethnography 23*(1): 3–13.

Richardson, L. (1994b). Writing. In N. K. Denzin & Y. S. Lincoln (Eds.), *Handbook of qualitative research.* Thousand Oaks, CA: Sage, pp. 516–529.

Riessman, C. (1987). When gender is not enough: Women interviewing women. *Gender and Society 1*(2): 172–207.

Riis, J. (1890). *How the other half lives.* New York: Scribner's.

Riley, J. J. (1910–1911). Sociology and social surveys. *American Journal of Sociology 16:* 818–836.

Rist, R. (1970). Student social class and teacher expectations: The self-fulfilling prophecy in ghetto education. *Harvard Educational Review 40:* 411–451.

Rist, R. (1973). *The urban school: A factory for failure.* Cambridge, MA: Massachusetts Institute of Technology Press.

Rist, R. (1977a). On the relations among educational research paradigms: From distain to detente. *Anthropology and Education Quarterly 8:* 42–49.

Rist, R. (1977b). On understanding the processes of schooling. In J. Karabel & A. H. Halsey (Eds.), *Power and ideology in education.* New York: Oxford University Press.

Rist, R. (1978). *The invisible children.* Cambridge, MA: Harvard University.

Rist, R. (1980). Blitzkrieg ethnography. *Educational Researcher 9*(2): 8–10.

Ritzer, G. (1975). *Sociology: A multiple paradigm science.* Boston: Allyn & Bacon.

Rivera, G. (1972). *Willowbrook: A report on how it is and why it doesn't have to be that way.* New York: Vintage.

Roberts, J. (1971). *Scene of the battle.* Garden City, NY: Doubleday.

Roberts, J. (1976). An overview of anthropology and education. In J. Roberts & S. Akinsanya (Eds.), *Educational patterns and cultural configurations.* New York: David McKay, pp. 1–20.

Roberts, J. I., & Akinsaiiya, S. K. (Eds.). (1976a). *Educational patterns and cultural configurations.* New York: David McKay.

Roberts, J. I., & Akinsanya, S. K. (Eds.). (1976b). *Schooling in the cultural context: Anthropological studies of education.* New York: David McKay.

Robinson, W. S. (1951). The logical structure of analytic induction. *American Sociological Review 16:* 812–818.

Rogers, C. (1945). The nondirective method as a technique for social research. *American Journal of Sociology 50:* 279–283.

Rogers, C. (1951). *Client-centered therapy.* Boston: Houghton Mifflin.

Roman, L. (1997). Denying (white) racial privilege: Redemption discourses and the uses of fantasy. In M. Fine, L. Weis, L. Powell & L. M. Wong (Eds.), *Off white.* New York: Routledge, pp. 270–282.

Roman, L. G. (1988). Intimacy, labor, and class: Ideologies of feminine sexuality in the punk slam dance. In L. G. Roman & L. C. Christian-Smith with E. Ellsworth (Eds.), *Becoming feminine: The politics of popular culture.* London: Falmer Press, pp. 143–184.

Roman, L., & Apple, M. (1990). Is naturalism a move away from positivism? Materialist and feminist approaches to subjectivity in ethnographic research. In E. Eisner & A. Peshkin (Eds.), *Qualitative inquiry in education: The continuing debate.* New York: Teachers College Press, pp. 38–73.

Rosaldo, R. (1989). *Culture and truth: The remaking of social analysis.* Boston: Beacon Press.

Rosensteil, A. (1954). Educational anthropology: A new approach to cultural analysis. *Harvard Educational Review 24:* 28–36.

Rosenthal, R., & Jacobson, L. (1968). *Pygmalion in the classroom.* New York: Holt, Rinehart & Winston.

Roth, J. (1963). *Timetables.* Indianapolis, IN: Bobbs-Merrill.

Rothman, D. J., & Rothman, S. (1984). *The Willowbrook wars.* New York: Harper and Row.

Rothstein, W. R. (1975). Researching the power structure: Personalized power and institutionalized charisma in the principalship. *Interchange 6*(2): 41–48.

Rowe, D. (1995). *Popular cultures: Rock music, sport and the politics of pleasure.* London: Sage.

Rubin H., & Rubin, I. (1995). *Qualitative interviewing.* Thousand Oaks, CA: Sage.

Rubin, L. (1976). *Worlds of pain.* New York: Basic Books.

Said, E. W. (1993). *Culture and imperialism.* New York: Alfred A. Knopf.

St. Pierre, E. (1997). Nomadic inquiry in the smooth spaces of the field: A preface. *Qualitative Studies in Education, 10,* 365–383.

Saljo, R. (1994). Qualitative research on learning and instruction in Scandinavia. *Qualitative Studies in Education 7*(3): 257–267.

Sanjek, R. (Ed.). (1990). *Fieldnotes.* Ithaca, NY: Cornell University Press.

Sarason, S., & Doris, J. (1979). *Educational handicap, public policy, antisocial history.* New York: The Free Press.

Sarason, S., Levine, M., Goldenberg, I., Cherlin, D., & Bennett, E. (1966). *Psychology in community settings.* New York: Wiley.

Schaller, G. (1965). *The year of the gorilla.* Chicago: University of Chicago Press.

Schatzman, L., & Strauss, A. (1973). *Field research.* Englewood Cliffs, NJ: Prentice-Hall.

Schein, E. H. (1987). *The clinical perspective in fieldwork.* Newbury Park, CA: Sage.

Schmuck, P. (1975). Deterrents to women's careers in school management. *Sex Roles 1:* 339–353.

Schneider, J., & Conrad, P. (1980). *Having epilepsy.* Philadelphia, PA: Temple University Press.

Schoonmaker, M. (1994). *Videoasis: The character of viewing in a video community.* Unpublished doctoral dissertation, Syracuse University.

Schwalbe, M. (1995a). A writer's data. *Writing Sociology 3*(1): 6.

Schwalbe, M. (1995b). The responsibilities of sociological poets. *Qualitative Sociology 18*(4): 393–413.

Schwandt, T. A. (1994). Constructivist, interpretivist approaches to human inquiry. In N. K. Denzin & Y. S. Lincoln (Eds.), *Handbook of qualitative research.* Thousand Oaks, CA: Sage, pp. 118–137.

Schwartz, D. (1989). Visual ethnography: Using photography in qualitative research. *Qualitative Sociology 12*(2): 119–154.

Schwartz, H., & Jacobs, J. (1979). *Qualitative sociology.* New York: The Free Press.

Schwoch, J., White, M., & Reilly, S. (1992). *Media knowledge.* Albany, NY: State University of New York Press.

Shacklock, G., & Smyth, J. (Eds.) (1998). *Being reflexive in critical educational and social research.* London: Falmer Press.

Scott, R. W. (1965). Field methods in the study of organizations. In J. G. March (Ed.), *Handbook of organizations.* Chicago: Rand McNally.

Scott, R. (1969). *The making of blind men.* New York: Russell Sage.

Scriven, M. (1972). Objectivity and subjectivity in educational research. In L. G. Thomas (Ed.), *Philosophical redirection of educational research: The seventy-first yearbook of the National Society for the Study of Education.* Chicago: University of Chicago Press.

Seale, C. (2002). Computer-assisted analysis of qualitative interview data. In J. Gubrium & J. Holstein (Eds.), *Handbook of interview research*, pp. 651–670. Thousand Oaks, CA: Sage.

Sharp, R., & Green, A. (1975). *Education and social control.* London: Routledge and Kegan Paul.

Sharpe, J. (1993). *Allegories of Empire: The figure of women in the colonial text.* Minneapolis, MN: University of Minnesota Press.

Shaw, C. (1966). *The jack roller* (2nd ed.). Chicago: University of Chicago Press.

Sherman, E., & Reid, W. J. (1994). *Qualitative research in social work.* New York: Columbia.

Sherman, R. R., & Webb, R. B. (Eds.). (1988). *Qualitative research in education: Focus and methods.* Philadelphia, PA: Falmer Press.

Shumway, G., & Hartley, W. (1973). *Oral history primer.* Fullerton: California State University Press.

Shuy, R., & Griffin, P. (Eds.). (1978). *The study of children's functional language and education in the early years.* Final Report to the Carnegie Corporation of New York. Arlington, VA: Center for Applied Linguistics.

Shuy, R., Wolfram, W., & Riley, W. K. (1967). *Field techniques for an urban language study.* Washington, DC: Center for Applied Linguistics.

Sleeter, C. (1993). How white teachers construct race. In C. McCarthy & W. Crichlow (Eds.), *Race, identity and representation in education.* New York: Routledge, pp. 157–171.

Smith, D. (1987). *The everyday world as problematic.* Boston: Northeastern University Press.

Smith, D. (1990). *Texts, facts, and femininity.* London: Routledge.

Smith, D. (2005). *Institutional ethnography: A sociology for people.* Lanham, MD: Alta Mira Press.

Smith, J. K. (1983). Quantitative versus qualitative research: An attempt to clarify the issue. *Educational Researcher 12:* 6–13.

Smith, J. K., & Heshusius, L. (1986). Closing down the conversation: The end of the quantitative–qualitative debate among educational inquirers. *Educational Researcher 15*(1): 4–12.

Smith, L., & Geoffrey, W. (1968). *The complexities of an urban classroom: An analysis toward a general theory of teaching.* New York: Holt, Rinehart & Winston.

Smith, L. M. (1992). Ethnography. In M. C. Alkin (Ed.), *Encyclopedia of Educational Research 2:* 458–462.

Smith, L. M. (1994). Biographical method. In N. K. Denzin & Y. S. Lincoln (Eds.), *Handbook of qualitative research.* Thousand Oaks, CA: Sage, pp. 286–305.

Snedden, D. (1937). The field of educational sociology. *Review of Educational Research 7*(1): 5–14.

Solomon, B. (1996). Unpublished field notes. Syracuse University.

Solorzano, D., & Yosso, T. (2002). Critical race methodology: Counter-storytelling as an analytical framework for education research. *Qualitative Inquiry 8* (1): 23–44.

Sontag, S. (1977). *On photography.* New York: Farrar, Strauss and Giroux.

Spencer, D. A. (1986). *Contemporary women teachers.* New York: Longman.

Spindler, G. (Ed.). (1955). *Education and anthropology.* Stanford, CA: Stanford University Press.

Spindler, G. (1959). *The transmission of American culture.* Cambridge, MA: Harvard University Press.

Spindler, G. E. (Ed.). (1982). *Doing the ethnography of schooling: Educational anthropology in action.* New York: Holt, Rinehart & Winston.

Spradley, J. (1979). *The ethnographic interview.* New York: Holt, Rinehart & Winston.

Spradley, J. P. (1980). *Participant observation.* New York: Holt, Rinehart & Winston.

Squiers, C. (Ed.). (1990). *The critical image.* Seattle, WA: The Bay Press.

Stacey, J. (1988). Can there be a feminist ethnography? *Women's Studies International Forum 11:* 21–27.

Stack, C. (1974). *All our kin: Strategies for survival in a black community.* New York: Harper & Row.

Stainback, S., & Stainback, W. (1985). Quantitative and qualitative methodologies: Competitive or complementary? *Exceptional Children 51:* 330–334.

Stake, R. E. (1978). The case study method in a social inquiry. *Educational Researcher 7.*

Stake, R. E. (1994). Case studies. In N. K. Denzin & Y. S. Lincoln (Eds.), *Handbook of qualitative research.* Thousand Oaks, CA: Sage, pp. 236–246.

Stall, S., Thompson, M., & Haslett, D. (1995). Creating a supportive writing group. *Writing Sociology 2*(3): 1–3.

Steffens, L. (1904). *The shame of the cities.* New York: McClure, Phillips.

Steffens, L. (1931). *The autobiography of Lincoln Steffens.* New York: Harcourt Brace.

Stewart, D. W., & Shamdasani, P. N. (1990). *Focus groups: Theory and practice.* Newbury Park, CA: Sage.

Stott, W. (1973). *Documentary expression and thirties America.* New York: Oxford University Press.

Strauss, A. (1987). *Qualitative analysis for social scientists.* New York: Cambridge University Press.

Strauss, A., & Corbin, J. (1990). *Basics of qualitative research: Grounded theory procedures and techniques.* Newbury Park, CA: Sage.

Strauss, A., & Corbin, J. (1994). Grounded theory methodology: An overview. In N. K. Denzin & Y. S. Lincoln (Eds.), *Handbook of qualitative research.* Thousand Oaks, CA: Sage, pp. 273–285.

Strunk, W., Jr., & White, E. B. (1972). *The elements of style.* New York: Macmillan.

Stryker, R. E., & Wood, N. (1973). *In this proud land, America 1935–1943 as seen in the FSA photograhs.* Greenwich, CT: New York Graphic Society, Ltd.

Sussman, L. (1977). *Tales out of school.* Philadelphia, PA: Temple University.

Sutherland, E. (1937). *The professional thief.* Chicago: University of Chicago Press.

Swaminathan, R. (1997). *"The charming sideshow:" Cheerleading, girls' culture, and schooling.* Unpublished Ph.D. dissertation, Syracuse University, Syracuse, NY.

Tagg, J. (1988). *The burden of representation: Essays on photographies and histories.* Amherst, MA: The University of Massachusetts Press.

Taylor, C. (1919). *The social survey. Its history and methods.* Columbia, MO: University of Missouri. (Social Science Series 3).

Taylor, D. (1996). *Toxic literacies: Exposing the injustice of bureaucratic texts.* Portsmouth, NH: Heinemann.

Taylor, J., Bogdan, R., & Racino, J. (Eds.). (1991). *Life in the community: Case studies of organizations supporting people with disabilities.* Baltimore, MD: Paul H. Brookes.

Taylor, S. J. (1980). *A guide to monitoring and investigating residential settings.* Syracuse, NY: Human Policy Press.

Taylor, S. J. (1982). From segregation to integration. *The Journal of the Association for the Severely Handicapped 8*(3): 42–49.

Taylor, S. J. (1987). Observing abuse: Professional ethics and personal morality in field research. *Qualitative Sociology 10*(3): 288–301.

Taylor, S. J., Biklen, D., & Knoll J. (Eds). (1987). *Community integration for people with severe disabilities.* New York: Teachers College Press.

Taylor, S. J., & Bogdan, R. C. (1984). *Introduction to qualitative research and methods: The search for meaning.* New York: Wiley.

Taylor, S. J., Bogdan, R., & Lutfiyya, Z. (1995). *The variety of community experience.* Baltimore, MD: Paul H. Brookes.

Tesch, R. (1990). *Qualitative research: Analysis types and software tools.* London: Falmer.

Tesch, R. (n.d.). *Software for the computer-assisted analysis of text.* Mimeographed.

Thomas, N. (1994). *Colonialism's culture: Anthropology, travel and government.* Princeton, NJ: Princeton University Press.

Thomas, W. I. (1923). *The unadjusted girl.* Boston: Little, Brown.

Thomas, W. I., & Znaniecki, F. (1927). *The Polish peasant in Europe and America.* New York: Knopf.

Thomson, J., & Smith, A. (1877). *Street life in London.* London: Sampson, Low, Murston, Searle, & Rurington.

Thorne, B. (1980). "You still takin' notes?" Fieldwork and problems of informed consent. *Social Problems 27:* 271–284.

Thorne, B. (1993). *Gender play: Girls and boys in school.* New Brunswick, NJ: Rutgers University Press.

Thrasher, F. (1927). *The gang.* Chicago: University of Chicago Press.

Tierney, W. (1994). On method and hope. In A. Gitlin (Ed.), *Power and method.* New York: Routledge, pp. 97–115.

Tolman, D. (2002). *Dilemmas of desire.* Cambridge, MA: Harvard University Press.

Trachtenberg, A. (1979). Introduction: Photographs as symbolic history. In *The American image: Photographs from the National Archives, 1860–1960.* New York: Pantheon.

Travers, R. (1978). *An introduction to educational research* (4th ed.). New York: Macmillan.

Trudell, B. (1990). Selection, presentation, and student interpretation of an educational film on teenage pregnancy: A critical ethnographic investigation. In E. Ellsworth & M. Whatley (Eds.), *The ideology of images in educational media.* New York: Teachers College Press, pp. 74–106.

Turner, R. (Ed.). (1974). *Ethnomethodology.* Middlesex, UK: Penguin.

Turner, R. H. (1953). The quest for universals in sociological research. *American Sociological Review 18:* 604–611.

Turner, V. (1982). *From ritual to theatre.* New York: PAJ Publishing.

Turner, V. (1886). *The anthropology of performance.* New York: PAJ Publications.

Tyler, R. (Ed.). (1976). *Prospects for research and development in education.* Berkeley, CA: McCutcheon.

Valdes, G. (1996). *Con respeto: Bridging the distances between culturally diverse families and schools.* New York: Teachers College Press.

Vandewalker, N. (1898). Some demands of education upon anthropology. *American Journal of Sociology 4:* 69–78.

Van Maanen, J. (1988). *Tales of the field: On writing ethnography.* Chicago: University of Chicago Press.

Vidich, A. J., & Lyman, S. M. (1994). Qualitative methods: Their history in sociology and anthropology. In N. K. Denzin & Y. S. Lincoln (Eds.), *Handbook of qualitative research.* Thousand Oaks, CA: Sage, pp. 23–59.

Wagner, J. (Ed.). (1979). *Images of information.* Beverly Hills, CA: Sage.

Waldorf, D., & Reinarman, C. (1975). Addicts—Everything but human beings. *Urban Life 4*(1): 30–53.

Walker, R. (1993). Using photographs in evaluation and research. In M. Schratz (Ed.), *Qualitative voices in educational research.* London: Falmer, pp. 72–92.

Waller, W. (1932). *Sociology of teaching.* New York: Wiley.

Waller, W. (1934). Insight and scientific method. *American Journal of Sociology 40*(3): 285–295.

Warner, W. L., & Lunt, P. S. (1941). *The social life of a modern community.* New Haven, CT: Yale University Press.

Warren, C. A. B. (1988). *Gender in field research.* Newbury Park, CA: Sage.

Wax, M. (1980). Paradoxes of "consent" in the practice of fieldwork. *Social Problems 27:* 265–272.

Wax, R. (1971). *Doing fieldwork: Warning and advice.* Chicago: University of Chicago Press.

Wax, R. (1979). Gender and age in fieldwork and fieldwork education: No good thing is done by any man alone. *Social Problems 26:* 509–523.

Webb, B. (1926). *My apprenticeship.* New York: Longmans, Green & Co.

Webb, S., & Webb, B. (1932). *Methods of social study.* London: Longmans, Green & Co.

Websdale, N. (2001). *Policing the poor: From slave plantation to public housing.* Boston: Northeastern University Press.

Weiler, K. (1988). *Women teaching for change.* South Hadley, MA: Bergin Garvey.

Weis, L. (1990). *Working class without work: High school students in a de-industrializing economy.* New York: Routledge.

Weiss, L., & Fine, M. (2000). *Speed bumps: A student-friendly guide to qualitative research.* New York: Teachers College Press.

Weiss, L., Proweller, P., & Centrie, C. (1997). Re-examining "a moment in history": Loss of privilege inside white working-class masculinity in the 1990s. In M. Fine, L. Weis, L. Powell, & L. M. Wong (Eds.), *Off white: Readings on race, power, and society.* New York: Routledge, pp. 210–226.

Weitzman, E., & Miles, M. B. (1994). *Computer programs for qualitative data analysis.* Thousand Oaks, CA: Sage.

Wells, A. F. (1939). Social surveys. In F. C. Bartlett, M. Ginsberg, E. S. Lindgren, & R. H. Thouless (Eds.), *The study of society.* London: Kegan Paul, Trench, Trubner & Co, pp. 424–435.

Wells, M. C. (1996). *Literacies Lost: When students move from a progressive middle school to a traditional high school.* New York: Teachers College Press.

Werner, O., & Schoepfle, G. M. (1987a). *Systematic fieldwork: Volume 1, Foundations of ethnography and interviewing.* Newbury Park, CA: Sage.

Werner, O., & Schoepfle, G. M. (1987b). *Systematic fieldwork: Volume 2, Ethnography analysis and data management.* Newbury Park, CA: Sage.

West, C., & Zimmerman, D. (1987). Doing gender. *Gender and Society 1*(2): 125–151.

Wexler, Dara H. (2000). Integrating computer technology: Blurring the roles of teachers, students and experts. *Educational Studies, 31:* 33–43.

Whatley, M. (1991). Raging hormones and powerful cars: The construction of men's sexuality in school sex education and popular adolescent films. In H. Giroux (Ed.), *Postmodernism, feminism, and cultural politics.* Albany, NY: State University of New York Press, pp. 119–143.

Whyte, W. F. (1955). *Street corner society.* Chicago: University of Chicago Press.

Whyte, W. F. (1960). Interviewing in field research. In R. H. Adams & J. J. Preiss (Eds.), *Human organization research.* Homewood, IL: Dorsey Press.

Whyte, W. F. (1979). On making the most of participant observation. *The American Sociologist 14:* 56–66.

Whyte, W. F. (1984). *Learning from the field.* Beverly Hills, CA: Sage.

Whyte, W. F. (1991). *Participatory action research.* Newbury Park, CA: Sage.

Whyte, W. F. (1992). In defense of street corner society. *Journal of Contemporary Ethnography 21:* 52–68.

Wicker, T. (1978). *On press.* New York: Berkley Publishing.

Wiley, N. (1979). The rise and fall of dominating theories in American sociology. In W. Snizek, E. Fuhrman, & M. Miller (Eds.), *Contemporary issues in theory and research, a metasociological perspective.* Westport, CT: Greenwood, pp. 47–80.

Williams, J. (1990). *Style.* Chicago: University of Chicago Press.

Willis, D., & Dodson, H. (1989). *Black photographers bear witness: 100 years of social protest.* Williamstown, MA: Williams College Museum of Art.

Willis, P. (1977). *Learning to labor.* New York: Columbia University Press.

Willis, P. (1980). Notes on method. In Center for Cultural Studies (Ed.), *Culture, media, language.* London: Hutchinson, pp. 88–95.

Willis, P. (1990). *Common culture: Symbolic work at play in the everyday cultures of the young.* Boulder, CO: Westview Press.

Willower, D. J., & Boyd, W. L. (Eds.). (1989). *Willard Waller on education and schools.* Berkeley, CA: McCutchan.

Wilson, S. (1977). The use of ethnographic techniques in educational research. *Review of Educational Research 47:* 245–265.

Wirth, L. (1928). *The ghetto.* Chicago: University of Chicago Press.

Wolcott, H. (1973). *The man in the principal's office.* New York: Holt, Rinehart & Winston.

Wolcott, H. (1975). Criteria for an ethnographic approach to research in schools. *Human Organization 34:* 111–127.

Wolcott, H. (1977). *Teachers vs. technocrats: An educational innovation in anthropological perspective.* Eugene, OR: Center for Educational Policy and Management.

Wolcott, H. (1990). Making a study "more ethnographic". *Journal of Contemporary Ethnography 19*(1): 44–72.

Wolcott, H. (1995). Making a study "more ethnographic." In J. Van Mannen (Ed.), *Representation in ethnography.* Thousand Oaks, CA: Sage, pp. 79–111.

Wolcott, H. F. (Ed.). (1983). Teaching fieldwork to educational researchers: A symposium. *Anthropology & Educational Quarterly 14*(3): 171–212.

Wolcott, H. F. (1990). *Writing up qualitative research.* Newbury Park, CA: Sage.

Wolcott, H. F. (1992). Posturing in qualitative research. In M. D. LeCompte, W. L. Millroy, & J. Preissle (Eds.), *The handbook of qualitative research in education.* New York: Academic Press, pp. 3–52.

Wood, P. (1975). *You and Aunt Arie: A guide to cultural journalism based on Foxfire and its descendants.* Washington, DC: Institutional Development and Economic Affairs Service, Inc.

Woods, P. (1985). New songs played skillfully: Creativity and technique in writing up qualitative research. In R. G. Burgess (Ed.), *Issues in educational research: Qualitative methods.* Philadelphia, PA: Falmer Press.

Yin, R. K. (1994). *Case study research: Design and methods* (3rd ed.). Thousand Oaks, CA: Sage.

Yin, R. K. (1989). *Case study research: Design and methods.* (2nd ed.). Newbury Park, CA: Sage.

Zeichner, K. (1996). Teachers as reflective practitioners and the democratization of school reform. In K. Zeichner, S. Melnick, & M. L. Gomez (Eds.), *Currents of reform in preservice teacher education.* New York: Teachers College Press, pp. 199–214.

Zeichner, K., & Gore, J. (1995). Using action research as a vehicle for student teacher reflection: A social reconstructionist approach. In S. Noffke & R. Stevenson (Eds.), *Educational action research: Becoming practically critical.* New York: Teachers College Press, pp. 13–30.

Ziegler, S. (1980). School for life: The experience of Italian immigrants in Canadian schools. *Human Organization 39*(3): 263–267.

Zimmerman, C., & Frampton, M. (1935). *Family and society, a study of the sociology of reconstruction.* New York: D. Van Nostrand.

Znaniecki, F. (1934). *The method of sociology.* New York: Farrar and Rinehart.

Zorbaugh, H. (1929). *The gold coast and the slum.* Chicago: University of Chicago.

찾아보기 (용어)

찾아보기 (인명)

(M)

(P)

(R)

(S)

(T)

(W)

(Z)

교육의 초보연구자를 위한

질적 연구방법론의 기초

지은이 로버트 보그단 · 사리 놉 비크렌
옮긴이 조정수
펴낸이 조경희
펴낸곳 경문사
펴낸날 2011년 9월 1일 1판 1쇄
2023년 3월 2일 2판 2쇄
등 록 1979년 11월 9일 제1979-000023호
주 소 04057, 서울특별시 마포구 와우산로 174
전 화 (02)332-2004 팩스 (02)336-5193
이메일 kyungmoon@kyungmoon.com

값 30,000원

ISBN 979-11-6073-379-2